KONRAD RIGGENMANN

KRUZIFIX UND HOLOCAUST

ÜBER DIE ERFOLGREICHSTE GEWALTDARSTELLUNG DER WELTGESCHICHTE

ESPRESSO VERLAG

Mir kumen tsu kholem di yidn vos hengen af tslomin
Mir kommen im Traum die Juden, hängend an Kreuzen.
Uri Zvi Grinberg, 1923 [1]

Inhaltsverzeichnis

Vorwort und Thesen

»Die ganze Welt mit ihrer Erkenntnis ist
doch nicht die Tränen dieses kleinen Kindes
wert. Ich spreche nicht von den Leiden der
Erwachsenen, die haben vom Apfel gegessen,
und der Teufel soll sie holen. Aber die Kinder,
die Kinder!«
F. M. Dostojewskij:
Iwan in »Die Brüder Karamasow«

Ein Kind war ich auch noch, so etwa zwölf Jahre alt, als Mitte der sechziger Jahre das Deutsche Fernsehen – es gab damals nur eins – ein Dokumentarspiel über die »Auschwitz-Prozesse« zeigte. Schwarzweiß wie ein Holzschnitt, nüchtern und sachlich, aber das schaute man sich an, denn, wie gesagt, es gab nur ein Programm. Zeugenaussagen von Häftlingen, eine nach der anderen, eine bizarrer als die andre, aber nur diese ist mir geblieben:

»Ein Transport war angekommen. Jüdische Kinder auf einem Lastwagen. Ein kleiner Junge sprang herunter, stand jetzt neben dem Wagen, mit einem Apfel in der Hand. Ein SS-Mann sah ihn so stehen, packte ihn an seinen Füßen und schleuderte ihn mit Schwung an die Betonmauer, dass sein Köpfchen zerschmetterte. Und dann nahm er den Apfel und aß ihn.«[2]

Warum? Warum der Kleine sterben musste, sagt uns Rabbi Ovadia Joseph. Alle sechs Millionen Holocaust-Opfer, sagt der Rabbi, »sind Wiedergeburten jener gewesen, die gesündigt haben, oder die andere zu Sünden verleiteten und alle möglichen Sachen machten, die man nicht tut. Sie kamen zurück, um zu büßen.«[3]

Gelobt sei der gerechte Gott! Sein orthodoxer Rabbi Joseph, den ER mit achtzig Lebensjahren segnete, weiß noch mehr von IHM, zum Beispiel, dass ER jeden Tag bedauert, die Araber erschaffen zu haben, dieses »böse, verfluchte Volk«.

Wer den Ansichten des ehrwürdigen, mit IHM so eng vertrauten Rabbis zustimmen kann, der hat, womöglich im Ausgleich für gewisse geistige Nachteile, zumindest den Vorteil, dass er dieses Buch sich

9

sparen kann. Geschrieben ist es auch weniger für Orthodoxe jeder Couleur, mehr für Leute wie jenen Padre Alfred Welker, der in Kali in Kolumbien eine Schule für die Kinder der Favela Agua Blanca eingerichtet hat. Für die riskiert er täglich sein Leben, denn manche von den guten Leuten sehen es nicht so gerne, wenn die einfachen Leute zu klug werden und dann dumme Fragen stellen. Den katholischen Padre, der, in der Nachfolge Jesu, von Schwaben in das Land ging, das nach dem bekehrten Juden Cristóforo Colón benannt ist, treibt noch eine andere Frage um. Warum er an der Pinwand hinter seinem Schreibtisch einen Zeitungsausschnitt über Auschwitz hängen habe, fragt ihn der Besucher. »Ja«, sagt der Padre, »Auschwitz, das ist eine Frage, die jeden Menschen guten Willens beschäftigen muss.«[4]

Um diese Frage geht's in diesem Buch, und man könnte sie, in Michel Friedmans Worten, auch so stellen: »Wo beginnt die Ermordung eines Menschen?« Die Verbrennung, Vergasung, Erschießung und Erschlagung von dreizehn Millionen Männern, Frauen und Kindern während zweier christlicher Jahrtausende beginnt, so die These dieses Buches, mit der staatlichen Ermordung eines Menschen vor knapp zweitausend Jahren, und die Ermordung der dreizehn Millionen (sieben vor und sechs nach 1933)[5] war nur möglich im Wirkungskreis einer Ideologie, welche die Ermordung des einen, göttlichen Opfers jenen dreizehn Millionen menschlichen Opfern in die Schuhe schob. Weit mehr als nur symbolische Bedeutung hat dabei die bildliche Darstellung jener Hinrichtung des Einen, des Einzigartigen: Jenes schmucke Zeichen, das von modebewussten Damen noch heute gern zum »kleinen Schwarzen« getragen wird, das auch, in Gold gestylt, so tiefgründig in jeden wohlgeformten Busen passt und mit dem auch Fußballprofis rasch und innig ihren Dank an IHN bezeigen, wenn ER, der Crucifixus, den Dropkick ins Kreuzeck gelenkt hat.

Ungeachtet dieser vorteilhaften Eigenschaften des Kreuzes als Accessoire und Dankesritual sind die Thesen dieses Buches folgende:

1. Die bildliche und verbale Darstellung des leidenden und am **Kreuz** zu Tode gefolterten Jesus ist die **Pfahlwurzel**, d. h. die primäre, bestimmende und wesentliche Ursache des Antijudaismus, welcher die zwei nachchristlichen Jahrtausende durchzieht und in Auschwitz kulminierte.

2. Die Gewalt verursachende Wirkung der Passionsdarstellungen basiert vornehmlich auf dem (nur scheinbaren) Paradox, dass diese

Bilder und Szenen vor allem positive humane Emotionen der Betrachter von Kindheit her ansprachen: Mitleid, Empathie, Gerechtigkeitsgefühl.

3. Das Zusammenwirken von Identifikation mit dem schuldlosen Opfer, empörtem Mitleid und Gerechtigkeitsgefühl bewirkte, dass die christlichen Betrachter der Leiden Jesu den Leiden der Juden bei zahllosen Pogromen teilnahmslos zuschauten, sie als gerecht betrachteten oder sie gar – **mit reinem Gewissen** – bewirken konnten, wobei die Art und Weise der Misshandlung Jesu als latentes, sublim wirkendes **Modell** für die Misshandlung der Juden wirken konnte.

4. Die Passionsdarstellung bietet Fixpunkte, Kristallisationskerne des Ressentiments, welche in den gegen Juden gerichteten Infamien spiegelbildlich wiederkehren: Vor allem sind dies:
Kindermord
Blut und Fleisch, Wein und Brot, Essen und Trinken
Folterung
Geld
Gift
Volk

5. Was dem jüdischen Volk in den Passionsdarstellungen zur Last gelegt wurde, nämlich:
Verrat
Verschacherung
Verschwörung
Verhetzung
Verhöhnung und Lästerung
Verfluchung seiner selbst,
das transformierte sich – als Stigmata bzw. »self fulfilling prophecies« – zunächst in christliche Rollenzuweisungen an die Juden und dann, nach genügender Erfüllung der Rollenklischees und Verzerrung der Wahrnehmung, in Gewalt rechtfertigende Schuldzuweisungen.

6. Der rassistische Antisemitismus ist eine äußerlich rationale **Säkularisierung** des religiösen Antijudaismus auf der emotionalen Grundlage des letzteren.

7. In vielen christlich erzogenen Kindern verband sich die Struktur der christlichen **Familienmythe** (Gottvater – Sohn – Mutter) mit dem von ihnen als beängstigend erlebten Verhältnis zu Vater und Mutter, so dass eine religiöse Aufladung unterdrückter Hassgefühle stattfinden konnte.

Die Verwurzelung des faschistischen »Antisemitismus« in der christlichen Judenfeindschaft scheint in den letzten Jahren auch in Deutschland dem Tabu zu entkommen, mit dem es nach dem Krieg noch lange belegt war. Trotzdem herrscht innerhalb einer fast explosionsartig zunehmenden Literatur zu dieser Thematik noch weit gehende Ratlosigkeit über die pädagogischen Ursachen des Holocaust. So meint auch die psychologisch sehr sensible Christina von Braun: »Die sozialen oder psychologischen Muster, über die wir verfügen, genügen offenbar nicht, um zu erklären, weshalb und wie in einem Menschen jegliches Gesetz von Menschlichkeit zusammenbrechen kann.«[6]

Dieses Buch behauptet, zur Erklärung dieser psychologischen Muster beizutragen, indem es die Unmenschlichkeit von Auschwitz gerade aus den natürlichen Gesetzen der Menschlichkeit herleitet, wie sie in jedem Kind schon angelegt sind – und alle Himmlers waren einmal Kinder. Die »Banalität des Bösen«, die Hannah Arendt an den Eichmännern feststellt, bestand auch darin, dass die Gewalt vor Kreuzen nicht zu sehen war. Wie diese trotzdem wirkten, gerade auf Kinder, diese psychologischen Muster hat Sören Kierkegaard schon 1850 aufgeschrieben – ernst genommen hat das niemand.

Ich auch nicht. Zum Nachdenken brachte mich der seltsame Zufall, dass mir im Sommer 1995 ausgerechnet im ehemaligen jüdischen Ghetto von Prag die deutschen Schlagzeilen vom »Karlsruher Kruzifix-Urteil« ins Gesicht sprangen. Dass die rechteste und klerikalste deutsche Landesregierung, ansässig in Hitlers »Hauptstadt der Bewegung«, dieses Urteil nicht ernst nahm, sondern nun erst recht in alle Volksschulsäle Kreuze hinein befahl, gab mir als bayerischem Volksschullehrer die Motivation zu diesem Buch.

Es mag unpässlich erscheinen, wenn ich das grausame Thema mit einer komischen Parodie von Woody Allen beginne. Aber wie anders kann man diese ganz unkomische Geschichte vom Vater Abraham mit dem langen Messer, von der Gewalt der Ältern gegen Kinder ertragen, diese Geschichte, die doch immer noch unvergleichlich versöhnlicher ist als die vom Sohnesopfer auf Golgatha? Es mag auch unpassend wirken, wenn ich die geisterbahnische Tristesse in diesem Korridor

12

durch die Geschichte mittels kleiner Oberlichter jüdischen Humors ein bisschen aufzuhellen suche. Aber gerade der jüdische Witz hat noch nie Betroffenheit geheuchelt, wenn er versuchte, noch in der größten Absurdität des Leidens den Kopf oben zu behalten. So etwa, als der Vater von George Tabori auch beim Eintritt in die Gaskammer Höflichkeit walten ließ: »Nach Ihnen, Herr Mandelbaum ...«

Gustave Doré: Ahasver (1856)

I. Station

Itzig kommt davon und Jesus muss dran glauben
oder: Die Wiedereinführung des Menschenopfers

»Seit er meinen Bruder kreuzigen ließ,
um sich mit mir zu versöhnen, weiß ich,
was ich von meinem Vater zu halten habe.«
Günter Weisenborn

Machten Deutsche Witze über deutsche Juden, hieß der Jude meistens Itzig. Jedes deutsche Schulkind kannte ja den Isaak-Itzig aus der Reli-Stunde: Der einzige Sohn von Abraham, im Alter noch gezeugt, als jeder schon dachte, da gäb es keinen Nachwuchs mehr bei Abraham und seiner Sarah, die bloß laut lachen musste, als drinnen im Zelt die drei Gäste ihrem Abi erzählten, er würde doch noch Vater und sie noch Mutter werden. Und dann war er da, der Sohn, und wuchs heran, die Freude seiner Eltern, bis Abi eines Tags die Stimme hörte, aber das Weitere erzählt Woody Allen[7] – der wiederum hieß früher Konigsberg – noch schöner als die Bibel:

Die Opferung des Isaak, nach Woody Allen

»Und Abraham erwachte inmitten der Nacht und sprach zu Isaak, seinem einzigen Sohn: ›Siehe, ich hatte einen Traum und die Stimme des HERRN sprach zu mir, dass ich meinen einzigen Sohn opfern muss, also zieh dir deine Hose an.‹

Und Isaak schauderte und sprach: ›Und was hast du gesagt, Daddy? Ich mein, als ER dir diese Sache aufgetischt hat?‹

›Was soll ich da sagen?‹, entgegnete Abraham. ›Ich steh da um zwei Uhr nachts in der Unterwäsche vor dem Schöpfer des Universums. Soll ich da lang rummosern?‹

›Und hat er was gesagt, warum er mich geopfert haben will?‹, frug Isaak seinen Vater.

Doch Abraham erwiderte: ›Wer Glauben hat, der stellet keine Fragen. Und jetzt komm, packen wir's an, ich habe morgen einen schweren Tag.‹

Und Sarah, die Abrahams Plan mitgekriegt hatte, regte sich maßlos auf und sprach: ›Sag an, aus welchem Grund bist du gewiss, dass du gehört hast deines HERREN Stimme und nicht, zum Beispiel, einen deiner Kumpel, welcher derbe Scherze liebt? Denn wahrlich, dem HERRN ist derber Scherz ein Gräuel, und wer auch immer einen solchen macht, wird in die Hände seiner Feinde überliefert werden, einerlei ob die den Lieferschein quittieren oder nicht!‹

Und Abraham sprach: ›Ich bin gewiss, dieweil ich weiß, dass es der HERR gewesen ist, der zu mir sprach. Es war eine tiefe, sonore Stimme, sehr klar artikuliert, und niemand sonst hier in der Wüste kriegt so ein Donnergrollen rein in seine Stimme.‹

Und Sarah erwiderte: ›So bist du ernsten Willens, diesen Unsinn auszuführen?‹ Und Abraham tat ihr kund: ›Offen gesagt, ja, denn das Wort des HERRN in Frage zu stellen ist etwas vom Übelsten, was jemand tun kann, jedenfalls bei dieser Lage auf dem Arbeitsmarkt.‹

Und so brachte er Isaak zu einem bestimmten Orte und bereitete ihn her zur Opferung, jedoch der HERR im letzten Augenblick gebot ihm Einhalt und ER sprach mit Donnergrollen: ›Wahrlich, wie konntest du nur, also sag mal!‹

Und Abraham sprach: ›Aber DU sprachest ...‹

›Sieh das doch nicht so eng, Mann‹, sprach der HERR. ›Nun wahrlich, hörst du denn selber auf jeden blöden Einfall, der dir kommt?‹ Und Abraham schämete sich. ›Ehm, eigentlich nicht, nein.‹

›Da schlage ich, der HERR, dir, meinem Diener vor, deinen Isaak zu schlachten, nur so als joke, und du rennst raus und machst das!‹

Und siehe, Abraham fiel auf die Knie: ›Schau mal, HERR, ich weiß halt nie, wann DU bloß rumalberst.‹

Und des HERREN Stimme erschallte: ›Kein Sinn für Humor. Es ist nicht zu fassen. Ich glaub ich krieg die Krise.‹

›Aber beweist das nicht‹, frug Abraham, ›dass ich DICH liebe, dass ich willens war, zu opfern meinen einz'gen Sohn auf dem Altar des HERRN?‹

Und der HERR sprach: ›Es beweist, dass manche Leute jede Anweisung befolgen, egal wie bescheuert sie ist, solange sie von einer tiefen, sonoren, wohlartikulierten Stimme kommt.‹

Und nach diesen Worten bat der HERR seinen Diener Abraham, sich auszuruhen, und ER vereinbarte mit ihm ein Treffen für den nächsten Tag.«

15

Das ging gerade nochmal gut. Hätte Abraham seinen Isaak wirklich geopfert, gäbe es auch keinen Jakob, keine zwölf Söhne Jakobs und zwölf Stämme Israels, keinen König David und keinen Jesus von Nazareth – denn dessen Ahnenreihe wird ja (in Mt 1) auf David und Abraham zurückgeführt – und keinen Woody Allen.

Schluss mit lustig. Während über Todesängste Isaaks, dieweil er das Holz zum Altar trug, nichts berichtet wird – er fragte seinen Papa nur, wo denn das Opferlamm sei –, wusste Jesus im nächtlichen Garten ganz genau, was ihm blühte. Blut schwitzend vor Angst, bat er den himmlischen Vater dreimal mit den bekannten geflügelten Worten, er möge doch »den Kelch an ihm vorübergehen« lassen (Mt 26, Mk 14, Lk 22). Es hat nicht sollen sein, unsere Erlösung hatte Vorrang, wo wären wir sonst heute. Eine normale Hinrichtung durch Enthauptung mit dem Schwert oder Bewerfung mit Steinen wäre für das gewaltige Werk der Welterlösung natürlich viel zu schmerzarm und human gewesen. Gut, dass die Römer damals etwas genügend Sadistisches praktizierten.

Alltag auf Golgatha

Die altrömische Praxis der Kreuzigung wird in einer populärwissenschaftlichen Darstellung der Römerzeit wie folgt beschrieben:

»Als furchtbarste Hinrichtungsart galt die *Kreuzigung*, die Rom von den Karthagern übernahm. In Kriegszeiten wurden Deserteure und Überläufer, Aufwiegler und Rebellen gekreuzigt, sonst vor allem Sklaven. Als Crassus 79 v. Chr. den Sklavenaufstand des Spartacus niedergeworfen hatte, ließ er entlang der Via Appia von Capua bis Rom sechstausend Gefangene kreuzigen.

Der eigentlichen Hinrichtung ging meist eine Geißelung voraus; dann musste der Verurteilte den Querbalken des Kreuzes selbst zur Richtstätte tragen, wo der senkrechte Balken bereits in die Erde eingeschlagen war. In Rom standen angeblich auf dem Esquilin so viele solcher Längsbalken bereit, dass die Richtstätte einem Wäldchen glich.

Die Hände des Verurteilten wurden an den Querbalken (patibulum) angebunden oder angenagelt, und dann setzte man diesen oben auf den Längsbalken hinauf. Die Füße wurden ebenfalls angebunden oder angenagelt.

Wie und woran letztlich der Verurteilte starb, ist bis heute noch nicht ganz geklärt, weniger wohl an Blutverlust als vielmehr an einem durch Muskelverkrampfung ausgelösten Erstickungstod. Die Qualen der Verurteilten müssen ungeheuer gewesen sein; denn sie hingen nicht nur stunden-, sondern oft tagelang am Kreuz, zusätzlich von Durst und wahnsinnigen Schmerzen, von Moskitos und Fliegen geplagt; zeitweilig verloren sie das Bewusstsein, doch nur um zu neuen Qualen wieder zu erwachen. Selbst den Henkern wurde das manchmal zuviel, so dass sie den Gekreuzigten das Herz durchbohrten, ihnen mit einem Holzprügel einen Gnadenschlag in die Herzgegend versetzten oder Gestrüpp unter dem Kreuz anzündeten und die Opfer auf diese Weise erstickten.

So ist es nicht zu verwundern, dass antike Autoren, die bei Hinrichtungen im Allgemeinen wenig zimperlich waren, die Kreuzigung ablehnten oder mit Schweigen übergingen wie Cicero, der wünschte, dass bei den Römern über diese Todesart nicht gesprochen werden solle, da sie ›der grausamste und verwerflichste Tod‹ sei. Die Christen des Altertums hatten noch eine so tiefe Furcht vor der Kreuzigung, dass sie Christus niemals am Kreuz abbildeten.«[8]

George Tabori, dessen Vater mit so höflichen Worten, nach dem Herrn Mandelbaum, in die Gaskammer gegangen ist, verarbeitet die angeblich vom jüdischen Volk angestiftete Kreuzigung des Rabbi Jesus von Nazareth in seinen »Goldberg-Variationen« folgendermaßen:

Ernestina:	Nun ja, man könnte die Qualen verlängern, indem man ein Sedile am senkrechten Balken anbringt, auf das sich der Körper stützen kann. Das Blut kehrt in den Körper zurück und der Mensch kommt wieder zu sich.
Mr. Jay:	Sehr gut.
Ernestina:	Wenn es langweilig wird, beendet man die Szene mit dem Crucifragium, einer weiteren hübschen römischen Idee: Mit einer Keule werden die Schienbeine gebrochen. Man kann sich nicht mehr abstützen und stirbt ...
Mr. Jay:	Sonst noch was?
Ernestina:	Zwei Kleinigkeiten. Man schlägt die Nägel nicht durch die Handflächen; unter dem Gewicht des sich in Qualen windenden Körpers würden sie ausreißen und der Körper würde herunterfallen, was zu ein paar falschen Lachern führen könnte. Statt dessen treibt man die Nägel in der Nähe der Handgelenke durch den Unterarm. Noch eins,

	aber reg dich nicht auf, senkrecht kann man nicht kreuzigen.
Mr. Jay:	Höre ich richtig?
Ernestina:	Richtig macht man es, wenn man das Kreuz auf den Boden legt, den Jungen mit der Schokoladenseite nach oben aufnagelt. Wenn ich noch ein Detail hinzufügen darf, von den Hüften an abwärts sollte das nicht frontal, sondern seitlich geschehen, Knie auf Knie, um den Zug der Schwerkraft zu verringern. Dann wird mit Hilfe von Seilen das Kreuz aufgerichtet und mit Eisenzwingen im Boden verankert.
Mr. Jay:	Du machst Witze.

Keine Witze. Bleibt anzumerken, dass sich die »Nägel-durch-Handwurzel-Methode« bei Kreuzigungsversuchen in Konzentrationslagern als korrekt bestätigt hat. Allerdings war das Ausreißen der Handflächen bei den unsachgemäß gekreuzigten Häftlingen auch darauf zurückzuführen, dass ihnen zusätzlich Gewichte angehängt wurden.

Kommen wir aus dem Jerusalemer Alltag unter Pontius Pilatus und dem Lager-Alltag unter Adolf Hitler nun ins Jahr 1996 zu einem Bild, das wegen seiner inhumanen Aussage als ...

Jugendgefährdend!

... eingestuft wurde und die Teenie-Zeitschrift »BRAVO« auf den Index brachte. Den Antrag auf Indikation gerade wegen dieses Bildes stellte das Bayerische Landesjugendamt mit der folgenden pädagogischen Begründung:

»Bereits auf Seite 4 werden in ›Schockszenen‹ die Jugendidole ›Take That‹ als Folteropfer präsentiert. Eine sadistische Frau quält die Vier unter anderem, indem sie mit einer Gabel ein Sängergesicht malträtiert. Zitat: ›Pötzlich reißt sie seinen Kopf an den Haaren brutal nach hinten, während sie sich lasziv an ihn schmiegt. Bei Marc, Jason und Howard wiederholt sie das gleiche Spiel mit ihren hilflosen Opfern. Doch es kommt noch brutaler: Mit einer Gabel traktiert sie Gary und stößt ihm dann die Zinken der Gabel in seine linke Wange. In Todesangst reißt Gary seine Augen auf ...‹ *Mit derartigen detaillierten Gewaltbeschreibungen werden die Leser an gewalthaltige Handlungen gewöhnt.*«

18

Brutale Szenen:
Die blonde Frau
quält Gary und ...

... bedroht ihn
mit einer Gabel

Naiverweise machte ich als bayerischer Lehrer mir die Mühe, dem Bayerischen Landesjugendamt einen Brief zu schreiben, in welchem ich die jugendamtliche Diagnose der unsere Jugend gefährdenden Gewaltdarstellung in »BRAVO« dem gegenüberstellte, was im bayerischen Grundschul-Klassenzimmer aufgehängt werden muss zur sittlichen Erbauung unserer Jugend:

»[Untertitel und Sprache des redaktionellen Beitrags] ... suggerieren **schwerwiegende Verletzungen«:**
Der gekreuzigte Jesus weist Folterspuren, blutende Perforationen der Hände und Füße, schwerwiegende Verletzungen durch Dornen im Kopfbereich sowie eine tödliche Stichwunde im linken Brustbereich auf.
»[Eine Blondine] stößt ihm dann **die Zinken der Gabel in seine linke Wange (...)«:**
Grobgeschmiedete Zimmermannsnägel durchstoßen Hände und Füße des Gekreuzigten, Dornen seine Kopfhaut. Ein Lanzenstich hat im Herzbereich seinen Brustkorb eröffnet.
»Take That **gefoltert!«** */ »(...) gefesselt und* **brutal gequält (...)«:**
Das Opfer wurde, nach Verhör und Folter, ans Kreuz nicht gefesselt, sondern brutal angenagelt und so über Stunden zu Tode gequält.

*[Untertitel und Sprache des Artikels] »suggerieren ... **Qualen und Todesangst**. Hinweise auf die **Fiktionalität** des Abgebildeten und derart
Kommentierten finden sich erst im letzten Fünftel des Textes«:*

Von Qualen und extremer Todesangst des Opfers wird im Begleit-
text berichtet. Hinweise auf die Fiktionalität des Abgebildeten
finden sich nirgends; die Kreuzigung ist geschichtliche Realität in
wohl Hunderttausenden von Fällen.

*»Hinzu kommt, dass die **sexuelle Konnotation** des vermeintlich brutalen Geschehens (tiefdekolletierte Täterin, mit zahlreichen erotischen
Hinweisreizen ausgestattet) geeignet ist, bei der in Rede stehenden
Zielgruppe Verwirrung zu stiften, zumal sie die Gefahr einer **Erotisie-
rung von Gewalt** mit sich bringt«:*

Zum Zweck ihrer völligen Entwürdigung wurden die realen Kreu-
zigungsopfer vollkommen entkleidet. In der christlichen Darstellung ist der Genitalbereich des männlichen Opfers jedoch mit einem Tuch verhüllt. Würde dieses – das einzige unrealistische Detail
der Darstellung – fehlen, gälte diese sicher als obszön.[9] Mit Tuch ist
sie höchst sittlich.

In der katholischen Kreuzweg-Liturgie wird an der Station »Jesus
wird seiner Kleider beraubt« diese Entkleidung als Jesu Sühne für
unsere Unkeuschheit interpretiert, wodurch der Vorgang schließlich
doch eine merkwürdige sexuelle Konnotation erhält.

*»**Jugendidole** Take That als **Folteropfer** präsentiert«:*

Der gekreuzigte Jesus wird nicht als Idol, aber als Ideal des Mitleidens, als Modell für Identifikation und als Vorbild präsentiert,
gemäß seinem eigenen tradierten Diktum *»Wer mein Jünger sein
will, der nehme sein Kreuz auf sich und folge mir nach«* (Mt 16,24;
Mk 8,34; Lk 9,23).

Die Antwort des Bayerischen Landesjugendamtes auf meinen acht
Seiten langen Brief fiel recht kurz aus (ein Satz) und erschöpfte sich in
der Feststellung, »... dass wir Ihre Darlegungen als unangebracht empfinden und keine Veranlassung sehen, uns weiter damit zu befassen.
Mit freundlichen Grüßen, Dr. S., Amtsleiter«.

Apropos Fiktionalität: Meine Siebtklässlerinnen fanden es nur zum
Schmunzeln, als sie erfuhren, dass sie da einen jugendgefährdenden
Artikel gelesen hatten. Für sie war, im Gegensatz zu Dr. S., auf den
ersten Blick klar: Take That, da geht's um Showbiz. Ganz anders als
beim Kreuz und bei der bayerischen Kruzifixvorschrift.

Zurück zur Heiligen Schrift, zurück zu Isaak. Der Junge wird gerettet, kurz vor knapp, statt seiner stirbt der Widder vom Dienst, und Abraham wird von oben gelobt: *»Denn nun weiß ich, dass du Gott fürchtest und mir deinen einzigen Sohn nicht vorenthalten hast.«* Bedingungsloser Obrigkeits-Gehorsam bis zum Sohnesmord, strafrechtlich höchstens durch Unzurechnungsfähigkeit abzumildern, heutzutage. Historisch-theologisch wird die biblische Erzählung heute so ausgelegt: Durch sein Eingreifen macht Jahwe deutlich, dass er keine Menschenopfer wünscht, genauer gesagt, sie *nicht mehr* wünscht. Die Opferung von Menschen, wie sie damals, im zweiten Jahrtausend vor Jesus, bei den Völkern Vorderasiens noch üblich war, wird abgelöst durch Opferung von Tieren; autorisiert, beurkundet, beglaubigt wird die Abschaffung des Kinderopfers durch das entschiedene Eingreifen des göttlichen Willens in Isaaks Errettungsstory und deren Aufnahme in den Kanon der heiligen Schriften: Ein wichtiger Übergang in der Entwicklung religiöser Praxis hin zu größerer Humanität und vor allem zur Achtung von Kindern als eigenständige Menschen mit eigenen Rechten, anstatt nur »Leibeigene« ihrer Eltern zu sein; vielleicht auch ein Beleg für die Vermutung, dass eine Humanisierung menschlicher Verhältnisse immer einer Humanisierung des Gottesbildes korrespondiert – und umgekehrt!

Wie dem auch sei, das Menschenopfer wurde, rund zweitausend Jahre später, wieder eingeführt: von Gott persönlich, wenn man den Schriften der Evangelisten (geschrieben dreißig bis hundert Jahre nach der Kreuzigung) glauben darf. Nun hat die Kreuzestod-Theologie, entwickelt vom griechisch gebildeten, römisch eingebürgerten jüdischen Schriftgelehrten Paulus von Tarsus, zwar frappierende Ähnlichkeit mit den damals im Römerreich beliebten Mythologien von Herakles, Dionysos und Mithras – doch dazu später. Was die christliche Mythe von den genannten heidnischen abhebt, ist, dass sie die irdischen Verursacher der Opferung des Gottessohnes sehr konkret benennen kann.

Judas Greueltaten

Ostern

In Streichers antisemitischem (und antiklerikalen) Hetzblatt »Stürmer«, Ostern 1933.
Bildunterschrift: »Die Juden haben Christus ans Kreuz geschlagen und ihn tot geglaubt.
Er ist auferstanden. Sie haben Deutschland ans Kreuz geschlagen und tot geglaubt
und es ist auferstanden herrlicher als je zuvor.«

2. Station: Itzig wird als Täter festgestellt oder: Bezügl. Anklageschriften wg. Gottesmord

Antisemit: »*Alles Unglück kommt nur*
von den Juden.«
Jude: »*Nein, von den Radfahrern.*«
Antisemit: »*Wieso von den Radfahrern?*
Jude: »*Wieso von den Juden?*«
Kurt Tucholsky

Verraten und verkauft (von Judas) wurde Jesus, denn sich verschworen und sich selbst verflucht hatte das Volk der Juden, das verteufelte: So könnte man für die Liebhaber germanischer Stabreime die Anklagepunkte in einem Satz verbinden. Wenn im Folgenden zum Beleg die entsprechenden Stellen des Neuen Testamentes angeführt werden, sollte man sich bewusst sein, dass fast alle diese Passagen den Christen immer wieder – vor allem bei der Passionsliturgie in der Osterwoche – vorgelesen, vorgespielt und vorgesungen wurden: lerntheoretisch nicht die beste, aber doch eine langfristig effiziente Methode des Einprägens. Beginnen wir bei ...

Verrat und Verschacherung

»*Es fuhr aber* **Satan** *in Judas, der Iskariot hieß, einen aus der Zahl der Zwölf. Und er ging hin und besprach sich mit den Hohenpriestern und Hauptleuten, wie er ihn an sie überliefern könnte. Und sie freuten sich und kamen mit ihm überein, ihm Geld zu geben.*« (Lk 22, 3-5)
»*Einer von seinen Jüngern lag bei Tisch an der Brust Jesu, der, den Jesus liebte. (...) Der lehnte sich also an die Brust Jesu und sagt zu ihm:* ›*Herr, wer ist es?*‹ *Da antwortete Jesus:* ›*Der ist es, dem ich den Bissen eintauchen und geben werde.*‹ *Darauf taucht er den Bissen ein, nimmt ihn und gibt ihn dem* **Judas,** *dem Sohn des Simon Iskariot. Und nach dem Bissen, da fuhr der* **Satan** *in ihn.*« (Joh 13, 23-26)
»*Und alsbald, während er noch sprach, kam* **Judas,** *einer von den*

Zwölfen, und mit ihm eine Schar mit Schwertern und Knütteln aus-
geschickt von den Hohenpriestern und Schriftgelehrten und Ältesten.
Der ihn überlieferte, hatte ihnen aber ein Zeichen angegeben und
gesagt: ›Der, den ich küssen werde, der ist's; den nehmt fest und führt
ihn sicher ab.‹ Und wie er kam, ging er sofort auf ihn zu und sagte:
*›Rabbi!‹ und **küsste** ihn.«* (Mk 14, 43-46)

*»Als nun **Judas**, der ihn überliefert hatte, sah, dass er verurteilt*
*war, ergriff ihn Reue, und er brachte die **30 Silberlinge** den Hohen-*
priestern und Ältesten zurück und sagte: ›Ich habe gesündigt, denn ich
*habe unschuldiges **Blut** überliefert.‹ Die aber sagten: ›Was geht das*
uns an? Sieh du zu!‹ Da warf er die Silberlinge in den Tempel, ent-
fernte sich und ging hin und erhängte sich.« (Mt 27, 3-5)

Wer als gläubiger katholischer Christ in der Karwoche von Gründonnerstag bis Ostersonntag die regulären Gottesdienste besuchte, bekam
Verrat und Hinterlist des treulosen Jüngers in vier verschiedenen Ver-
sionen zu hören, denn alle vier Evangelisten berichten von der großen
Perfidie des später zum Inbegriff des Verräters gewordenen Judas Iskariot. Welche Details der Erzählung dürften sich dabei besonders
eingeprägt haben?

- Der Name **Judas**, der mit »**Juda**« und »**Juden**« so gut zusammen-
  klingt.
- Die (sprichwörtlich gewordenen) »**Silberlinge**« als Symbol für
  Geldgier, Käuflichkeit und die Bereitschaft, das Ideale dem Ma-
  teriellen zu opfern.
- Die kaum zu überbietende Falschheit und Durchtriebenheit, die
  im unmittelbaren Kontrast von **Kuss und Verrat** zum Ausdruck
  kommt.

Wir werden sehen, wie diese Charakteristika noch nachwirken und
virulieren bis zu der Zeit (und darüber hinaus), wo »Juda verrecke« an
Synagogen geschmiert wurde, ergänzt durch ein Kreuz mit Haken.
Judas – oh gerechtes Ende! – muss ja auch in einer der Passionsgeschichten schändlich verrecken, und die Silberlinge hatte er vorher
in den selben Tempel geworfen, aus dem Jesus die Händler vertrieben
hatte (Mt 21, 12-13) und der später die »Synagoge des Satans« genannt wurde.

Verschwörung und Verhetzung

»*Damals versammelten sich die Hohenpriester und Ältesten des Volkes im Palast des Hohenpriesters, der Kajaphas hieß, und beschlossen, Jesus mit List zu ergreifen und zu töten.*« (Mt 26, 3-4; vgl. Mk 14,1 und Joh 46-48)

»*Und die Hohenpriester und Schriftgelehrten suchten, wie sie ihn beseitigen könnten, denn sie fürchteten das Volk.*« (Lk 22,2)

Nach der Festnahme:

»*Die Hohenpriester aber und der ganze Hohe Rat suchten ein **falsches Zeugnis** gegen Jesus, um ihn zum Tode verurteilen zu können.*« (Mt 26,59, ähnlich Mk 14,55)

»*Die Hohenpriester und Ältesten aber **hetzten die Masse auf**, den Barabbas zu fordern, Jesus aber dem Tode preiszugeben.*« (Mt 27,20)

»*Sie aber setzten ihm zu mit großem Geschrei und forderten, dass er gekreuzigt werde. Und ihr Geschrei setzte sich durch.*« (Lk 23,23)

(Selbst-)Verfluchung

Jesus selber prophezeite: »*Etliche von ihnen werdet ihr töten und **kreuzigen**, andere werdet ihr in euren Synagogen geißeln und von Stadt zu Stadt verfolgen, damit **über euch alles gerechte Blut** komme, das auf die Erde ausgegossen wurde, vom Blute Abels, des Gerechten, an bis zum Blute des Zacharias, den ihr zwischen Tempel und Altar ermordet habt.*« (Mt 23, 34-35)

»*Und das ganze Volk antwortete und sprach: ›Sein Blut komme über uns und unsere Kinder.‹*« (Mt 27,25)

Verhöhnung und Lästerung

»*Dann zogen sie ihm einen Purpurmantel an und setzten ihm eine Dornenkrone auf, die sie geflochten hatten. Und sie fingen an, ihm zu huldigen: ›Heil dir, König der Juden.‹ Und sie schlugen ihn mit einem Rohr auf das Haupt und **spien ihn an**, beugten die Knie und fielen vor ihm nieder. Und nachdem sie ihn **verspottet** hatten, nahmen sie ihm den Purpurmantel ab und zogen ihm seine eigenen Kleider an.*« (Mk 15, 16-20)

Die hier den unschuldigen Jesus in so »halbstarker« Art und Weise klatschen, verarschen und fertigmachen, sind zwar Söldner der römischen Besatzungsarmee – aber derartige begriffliche Feinheiten spielen innerhalb der auf Schuld der Juden angelegten Gesamtszenerie keine Rolle, zumal sich der römische Gouverneur Pilatus unmittelbar zuvor, angesichts der unerbittlichen Kreuzigungsforderungen des »ganzen Volkes« die Hände in Unschuld gewaschen hatte (Mt 27, 20-26).

*»Die Vorübergehenden aber **lästerten** ihn, schüttelten ihre Köpfe und sagten: ›Der du den Tempel niederreißt und in drei Tagen wieder aufbaust, rette dich selbst, wenn du der Sohn Gottes bist, und steig herab vom Kreuz.‹ Ähnlich **spotteten** auch die Hohenpriester zusammen mit den Schriftgelehrten und Ältesten ...«* (Mt 27, 39-41)

Aus dem Front-Album des Polizeibataillons 101:
Verhöhnung vor der Hinrichtung.

Verteufelung

Jesus: *»Ihr habt den **Teufel** zum Vater und wollt die Gelüste eures Vaters tun. Jener war ein Menschenmörder von Anfang an und hatte in der Wahrheit keinen Stand, weil Wahrheit nicht in ihm ist.«* (Joh 8,44)

Johannes: »*Und dem Engel der Gemeinde in Smyrna schreibe ... Ich kenne deine Drangsal und deine Armut – doch du bist reich – und die Lästerung aus dem Munde derer, die sich Juden nennen, sie sind es aber nicht, vielmehr eine Synagoge des **Satans**.*« (Apk 2, 8-9)

Paulus: »*Habt doch auch ihr das gleiche erlitten wie sie von den Juden. Diese haben auch den Herrn Jesus und die Propheten getötet und uns verfolgt; sie **gefallen Gott nicht und sind allen Menschen feind**, da sie uns hindern, den Heiden zu predigen, damit sie gerettet werden. So machen sie das Maß ihre Sünden voll. Doch gekommen ist über sie schließlich der Zorn.*« (1 Thess 2, 14-16)

Was Jesus, dem Christus, damals beim »Heilsgeschehen« von den Juden angetan wird, geschieht auf den Erinnerungsfotos deutscher Soldaten und Polizeitruppen den Juden: Verhöhnung, Verspottung, Erniedrigung. Unrechtsbewusstsein oder schlechtes Gewissen ist aus den Gesichtern der Umstehenden nicht abzulesen.

Jonas Goldhagen hat in »Hitlers willige Vollstrecker« vielfach belegt, »... dass es den Deutschen auf allen Ebenen vor allem darauf ankam, den Juden Leid zuzufügen; die Arbeit war demgegenüber Nebensache«.[10] Ein Beispiel: »Die Grausamkeiten in Schlesiersee beschränkten sich nicht darauf, die Frauen bei der Arbeit schutzlos dem Wetter auszusetzen. Die Aufseher peitschten sie aus, sobald sie auch nur versuchten, sich zu wärmen. ›Es war in Schlesiersee bitter kalt, und wir waren nur ärmlich gekleidet; einige der Frauen nahmen die einzige Decke, die sie besaßen, und trugen sie draußen zur Arbeit. Drei- oder viermal wurden alle Frauen, die von der Arbeit zurückkamen, kontrolliert, allen denen, die ihre Decke umgewickelt hatten, wurden als Strafe 25 Peitschenhiebe versetzt. Ich selbst sah die Bestrafung ...‹«

Goldhagen kommentiert: »Das Ideal, an dem sich das Verhalten gegen die verhasstesten Insassen der Lagerwelt, die Juden, orientierte, war das einer Welt unbegrenzten Leidens, das zu deren Tod führen sollte. Das Leben eines Juden durfte nur die Hölle auf Erden sein, ununterbrochene Qual, unendliche Schmerzen, ohne Trost und Beistand. (...) Das Lagerleben war definiert durch ein System der Über- und Unterordnung, durch Herren und Sklaven. In Theorie und Praxis verhöhnte es die christlichen Werte der Nächstenliebe, des Mitleidens und des Mitgefühls mit den Unterdrückten und ersetzte sie durch den Hass auf andere.«[11]

Warschau 1939: Ein Deutscher schneidet einem Juden den Bart ab, andere schauen lachend zu.

Die Thesen dieses Buches setzen an folgenden erklärungsbedürftigen Fakten an:

1. Dass es »... den Deutschen auf allen Ebenen vor allem darauf ankam, den Juden **Leid** zuzufügen«. (Ungenau an dieser, Goldhagens Feststellung ist allerdings die Täterbeschreibung; unter den beflissen grausamen Tätern gabe es ja auch andere Nationalitäten des christlichen Abendlandes, wie Holländer, Balten, Ukrainer ...)
2. Dass es ihnen darum ging, den **Juden** Leid zuzufügen: Misshandelt und ermordet wurden auch Sinti, Roma, Bibelforscher, Behinderte, Kommunisten, Sozialdemokraten, Geistliche, Kriegsgefangene und Homosexuelle, aber Juden waren die bevorzugten Opfer spezieller Grausamkeit. Während Nichtjuden zumindest als Objekte der Ausbeutung so »gut« behandelt wurden, dass respektable Produktivitätszahlen erreicht wurden, verhielten sich die Deutschen »mörderisch und grausam gegen jüdische Arbeiter, und zwar in einer ausschließlich den Juden vorbehaltenen Weise«.[12] Eine ehemalige russische KZ-Gefangene erinnert sich: »Die jüdische Bevölkerung des Lagers wurde noch mehr wie wir misshandelt, und sie bekamen sehr, sehr wenig zum Essen. Von den Russinnen ist keine vor Hunger gestorben. Als wir uns nicht an die Lagerreglemente

hielten, wurde uns das wenige Essen, das wir kriegten, entsagt. Die Jüdinnen im Lager wurden so viel geschlagen, bis sie bewusstlos waren. Wenn sie wieder bewusst waren, wurden die Kleider abgerissen und mussten sie nackt ins Freie stehen bis 7 Uhr.«[13]

3. Dass Judenverfolgung und Antisemitismus im Wesentlichen Phänomene des **christlichen** Kulturraumes sind. So war die Zeit der maurischen Herrschaft auf der iberischen Halbinsel (ab 711/714), die »Kultur der drei Ringe«, eine Epoche toleranten Zusammenlebens der drei »biblischen« Religionen, welche erst mit der »Reconquista« Spaniens durch die »reyes catolicos« in Vertreibung, Zwangsbekehrung und Inquisition überging[14]. Tolerant wurden die jüdischen Kolonisten auch in Indien und China behandelt. Der heutige arabische Antizionismus hat seine Wurzeln in der Gründung des Staates Israel, welche wiederum durch den Antijudaismus des christlichen Abendlandes verursacht worden war. In dieser Kausalperspektive ist auch der massenmörderische Anschlag auf das World Trade Center zu sehen!

»Banalität des Bösen, vor der das Wort versagt und an der das Denken scheitert«: Auf dieses Fazit beschränkt sich Hannah Arendt am Ende ihres Berichts über »Eichmann in Jerusalem«[15] im Jahr 1961. Es war, so wird in diesem Buch behauptet, viel mehr die Banalität der kruzifixierten, tabuisierten Gewalt, die vom Denken abhielt und die Verwurzelung des Antisemitismus quasi im »Kernhaus« des Christentums nicht wahrnehmen ließ. Aber es bewegt sich etwas, bei einzelnen Nachdenklichen. Etwa wenn Heribert Lidl, der katholische Regionaldekan meines Landkreises, folgenden Leserbrief schreibt:

»Konkret: In Europa wurden sechs Millionen Juden durch Deutsche ermordet. Das hat man nicht gewusst, hört man von den Vätern. Aber sie haben die Kristallnacht erlebt und wie die meisten weggeschaut. Grund für dieses Wegschauen war die jahrtausendalte furchtbare Geschichte des Judenhasses, der Verachtung, Ausgrenzung und Gewalt gegen Juden auch in der und durch die Kirche. Diese Geschichte wird bis heute von uns nicht wahrgenommen. Auschwitz hätte Beginn einer nie dagewesenen Umkehr sein müssen für alle Christen, vom Papst bis zum kleinen Mann am Stammtisch. Aber was ist daraus geworden? Von dieser Geschichte wollen immer weniger Menschen wissen ...«[16]

3. Station

Das müssen die Cohns gewesen sein
oder: Was kümmern Kinder Kreuze?

An einem deutschen Sandkasten, zwanziger Jahre.
Fritzchen: »*Ich darf nicht mehr mit dir spielen, Sarah.*«
Sarah: »*Und warum nicht?*«
Fritzchen: »*Mama hat gesagt, ihr Juden habt Jesus gekreuzigt.*«
Sarah lässt ihre Kuchenform liegen, läuft wütend heim. Nach zehn Minuten ist sie wieder da.
Sarah: »*Also hör mal zu, Fritzi. Ich war's nicht, Mama war's nicht, Papa war's nicht und Tante Betty auch nicht. Das müssen die Cohns von nebenan gewesen sein.*«

Dass Kinder anders denken, anders fühlen, anders wahrnehmen als die Alten, sollte jeder Erwachsene wissen, der Kinder hat, Kinder betreut oder selber einmal Kind gewesen ist. In »How we think« nennt John Dewey (1859-1952), der wohl bedeutendste amerikanische Pädagoge, folgendes Beispiel:

»Man hat beobachtet, dass ein kleines Mädchen, das seine Puppe zerbrochen hatte, mit dem abgebrochenen Bein der Puppe allein alle jene Handlungen vornahm, die sonst der ganzen Puppe galten: Sie wusch das Bein, legte es zu Bett, liebkoste es ...«[17]

Deweys Kollege M. L. Hoffmann bringt das Beispiel eines dreizehn Monate alten Kindes, das die traurige Stimmung eines Erwachsenen bemerkt und ihn dadurch zu trösten versucht, dass es ihm seine eigene Lieblingspuppe gibt.[18]

Eine eigene Beobachtung: Johanna, meine jüngste Nichte, war als Dreijährige wie ich bei ihren Großeltern zu Gast, wo in der Stube ein geschnitztes Kruzifix im Herrgottswinkel über der Eckbank hängt. Fürsorglich und mitfühlend wie sie ist, bot Johanna auch dem Gekreuzigten ein Stückchen von ihrem Kuchen an ...

Die drei Beispiele zeigen »Fehler« in der kindlichen Auffassung, die wir mit einem überlegenen Lächeln quittieren. Denn die beiden Mädchen differenzieren zu wenig zwischen Spiel und Ernst, zwischen Puppe und Person aus Fleisch und Blut: Sie beherrschen das Unterscheiden nicht so wie erwachsene Leute, die im Alltag streng rational handeln und am Sonntag irrationale Rituale durchaus ernst nehmen, wie etwa, dem hölzernen Gekreuzigten die Füße zu küssen und den zu Blut verwandelten Wein mit größter Ehrfurcht zu trinken, wie Leute also, die sich bei den Spielregeln auskennen. Die kleinen Mädchen dagegen müssen noch lernen: sie zeigen noch zuviel Fürsorge und emotionale Zuwendung.

Fürsorglichkeit und Mitgefühl, von denen nach Carol Gilligan vor allem das weibliche Moralempfinden bestimmt wird, sind Verhaltensweisen, die von Frauen wie Männern uneingeschränkt als positiv und notwendig gewertet werden, da das menschliche Zusammenleben auf ihnen aufbaut. Auch in jenen frühen Lebensphasen von Kindern, die als »egozentrisch« eingestuft werden, zeigen sich schon vielfach prosoziale Verhaltensweisen von Mitgefühl und Fürsorge. Hoffman hält Empathie und Mitleid für Grundqualitäten menschlicher Existenz überhaupt, da bereits Säuglinge und Kleinkinder auf Angst, Trauer, Schmerz anderer Personen mit Zeichen von Angst, Trauer, Schmerz reagieren. Erst allmählich lernt das Kind, zwischen eigenem und fremdem Leid zu unterscheiden. Parallel dazu baut sich in einem sozialkognitiven Entwicklungsprozess das Gerechtigkeitsgefühl auf: Jean Piaget schließt aus seinen Beobachtungen von Kindern beim gemeinsamen Spiel, dass sich das »Gleichheitsprinzip« (Gleiches Recht für jeden) in gemeinsamen Spielregeln bis etwa zum Alter von zwölf Jahren entwickelt. Diese Gerechtigkeitsperspektive ist für Piagets Schüler Lawrence Kohlberg nicht nur die Folge der kindlichen Fähigkeit, sich in andere hineinversetzen zu können, sondern auch die Voraussetzung für die Entwicklung des reifen moralischen Urteils im späten Jugendalter[19]. Lev Wygotsky (1896 - 1934) leitet Fürsorglichkeit und Gerechtigkeitsgefühl aus kindlichen Urerfahrungen her: Jedes Kind wird in eine Situation der Ungleichheit hineingeboren: Vater, Mutter, ältere Geschwister können mehr, dürfen mehr, wissen mehr. Und kein Kind kann überleben ohne die Fürsorge der Erwachsenen, auf die es bezogen ist. Durch diese Beziehungserfahrung entdecken Kinder, wie wichtig wechselseitige Einfühlung ist und die Fähigkeit, Gefühle füreinander zu erwecken und zu beeinflussen.[20]

Dass die Kreuzigungsdarstellungen ihre negativen Wirkungen eben über diese höchst positiven Emotionen der Einfühlung, Gerechtigkeit und Fürsorge entfalten, ist für die obigen Thesen die grundlegende Annahme. Sie stützt sich zunächst auf Erkenntnisse zweier wegweisender Psychologen, nämlich John Stuart Mill und Jean Piaget; des weiteren auf eine Reihe von empirischen Ergebnissen der neueren und neuesten psychologischen Forschung in den Bereichen Emotion, Empathie und Aggression und, last not least, auf den christlichen Existentialphilosophen Sören Kierkegaard.

John Stuart Mill, einer der bedeutendsten »Sozialpsychologen« des 19. Jahrhunderts, wird von Daniel Goleman (»Emotionale Intelligenz«) so wiedergegeben:

»In der späten Kindheit wird das höchste Maß an Einfühlungsvermögen erreicht, denn nun sind Kinder in der Lage, auch über die unmittelbare Situation hinaus den Kummer eines anderen zu begreifen ... Dieses Verständnis im Jugendalter kann moralische Überzeugungen stützen, die dem Bedürfnis entspringen, Unglück und Ungerechtigkeit zu lindern. Empathie liegt vielen Aspekten des moralischen Urteilens und Handelns zugrunde. Einer davon ist der ›empathische Zorn‹, den John Stuart Mill beschrieb als ›das natürliche Verlangen nach Vergeltung ... das von Verstand und Mitgefühl geäußert wird und sich auf jene Kränkungen bezieht, die uns verletzen, indem sie andere verletzen‹; dieses Empfinden sei, so Mill, der ›Hüter der Gerechtigkeit‹.«[21] Es ist nur natürlich, stellt der sehr nüchtern denkende Mill fest, jedes Unrecht bestrafen zu wollen. »das uns oder denen zugefügt wird, mit denen wir mitfühlen«.[22]

Jean Piaget (1896 - 1980), der wohl bedeutendste Kinderpsychologe seines Jahrhunderts, stellt, sowohl als junger Vater in den Dreißigern wie auch als siebenundsiebzigjähriger Opa, der ein halbes Jahrhundert lang Kinder (mit Vorliebe auch seine drei eigenen) beobachtet hatte, Folgendes fest:

»Unter den instinktiven Neigungen sind vor allem diejenigen zur Rache und zum Mitleid zu erwähnen. Beide entwickeln sich tatsächlich unabhängig von dem Druck des Erwachsenen ... Nun lassen sich aber, wie Frau Antipoff in einer kurzen Bemerkung über das Mitleid sehr gut gezeigt hat, die Neigungen zur Rache sehr früh unter dem Einfluss der Sympathie ›polarisieren‹: Indem das Kind kraft seiner erstaunlichen Fähigkeit zur Einfühlung und zur gefühlsmäßigen Identifikation mit dem Leidenden selbst leidet, fühlt es das Bedürfnis, den

Unglücklichen, wie sich selbst, zu rächen und empfindet eine gewisse Schadenfreude über das dem Urheber des Schmerzes eines anderen zugefügte Leiden.«[23]

Eine »gewisse Schadenfreude« haben wohl auch, klammheimlich oder offen, viele mit Christi Schmerzen aufgewachsene Deutsche beim Abtransport derjenigen empfunden, die ihnen als Urheber dieser Schmerzen galten. Ihr »empathischer Zorn« auf das Volk der Gottesquäler fand nun einen Weg durch die Kruste ihres Bewusstseins, wie augestautes Magma kam »das natürliche Verlangen nach Vergeltung« nach oben, »das von Verstand und Mitgefühl geäußert wird und sich auf jene Kränkungen bezieht, die uns verletzen, indem sie ...« – Jesus verletzten.

Nun sind aber beide zitierten psychischen Reaktionen – J. S. Mills »empathischer Zorn« ebenso wie Piagets »Rache und Schadenfreude« nur dann auf die christlichen Leidensdarstellungen anwendbar, wenn diese verbalen bzw. optischen Bilder dem Betrachter Anlass zu Einfühlung, Mitleid und Identifikation geben. Kann man dies von den Darstellungen des gegeißelten und verhöhnten, des dornengekrönten, kreuztragenden und ans Kreuz genagelten Jesus annehmen, die doch gerade im nördlichen Alpenvorland, in Hitlers, Himmlers, Hößens Heimat so allgegenwärtig sind und waren? Und sind diese Gewaltdarstellungen nicht unvergleichlich harmloser als das, was heute als kommerzialisierte Medien-Gewalt geboten wird?

Zunächst einmal: Die Menschen sind verschieden. Sie differieren nach ihrer individuellen Sensibilität und Wahrnehmungsfähigkeit, nach Breite und Tiefe ihrer vorausgegangenen Erfahrungen, nach ihrem Interesse für religiöse, soziale und »letzte« Fragen – um nur einige Aspekte herauszugreifen – und vor allem nach dem psychosozialen Milieu, in das sie eingebettet sind. Um es mit einem bekannten Jesus-Gleichnis (Mt 13, Mk 4, Lk 8) auszudrücken: Entscheidend ist der Boden, auf den die aggressive Medien-Saat fällt. Günstig für ihr Aufgehen wären etwa lieblose familiäre Verhältnisse und Kontakt mit aggressionsbereiten Gleichaltrigen sowie natürlich die Quantität des medialen Gewaltkonsums.

Dass man Äpfel mit Birnen vergleicht, wenn man Amoklauf-Videos, Abknall-Computerspiele, Western- und Rambo-Filme neben Kruzifixe stellt, dieser Einwand stimmt freilich in mehrfacher Hinsicht. (Allerdings hat Newton auch Äpfel mit Planeten verglichen, mit gravierenden Ergebnissen.) Vergleichen heißt eben auch differenzieren, und das heißt hier, dass zunächst einmal die Intentionen der Betrachter ganz verschiedene sind: Wer sich Gewalt-Medien reinzieht, sucht »geile« Sensationen, möchte Macht erleben oder neben virtuellen Bösewichtern auch seine eigene Angst und Zeit totschlagen, sich (vergeblich) abreagieren, den Freunden seine eigene »coolness« beweisen oder einfach dazugehören. Der wichtigste, diametrale Gegensatz liegt aber im Objekt der Identifikation: Während der Video-Konsument sich mit dem Gewalt-Täter identifiziert – und gerade darauf beruht ja die eventuell Gewalt auslösende Nachwirkung –, fühlt der Betrachter des Passionsgeschehens Sympathie mit dem unschuldigen Opfer.

Eben dieses Mitfühlen mit dem erniedrigten, still leidenden Opfer des jüdischen »Mobbings« – um diesen gar nicht so deplatzierten neudeutschen Begriff zu verwenden –, dieses empathische Mitleiden mit dem, der sich für alle hingab, dieses Hineinfühlen ist nun das, was in allen Darstellungen des Leidens Jesu – vom Evangelium nach Markus bis zur Matthäus-Passion nach Johann Sebastian – ausdrücklich vom Betrachter und Hörer gewünscht und gefordert wird. Ausgehend von Jesu (wohl nicht authentischer) Forderung an jeden Gläubigen, sein Kreuz auf sich zu nehmen und ihm nachzufolgen (Mt 10,38; Mk 8,34; Lk 9,23), wurde und wird Jesus den Christenkindern als Vorbild par excellence empfohlen. Zum Glück, möchte man vielleicht sagen, ist dieses Leitbild allerdings zu hehr und hart, um gerne nachgeahmt zu werden. Doch ändert dieser Umstand wohl wenig daran, dass das Christenkind mit Jesus Mitleid empfindet – so ähnlich wie der »Kreuzschnabel«: Der kleine Singvogel hatte ja, so stand's in unserm Lesebuch, seinen seltsam verdrehten Schnabel durch seine vergeblichen Bemühungen bekommen, aus Mitleid die groben Nägel rauszuziehen, mit denen Jesu Hände damals ans Kreuz angenagelt waren. Zum Mitleid bei Grundschul-Kindern drei pädagogische Beobachtungen:

Eine erfahrene, sehr engagierte, am Kind orientierte und auch evangelische Religion unterrichtende Grundschulkollegin erzählte mir, sie habe schon vor vielen Jahren das Kruzifix in ihrer ersten Klasse abgenommen und – vorschriftswidrig! – seitdem ohne Bekreuzigung unterrichtet. Der Grund, es abzunehmen, war folgender: Immer, wenn sie eine neue erste Klasse übernommen hatte, waren die Kleinen nach ein paar Tagen auf »den Mann da« an der Wand zu fragen gekommen – den viele Kinder wohl von daheim nicht kannten und auch noch nicht bewusst wahrgenommen hatten. So feinfühlig und vorsichtig wie möglich versuchte sie dann, den Kindern die Sache zu erklären – was nicht nur zu großen Augen, sondern auch zu Tränen führte: »Tut das dem nicht weh?«

Bei einer Beiratssitzung meiner politischen Partei sprach mich eine Besucherin an: Sie sei extra gekommen, um mich als durch die Presse geouteten Kruzifixkläger zu fragen, wie die Rechtslage jetzt sei und ob sie selber das Kreuz jetzt schon abnehmen dürfe. Sie sei nämlich katholische Religionslehrerin und hätte vor Ostern, wenn die Passionsgeschichten im Unterricht dran sind, schon mehrfach erlebt, dass »die ganze Klasse« zu weinen anfing.

Als ich bei einer Veranstaltung zur »Kruzifix-Vorschrift« in unserem katholischen Gemeindezentrum die Kindertränen ansprach, meinte eine ältere Dame wütend: »Also des isch doch ein Bledsinn!« Ausgerechnet der Gemeindepfarrer, der vehement für Klassenzimmer-Kreuze eintritt, nahm mich nun dankenswerterweise für meine »blödsinnige« Äußerung in Schutz: Solche Tränen habe er selber schon erlebt, wenn er den Kindern von der Passion erzählte. »Aber die Kinder«, erklärte er uns, »weinen nicht, weil das Kreuz so was Schreckliches ist, sondern weil sie mit Jesus mitfühlen.«

Alle gegen einen

»Aber das ist doch schon so lange her«, meinte die Schustersgattin, als ich damals, wo Kreuze in Klassenzimmern heftig diskutiert wurden, meine schön reparierten Schuhe abholte. Kopfschüttelnd hatte sie sich nämlich über die Leute geäußert, die sich über so was überhaupt aufregen können – und wahrscheinlich war ich der erste gewesen, der in ihrem Laden den Kopf nicht mitgeschüttelt hatte. Der Einwand darf nicht leichtfertig beiseitegeschoben werden: Kreuzigung ist doch – zweitausend Jahre später – für Kinder so fern wie der Tyrannosaurus, so irreal wie ein Feuer speiender Drache und so fiktiv wie ein Haus aus Lebkuchen, oder?

Richtig: Der Kontext des Kreuzes ist erziehungsmäßig heute wesentlich anders als zu Zeiten Hitlers: Man sagt ja heut' nicht mehr, die Juden waren's – und unvergleichbar anders ist er als zu Zeiten des Pilatus: Kein Mensch wird heute mehr gekreuzigt, keiner mit Dornen gekrönt, von Soldaten ausgepeitscht, angespien und als seltsamer König verspottet. Oder?

Aber: Was es bedeutet, derjenige zu sein, der ausgelacht wird, zu erleben, dass »alle gegen mich« sind, gepiesackt und schikaniert zu werden, das ist eine Erfahrung, die – in sehr unterschiedlichem Maße – fast alle Kinder machen. Was als »Mobbing« gefürchtet ist, firmiert im Schulbereich unter der Bezeichnung »Bullying«. Der norwegische Forscher D. Olweus, auf den der Begriff zurückgeht, definiert ihn so: »Von Bullying spricht man dann, wenn eine oder mehrere Personen regelmäßig, über einen längeren Zeitraum wiederholt, eine bestimmte andere Person, die sich aufgrund einer klaren Unterlegenheit kaum zur Wehr setzen kann, körperlich, verbal und/oder mit Hilfe indirekter Strategien (z. B. Ausschluss aus der Gruppe, Gerüchte verbreiten usw.) schikanieren.«[24]

Wohl niemand wird lange nostalgisch in den Memoiren seiner Schulzeit blättern müssen, um sich an »Opfertypen« zu erinnern, und wohl jeder wird in seiner Erinnerung eine Situation wachrufen können, in der er selber im Zentrum von mehr oder weniger aggressiven Attacken seiner lieben Mitmenschen stand und das »Alle-hacken-auf-mir-rum-Gefühl« am eigenen Leib verspürte.

»›Mit dir spiel ich nicht!‹ – oder ›Der, mit dem spielt ja niemand‹: Dieses Phänomen ist gleich aufgebaut wie das antisemitische.« Theodor W. Adorno, von dem dieses Zitat stammt[25], kam 1903 in Frankfurt als Teddy Wiesengrund auf die Welt. Seine pädagogischen Schriften sind geprägt von dieser Kindheiterfahrung des Ausgegrenztwerdens: »Das Trauma, das sich dabei bildet, dürfte leicht antisemitische Verhärtungen bilden. Druck und Kälte, die das Kind erfahren hat, werden weitergegeben; weil man sich plötzlich ausgeschlossen fühlt, wünscht man auch andere auszuschließen und sucht sich die Geeigneten aus.«

Die Geeigneten: das waren immer zuerst die irgendwie Auffälligen, Andersartigen: die Dunkelhäutigen und Rothaarigen, die Dicken und die Brillenschlangen, die Streber und die »Eselsbänkler« ... und die Gottesquäler. Therese Giehse, später eine der berühmtesten deutschen Schauspielerinnen, berichtet über ihre Schulzeit als kleine Jüdin im schwäbischen Hainsfarth: »Ich war dick, rothaarig und hatte den Herrn Jesus umgebracht.«[26]

Die kleine Therese erlebte eine Synergie von Mobbing und empathischem Zorn. Denn sie gehörte ja, in den Augen ihrer christlichen Mitschüler, zu denen, »die so gemein zum Jesus waren, die wo ihn immer so piesacken und anspucken und auspeitschen und ihm so eine Dornendings aufsetzen und ihn dann noch mit richtigen Nägeln annageln, richtig durch die Hände durch und an den Füßen auch und dabei hatte er ihnen überhaupt garnix getan, die andern haben angefangen« ... So etwa könnte es den Klassenkameradinnen der kleinen

Therese durch den Kopf gegangen sein, zumindest in der Osterzeit nach der pfarrherrlichen Religionsstunde.

Das Einfühlen in die Leiden eines Opfers, noch mehr eines unschuldigen Opfers der Mitmenschen fällt uns leicht, weil wir alle schon irgendwann einmal die Rolle des Opfers, des unschuldigen Opfers zugewiesen bekamen. Olweus nimmt an, dass sich in jeder Schulklasse durchschnittlich ein bis drei»whipping boys« finden, also Kinder, die sich auf Grund von Merkmalen wie Sensibilität, Unsicherheit, körperlicher Unterlegenheit zu»Opfertypen« eignen. Wenn er oder sie nicht selber Opfer ist, so hat doch jeder Schüler und jede Schülerin Gelegenheit, das Quälen eines Opfers in seiner/ihrer Klasse mitzuerleben. Die meisten von ihnen lehnen nach Olweus' Umfragen Bullying ab; vierunddreißig Prozent gaben an, Opfern schon mal geholfen zu haben. Viele beklagen, dass Lehrer solche Vorgänge oft übersehen. Die Folgen für die Betroffenen sind gravierend: Glücklicherweise entkommen zwar die»Prügelknaben« (oder -mädchen) mit dem Ende der Schulzeit oder einer Änderung ihrer Umgebung meist der ihnen übergestülpten Opferrolle. Als Spätschäden bleiben ihnen aber (nach Olweus) geringeres Selbstwertgefühl und teilweise lebenslange Depressionsneigung bis zur Suizidgefahr. Auch für die»Bullies« oder »Quälgeister«, wie sie Adorno nennt, ist die Prognose fürs weitere Leben nicht gerade günstig: Ihre Chance, später wegen kriminellen Verhaltens verurteilt zu werden, ist etwa viermal höher als bei nicht auffälligen Kindern.

Noch einmal Teddy Wiesengrund: Adorno war wohl selbst der »whipping boy«, wenn er über»Die fünf Patrioten« erzählt, die über einen einzelnen Klassenkameraden herfielen, ihn verprügelten und ihn, als er beim Lehrer sich beklagte, als Klassenverräter diffamierten. Fünf Normale,»deren Hallo kein Ende nahm, wenn der Primus versagte ... Die keinen richtigen Satz zustande brachten, aber jeden von mir zu lang fanden ... Der Ausbruch des Dritten Reiches überraschte mein politisches Urteil zwar, aber nicht meine unbewusste Angstbereitschaft. So nah hatten alle Motive der permanenten Katastrophe mich gestreift, so unverlöschlich waren die Mahnmale des deutschen Erwachens mir eingebrannt, dass ich ein jegliches dann in den Zügen der Hitlerdiktatur wiedererkannte ... Im Faschismus ist der Alp der Kindheit zu sich gekommen.«[27]

Der Primus hatte das Pech, dreifach gut ins Opfer-Suchraster der Bullies zu passen: Als kleiner Jude, als Intelligenzler (typisch jüdisch) und als Verräter (na klar!). Sein Beispiel hat insofern etwas von der

Argumentationslinie weggeführt, als es hier zunächst nur um diese These geht: Die Art und Weise, wie die Juden damals Christus als »*whipping boy*« behandelten, machte sie selber zwei Millennien lang zu *whipping boys* der Christen. Um mit jemandem mitzuleiden und »empathischen Zorn« zu empfinden, ist es notwendig, sich mehr oder weniger mit dem Opfer zu identifizieren. Dass dies von Christen permanent gefordert ist, wurde bereits belegt und ist auch offensichtlich. Aber am wohl meistzitierten Jesus-Gleichnis – dem vom barmherzigen Samariter – ist festzumachen, dass die christliche Lehre auch eine beständige Anleitung ist, sich nicht nur in den Nächsten, sondern auch in den Fremden einzufühlen, mit ihm zu »sympathisieren«, das heißt wörtlich: mitzuleiden. Bekanntlich galten die Samariter bei den »richtigen« Juden als verachtete Volksgruppe. Wenn Jesus in seinem Gleichnis für die Rolle des barmherzigen, uneigennützigen »Gutmenschen« gerade einen Samariter wählt, dann wendet er sich gezielt gegen Fremdenfeindlichkeit und fördert den Respekt, die menschliche Anerkennung und die Empathie für »Volksfeinde«. Wohin auch immer das Christentum sich ausbreitete, wurde das gläubige Volk anhand des Samariter-Gleichnisses in ständig sich wiederholenden Lektionen dazu erzogen, sozial verantwortlich zu handeln, im Fremden den Mitmenschen, den Bedürftigen, das unschuldige Opfer eines Überfalls zu erkennen und dabei über ethnische Grenzen hinwegzusehen. Nun waren aber, wie damals die Samariter für die »Juden«, in Mitteleuropa die Juden für die Christen das fremde Volk der »Volksfeinde«, und sie galten als religiös unzuverlässig.

Abgesehen davon, wie es zu diesem Feindbild kam: Die Frage, warum die Christen die Juden so wenig im Sinne des Samaritergleichnisses behandelten, bringt uns zurück zum »empathischen Zorn«, der »sich auf jene Kränkungen bezieht, die uns verletzen, indem sie andere verletzen«.

Die Grundthese, dass die Passionsdarstellungen in den christlichen Betrachtern »das Bedürfnis« weckten, »den Unglücklichen, wie sich selbst, zu rächen« und »eine gewisse Schadenfreude über das dem Urheber des Schmerzes eines anderen verursachte Leiden« zu empfinden, wird durch eine Reihe von Befunden der modernen Aggressionsforschung unterstützt, welche im Folgenden angeführt werden sollen.

Dass auch Geschichten, die lediglich mündlich, ohne optische Illustrationen vorgetragen wurden, aggressionssteigernd wirken können, wiesen D. L. Larder in den USA 1962 [28] und H. Pass 1983 [29] in Deutschland nach. Die oben erwähnten Schulkindertränen bei der Passionserzählung veranschaulichen diesen Befund, welcher auch niemanden überraschen wird, der einmal erlebt hat, wie Kinder beim Erzählen von Märchen sich mit den Hauptfiguren identifizieren und innerlich deren Abenteuer mitgehen können.

»Gerechte Gewalt«

Ein Experimentalbefund von Berkowitz & Rawlings 1963[30] unterstreicht J. S. Mills These vom »empathischen Zorn«: Wird eine Handlung Versuchspersonen als gerechtfertigt dargestellt – z. B. als gerechte Strafe für einen Schurken – dann stimuliert sie stärkere Aggression, als wenn sie als böse Tat erscheint.

Zur Frage, welche Rolle moralische Werthaltungen wie »Streben nach Gerechtigkeit« beim Dulden oder Ausführen aggressiver Handlungen spielen, liegt eine Reihe wichtiger Befunde vor. Sie beziehen sich primär nicht auf Menschen, die aus »Spaß« andere Menschen attackieren (»Bullies«) oder sie aus »Lust« quälen (Sadisten, Psychopathen: eine spezielle Fragestellung), sondern auf normale, anständige, mitfühlende und auf ihr Gewissen hörende Leute. Solche Menschen haben – von Natur aus oder anerzogen – Hemmungen, anderen Leid zuzufügen, und Werthaltungen, die ihnen solches verbieten – auch im eigenen Interesse: »Wer nach eigenen Normen eine aggressive Handlung als falsch bewertet und sie unterlässt, wird mit sich zufrieden sein. Wer sie trotzdem ausführt, weil andere Kräfte stärker sind, bekommt Schuldgefühle (›schlechtes Gewissen‹).«[31] Die moralischen Normen lassen aber, je nach Situation, für das »Zuschlagen« viele Ausnahmen zu – ohne dabei ihre Gültigkeit als Normen der Gerechtigkeit einzubüßen; im Gegenteil: sie werden durch »gerechte Aggression« bestätigt! Lagerspetz & Westman (1989)[32] nennen als solche »normbestätigende« Ausnahmen:

- Man schlägt andere Menschen nicht – ausgenommen ungezogene Kinder.
- Man greift nicht als Erster an, aber darf zurückschlagen.
- Man ist gut zu anständigen Menschen und Angehörigen der eigenen Gruppe, aber nicht zu Schurken und Feinden.
- Man darf nicht für persönliche Vorteile Gewalt einsetzen, wohl aber im Dienste einer guten Sache.

Alfred Bandura[33] stellte 1979 eine ganze Liste von Rechtfertigungen für »Aggressionen mit reinem Gewissen« zusammen. Sie umfasst vor allem folgende »Ausnahmegenehmigungen«:

- Höhere Zwecke (»Erziehung zum anständigen Menschen«, »Heiliger Krieg«)
- Schuld des Opfers (»Gegengewalt«, »gerechte Strafe«)
- Minderwertigkeit des Opfers (»Untermenschen«, »Ungeziefer«)
- Bagatellisierung der Folgen (»Eine Tracht Prügel hat noch niemand geschadet«)
- Relativierende Vergleiche (»Was haben denn die damals gemacht?«)
- Delegieren der Verantwortung (an Vorgesetzte, die Gruppe, die Zeit, die Gesellschaft).

Zum »Abschütteln von Verantwortung« bemerkt Stanley Milgram anhand seines berühmten Experiments zur Gehorsamsbereitschaft: Die Verantwortung »kann auf das Opfer übertragen werden, als veranlasse es seine Bestrafung selbst. Ihm wird vorgeworfen, sich freiwillig an dem Experiment beteiligt zu haben, und noch vorwurfsvoller gibt man ihm die Schuld an seiner Dummheit und Widerspenstigkeit. Hier sind wir auf dem Weg von der Verantwortungsverschiebung zur grundlosen Diskriminierung des Opfers. Der psychische Mechanismus ist durchsichtig: Wenn das Opfer eine unwürdige Person ist, braucht man sich keine Gewissensbisse zu machen, wenn man ihm Schmerzen zufügt.«[34]

Alle diese Zusatzklauseln für gerechte Gewalt, um es so zu nennen, sind problemlos auf das Verhalten antijüdischer Christen anwendbar. Hinzu kommt, dass auch das Beobachten aggressiver Handlungen (etwa von SA-Leuten) gegenüber dem Übeltätervolk, anstatt die Zuschauer moralisch zu empören, deren Aggressivität noch zusätzlich zu steigern in der Lage war (Berkowitz & Rawlings 1963). Und hinterher konnten sich Täter wie Zuschauer sogar noch bestätigt fühlen, denn:

»Ein anderer ›innerer‹ Effekt kann das Erleben von ›Gerechtigkeit‹ sein. Dies ist dann zu erwarten, wenn jemand seine aggressive Handlung als ›verdiente‹ Strafe für einen Provokateur versteht. Entscheidend für das Erleben dieses Erfolges ist die Wiederherstellung eines ›normativen Gleichgewichts‹, mithin die beruhigende Erfahrung, dass Verstöße geahndet werden und es insofern gerecht zugeht in der Welt. Es ist möglich, dass das Gerechtigkeitsempfinden zugleich mit einer positiven Selbstbewertung gepaart ist. Beide Effekte besitzen Bedeutung für die Aggressionsart der Vergeltung, und der subjektive Erfolg kann langfristig die Neigung zu solchen Handlungen erhöhen.«[35]

Ein Zitat eines »willigen Helfers« vor dem Nachkriegsgericht: »Ich will damit sagen, dass ich gar nicht daran gedacht habe, dass diese Befehle Unrecht sein könnten. Ich weiß zwar, dass die Polizei auch die Aufgabe hat, Unschuldige zu schützen, doch war ich damals der Überzeugung, dass die jüdischen Menschen nicht unschuldig, sondern schuldig seien ...« (Kurt Möbius, ehemaliger Angehöriger eines Polizeibataillons, das in Chelmno Judenvernichtungen durchführte).

»Die zustimmende Atmosphäre, die im ganzen Bataillon im Hinblick auf die Mordeinsätze herrschte, erhielt dadurch, dass man diese Photos öffentlich zeigte und miteinander teilte, eine fast feierliche, fröhliche Qualität: ›Bemerken möchte ich noch zu diesen Bildern, dass sie in Form von Bildmappen auf unserer Schreibstube ausgehängt wurden und sich jeder nach Belieben Abzüge bestellen konnte. Durch solche Bestellungen bin ich auch in den Besitz dieser Bilder gelangt, ohne immer selbst an dem dargestellten Geschehen beteiligt gewesen zu sein ...‹ – So als ob sie sagen würden: ›Es ist ein großes Ereignis. Jeder, der sich Erinnerungen an diese heroischen Leistungen bewahren will, kann Abzüge bestellen‹ – wie Touristen, die Postkarten kaufen oder um Abzüge von Schnappschüssen ihrer Freunde bitten, um die schönsten Orte und Szenen einer vergnüglichen Reise im Gedächtnis zu behalten. (...) Photos wie jene aus Lomazy und anderen Orten veranlassen uns dazu, die herrschende Auffassung in Frage zu stellen, wonach die Deutschen verängstigte, gezwungene, unwillige, ablehnende oder entsetzte Mörder von Menschen gewesen seien, die sie eigentlich für unschuldig hielten. Vielmehr treten dem Betrachter auf einigen dieser Bilder anscheinend gelassene und glückliche Menschen entgegen; andere wirken stolz und froh, während sie sich mit ihren jüdischen Opfern abgeben.«[36]

Bei den Beschreibungen der Grausamkeiten in Pogromen und Lagern fällt auf, dass bei der Misshandlung und Terrorisierung jüdischer Opfer Geißeln und Peitschen bevorzugte Werkzeuge waren: »Ich kann mich noch gut daran erinnern, dass am Abend vor der Aktion in Józefów Peitschen ausgegeben wurden ... Die Peitschen sollten beim Heraustreiben der Juden aus den Häusern Verwendung finden. Bei den Peitschen handelte es sich um regelrechte Ochsenziemer.«[37] »Über den alltäglichen Einsatz von Peitschen hinaus wandten die Deutschen vor allem folgende grausame Praktiken an: Brutale Schläge mit Peitschen,

Kurz bevor die Lukówer Juden ins Todeslager Treblinka deportiert werden, nehmen sich Angehörige des Polizeibataillons 101 die Zeit, eine Gruppe von Juden zu zwingen, für Erinnerungsphotos zu posieren.

in die Eisenkügelchen eingearbeitet waren. (...) Schläge im Bunker auf einem speziellen ›Auspeitschtisch‹...«[38]

Die Auspeitschung Jesu hier als Vorbild zu vermuten, erscheint vielleicht ebenso bemüht, wie seine Verhöhnung im folgenden Beispiel wiederkehren zu sehen:

»Es waren Angehörige des Polizeibataillons 101, die diese Juden aus Lukow verhöhnten, bevor sie sie und siebentausend weitere in die Gaskammern von Treblinka deportierten. Sie zwangen sie, ihre Gebetsschals anzulegen, wie beim Gebet niederzuknien und möglicherweise auch Gebete zu singen. Der Anblick jüdischer Kultgegenstände und Rituale veranlasste die ›Endlöser der Judenfrage‹ zu Hohngelächter und regte sie zu grausamen Handlungen an: In ihren Augen handelte es sich um bizarre Verkleidungen, groteske Zeremonien, um rätselhafte und seltsame Gerätschaften einer Teufelsbrut. Der Holocaust zählt zu den seltenen Massenmorden, bei denen Täter ... ihre Opfer immer wieder verhöhnten und sie dazu zwangen, Possen zu treiben, bevor sie sie in den Tod schickten.«[39]

Dazu Mk 14: »*Und einige begannen, ihn anzuspeien und sein Angesicht zu verhüllen, ihn zu schlagen und zu ihm zu sagen: ›Weissage!‹*«

Und Mt 27: »*Dann zogen sie ihn aus, legten ihm einen scharlach-roten Mantel um, flochten eine Krone aus Dornen, setzten sie ihm auf sein Haupt und gaben ihm ein Rohr in seine Rechte. Und die Knie vor ihm beugend, verspotteten sie ihn und sagten: ›Heil dir, König der Juden!‹ Und sie spien ihn an, nahmen das Rohr und schlugen ihn auf das Haupt ...*«

Geißelungsszenen, gemalt oder als Skulptur, sind ein häufiger Bestandteil katholischer Kirchen im süddeutschen und österreichischen Raum. Friedrich Heer, der katholische österreichische Historiker, bemerkt dazu:

»Aufhängen neben dem Weihnachtsbaum. Töten durch Baum- und Pfahlhängen; Kreuzigungen kopfunter; Daumenschrauben, damit die Vögel zum Singen gebracht werden: Die mörderische Phantasie dieser Männer und Frauen von 1939 bis 1945 ist sichtbar angeregt durch Marterbilder in zumal ländlichen Andachtsstätten und Wallfahrtsorten im bayerischen und österreichischen Raum.«[40]

Nolting bemerkt zum Lernen von Gewalt: »Modellverhalten kann also gelernt, d. h. im Gedächtnis gespeichert sein, ohne dass es gezeigt wird. Aus der Unterscheidung von Lernen und Ausführung ergibt sich, dass wir viele Aggressionsformen kennen und auch ›an sich‹ ausführen könnten, ohne dies aber jemals zu tun. (...) Die Unterscheidung lässt aber auch die Möglichkeit zu, dass das Lernen am Modell später in geeigneten Situationen zur Geltung kommt. (...) Ganz besonders geeignet wird eine Situation sein, die jener gleicht, in der das aggressive Verhalten, vielleicht sogar wiederkehrend, vorgemacht wurde. Hier sei daran erinnert, dass noch eine Generation später, nämlich im Umgang mit dem eigenen Ehepartner und den eigenen Kindern, aggressive Vorbilder aus der Herkunftsfamilie zur Geltung kommen können.«[41]

Die bis hierher angeführten psychologischen Befunde in Zusammenschau mit Textstellen der Passionsberichte Jesu einerseits und historischen Details der Passionsgeschichte des »Gottesmördervolkes« andererseits sollten folgende psychologische Kausalbeziehungen verdeutlichen:

• Die Darstellung der Leiden Jesu gab – via Identifikation und Mitfühlen mit dem Opfer – den Betrachtern Anlass zu »empathischem Zorn« (J. S. Mill), tiefsitzenden Ressentiments und Rachebedürfnissen (Piaget / Antipoff).
• Die Leidensdarstellungen boten Modelle grausamen Handelns.

- Diese im Gedächtnis der Passionsbetrachter gespeicherten Modelle wurden in »geeigneten Situationen« aktiviert und reproduziert, indem Juden auf ähnliche Weise gequält wurden wie der angeblich von ihnen zu Tode gequälte Jesus.

Aber: Wir müssten diese psychologischen Fakten nicht auf einen Massenmord beziehen und dieses Kreuzwegbuch mit seinen vierzehn Leidensstationen – wir sind erst bei der dritten – wäre um Millionen Tote kürzer, hätte man beherzigt, was Sören Kierkegaard vor hundertfünfzig Jahren schon in ebenso sensibler wie genialer Einfachheit gesagt hat:

»So denk dir denn ein Kind, dem du eine Freude machen möchtest ... Und so zeigst du nun dem Kinde allerlei Bilder zu des Kindes unsäglicher Freude, da kommst du an eines, das mit Fleiß dazwischengelegt ist, es stellt vor einen Gekreuzigten. Das Kind wird dies Bild nicht allsogleich, auch nicht so ganz unmittelbar verstehen, es wird fragen, was das zu bedeuten hat, warum der Mann an solch einem Balken hängt. Da erklärst du dem Kinde, es sei ein Kreuz, und daran hängen heiße gekreuzigt sein, Kreuzigung sei in jenem Lande die schmerzhafteste Todesstrafe gewesen ... Wie wird das nun auf das Kind wirken? Dem Kind wird wunderlich zumute werden, es wird wohl eigentlich sich wundern, wie du dazu kommst, ein solch hässliches Bild zwischen all die hübschen zu legen ... Denn wie den Juden zum Trotz über seinem Kreuze zu stehen kam ›der Juden König‹, so ist dieses Bild, das Jahr um Jahr von neuem herauskommt, dem Geschlecht zum Trotz eine Erinnerung, die es niemals loswerden kann oder wird, ... und es wird sein, als ob das gegenwärtige Geschlecht ihn gekreuzigt hätte jedes Mal, um einem Kind des kommenden Geschlechts zu erklären, wie es in der Welt hergehe; und dem Kinde wird ... Angst und bange werden vor den Älteren und der Welt und sich selber ... Mittlerweile wird das Kind, wissbegierig wie Kinder es immer sind, doch schon fragen, wer ist das, was hat er getan, ja? ... Erzähle dem Kinde, dass er Liebe ist, dass er aus Liebe auf die Welt gekommen, die Menschen zu lieben und ihnen zu helfen, sonderlich allen, welche krank und traurig und leidend und unglücklich waren. Erzähle dann dem Kinde, wie es ihm im Leben ergangen, wie einer der Wenigen, die ihm näherstanden, ihn verraten, die wenigen andern ihn verleugnet, und alle andern seiner gehöhnt und gespottet, bis sie zuletzt ihn ans Kreuz hefteten – so wie man es auf dem Bilde sieht – und wünschten, sein Blut möge kommen über sie und ihre Kinder.

Welche Wirkung also meinst du, wird diese Geschichte beim Kind hervorrufen? Zuallererst wohl die, dass es die andern Bilder vergäße ... Und dann würde das Kind wohl in das tiefste Erstaunen geraten, dass Gott im Himmel nicht alles getan habe, um zu verhindern, dass dies geschähe; oder dass es geschehen sei, ohne dass Gott, wenn nicht schon früher, so doch im letzten Augenblick, um seinen Tod zu verhindern, Feuer vom Himmel hätte regnen lassen. – Nach und nach aber, wenn das Kind hinginge und über diese Geschichte nachdächte, würde es wohl immer leidenschaftlicher werden; es würde nur noch denken und sprechen von Waffen und Krieg – denn das hätte das Kind fest bei sich beschlossen, wenn es erst groß sei, alle diese gottlosen Menschen entzweizuhauen, welche an dem Liebreichen so schlimm gehandelt hatten, wider den sie riefen ›kreuzige ihn, kreuzige ihn!‹; dies hätte das Kind beschlossen, nach Kindesart vergessend, dass es über achtzehnhundert Jahre her sei, seitdem sie lebten.«[42]

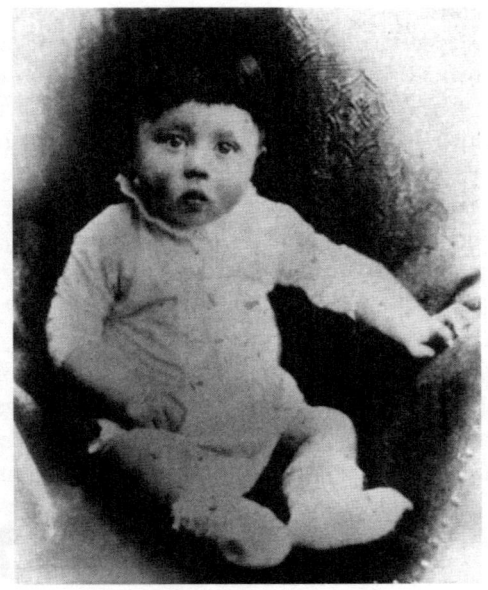

Das nette Baby heißt Adolf, es wurde in Braunau am Inn im Jahr 1889 geboren und sagte später einmal: »Schon bei einem Kind kann man im Alter von drei Jahren Angstvorstellungen erzeugen, die es im Leben nicht wieder verliert.« Ein paar Jahre später wurde im schwäbischen Hainsfarth die kleine Therese Giehse geboren, die über ihre Grundschulzeit in der dortigen katholischen Volksschule später, wie schon gesagt, noch weiß: »Ich war dick, rothaarig und hatte den Herrn Jesus umgebracht.« Nicht sie allein natürlich, die kleine Juden-Resi.

An eine andere kleine Kreuzigerin erinnert sich die preußische Generalstochter Lily Braun, wenn sie von einer Mitschülerin erzählt: »Einmal, nach der Religionsstunde – wir hatten gerade die Leidensgeschichte Christi durchgenommen – sah ich sie plötzlich inmitten der andern, die sie dicht umdrängten und auf ein gegebenes Zeichen gemeinsam losbrüllten: ›Judenbalg, hat Christus gekreuzigt – Judenbalg, hat Christus gekreuzigt!‹ Dann tanzten sie im Kreise um sie herum, und auf ein ›Eins, Zwei, Drei‹ der Anführerin spien sie alle vor ihr aus. ›Gemeine Bande‹, schrie ich, während sie überrascht auseinanderprallten, ›schämt ihr euch nicht: zehn gegen eine?‹ – ›Sie ist aber doch eine Jüdin‹, knurrte die mir Zunächststehende. ›Und wenn sie es ist – wisst ihr denn nicht, dass Christus auch ein Jude war?‹, gab ich zur Antwort.«

Wegen dieser seltsamen Meinung bekam Lily dann von der Direktorin eine scharfe Rüge. Schlechter ging es dem jüdischen Historiker Gustav Mayer, dem ein größerer Mitschüler »unter dem Gewieher der benachbarten Bänke gewaltsam Schweineschmalz in den Mund schmierte, weil er wusste, dass meine Religion mir verbot, solches zu essen«.

»Wie oft wurde mir in der hässlichsten Weise ›Judenjunge‹ nachgerufen«, erinnert sich der Musikwissenschaftler Leo Kerstenberg, »und wie oft wurde ich von Lehrern angeschrien, ja geohrfeigt, nur weil ich Jude war.«

In einer anderen deutschen Schule fragte K. F. Borée seine Mitschüler, warum sie alle auf einen kleinen, schmächtigen Jungen einschlugen. »Er ist doch ein Jude«, erhielt er zur alles erklärenden Antwort.

Es sind dies alles Beispiele aus den Memoiren Prominenter, zu denen man noch Ernst Toller, Teddy Adorno und andere addieren könnte – als Spitze eines Eisbergs von Mobbing gegen jüdische MitschülerInnen, welcher zumindest im Kasseler Regierungsbezirk amtsnotorische Ausmaße annahm.[43] Einer, der, wie Therese Giehse, in einer Volksschule Bayerisch-Schwabens aufwuchs und später zum Täter wurde, nämlich der kleine Julius Streicher, erinnert sich: »Der Dorfpriester erklärte uns in den Religionsstunden, wie die Juden Christus bitter bekämpft und schließlich gekreuzigt haben. Damals ging mir zum ersten Mal auf, dass das Wesen des Juden ein besonderes war.«[44]

Kierkegaard am wenigsten hätte sich über diese Bestätigungen seiner religions-pädagogischen Einsichten gefreut, die auch nicht aus Dänemark, sondern aus Deutschland zu berichten waren: als für die kleinen Opfer traumatisierende, aber doch relativ harmlose Gehässigkeiten, gemessen an Auschwitz oder Treblinka.

Über die kleine Chaje, Zeitgenossin aller dieser Kinder, berichtet später ihr Bruder Binem Heller in der Sprache, die so schwäbisch-bayerisch klingt:

Mein Schwester Chaje mit die grine Äugn,
mein Schwester Chaje mit die lange Hor –
die Schwester Chaje, wos hot mich derzoign,
is noch nit alt gewen kein zehndlig Johr.

Sie hot gekocht, geräumt, derlangt dos Essn,
sie hot gezwogn uns die kleine Köpf.
Nur spielen sich mit uns hot sie vergessn,
die Schwester Chaje mit die schwarze Zöpf.

Mein Schwester Chaje mit die Äugn grine,
a Daitsch hot in Treblinke sie verbrennt ...

4. Station   Das gekreuzigte Christkindl
oder: Die Passion im Kleinen

19. Jahrhundert: In einem ungarischen Städtchen
geht das Gerücht um, man habe irgendwo ein
ermordetes Kind gefunden. Die entsetzten Juden
beginnen, sich zur Flucht vorzubereiten. Da
kommt der Schammes, der Synagogendiener,
und schreit aufgeregt vor Freude: »Jiden! Jiden!
A gute Nachricht! Das toite Meidl is a jiddene!«

Der äußerst makabre Witz konnte wohl nur dort als Witz empfunden werden, wo die Realität noch viel makabrer war.

»Gut« ist die Nachricht des Schammes wohl aus zwei Gründen: Erstens ist das Kind kein Christenkind und zweitens ist es ein Mädchen. Den Hunderten von Ritualmorden, derer die Juden von Christen bezichtigt wurden – Taten, die, nachdem sie in der Regel zu mörderischen Pogromen geführt hatten, ihre Tatorte oft genug zu Wallfahrtsorten machten –, fiel fast niemals ein Mädchen zum Opfer. Die Erklärung dieses Umstands hängt mit folgender Unterthese zusammen, die in diesem Abschnitt erörtert werden soll:

- Der Umstand, dass die beiden Bilder von Jesus als leidendem Erwachsenem einerseits, wie auch als »Jesuskind« andererseits, den Christen von Kind auf simultan präsent waren, förderte Identifikation, empathisches Mitgefühl und folglich den »empathischen Zorn« auf seine Peiniger.

Betrachten wir zunächst die zum Kontext »Kind sein« wichtigen und in der christlichen Verkündigung ständig wiederkehrenden Schriftstellen.

Von den vier Evangelisten berichten nur Matthäus und Lukas die Kindheitsgeschichte Jesu, dafür aber in vielen schönen Details und ganz von Anfang an: Verkündigung der Empfängnis (nur bei Lukas), Geburt im Stall, Besuch der Hirten und der Weisen, denen ein Stern den Weg gewiesen hatte. Nach acht Tagen wird Jesus beschnitten, wächst in bescheidenen, verborgenen Verhältnissen heran, um dann als Zwölfjähriger die Lehrer im Tempel stark zu beeindrucken – nur bei Lukas, wohlgemerkt. Bei Matthäus dagegen fällt ein Schatten tödlicher Bedrohung auf das Baby. Der jüdische König Herodes hat die drei Weisen listig ausgeforscht und trachtet eifersüchtig dem kommenden König nach dem Leben. Zwar kann die junge Familie, von einem Engel in Josefs Traum gewarnt, rechtzeitig nach Ägypten fliehen, aber hinter ihnen kommt es in Betlehem zum Blutbad: *»Als Herodes sich nun von den Weisen hintergangen sah, geriet er in heftigen Zorn, sandte hin und ließ in Betlehem und seiner ganzen Umgebung alle Knaben im Alter von zwei Jahren und darunter töten ...«* (Mt 2,16)

Jesus aber ist entkommen und bleibt mit Vater und Mutter dort, von wo seine Stammväter tausend Jahre vorher – ebenfalls unter dem Vorzeichen eines Massakers an Kindern – ins Gelobte Land aufgebrochen waren. Kein irdischer König, sondern Jahwe selbst war damals in Ägypten der Täter gewesen:

»So spricht Jahwe: Um Mitternacht gehe ich durch Ägypten. Dann wird jede Erstgeburt im Land Ägypten sterben, von dem Erstgeborenen des Pharao, der auf dem Throne sitzt, bis zu dem Erstgeborenen der Magd hinter der Handmühle und alle Erstgeburt des Viehs. Dann wird sich ein großes Wehklagen erheben in ganz Ägypten, wie es noch nie war und nie sein wird. Aber bei den Israeliten wird kein Hund knurren, nicht gegen Menschen noch gegen Vieh, damit ihr erkennt, dass Jahwe einen Unterschied macht zwischen Ägypten und Israel.« (Ex 11, 4-7)

Der feine Unterschied, welcher Jahwes Todesengel bei seinem nächtlichen Rundgang die Kinder Israels verschonen ließ, bestand, wir wissen's ja aus der Grundschule, im Blut der frisch geschlachteten Opferlämmer, das die Familien Israels ans Türgebälk ihrer Häuser gestrichen hatten.

Auch Moses, der diesen Spruch Jahwes den Israeliten übermittelte, war übrigens, ähnlich Jesus, als Baby einem geschlechtsspezifischen Kinder-Genozid knapp entkommen: Damals war's der König von Ägypten, und er hatte den Hebammen der Hebräerinnen befohlen, alle deren neugeborene Knaben zu töten, nur die Mädchen am Leben zu lassen. Aber die Hebammen – fürsorglich wie Frauen sind – gehorchten nicht und ließen auch die Knaben am Leben. Daraufhin gab der Pharao seinem ganzen Volk den Befehl: *»Werfet alle Knaben, die den Hebräerinnen geboren werden, in den Fluss; alle Mädchen aber lasst am Leben.«* Aber wir wissen ja, es ging gut aus, und Gershwins »Sportin' Life« macht für die schöne Bess ein Lied draus: »Little Moses was found in a stream. He floated through water to old Pharaos's daughter; she fished him – she says – from that stream.«

Genozid als häufige Erscheinung in der Geschichte des jüdischen Volkes: Dass dieser blutrünstige Aspekt der biblischen Erzählungen im christlichen Bewusstsein Allgemeingut war und dass er natürlich, da es sich ja um die Überlebensgeschichte des jüdischen Volkes handelte, mit dem Volk der Juden assoziiert wurde, ist für den Judenhass ein wesentlicher, konstituierender Faktor, auf den noch einzugehen sein wird. Momentan sind wir aber beim »Jesus-Kind«, beim Faktor »Identifikation« – wofür noch eine wichtige, viel zitierte und einflussreiche Stelle aus dem Matthäus-Evangelium anzuführen ist:

»In jener Stunde traten die Jünger an Jesus heran mit der Frage: ›Wer ist wohl der Größte im Himmelreich?‹ Da rief er ein Kind heran, stellte es in ihre Mitte und sprach: ›Wahrlich, ich sage euch, wenn ihr nicht umkehrt und werdet wie die Kinder, so werdet ihr nicht in das Himmelreich eingehen. Wer sich also für gering hält wie dieses Kind, der ist der Größte im Himmelreich. Und wer ein solches Kind in meinem Namen aufnimmt, der nimmt mich auf. Wer aber einem von diesen Kleinen, die an mich glauben, Ärgernis gibt, dem wäre es besser, wenn ihm ein Mühlstein um den Hals gehängt und er in die Tiefe des Meeres versenkt würde ...‹« (Mt 18, 1-6, jedoch wohl nicht authentisch).

Jesus als »erster Pädagoge«, der das Kind buchstäblich in die Mitte stellt: ein Novum in der damaligen Zeit und ein humaner Kontrast zur Behandlung von Kindern im Alten Testament, das ja auch an mehreren Stellen (z. B. 2 Kön 16,3; Jr 7,31; Ez 16,21) von der (von den Kanaanitern übernommenen) Sitte des Moloch-Opfers (Verbrennung des Erstgeborenen) berichtet. Wobei die Bibel diese Unsitte allerdings durchweg als nicht gottgefällig brandmarkt.

Noch engagierter für Kinderrechte ist aber Jesus, wenn er jedem die Todesstrafe buchstäblich an den Hals wünscht, der Kindern ein »Ärgernis« gibt. Die Identifikation »Jesus + Kind« ergibt sich aus den Worten des matthäischen Jesus in zweifacher Betonung:

- *»Und wer ein solches Kind ... aufnimmt, der nimmt mich auf.«* Jesus ist also das Kind per se.
- Wer wie ein Kind wird, ist der Größte im Himmelreich. Der Beherrscher des Himmels ist aber doch, wer wird es anzweifeln, Jesus, der also Kind geworden oder schon immer gewesen sein muss.

Die letztere Folgerung erscheint vielleicht zu rationalistisch-logisch; sie hat aber viel mehr emotionale als »vernünftelnde« Logik, so wie es beim Phänomen der Identifikation ja immer Gefühls-Bilder sind, die miteinander verschmelzen.

Es dürfte unnötig sein, die »Einladung zur Identifikation« näher zu erläutern, welche das Jesusbild in seiner ganzen Vielfalt und relativen Lebensnähe dem Betrachter, Hörer und Leser bietet. Der große Erfolg des Christentums in verschiedensten Kulturkreisen liegt wohl auch darin begründet, dass es seine Zentralfigur (viel mehr als Buddha, Kon-Fu-Tse oder Mohammed) so personal und greifbar in einem relativ realen Lebenszyklus darstellt und seine menschlichen Beziehungen von Beginn an sichtbar macht. Diese beginnen bei der Urbeziehung jedes Neugeborenen, nämlich zu seiner Mutter: Viel früher als am Kreuz wurde Jesus auf dem Schoß seiner Mutter dargestellt. Römische Katakombenmalereien zeigen zu einer Zeit, als Christus vornehmlich in der Symbolik des Fisches oder des Guten Hirten abgebildet wurde, bereits – in Gestalt einer römischen Matrone – die Mater Maria mit dem Jesusknaben. Die Verehrung der »Mutter Gottes« als quasi vierte göttliche Person, die männliche Dreifaltigkeit vervollständigend (vgl. C. G. Jung, Leonardo Boff) genießt bis in unsere Tage (abgesehen vom protestantischen Bereich) große Beliebtheit. Und ausgerechnet der protestantische Tiefenpsychologe C. G. Jung begrüßte die Verkündigung des Dogmas von der Himmelfahrt Mariens als archetypische Vervollständigung eines allzu männlichen Gottesbildes. Wie auch immer: Das Beziehungspaar »Maria + Jesus« erweitert die Möglichkeiten zu Identifikation und Empathie in nicht zu unterschätzender Weise, und zwar für beide Seiten: Mütter und Kinder. Die Beziehung des Kindes Jesus zu seinem Vater (zu welchem?) ist und war dagegen für Theologen und Künstler immer ein delikates Problem. Erst zu Beginn der Neuzeit wird Josef als ebenbürtiger »family man« neben Maria in die »sagrada familia« hineingemalt, zu welcher zwar Ochs und Esel Eintrittskarten kriegten, nicht aber Jesu »Brüder und Schwestern« (Mt 12, 46 und 13,55-56; Lk 8,19; Mk 3,21 – letzte Stelle nach Lüdemann wohl authentisch). Aus dogmatischen Gründen.

»Madonna mit Jesusknabe«: Das ist eine Ikone nicht nur im orthodoxen, hagiographischen Sinn; ein universelles Beziehungs-, Liebes-, Geborgenheits- und Zufluchtssymbol, das in Deutschland als »Patrona Bavariae« die volkstümliche Hitparade stürmte; das von den Beatles, auf anderem Niveau, erstens als »Lady Madonna« vertont wurde und zweitens in den tröstlichen Versen:

»And when the nights are cold and lonely,
Mother Mary comes to me,
speaking words of wisdom:
Let it be, let it be ...«

Mother Mary als »Sophia«, die Weisheit; als Helferin für jedermann (it's all you need) in dunkler, kalter Nacht: Wer wäre einfühlsamer, warmherziger, durch Leiden gereifter als sie, deren Herz ein Schwert durchbohrte? Die auch noch unter dem Kreuz stehend sich des Lieblingsjüngers Johannes fürsorglich annimmt? Die zuletzt als weinende »Pietà«, nun nicht mehr mit dem holden Knaben, sondern mit ihrem zu Tode gefolterten Sohn auf dem Schoß noch einmal zur Ikone wird?

Ein Experiment im Futur des Präteritum

Psychologische Experimente stoßen in humanen Gesellschaftsordnungen recht schnell an ethische Grenzen. Jedes psychologische Experiment hinterlässt bei den Versuchspersonen seelische Wirkungen. Wie weit dürfen Versuche gehen, wie schmerzhaft sein, wie lange nachklingen? Ein anschauliches Beispiel für diese moralischen Fragen boten Stanley Milgrams Versuche zur Gehorsamsbereitschaft. Ihr Anlass war der Prozess gegen den Bürokraten des Holocaust, Adolf Eichmann, 1962 in Jerusalem: Wie war es möglich, dass Menschen aus Gehorsam andere ermordeten? Das Ergebnis der weltweit wiederholten Versuchsanordnung war erschreckend: Als »Bestrafung für mangelnde Aufmerksamkeit« gaben fünfundsechzig Prozent der Versuchspersonen einer anderen Versuchsperson Stromstöße sich steigernder Stärke, bis zu 450 Volt, solange der Versuchsleiter den Auftrag dazu gab. Schmerzensschreie und flehentliche Bitten des Opfers (eines Schauspielers) wurden wahrgenommen, aber übergangen, um den Auftrag des Leiters zu Ende erfüllen zu können.

Morris Braverman, von Beruf Sozialfürsorger, war eine der vielen Versuchspersonen, die das Opfer für seine fehlerhaften Antworten mit Stromschlägen bis 450 Volt bestraften, obwohl das Opfer bei 270 Volt qualvoll, bei 300 Volt verzweifelt brüllte und bei 330 Volt endgültig verstummte.

Als Mr. Braverman bei der Versuchsauswertung klar wurde, wie er sich verhalten hatte, erschrak er über sich selbst. Als er mit seiner Frau darüber sprach, bemerkte Mrs. Braverman: »Morris, du kannst dich jetzt Eichmann nennen.«

Aber wir sind vom Thema etwas abgekommen. Der Versuch, der nun hier unternommen werden soll, ist »rein geistig-seelisch« und ohne so persönliche Nebenwirkungen wie für Morris Eichmann: Alles, was er anrichten könnte, müsste schon geschehen sein, im Präteritum der letzten zwei Jahrtausende.

Die zwei Grundannahmen, auf denen das Experiment aufbaut, dürften im Vorhergehenden hinlänglich validiert worden sein. Es sind die folgenden:

1. Jesus war blutig gefoltert und grausam ermordet worden. Als Täter, Drahtzieher, Anstifter wurden die Juden beschuldigt.
2. Der gefolterte Jesus war im Bewusstsein seiner Verehrer immer auch als Kind präsent und bot sich als solches besonders zu seelischer Beziehung, Mitgefühl und Identifikation an.

Der dritte Faktor im Experiment ist nun die bereits dargestellte Grundthese, basierend auf Sätzen von Mill, Piaget und Kierkegaard, welche ich wegen ihrer Prägnanz noch einmal zitieren möchte:

a) Empathischer Zorn »als das natürliche Verlangen nach Vergeltung ... das von Verstand und Mitgefühl geäußert wird und sich auf jene Kränkungen bezieht, die uns verletzen, indem sie andere verletzen«;
b) Rache unter dem Einfluss der Sympathie: »Indem das Kind kraft seiner erstaunlichen Fähigkeit zur Einfühlung und zur gefühlsmäßigen Identifikation mit dem Leidenden selbst leidet, fühlt es das Bedürfnis, den Unglücklichen, wie sich selbst, zu rächen, und empfindet eine gewisse Schadenfreude über das dem Urheber des Schmerzes eines anderen zugefügte Leiden.«
c) »... denn das hätte das Kind fest bei sich beschlossen, wenn es erst groß sei, alle diese gottlosen Menschen entzweizuhauen, welche an dem Liebreichen so schlimm gehandelt hatten, wider den sie riefen ›kreuzige ihn, kreuzige ihn!‹«

Gehen wir nun zuerst ins Präteritum. Nehmen wir an, wir befinden uns im vierten Jahrhundert nach Christi Geburt. Die Kanonisierung der Heiligen Schriften ist im Wesentlichen abgeschlossen, die nächsten tausendsiebenhundert Jahre wird sich nicht mehr viel an ihnen ändern.

Das Christentum hat sich schon lange endgültig vom Judentum abgespalten und wird nun von Konstantin zur Staatsreligion erhoben, während die im Römerreich verstreut lebenden Juden an ihrem Glauben festhalten. Was wird sich nun aus den Faktoren 1 und 2 unter den Prämissen a) bis c) ergeben? Was wird als Resultat des Langzeitversuches während der nächsten tausendsechshundert Jahre zu erwarten sein?

- Der Vorwurf, die Juden hätten *Jesus* grausam gefoltert und ermordet, wird sich, da Jesus immer als Kind präsent ist, übertragen auf den Vorwurf, die Juden hätten *Kinder* grausam gefoltert und ermordet. Aus Gründen der psychologischen Entsprechung zum Jesusknaben wird dieser Vorwurf vor allem bezüglich ermordeter *Knaben* entstehen.
- Beide Vorwürfe haben die innerpsychische Funktion der Rechtfertigung aggressiver Impulse und der Entlastung des Gewissens. Belastet wird das Gewissen aggressiver Christen durch Rache- und Vergeltungswünsche gegen andere Menschen. Diese aggressiven Wünsche kann das Gewissen nur zulassen, wenn sie moralisch geprüft und genehmigt wurden. Sind sie genehmigt, können sie bei Vergeltungsaktionen aus Anlass jüdischer Grausamkeit gegen christliche Kinder von den Christen guten Gewissens gegen die Juden ausgelebt werden. Es wird also zu *Pogromen* kommen.
- Diese Prognosen werden sich in dem Maß umso stärker erfüllen, als die Faktoren 1 und/oder 2 sich verstärken werden. Konkret: je stärker in bildlichen, literarischen und dramatischen Darstellungen erstens die Schuld der Juden an Jesu Leiden betont wird und zweitens, je mehr die Darstellung Jesu als Kind oder Erwachsener die Möglichkeiten für Empathie und Identifikation vergrößert.

Verfolgen wir nun das Phänomen der »jüdischen Ritualmorde an Christenkindern« im Lauf des gesamten Versuchszeitraums.

Menschen für religiöse Riten zu ermorden, dieser Vorwurf hat sich im Lauf der letzten zwei Jahrtausende nicht nur gegen Juden gerichtet. »So waren Ritualmord-Beschuldigungen« – wie Michael Schmidt hervorhebt – »in der Antike keine Seltenheit. Im 1. Jahrhundert wussten Apion und Damokritos, dass die Juden alljährlich oder alle sieben Jahre griechische Jünglinge hinzuschlachten pflegten ... aber neben ihnen sind es im römischen Weltreich nicht zuletzt die frühen Christen, die immer wieder solcher Verbrechen bezichtigt werden – und gerade die grausigen Beschreibungen christlicher Riten lesen sich zum Teil wie eine Vorwegnahme der Anklagen, unter denen später die Christen die Juden verfolgt haben.«[45] František Graus[46] ergänzt das Spiegelbild: »Die erste Fabel, die immer wieder dazu diente, Judenverfolgungen anzufachen, war das Märchen von Ritualmorden der Juden. Es wurde ursprünglich im ausgehenden Altertum über Christen erzählt, die angeblich Kinder schlachteten, um mit deren Blut Hostien zu bereiten.« Exakt dasselbe warfen später Christen den Juden vor – nur die ungesäuerten, blutfermentierten Brote hießen da nicht Hostien, sondern Matzes.

»Wohl in fast allen Kulturen«, resümiert Schmidt, »und zu fast allen Zeiten sind fremden Religionen abscheuliche Riten zugeschrieben worden.«

Schmidts generelle Feststellung ist noch – religionsneutral – zu erweitern. Zwei Beispiele: Eine französische Karikatur während der Grabenkämpfe des Ersten Weltkriegs zeigte eine fette Germania in Reithosen, mit blonden Zöpfen unter der Pickelhaube, wie sie mit ihrem Karabiner auf Kinder zielt. Und siebzig Jahre später wurde die amerikanische Bevölkerung durch PR-professionelle Horrorberichte über kuwaitische Kinderkliniken, wo Saddam-Satans böse Iraker den Strom für die Brutkästen kappten, für den Golfkrieg moralisch fit gemacht. Zwei Beispiele dafür, wie Grausamkeit gegen Kinder instrumentalisierbar ist, um bei den eigenen Leuten »empathischen Zorn« auszulösen. Ein drittes, nun wieder religiöses Beispiel für die »Macht der Bilder« bringt Weddig Fricke mit dem Aufstand von San Domingo während der Französischen Revolution, als die Dunkelhäutigen riefen: »Die Weißen haben Christus umgebracht; tötet die Weißen!«[47]

Dass sich in solcherlei Mordvorwürfen bestimmte Grundzüge wiederholen, liegt, so Schmidt, »... in der Natur der Sache ... und kaum eine andere Abscheulichkeit war wohl besser geeignet, das satanische Wesen eines Kults zu charakterisieren, als das kultische Menschenopfer.« Doch von solchen »ubiquitären Wahnvorstellungen« hebe sich der den Juden im christlichen Abendland angelastete »Ritualmord« deutlich ab: »Eine Sicht, die ... Ritualmord-Beschuldigungen gewissermaßen als eine Konstante der Menschheitsgeschichte auffasst, übersieht die besonderen Konturen der von den Christen gegen die Juden erhobenen Anklage.«

Ritualmorde an Christenknaben

Während also die Griechen Apios und Damokritos kaum als Vor-
zeichner desjenigen religiösen Wahnes gelten können, der gegen Ende
des Mittelalters seine hämoglobinrote »Blüte« erreichte, skizziert der
Kirchenhistoriker Sokrates († um 450) schon deren Konturen: Er nämlich berichtet, »dass die Juden im syrischen Inmestar einen Christenknaben gekreuzigt hätten«. Die Anspielung auf den von den Juden
verschuldeten Kreuzestod Jesu ist unübersehbar. Es handelt sich nicht
um einen beliebigen, von einem verwerflichen Religionsgesetz vorge-
schriebenen Mord, wie man ihn auch einem anderen Gegner hätte
anlasten können, sondern um eine ganz unverwechselbar »jüdische«
Tat, die das Verschulden der Juden an dem nach christlichem Verständnis schrecklichsten aller denkbaren Verbrechen, dem Gottesmord, erneut bestätigt und durch die das Verbrechen ihrer Väter von
den jüdischen Zeitgenossen wiederholt wird.

Allerdings steht der spätantike Kreuzigungsbericht des Kirchen-

Der Ritualmord an William von Norwich am Karfreitag 1144:
Bild aus der Schedelschen Weltchronik.

historikers mit dem unverdienten Philosophennamen für Jahrhunderte vereinzelt da. Erst um die Mitte des 12. Jahrhunderts griff der Kleriker Thomas von Monmouth das volksmündliche Rätseln um einen wohl ungeklärten Mordfall auf, der sich zu Norwich ereignet hatte, und entlockte seiner Feder die just auf den Karfreitag des Jahres 1144 datierte Geschichte der Kreuzigung des Knaben William durch die Juden. »Wie Gavin I. Langmuir überzeugend dargetan hat, wurde Thomas wie jeder andere Christ seiner Zeit beständig an die Kreuzigung Jesu erinnert; und in dem (erfolgreichen) Bemühen, in Norwich einen örtlichen Kult zu initiieren, entwarf er sein Bild von dem Tod des Knaben in Analogie zu der Deutung, die gemeinhin diesem zentralen Ereignis der Heilsgeschichte gegeben wurde.«[48]

Thomas von Monmouth initiierte mit seiner cross&crime-story weit mehr als das, was sie mit der »Begründung eines bescheidenen lokalen Heiligenkultes«[49] zum Ziel hatte; das Beispiel fand vielmehr rasch Nachahmung:

Im Jahr 1168 sollen die Juden einen Knaben in Gloucester gekreuzigt haben, und auch die Martern des Rodbertus von London (1181) konnten in einer Form beschrieben werden, die in allen Einzelheiten der Passion Jesu entsprach. Inzwischen hatte die Ritualmord-Beschuldigung bereits auf den Kontinent übergegriffen: In Blois war sie 1171 erhoben worden mit der Folge, dass die gesamte jüdische Gemeinde in einem Holzturm verbrannt wurde; in Paris fand sie 1179, in Saragossa 1182 Nachahmung; und in allen diesen Fällen soll es sich um zur Osterzeit verübte Kreuzigungen handeln, die teilweise in phantasievoll und detailreich ausgestalteter Parallelisierung zur Passion Jesu geschildert werden. Den ersten Ritualmordvorwurf im deutschen Sprachraum verzeichnet Joshua Trachtenberg anno 1234 in Lauda, gefolgt von weiteren in Fulda (1235), Pforzheim (1267), Weissenburg (1270), München (1285), Oberwesel (1286), Bern (1287) und Krems (1293)[50]. Im spanischen Aragon soll 1250 der Knabe Domingo de Val von den Juden gekreuzigt worden sein, in England 1255 der kleine Hugh of London, der wie William of Norwich über Jahrhunderte hinweg im Volk sehr verehrt wurde. 1288 wurden im französischen Troyes dreizehn Juden als Ritualmörder verbrannt. Noch hundert Jahre nach der vollständigen Vertreibung der Juden aus England um das Jahr 1300 lässt William Chaucer die Priorin der »Canterbury Tales« (ca. 1386) die Leiden des »crucified William« in pittoresker Breite erzählen.

Ein paar Sätze ihrer Schilderung aus Chaucers Dichtung fassen in erstaunlicher Dichte die wesentlichsten Apekte des Mythos vom gekreuzigten Christ(en)kind zusammen: Als ein siebenjähriges frommes *Christenknäblein* zu Ehren der *Jungfrau Maria* auch bei seinem Gang durchs Judenviertel täglich sang, da geschah es: »Doch unser Erzfeind, die Schlange *Satan*, die in den Herzen der Juden giftet, schwoll auf vor Zorn ... Da verschworen sich die Juden, das unschuldige Kind zu morden. Sie *dingten* einen Mörder, der im verborgenen Winkel eines Hauses lauerte, und als das Kind einst durch die Gasse schritt, packte es dieser jüdische Bube, schnitt ihm die Kehle durch und warf den kleinen Leichnam in eine Kloake, wo diese Juden ihre Notdurft verrichteten. – *Verfluchtes Volk*, das du *Herodes* nachahmst, was kann dir diese Schandtat nützen?« Liebevoll wird dann ausgemalt, wie das tote Kind mit zerschnittenem Hals »O alma redemptoris mater« mehrmals sang: Oh erhabene *Erlösers Mutter*. Den Bösen aber erging es so: »Der Profos ließ die Juden, die von dieser Mordtat wussten, nach schrecklichen Martern zum Tode führen, denn diese verfluchte Tat wollte er nicht dulden: ›*Wer Böses tut, muss Böses leiden!*‹ Erst ließ er sie von wilden Pferden schleifen, um sie dann zu hängen, wie das Gesetz es gebot.«[51]

Einige »Ritualmord-Fälle« im deutschsprachigen und französischen Raum scheinen insofern nicht ganz zur These von der Jesus/Kind-Identität zu passen, als es sich um weibliche Opfer handelt. So werden die Juden 1179 in Boppard und 1195 in Speyer nach Leichenfunden beschuldigt, Christinnen ermordet zu haben; auch im französischen Valrèas (1247) und im Osttiroler Lienz (1442) sind die Opfer weiblich. Nun ist aber zu bedenken, dass ungeklärte Morde aus sexuellen Motiven – und um solche dürfte es sich bei den aufgefundenen Opfern zumeist handeln – auch damals weit überwiegend Mädchen und Frauen betrafen. Schmidt erklärt die ersten beiden Fälle weiblicher »Ritualmordopfer« im 12. Jahrhundert durch noch wenig strukturierte, »vage Vorstellungen von den Hintergründen der vermeintlichen jüdischen Mordlust«, während die letzteren seltene Ausnahmen seien, die »für eine zumindest im Einzelfall völlige Loslösung der Anklage aus ihrem ursprünglichen Zusammenhang zeugen«.

Dieser Zusammenhang und das Szenario der religiösen Hintergründe wurden im Lauf der Entwicklung des Ritualmordwahnes modifiziert und durch Fokussierung auf ein lebenstragendes körperliches Ursymbol popularisiert: »Die Erzählungen machten bald eine bedeutsame Entwicklung durch: In den ältesten Berichten wurde die Ermordung des Opfers weitgehend der Passion Christi angeglichen; das Opfer wurde angeblich von den Juden zu Tode gemartert. Sie wiederholten so das ›Verbrechen‹, das ihre Vorfahren einst an Christus selbst vollbracht hatten und für das sie verdammt waren. Nun aber änderte sich die Grundlage dieser Erzählungen, und die jüdischen Übeltäter in diesen Schauermärchen waren nun primär nicht mehr an der Marterung des Christenknaben interessiert, sondern an seinem Blut, das sie angeblich für ihre rituellen Zwecke oder zu Heilpraktiken benötigten. Durch die Verbindung der Juden, die ohnehin allen guten Christen ›unheimlich‹ waren, mit der Magie des Blutes, die dem Volksglauben geläufig war, wurde das Schauermärchen erst wirklich populär ...«[52]

Warum der Übergang von christus-ähnlicher Marterung hin zur Blutgewinnung? Der Fall des bis in unsere Tage als christlicher Märtyrer verehrten Knaben Werner von Oberwesel ist geeignet, die Verknüpfung der Grundstruktur »Folter und Mord des Christ(en)kindes« mit den Messopfer-Symbolen »Blut« und »Fleisch« (Hostie) sowie dem »Geld« als Standard-Medium des Juden aufzuzeigen:

Im Jahr 1287 soll der zwölfjährige Knabe Werner in Oberwesel von Juden gemartert und ermordet worden sein – ein Vorwurf, der damals im Rheinland, wie in solchen Fällen üblich, zu blutigen Judenverfolgungen Anlass gegeben hatte. Nach einer aus der Zeit um 1350 stammenden Version der Legende hatte Werner in Oberwesel in der Karwoche Arbeit gesucht und war von Juden gebeten worden, in einem Keller eine Grube auszuheben. Da die Christen alle in der Kirche waren, konnten die Juden den Knaben unbemerkt verstecken, um ihm nach und nach das Blut zu entziehen. Sein Martyrium währte drei Tage. Zwar wurde die Tat von einer christlichen Magd entdeckt und einem Richter angezeigt, doch dieser ließ sich von den Juden bestechen und blieb untätig. Die Mörder legten den Leichnam in ein Boot, das jedoch wundersamerweise rheinaufwärts bis Bacharach trieb. Hier wollten die Juden den Leichnam nun in einem Tal verstecken, doch erneut geschah ein Wunder, ein Leuchten verriet die Stätte.

Eine andere, etwas spätere Fassung nennt zahlreiche weitere Einzelheiten und zeugt damit für die fortschreitende Ausgestaltung der Legende. Vor allem wird hier das Ritualmord- und Blut-Motiv mit dem noch fehlenden Motiv des Hostienfrevels verknüpft: Werner eröffnet seiner Hauswirtin, er wolle bei den Juden Arbeit annehmen. Sie warnt ihn eindringlich vor den Juden, doch er erklärt, sich in das Schicksal, das Gott ihm zugedacht hat, fügen zu wollen. Am Gründonnerstag empfängt er die Kommunion. Die Juden erfahren dies, und um in den Besitz der Hostie zu gelangen, hängen sie ihn an den Füßen auf. Doch ihre Versuche, den Knaben zum Erbrechen der Hostie zu zwingen, bleiben erfolglos, und so bringen sie ihn schließlich um.

Im 15. Jahrhundert, als die Werner-Wallfahrt ihre Hochblüte erlebte, wurde eine Heiligsprechung forciert, aber als 1545 die Reformation in Bacharach einzog, verwelkte die Blüte. Um 1620 ließ der Werner-Kult in Oberwesel, da er seines Mittelpunkts beraubt war, noch mehr nach: Die Holland beherrschenden Spanier hatten nämlich seine Gebeine entführt. Bis 1834 war in der verfallenden Werner-Kapelle die ganze Historia abgebildet; zu sehen war zum Beispiel »ein Jude mit einem scheußlichen Gesicht«, der dem Richter ein Geldstück darbot, und in der Spitalkirche von Oberwesel mahnte bis 1968 (als es entfernt wurde) eine Reliefdarstellung: Zwei Juden haben den fast ganz entkleideten Werner an den Beinen aufgehängt und machen sich an ihm zu schaffen.

Auf die Beschneidung des Jesus- und des ermordeten Christenkindes als sexuell und mit Angst besetztes Motiv ist weiter unten noch einzugehen. Vor der Darstellung des diesbezüglich anschaulichen Falles »Simon von Trient« ist aber noch die Frage zu behandeln, warum das 12. Jahrhundert eine unvermittelte, anhaltende Wiederbelebung und Hochblüte der Ritualmord-Infamie verzeichnete. Wenn an der These, dass der aus Mitgefühl und Gerechtigkeitsempfinden entstandene Hass gegen die »Jesusquäler« von den verbalen, optischen und dramatischen Jesusbildern ausging, etwas dran ist, dann müsste sich in der künstlerischen Darstellung im kritischen Zeitraum ein bedeutsamer Wandel vollzogen haben.

Die Macht der Macher der Bilder

»Anders als bildliche Darstellungen anderer Szenen aus dem Leben Jesu sind Abbildungen der Passion und insbesondere der Kreuzigung in der frühen christlichen Kunst äußerst selten; das deutliche Empfinden, dass die Kreuzigung die schmählichste aller Todesarten ist, lässt sie zunächst kaum zu. In der Kunst der westlichen Welt begegnen erstmals im Irland des 8. Jahrhunderts zwei Kreuzigungsszenen.«[53]

Die eine dieser beiden Kreuzigungsdarstellungen, eine Miniatur aus einem klösterlichen Evangeliar, ist hier abgebildet. Wenn der protestantische Theologe Walter Hollenweger das Christentum als »Synkretismus par excellence« bezeichnet, dann zeigt dieses Bild auch, wie viele kulturelle Wurzeln sich in abendländischer Kunst vereinigen:

Kreuzigung Christi.
Irische Buchmalerei,
8. Jahrhundert,
Stiftsbibliothek St. Gallen.

»In der streng symmetrischen Ordnung und der klar übersichtlichen Flächenaufteilung mag man mehr Angelsächsisches als Keltisches erkennen. Beide Elemente haben sich in der irischen Buchmalerei vermischt. Ihnen hat sich hier noch ein ägyptisch-syrischer Einfluss verbunden, denn die Bandgeschlinge, zu denen die Gewänder verwandelt wurden, weisen auf den Mittelmeerraum, von dem sie möglicherweise über Gallien nach Irland gelangt sind.«

Dass der Gekreuzigte hier an ein eingewindeltes Kind erinnert, entspringt also (in kunsthistorischer Sichtweise) mehr der ornamentalen Absicht des Buchmalers als seiner – bewussten oder unbewussten – Identifikation des Gekreuzigten mit dem gewindelten Christkind in der Krippe. Die Tatsache, dass alle Details viel weniger die Realität abbilden als eher die Funktion des Ornaments erfüllen und, noch mehr, eine im Kontext bekannte Bedeutung zeichenhaft illustrieren sollen, lässt allerdings die identifikative Sichtweise durchaus offen. In diesem Malstil, dessen hervorragendste Kennzeichen »große dekorative Wirkung und ein ausgeprägter Hang zur Abstraktion« sind, werden menschliche Figuren »fast regelmäßig in eine streng lineare Rahmung komponiert, in der wieder das flächendeckende Ornament wuchert. (...) So sind die Beine Christi als winzige Anhängsel an einem anatomisch unmöglichen Ort und in seitlicher Verdrehung unten an das Bandgeschlinge des Gewandes angehängt. Die Kreuznägel sind, entgegen aller Erfahrung und Überlieferung, durch die Fußknöchel getrieben.«

Im letzteren Detail scheint sich der Kunsthistoriker, wer will es ihm verdenken, zu irren: »Von der Hüfte abwärts seitlich kreuzigen, wegen der Schwerkraft«, scheint schon die richtige Technik zu sein, wie George Taboris Ernestina weiß, wie auch Skelettfunde von Gekreuzigten belegen und wie es vielleicht im 8. Jahrhundert noch bekannt war. Richtig ist aber, dass es der christlichen Ikonographie in dieser Zeit nicht um das Erfassen der realen Wirklichkeit, »sondern um das Sichtbarmachen des unfasslichen, weltfernen Göttlichen geht, dessen Ehrfurcht gebietende Macht heilige Schauer einflößt. Das Abstrakt-Unwirkliche wird zur Sprache des Überirdischen ...«[54]

Gerade um das 12. Jahrhundert vollzieht sich ein bedeutsamer, ein auch dem kunsthistorisch nicht geschulten Betrachter ins Auge fallender Wandel in der figürlichen Darstellung der sakralen Hauptpersonen Jesus und Maria. Was den am Kreuz hängenden Jesus betrifft, so kann man bis dahin eher von einem thronenden, souverän und königlich herrschenden, als von einem menschlich leidenden Gottessohn sprechen. Der »Christus Pantokrator« byzantinischer Prägung ist der Allherrscher, der dem Betrachter tief in die Augen blickt, aber keine Anzeichen von Leiden erkennen lässt; noch am Kreuz hängend ist er schon der, der das irdische Leiden überwunden und den Sieg für die Menschheit erfochten hat. Die Beine sind geschlossen und gestreckt, die Arme segnend ausgebreitet, die Hände mit ihren gestreckten Fingern und anliegenden Daumen wirken wie ein römisches »Salve«.

Ebenso thronend ist in dieser Zeit die Gottesmutter dargestellt: Eine weibliche Herrscherin, die quasi als Szepter ihren Sohn auf dem Arm trägt. Kein Kind sitzt da, kein pausbäckiges Baby nach dem »Kindchenschema« mit großen Augen und vorgewölbter Stirn, sondern ein streng proportional verkleinerter junger Mann. So herrscherlich die Zweiergruppe das Göttliche in menschlichem Kleid repräsentieren soll, so hölzern wirkt sie auch: keine Spur von Zuwendung und seelischer Beziehung. Der flächige, oft goldgrundierte Bildhintergrund scheint auszusagen: nicht von dieser Welt.

Im 12. Jahrhundert nun kommt langsam Leben in die Szenen. Die Körperhaltungen werden variabler, individueller, anatomisch natürlicher, die Mutter mütterlicher, das Kind kindlicher und der Gekreuzigte leidender. Die künstlerischen Trends zu Realismus, Perspektive, Lebensnähe und Naturgemäßheit sind in der Kulturentwicklung so wenig aufhaltbar wie ähnliche Trends in der psychischen Entwicklung eines Jugendlichen, und sie kommen in der Renaissance zu einer Reife, die auch eine Weiterentwicklung der menschlichen Kultur offenbart: eine Logisierung und Präzisierung der kognitiven Welterfassung ebenso wie eine Sensibilisierung der emotionalen Beziehungen. Der Gekreuzigte ist jetzt gepeinigt, übersät von Wundmalen, blutüberströmt; der Körper anatomisch detailliert, mit gespannten Sehnen, verkrampften Muskeln, die Finger biegen sich zum Eisennagel, der die Handfläche durchbohrt; sein schmerzverzerrtes Gesicht nach unten, vom Betrachter abgewendet, ist der Menschensohn allein mit seinem Übermaß an Leiden.

Der Jesus in den Armen seiner Mutter aber – er ist jetzt wirklich Kind: der Mutter zugewandt, bisweilen mit den kleinen Händchen an ihr spielend, zu ihrer Freude; Babyspeck und große Augen, runde Stirn und Stupsnäschen, und der »kleine Unterschied« wird auch nicht zugedeckt. Ein trautes Ensemble, bestens geeignet als Werbemotiv für Nestlé, Alete und Milupa. Als Hintergrund Naturlandschaft, fruchtbar und luftig bis zum Horizont, mit grünen Wiesen und belaubten Bäumen unter heiter blauem Himmel, denn es ist Frühling oder »... summertime, and the living is easy. Fish are jumping, and the cotton is high. When your daddy's rich, and your Ma' is good looking. So hush, little baby, don't you crie ...«: Serenas Wiegenlied, gedichtet von George und Ira Gershwin oder Gershovitz, den Söhnen baltisch-jüdischer »new world immigrants«, verheißt dem weinenden Kind ein irdisch-heiteres Glück, und vierhundert Jahre vor Gershwins Serena scheint Raffaels »Madonna Tempi« an vieles zu denken, nur nicht an künftige Kreuzestodesqualen, wenn sie, Wange an Wange, Nase an Nase, Lippen fast an Lippen, glückselig auf ihr Kind schaut oder besser: in es hineinschaut.

Empathie und Zuneigung, welt-immanentes Prinzip Hoffnung auf das, »was allen in die Kindheit scheint: Heimat«,[55] kindliche Anmut und weibliche Natürlichkeit (bekanntlich ließen Raffael und Kollegen vor allem schöne Kurtisanen als Madonnen Modell sitzen): diesem Bild des menschlichen Glücks kontrastierte im Gekreuzigten der Renaissance das unmenschlichste Leiden, ausgemalt in aller Drastik, welche die künstlerische Technik hergab. Der Konnex dieser zwei kontrastierenden Lebensstationen, von Anfang und Ende des Kindes Jesu, wurde aber auch in den Madonnenbildern präsent gehalten: In Raffaels »Madonna im Grünen« (1506) durch den zierlichen Kreuzesstab, mit dem Jesus und der Täufer Johannes als Knaben spielen, unter dem sanften, aber nachdenklichen Blick der Maria; subtiler in der häufigen Symbolik einer kreuzförmigen Aura um den Kopf des herzigen Babys.

Jedenfalls sehen wir, dass sich im Zeitraum vom 12. bis zum 16. Jahrhundert der Humanismus in der Art und Weise, wie der Mensch den Menschen malt, schon unaufhaltbar ankündigt. Die Vokabeln »unaufhaltbar« und »ankündigt« sind bewusst gewählt, aber kritisch zu untersuchen. »Ankündigt« halte ich für unzureichend, da die bildende Kunst nicht nur Abbild der Bewusstseinsentwicklung, sondern einer ihrer Faktoren ist: Indem der Künstler einen Menschen in seinem Leiden (den Gekreuzigten) oder in seiner glücklichen menschlichen Beziehung (Maria mit dem Kind) erkennbar und erfahrbar macht, ermöglicht er dem Betrachter, diese Empfindungen in sich selber und beim Mitmenschen besser »beim Namen zu nennen«, an äußeren Zeichen (Körperhaltung, Mimik) zu erkennen und nachzufühlen. Indem er aber auf diese Weise sensibilisiert wird (sich selbst sensibler macht!), ist er um so besser fähig, das Gefühlte wiederum bildlich darzustellen. Dieser Rückkopplungs- und Wechselwirkungsprozess entspricht nun auf dem Gebiet der Emotionen dem, was Piaget im Bereich des Denkens als »Konstruktivismus« des menschlichen Erkennens bezeichnet. Der Prozess ist in der Tat »unaufhaltbar«, fast wie die Pubertät, denn welche Alternative hätte es für den Menschen gegeben, als sich zu einem ästhetisch sensibleren, humaneren und empathiefähigeren Wesen zu entwickeln? Hätte Kopernikus eine Alternative gehabt zu dem Weltmodell, das er in dieser Zeitepoche aufgrund des Vergleichs optischer Wahrnehmung und mathematischer Logik fand?

Dass die ästhetisch-emotionale Bewusstseinsentwicklung mit der logisch-rationalen durchaus zusammenhängt, dass also Raffael und Kopernikus von derselben Quelle trinken, würde Piaget wahrscheinlich bestätigen. Denn Kopernikus konnte von der augenscheinlich richtigen Ptolemäischen Anschauung »Alles dreht sich um die Erde« nur absehen, indem er fähig war, geistig den Standpunkt zu wechseln und die Beziehung Erde-Sonne von außerhalb zu betrachten. Noch deutlicher zeigt sich Piagets Prozess der »Dezentrierung« bei Giordano Bruno. »Er rückte nicht nur die Erde, sondern auch die Sonne aus

xpt passios setq̄.am̄ ... Incip Omeli
...ult. ppx.m̄

Juden, gekennzeichnet
durch phrygische Mützen,
schänden ein Kruzifix.
Aus dem »Stuttgarter
Passionale«, frühes
12. Jahrhundert.

dem Mittelpunkt des Weltalls – ja es gab überhaupt keinen Mittelpunkt mehr.«[56]

Diese Relativität der Sichtweise liegt auch der Renaissance-Malerei mit ihrer neuen Auffassung des Raumes und der variablen Beziehungen zwischen Figuren zu Grunde. Um aber nicht zu weit abzuschweifen, ist noch einmal das für unser Thema Entscheidende der ästhetisch-künstlerischen Entwicklung des späten Mittelalters festzuhalten:

Etwa ab dem 12. Jahrhundert werden die Darstellungen Jesu in der Krippe, in den Armen seiner Mutter und in seiner Passion unaufhaltsam realistischer, diesseitiger, lebensnäher, körperlicher und expressiver. Sie intendieren, Empfindungen des Schmerzes, des Glücks und der menschlichen Beziehungen anschaulich und nachfühlbar zu machen. In seiner »psychogenetischen Geschichte der Kindheit« stellt Lloyd deMause für die selbe Zeit fest: »Die Bilder von der Flucht der heiligen Familie nach Ägypten, auf denen eine enge Beziehung zwi-

65

schen Eltern und Kind, eine zärtliche Besorgnis um den Säugling in diesem Augenblick der Angst zum Ausdruck kommt, stießen vermutlich auf ein emotionelles Bedürfnis ... Ein weiteres besonders bedeutsames Thema dürfte der Kindesmord zu Bethlehem gewesen sein, bei dem es um das Massensterben der von unbarmherzigen Soldaten niedergemetzelten Kinder geht.«[57]

Eine andere Intention der Bildermacher zeichnet sich bereits in der Frühzeit der Kreuzigungsbilder ab. Hatte im antiken und frühmittelalterlichen Christentum die deutliche Empfindung, dass die Kreuzigung die schmählichste aller Todesarten ist, deren optische Darstellung kaum zugelassen, und waren die frühen Maler bemüht, das Grausame durch dekorative, ästhetisierende Gestaltung goutabel zu machen, so erfahren die Kreuzigungsszenen des 9. und 10. Jahrhunderts bereits eine deutliche Typisierung. Zu dieser gehört auch die Identifizierung der Juden als Quäler und Mörder. Der wohl früheste Beleg für diese, wie Michael Schmidt es nennt, »Harmonisierung von Passionsgeschehen und Gottesmordvorwurf« findet sich in einem nordfranzösischen Psalter, der vermutlich um 820/830 entstanden ist: Die vor dem Kreuz postierten, mit Lanzen und Schilden bewaffneten Schergen tragen nicht den Helm römischer Soldaten, sondern sind mit der »phrygischen Mütze« bekleidet und auf diese Weise als Orientalen kenntlich gemacht. Diese Kopfbedeckung ist jedoch nicht nur »orientalisches« Accessoire, sondern als »Urform« zum »spitzen Judenhut« anzusehen – dem klassischen, gesetzlich aufgezwungenen Hauptkennzeichen der jüdischen Männer im Mittelalter.

Im 12. Jahrhundert werden solche Darstellungen häufiger und sie erreichen eine neue psychologische wie ästhetische Qualität. Dies ist nicht erstaunlich, da die Zeit der Kreuzzüge (11.-13. Jh.) in den christlich-jüdischen Beziehungen eine wesentliche Verschlechterung mit sich brachte, die viel mit dem nun zugespitzten Gottesmordvorwurf zu tun hatte. Die früher vorwiegend symbolische Auffassung der Kreuzigung wurde abgelöst durch eine zunehmend historische und realistische Sichtweise, die neben die göttliche Transzendenz Jesu dessen menschliche Existenz stellte, »sein Leiden am Kreuz betonte und damit in bislang ungekannter Weise die Gefühle der Gläubigen ansprach«.[58] In ähnlicher Weise und mit ähnlichen Auswirkungen wurde Jerusalem, bislang vornehmlich als Symbol des Himmels und des Gottesreiches der Endzeit verstanden, nun konkret als der Ort gesehen, an dem Jesus lebte und starb – und den man nun verteidigen musste. Welche Gefahren diese Entwicklung für die jüdischen Gemeinden heraufbeschwor, zeigte sich in den entsetzlichen Massakern, von denen der erste Kreuzzug (1096-1099) begleitet war. Die Schilderung eines jüdischen Chronisten des 12. Jahrhunderts gibt wohl einen zutreffenden Eindruck von Motivation und Judenbild der Jerusalem-Befreiungsarmee:

»Als sie nun auf ihrem Weg durch die Städte kamen, in denen Juden wohnten, sprachen sie untereinander: ›Sehet, wir ziehen den weiten Weg, um die Grabstätte Jesu aufzusuchen und uns an den Ismaeliten [den Muslimen] zu rächen, und siehe, hier wohnen unter uns die Juden, deren Väter ihn, den Unschuldigen, umgebracht und gekreuzigt haben! So lasset zuerst an ihnen uns Rache nehmen und sie austilgen unter den Völkern, dass der Name Israel nicht mehr erwähnt werde; oder sie sollen unseresgleichen werden und zu unserem Glauben sich bekennen.‹«[59]

Vor diesem Hintergrund wirkt es beklemmend, wie augenscheinlich stark der Gottesmordvorwurf im 12. Jahrhundert durch das Bildelement der Judenhüte transportiert wird. Aus der Vielzahl der Beispiele seien nur wenige herausgegriffen.

An den bronzenen Kirchentüren von San Zeno Maggiore in Verona, die zu den expressivsten Zeugnissen romanischer Plastik gehören, sind die Schergen mit konischen und trichterförmigen »Judenhüten« dargestellt. Wenn diese Bilderfolge von San Zeno zwar die Gefangen-

Geißelung Christi.
Aus den Passions-Szenen
an der Tür von San Zeno
Maggiore in Verona,
12. Jahrhundert.

Kreuztragung. Fresko in der Kirche von Kongsted, Dänemark, um 1440. (Bildhintergrund retouchiert, K. R.)

nahme Jesu, die Geißelung und Kreuztragung, nicht aber die Annagelung zeigt, so entspricht dies einerseits dem noch gültigen Respekt und Taktgefühl, die eine allzu drastische Darstellung des Gottessohnes in seinem tiefsten Elend nicht erlaubten; doch andererseits macht der plastische Realismus der die Annagelung vorbereitenden Stationen schon sichtbar, dass die bis dato »schonende« Auffassung des erhabenen, souveränen, das Leid der Welt transzendierenden Christus überwunden ist.

Realismus des Leidens und Typisierung der Juden waren gleichermaßen geeignet, dem Gottesmordvorwurf im Sehen, Fühlen und Denken der christlichen, großenteils analphabetischen Betrachter besonders einprägsame Wucht zu verleihen. Gaben die Türen von San Zeno Maggiore einen frühen Begriff davon, wie sich die ganze Passion in allen ihren Stationen nun inszenieren ließ, so wird besonders die hier drastisch dargestellte Geißelung durch die Juden jetzt häufiger als Bildmotiv gewählt. Sowohl in einer deutschen Bibel des 13. Jahrhunderts als auch in einem englischen Psalter von 1265/70 trägt einer der Schergen, die Jesus peinigen, einen »Judenhut«; auf einem italienischen Psalterbild der Geißelung ebenso wie in einer oberrheinischen Miniatur der Dornenkrönung sind die Folterer durch ihre Hüte so prägnant als Juden kenntlich wie in einem deutschen, etwas früheren Psalter, wo die spitzhütigen Peiniger Jesu, statt ihn zu geißeln, mit schweren Prügeln auf ihn einschlagen. In einem französischen Stundenbuch des 14. Jahrhunderts ist nur der Anstifter der Geißler als Jude behutet. In einem Psalterbild der Bodensee-Region dagegen tragen schon

Anfang des 13. Jahrhunderts alle Peiniger bei Dornenkrönung und Kreuztragung den Judenhut. Ein niedersächsischer Maler lässt um 1420 Jesus von einem trichterhütigen Schergen zur Richtstätte führen, und wie in Verona trägt dieser Jude in der Hand bereits Hammer und Nägel für die Kreuzigung.

Auf Fresken in Hohenseeden bei Magdeburg und im dänischen Sorø tragen alle Schergen zwar zeitgemäße Soldatenrüstungen, aber unmissverständliche Judenhüte. Ein anderes dänisches Fresko der *passio* stellt um 1440 den Kontrast von Jesus und Jude »en passant« noch maliziöser dar: Die Kreuztragung in der Kirche von Kongsted zeigt wohl einen spitzhelmigen Soldaten in voller Rüstung; aber er bleibt eher im Hintergrund, während ein bärtiger Jude mit Trichterhut die Leitung innehat und Jesus am Strick zur Richtstatt führt. Die aufreizende Schärfe dieser Darstellung lässt dramaturgisch kaum Möglichkeiten aus: Der höhnisch grinsende Jude trägt in seinem Korb Hammer, Nägel und Bohrer für die Kreuzigung; einzeln hat er die Hosenbeine runtergelassen und präsentiert dem Erlöser sein nacktes Gesäß.

Seinen weitaus stärksten Ausdruck erhält der Gottesmordvorwurf in der Darstellung des Annagelns. Ein Taufstein aus dem westfälischen Aplerbeck, ein anderer aus Bochum sowie ein westdeutscher Tragaltar, alle aus dem 12. Jahrhundert, zeigen jeweils mehrere Juden, kenntlich an ihren Hüten, beim grausamen Handwerk. Und noch auf einem Fresko aus der Zeit um 1420 in der Katharinenkapelle von Landau in der Pfalz sind die Kreuziger an ihren Hüten zu erkennen, zusätzlich aber an ihren jüdischen Bärten.

Kreuzigung. Fresko in der ehemaligen Katharinenkapelle in Landau / Rheinpfalz, aus dem frühen 15. Jahrhundert.

Die Maler des 15. Jahrhunderts standen vor dem bildsprachlichen Problem, dass der Judenhut, nachdem er im Mittelmeerraum bereits früher verschwunden war, nun auch in Deutschland außer Gebrauch kam und durch regional unterschiedliche »Judenzeichen« ersetzt wurde. Mit der mühelosen Typisierung war es nun vorbei; man musste den Juden ein anderes Gesicht geben, sie mit anderen Details denunzieren. Mittel erster Wahl waren dazu Bärte und Hakennasen sowie – es war ja die Zeit der »Türkengefahr« – orientalische Gewänder.

Generell wird – unabhängig von antijüdischen Schemata – die Ausmalung des Hässlichen nun in allen Facetten realisiert. Mit der abstoßenden Hässlichkeit des Kreuzigungspöbels war weniger eine bestimmte Gruppe (wie Landsknechte oder Juden) als vielmehr die hässliche Seite des Menschen an sich angeklagt. Allerdings konnte auch diese »neutrale« Hässlichkeit immer mit »dem Juden« assoziiert werden, da der verbale Kontext der neutestamentlichen Erzählungen immer präsent blieb, ebenso wie die älteren, Juden als solche typisierenden Gemälde ja nicht verschwanden. Auf den neuen Bildern waren die Kennzeichen der Juden nur weniger augenfällig: Hebräische Schriftzeichen am Gewandsaum und der »Gelbe Fleck« kennzeichnen die Juden etwa in einer Kreuzigungsszene des »Münchner Stadtmalers« Jan Pollack von 1492. Wenig später lässt Albrecht Altdorfer am Kalvarienberg über den Bewaffneten eine Fahne wehen mit hebräischen Schriftzeichen und dem Skorpion – der aber ist in der christlichen Kunst das Emblem sowohl des Teufels als auch der Juden.

Um die Beziehung zu »Ritualmorden an Christenknaben« wieder herzustellen, ist eine wichtige Bemerkung Michael Schmidts wohl gut geeignet:

»William von Norwich war das erste ›Ritualmord-Opfer‹ im christlichen Europa; er sollte nicht das letzte sein, dessen Leidensgeschichte in dieser Weise und mit dieser Motivation von einem Geistlichen fabriziert wurde. In dieser Zeit, in der das zunehmend drastisch ausgemalte Martyrium Jesu die Gläubigen zutiefst berührte und die Verehrung des leidenden Gottessohnes im Mittelpunkt der Frömmigkeit stand, in der zugleich aber auch die besondere Verehrung des Jesusknaben einsetzte, wurden auch Passion und Kreuzestod nicht selten bereits auf das Kind projiziert; so begegnen seit dem frühen 12. Jahrhundert immer wieder Berichte über Erscheinungen des leidenden Jesusknaben am Kreuz. Die Vorstellung, dass stellvertretend für Jesus ein Christenknabe gekreuzigt worden sei, knüpfte also an eine zeittypische Ausformung der Verehrung Jesu an und musste den Zeitgenossen des Thomas von Monmouth insofern durchaus nicht absonderlich erscheinen.«[60]

Wie detailgetreu in allen »Fixpunkten« die Ritualmordvorwürfe an der Passionsgeschichte festgemacht und auch von Klerikern tradiert wurden, illustriert ein 1699 gedrucktes Pamphlet des Celler Konsistorial- und Stadtpredigers Sigismund Hosemann über »Das schwer zu bekehrende Juden-Hertz«, in dem er nach fast fünf Jahrhunderten auffrischend nacherzählt, was der englische Chronist Matthaeus Paris († 1259) einst kolportierte ...

»... und sich also verhält: Ums Fest der Apostel Petri und Pauli stohlen die Juden zu Lincoln in Engelland einen Knaben von 8 Jahren, mit Namen Hugo. [...] An dem bestimmten Tage nun fingen sie das Trauerspiel an, und erwehlten zuforderst einen unter ihnen als Richter, der des Pilati Person darstellen sollte. Nach dessen Richterlichen Ausspruch ward das arme Kind bis aufs Blut gegeisselt, mit Dornen gekrönet, verspottet, verschmähet und verspeiet. Ein jeder tratt herzu und gab ihm mit einem Messer einen Stich. Sie tränckten ihn darauf mit Galle, lästerten ihn und nandten ihn dabey allzeit Jesum. Endlich nagelten sie ihn ans Creutz und öffneten seine Seite mit einem Speer, bis aufs Hertze.«[61]

Exemplarisch für die Jesus-Kind-Symmetrie, für die quasi mechanische Eigendynamik von Ritualmord-Vorwürfen wie für die Methoden, verstockte Juden zum Eingeständnis und Bereuen ihrer Gräueltat zu bringen, ist der Fall des kleinen Simon von Trient. Über ihn verfasste der amerikanische Historiker Ronnie Po-Chia Hsia eine ebenso präzise wie einfühlsame Studie, aus welcher im Folgenden geschöpft wird[62].

Trient 1475: ein kommunaler Holocaust

Das Passah-Fest des jüdischen Kalenderjahres 5235 stellte für die jüdischen Familien in Trient (in der Mehrheit waren sie wegen Angst vor Verfolgungen aus Süddeutschland eingewandert) wohl kein besonders bedeutsames Ereignis dar, aber für die Christen war Ostern 1475 ein vorbereiteter Höhepunkt: Zur Fastenzeit war der berühmte Prediger Bernardino da Feltre in die Stadt gekommen, um die Fastenpredigten zu halten, in denen er gegen den Zinswucher der Juden wetterte, die Christen dafür rügte, dass sie mit ihnen Umgang hatten, und allen prophezeite, dass bald ein Unglück über die Stadt hereinbrechen werde, indem die Juden »auch hier noch vor dem Osterfest einen Beweis ihrer Schlechtigkeit abgeben würden«[63].

Die Fastenzeit war fast durchfastet, und der Karfreitagsgottesdienst soeben zu Ende gegangen. Als Fürstbischof Johannes Hinderbach aus dem Dom kam, trat Meister Andreas Unferdorben an den »hochwürdigen Fürsten« heran. »Mein Söhnlein ist verschwunden«, klagte er, »seit gestern Abend um fünfe«. Mit Hilfe einiger Freunde hatte Andreas in der ganzen Stadt und den umliegenden Dörfern nach seinem Sohn gesucht, der gerade mal zweieinhalb Jahre alt war. In der Befürchtung, der kleine Simon könnte in eine Wasserrinne gefallen sein, schritt der Suchtrupp die Gräben ab, die von der Etsch in die Stadt führten, fand aber von dem vermissten Kind keine Spur. Der Chef der Stadtverwaltung, Giovanni de Salis, »Podestà« betitelt, versicherte den Vater seiner Unterstützung, und gab die Anweisung, die Neuigkeit in allen Stadtteilen zu verbreiten: Das vermisste Kind hatte zuletzt ein schwarzes oder grauschwarzes Gewändlein getragen.

Am Karsamstag, dem 25. März, wurde Andreas erneut beim Podestà vorstellig und beklagte, dass kein einziger Hinweis auf das vermisste Kind eingegangen sei. Im Manuskript des 15. Jahrhunderts heißt es dann: »Darum bat er [den Podestà], dass er seine Diener in die Judenhäuser schicke und da suchen lasse, ob [das Kind] vielleicht daselbst gefunden würde, da er vielerorten in der Stadt gehört und vernommen habe, dass die Juden an diesen heiligen Tagen, so sie ihrer habhaft würden, heimlich der Christen Kinder fingen und sie töteten.« Andreas ergänzte: »Man habe ihm auch geraten, er solle den Podestà darum bitten, dass er durch seine Diener bei den Juden suchen lasse.« Der Ratgeber war ein Mann namens Zanesus, auch »der Schweizer« genannt, und er spielte, wie noch erkennbar werden wird, eine finstere Rolle in der Geschichte.

Der Podestà führte seine Männer zum Haus von Samuel, dem Vorsteher der kleinen jüdischen Gemeinde, fand jedoch nichts.

Am folgenden Tag, Ostersonntag, dem 26. März, wurde Simon tot aufgefunden. Laut Prozessbericht wurde die Leiche von den Männern des Podestà entdeckt: Ein Knecht namens Ulrich, der am Sonntagabend mit einer Fackel nach dem Kind suchte, habe den Leichnam in einem Rinnstein entdeckt, der in Samuels Haus führte.[64]

Nachdem die Leiche also »im Rinnstein gefunden« war, wurde sie zu den Juden hingetragen, die sich in der Nähe des Rinnsteins versammelt hatten, und dabei begann das tote Kind angeblich wieder zu bluten: Für die Christen war dies ein göttliches Zeichen. Wusste man doch, dass die Opfer eines frischen Mordes in der Gegenwart ihrer Mörder wieder zu bluten anfingen! Der Podestà ließ den kleinen Leichnam ins Hospiz von St. Peter bringen und sechs Juden verhaften: Samuel, Tobias, Engel, Isaac (den Sohn des Moses von Bamberg), Joaff und Seligman. Die Beschuldigten wurden in den festungsähnlichen Bischofspalast gebracht, der zugleich Sitz der Regierung und Residenz des Fürstbischofs Johannes Hinderbach war.

Wechseln wir nun die Sichtweise und begeben uns ins Haus des jüdischen Geldverleihers Samuel.

Dort herrschte am Ostersonntag ein reges Treiben, denn das Abendessen wurde vorbereitet. Die Männer der jüdischen Gemeinde – Samuel, sein Sohn Israel, Tobias und Engel – weilten zum Gebet in der Synagoge. Brünnle, Samuels Frau, stand in der Küche und überwachte die Essensvorbereitungen. Sie schickte Seligman, den Koch, in den Keller zum Wasserholen. Der Keller, in dem das Wasser aufgefangen wurde, war mit dem Rinnstein draußen verbunden. Auch nahmen die Frauen ihr allmonatliches rituelles Bad im Keller. Erst vergangenen Donnerstag hatte Sara, die Frau des Augenarztes Tobias, zusammen mit Brünnle und der Christenfrau Anna dort ihr Bad genommen.

Im Keller sah Seligman etwas im Wasser schwimmen. Als er näher hinging, erkannte er zu seinem Schrecken die Leiche eines kleinen Jungen. Er hastet in die Küche zurück, erzählt es Brünnle, und sofort laufen beide los zur Synagoge, wo, als sie ankommen, gerade die Männer, sie haben ihre Gebete schon beendet, aus der Tür treten. Aus dem, was Brünnle hersagt, wissen sie schnell, dass es sich nur um Simons Leiche handeln kann. Schon seit einigen Tagen waren in Trient Gerüchte im Umlauf, die Juden seien wohl schuld an Simons Verschwinden, und nachdem der Podestà am Freitag Samuels Haus hatte durchsuchen lassen, wurde bei den Juden beratschlagt, wie Unheil abzuwenden sei, falls irgend jemand ihnen ein totes Kind ins Haus schmuggelte. Engel, erst seit vier Wochen mit seiner Familie in Trient ansässig, hatte seinen Diener Isaac umgehend seinen Keller durchsuchen lassen und ihm, immer noch besorgt, am nächsten Tag befohlen, die Kellerfenster zu schließen, damit niemand ein totes Kind hineinwerfen könne.

Und nun? Die Männer überlegen, was zu tun sei. Sie vermuten, Christen hätten die Kindesleiche in den Rinnstein geworfen, damit das

Wasser sie in Samuels Keller schwemme. Tobias rät dazu, der Obrigkeit das tote Kind zu melden. Samuel meint beschwichtigend, es sei ja gut, dass die Leiche nun gefunden sei, jetzt käm' die Sache endlich zu einem Ende. Man beschließt: Die drei Hausväter gehen zum Podestà, um die Entdeckung der Leiche zu melden. Tobias geht noch daheim vorbei, wo Sara mit dem Essen wartet, erzählt ihr, was und wie, und gemeinsam kommen die drei zum Buonconsiglio, dem Rathaus, nicht weit entfernt.

Die Wache dort kriegt ein paar Münzen, damit man schneller reinkommt zum Podestà. Der hört sich ihre Mitteilung an und lässt sie wieder gehen, sie eilen heim.

Dort herrscht Angst und Aufruhr, packt Sara schon, nachdem die Kinder gefüttert sind, das Familiensilber in den Sack, trauert, selbst Mutter, um das ertrunkene Kind und sorgt sich, ihr Mann könnte sofort im Palast verhaftet werden. Doch der kommt, recht erregt, zurück, bricht gleich wieder auf, zu Samuel.

Ein kleiner Trupp steigt schließlich dort an jenem Sonntagabend in den Keller hinab. Tobias als Arzt übernimmt die Führung, bittet Seligman, mit einer Kerze zu leuchten, und Joaff, den toten Körper aus dem Wasser zu fischen. Er untersucht ihn, und später in der Vernehmung wiederholt er seine Diagnose: Nach Tobias' Ansicht war der Knabe ertrunken, die Schnittwunden stammten von den scharfen Steinkanten des Rinnsteins, und die Wunde am Penis des Buben konnte von einem Dorn herrühren.

Die Obrigkeit erreicht Samuels Haus zwischen acht und neun Uhr abends: Podestà, Hauptmann und Büttel mit Fackeln. Der Podestà befiehlt seinem Knecht Ulrich, den Leichnam in die Peterskirche zu bringen. Die anwesenden jüdischen Männer werden unter Arrest gestellt und kommen alle in den Kerker des Buonconsiglio.

Am Montagmorgen wird Andreas Unferdorben herbeigerufen. Er identifiziert seinen kleinen Sohn und verlangt, die Juden zu bestrafen. Zwei Ärzte, Archangelo de Balduini und Giovanni Mattia Tiberino, untersuchen die Wunden. Ihr Gutachten: Die weichen Glieder und der freie Mund der Leiche deuten darauf hin, dass der Bub nicht ertrunken, sondern wahrscheinlich am Freitag gestorben sei und danach zwei Tage im Wasser gelegen habe.

Die Tridentiner Richter, bereits vom Tatbestand des Ritualmordes überzeugt, verhören nun – eine geschickte Strategie – erst die untergeordneten Bediensteten der jüdischen Haushalte.

29. März, Mittwoch: Vital, Samuels Diener, beschuldigt – wie am Vortag schon Seligman – den »Schweizer«, das Verbrechen den Juden unterschoben zu haben. Dessen Frau Dorothea hatte als Hebamme bei Anna, Samuels Schwiegertochter, und ebenso bei Süßle, Engels Frau, ihre Dienst geleistet. Wegen des Hebammenlohns hatte es in beiden Fällen heftigen Streit mit dem »Schweizer« gegeben.

31. März: Samuel wird »aufgezogen«. Er beteuert, weder er noch die Juden seien Schächer oder Mörder. Es sei kein Jude schuldig an dem Kind. Er glaube auch nicht, dass es getötet wurde, sondern dass es ertrunken sei.

7. April: Samuel gesteht, Tobias und er hätten das Kind mit einem Taschentuch erstickt.

Tobias wird verhört: Ob er davon gehört habe, dass Juden Christenkinder töten? Tobias erwidert, Dergleichen habe er nur einige Christen sagen hören und es sei unwahr. Das Gericht fragt ihn, wo er sich zum Tatzeitpunkt, am Gründonnerstag aufgehalten habe. Wegen ungenügender Antwort lässt der Podestà den Tobias hoch in die Luft ziehen; Tobias gibt nun an, er werde jetzt die Wahrheit sagen. Man lässt ihn nieder. Wegen Vernehmungsunfähigkeit wird das Verhör vertagt.

8. April: Engel gesteht, die drei Hausväter hätten sich verschworen, um des Blutes willen ein Christenkind zu rauben.

Nachdem sich nun die Wahrheit in ihrer ganzen Bosheit herausgeschält hat, ist es Zeit, auf die gerichtlichen Hilfsmittel der Wahrheitsfindung im Jahre 1475 einzugehen: Der richterliche Einsatz der Folter war wesentlicher Bestandteil einer jeden strafrechtlichen Untersuchung und folgte anerkannten Verfahrensregeln, welche die Misshandlung der Verdächtigen durch übereifrige Amtsträger verhindern sollten. Die wichtigste Foltermethode bestand in der strappada, bei der dem Opfer mit einem langen Seil die Hände hinter dem Rücken zusammengebunden und dann mittels eines Flaschenzugs nach oben gezogen wurden. Das Opfer wurde, vis-á-vis dem Richter, mehrere Fuß über dem Boden aufgehängt, indes ein Schreiber den Wortwechsel aufzeichnete und ein Gefängniswärter als Folterknecht sekundierte. Die Verfahrensregeln erlaubten eine allmähliche Steigerung der Folter. Wenn das Opfer ein Geständnis verweigerte, schlug der Folterknecht an das Seil oder ließ es plötzlich los, so dass der Körper ein Stück durchsackte. Diese Marter, das so genannte »Springenlassen«, konnte beliebig oft wiederholt werden, wobei der Delinquent zur Unterstützung der Wahrheitsfindung auch Gewichte an die Füße bekam.

»Jude unter der Folter«:
Holzschnitt in einem
Bericht über die Schändung
eines Marienbildes,
18. Jahrhundert.

»Einige der Juden«, fasst Ronnie Po-Chia-Hsia zusammen, »blieben standhaft und beteuerten zwischen Schmerzensschreien und unerbittlichen Fragen immer wieder ihre Unschuld; andere brachen zusammen und belasteten im Verlauf der grotesken richterlichen Erdichtung eines vermeintlichen Ritualmords sich selbst und ihre Glaubensbrüder. Manche widerriefen ihre Geständnisse, sobald sie in den Folterpausen zur Besinnung kamen, nur um erneut bis zum Widerruf des Widerrufs misshandelt zu werden.« Einige hätten wohl, um den Qualen zu entkommen, bereitwillig ein Geständnis abgelegt, »kannten jedoch das Drehbuch nicht, das in den Köpfen der Richter herumspukte, und mussten daher weiter leiden; unter denen, die verzweifelt an der Wahrheit festhielten, nahmen einige die Schuld ganz auf sich selbst, um ihre Lieben und ihre Diener zu entlasten – sie waren bereit, sich zu Sündenböcken einer Zwangsgewalt zu machen, die nach lebenden Opfern verlangte.«

Ein Beispiel dafür, wie die am Seil Hängenden sich bemühten, das »Drehbuch« Schritt für Schritt zu erforschen und zu erfüllen, bietet das Verhörprotokoll von Joaff am 26. Oktober:

Joaff: Lasst mich hinab, ich will die Wahrheit sagen.
Podestà: Er soll sie am Seil sagen.
Joaff: Er habe nie ein Übel getan.
            Man zog ihn auf und ließ ihn fallen.
Joaff: Bei dem Tod, den er erleiden werde, er sei unschuldig. Er
            habe das Kind nirgendwo sonst gesehen als wo er gesagt
            habe.
            Man schüttelte ihn eine Weile am Seil. (...) Dann ließ man
            ihn nieder.
Joaff: Wo wollt ihr, dass ich es gesehen habe? ...

Drehbuch und Public Relations

Was waren nun die einzelnen »Kameraeinstellungen« des »Drehbuchs«, welches Folterer und Gefolterte abzuwickeln hatten? Da es sich beim »Kriminalfilm« des Jahres 1475 gewissermaßen um das parodierende (aber todernste) »Remake« eines bekannten Dramas handelte, musste die Tridentiner Bildsequenz den Jerusalemer Fixpunkten entsprechen:

* Die heilige Familie
* Beschneidung
* Verrat, Verkauf, Verspottung
* Blut und Brot
* Folterung
* Kreuzigung
* Der blutrünstige Alte im Hintergrund

Auch die Drehbuchszenen »Verschwörung« und »Vergiftung«, die zu den antijüdischen Standardeinstellungen zählen, fehlten in Trient nicht. Da beide im Italien der Medici jedoch nicht als spezifisch antijüdisches Klischee zu werten sind, können wir uns auf die anderen Punkte konzentrieren. Diese »spots« wurden teilweise in der Recherche des Kriminalfalles »eingespielt«, teilweise aber erst im »Medienrummel« rund um die spektakuläre Freveltat ausgeformt. Auf dieses mediale und soziale Ambiente muss deshalb zunächst eingegangen werden.

Gleich nachdem ihr Mann Israel und ihr Schwiegervater Samuel verhaftet worden waren, fasste sich Süßle ein Herz. Sie schrieb auf deutsch einen Brief an die Juden der venezianischen Stadt Rovereto, nicht weit von Trient, in welchem sie von den Verhaftungen berichtete. Die wohlorganisierten jüdischen Gemeinden der »durchlauchtigsten Republik« verfügten über gute Verbindungen und sollten später bei den Rettungsbemühungen eine Hauptrolle spielen.

Am 21. April teilte Jakob von Sporo, Hauptmann von Trient, dem Podestà Giovanni de Salis mit, dass der Prozess ausgesetzt worden sei. Der Befehl kam aus Innsbruck von Erzherzog Sigismund von Tirol, der einen jüdischen Leibarzt hatte und dem der Hauptmann gehorsamspflichtig war. Als offiziellem Vertreter Johannes Hinderbachs, der als Fürstbischof dem Erzherzog ebenfalls treuepflichtig war, blieb auch dem Podestà nichts anderes übrig, als sich der Order zu fügen. »Diese unerwartete Wendung führte dazu, dass der Fürstbischof selbst aus dem Schatten hervortrat und sich als vehementer Verfechter der *causa Simonis* profilierte.«[65]

Hinderbach bediente sich mit großem Eifer derjenigen Medien für »Öffentlichkeitsarbeit«, die seine Zeit ihm bot. So wurde eigens ein Drucker in die Stadt geholt, um eine illustrierte Martergeschichte des Knaben in deutscher Sprache zu veranstalten. In Venedig, wo damals eine bedeutende deutsche Kolonie bestand, erschien das lange Gedicht eines Matthäus Kunig im Druck, das die Martern des Simon von Trient äußerst detailliert als genaue Imitation der Leiden Jesu beschreibt[66]. Auch verschiedene »Augenzeugenberichte« und drastische Holzschnitte, auf denen das von Wunden übersäte Kind zu sehen war, sorgten für die Publizität des Falles. Vor allem aber griffen drei klassisch-humanistisch und poetisch gebildete Autoren nun alsbald »pro causa Simonis« zur Feder: Zovenzoni, der Arzt Tiberino und der Fürstbischof selbst.

Raffaele Zovenzoni, der Poeta laureatus von Triest, wurde von Johannes Hinderbach am 1. Mai brieflich engagiert, einige Verse zu Ehren des »seligen Märtyrers von Trient« zu verfassen, damit die Menschen von seinen Wundern erführen und die Juden, trotz ihrer Machenschaften am Hof des Erzherzogs, ihrer gerechten Strafe doch noch zugeführt werden könnten.

»Gesegneter Knabe, beklage dich bitterlich bei Kaiser und Herzog«, larmoyierte Zovenzoni in seiner auftragsgemäßen Hymne auf Klein Simon. Und wer hätte überzeugender gegen die Juden Klage führen können, wer hätte beredter den Eifer des Bischofs und die Wahrheitsliebe seines Handelns bezeugen können als der kleine Märtyrer selbst, den Zovenzoni nun in Versen reden machte und der unzählige Wunder hervorbrachte?

Das erste Wunder war schon am 31. März mitgeteilt worden und führte zum ersten Eintrag im »Buch der Wunder des heiligen Simon, Märtyrer zu Trient«. Dem ersten folgten im Zeitraum von fünfzehn Monaten bis zum 29. Juni 1476 nicht weniger als hundertneunundzwanzig eingetragene Wunder, die sämtlich dem kleinen Simon zugeschrieben wurden. Wallfahrer pilgerten nach Trient, beteten und spendeten Geld. Manche wurden geheilt, alle aber trugen die Kunde vom wunderlich-wunderbaren Ereignis in die Welt. Hinderbach zeigte von Anbeginn ein persönliches Interesse am Wallfahrtsgeschäft und notierte in Deutsch und Latein die Beträge, die von den frommen Pilgern eingesammelt, und die Ausgaben, die für verschiedene, mit dem Kult zusammenhängende Maßnahmen getätigt wurden.

Mit der Kunde von Klein-Simons Martyrium, die sich durch Briefe, mündliche Erzählungen, Reiseberichte und durch Predigten in Windes Eile über das Veneto, die Lombardei und das Tirol verbreitete, kam es vielerorts zu gewalttätigen Ausschreitungen gegen Juden. Der Doge von Venedig, Pietro Mocenigo, brachte schon im April seine Sorge um das Wohl der Venezianer Juden in zwei Briefen an die Magistrate von Padua und Friaul zum Ausdruck. Es sei ihm zu Ohren gekommen, dass auf Grund des Gerüchtes, die Juden von Trient hätten ein Kind ermordet, reisende Juden im venezianischen Staatsgebiet von Christen angegriffen und ausgeraubt worden seien und sich viele Juden nun davor fürchteten, Reisen zu unternehmen. Bei den Rädelsführern dieser Gewalttaten handle es sich um Prediger. Er selbst, der Doge, halte besagtes Gerücht für unwahr. Daher sollten seine Beamten nicht nur Leib und Eigentum der Juden schützen, sondern auch jene Prediger davon abhalten, den Pöbel zu antijüdischen Gewalttaten aufzuhetzen.

Während die Prediger den Heiland, Heilige und Märtyrer herbeibeschworen, um den Volkszorn anzuheizen, beriefen sich die Dichter »zum Lob des seligen Knaben Simon, des von Juden Gemeuchelten« auf die Musen, auf Apoll und Vergil. In elegantestem Humanistenlatein hexametrierte der niederträchtigste Judenhass, und die süßen Vergilschen Versmaße diktierten gewalttätige Forderungen bis hin zur Vertreibung der Juden aus allen christlichen Ländern. Zovenzoni begann seine Hymne mit dem Aufruf an Papst, Kaiser, Herzog, Prälaten und Magistrate, die Juden aus ihren Territorien hinauszuwerfen, und schloss sein Poem (nach gebührender Lobpreisung Hinderbachs) mit dem Appell, das Verbrechen der Juden in Flammen zu ahnden.

Hinderbach selbst, der sich als Humanisten sah, versuchte sich ebenfalls an lateinischer Lyrik. Zwar poetisch weniger begabt als Zovenzoni, stand er in seinem Hass den Gefühlen des Laureaten nicht nach. Er beschimpfte die Juden als Bluttrinker und Gotteslästerer, rief alle Christen dazu auf, sie aus ihren Gemeinden zu verbannen.

Die größten Hetzschriften flossen jedoch, prosaisch aber »authentisch«, aus der Feder von Giovanni Mattia Tiberino, jenes Arztes, der am Ostersonntag mit seinem Collega den Leichnam des Buben untersucht hatte. Schon am 15. April verfasste er – übrigens Freund und Leibarzt des Fürstbischofs – noch während des Prozesses – in elegantem klassischem Latein, gewendet an Senat und Bürger seiner Heimatstadt Brescia, einen Brief, der am Ende schon an »Endlösung« gemahnt, auf dass nämlich »... unser katholischer Glaube, so er bisweilen wankend ist, ein Bollwerk der Standhaftigkeit werde und die alte Last der Juden aus dem christlichen Erdkreis getilgt werde und jede lebendige Erinnerung an sie vollständig vom Erdboden verschwinde«. Die Juden unterdrückten die Christen nämlich nicht nur durch Wucher, fuhr Tiberino fort, sondern saugten in ihren Synagogen christlichen Kindern das Blut aus und hätten dem Knaben Simon dieselben Qualen zugefügt wie seinerzeit Jesu Christo.

Da sind wir nun schon mitten in der Dramaturgie des »Drehbuchs«, dessen »Schnitte« aber nun in möglichst korrekter Sequenz zur Sprache kommen sollen; und das heißt hier, die Szenenreihung der neutestamentlichen Vorlage einzuhalten. Und in dieser Abfolge erscheint, quasi »Klappe, Christkind 2, die erste« ...

Die Heilige Familie Unferdorben

Der Rekurs auf das volkstümliche Bild der Heiligen Familie war keine Neuheit. Im »Endinger Judenspiel« wird 1462 auf das traute Motiv der weihnachtlichen Herbergssuche angespielt. Die Bürger der Stadt am Kaiserstuhl hatten damals beim Abbau des »Beinhauses« in ihrem Friedhof unter vielen Knochen auch die Skelette eines Ehepaars mit zwei Kindern gefunden. Bald erinnerte sich der christliche Metzger Jakob, dass acht Jahre vorher ein Vagantenpaar mit zwei Kindern auf Herbergsuche bei seinem Nachbarn Elias angeklopft und dieser ihnen ein Nachtlager in der Scheune, bei Heu und Stroh gewährt hatte. In der Nacht dann hatte der Metzger Schreie gehört, und acht Jahre später erkannte man nun endlich, wer da geschrien hatte, und dass die arme Familie damals gerade recht gekommen war, um Elias und seine vielen jüdischen Festtagsgäste mit dem nötigen Christenblut zu versorgen. Elias fand dafür, zusammen mit seinen Brüdern Eberlin und

Die Heilige Familie.
Holzschnitt aus dem
späten 15. Jahrhundert.

Mercklin, die gerechte Strafe auf dem Scheiterhaufen, wodurch die Gemeinde Endingen auch gleichzeitig die (von einem Feudalherrn angefochtene) stadteigene Gerichtsbarkeit eindrucksvoll demonstrierte. Das »Lied von den eltern und unschuldigen Kindern«, das dann als Moritat in Süddeutschland vom Endinger Ritualmord berichtete, konnte also nicht nur auf das Herodes-, sondern auch auf das Betlehem-Motiv anspielen und die hartherzigen Christen wegen ihrer mangelnden Gastfreundschaft schelten, durch die sie die Vagantenfamilie in die Höhle der Juden gestrieben hatten.[67]

Zwölf Jahre später wuchs der kleine Simon Unferdorben, Sohn des Meisters Andreas Unferdorben und seiner Frau Maria (!) Unferdorben, zusammen mit seinen Geschwistern in einem Handwerker- und Taglöhnerviertel von Trient auf. Über seine Geburt weiß Tiberino zu erzählen, dass »der glorreichste Simon« an einem 6. Dezember als »Sohn der sehr armen Eltern Maria und Andreas« geboren wurde. Seine Herkunft passte in wunderbarer Weise zu der im späteren Mittelalter verbreiteten Verehrung der Heiligen Familie. Po-Chia Hsia betont die »evokative Kraft, welche von der Darstellung Simons und seiner Eltern als einer armen, unschuldigen, arbeitsamen, aber von Juden verfolgten Christenfamilie ausging«. Die Heilige Familie wurde auf Holzschnitten des ausgehenden 15. Jahrhunderts als Leute von nebenan und als vorbildlicher Haushalt dargestellt: Vater Josef der arbeitsame Zimmermann, Maria als fleißige Hausfrau, dazwischen der kleine Jesus, mal auf dem Steckenpferd, mal als kleiner Helfer beim Tagwerk der Erwachsenen.

So passte der Umstand, dass der kleine Simon einfacher Herkunft war, erstens »vorzüglich zu den Idealen der Demut, Unschuld und Opferbereitschaft – den großen Gefühlsmächten im christlichen Erlösungsdrama«.[68] Zweitens ließ der Kleine sich, als Söhnchen der *Maria Unferdorben*, bestens neben das Söhnchen der *Maria Immakulata* stellen, und drittens bot das familiäre Ensemble für besorgte Mütter, gefährdete Kinder und schutzbereite Väter optimale Muster zur Identifikation.

In den Verhören wurde ein weiterer »Herkunftsaspekt« angesprochen. Ein bekanntes christliches Dogma, welches für Zölibatäre möglicherweise leichter glaubbar ist als für Mütter und Väter, ist das von der jungfräulichen Geburt. Dass »ungläubige« Juden mit dieser immer gefährdeten christlichen Glaubenswahrheit ihren Spott treiben würden, gehörte mit zum Drehbuch, wurde als Bringschuld erwartet. Laut Prozessbericht hatte Engels Diener Lazarus den Richtern erzählt, Samuel habe Simon mit Jesus verglichen, weil beide als uneheliche Kinder geboren wurden. Der Schreiber notierte sorgsam alle Flüche, die gegen die Heilige Familie gerichtet waren, und fügte auch Lazarus' Aussage bei: »Er antwortet, die Juden hätten gesprochen, das Jesuskindlein und der Christen Gott, den sie den Gehenkten nennen, sei ein Bastard und aus der zerrütteten oder geschwächten Maria geboren, die von Joseph schwanger wurde, der nicht ihr richtiger Mann sei. Ihr richtiger Mann sei ein Priester. [...] Das Kindlein auf dem Almemar sei ebenso aus einer Ehebrecherin und einem Ehebrecher geboren wie der Gott dieses Kindes und der anderen Christen, Jesus.«

So selbstverständlich, wie von den Juden Flüche gegen die Heilige Familie und Verleumdungen der Maria erwartet wurden, so suggestiv verquickt Tiberino das volkstümliche Wissen über die Nazarener Familie mit »unseren Unferdorbens« von Trient. Er greift dazu zwei eng benachbarte Lukas-Stellen auf, nämlich erstens die Weissagung des alten, gerechten Simeon, dem offenbart worden war, er werde nicht eher sterben, als er den Messias gesehen habe, und zweitens die Suche der Eltern nach dem »kleinen Ausreißer« Jesus:

»*Und Simeon segnete sie und sprach zu Maria, seiner Mutter:*
›Siehe, dieser ist gesetzt zum Falle und zum Aufstehen vieler in Israel
und zu einem Zeichen, dem widersprochen wird; aber auch deine ei-
gene Seele wird ein Schwert durchdringen, auf dass die Gedanken aus
vielen Herzen offenbar werden.‹« (Lk 2, 34-35) Die »schmerzensreiche Mutter« des Rosenkranzgebetes und zahlreicher bildlicher
Darstellungen, manchmal unter dem Kreuz stehend, oft mit einem ihr
Herz durchbohrenden Schwert, bezieht sich auf diese eine Lukasstelle.
Bei der anderen sind Maria und ihr Mann im Schmerz vereint:

»*Und es begab sich, nach drei Tagen fanden sie ihn im Tempel, wie*
er mitten unter den Lehrern saß, ihnen zuhörte und sie fragte. Es
staunten aber alle, die ihn hörten, über seine Einsichten und Ant-
worten. Und da sie ihn erblickten, waren sie fassungslos, und seine
Mutter sagte zu ihm: ›Kind, warum hast du uns das getan? Siehe, dein
Vater und ich suchen dich mit Schmerzen.‹« (Lk 2, 46-48)

Noch mehr zu Herzen gehend kann es Tiberino ausdrücken: »Als
die Mutter des Knaben, Maria, das Verschwinden des Knaben bemerkte, suchte sie ihn nicht nur, wie gewöhnlich, bei den Nachbarn, sondern durchforschte getroffenen Herzens [percusso pectore] gemeinsam mit ihrem Mann, Andreas, die gesamte Stadt.« So elegant Tiberino Simons Mutter mit der Figur der Mater Dolorosa verschmilzt,
deren Herz von Kummer über den Tod ihres Sohnes Jesus Christus
durchbohrt wird, so folgerichtig bemerkt er bereits im nächsten Satz,
der Heilige Geist habe für die Eingebung gesorgt, bei den Juden nach
dem Knaben zu suchen, »die ihn ›in Verachtung des christlichen Glaubens im Kreuze aufgehängt‹ hätten«.

Es war wohl nicht nur der Heilige Geist, sondern auch ein bisschen
der Geist des Fastenpredigers Bernardino da Feltre, der hier seine Wirkung entfaltete. Im Blick auf die Thesen dieser Arbeit sind vielleicht
aber auch andere Hinweise am Rande nicht ganz überflüssig: auf die
Gefühle von Eltern, vor Jahrhunderten wie heute, die ein Kind ver-
missen und es je länger, desto sorgenvoller suchen; auf den Schmerz
von Eltern, die am Ende ihrer Suche wissen, dass ihr Kind verunglückt
oder ermordet ist; auf den ohnmächtigen Hass der Eltern gegen den
gefassten Mörder, den gerechten Zorn und die Empörung der Öffent-
lichkeit. Alle diese durchaus menschlichen, auf Mitgefühl beruhenden
Emotionen, die heutzutage bei Verbrechen an Kindern medial angesprochen, aufbereitet, aufgerissen und transportiert werden, die haben
»Reporter« wie Tiberino damals auf die Juden fokussiert.

Beschneidung

»Und als acht Tage bis zu seiner Beschneidung vollendet waren, wurde ihm der Name Jesus gegeben, der von dem Engel gegeben worden war, ehe er im Mutterschoße empfangen ward.« (Lk 2,21)

Nur äußerst marginal berichtet das Neue Testament über die Beschneidung Jesu: Lediglich Lukas (er soll ja Arzt gewesen sein) spricht sie an, und auch er gebraucht das Faktum nur in einem Nebensatz zur Zeitangabe. In deutlichem Kontrast zu dieser quellentextlichen Bagatellisierung steht die mittelalterliche und frühneuzeitliche Vorliebe für die genitale Thematik. In vielen Ritualmord-Bildern der Epoche ist zu sehen, »wie die Juden dem kreuzförmig ausgestreckten Opfer [...] Blut entziehen. In anderen Fällen wird gezeigt, wie die Mörder ihr Opfer zunächst beschneiden. Auch dieses eigentümliche und vielleicht auch wegen seiner sexuellen Komponente beliebte Motiv konnte unschwer als Anspielung auf die Leiden Jesu gedeutet werden, denn seine Beschneidung wurde vielfach als Vorwegnahme seiner (von den Juden verschuldeten) Passion gedeutet; und tatsächlich könnten die widerwärtigen Gestalten, wie sie etwa der Maler Jörg Ratgeb die ›Beschneidung Christi‹ vornehmen lässt, ohne weiteres auch zur Illustration eines solchen ›Ritualmordes‹ herhalten.«[69]

Die beiden wichtigen Komponenten von Ritualmord-Bildern, die Michael Schmidt hier herausstellt, betont auch Ronnie Po-Chia Hsia: »Die Identifikation von Klein Simon mit Jesus wurde durch drei zentrale Themen hergestellt. Das eine war der gemeinsame Leidensweg, der vom Motiv der Kreuzigung beherrscht wurde. Die anderen beiden Motive ... beschäftigen sich mit den Wunden an Simons Genitale und dem Porträt seiner Familie. Die offizielle Geschichte des Ritualmords schenkte Simons Genitale große Beachtung«, denn »... von fundamentalen Kastrationsängsten einmal abgesehen, wurden Schnitte am Penis im Kontext der Renaissance-Ikonographie als eine verzerrte Repräsentation der Beschneidung verstanden, an der sich der Unterschied zwischen Christen und Juden offenbarte. Das Ritual, welches die jüdischen Männer kennzeichnete, war natürlich auch am Jesusknäblein vollzogen worden, denn: Wenn Simons Tod eine Nachbildung der Kreuzigung Christi sein sollte, musste der Knabe beschnitten sein.«[70]

Folgerichtig konnten die Richter am 11. Juni aus dem am Seil hängenden Seligman herausarbeiten, »dass der alte Moses den Penis des Knaben beschnitten hatte, während die anderen seine Arme kreuzweise ausgestreckt hätten, um die Kreuzigung Christi nachzunahmen«.

Jörg Ratgeb: Beschneidung Christi. Ausschnitt
aus dem »Herrenberger Altar«, 1518/19.

Die Verletzungen am Penis des kleinen Simon hatten wiederum wunderbarer Weise ins Drehbuch gepasst. Dass die Beschneidung ein auch körperlich kennzeichnendes jüdisches Standardritual war, dürfte, da sexuelle Details immer Interesse wecken, auch ohne die Kenntnis der Lukas-Stelle den gewöhnlichen Christen bekannt gewesen sein. Ungeachtet der Fragen, ob der jüdische (und islamische) Brauch der Beschneidung als hygienische Maßnahme, Initiationsritual oder als beides zu sehen ist und ob Freuds These von der Kastrationsangst hier tiefer blicken lassen könnte, dürfte eines sicher sein: dass das zentrale Detail »Messer am Penis« in dem Holzschnitt der weitverbreiteten

»Simon von Trient«. Aus der Nürnberger Weltchronik
von Hartmann Schedel (1493).

Schedelschen Weltchronik als Fixpunkt im Gedächtnis der jungen und
alten BetrachterInnen gewirkt hat.

Dass der kleine Tridentiner Bub zumindest den Gebildeten unter
den erwachsenen Christen zeitgleich als Spiegel zur Identifikation mit
ihm als einem Buben angeboten wurde, lässt der Titel eines lateinischen Gedichtes von Tiberino vermuten: »Sum puer ille Simon« (Ich
bin der Knabe Simon) zirkulierte in weiten Teilen Italiens und in
Süddeutschland; noch 1511 wurde es in Augsburg neu aufgelegt.

Eine andere, dreifache Identifikation erkennt Ronnie Po-Chia Hsia
im Beziehungsdreieck Simon – Jesuskind – Gekreuzigter: »Die Wunden an Simons Genitale symbolisierten sowohl die Schändung der Unschuld als auch die erlösende Kraft menschlichen Fleisches und Blutes. In den Renaissancedarstellungen war der unbedeckte Penis des
Jesuskindes und des gekreuzigten Christus ein zentrales Motiv, das die
Menschennatur des christlichen Heilands offenbarte. Die sündigen
Menschen wurden nicht durch ein abstraktes Erlösungsversprechen
gerettet, sondern durch die Qualen eines wirklichen Mannes, der zugleich Gottes Sohn war und dessen Genitale sowohl seine Teilhabe an
der sinnlich-menschlichen Existenz als auch seine Transzendenz sig-
nalisierte.«[71]

86

Ähnlich meint Michael Schmidt, dass »die mehr oder weniger deutlichen Parallelen zu den Leiden Jesu in solchen Darstellungen … an der Stellvertreterfunktion des Opfers, an der Inszenierung des ›Ritualmordes‹ als ein jüdisches Passionsspiel keinen Zweifel ließen«.[72]

Verrat und Verkauf

»Jedes Passionsspiel braucht seinen Verräter; jeder christusgleiche Märtyrer benötigt seinen Judas.« Der Heiler Tobias, der in Trient die Christen verarztete, war im Ensemble der Geeignetste, und er spielte, so Hsia, »die ihm zugewiesene Rolle mit Pathos«.

Zwar blieb er, nach Auskunft der Prozessakten, bei den ersten Verhören standhaft, obschon er eine halbe Stunde in der Luft hing und der Folterknecht »oft an das Seil schlug«. Am 7. April wurde er aber so hoch gezogen, dass er schrie, er werde jetzt die Wahrheit sagen, und bettelte, herabgelassen zu werden. »Man ließ ihn nieder«, berichtet der Schreiber, »da es schien, er wäre schier entwichen oder verdorben.« Das Verhör musste vertagt werden. Zwei Tage später gestand ein gebrochener Mann namens Tobias, er habe Simon »mit süßen Versprechungen« zum Ort seiner Leiden gelockt. So also, nun wusste man es, war das Christenkind vom Abendmahl nach Golgatha gekommen.

Nun, da schon alles verloren war, schmückte der Judasdarsteller Tobias, um seine Peiniger zufriedenzustellen, seinen Rollentext weiter aus: Ja, vor vier oder fünf Jahren habe er einem frommen Juden namens Abraham einen Gulden für christliches Blut bezahlt, gestand er am 17. April. Und als der Podestà ihn drängte, seine Geschichte »wirklichkeitsnäher« zu gestalten, fing Tobias an, den Blutverkäufer Abraham näher zu beschreiben: »Da [vor sechs, sieben Jahren in Venedig] sei unter den Juden gesagt worden, dass ein Jude, ein großer Kaufmann aus Candia da sei, der einen großen Teil Bluts und einen großen Teil Zuckers zu Verkauf gebracht habe. [...] Er war um die 44 oder 50 Jahre alt und hatte langes Haar, einen langen Bart, einen langen Mantel bis auf die Schuhe wie die Griechen und eine schwarze Kappe.«

Der geheimnisvolle »Kaufmann von Venedig« erinnert merkwürdig nicht nur an Shakespeares Shylock, sondern vor allem an die Figur des Ahasver, des »Ewigen Juden«, welcher, vom Orient kommend, Zeuge der Kreuzigung Christi und Selbstverfluchung seines Volkes wurde und seitdem rastlos unerlöst, ohne die Ruhe des Todes zu finden, durch die Welt wandert. Der Legende nach ist sein ewig unruhiges Umherziehen die Strafe dafür, dass er dem das Kreuz tragenden Jesus verboten hatte, sich auf dem Weg nach Golgatha kurz auszuruhen. Im

13. Jahrhundert bereits – just in der Zeit, als die großen Vertreibungen der Juden aus Westeuropa einsetzten – berichtet eine lateinische Chronik aus Bologna eine derartige Geschichte. Langer Mantel und große Schuhe gehörten zeitweise zu den Kennzeichen des Ahasverus. Der Kaufmann in Sachen »Blut in grosso« ist allerdings eine Spezialität des Tridentiner Drehbuchs.

Verspottung

Nicht nur Tobias musste, um dem »Skript« gerecht zu werden, viel Phantasie entwickeln, um in die Vorstellungswelt der Peiniger einzudringen und ihre Obsessionen szenisch umzusetzen.

Getreulich dokumentiert der Schreiber am 14. November einen Wortwechsel zwischen »oben« am Seil und »unten« am Schreibtisch:

Podestà: Was er gegen das tote Kindlein gesprochen oder getan habe, als es auf dem Almemar lag?

Isaac: Er habe nichts gesprochen oder getan als gelacht und Faxen gemacht.

Podestà: Er soll alle Taten und Gebärden zeigen, die er da getan hat.

Isaac: Er könne jetzt weder so lachen noch die Gebärden machen, weil er jetzt nicht so fröhlich und sein Herz nicht so froh sei wie seinerzeit, als er das Kindlein auf dem Almemar liegen sah.

Podestà: Wenn er es nicht mit fröhlichem Herzen zeigen mag, so soll er es eben mit traurigem Herzen zeigen, denn es kümmere den Podestà nicht, ob er es mit fröhlichem oder traurigem Herzen tue.

Isaac: Er habe gelacht und gesagt ›hän, hän‹ oder ›hey, hey‹ und dabei andere Gebärden getan, die man nicht aufschreiben kann, da er mit verzerrtem Mund sprach oder wispelte.

Joaff gestand unter der Folter, den Knaben Simon gebissen zu haben; der junge Moses schilderte eine Freudenszene mit Füßestampfen und Gelächter; die anderen bekannten sich zu anstößigen und grotesken Körpergesten, gestanden, ihren Penis und Hintern entblößt und die Zunge herausgestreckt zu haben, um das Christenkind zu verspotten.

»Die Männer, die Jesus bewachten, verspotteten und schlugen ihn, und sie verhüllten ihn und fragten: ›Weissage, wer es ist, der dich geschlagen hat!‹ Und viele andere Schmähungen gegen ihn stießen sie aus.« (Lk 22, 63-65)

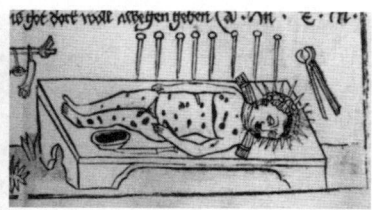

Oben: Der gefolterte Simon von Trient,
aus dem 1475 gedruckten Pamphlet
des Tiberino.

Mitte: »Ein hübsch new lied von zweyen
Juden und einem Kind«: Pamphlet über
den »Ritualmord« zu Sappenfeld, 1540.

Links: Geißelung Christi vom Meister der
so genannten Karlsruher Passion (um 1450)

Folterung

Am 15. April gestand Vital, Seligmans Sohn – es war der vierte Tag,
den er nacheinander am Seil hing –, dass er Simon selbst gefoltert
habe. Daraufhin gönnte man ihm drei Tage Pause, bevor man ihn am
18. und 21. April erneut aufziehen ließ.

»Mit jedem Sturz und jedem Schrei lernte Vital ein paar Zeilen des
Drehbuchs: Das Stechen mit der Nadel, das Christenblut für die Matze, die Verhöhnung des Buben, Simons Leichnam auf dem Almemar
und all die weiteren Einzelheiten, welche die anderen Juden bereits
auswendig kannten.«[73]

Blut und Brot

Schneller als sein Leidensgenosse Vital begriff Mayer, Sohn des alten Moses und mit ihm 1465 aus Nürnberg zugewandert, die Logik der Folterkammer. Als er am 11. April am Seil hing, wiederholte er die offizielle Geschichte von der Folterung Simons und beantwortete wunschgemäß die vielen Fragen zur üblichen Verwendung des Blutes seitens der Juden: Sie benutzten Christenblut, um Christus zu schmähen und Matze zu bereiten.

Blut im Brot: Blut als Ferment zur Bereitung der Matze, des ungesäuerten Brotes, das die Juden am Seder-Abend verzehren zum Gedenken daran, wie eilig die jüdischen Familien damals in Ägypten ihre Essenvorräte zusammenpackten, um auszuziehen ins Gelobte Land. Wie ist nun die christliche Vorstellung zu erklären, dass die Juden ausgerechnet für dieses, nur aus Mehl und Wasser bestehende Brot Christenblut benötigten?

Zunächst einmal liegt die Assoziation von Matze mit Blut, Unschuld und Kindern deshalb nahe, weil die Juden damals in Ägypten in der Nacht vor dem Exodus die Türen ihrer Häuser außen mit dem Blut des soeben verzehrten Lammes bestrichen hatten, damit der Todesengel Jahwes ihre Häuser verschone und nur die Erstgeborenen der Ägypter töte. Wievielen normalen Christenmenschen diese Geschichte bekannt war, ist hier insofern weniger bedeutsam, als der gebildete Podestà und vor allem Fürstbischof Hinderbach sie sicher im Gedächtnis hatten.

Ungesäuerte Brote sind auch die Hostien, die sich in der Wandlung während der katholischen Messfeier in das Fleisch des unschuldigen Opferlammes Jesu Christi verwandeln, während der Wein zu dessen Blut wird: Ein für Kleriker alltägliches, für die Gläubigen regelmäßiges, nicht nur visuell, sondern in der Kommunion der Hostien körperlich-konkret zu erlebendes Geschehen, das buchstäblich innerlich aufgenommen wird.

Innerlich zu verarbeiten dürfte dieses Geschehen grundsätzlich nicht sein; es bleibt, auch nach heutigem katholischem Tenor, ein »Geheimnis des Glaubens«, verstandesmäßig nicht fassbar, und Heinrich Heine hat ja einmal, wieder in Paraphrase eines Jesus-Wortes, den Ratschlag gegeben: Wenn dich dein Auge stört, dann reiß es aus; wenn dich deine Hand stört, so hack sie ab; wenn dich dein Verstand stört, so werde katholisch.

Miri Rubin weist auf eine Parallelität im damaligen Zeitgeist hin: »Als im zwölften Jahrhundert die Verehrung des Leibes Christi sowohl in der Theologie als auch in den neuen Liturgien und Andachtsritualen an Bedeutung gewann, verbreiteten sich zunehmend auch Geschichten über den Missbrauch der Eucharistie.«[74]

Verwunderlich sind diese Missbrauchsphantasien keineswegs, wenn man die psychologischen Implikationen der »Transsubstantiation« genauer anschaut: Der Gläubige muss sich bemühen zu akzeptieren, dass sich ein Stückchen Brot durch die rituellen Worte des Priesters in das Fleisch und der Wein in das Blut Gottes verwandeln. Denn dieses Glaubenkönnen ist die Voraussetzung des ewigen Lebens, welches durch das »Brot« gegeben wird: »... *so wird auch der, der mich isst, durch mich leben.*« (Joh 6,57). Andererseits ist der verloren, der nicht glaubt oder der den Leib und das Blut des Herrn unwürdig behandelt, denn er »isst und trinkt sich das Gericht«. Das Essen der Hostie ist also der »Rubikon« und »point of no return«, ein scharfer Grat, der manichäisch die »Kinder des Lichts« von den Verworfenen scheidet. Und das Glauben fällt in diesem Fall nicht leicht, denn es kämpft gegen den sinnlichen Augenschein (Gesichts- und Geschmackssinn) ebenso wie gegen die Ratio. Wer im Alltagsleben mal zu leichtgläubig war und sich »hereinlegen«, sich ein X für ein U vormachen ließ, braucht für den Spott nicht zu sorgen.

Seine diesbezügliche Angst wird der Gläubige auch beim Geheimnis der Wandlung nie ganz los; sie transformiert sich in Abwehr- oder Angriffshaltung gegen den Leugner und Zweifler. Denn wenn William James feststellt: »Any object which remains uncontradicted is ipso facto believed as absolute reality«[75], dann gilt auch der Umkehrschluss: Alles, was Widerspruch erfährt, steht nicht mehr unversehrt als absolute Wahrheit da. Der widersprechende, den christlichen Glauben unterhöhlende Renegat »*und jeder Geist, der Jesus nicht bekennt, ist nicht aus Gott. Und das ist der Geist des Antichrist ...*« (1 Joh 4, 3).

Die psychische Übung, an die »Transsubstantialität« von Wein und Blut, von Brot und Leib des Herrn glauben zu lernen, bedeutet gleichzeitig eine psychische Konditionierung zu Gunsten der Austauschbarkeit von Symbolen. Misshandlung von Hostien und Misshandlung von Kindern waren parallele Imaginationen. »In diesen mittelalterlichen Vorstellungen einer Entweihung des Messopfers, die in Bildern, Moritaten, Chroniken und Schauspielen zur Darstellung kamen, wurden Eucharistie und Jesuskind zu austauschbaren Symbolen, und die Diskurse über Missbrauch der Eucharistie, das Opfer Christi und den Ritualmord näherten sich morphologisch zusehends einander an.«[76]

Ausgerechnet Israel Mayer, der dreiundzwanzigjährige Buchmaler, der sich nach der Verhaftung taufen ließ und dadurch zunächst der Folter entging, der im November unter verschärfter Folter eine Geschichte erfand von damals in Regensburg, wo er mit fünfundzwanzig anderen Juden ein Christenkind, von einem Bettler um zehn Dukaten gekauft, mit Nadeln traktiert und ihm so für Zeremonien Blut entnommen hatte, dieser Israel verbarg sich schließlich in einer sarkastischen Ironie, die eine Farce nur in seinen Augen war:

Podestà: Ob er glaube, dass es nach dem jüdischen Gesetz recht sei, dass die Juden Christenkinder töten und ihr Blut essen und trinken, wie er vorher gesagt hat?
Israel: Er glaubt fest, dass es recht getan sei, wenn die Juden Christenkinder töten und ihr Blut essen und trinken.
        Und von selbst und ungefragt sprach er:
        Er möchte zum Ostertag Christenblut haben [...] wiewohl er getauft sei, so habe er sich doch in seinem Gemüt vorgenommen als ein rechter Jude zu sterben.

Und am 6. Dezember erklärte er, ohne Folter, dass die verschiedenen Martern die Kreuzigung Christi symbolisieren sollten. Auf diese lief es ja hinaus.

Kreuzigung
Schon am 10. April hatte der Schreiber bei Seligmans Folterung sorgfältig in Umschrift die hebräischen Worte notiert, welche angeblich die rituelle Folter des Christenkinds begleitet hatten, das, wie es im Prozessbericht heißt, »kreuzling stehend sein Haupt auf die Seite neigte und seinen Geist aufgab«.

Tiberino borgt sich, um seine Prosa über die Opferung Simons einzuleiten, einen Vers aus Vergils »Aeneis« aus: »Es war die Zeit, da die erste Ruhe die menschliche Brust erquickt und die Stimmen der Menschen und Hunde verstummen.« Zu dieser friedvollen Tageszeit nun gingen die Juden zu Werke: »... und indes sie heftig seine beiden Arme nach Art des Kruzifixes ausstreckten, erhoben andere die Waffen und schlugen sie hart in den zurücksinkenden heiligen Leib; dann versammelten sich alle und sprachen: ›tolle Yesse Mina, elle parachies elle pasissen tegmalen‹, das heißt, wie Jesus Christus, den nichtigen Gott der Christen, so schlachten wir diesen und stürzen unsere Feinde in ewige Verwirrung.«

Der blutrünstige Alte im Hintergrund

Am 8. April, als Engel zum dritten Mal an der strappada hing, löste sich seine Verstocktheit. Er gestand die Verschwörung und hatte sich auch auf ihr Motiv besonnen: Juden bräuchten zum Passahfest Blut, weil das Rote Meer sich zum Passah in Blut verwandelt und die Ägypter ersäuft habe. Zwei Tage später war Engel noch »kooperativer«. Er wiederholte die hebräischen Gebete, berichtete von Simons langsamem und qualvollem Tod, vom Einsammeln des Blutes und der Beseitigung des Leichnams. Als man ihn nach der Bedeutung der Wunden an Simons Körper fragte, sagte Engel, sie entsprächen Moses' Flüchen gegen die Ägypter.

Am Donnerstag, dem 13. April fragten die Richter Israel, was die Verwendung christlichen Blutes während des Passahfestes zu bedeuten habe. »*Frage*: ... und warum tun sie es in ihre Matze? *Israel*: Zum Gedächtnis an das Blut, das Gott der Herr durch Moses auf die Übertür der Häuser sprengen ließ, als die Juden in König Pharaos Untertänigkeit oder Dienstbarkeit waren. [...]«

Am 7. Juni wird nochmal Samuel vernommen. Der Autor des Prozessmanuskripts notiert in roter Tinte: »Man merkt auch die Sünde und Entehrung Christi und die Flüche und Rachgebete auf die Christen.« Die Richter verlangen von Samuel, dass er auf Hebräisch die Haggada-Flüche gegen die Ägypter wiederhole, die sogleich in Umschrift festgehalten, ins Lateinische übersetzt und später auf Hebräisch ins Prozessmanuskript eingefügt wurden.

Fassen wir die schillernden Facetten alttestamentarischer Grausamkeit, der Blutrünstigkeit des Alten, des archaischen Judengottes und seines Volkes zusammen:

- Das Blut des Opferlammes, an die Haustür gesprenkelt in der Absicht, zauberkräftig und »identifikativ« das Judenvolk zu schützen, wenn der Todesengel umging, um die kleinen Söhnchen ihres »Gastgebervolkes« zu töten;
- Die jüdischen Flüche gegen die Ägypter, ihr damaliges – um Hitlers Terminologie zu gebrauchen – »Wirtsvolk«;
- Das Christenblut in der ungesäuerten Matze des zur Wanderung und Eroberung aufbrechenden »Fremdvolkes«;
- Das rote Meer, das sich in Blut verwandelte, um die Feinde der Juden zu ersäufen.

Der Vorhang des jüdischen Tempels in Jerusalem war im Augenblick des Kreuzestodes Jesu »mitten entzwei« gerissen (Lk 23, 44-46). Der Riss ist auch eine Grenze der Identifikation: Auf der einen Seite das Volk des alten Bundes, des alten, zornigen Jahwe, auf der anderen der »Rest der Welt«, das multinationale, polyglotte, *kat-holisch* all-umfassende Volk, das Christus sich nun erwählt hatte.

Unter diesen Umständen ist es auch für Norditaliener kein Problem, sich mit pharaonischen Ägyptern zu identifizieren, sich mit ihnen vor den zaubermächtigen Juden zu fürchten. Das Bindeglied der Identifikation bilden die alten Rituale, Zaubersprüche, Mythen, welche das andere Volk damals wie nun in Trient kennzeichnen.

Das Urteil: Teufelswerk

Am 14. Juni, nach einundachtzig Untersuchungstagen mit vierundsechzig Vernehmungen, verlas der Podestà im Beisein von drei Doctores und einer Reihe anderer notabler Herren die Anklagen. Nach Verlesung schwor Samuel, der Hauptangeklagte, auf Hebräisch einen Eid, mit dem er die Wahrheit seines Geständnisses bekräftigte.

Die Anklage gegen Samuel lautete auf Blasphemie gegen den christlichen Glauben; mit der Ermordung des Knaben habe Samuel »Teufelswerk« getan. Samuel bekam einen Verteidiger und drei Tage Zeit. Dann wurde folgendes Urteil verkündet: Er werde auf einem Karren zum Hinrichtungsplatz gefahren, unterdes ihm mit glühenden Zangen das Fleisch aus dem Leib gezwickt werde, und dann solle er auf dem Scheiterhaufen verbrennen.

Die ersten Gefangenen, die am 21. Juni 1475 hingerichtet wurden, waren Samuel, Israel, Engel und Tobias. Für ihren letzten Auftritt im »Drehbuch« wurden die Juden auf einem Karren zum Hinrichtungsplatz jenseits des Stadttors von St.Martin gefahren, wo ihr Blut die Christengemeinde nicht verunreinigen konnte. Unterwegs wurde Samuel so wie angeordnet mit Zangen traktiert – eine »teuflische« Marter, die nach den geltenden Strafgesetzen allein den schlimmsten Übeltätern vorbehalten war. Die Amtmänner zeigten jedoch Erbarmen und verzichteten darauf, den Delinquenten vor dem Verbrennen durch »Rädern« die Knochen zu brechen.

Für den nächsten Tag waren vier weitere Hinrichtungen vorgesehen, aber die beiden Seligmans baten in letzter Minute um die Taufe, weshalb an diesem Tag nur Vital und Mayer auf dem Scheiterhaufen endeten. Am 23. Juni wurden die Seligmans getauft und – zum Lohn ihrer Bekehrung – erst geköpft und dann erst verbrannt.

»Haben die Juden schweigende Gebete zum Himmel geschickt oder lautstark ihren Herrn um Festigkeit im Glauben angerufen, als sie, auf dem Scheiterhaufen festgezurrt, die Flammen an sich hochzüngeln spürten?«, fragt sich Ronnie Po-Chia Hsia, und er urteilt über die »innocent bystanders«: »Für die christliche Menge war die Botschaft eindeutig: Die Hinrichtungen stellten sowohl ein Erlösungsdrama als auch ein Schauspiel des Grauens dar. Die mörderischen Juden, so hatte die Obrigkeit verkündet, hatten einem kleinen Christenkind unsägliche Qualen bereitet; nun mussten sie selbst dank der siegreichen christlichen Gerechtigkeit einen unbeschreiblichen Todeskampf erdulden. Während die Flammen das lebendige Fleisch und Blut versengten und die Asche in die Lüfte stob, vermittelte sich den Zuschauern ein tiefes Gefühl für die Macht des christlichen Glaubens und seiner offiziellen Hüter.«

Und die Frauen?

Schon im Jahr 1247 hatte ein päpstlicher Erlass durch Innozenz IV. alle Ritualmordprozesse kategorisch verboten. Insofern war also das Trienter Verfahren ein Anachronismus von 228 Jahren, und die öffentliche Meinung zu dem spektakulären Fall war durchaus nicht ungeteilt.

Der nun, im Jahr 1475 regierende Papst Sixtus, der weltoffene und lebenslustige, den Künsten wie der Vetternwirtschaft zugeneigte Potentat, wies Fürstbischof Hinderbach brieflich an, Prozess und Hinrichtungen bis zur Ankunft seines Gesandten Baptista dei Giudici auszusetzen, »weil viele und wichtige Männer« über das Verhalten der Tridentiner »zu murren beginnen«.

Dieser päpstliche Gesandte hatte nach seiner Ankunft in Trient, wie er selbst notierte, einiges zu erdulden. Als ihn Hinderbach am 2. September in die Kirche zum aufgebahrten »Corpus delicti« führte und an der (seit mehr als fünf Monaten dort verehrten) Leiche des kleinen Simon das Schienbein etwas bewegte, »entwich ein solcher Gestank, dass ich eine Kolik bekam, die zwar nicht so stark war, dass ich hätte erbrechen müssen, aber doch stark genug, dass ich mich jederzeit hätte übergeben können«. Obwohl er in Trient krank wurde, was er selber auf die miserable Unterbringung zurückführte, fand er doch einiges heraus. Etwa, dass die angeblichen Wunder »auf lügnerische, betrügerische und täuschende Weise beschrieben wurden«. Als wirklichen Mörder des kleinen Simon ermittelte er den »Schweizer« Zanesus, den ein anderer Verdächtiger – unter Folter – beschuldigte, Simon selbst

95

ermordet und den Juden eine Falle gestellt zu haben. Wenn Zanesus der wirkliche Täter war (eine These, die später auch J. S. Bloch bekräftigte[77]) – mit welchen Gefühlen wird er die Hinrichtungen beobachtet haben?

Am 1. Dezember kam der Gesandte nach Rom zurück und legte seine Anklage vor. Er war zu dem Schluss gelangt, dass der Prozess gegen die Juden, aus welchen Motiven auch immer, höchst unangemessener Weise durchgeführt und dass ebenso wahllos wie unverhältnismäßig von der Justizfolter Gebrauch gemacht worden war. Die unter Folter erpressten Geständnisse bewiesen gar nichts, aber die Aussagen Anzelinos enthielten genügend Indizien für die Vermutung, dass der Schweizer das Kind umgebracht und in Samuels Haus versteckt hatte.

All dies hielt die Tridentiner nicht davon ab, im Januar 1476 fünf weitere Juden hinzurichten: durch Hängen, Rädern und Verbrennen.

Es war eine der Forderungen Dei Giudicis gewesen, dass die Frauen und Kinder freigelassen würden. Stattdessen begannen die Richter im November 1475, die fünfundzwanzigjährige Sara, Tobias' Witwe, und die sechsunddreißigjährige Schönle, Mayers Witwe, auf der strappada zu vernehmen, was ihnen jedoch so heftige Kritik aus Rom einbrachte, dass sie den Prozess vertagten und erst im März 1476 wieder aufnahmen. Die Folter als »beschleunigte Anpassung des Individuums an die Kollektive« (Adorno) bewährte sich auch hier; so fand man etwa heraus, dass Christenblut den jüdischen Frauen auch bei Menstruationsbeschwerden helfe.

Und während in Rom eine päpstliche Kommission untersuchte, bereiteten im Winter auf 1477 die Tridentiner ihren großen Triumph vor. Seit der Einstellung des Verfahrens im April 1476 hatte man von den jüdischen Frauen offiziell nichts mehr notiert; sie lebten, getrennt von ihren Kindern, im Hausarrest. Was hatte die Stille zu bedeuten?

Nun, am 13. Januar 1477 erschienen Schönle, Anna und Sara nach dem »feierlichen Vespergesang« vor großem Publikum in der Bischofskapelle St. Andrea im Buonconsiglio.

Nachdem sie zum Altar getreten waren, baten die Frauen »demütig um die Taufe und beteten zum Herrn, zur Jungfrau Maria, zu den Engeln, den Aposteln und den Heiligen«, wie der Schreiber notierte. Hinderbach fragte sie, ob sie die Taufe »freiwillig und ohne jeden Einfluss von Gewalt, Furcht, Schrecken und Anstiftung« wünschten, ohne jede geheuchelte Zerknirschung und Täuschung, sondern nur »aufgrund göttlicher Eingebung ... um bis ans Ende ihres Lebens mit Festigkeit und Ernsthaftigkeit den katholischen Glauben zu bewahren«. Die drei

Frauen antworteten klar und deutlich auf deutsch mit »Ja«. Hinderbach fragte sie, ob sie die von ihren Gatten, Söhnen und Dienstboten begangenen Verbrechen anerkennten und sie wahrhaft bereuten. Nach der bestätigenden Antwort vollzog Hinderbach den exorzistischen Ritus, es folgten Gebete und schließlich die Taufe: Sara wurde zu Clara, Schönle zu Elisabeth und Anna zu Susanna.

Dreizehn Tage später folgte in selber Besetzung ein Schauspiel von noch ergreifenderer Beweiskraft: Um die Mittagsstunde des 26. Januar wurden die vier Konvertiten, in weiße Gewänder gehüllt, zur Peterskirche geführt, wo sie die Wunde des kleinen Simon betrachten und um seine Fürsprache bitten durften.

Sie waren nun geheilt wie jener »Lenz«, dem Georg Büchner als letzte Worte für seinen weiteren Lebensweg mitgibt: »Am folgenden Morgen, bei trübem, regnerischem Wetter, traf er in Straßburg ein. Er schien ganz vernünftig, sprach mit den Leuten. Er tat alles, wie es die andern taten [...] er fühlte keine Angst mehr [...] – So lebte er hin ...«

Die sixtinische Bulle

Und was fand die päpstliche Kommission heraus? Am 20. Juni 1478, fast genau drei Jahre nach Verbrennung der ersten vier »Ritualmörder« in Trient, wurde die Untersuchungsbulle veröffentlicht. Ergebnis: Hinderbach wurde von jedem Verdacht freigesprochen; die Kardinalskommission war nach Prüfung aller Dokumente zu dem Schluss gekommen, dass die Prozessführung den juristischen Verfahrensregeln entsprochen hatte. Sixtus lobte den Eifer des Fürstbischofs, ermahnte ihn jedoch bei seinem Gewissen, nicht dadurch gegen das päpstliche Verbot von Ritualmordprozessen (1247) zu verstoßen, indem er die Verehrung Simons propagiere! Außerdem untersagte Sixtus jedem Christenmenschen generell, ohne päpstliches Urteil Juden zu töten oder zu verstümmeln, ihnen Geld abzunehmen oder sie von der Ausübung ihrer Bräuche abzuhalten, die das Gesetz gestatte.

Obwohl sie jede Gewalt gegen Juden vermahnte, stellte die Bulle einen Sieg für Trient dar. Durch die unermüdlichen Anstrengungen Hinderbachs nahm der Kult des kleinen Simon stetig an Popularität zu. Sein Tod war ein beliebtes Thema franziskanischer Predigten, insbesondere während der Fastenzeit, und wurde auf zahlreichen Fresken verewigt; in deren Bildsprache wird das martyrium Simonis häufig zur passio Christi in Bezug gesetzt. So auch auf zwei Barockreliefs, die – erstens Ermordung, kreuzlings auf der Synagogenbank, zweitens Simon mit der Siegerfahne, christusgleich auf Wolken stehend – heute noch dort prangen, wo einmaL das Haus der jüdischen Verlierer stand. Aber schon 1965, zwanzig Jahre nach dem großen, wurde der Kult des Tridentiner kleinen Holocaust durch ein päpstliches Dekret abgeschafft. Klein Simons sterbliche Überreste, die so tödlichen, so lang verehrten, kamen nun auf einen Friedhof.

Dieses Kapitel ging aus von der Unterthese, dass der grausam gefolterte Jesus im Unterbewussten der Christen immer auch als Jesuskind präsent war und der empathische Zorn auf seine Quäler dadurch immens an »gerechter« Schärfe gewann. »Nichts empört so im tiefsten Grunde unser moralisches Gefühl wie Grausamkeit«, schrieb Schopenhauer 1839. »Jedes andere Verbrechen können wir verzeihen, nur Grausamkeit nicht. Der Grund hievon ist, dass Grausamkeit das gerade Gegenteil des Mitleids ist.« Schopenhauer illustriert in seiner Schrift »Über die Grundlagen der Moral« diese Behauptung durch an Kindern verübte Grausamkeiten, die als Zeitungsmeldungen damals die Menschen empörten. »Also ist es der größte Mangel an Mitleid, der einer Tat den Stempel der tiefsten moralischen Verworfenheit und Abscheu-

Juden kreuzigen einen Christenknaben. Aus der Sammlung von Heiligenviten
des Jesuitenpaters Matthäus Rader, 1615 – 1628.

lichkeit aufdrückt«, bemerkt Schopenhauer zwischen eingestreuten antijüdischen Attacken, und er zieht in seinem Traktat von 1839, in dem er übrigens den »Verrat« als den »Abscheu der Welt« anprangert, den Schluss: »Folglich ist Mitleid die eigentliche moralische Trieb-feder.«[78]

Trient 1475: ein kommunaler Holocaust, aus Mitleid mit dem Söhn-chen Simon, als dem Stellvertreter des Sohnes Jesus? Die grausame Kreuzigung des Jesuskindes als Triebfeder des Judenhasses hatte ihren Zenith der Wirksamkeit noch vor sich.

5. Station

Kafkas Katze, Mausches Falle oder: Wie man Juden ihren Platz anweist

Itzig zu Schlesinger, seinem Prokuristen: »*Ich gehe jetzt in die Synagoge und möchte dort unter keinen Umständen gestört werden.*« *Kaum ist Itzig draußen, kommt ein Anruf aus der Börse:* »*Skoda-Aktien auf 410 gestiegen!*« *Schlesinger wird unruhig. Zehn Minuten später der nächste Anruf:* »*Skoda-Aktien stehen auf 430!*« *Schlesinger hält es kaum noch aus. Beim dritten Anruf:* »*Skoda jetzt bei 450*« *stürzt er zur Synagoge, um seinen Chef zu verständigen. Er drängt sich durch, stellt sich neben Itzig, flüstert ihm aufgeregt ins Ohr. Darauf Itzig in tadelndem Ton:* »*Schlesinger, Sie haben drei schwere Fehler gemacht. Erstens haben sie mich gestört bei meiner Andacht. Zweitens haben Sie meine Mitbeter gestört bei ihrer Andacht. Und drittens notieren Skoda-Aktien hier in der Synagoge bereits bei 485.*«

Jude und Geld gehören zusammen wie Geld und Jude. Und diese Assoziation ist keine Erfindung der Nazis. Salcia Landmann, die den obigen Synagogenwitz als ein Beispiel für die Schärfe anführt, mit der die Juden selbst diese Affinität ansprechen, spricht auch davon, dass die Handlungsreisenden im Wien der Jahrhundertwende fast ausschließlich Juden waren. Für die »Landjuden« meiner kleinen schwäbischen Nachbarstadt Ichenhausen ist im 19. Jahrhundert Ähnliches sachlich notiert worden: Fünfundachtzig Prozent der erwerbstätigen Männer waren im Kaufmännischen tätig.

An dieser Rollenzuweisung hat sich in der Bonner und Berliner Republik bis heute zumindest insofern viel geändert, als nicht mehr viele jüdische Kaufleute da sind. Als allerdings bekannt wurde, dass Ignatz Bubis in Frankfurt einer der größten Immobilienbesitzer war, stimmte das Weltbild vieler Deutscher wieder. Genauso wie damals,

als das Gerücht aufkam, der DDR-Außenhandelsfunktionär Schalck-Golodkowski, dubioser Milliarden-Transaktionen verdächtig, habe sich der Verhaftung durch Flucht entzogen, natürlich nach Israel. »Offenbar stand bei dieser Falschmeldung die Überzeugung Pate, bei derart wuchernden, schmutzigen Geschäften müsse allemal ein Jude als undurchsichtiger Drahtzieher seine Hand im Spiel haben.«[79] Und wenn von der hessischen CDU Ende 1999 das Gerücht ausgestreut wurde, die als »Vermächtnisse« deklarierten Parteispenden in Millionenhöhe stammten von »jüdischen Frankfurter Mitbürgern, die nicht genannt werden möchten«[80], hatte diese gar nicht unschlaue Falschmeldung wohl einen historisch bedingten Hintergrund, den Stefan Rohrbacher so auf den Punkt bringt: »Die in den christlichen Mentalitäten tief verwurzelte Vorstellung vom jüdischen Wucher wurde mit der Aufklärung keineswegs preisgegeben, sondern möglicherweise noch stärker als früher zwecks Camouflage der erheblichen Spekulationsbereitschaft in der bürgerlichen Gesellschaft auf die Juden konzentriert.«

Shylocks »Dreitausend: gut!«

»Shylock«, der Kaufmann von Venedig, ist wohl das bekannteste literarische Beispiel für die Typisierung des Juden als Geschäftemacher: Noch dreihundert Jahre, nachdem die britischen Inseln (nach Pogromen anlässlich der Krönung von Heinrich Löwenherz) »judenfrei« geworden waren, fällt es Shakespeare nicht schwer, seine Titelfigur als bitter sarkastischen, dem christlichen Gläubiger buchstäblich ins Fleisch schneiden wollenden Geldverleiher zu zeichnen, der des Nachts »von Säcken Geldes« träumt. Schon der erste Satz, mit dem der Kaufmann von Venedig auf der Bühne erscheint, ist eine Typisierung von genialer Prägnanz: »Dreitausend Dukaten – gut!«

Warum dreitausend?, möchte man da den Autor fragen. Ist 3000 = 100 x 30 (Silberlinge)? Oder rechnet der Autor 300 x 10, mit jener Johannes-Stelle (Joh 12,5) im Hinterkopf, wo Maria, die Schwester des Lazarus, Jesu Füße mit einem ganzen Pfund kostbarem Nardenöl salbt und Judas, der Schatzmeister der Jünger, diese Verschwendung tadelt: »*Warum hat man dieses Öl nicht für dreihundert Denare verkauft ...?*« Jedenfalls, diese Worte »Dreitausend Dukaten – gut!« enthalten in den Augen von Philip Roth, dem amerikanisch-jüdischen Schriftsteller, »alles, was am Juden abstoßend und widerwärtig erscheint«.[81] Andererseits gibt Shakespeare den Bühnendarstellern des jüdischen Kaufmanns viele Möglichkeiten, »ihrem« Shylock psychologische, Empathie weckende Tiefe zu geben: »Wenn ihr uns stecht, bluten wir nicht? Wenn ihr uns kitzelt, lachen wir nicht? Wenn ihr uns vergiftet, sterben wir nicht? Und wenn ihr uns beleidigt, sollen wir uns nicht rächen?«

Gehindert daran, Auge um Auge, Zahn um Zahn, Brustfleisch um Schuldschein zu nehmen, wird Shylock nur durch die juristische Auflage, beim Herausschneiden kein Tröpfchen Christenblut zu vergießen. Da ist ihm plötzlich dann sein Kapital doch lieber, aber das kriegt er nicht. Am Ende muss der geprellte Teufel mit satter Buße und verfügter Taufe vorlieb nehmen, ein salomonisch-nächstenliebes Urteil von übergroßer Güte und Gerechtigkeit.

Im Grimmschen Märchen »Der Jude im Dorn« bringt der junge Knecht einen ziegenbärtigen Juden durch dessen eigene Begehrlichkeit in den Dorn, lässt ihn dort nach seiner Geige tanzen: »Du hast die Leute genug geschunden, nun soll dir's die Dornenhecke nicht besser machen« – und nur gegen einen Beutel Gold lässt er ihn wieder heraus. Wie Shylock endet auch dieser Jude vor dem Gericht, das er selber angerufen hat. Da lässt ihn der Bauernbursche wieder tanzen, bis der Jude atemlos am Boden liegt, »Au wei« schreit und bekennt: »Ich hab's gestohlen, ich hab's gestohlen, du aber hast's redlich verdient.« Gerechtes Ende auch hier: »Da ließ der Richter den Juden zum Galgen führen und als einen Dieb aufhängen.«

Anders handelt die ausgleichende, rächende Gerechtigkeit in Annette von Droste-Hülshoffs Novelle »Die Judenbuche«: An diesem Baum war Aaron, ein jüdischer Geldverleiher und Viehhändler, von einem christlichen jungen Mann mit einem Stab erschlagen worden. An derselben Buche schließt sich am Ende der erzählerische Bogen und der Lebenslauf des (christlichen) Täters, indem er sich in ihren Ästen erhängt. An dem Baum hatten Aarons Angehörige zum Gedenken eine hebräische Inschrift angebracht: »Wenn du dich diesem Orte nahest, so wird es dir ergehen, wie du mir getan hast«. Auge um Auge, typisch jüdisch.

Der Jude als Geldverleiher und Wucherer, als Schacherjude, Güterzerstückler, als Viehjude, Kornjude, Spekulant: Gefährlich und wirkungsvoll war das Stereotyp der jüdischen Affinität zum Geld gerade deshalb, weil augenscheinlich immer etwas dran war; weil der jüdische Hausierer, der Trödler Abraham, der Viehhändler Mausche und der Baron Rothschild die Bilder aktivieren, welche jedes christliche

Kind schon mit der kirchlichen Muttermilch aufsaugen durfte. Auch dieser Bildqualität des Jüdischen liegen neutestamentliche Quellen zu Grunde:

- Zum einen das schon aufgezeigte Image des verräterischen »Kassenwarts« der Apostel, des seinen Meister um dreißig Silberlinge verschachernden Judas Iskariot. Diese dreißig Silberlinge brachte er, nach Jesu Verurteilung von Reue ergriffen, »*den Hohenpriestern und Ältesten zurück und sagte: ›Ich habe gesündigt, denn ich habe unschuldiges Blut überliefert.‹ Die aber sagten: ›Was geht das uns an? Sieh du zu!‹ Da warf er die Silberlinge in den Tempel ...*« (Mt 27, 3-5)
- Einen anderen Beitrag zum Stereotyp leistete Jesu Vertreibung der Händler aus dem selben Gotteshaus: »*Und Jesus ging in den Tempel und trieb alle, die im Tempel kauften und verkauften, hinaus, stieß die Tische der Wechsler und die Sitze der Taubenverkäufer um und sprach zu ihnen: ›Es steht geschrieben: Mein Haus soll ein Haus des Gebetes genannt werden. Ihr aber macht es zu einer Räuberhöhle.*« (Mt 20, 12-13; ähnlich Lk 19, 45-46)

Beide Stellen amalgamieren Religion und Geld; beide sagen implizit aus, dass es den Juden nur oberflächlich, als Vorwand, um Religion, im Herzen aber um die Silberlinge geht. Religion und Geld waren und sind die zwei wichtigsten Oberbegriffe, unter denen Juden im christlichen Raum registriert wurden: Kategorial als fremde, nicht christliche Religionsgemeinschaft; im Alltag als der jüdische Händler und Geschäftsmann. Mosaisches als Kulisse für Mammon: Dieses Guckkastenbild gab auch die Perspektive vor, als im Nachkriegsdeutschland Wiedergutmachungszahlungen an Israel kritisiert wurden oder die Forderungen ehemaliger Zwangsarbeiter immer zu hoch sind, wenn sie von jüdischen Anwälten vertreten werden.

Religion als Staffage fürs Geschäft: Der verkrachte Realschüler Adolf Hitler schildert seine erste Wahrnehmung eines orthodoxen Juden in Wien: »Als ich einmal so durch die innere Stadt strich, stieß ich plötzlich auf eine Erscheinung in langem Kaftan mit schwarzen Locken. Ist dies auch ein Jude? War mein erster Gedanke.« Um »wenige Heller« kauft sich der arbeits- und orientierungslose Junge die »ersten antisemitischen Broschüren« seines Lebens und kommt durch sie zur Klarheit über das Wesen der jüdischen Pseudo-Religion, die »auch damals wie immer in der Religion nur ein Mittel zur geschäftlichen Existenz sah«. Derjenige, der »zur Peitsche griff«, um »aus dem Tempel des Herrn diesen Widersacher jeden Menschentums zu treiben, ... wurde dann ... freilich an das Kreuz geschlagen«.[82]

Der Autor von »Mein Kampf« polemisiert hier aus der spirituellen, weltabgehobenen Sichtweise des Johannes-Evangeliums, verkündet aus ihr heraus sein Moralurteil und spricht das Ökonomische nur mit einem einzigen Wort an: »geschäftlich«. Hitlers »moralische«, auf christliche Bilder bezogene Infamie bestätigt die Wirksamkeit dieser Bilder, welche der Hauptgegenstand meiner Untersuchung ist. Es wird aber herauszuarbeiten sein, dass bei der Amalgamierung »Jude/Geld« die ökonomischen Faktoren wirksamer sind als die religiös motivierten Vorurteile, dass das Fressen hier also vor der Moral kommt. Das schmälert aber nicht die »Macht der Bilder«, im Gegenteil: Gerade durch ihre ökonomische Grundlage kommen die religiös vermittelten Klischees umso verheerender zum Tragen. Realer Augenschein und religiöses Klischee verstärken sich gegenseitig.

Übereinstimmend bezeichnen der österreichisch-amerikanische Historiker John Weiss wie auch der Judaist und Historiker Stefan Rohrbacher die christliche Legierung von Geld + Jude als »self-fulfilling prophecy«, als eine Prophezeihung, die sich kraft ihrer selbst erfüllt, wie jene, die Grimmelshausen im »Simplicissimus« erzählt: Ein Landsknecht hatte einen hellseherisch begabten Feldscher nach seiner Zukunft gefragt. »Sieh dich vor«, hatte dieser ihm sorgenvoll geraten, »dass du nicht diese Stunde noch gehängt wirst.« Durch diese schlechte Prognose in Jähzorn geraten, ersticht der Landsknecht den Wahrsager, schwingt sich aufs Pferd, wird eingefangen und in derselben Stunde noch hängt er am Baum.

Max Frischs »Judenjunge Andri« in »Andorra« benennt die psychologischen Phänomene von »role-making« und »role-taking«, von Erwartungshaltung und »Sündenbock« prägnant: »... plötzlich bist du so, wie sie sagen. Das ist das Böse. Alle haben es in sich, keiner will es haben, und wo soll das hin? In die Luft? Es ist in der Luft, aber da bleibt's nicht lang, es muss in einen Menschen hinein, damit sie's eines Tages packen und töten können ...«

Was bei Andri, dem Andren als Einzelnem ging, das geht auch en gros: Ein Volk wird das, was andere von ihm erwarten, es übernimmt und spielt die Rolle, die ihm auf die Visage passt, wohnt in der Nische, die ihm ökonomisch zugewiesen wird. Die Merkmale, die »der Jud« als Charakterdarsteller im Spiel zu erfüllen hatte, waren teilweise im neutestamentlichen Exposé schon festgelegt, andere entwickelten sich erst während der Aufführung. Es sind etwa folgende jüdische Eigenschaften:

• Ein geldgieriger Wucherer,
• der gern in der Stadt lebt,
• körperlicher Arbeit abgeneigt,
• dem Liberalismus aber zugeneigt ist
• und ewig entwurzelt, ohne Liebe zur Scholle unstet umherzieht.

Beginnen wir in der Antike. Wenn Hitler schreibt: »Mit dem Entstehen der ersten festen Siedelungen ist der Jude plötzlich ›da‹. Er kommt als Händler ...«,[83] dann hat er insofern nicht ganz Unrecht, als die ersten jüdischen Siedler im römischen Germanien hauptsächlich Kaufleute waren, die sich vor allem an den Flüssen Rhein und Donau niederließen. An den großen europäischen Handelsstraßen und in den urbanen Zentren entstanden bald kleine, blühende jüdische Gemeinden. Mitte des 9. Jahrhunderts standen die europäischen Juden als Fernhändler und Kaufleute auf dem Höhepunkt ihres Erfolgs; die Begriffe »Jude« und »Kaufmann« waren synonym. Zusammen mit den – allesamt christlichen – Griechen, Syrern und Italienern bildeten die Juden die Vorhut einer Gesellschaft, die noch in der Entstehung begriffen war. »Ihre Verbindungen mit dem Osten und ihre Kenntnis seiner Kultur, seiner Produkte, seiner Sitten und seiner Sprachen verschafften ihnen einen gewaltigen Vorteil gegenüber konkurrierenden Europäern.«[84]

Nun kam aber schon »... im frühen Christentum die Vorstellung auf, dass die Juden aus religiöser Verblendung Jesus als Messias abgelehnt, ihn verraten und gekreuzigt hätten. Die Gottesmörder seien dazu verdammt, heimatlos in der Welt umherzuirren und bis ans Ende der Tage von der Wahrheit des Christentums Zeugnis abzulegen.«[85] Ohne dieses Verdikt bewusst realisieren zu wollen, ging es der noch jungen »jüdischen Sekte«, wie der spätrömische Autor Flavius Josephus die Christen nennt, zunächst einmal darum, durch Abgrenzung vom orthodoxen Judentum die eigene Identität zu profilieren. Aus den christlich-jüdischen Glaubensdifferenzen entstand in einem Jahrhunderte dauernden Prozess die strenge Judengesetzgebung des kanonischen Rechts. Um das Zusammenleben von Christen und Juden zu verhindern, erließ die Synode von Elvira (bei Granada) um 306 das Verbot der Ehe, des geschlechtlichen Verkehrs und der gemeinsamen Mahlzeiten von Christen und Juden. Die »Trennung von Tisch und Bett« war also bereits vollzogen, als Kaiser Konstantin, der die Juden als »blutgefleckte Menschen« bezeichnete (und selber seinen Mitregenten ermordet hatte), das Christentum zur Staatsreligion machte. Durch das von ihm persönlich einberufene und geleitete Konzil von Nicäa (325) ließ er den Juden das Halten von christlichen Sklaven untersagen – was nicht die Sklaverei an sich, sondern die jüdische Landwirtschaft bekämpfen sollte. Noch wirkungsvoller geschah dies durch die 3. Synode von Orleans (538): Juden wurde es untersagt, christliche Mägde und Knechte zu halten. Die Konzile des 6. und 7. Jahrhunderts stellten durch ihre Beschlüsse, wonach Juden während der Karwoche Straßen und Märkte nicht betreten durften, bereits eine deutliche Zurücksetzung der jüdischen Minderheit dar. Weitere berufliche Einschränkungen bewirkten zunächst 535 die Synode von Clermont: Juden ist es nicht erlaubt, öffentliche Ämter zu bekleiden – und dann 692 die Trullanische Synode: Christen ist es untersagt, jüdische Ärzte zu konsultieren. Das Laterankonzil von 1215 brachte die gesellschaftliche Ächtung der Juden zu einem neuen Höhepunkt: Am gelben Fleck und am spitzigen Judenhut sollten die Angehörigen des von Gott verworfenen Volkes künftig zu erkennen sein. Doch reichte der Kirche die äußere Kennzeichnung nicht aus. Im Jahr 1267 forderte die Synode von Breslau die völlige Separierung der jüdischen von der christlichen Bevölkerung. Juden sollten nur in besonderen, eigens für sie bestimmten »Stadtreservaten« wohnen dürfen. Die damit eingeleitete Ghettoisierung (»Ghetto« hieß das römische »Judenviertel«) setzte sich im 13. und 14. Jahrhundert beschleunigt fort. Die Synode von Ofen im Jahr 1279 verbot es Christen, an Juden Grund und Boden zu verpachten oder gar zu verkaufen. Das Basler Konzil 1434 machte es Juden unmöglich, akademische Grade zu erwerben oder für Christen als Heiratsvermittler aufzutreten. »Die Bewegungsfreiheit der Juden engte sich immer mehr ein. Ihre räumliche Existenz am Rande der spätmittelalterlich-frühneuzeitlichen Gesellschaft glich zunehmend dem Judenbild der christlichen Glaubenslehre.«[86]

Bei dieser Entwicklung spielten kirchlich-kanonische und weltliche Rechtsprechung im Duett: Die weltliche Gesetzgebung orientierte sich im Allgemeinen am kanonischen Recht und ergänzte es. Nicht immer jedoch folgten die weltlichen Herren den Vorstellungen der Kirche. Standen eigene ökonomische Interessen auf dem Spiel, dann handelten sie eigenmächtig, notfalls auch im Widerspruch zur Kirche. Von den Karolingern bis zu den Staufern (10. bis 15. Jahrhundert) war die kaiserliche Judengesetzgebung häufig nicht d'accord mit dem Willen der

Päpste. So durften jüdische Kaufleute auf Grund kaiserlicher oder königlicher Privilegien z. B. über Grundbesitz in Stadt und Land verfügen, jegliche Art von Handel treiben und christliches Gesinde halten. Als im 13./14. Jahrhundert das Kaisertum schwächelte und die wirtschaftliche Bedeutung der Juden zurückging, büßte das kaiserliche Judenrecht erheblich an Geltung ein. Das »Judenregale« wurde praktisch zum Handelsobjekt. Fürsten, Bischöfe, Grafen und Städte erwarben das »Judenschutzrecht«, von dem nicht viel mehr übrigblieb als das Recht, Juden mit hohen Abgaben zu belegen.

Die Aushöhlung des kaiserlichen Judenschutzes, sein Übergang in dezentrale Beliebigkeit wirkte sich katastrophal aus. Judenvertreibungen und -verfolgungen richteten einen nicht geringen Teil der jüdischen Gemeinden Europas zugrunde. Der Vertreibung aus ganz England und dem größten Teil Frankreichs schon um 1300 folgten im 14. und 15. Jahrhundert ihre Flucht und Ausweisung aus vielen Städten des deutschen Reiches. Im polnischen Osten fanden sie Zuflucht und pflegten dort bis Auschwitz jenes Mittelhochdeutsch, das sie aus dem alemannischen Südwestdeutschland mitgenommen hatten, bekannt als »Jiddisch«.

Dem Fehlen einer starken staatlichen Zentralgewalt im deutschsprachigen Raum verdankten hier andererseits viele jüdische Gemeinden ihr weiteres Bleibendürfen. Aus dem Königreich Spanien und Portugal dagegen wurden die »Sephardim« zu Ende des 15. Jahrhunderts vertrieben, was zum kulturellen Niedergang der iberischen Halbinsel entscheidend beitrug. Kaiser Karl V. versuchte vergeblich, diese Entwicklung einzudämmen. In seinem Privileg von 1544 bestätigte er zwar die Juden in ihren alten Rechten und verbot die Austreibung aus den Territorien und Reichsstädten, doch hing ihre rechtliche Stellung schon seit langem mehr von den Herren der mittleren Machtebene ab als vom Kaiser: Landesfürsten, Städte sowie größere und kleinere Adlige holten je nach Bedarf und Lage Juden in ihren Herrschaftsbereich oder wiesen sie aus. Sie setzten die Bedingungen fest, unter denen sie Juden »Schutz« gewährten. Dabei bildeten die Verbesserung der landesherrlichen Einnahmen und die Förderung von Handel und Wandel die Richtschnur frühneuzeitlicher Judenpolitik. Religiöse Einflüsse bestimmten weiterhin die Juden betreffenden Maßnahmen der Obrigkeit. Dies zeigt etwa die hessische Judenordnung von 1538, in der sich die judenfeindliche Einstellung Martin Luthers niederschlug.

Bei der mangelnden Bereitschaft, den Juden Grund und Boden zu verkaufen, mag die Assoziation mit jenem frevlerischen jüdischen

Landkauf eine Rolle gespielt haben: »*Da warf er die Silberlinge in den Tempel, entfernte sich und ging hin und erhängte sich. Die Hohenpriester aber nahmen die Silberlinge und sagten: ›Man darf sie nicht in den Tempelschatz tun, denn es ist Blutgeld.‹ Nachdem sie aber Rat gehalten hatten, kauften sie davon den Töpferacker als Begräbnisplatz für die Fremden. Deshalb heißt jener Acker ›Blutacker‹ bis auf den heutigen Tag.*« (Mt 27, 5-8)

Berufsverbote für Juden

Wo es den Juden trotzdem möglich war, erwarben sie allmählich Land, das sie kultivierten, und zeichneten sich insbesondere als Winzer aus. Landbesitz war jedoch im Mittelalter die Hauptquelle von Macht und Status. Eine Kette wechselseitiger, religiös bekräftigter Verpflichtungen erstreckte sich vom kleinen Dorf, seinen wenigen Freien und vielen Leibeigenen hinauf über die örtliche Lehensherrschaft bis zu Fürst und Papst, und der Landbesitzer war das zentrale Verbindungsglied in einer agrarischen Gesellschaft, die nur über wenig Handel und über kaum Industrie verfügte. Wer große Ländereien besaß, hatte Macht über Leibeigene und freie Bauern. Er war der Schutzherr der Kirche und ermächtigt, die lokalen Priester zu ernennen. Jüdischer Landbesitz wurde damit fast ein Widerspruch in sich, und zudem war er gefährlich. Auf dem einzelnen Gehöft oder im kleinen Dorf war der Jude dem Faustrecht viel mehr ausgesetzt als im Schutz der Städte und eines jüdischen Viertels. Hinzu kamen religiöse und kulturelle Motive: In der Stadt war es leichter als auf dem Land, Schulen zu unterhalten, Gebetshäuser zu bauen und die für den Gottesdienst notwendige »Zehnzahl« erwachsener jüdischer Männer zusammenzubekommen. Für bestimmte Tätigkeiten in Handel und Gewerbe brachten Juden zudem anfangs günstige Voraussetzungen mit. Das galt z. B. für den Fernhandel mit dem Orient, für den die jüdische Schriftkultur und ihre weit reichenden Beziehungen zu Glaubensbrüdern Vorteile boten – bis dann in Oberitalien und Süddeutschland christliche Handelshäuser emporkamen. Im Wettbewerb mit ihnen hatten die Juden religiöse Nachteile. Sonntagsarbeit war ihnen verboten, und für die Sabbatruhe sollten sie wenn möglich am Freitag nach Hause zurückkehren. Sie mussten deshalb vom Übersee- und Fern- auf den Binnenhandel ausweichen.

Und warum nicht aufs Handwerk?

In den östlichen Kulturen wurden Juden als Handwerker gerühmt; auch im frühmittelalterlichen Europa waren sie besonders für ihre Kunst als Glasbläser, Färber, Schmiede und Goldschmiede bekannt, und bis zum 15. Jahrhundert konnten sich die jüdischen Handwerker in den Ländern des Mittelmeerraumes einigermaßen behaupten, bevor sie auch aus diesen Berufen allmählich durch Beschränkungen verbannt wurden, die religiös motiviert waren. In den Städten des nördlichen und mittleren Europa entstanden die Handwerkszünfte. Die Mitgliedschaft in diesen Zünften war streng geregelt und beschränkt; sie waren christlich, mit christlichen Zeremonien, Riten und Feiertagsordnungen, »und ihre Schirmherren waren in der Regel Männer der Kirche. Aus diesem Grund übten die Zünfte und die Geistlichkeit Druck auf die weltliche Herrschaft aus, die Juden von den Zünften auszuschließen, aber den Christen die Übernahme ursprünglich von Juden gegründeter Zünfte zu gestatten.«[87]

Auch in einem Beruf, den man immer brauchte, dem des Soldaten, hatten Juden wenig zu suchen. In ihrem Händlerdasein wurden sie als Feiglinge denunziert, die vor körperlichen Auseinandersetzungen zurückschreckten und wo möglich sich lieber an Gerichte wandten. Im Europa des Mittelalters hatten die Juden zunächst das Recht, Waffen zu tragen, weil sie sich gegen Wegelagerer schützen mussten, und sie kämpften oft in den Bürgerwehren, die zur Verteidigung belagerter Städte aufgestellt wurden. Allmählich verloren sie jedoch dieses Recht – nicht wegen mangelnder soldatischer Tugenden, sondern weil der Waffendienst hohen Status mit sich brachte und das Recht, Christen zu kommandieren.

Mit ähnlicher Begründung waren die Juden – ausgenommen diejenigen, die einem Fürsten als wirtschaftliche Berater dienten – vom Staatsdienst ausgeschlossen.

Unter dem Druck ihrer Umwelt nahm die jüdische Minderheit ein spezifisches Berufs- und Sozialprofil an und führte am Ende die Existenz eines Pariavolkes. Dass sie im Deutschland des 18. Jahrhunderts einen nicht unerheblichen Teil der »Vaganten« stellten, die sich halblegal oder illegal auf der Straße durchs Leben schlugen, belegen die vielen hebräischen Bestandteile des »Rotwelsch«, der Sprache des umherziehenden »Lumpenproletariats«, in der sich deutsche, romanische, slawische, hebräische und indische (Sinti/Roma-) Wörter sehr multikulturell vereinigen. »Gauner« (von ganew = Dieb), »Schmiere stehen« (von sch'mira = Bewachung) waren jüdische Code-Wörter dieser Subkultur, in der, neben dem hessischen Abdeckerssohn

»Schinderhannes«, dem schwäbischen »Sonnenwirtle« oder dem Sinti »Hannikel« auch jüdische »Hauptleute« ihre Räuberbanden bildeten, zum Beispiel jener »verstockte Dieb und Kirchenräuber Johann David Wagner, sonst Mause David genannt«. Jacob Toury schätzt den Anteil der Juden in der Gruppe der »Randständigen«, die sich aus einem weiten Spektrum (von Vaganten über »Sacklanger« bis Räuberbanden) zusammensetzten und eine regelrechte Subkultur mit strengen Ehrbegriffen, sogar eigenem »Sozialnetz« einschließlich Hilfen zur »Resozialisierung« formten, vor 1780 auf sechzig bis fünfundsiebzig Prozent.[88]

Ausgeschlossen waren Juden also von der Landwirtschaft, dem Militär, dem Staatsdienst, den Handwerken; stark eingeschränkt als Ärzte und in allen akademischen Berufen. Kontinuierlich wurden ihre Möglichkeiten eingeengt; was blieb dem Sohn eines armen jüdischen Fleischhauers ohne Matrikelrecht anderes übrig als schon mit vierzehn Jahren sein Wägelchen hungernd und frierend durch böhmische Dörfer zu ziehen, um dann später, als er, der Hermann Kafka, es zum etablierten Prager Kaufmann gebracht hatte, mit Berichten aus seiner harten Jugend sich selbst zu beweihräuchern und seine Kinder zu langweilen? Der Franz wusste doch eh, wie es den Mäusen geht:

»›Ach‹, sagte die Maus, ›die Welt wird enger mit jedem Tag. Zuerst war sie so breit, dass ich Angst hatte, ich lief weiter und war glücklich, dass ich endlich rechts und links in der Ferne Mauern sah, aber diese langen Mauern eilen so schnell aufeinander zu, dass ich schon im letzten Zimmer bin, und dort im Winkel steht die Falle, in die ich laufe.‹ – ›Du musst nur die Laufrichtung ändern‹, sagte die Katze und fraß sie.«[89]

Die Mieze hatte links und rechts ihre Mauern aufgestellt; als ewig wandernder Hausierer war Mausche bald im letzten Zimmer; jetzt musste er nur ein wenig die Laufrichtung ändern, so, wie es die Katze gut mit ihm meinte: »1430 forderte die Regierung von Florenz die Juden auf, als Geldverleiher tätig zu werden, damit die Christen den Armen keine Wucherzinsen mehr aufzwingen konnten.«[90]

Natürlich waren Juden schon länger im Geldgeschäft tätig. Aus anderen Berufen verbannt, war der Handel ihre Nische geworden, und da Händler über flüssiges Kapital verfügen müssen, war es für sie bequem und in Anbetracht der Steuerlasten ökonomisch notwendig, dieses gegen Zinsen zu verleihen. Geldgeschäfte um Zinsen waren aber den Christen verboten; dieses kirchliche Verbot, auf welches Berding und Bätz[91] hinweisen, scheint aber noch weit weniger konsequent befolgt worden zu sein als etwa das päpstliche Verbot von Ritualmordprozessen.

John Weiss differenziert: »Die Juden haben den Geldverleih nie beherrscht – schon wegen ihrer geringen Zahl – doch sie prägten ihn mancherorts. Der größte Teil des Geldverleihs in Europa war in den Händen von geistlichen und klösterlichen Institutionen, von weltlichen Beamten und von Gruppen wie den Lombarden, den Venetiern, den Syrern und den Griechen, die allesamt Christen waren; selbst der Vatikan war wohlbekannt für seine raffinierte Praxis der Kreditvergabe.« In Italien und Holland, wo Handel und Geldhandel sehr umfangreich waren und als angesehene Tätigkeiten galten, war der Judenhass am wenigsten ausgeprägt. Doch in den unterentwickelten und agrarischen Regionen Mitteleuropas, wo Kauf und Verkauf als »unproduktive« Tätigkeiten galten, »blieb der Geldverleih eine Sünde und wurde von der Geistlichkeit als unchristlich und parasitär angeprangert«.[92]

Andererseits ist Kreditnahme und -vergabe für das Florieren einer Volkswirtschaft natürlich im wahrsten Sinne notwendig; dass das schmutzige Geschäft dem Stamme Judas zugeschoben wurde, war im doppelten Sinne eine saubere Lösung: Mausche war in seiner Rollenfalle und Catholica wusch sich die Pfoten.

Berding sieht, anders als Weiss, eine »beherrschende Stellung« der Juden im Geldhandel. »Der Erfolg der Juden stieß auf Widerstand und erzeugte Hass. Die Kirche selbst, die gegen ihr eigenes Zinsverbot verstieß, eröffnete den Kampf. Während des 14. Jahrhunderts verurteilten Päpste und Konzilien wiederholt den jüdischen Wucher. Dies schürte die Animositäten der christlichen Schuldner gegen ihre jüdischen Gläubiger.« In christlicher Vorstellung »nahm der verstockte Jude immer mehr den Charakterzug des Wucherers an, der rücksichtslos die Notlage eines Bauern, Handwerkers oder Kaufmanns ausnutzte und ihnen den Gewinn ihres Fleißes entriss.«

Der Geldhändler »Shylock« zeigt um 1600, wie sehr sich das Bild vom jüdischen Wucherer – zehn Generationen nach Vertreibung aller Juden aus England – schon verfestigt hatte. »Wahrscheinlich hat Shakespeare nie einen Juden näher gekannt. Die Vorstellung vom grausamen und wuchernden Juden hatte sich in einen Mythos verwandelt, der auf Erfahrung nicht angewiesen war, um geglaubt zu werden.«[93]

Wie man sich umgekehrt von christlicher Seite die Juden, denen man großzügig Schutz bot, nutzbar machen konnte, arbeitet Stefan Rohrbacher heraus: Nach dem dreißigjährigen Krieg gehörten Überlegungen und Schriften, »Wie man sich der Juden bedienen sollte«, längst zum Inventar adliger Bildung. Fast kein Adelshaus gab es, das »nicht Juden hielte«, wobei mancher Adelsherr »die Juden höher ästimiret, als ... Christen-Unterthanen, ... denn solche Schelmen kan man zu allerley sachen brauchen / und sind viel treuer und fleißiger / als ein Christ«.

Ein schutzwilliger Gutsherr resümiert in einem Brief: »Was meynet der Herr Vetter / was er für Nutzen das Jahr über von ihnen habe? Allein von ihrer Synagog jährlich 25 Reichsthaler baar Geld / stirbt einer / so habe ich 1 fl. / Alle Neue Jahr müssen sie etwas von Gewürz und Zucker in die Küchen / der Frauen und mir benebst noch ein silbern Becher oder sonst was spendiren: Ich schätze es in allem auffs wenigste ein paar 100 fl., das ich jährlich von ihnen habe.«

Unter diesem Druck von Seiten der christlichen Herren waren die Juden gezwungen, sich auf riskante Kreditgeschäfte einzulassen. Der hessen-darmstädtische Minister du Bos du Thil schrieb zu Beginn des 19. Jahrhunderts: »Man kann vielleicht überhaupt sagen, dass die Juden in den Städten und auf dem Land heut zu Tage ebenso oft betrogen werden als die Christen, denn um etwas zu gewinnen, wagen sie das Äußerste [...] wo niemand mehr borgen will, borgt noch der Jude.«[94]

Gerade für Leute, denen außer dem Geld auch die Kreditwürdigkeit mangelte, kamen neben den »Gotteskästen« nur die Juden als Geldgeber in Frage, alle anderen »spielten gerade für den armen und kleinen Mann keine Rolle und daher vor allem auch nicht bei den kleinen Anleihen, auf die aber ein großer Teil der Bevölkerung offensichtlich besonders angewiesen war.«[95]

Noch stärker angewiesen war man auf den jüdischen Hausierhandel, wie eine »Dorfgeschichte« aus Böhmen um 1830 schildert:

»Jedes große Dorf hat seinen gleichsam adoptierten Hausierer, von dem man allen Hausbedarf kauft, den nicht Hof und Feld liefert. Die schmucke Braut glänzt in Stoffen, die er vor kurzem auf dem Rücken ins Dorf getragen hat; die Trauringe hat er herbeigeschafft, der große Pfeifenkopf mit silbernem Deckel und die dicke Taschenuhr, welche den wohlhabenden Bauernsohn so beglücken, kamen aus seinem Warensack. Der Handel mit ihm macht sich um so leichter, als er seine steten Kunden nicht betrügt und nicht übervorteilt und überdies kein bares Geld verlangt, das so rar ist in der Hütte des böhmischen Mannes; denn an ihn verkauft man wieder die Schafwolle, die etwaigen Felle von Schafen und Kälbern und manches andere, was das Dorf liefert. Nebenbei mischt er sich geschickt in die kleinen Angelegen-

heiten der Landleute, versöhnt erbitterte Nachbarn, stiftet Ehen, emp-
fiehlt Ärzte und Advokaten aus seiner Geburtsstadt. ... Der böhmische
Bauer ließ sich wohl nicht zweimal bitten, einen Kreuzzug gegen die
Juden zu unternehmen, wenn ihn der Pfarrer dazu aufforderte; aber
den Hausierer seines Dorfes würde er gewiß verschonen, wohl gar
verteidigen. Unser Jude nennt er ihn, wenn von ihm gesprochen wird.
›Der würde gewiss den Herrn Jesu nicht gekreuzigt haben!‹ sagt jedes
Dorf von seinem Juden.«[96]

Eine gewiss idealisierte Quelle, bei der man sich, um Erich Käst-
ner umzudrehen, vielleicht fragen könnte: Wo bleibt denn das Negative? Denn oft wurden die jüdischen Hausierer auch betrogen, bestohlen und erpresst – etwa, wenn sie mit Waren handelten, die aufgrund
wechselnder Bestimmungen momentan »illegal« waren – oder sie
wurden Opfer kleinerer und größerer Aggressionen bis hin zum Raub-
mord. Abgesehen von derartigen Extremfällen war der alltägliche
Handel öfters von eindeutigen Äußerungen bestimmt. Ein Hausierer
berichtet:

»Aber als ich ... meine Waren anbot, da hieß es einstimmig bei den
katholischen Bauern und ihren Frauen und Töchtern: ›O du hübscher
Mensch, es ist doch schade, dass du in die Hölle und das Fegfeuer
kommst, lass dich taufen.‹ Ich packte meine Ware ein und verließ ihr
Haus. So ging es mir in vielen Häusern und Dörfern unterwegs.
Jungen, die Kühe und Schweine hüteten, riefen mir zu: ›Jud, mach
Mores!‹ Wenn ich dann nicht gleich meinen Hut abnahm, warfen sie
mit Steinen nach mir ... Sie waren aber nicht eigentlich Judenfeinde.«[97]

Noch hundert Jahre später erfüllte der jüdische Hausierer in schwäbischen Dörfern wichtige Funktionen und genoss hohes Ansehen: Auf
den kleinen schwäbischen Bauernhof meines Großvaters kam regelmäßig der »Koschland Jackl«, ein jüdischer Textilhändler aus dem
fünfzehn Kilometer entfernten Ichenhausen, um seine – bekannt guten
– Stoffe auszubreiten. Zwischen ihm und meinem Großvater, ebenso
zu anderen Bauern und auch dem katholischen Pfarrer bestand ein
freundschaftliches Verhältnis. Zu Fasnacht kam er eigens durch die
Winternacht herübergefahren, war bei allen derben Scherzen mit von
der Partie.

Mit seiner Frau Emma, seinen beiden Kindern Peppi Lore (11) und
Justin (10) wurde Jakob Koschland am 1. April 1942 umgesiedelt,
wahrscheinlich nach Lublin (Polen).[98]

Jud Süß, ein Exempel

Als Sohn eines kleinen Händlers wurde Joseph Süß Oppenheimer 1697 oder 1698 in Heidelberg geboren. Nach kaufmännischen Wanderjahren in Frankfurt, Amsterdam, Prag und Wien wurde er Hof-Faktor des Feldmarschalls Karl Alexander, der dann im Jahr 1733 die Nachfolge seines Vaters als Herzog von Württemberg antrat.

Oppenheimer war ein gut aussehender und vielseitig gebildeter, für die damalige Zeit modern, das heißt entschieden aufgeklärt und absolutistisch denkender junger Mann. Als herzoglicher »Finanzienrath« war es sein Ziel, alle Ressourcen des Landes einer höfischen Gesellschaft, in der er selbst eine – für Juden ungewöhnlich – mächtige Position einnahm, nutzbar zu machen. In den Augen der Bevölkerung wurde seine Rolle zu der eines jüdischen Parvenü und eines Blutsaugers, der zugunsten des höfischen Luxus das Letzte aus dem Volk herauspresste. Nach dem frühen Tod seines Schutzherrn, des Herzogs, konnte der Volkszorn sich entladen. »Jud Süß«, dem Lebemann und Verführer der Frauen, wurde nun der Prozess gemacht. Als Sündenbock, als »Schlachtopfer für ganz Württemberg«, wie er sich selber sah, wurde er nun zuerst in einem Käfig ausgestellt und schließlich – er wehrte sich bis zuletzt mit Händen und Füßen – am Galgen aufgehängt.

Das Bild des Jud Süß ist äußerst schillernd: War er ein »vormoderner Businessman«, ein Freidenker, der sich vom gottlosen Zyniker zuletzt im Sterben zum jüdischen Heiligen wandelte, ein Casanova, jüdischer Napoleon oder »un Dreyfus jamais rehabilité«? Für den von Joseph Goebbels in Auftrag gegebenen, von Veit Harlan produzierten Propagandafilm jedenfalls war er die Idealfigur: Jude + Geld + Sex. Ein skrupelloser, kalt intelligenter, gegen das arbeitsame Volk mit den Mächtigen im Bunde stehender Verschwender, Verräter, Verführer.

Stefan Rohrbacher stellt das Schicksal des Juden Süß und seine »Unschädlichmachung« im Jahre 1737 vor den Hintergrund des zeitgleich entstehenden Mythos von Vampiren und Blutsaugern. Im Frühsommer 1725 und im Winter auf 1732 war aus dem von Österreichs Armee besetzten Serbien berichtet worden, dass als »so genannte Vampyrs wiedergehende Tote einige Personen durch Außsaugung des Bluts umbgebracht haben sollen«. Lauffeuerartig verbreitete sich diese Nachricht durch Europa, wurde von Gelehrten diskutiert und in zahlreichen Traktaten publiziert. Innerhalb weniger Jahre wurde das serbische Wort Vampir in alle westlichen Sprachen aufgenommen, der Mythos faszinierte später die Dichter der Romantik und liefert bis heute Stoff für Farbfilme und Faschingsmasken.

Ein medial vermitteltes Ereignis war der Blutsauger-Horror wohl schon damals. Feldmarschall Karl Alexander war dato Generalgouverneur von Serbien und es scheint, als hätte er »sehr zur Verbreitung dieses ... Trivialmythos beigetragen, indem er anlässlich einer Kavalierstour durch Deutschland 1732 sein Wissen und die Berichte seiner Feldscher hohen Damen und Herren kommunizierte ... Unbestreitbar bestand in jener Zeit eine gespannte Erwartungshaltung, was das Auftreten von Blutsaugern anging.« Auf derselben Kavalierstour lernte Karl Alexander in Wildbad den Joseph Oppenheimer kennen.

Stefan Rohrbachers historische Verknüpfung von Oppenheimer und Dracula mag auf den ersten Blick abstrus und »an den Zähnen herangezogen« erscheinen – solange man sich nicht die abstruse Irrationalität des nazistischen Antisemitismus synoptisch vor Augen führt: Wie dieser im 20. Jahrhundert, so meldet auch die im »Vampirismus« verkörperte Irrationalität im Zeitalter der Rationalität eine Ungleichzeitigkeit, die, so Rohrbacher, »über das zufällige Zusammentreffen des Vampirmythos mit dem Jud-Süß-Mythos in der Person Karl Alexanders von Württemberg hinausreicht«. Eine neuere Studie zum Apokalyptischen im Denken des jungen Joseph Goebbels formuliert den Befund: »Ein spezifischer Ausdruck dieses [dämonologischen] Denkens ist die typisch antisemitische bzw. antijudaistische Charakterisierung der Juden als Vampire. Dass diese Dämonologie prinzipieller Natur ist, wird in der Analyse des Antisemitismus meist verkannt.«[99]

Beispiele aus dem 19. Jahrhundert für die Identifikation des Juden mit dem Vampir – in derselben religiös-ökonomischen Amalgamierung wie bei Jud Süß – bringen sowohl Stefan Lehr wie Christine von Braun.[100] Auch John Weiss vermerkt: »Legenden von Vampiren warnen vor dem jüdischen Bedürfnis nach christlichem Blut, und die Vampire ziehen sich unter abscheulichen Flüchen zurück, wenn man ihnen das Kreuz vors Gesicht hält.«[101]

Im 20. Jahrhundert wird das Verhältnis des »Juden« zum »Gastvolk« von Adolf Hitler so beschrieben: »Er ist und bleibt der typische Parasit, ein Schmarotzer, der wie ein schädlicher Bazillus sich immer mehr ausbreitet, sowie nur ein günstiger Nährboden dazu einlädt ... Das Ende aber ist nicht nur das Ende der Freiheit der vom Juden unterdrückten Völker, sondern auch das Ende dieses Völkerparasiten selber. Nach dem Tode des Opfers stirbt auch früher oder später der Vampir.«[102]

Gerüchte über »jüdische Ritualmorde und Blutabzapfungen« entstanden noch zwischen 1893 und 1901, also zu Lebzeiten Hitlers und Goebbels', an fünfunddreißig Orten in Deutschland.

Übrigens lassen sich Vampire nicht nur durch Kruzifixe vertreiben. Knoblauch tut's auch.

Der Vampyr

»Der Vampyr: Vom Teufel in die Welt gesetzt, er stets die Völker quält und hetzt.« Zeichnung aus »Der Stürmer« 1934.

Vom Teufel in die Welt gesetzt er stets die Völker quält und hetzt

Wozu Schwämme taugen

Kehren wir von der Vampirrationalität zurück zur schlichten wirtschaftlichen Infamie, konkret: zum Wuchervorwurf. Das Wort »Wucher« enthält buchstäblich wuchernde Verknüpfungsmöglichkeiten zu Landwirtschaft und Pflanzenzucht. So schreibt das »Kunst- und Literaturblatt aus Baiern« im Juli 1820: »Wenn Geld zur Basis, zum Grund und Boden gehört, so kann man die Juden als Unkraut wohl betrachten, welche hier wuchern, in kurzem die meisten nützlichen Pflanzen verdrängen, und die besten Säfte an sich ziehen werden.«[103]

Die ökonomische Realität sah anders aus: Im selben Jahr 1820 wurde in Preußen ein restriktives Gewerbegesetz eingeführt. Vier Jahre später musste dieses Gesetz, das »dem Hausierhandel sogleich sehr enge Grenzen« gesetzt hatte, wieder stark gelockert werden, denn:

»Die Landstraße, ehemals bedeckt mit Hausierern und Fell- und Trödeljuden, wurde jetzt leer ... Selbst dies so notwendige Hausieren mit Lebensmitteln, Fellen und anderen, dem Landmanne so notwendigen Sachen und Utensilien unterblieb oder minderte sich mit jedem Tage zum großen Schaden des Landmannes, der nun oft seine Zeit verlieren musste, um diese Sachen auf die Märkte der nächsten Städte zu führen.«[104]

Die marginalisierten, an den Rand, in die Nische gedrängten Juden waren als Mittler volkswirtschaftlich also mindestens so unverzichtbar wie heute in vielen Ländern ausländische Gast- und Saisonarbeiter, die solche Nischen des Arbeitsmarktes ausfüllen, welche von den Einheimischen aus verschiedenen Gründen offen gelassen werden. Ihre dritte wichtige wirtschaftliche Funktion war die eines Schwammes: Weich und handsam, wird so ein Schwamm zuerst zusammengedrückt, dann auf ein Fluidum gesetzt. Lässt man den Druck nun etwas nach, saugt der Schwamm durch Elastik und Kapillareffekte Flüssigkeit auf. Nun hält man ihn über ein Gefäß, übt wieder Druck aus und hat somit die abgezogene Flüssigkeit im eigenen Topf. Anders ausgedrückt: Der durch berufliche Einschränkungen, geringen Status, Minderzahl und ständige Bedrohung gedrückte Jude wurde durch Schutzbriefe auf einem Territorium zur Ansiedlung gebracht. Hier wiederum blieb ihm nur übrig, durch mobilen Handel mit der Landbevölkerung sein Geld zu verdienen. Unter dem ständigen Druck, den Schutz der Herrschaft zu verlieren, leistete der Jude hohe Abgaben, die ihn ständig am Laufen hielten und am Ausbrechen hinderten. Und so einen guten, brauchbaren Schwamm kann man immer wieder zusammendrücken. Die Nischen-, Mittler- und Kapillarfunktion des jüdischen Wanderhandels klingt auch beim Sohn eines jüdischen, zum Christentum übergetretenen Trierer Rechtsanwalts an. Karl Marx: »Eigentliche Handelsvölker existieren nur in den Intermundien der alten Welt, wie Epikurs Götter oder wie Juden in den Poren der polnischen Gesellschaft.«[105]

Eine weitere Funktion des »Handelsjuden« zeigt sich in einer alten handschriftlichen Aufzeichnung über die Teuerungs- und Hungerjahre 1816/1817 im Bauern- und Weberdorf Laichingen auf der kargen schwäbischen Alb:

»Das Korn ist schon wieder gestiegen im Preis, die Kornjuden zahlen die höchsten Preise ... Arme und Reiche nagen am Hungertuch. Itzt rächt es sich, dass die Bauern immer ihr Korn an die Juden verkauft haben, weil es gute Preise galt, nunmehr aber haben sie selber nichts mehr zu beißen und zu nagen, und wenn sie auf der Schranne etwas kaufen wollen, müssen sie gleich drei- und viermal so viel Geld hinlegen, als sie dermaleins gelöst haben von den Juden. / ... / Jitz sieht man die Kornjuden schon ein paar Wochen nimmer im Flecken ... Haben aber ihre Schmußer, welche für sie umgehen in die Flecken. Sollten die noch mehr gestraft werden; aber die Katz lässt das Mausen nicht, heißt es da, finden allemal wieder ein Hintertürle, wo sie hinein und heraus schlüpfen.«[106]

Diese »Handschriftlichen Aufzeichnungen eines Älblers über die Teuerungs- und Hungerjahre 1816/17« erschienen genau hundert Jahre später in den »Blättern des Schwäbischen Albvereins«. Erst weitere siebzig Jahre später wurden sie als passabel geschickte und viel historisches Tatsachenmaterial enthaltende Fälschung eines württembergischen Lehrers und Heimatforschers entlarvt. Der Sozialhistoriker Hans Medick fand heraus, dass in der Krisensituation, die 1816/17 viele Todesopfer forderte, zwar »profitiert« wurde, aber:

»Die Schulden, welche die ärmeren Laichinger Bürger in der Hunger- und Krisenzeit von 1816/17 machten, zumeist für den Kauf dringend benötigter Lebensmittel, machten sie überwiegend bei anderen, wohlhabenden Laichingern: bei Kaufleuten, Wirten, Bäckern und Bauern, die ihrerseits Nutzen und Gewinn aus der Krise zogen und vom Hunger der ärmeren Laichinger profitierten. Erwähnenswert ist ..., dass der Laichinger Pfarrer Carl Wilhelm Blech in dieser Zeit einer der größten Kreditgeber am Ort war. Jüdische Händler als Getreidespekulanten kommen ... nicht vor.«[107]

Die Hungerchronik des »Älblers« wurde vom Fälscher zum optimalen Zeitpunkt publiziert: Zu Beginn des »Steckrübenwinters« im Kriegsjahr 1916/17, während der gleichzeitigen »Judenzählung« im deutschen Heer und den umlaufenden Schacher- und Schiebervorwürfen, mit denen die Alldeutschen den innenpolitischen Burgfrieden aufkündigten und bereits die Dolchstoßlegende grundlegten – in dieser wirtschaftlichen Notzeit wird sie auf die schwäbischen Leser ihren aggressiven Reiz ausgeübt haben. Sie reaktivierte dieselben Schemata, für welche zwei Jahrhunderte früher der Jud Süß im selben Württemberg die Projektionsfläche abgegeben hatte: Der jüdische Händler – und das ist seine vierte Funktion – als Sündenbock des Treibens anderer, als Verkörperung von Perfidie und skrupellosem Raffen, als Kontrast zum fleißig treuen Schaffen der schwäbischen Häuslebauer.

»Projektion« ist ein wichtiger psychologischer Begriff; was er bedeutet, lässt sich im christlichen Kulturraum vielleicht am besten mit einem Gleichnis aus der Sammlung des Rabbi Jesus ausdrücken: »*Was siehst du aber den Splitter im Auge deines Bruders, doch den Balken in deinem Auge nimmst du nicht wahr? / ... / Heuchler, nimm zuerst den Balken aus deinem Auge ...*« (Mt 7,3-5, wohl nicht authentisch). Zu dieser pro-jektiven, wörtlich »vor-werfenden« Neigung, im anderen die Fehler zu sehen, die man im Selbstbild verdrängt, passen illustrativ zwei Schlaglichter im Abstand von sechs Jahrhunderten:

Petrus Abaelard, der weltoffene französische Scholastiker, verfasst im 12. Jahrhundert einen christlich-jüdischen Disput: eines der seltenen menschlichen Zeugnisse christlicher Toleranz im Zeitalter wütender Pogrome. »Man erklärt Gott für grausam«, lässt Abaelard den Juden sprechen, »wenn man meint, die Standhaftigkeit der Juden im Leiden könne ohne Lohn bleiben. Keine Nation hat derartiges für Gott gelitten ... Die Juden zu misshandeln, hält man für ein Gott wohlgefälliges Werk. Denn eine solche Gefangenschaft, wie sie die Juden erleiden, können sich die Christen nur aus dem höchsten Hass Gottes erklären. Das Leben der Juden ist ihren grimmigsten Feinden anvertraut ... Wenn sie zum nächstgelegenen Ort reisen wollen, müssen sie mit hohen Geldsummen den Schutz der christlichen Fürsten erkaufen, die in Wahrheit ihren Tod wünschen, um ihren Nachlass an sich zu reißen.«[108]

Die Reiselust und angebliche marktbeherrschende Stellung der Juden, die den Christen chronisch als Bedrohung suggeriert wird, stellte Alexander von Humboldt am oberen Orinoko etwa um 1800 an ganz anderen fest:

»Man bezahlt den Kakao in San Fernando de Atabapo nicht mit Geld. Nein, man zwingt die Indios, ihn im Kanu des Paters – das sie mit ihren eigenen Händen gebaut haben – nach Angostura zu transportieren, oft ohne ihnen Maniokmehl, die einzige Nahrung, zu liefern, obwohl sie mit dem Ruder in der Hand täglich 14 bis 16 Stunden arbeiten. In Angostura angekommen, verbietet der Mönch ihnen jeden Verkehr mit den Weißen unter dem Vorwand, ihre Moral würde verdorben, und untersagt ihnen, irgendetwas zu kaufen, damit seine armen Kleinen, die den Wert der Dinge nicht kennen, in den Läden der Weißen nicht betrogen werden. Die armen Kleinen sehen, wie das Kanu des Paters mit Messern, Angelhaken, Leinwand, Tüchern vollgeladen wird, und durchschauen das Geheimnis, warum sie selbst nicht kaufen dürfen: In den Missionen werden diese Gegenstände sie drei- bis achthundert Prozent mehr kosten als hier im Hafen, obwohl der Transport den Mönch-Kaufmann nichts kostet, sondern allein sie, die

Indios, die drei bis vier Monate im Kanu schwitzen, indessen den Anbau ihrer Gärten versäumen und zu einem Zusammenleben mit ihren Familien überhaupt nicht kommen. Erst nach der Rückkehr, nachdem der Mönch den Zentner Kakao in Angostura zu zwölf bis vierzehn Pesos verkauft hat, zahlt er ihnen einen halben bis dreiviertel Peso, aber wie gesagt, nicht in Geld, sondern in Messern oder Leinwand, das gesamte Geschäft beläuft sich am Ende für ihn auf einen Gewinn von dreitausend Prozent.«[109]

Keineswegs soll hier die weltliche Ökonomie der Geistlichkeit pauschal in eine Retourkutsche gesetzt werden zu dem, was von christlicher Seite (aber auch vom frisch getauften Marx[110]) oft den Juden unterstellt wurde. Es ging in diesem Kapitel um die Darlegung, wie sich die in den Evangelien grundgelegten Judenbilder im ökonomischen Existenzkampf von Christen und Juden eigendynamisch erfüllt haben – im Sinne des »Andorra-Effektes« mit dem in der Pädagogik die Anpassung an eine Rollenerwartung bezeichnet wird. Die christliche Umwelt sorgte durch Ausgrenzung, Einschränkung und Verfolgung dafür, dass Juda seine Silberlinge nicht los wurde. Und während christliche Kaufmannsfamilien mit weltweiten connections und Monopolen in Deutschland hohes Ansehen genossen – man denke an die Fugger und die Thurn und Taxis – wurden, wenn jüdische Familien in solche ökonomische Höhen vorstießen, sofort die alten Etiketten applikabel: man denke an die Rothschilds.

Erstaunlicherweise konnte das Stereotyp des reichen, erfolgreich raffenden Juden jahrhundertelang koexistieren mit den gegenteiligen – und ebenso gebräuchlichen – Stereotypen des armen, schmutzigen Bettlers und Schnorrers, des Trödlers Abraham und des Milchmannes Tewje, der so gerne einmal reich wär.

Verständlicherweise musste den Juden jede politische Ordnung sympathisch erscheinen, die versprach, diskriminierende Beschränkungen aufzuheben. Die Tatsache, dass sie ökonomisch nicht die gleichen Freiheiten genossen wie die Angehörigen der Mehrheitsreligion, machte viele jüdische Handwerker zu Anhängern des freien Unternehmertums und des Wirtschaftsliberalismus, welche natürlich eine Bedrohung der traditionellen Handwerkerzünfte darstellten. Und natürlich machten, als dann im 19. Jahrhundert die kleinen Monopole und tradierten Regulative der Zünfte allmählich unter dem Druck des freien Marktes zusammenbrachen, deutsche und österreichische Zunftgenossen die Juden dafür verantwortlich. Aus Angst vor den Härten des freien Wettbewerbs neigte das Kleinbürgertum in der Folge dazu, vor allem antisemitische Politiker zu unterstützen. Davon sollten auch die Nazis profitieren.[111]

Wie »natürlich« Kinder zu Ende des 19. Jahrhunderts in antijüdische Sozialmuster hineinwuchsen und welches humanen Empfindens es bedurfte, um sich der Gruppendynamik des sozialen Ausschlusses der Juden zu entziehen, lässt der Elsässer Albert Schweitzer (1875-1965) in seiner Erzählung »Mausche«[112] ahnen:

»Ein Jude aus einem Nachbardorfe, Mausche genannt, der Vieh- und Länderhandel trieb, kam mit seinem Eselskarren zuweilen durch Günsbach. Da bei uns damals keine Juden wohnten, war dies jedesmal ein Ereignis für die Dorfjungen. Sie liefen ihm nach und verspotteten ihn. Um zu bekunden, dass ich anfing, mich erwachsen zu fühlen, konnte ich nicht anders, als eines Tages auch mitzumachen, obwohl ich eigentlich nicht verstand, was das sollte. So lief ich mit den andern hinter ihm und seinem Esel her und schrie wie sie: ›Mausche! Mausche!‹ Die Mutigsten falteten den Zipfel ihre Schürze oder ihrer Jacke zu einem Schweinsohr zusammen und sprangen damit bis nahe an ihn heran. So verfolgten wir ihn vors Dorf hinaus bis an die Brücke. Mausche aber, mit seinen Sommersprossen und dem grauen Bart, ging so gelassen fürbass wie sein Esel. Nur manchmal drehte er sich um und lächelte verlegen und gütig zu uns zurück. Dieses Lächeln überwältigte mich. Von Mausche habe ich zum ersten Male gelernt, was es heißt, in Verfolgung stilleschweigen. Er ist ein großer Erzieher für mich geworden. Von da an grüßte ich ihn ehrerbietig. Später, als Gymnasiast, nahm ich die Gewohnheit an, ihm die Hand zu geben und ein Stückchen Wegs mit ihm zu gehen. Aber nie hat er erfahren, was er für mich bedeutete. Es ging das Gerücht, er sei ein Wucherer und Güterzerstückler. Ich habe es nie nachgeprüft. Für mich ist er der Mausche mit dem verzeihenden Lächeln geblieben, der mich noch heute zur Geduld zwingt, wo ich zürnen und toben möchte.«

Schade, dass er Moses heißt
oder: Warum Juden immer alles verraten müssen

Im Erster-Klasse-Abteil der k.u.k. Eisenbahn setzt sich ein jüdischer Kaufmann einem Offizier der k.u.k. Armee gegenüber. Der Major rümpft indigniert die Nase. Er hat seinen Hund dabei und macht sich nun, dem Juden zum Possen, einen Spaß daraus, den Pudel mit »Moses« anzusprechen: »Mach Männchen, Moses!« – »Platz, Moses« – »Bei Fuß, Moses« – »Brav, Moses«. Nachdem das eine halbe Stunde so gegangen ist, schaut der jüdische Kaufmann von seiner Zeitung auf und spricht den Herrn Major an:

»Ein schöner Hund. Und so gut erzogen.«

»Ja, nicht wahr?«

»Nur schade, dass er Moses heißt.«

»Warum denn schade?«

»Sonst hätt' er Offizier werden können.«

Warum waren die Itzigs und Isaaks, die Cohns und Levys für das Offizierskorps der guten alten Donaumonarchie nicht verwendungsfähig? Werfen wir zunächst einen Blick auf den ethnisch vielfältigsten Staat der »Neuen Welt«. Vera Levy, wohnhaft in São Paulo, schreibt: »Brasilien ist ein sehr religiöses Land. Die Mehrheit seiner Bevölkerung ist katholisch. Die religiösen Gebräuche bilden einen Bestandteil des brasilianischen Alltagslebens ... Eine der wichtigsten öffentlichen Darstellungen der katholischen Religion ist die ›Heilige Woche‹ (vor Ostern) ... Zu dieser ›Semana Santa‹ gehören mehrere Prozessionen; deren wichtigste sind die Palmsonntagsprozession und die ›Procissão dos passos‹ am Karfreitag. Der Karsamstag ist dann der Tag der ›Verdreschung von Judas‹ [*malhação de Judas*]. Die Gläubigen basteln aus Stoff eine Puppe, die Judas darstellt. Diese Puppe wird an einen Pfahl gebunden; um die Mittagszeit wird sie mit Steinen und Holzstücken beworfen und anschließend verbrannt. Am Sonntag feiert man dann ›Páscoa‹. An diesem Tag gehen die Gläubigen zur Kirche und feiern die Auferstehung Christi ...«[113]

Páscoa: auf Portugiesisch klingt »Ostern« noch fast genau wie »Pascha«, das jüdische Fest des Auszugs aus Ägypten: ein Nachklang auch der toleranten maurisch-iberischen Kultur, die erst 1492 der katholischen reconquista unterlag, vor der dann viele Mauren und »Marranos« (getaufte Juden) als Siedlungspioniere nach Brasilien flohen.

Aber warum war für Vera Levy in São Paulo (der Stadt des jüdischen Damaskus-Konvertiten und allerchristlichsten Kirchenlehrers; der größten Stadt des größten katholischen Landes der Welt), als sie christliche Bräuche in Brasilien beschrieb, die spielerische Misshandlung der Judas-Puppe so beschreibenswert?

A PÁSCOA

Der brasilianische Osterbrauch der »Malhação de Judas«
(aus: Vera Levy, Prata de Casa)

Die Dreyfus-Affäre

»Der Jude ist von Gott geschaffen, um überall als Spion zu dienen, wo ein Verrat sich anbahnt.«

Diese Ansicht vertrat am 5. Februar 1898 die römische Jesuitenzeitschrift »La Civiltà Cattolica«. Anlass war der in Paris bevorstehende Revisionsprozess gegen den ehemaligen Hauptmann Alfred Dreyfus (1859-1935). Sein Fall war der Kern einer der tiefsten Krisen der französischen Gesellschaft nach 1789, einer Krise, welche zur langwierigen Spaltung der Nation in »Dreyfusards« und »Antidreyfusards« führte. Das Wort »L'affaire«, damals zum Schlagwort erhoben, steht im französischen Wortschatz heute noch für Antisemitismus, Antiparlamentarismus, für neuen Nationalismus und Militarismus.

1892 hatte der dreiunddreißigjährige Hauptmann Alfred Dreyfus die – bezeichnenderweise »la jésuitière« genannte – Eignungsprüfung für den französischen Generalstab bestanden. Das Generalscorps, in das er aufsteigen wollte, war ein Hort des radikalen Antisemitismus. Zwar lebten um diese Zeit in ganz Frankreich nicht einmal achtzigtausend Juden (0,2 Prozent der französischen Bevölkerung), aber: »Selten, vielleicht niemals, hat eine so geringe Zahl in einem solchen Umfang von sich reden gemacht, sie waren in der Tat, entsprechend der Voraussage von Alfred de Vigny, an die Spitze in allen Bereichen, das heißt im Geschäftsleben und der Literatur, vor allem in den Künsten und der Musik gelangt.«[114] Poliakov weist zur Begründung dieses glanzvollen Aufstiegs auf die »allgemeine Regel« hin, dass die Enkel der Bewohner des Ghettos (also die »dritte Generation«) die am meisten ins Auge springenden Erfolge – in allen Bereichen des Lebens – zustandebringen. An der École polytechnique, der Armee-Vorbereitungsschule, waren sie relativ zehnmal stärker vertreten als die Christen; im Offizierskorps machte ihr Anteil fast ein Prozent aus (dreihundert von vierzigtausend), was negligabel erscheint, aber den jüdischen Bevölkerungsanteil um den Faktor 5 übertraf.

1894 nun wurde im Papierkorb des deutschen Militärattachés in Paris ein Brief mit einer Liste gefunden. Inhalt: Ankündigung der Übergabe geheimer Papiere. Absender: Capitain Alfred Dreyfus. Dieser Brief wurde zum wichtigsten Beweismittel der Anklage im Prozess, an dessen Ende Dreyfus im Dezember 1894 wegen Hochverrats verurteilt wurde. Der Judas des fin de siècle wurde allerdings mit erheblich mehr elegance misshandelt als die Judaspuppe in Brasilien:

Die publikumswirksamste Szene spielte Anfang 1895 im großen

Hof der Pariser Militärakademie vor einem erlesenen Kreis geladener Gäste. Dreyfus wurde systematisch in mehreren Gängen degradiert. Alle Insignien seines militärischen Ranges wurden ihm in festgelegter Reihenfolge abgenommen und von der Uniform gerissen. Der Entkleidung folgte hier, bei diesem Juden, natürlich nicht die Kreuzigung, sondern nur Verbannung auf die »Teufelsinsel« vor Französisch-Guayana, auf Lebenszeit.

Die Mehrheit der Franzosen nahm das Urteil mit einer Zustimmung auf, die über bloße »satisfaction« hinausging. Émile Durckheim schrieb im Rückblick: »Die Parias dienen als Sühnopfer. Was mich in dieser Deutung bestätigt, ist die Art und Weise, wie im Jahre 1894 der Ausgang des Dreyfusprozesses aufgenommen wurde. Dies war ein Ausbruch von Freude auf den Boulevards. Man feierte wie einen Erfolg, was eigentlich Anlass zu einer öffentlichen Trauer hätte sein müssen.« Léon Blum vergleicht die öffentliche Fröhlichkeit mit einem »Tanz um das Skalp«, mit »dieser wilden Freude an Unterdrückungsmaßnahmen«.

Léon Daudet, Prozessberichterstatter des Figaro, rief seine Freude lautstark hinaus: »Dreyfus hat zu unserem Unheil eine Verschwörung angestiftet, aber sein Verbrechen hat uns in Begeisterung versetzt« – und bei dieser Gelegenheit gestand Daudet voll Nachdruck, dass er an nichts mehr glaube als »unsere Rasse, unsere Sprache, das Blut von unserem Blut«.

Die Affäre Dreyfus könnte, um es physikalisch auszudrücken, als Siedepunkt eines fast hundertjährigen publizitären Prozesses verstanden werden; eines »weltanschaulichen Erweiterungsprozesses« im Gefolge der Revolution von 1789. Léon Poliakov ergänzt diese seine Einschätzung durch den Hinweis, dass es zunächst die sozialistischen Bewegungen waren, ob nun utopischer oder wissenschaftlicher Natur, die – mit Ausnahme lediglich der so genannten Saint-Simonisten – generell mit Antisemitismus behaftet waren. Ein Beispiel dafür ist das Buch »Du molochisme juif« (Über den jüdischen Molochismus), das Gustave Tridon von 1866 bis 1868 im Gefängnis schrieb. Erst um das Jahr 1880 geht dieser Antisemitismus aus den sozialistischen in die gegnerischen Hände über, die des Katholizismus, für den die Revolution immer noch das fleischgewordene, antichristliche Böse war.

1858 hatte die »Affäre Mortara« um den Raub eines jüdischen Kindes (die christliche Dienstmagd der Familie hatte behauptet, es sei getauft) die Gemüter bewegt; der Vatikan verteidigte die Entführung, die Eltern sahen ihr Kind nicht wieder. Große Signal- und Auslöserwirkung hatte auch die Gründung der »Alliance Israélite Universelle« (Jüdischer Weltbund) durch eine Gruppe französischer Juden, deren leitende Männer sich auch das Verschwinden der weltlichen Macht der Kirche und sogar »den baldigen Sturz des Papstes« wünschten. 1869 erschien, vom Papst gelobt, das Buch »Der Jude, das Judentum und die Verjudung der christlichen Völker« des Ritters Gougenot des Mousseaux, in dem der Autor alle modernen und alten judenfeindlichen Anschuldigungen summiert: vom Gift des Talmud und der Kabbala über Ritualverbrechen bis zu den Untaten des Jüdischen Weltbundes.

»Die Familie Rothschild ist keine französische Familie, sie ist jüdischer Rasse und deutscher Nationalität!« So verfemte 1892, noch zehn Jahre nach dem Desaster, das »Religiöse Wochenblatt« von Reims die schnell gefundenen Schuldigen am Bankrott der »Union générale«, einer Bank, die dazu bestimmt war, das Kapital des katholischen Bürgertums arbeiten zu lassen und der Kirche zu dienen. Ähnlich religiösnational argumentierte die Zeitschrift La Croix (Das Kreuz), die sich schon 1890 stolz zur »judenfeindlichsten Zeitung Frankreichs« aufgeworfen hatte. »Wer daran festhält, von Jesus nichts wissen zu wollen, ist schon von der hauptsächlichsten Seite her Jude«, das wusste man hier, und ein andermal schrieb das Blatt, es sei ja »abgesehen von jeder religiösen Vorstellung« sinnlos, den Gedanken zu erwägen, »dass ein Jude Franzose werden könne«.

Ein weiterer Finanzskandal passte noch weit besser ins Klischee des verräterisch-verkäuferischen Juden: die Panama-Affäre. Die für den Durchstich des Panama-Kanals gesammelten Anleihen wurden, nachdem das ehrgeizige französische Großprojekt technisch gescheitert war, als Schweigegelder eingesetzt, um sich das Mitmachen und Stillhalten von Politikern und Presseleuten zu erkaufen. Korruption in konzentrischen Kreisen: Im Zentrum der »Held von Suez«, Ferdinand de Lesseps, um ihn eine Handvoll korrupter Leute, dann Dutzende von Parlamentariern, Hunderte bestochener Journalisten – und »außen vor« blieben Zehntausende ruinierter Kleinsparer. »Da die Hauptverantwortlichen für diese Korruption Juden waren (vor allem Levy-Crémieux, Jacques de Reinach, Cornélius Herz, Arton) ist man versucht, sich einzugestehen« – meint Poliakov – »dass dieses eine Mal die antisemitische Propaganda nicht umsonst war.«

Nach 1881 wurden drei spezifisch antisemitische Blätter aus der Taufe gehoben, drei allerdings sehr kurzlebige Erscheinungen wie etwa L'Anti-Youtre, der in seiner ersten Nummer beklagt, dass »bis jetzt allein die Klerikalen die Judenschaft angegriffen hätten«.

126

Im Frühjahr 1886 schuf der phänomenale Erfolg des Buches »La France juive« (Das jüdische Frankreich) von Edouard Drumont ein neues Klima der Agitation. Gleichauf mit »Vie de Jesus« (Das Leben Jesu) von Ernest Renan wurde »La France juive« der Bestseller der zweiten Jahrhunderthälfte: hundertvierzehn Auflagen in einem Jahr, gut zweihundert insgesamt, dazu eine gekürzte Volksausgabe und mehrere Fortsetzungen. Schon auf der ersten Seite macht Drumont alles klar: »Der Einzige, der aus der Revolution Nutzen gezogen hat, ist der Jude. Alles kommt vom Juden; alles kommt dem Juden zugute.« Er lobt das ruhmreiche Frankreich von ehedem, das Frankreich der Kreuzzüge, des Heiligen Ludwig, von Heinrich IV. und Ludwig XIV., weil es dem Juden »hartnäckig und unbeirrt seine Tore verschlossen und aus seinem Namen das grausamste Schimpfwort gemacht hat«. Und am Ende eines Opus von mehr als tausend Seiten fragt Drumont den Leser schließlich:

»Was sehen Sie am Ende dieses die Geschichte darstellenden Buches? Ich sehe nur eine Gestalt und diese Gestalt allein wünschte ich Ihnen zu zeigen: die Gestalt des verhöhnten, von Schmach bedeckten, gekreuzigten Christus. Nichts hat sich seit tausendachthundert Jahren geändert ... Überall wird er in den Schaukästen des Volkes gehenkt, dem Hohngelächter der Vorstädte ausgesetzt, durch die Karikatur und durch die Feder von jenem Paris gekränkt, das voller Juden ist, die ebenso hartnäckig auf den Gottesmord versessen sind wie zur Zeit des Kaiphas ...«[115]

Angesichts des gigantischen Erfolges dieses Oeuvre (dessen 201. Auflage im Paris des Jahres 1943 erschien) erstaunt die Wendung, die der Fall des »gerechterweise« verhöhnten, von »verdienter« Schmach bedeckten Gefangenen der Teufelsinsel doch noch nahm. Schon bald nach seiner Verschiffung in die tropische Fieberhölle war sein Name derart in Vergessenheit geraten, dass sein Bruder Mathieu (der die Hoffnung nie aufgab) im Herbst 1896 die falsche Nachricht von seiner Flucht lancierte, um den »Tod durch Vergessen« aufzuhalten.

Die erste unerwartete Wendung war im November 1897 die Entlarvung des wirklichen Verräters, des Majors Esterhazy; zwei Wochen später veröffentlichte *Le Figaro* Briefe, in denen dieser Offizier seinen pathologischen Hass auf Frankreich offen darstellte. Aber Esterhazy war kein Jude, und deshalb sahen nur eine Handvoll Intellektueller in ihm den Judas, während das Dreyfus-Dogma kaum angekratzt wurde, denn die Legende von einem »jüdischen Syndikat«, das so reich sei, dass es alles und alle kaufen könne, hatte sich festgesetzt.

»J'accuse« (»Ich klage an«), schrien die Zeitungsverkäufer am 13. Januar 1898 über die Boulevards, als sie die verdreifachte Auflage der Zeitung »L'Aurore« feilboten: Emile Zola, der wortgewaltige Schriftsteller, hatte es gewagt, in einem offenen Brief an den Staatspräsidenten die Dreyfus-Ankläger selbst anzuklagen. Die Folgen: Zola selbst wurde angeklagt und verurteilt, der Major Esterhazy freigesprochen, sein Ankläger aber, Oberst Picquart, verhaftet. Sämtliche Werke Zolas kamen noch im selben Jahr auf den römisch-katholischen Index der verbotenen Schriften. Und die Zeitung »La Croix« kommentierte – drei Wochen nach Zolas mutiger Erklärung – Pogrome im »französischen« Algier, bei denen 158 jüdische Geschäfte geplündert und Judenfrauen nackt ausgezogen wurden, mit der eindeutigen Feststellung: »An diesem Tag hat sich Algier für Christus erklärt.«[116]

Es kam zum Revisionsprozess in Sachen Dreyfus und zum schockierenden Wendepunkt: Im Sommer 1898 erwies sich ein neues Belastungsdokument als gezielte, zur Stützung der Anklage hergestellte Fälschung; der Hauptfälscher, Oberst Henry, machte ein Geständnis und besiegelte es durch seinen Selbstmord (der vielleicht gar keiner war). Die öffentliche Meinung kippte nun von oben an: Ein großer Teil der Elite, der Autoren und Professoren gesellte sich jetzt zu den vorher verfemten Dreyfusards; auch mehr und mehr Parlamentarier »wechselten die Feigheit«, wie Anatole France es süffisant honoriert; das sozialistische Lager schlug sich zu den Dreyfusards, die dem Nachteil ihrer immer noch geringen Zahl auch »wertvolle Vorteile verdankten«, vor allem den, »dass sie in ihren Reihen weniger Dummköpfe zählten als ihre Gegner, die damit überladen waren« (Anatole France). Aber jene gaben sich noch nicht geschlagen: Wenn Oberst Henry eine Fälschung vorgenommen habe, so sei dies doch eine patriotische Fälschung gewesen, und Henry sei ein Märtyrer. Fünfzehntausend Unterschriften wurden gesammelt, um ein Henry-Denkmal mit der Inschrift »Ermordet von den Juden« zu errichten – was jedenfalls Anatole Frances Köpferechnung bestätigen dürfte.

Und Dreyfus? Der wurde im September 1899 erneut verurteilt, und zwar zu zehn Jahren Haft, jetzt allerdings unter Zubilligung »mildernder Umstände«. Später wurde Dreyfus vom Staatspräsidenten persönlich begnadigt. 1906 verkündete das Kassationsgericht seine volle Rehabilitation; er wurde zum Major befördert und schließlich mit dem Orden der Ehrenlegion ausgezeichnet. Nur die Orden und Rangabzeichen, die ihm damals abgerissen worden waren, sah Alfred Dreyfus nicht wieder. Als aber seine Tochter Jeanne im Jahre 1957 eines frühen

Morgens zur Arbeit ging, lagen sie da, eingewickelt in einem anonymen Paket, vor der Haustür.

Dolchstoß-Legende

Frankreich war es in einem langen, schmerzhaften und aus heutiger Sicht auch peinlichen Prozess gelungen, einem jüdischen Mitbürger die »egalité« zuzubilligen, welche die Aufklärung und die Revolution gefordert hatten. »Der Fall Dreyfus war mithin paradoxerweise Indiz dafür, wie weit die Emanzipation in Frankreich bereits fortgeschritten war.«[117] In Deutschland dagegen, wo vor dem Ersten Weltkrieg der Staatsdienst (in Preußen) Juden verschlossen war und wo mitten während desselben Krieges im Heer eine diskriminierende »Judenzählung« vorgenommen wurde, ließ sich nach 1918 der Vorwurf des Verrats antisemitisch instrumentalisieren. Zu der Judenzählung 1916 hatte Walter Rathenau prophezeit: »Je mehr Juden in diesem Krieg fallen, desto nachhaltiger werden ihre Gegner beweisen, dass sie alle hinter der Front gesessen haben, um Kriegswucher zu betreiben.« Und genauso kam es: Der »Dolchstoß«, durch den die »Novemberverbrecher« den im Felde unbesiegten deutschen Landsern in den Rücken gefallen und die deutsche Kampfkraft zerstört hätten; der Versailler Vertrag, die Novemberrevolution, die Räterepublik und die Weimarer Verfassung – alles hing mit jüdischem Verrat zusammen.

»Das Landmädel – Arbeitsbuch für Schülerinnen landwirtschaftlicher Berufsschulen« lässt 1940 seine jungen Leserinnen erst mal sich an Adolf Hitlers soldatischen Tugenden erbauen, die ihm den »Vorschlag zur Auszeichnung mit dem E. K. I« einbrachten (dass es der jüdische Regimentsadjutant Hugo Gutmann war, der ihn vorgeschlagen hatte[118], ist hier natürlich unbedeutend), um dann von Hitlers Gasvergiftung im Oktober 1918 zu berichten: »Er wurde in das Lazarett zu Pasewalk gebracht und musste dort den Ausbruch der schmählichsten Revolution erleben, angezettelt von Juden und Freimaurern im Bunde mit unseren Gegnern und durchgeführt von einer Handvoll Verbrecher und Deserteure. Schmerz und Gram übermannten ihn angesichts dieses Verrats ...«[119]

Für Hitler sind die Juden »Meister der Lüge«, »hauptsächliche Drahtzieher der Revolution«, »Väter der Weimarer Verfassung«, blenderische, hochgejubelte, aber tatsächlich nur »nachäffende« Schauspieler, trickreiche Intriganten und vor allem: Drückeberger und Feiglinge. »Fast jeder Schreiber ein Jude und jeder Jude ein Schreiber. Ich staunte über diese Fülle von Kämpfern des auserwählten Volkes und konnte nicht anders, als sie mit den spärlichen Vertretern an der Front zu vergleichen.«[120] Immer ist der Jude derjenige, der sich hinten hält und von dort aus schlau und ehrlos die Fäden zieht. In Wirklichkeit hatte die »Judenzählung« im deutschen Heer 1916 so unerwartet günstige Ergebnisse – was etwa Verleihung von Tapferkeitsorden oder Befreiung vom Militärdienst betrifft – für die Juden gebracht, dass die Statistik nicht veröffentlicht wurde. Dies aber gab wiederum Gerüchten Nahrung, die Daten seien so vernichtend, dass sie mit Rücksicht auf die Juden nicht zur Veröffentlichkeit gelangen durften. Diese Gerüchte schürte das preußische Kriegsministerium nach 1918, indem es einem der übelsten antisemitischen Agitatoren, Alfred Roth, Einblick in das Datenmaterial gab, das Roth dann prompt zu zwei Hetzbroschüren verarbeitete. Hingegen erlauben die Erhebungen des »Reichsbunds jüdischer Frontsoldaten« ein anderes Bild: Von den rund fünfhundertfünfzigtausend reichsdeutschen Juden nahmen rund hunderttausend am Krieg teil, davon achtundsiebzigtausend an der Front. Von diesen fielen zwölftausend, über dreißigtausend erhielten Tapferkeitsmedaillen. Dass sich deutsche Juden eher überproportional und überaktiv am Krieg beteiligten, ist vielleicht auch vor dem Passepartout des Vorurteils zu sehen, insofern es nämlich Juden – wie Franz Oppenheimer feststellt – schwerer gemacht wurde, sich zu drücken: »Denn der Verdacht der Feigheit hing unausgesprochen bis zum Beweis des Gegenteils und sogar darüber hinaus über jedem Gestellungspflichtigen jüdischer Konfession.«[121] Und nachdem die »Judenzählung« die jüdischen Frontsoldaten derartig brüskiert hatte, wurden im Sommer 1918 – kurz vor dem »Dolchstoß« – massenhaft Flugblätter verteilt, auf denen ein deutscher Denker dichten durfte: »Überall grinst ihr Gesicht, nur im Schützengraben nicht.«

Im Vergleich zu den deutschen waren die französischen Antisemiten Frankreichs auch insofern humaner und toleranter, als sie auch Juden durchaus für »satisfaktionsfähig« hielten und sich in »points d'honneur« mit jüdischen Ehrenmännern duellierten. Zum Beispiel, als Arthur Meyer, Direktor einer royalistischen Zeitung und von Drumont heftig angegriffen, von diesem Genugtuung gefordert hatte. Beim Duell schlug Meyer Drumont den Säbel aus der Hand und verletzte ihn dabei am Oberschenkel. Als später im Duell Morès gegen Armand Meyer der jüdische Offizier das Leben ließ, bedauerte Drumont in seiner Zeitung, dass das Blut eines so Tapferen nicht im Dienst des Vaterlandes auf dem Schlachtfeld vergossen worden war; auch dies ein Beispiel dafür, dass der französische Antisemitismus anders war als der deutsche. Zumindest konnte sich ein Jude mit dem Säbel quasi selbst adeln: »Wer immer den Degen zieht, hat nichts von jüdischem Wesen an sich«, meinte eine Provinzzeitung den toten Duellanten reinwaschen zu müssen – von einer jüdischen Schmutzigkeit, die Maurice Barrès, Vordenker von Charles de Gaulle, zur selben Zeit so beschrieb: »Dass Dreyfus des Verrats fähig ist, schließe ich aus seiner Rasse.«[122]

In Russland war der Konnex Jude/Verräter vor der Revolution wenig vorhanden; der Antisemitismus folgte primär seinem mittelalterlichen Schema – es ging um vergiftete Brunnen, geschändete Hostien und geschächtete Kinder. Nach dem Oktoberputsch der Bolschewiki änderte sich das Muster. Unter Hinweis auf die vielen führenden Bolschewiken jüdischer Herkunft konnten die Rechten die Revolution pauschal als antirussische jüdische Verschwörung geißeln. Lenin selbst wurde immer wieder verdächtigt, Jude zu sein. Der frühere Klosterseminarist Stalin nutzte antisemitische Ressentiments in Volk und Partei, um nach Lenins Tod die alte Führung (mit dem Juden Leon Trotzki als »Hauptverräter«) zu entmachten und zu vernichten. Er bediente sich dabei auch der eingängigen Methode, dem politischen Namen eines unliebsamen Parteimitglieds dessen jüdischen, meist auch deutsch klingenden Namen beizufügen und damit die Person doppelt zu diskreditieren.

Nach 1985, zur Zeit der Perestroika, tauchte der Verratsvorwurf innerhalb der sich formierenden Rechten wieder auf: Der Kommunismus sei eine jüdische Verschwörung gewesen. Ähnlich hatten die Verratsprozesse in den nach 1945 entstandenen »Ostblockstaaten«, vor allem der Rajk-Prozess in Ungarn und der Slánský-Prozess in der Tschechoslowakei, auf das Judas-Motiv in seiner antisemitischen Version zurückgegriffen[123].

Judas – Jude

Bei diesem Ländervergleich ist ein wesentlicher »Verknüpfungsvorteil« für die deutschen Antisemiten festzuhalten: Der phonetische Gleichklang Judas-Jude findet sich ähnlich, aber schwächer in der spanischen, portugiesischen und englischen Sprache, nicht aber im Russischen und Italienischen (in beiden Sprachen werden Juden »Hebräer« genannt) sowie nur wenig im Französischen (Jude = juif). »Die klangliche Ähnlichkeit ist ... eine deutsche Spezialität«, meint Erhard Stölting.[124] Aber da irrt er. Die so einprägsame Alliteration ist natürlich auch im Hebräischen, Griechischen und Lateinischen gegeben, also in den Ursprachen der Evangelien, und der Verdacht gegen die Evangelisten, sie hätten Judas ganz bewusst zum Verräter stilisiert, um damit die Juden zu diffamieren, ist nicht unbegründet. Paulus nämlich, als Jesu erster »Eckermann« und Ersatzmann für den Apostel Judas, erwähnt den Judas-Verrat an keiner Stelle. Die nach ihm zur Feder greifenden Markus, Matthäus, Lukas und Johannes beschreiben Judas als undurchsichtig schillernde Figur, die Finger nah am Geld, und nah am Herrn beim Eintunken in die Schüssel. »Ich bin es doch nicht, Herr?«, fragt Judas, wohl mit vollem Mund, entweder echt erstaunt oder höchst perfid. »Du hast es gesagt«, ist des Meisters lapidare Auskunft (Mt 26,25) an seinen Verräter, dem es besser wäre, »er wäre nie geboren«. Und das Abendmahl geht weiter, ganz normal.

So zweifelhaft und umstritten[125] es auch ist, ob der Verrat des Judas als irgendwie authentisch gelten kann, so kam dem großen Kirchenlehrer Augustinus der lateinische Gleichklang »Iudas-Iudaeus« doch gar nicht so ungelegen. Schon im 5. Jahrhundert erfuhren die Emotionen »eine gefährliche Steigerung, als Augustinus dazu überging, die Namen Jude und Judas zu verkoppeln und die Frage nach der Kreuzigung Christi zu stellen«.[126] Wörtlich heißt es bei Augustinus: »Alle Söhne der Synagoge unterstehen dem Teufel Judas – bis sie neugeboren werden unter Jesus Christus.« Gelasius I., Papst von 492 bis 496, erklärt, dass in der Bibel oft das Ganze nach einem Teil benannt wird, so dass »Judas, der Teufelsgehilfe, seinen verruchten Namen dem ganzen Judenvolk vererbt hat«. Sehr poetisch legte Papst Innozenz III. den Psalm 19,3, nämlich *»ein Tag sagt's dem anderen, und eine Nacht tut's kund der anderen«* neutestamentlich aus: »Judas, der die Nacht war, dunkel und schattenreich, verriet der Nacht der Juden den Sohn Gottes.«

War Judas in der Alten Kirche dieserart bereits zum »Inbegriff des Juden«[127] geworden, so bringt, gut tausend Jahre später, Johannes Buxdorf der Ältere schon die Genetik ins Spiel, denn die Juden sind nach seinen Erkenntnissen nicht mehr die Nachkommen Abrahams, sondern »Mischlinge von Heiden, abtrünnigen Christen und Sarazenen, die ihren Namen von Judas Ischarioth herleiten, dem Verräter des Herrn Christus«. Kirchenlehrer Gaudentius ist ganz am Judas-Steckbrief der Evangelien orientiert, wenn er pauschal feststellt: »Alle

Juden sind geizig, geldsüchtig und vernachlässigen die Armen – genau wie ihr Namensgeber Judas Ischarioth.« In Dantes Inferno schließlich heißt der letzte, tiefste Kreis der Hölle »Giudecca« – nach Judas, dem »Erzverräter«, von dem es heißt: »›Die Seele dort, welche die schwerste Strafe leidet‹, sprach der Meister, ›ist Giuda Scariotto‹ ...«[128] Allerdings ist dieser, während er eine Ewigkeit lang im Maul des Satans zermalmt wird wie Flachs in der Kardätsche, in guter Gesellschaft dreier Päpste.

Nach diesen eindeutigen Alliterationen stellt Pinchas Lapide die unlösbare Rechenaufgabe: »Hätte jener Ischarioth damals Jakob, David oder Jonathan geheißen anstatt Judas – ein Name, der nur allzu leicht zur Symbolgestalt aller Juden verallgemeinert werden konnte – wer weiß, wie vielen Juden vielleicht der Martertod von Christenhand erspart geblieben wäre.«[129]

In Frankreich führte die Dreyfus-Affäre (als deren Initiatoren sah Clemenceau »eine Militärkaste unter Befehl der Kirche«[130]) zu einer letztlich heilsamen Krise. Den wenigen für Dreyfus eintretenden Katholiken – etwa dem Dichter und Sozialisten Charles Peguy – stand zwar zunächst eine Vielzahl derjenigen gegenüber, die sich durch Tatsachen nicht irre machen ließen, und als der Papst den fanatischen Judenhass 1899 als übertrieben kritisierte, wurden viele Messen gelesen, um die Rückkehr Leos XIII. zur Rechtgläubigkeit zu erflehen. Zu dieser Zeit bestand in Frankreich die unmittelbare Gefahr eines Staatsstreichs zur Einführung einer klerikalfaschistischen Diktatur. Am 19. Januar 1899 rief die »Kreuzzeitung« La Croix nach einem Militär als starkem Mann, der einen Staatsstreich durchführen sollte. Die antisemitisch-national-klerikale Rechte, die sich in der Patriotenliga organisierte, stand der antimilitaristischen Linken gegenüber. Nach einer schweren Staatskrise siegte die demokratische Linke, deren Ministerpräsident Waldeck-Rousseau nicht nur das Ende der Dreyfus-Affäre, sondern auch eine antiklerikale Gesetzgebung einleitete, welche 1905 zur bis heute bestehenden strikten Trennung von Staat und Kirche führte. Trotz päpstlicher Verurteilung, trotz der Verstaatlichung von zehntausend katholischen Schulen und der Entfernung von Kruzifixen aus Gerichtssälen kam es nicht zu den erwarteten Unruhen, sondern eher zu einer größeren Distanz der Franzosen zur Kirche, deren Bischof von Nancy allerdings noch 1916 die Auffassung vertrat, der Glaube an die Unschuld des Alfred Dreyfus sei gleichbedeutend mit dem Abfall vom Glauben.

Kehren wir noch einmal zurück zu den Judas-Bildern dieses Glaubens. In Abendmahlsdarstellungen erscheint das Gegensatzmotiv von Treue und Verrat in Gestalt zweier Apostel: erstere personifiziert im treuen Johannes, der sich an die Brust Jesu lehnt, und letzterer in Judas, der sich meist abwendet, in der Hand einen Geldsack. (Die Selbst-Identifikation des Juda-Hassers Hitler mit Johannes und seinem gnostisch-idealistischen Evangelium hat Friedrich Heer herausgearbeitet). Oft hat Judas rotblondes Haar und ein gelbes Gewand, als Kennzeichen des Neides. Wird allen Jüngern ein Heiligenschein zugebilligt, dann einem nicht. Die Ego-Motive seines Verrats kontrastieren mit dem unüberbietbar selbstaufopfernden Altruismus Christi. Judas ist der Anti-Jesus, der Anti-Christ. Wie kann aber ein Mensch so selbstvergessen schlecht sein, so gegen seinen eigenen Vorteil handeln, dass er gegen denjenigen Verrat begeht, der allen Menschen, auch ihm selbst, das Heil bringt? Die Evangelien bieten dafür eine deterministische, fatalistische Lösung:

»Doch siehe, die Hand dessen, der mich überliefert, ist mit mir auf dem Tisch. Zwar geht der Menschensohn dahin, wie es bestimmt ist; doch wehe jenem Menschen, durch den er überliefert wird!« So heißt es in Lk 22,21-22, und sowohl Matthäus als auch Markus fügen noch an: *»Besser wäre es für jenen Menschen, er wäre nie geboren.«* (Mt 26,24 und Mk 14,21).

Bei Johannes bestimmt Jesus seinen Anhänger, den apostolischen Kassenwart Judas, durch eine Urgeste der Freundschaft zum Verräter: *»Der [Lieblingsjünger Johannes] lehnte sich also an die Brust Jesu und sagt zu ihm: ›Herr, wer ist es?‹ Da antwortete Jesus: ›Der ist es, dem ich den Bissen eintauchen und geben werde.‹ Darauf taucht er den Bissen ein, nimmt ihn und gibt ihn dem Judas, dem Sohn des Simon Iskariot. Und nach dem Bissen, da fuhr der Satan in ihn. Jesus sagt nun zu ihm: ›Was du tun willst, tue sogleich‹.«* (Joh 13, 25-27)

Diese Zwanghaftigkeit des Judas-Juden, seine Vorausbestimmtheit zum Verräter, aber auch zu einem Leben so voller Leiden, dass es besser wäre, er wäre nie geboren, diese Rolle des Judas ist ein nicht zu übersehender Bestandteil des christlichen Judenbildes während zweier Millennien. Judas-Judaeus hat damals beim Abendmahl – Pardon, wenn ich hier den prägnanten Ausdruck eines meiner Achtklässler verwende – die Arschlochkarte gezogen und ist sie im ganzen Spiel seitdem nicht mehr losgeworden. Mein Schüler Tobi verwendete diese Metapher übrigens, um zu beschreiben, wie er im letzten Schuljahr – das hatte er in einem Internat verbracht – der »underdog« gewesen war, der Unterste der Hackordnung, der »whipping boy«.

Was für einen Satan meint der Autor des Johannes-Evangeliums? Jenen »Satan«, der zu Beginn des Buches Hiob noch »in der Mitte der Gottessöhne« erscheint und von Gott den Auftrag erhält, den gerechten Hiob zu versuchen? Nein, dem jüdischen Volk, das ja »den Teufel zum Vater« hatte (Joh 8,44) wurde solche noblesse eines Gottes-Enkels nicht zugebilligt, Juda's Vater-Teufel war kein Gottessohn, Juda war bestenfalls bestimmt zum »armen Teufel«. Leon Bloy, der katholische Denker, hat vor der Affäre Dreyfus seine Gedanken über die historische Rolle, den (göttlichen?) Auftrag des Judentums so formuliert:

»Die Geschichte der Juden staut die Geschichte des Menschengeschlechts, wie ein Damm einen Fluss staut, um sein Niveau anzuheben.« – Aber sie sind auch das Volk, im Blick auf welches »das Mittelalter den gesunden Menschenverstand aufbrachte, seine Unterkunft in dafür bestimmten Hundelöchern festzulegen und ihnen, den Leuten dieses Volkes, eine besondere Kleidertracht aufzuerlegen, die jedermann es ermöglichte, ihnen aus dem Weg zu gehen. Wenn man es unbedingt mit diesen übel riechenden Menschen zu tun hatte, dann verbarg man sich wie bei einer ruchlosen Tat und reinigte sich darnach, so gut man dies konnte. Die Schande und die Gefahr einer Berührung mit ihnen war das christliche Gegengift ihrer Pestilenz, da Gott ja in alle Ewigkeit an einem solchen Gesindel festhielt.«[131]

Die Juden sind also, nach Bloy, geschichtlich notwendig als unfreiwillige »Niveauheber«, so wie Judas als Verräter notwendig war zur Erfüllung der Schrift und zur Erlösung durch Kreuzigung; und doch: »Wehe jenem Menschen ... Besser wäre ihm, er wäre nie geboren.« – Die Evangelien liefern im Dreierpack alles, was der Jude im Drama braucht: erstens sein Rollenskript als Verräter, zweitens die Regieanweisung, ihm zweitausend Jahre lang das Leben schwer zu machen oder zu nehmen, und drittens die Rechtfertigung, die in der Göttlichkeit des Stückes und dessen Autors liegt.

Über Judas' bühnenreifen Abgang weiß die Apostelgeschichte (1,18): »*Von seinem Sündenlohn erwarb sich nun dieser ein Grundstück, stürzte kopfüber, barst mitten entzwei, und alle seine Eingeweide traten heraus.*«

Die mittelalterlichen Theologen, immer bemüht, die tiefe Bedeutung jedes Schriftwortes zu ergründen, erklärten Judas' Todesart so: Seit er Jesus bei der Gefangennahme geküsst hatte, war sein Mund geheiligt, so dass seine Seele nicht wie üblich durch den Mund entweichen konnte. Also mussten die Teufel seinen Leib woanders öffnen, um sich der Seele zu bemächtigen: So ist es plastisch dargestellt auf den Bronzetüren des Doms von Benevento aus dem Jahr 1279: Judas hängt tot an einer Palme; der Teufel umarmt und küsst ihn, worauf Judas auseinanderplatzt. Auch Giotto und Pietro Lorenzetti, zwei Meister der biblischen Bilder für Analphabeten, stellen (in der Arenakapelle von Padua sowie der Unterkirche San Francesco in Assisi) Judas mit heraushängenden Gedärmen dar. Erstaunlich ist dabei, wie wichtig dieser eine Satz der langen Apostelgeschichte von Predigern, Künstlern und Kirchenvolk anscheinend genommen wurde, obwohl die Intention dieses Satzes einer anderen Schriftstelle widerspricht. Für den Autor der Apostelgeschichte ist Judas' blutiger Tod auf seinem vom »Sündenlohn« gekauften Grundstück die Erklärung für den Namen »Hakeldamach ... das heißt Blutacker« (Apg 1,19). Bei Matthäus (27, 5-9) hatten aber die Hohenpriester nach Judas' Suizid mit seinem reuevoll weggeworfenen »Blutgeld« den Acker gekauft. Hier ist also Jesu Blut das Namen Gebende. Doch das sahen die Theologen nicht so eng, Hauptsache, das Judas-Bild stimmt.

Sein Selbstmord macht nicht nur Schluss mit dem einen Judas, sondern auch den Judenmord en gros bedeutend leichter, von Skrupeln der Täter erheblich ungehemmter. Letztlich nämlich besiegelt dieser Freitod das Urteil, dass es für den Verräter, Leugner, Bezweifler Jesu eh' besser wäre, »er wäre nie geboren«: Holocaust als Sterbehilfe für Judas und Ahasver.

Die Farben des Verrats

Was den Geiz und die Geldgier des Judas betrifft, begnügen sich die Kirchenmaler keineswegs mit den Aussagen der Evangelien, sondern lassen ihrer üppigen Phantasie (und der ihrer Auftraggeber) freien Lauf. So steht der Judas des Meisters Barna di Siena in San Gimigniano, größer als alle anderen Figuren, breitbeinig vor den Priestern, beugt den Kopf vor und verfolgt stieren Blicks die Auszahlung der dreißig Silberlinge, die als Münzenberg auf dem Wechslertisch vor ihm aufgehäuft werden. Zu standardisierten Erkennungszeichen des Judas wurden einerseits sein gelber Rock – gelb als Farbe des Neides und des Geldes, auch des »Judenflecks« – zum anderen das rote Haar; letzteres so dominant, dass in Frankreich die Meinung entstand, rotes Haar schließe vom Priestertum aus, weil Judas diese Haarfarbe hatte. Der Barockprediger Abraham a Santa Clara polemisiert gegen diese

Diffamierung der (ohnehin oft diskriminierten) Rothaarigen, indem er die rote Farbe auf die volkstümliche Verballhornung zurückführt, Iskarioth als »Ist gar rot« misszuverstehen. Ein Beispiel übrigens dafür, wie simpel diskriminierende Assoziationen gestrickt sein können.

Zurück zur Renaissance. Vom 15., diesem an Passionsspielen so reichen Jahrhundert an, meint Pinchas Lapide, »wird der Judenhass offen geschürt. Erhard Reuwich, Hans von Cöln und Hans Holbein der Jüngere, um nur drei der spätmittelalterlichen Maler zu nennen, stellen Judas als unmissverständliche Karikatur des ›Wucherjuden‹ dar: lange, krumme Nase, spitzes Kinn, stechender Blick, geldhungrige, krallende Hände.«[132]

Es gibt auch einfühlsamere Darstellungen. In der Klosterkirche von Vézela in Burgund ist Judas' Selbstgericht in seiner ganzen Schaurigkeit präsent, daneben aber der tröstliche Anblick seiner nicht Kreuz-, sondern Galgenabnahme: ein einfacher Mann ist es, der ihm den Strick vom Hals löst, der ihn auf seine Schultern nimmt und, wie ein guter Hirte, heimträgt. Judas erscheint hier als das verlorene Schaf, für das der gute Hirte seine neunundneunzig »gerechten« Schafe alleine lässt und sich auf die Suche macht. *»Und wenn er es gefunden hat, legt er es voll Freude auf seine Schultern, und wenn er nach Hause kommt, ruft er seine Freunde und Nachbarn zusammen und sagt zu ihnen: ›Freut euch mit mir, denn ich habe mein Schaf gefunden, das verloren war‹.«* (Lk 15, 5-6). Der Burgunder Maler war anscheinend eine Seele von einem Menschen, und als Menschen respektiert er Judas. Doch auch hier bleibt der Verräter der Verirrte und Verlorene, dem – um Kleists Abschiedsworte zu benutzen – auf dieser Erde nicht zu helfen war.

Von Leonardo da Vinci ist eine Anekdote überliefert, die den Judas in seinem »Abendmahl« betrifft. Als der Prior des Dominikanerklosters Santa Maria delle Grazie ihn wegen der zu langsamen Fertigstellung des Frescos rügte, musste Leonardo nur andeuten, er könnte vielleicht dem Judas im Bild die Gesichtszüge des Priors geben, um diesen wieder betont freundlich zu stimmen.

Tatsächlich hat Leonardo im »Abendmahl« den Judas weder symbolisch ausgegrenzt noch räumlich abgesondert. Er sitzt inmitten der Jünger, zwischen den Brüdern Petrus und Johannes, ganz in der Nähe Jesu. Zwar hält er den Geldbeutel in seiner Linken, doch nicht als käuflicher Verräter, sondern als Zeichen seines Amtes im Kreis der Jünger: als Schatzmeister, der ihr Vertrauen genießt. Andy Warhol klatscht in seiner Verfremdung von Leonardos »Last Supper« dorthin, wo Judas sitzt, ein großes, eulenhaftes Auge, das seinen weisen Blick auf Jesus wendet, aber an ihm vorbeigehen lässt: »Wise Potato Chip«, im Guggenheim, New York.

Fra Angelico, lange vor Warhol, lässt in seinem Gemälde »Eucharistie« den Jünger Judas als zweiten von rechts vor Jesus knien – als einer von ihnen, aber bezeichnet durch die auffallende Schwärze seines Heiligenscheins. Und in Tilman Riemenschneiders geschnitztem Rothenburger Heilig-Blut-Altar steht Judas, nicht Jesus im Zentrum der Mahlsgemeinschaft. Den Geldbeutel hält er hoch, doch wirkt er unschlüssig in seiner für zwei abendländische Jahrtausende schicksalhaften Entscheidung. Rat suchend schaut er Jesus an.

Der Verräter wird verbrannt

Der ästhetische Humanismus solcher Künstler steht machtlos neben dem Faktum, dass Judas zum »Prototyp« des Juden schlechthin wurde, »zum Schacherer und Dieb, zum verschlagenen Gauner, zum Verräter, den sein schlechtes Gewissen selbst verrät«.[133] Der Archetyp des Verräters hat für den Schweizer Psychotherapeuten Emanuel Hurwitz[134] eine pädagogisch-psychologische Bedeutung, die maßgeblich zur Tiefenschicht des Antisemitismus gehört.

Hurwitz geht aus von der psychotherapeutischen Praxis, in der sich zeigt, wie oft sich Kinder von Erwachsenen »real verraten, gefährdet und bedroht« fühlen. »Die sich häufenden Berichte von kindlichen Gewaltopfern und die Statistiken über Kindsmissbrauch und Gewalt gegen Kinder stützen diese Befunde.« Auch der Ödipus-Mythos kann aus dieser Sicht interpretiert werden: als Symbolik des Verrats der Eltern und ihrer Aggression gegenüber dem Kind. Denn sie sind es ja, die den hilflosen Kleinen aussetzen, ihn allein den wilden Tieren überlassen, und später bei der Wiederbegegnung ist es wieder der Vater, der den Wanderer Ödipus vom Wagen herunter angreift.

Vom Mythos zur Historie: »Die Geschichte der Kindheit«, resümiert der Soziohistoriker Lloyd deMause, »ist ein Albtraum, aus dem wir gerade erst erwachen. Je weiter wir in der Geschichte zurückgehen, desto unzureichender wird die Pflege der Kinder, die Fürsorge für sie, und desto größer die Wahrscheinlichkeit, dass Kinder getötet, ausgesetzt, geschlagen, gequält und sexuell missbraucht wurden ...«[135]

War damals die Angst der Kinder, im Stich gelassen zu werden, eine sehr reale, so ist es in heutigen Zeiten, nach Ellen Keys »Jahrhundert des Kindes«, die Ambivalenz der Eltern, die als Verrat empfunden wird. »Eltern, die ihre Kinder liebevoll hätscheln und verwöhnen, um sie im nächsten Augenblick, von aggressiven Impulsen überwältigt, von sich zu stoßen und zu schlagen, sind wegen ihrer Wechselhaftigkeit und Unberechenbarkeit für die Psyche bedrohlicher als konstant böse, aber immerhin berechenbare Eltern.« Solche Ambivalenz der Vertrauenspersonen »taucht das Kind in ein ständiges Wechselbad von Vertrauen und Angst, von Liebe und Verrat. Der Liebesverrat wird«, so Hurwitz, »zum ständigen Begleiter der frühkindlichen Entwicklung und ertränkt das kindliche Gefühlsleben in einem Meer von Unsicherheit.«

Gestern noch hatte der kleine Nicholas von seinem Großvater ein Spielzeug geschenkt bekommen. »Nicholas, mein Sohn«, sagt der Opa heute, »du hast viele Fehler, und die machen deiner Mutter Kummer ... Bessere dich, sonst peitsche ich dich aus wie einen Hund, der abgerichtet wird.« Nicholas, zornig über den Verrat von jemandem, »der so freundlich zu mir war«, wirft sein Spielzeug ins Feuer.

Diese Geschichte berichtet Lloyd deMause aus dem Jahr 1739. Aber wir müssen nicht lange in unseren Kindheitserinnerungen kramen, um festzustellen, dass der Zorn über den »Verrat«, als welcher uns das Verhalten geliebter Personen erscheint, vielleicht sogar öfter seine bitteren Spuren hinterlassen hat als Erfahrungen von »Mobbing«, von Ausgestoßenwerden seitens der Gleichaltrigen. So braucht es denn auch nicht zu wundern, dass der Verräter Judas für christliche Deutsche psychisch dominanter ist als Jesus: »Wer nahezu nichts mehr glaubt, glaubt immer noch, dass Judas Jesus an dessen Feinde verraten habe«, schließt Harenberg aus den einundneunzig Prozent einer Befragung von 1967.[136] Für den Einzelnen, der mit Jesus fühlt, zieht Judas, der Archetyp des Verräters, alle seelischen Spuren erlittener Verrate auf sich.

Und eben deshalb ist es so befreiend, wenn dieser Judas verbrannt werden darf. Das Beispiel der »malhação de Judas« (in Belo Horizonte gerät der Pappmaché-Judas alljährlich bis sechs Meter hoch) scheint lediglich ein – im toleranten Brasilien! – relativ harmloses Relikt eines weit verbreiteten Brauchtums darzustellen. In Frankreich und England sind entsprechende Judamusements wohl im 19. Jahrhundert schon untergegangen, aber der folgende Brauch, berichtet aus dem Jahr 1900, war in Liverpool noch 1950 lebendig: »Am Karfreitagmittag wurde eine Judaspuppe aus Holz, die als Seemann verkleidet war, von den Matrosen gemeinschaftlich misshandelt. Die Matrosen steigerten sich in Rage und taten der Puppe alles Üble an; sie wurde mit Füßen getreten, angespien, geschlagen und zur Mastspitze hochgehievt. Dann stürzte man sie auf das Deck und fiel erneut über sie her. Noch einmal wurde sie zur Mastspitze hochgezogen, schließlich dreimal ins Wasser geworfen. Zuletzt wurde sie zerschlagen und verbrannt.«[137]

Um 1850 schreibt ein bayerischer Brauchtumsforscher: »Beim Verbrennen des Strohmannes entstand immer ein großer Jubel, als würde dadurch der Verräther des Heilands in Person bestraft.«[138] In Viernheim an der Bergstraße hat sich bis ins 20. Jahrhundert ein Osterbrauch erhalten, wie er einst wohl auch andernorts bestand: Am Ostersamstag schleppte die katholische Jugend schwere Holzscheite zum Morgengottesdienst, richtete sie im Kirchhof zu Holzstößen auf und zündete sie an. Der Geistliche sprach einen Segen und sprengte Weihwasser über das Osterfeuer; schließlich nahmen die Buben die verkohlten Scheite, liefen durch den Ort und schlugen mit dem Ruf »Der Jude ist verbrannt!« gegen Türen und Fensterläden der Häuser, wo Juden wohnten.

Noch 1956 findet der bayerische Volkskundler H. Moser »Gegenwartsbelege für das Judenfeuer« in der Gegend von Aichach, Schrobenhausen und Dachau (!). »Bis heute«, schreibt Dieckmann 1991, »wird in Allendorf im Sauerland im Osterfeuer noch ein Judas verbrannt.« Neben dem ebenfalls noch gegenwärtig – ohne Judas – gepflegten Osterfeuer (ursprünglich wohl ein heidnischer Frühlingsbrauch) scheint auch das in Landgemeinden noch geübte »Karfreitagsrätschen« mit dem Abstrafen des Verräters zu tun zu haben: Das Lärmen, heute als Ersatz der Kirchenglocken während der liturgischen Grabesruhe Jesu gedeutet, wurde zu anderen Zeiten entweder als ängstliches Knochenklappern oder als Zerschlagen der Knochen des Judas symbolisch interpretiert.[139] Im Schwarzwalddorf Grünmettstetten wird allerdings, wie die Ulmer »Südwestpresse« am Ostersamstag 2001 berichtet, noch heute an jedem Karsamstag ein lebensgroßer, ausgestopfter Judas verbrannt, einschließlich eines bedeutsamen, an Judas' Gürtel befestigten Geldbeutels. Gegen drei Uhr nachts wird der Verräter an den Galgen gehängt und kriegt sein »Grab in der Luft«. Das »urige Abschlussfest für die Schulabgänger« ist traditionell das Privileg der Achtklässler, und neuerdings dürfen – man ist ja modern – auch die »Mädle« mitzündeln.

In Schlesien wurden im 19. Jahrhundert noch beim »Judenstürzen« auch lebende Katzen und Ziegen vom Kirchturm gestürzt. Scheinbar harmloser war das, was als »Jaudesjagen«, »Judasaustreiben« oder »Rumpelmette« die Jugend ergötzte und 1845 aus Schlesien so berichtet wird: »Nach der Metten in der Kirche trat der Kirchendiener mit einer großen Klapper in der Hand hinter dem Altar hervor. Am Kirchenportal hatte sich schon, als Judas mit einer roten Weste bekleidet, ein Junge aufgestellt. Kaum war das Zeichen mit der Klapper gegeben, so lief der Knabe in der roten Weste eiligst davon. Die versammelten Kinder, mit Klappern und Schnarren ... versehen, verfolgten ihn unter großem Geschrei bis vor die Stadt, wo er in dem so genannten Ruthengange sich gefangen gab und von den Knaben unbarmherzig geschlagen wurde, weil er den Erlöser verkauft.«[140]

7. Station
Zionkali
oder: Das Alt-Herren-Treffen
auf dem Prager Judenfriedhof

»Doktor Goldbaum, was haben Sie eigentlich gegen
uns Zionisten?«
»Prinzipiell nichts, nur ein paar einzelne Einwände:
Erstens, warum habt ihr euch ausgerechnet
Palästina ausgewählt? Im Norden Sumpf, im Süden
Wüste. Habt ihr kein besseres Land finden können?
Zweitens, warum wollt ihr dort unbedingt Hebräisch
sprechen? Gibt's denn keine moderne Sprache?
Und drittens verstehe ich nicht, weshalb ihr euch
ausgerechnet die Juden ausgesucht habt. Es gibt
doch sympathischere Nationen.«
Salcia Landmann

»Sie schrien nicht: ›Nieder mit Dreyfus!‹, sondern ›Nieder mit den
Juden!‹«

So wurde die Kampagne von einem jüdischen Journalisten kommentiert, der am Prozess und der feierlichen Degradierung von Alfred
Dreyfus teilgenommen hatte. Der Name dieses Journalisten war Theodor Herzl. Er zog aus dem, was er gesehen hatte, aus diesem neuen
Aufwallen des Antisemitismus nach einer langen Phase zunehmender
Gleichberechtigung und Assimilation der Juden den Schluss, dass Juden nur in einem eigenen Staat frei leben könnten. 1896 legte er diese
Idee in seinem Buch »Der Judenstaat« in detaillierter Weise vor und
1897 leitete er den Ersten Zionistischen Weltkongress in Basel, um die
Idee voranzubringen. Dieser Weltkongress war die Reaktion auf wach-
senden Antisemitismus und gleichzeitig Wasser auf die antijüdischen
Mühlen derjenigen, die schon lange die Gefahr einer jüdischen Weltverschwörung beschworen hatten. Doch gehen wir zuerst noch weiter
zurück.

Frankreich war ein klassisches Land der Judenfeindschaft – obwohl
dort seit den mittelalterlichen Vertreibungen nur sehr wenige Juden
wohnten – und es wurde andererseits als Kernland der Aufklärung

auch zur Wiege der Judenemanzipation. Nach der Erklärung der Menschenrechte am 26. August 1789 war es nur konsequent, dass die Nationalversammlung zwei Jahre später allen französischen Juden die vollen Bürgerrechte zugestand und dass der Code Napoleon die Judenemanzipation in allen eroberten Gebieten einführte. Nach ihrer langen Unterdrückung nutzten die Juden nun ihre Freiheit und die guten Startchancen ihrer buch-, wissens- und lernfreudigen Kulturtradition, in der das Buch schon lange vor Gutenberg ein Medium allgemeiner Erziehung war.

Mit dem verlorenen Krieg von 1870/71 begann sich jedoch das Blatt zu wenden; ein Großteil der französischen Katholiken befürwortete nun eine Wiederherstellung des *ancien régime*. Schon vor dem Krieg hatten sich Literaten zum Antisemitismus bekannt. So legte Alphonse Daudet 1870 ein judenfeindliches Buch vor, das mit dem Vorwort eines Geistlichen begann und von Papst Pius IX. gelobt wurde, denn der »perverse Jude« führe ja überall die Kampagne gegen die Kirche an. »Ein Drittel aller antisemitischen Bücher im Zeitraum 1870-1894« summiert Friedrich Heer, »ist von Priestern verfasst ... Neunzig Prozent des französischen Klerus stammen aus bäuerlichen Familien und aus Familien des ländlichen Handwerks. In den Seminaren werden diese Jungen, die an den Teufel massiv glauben wie nur je ein mittelalterlicher Mönch in seiner Zelle, gelehrt: Schuld an allen Übeln in der Geschichte sind die Juden.«[141]

Bereits 1869 hatte Hermann Goedsche unter dem Pseudonym John Retcliffe seinen Roman »Biarritz« veröffentlicht, der eine bizarre Szene enthält: Auf dem Judenfriedhof von Prag treffen sich einmal im Jahrhundert zur Zeit des Laubhüttenfestes dreizehn Juden: je ein Vertreter von allen Stämmen, dazu ein Repräsentant der Verstoßenen und Wandernden. Jeder Stamm bringt seine eigene jüdische Meinung ein. So findet Levi den Anteil der Staatsschuld in jüdischer Hand noch zu gering; Ruben favorisiert die noch stärkere Beherrschung der Börse, Simeon den Großgrundbesitz; der Stamm Juda gibt Instruktionen zur Vernichtung des Handwerks, der Levite plädiert für die Untergrabung des Christentums; Stamm Isaschar ruft auf zum Kampf gegen Militär und Patriotismus. Sebulon hält viel von gelenktem Umsturz, denn »Jede Revolution zinst unserem Kapital«. Dan reklamiert Handel und Spekulation für die Juden, körperliche Arbeit für die Christen, während Naphtali die Unterwanderung des Staatsdienstes, Benjamin den freien Zugang zu Kunst und Wissenschaft und Manasse die Herrschaft über die Presse für wichtig hält. Asser schließlich spricht der freien

Ehe zwischen Juden und Christen das Wort und mahnt dazu, »dass wir ehren das jüdische Weib und üben verbotenes Gelüst lieber an den Weibern unserer Feinde«.

In ihrer Mitte verkündet der Oberrabbi während seiner Rede, dass sich demnächst der jüdische Sanhedrin (Gerichtshof der Hohenpriester) treffe, um Weltherrschaftspläne zu erörtern. Eine zentrale Stelle dieser Rede lautet:

»Wenn alles Gold der Erde unser ist, ist alle Macht unser. (...) Das Gold ist das neue Jerusalem – es ist die Herrschaft der Welt. Es ist Macht, es ist Vergeltung, es ist Genuss – also alles, was die Menschen fürchten und wünschen. Das ist das Geheimnis der Kabbala, der Lehre von dem Geist, der die Welt regiert, von der Zukunft! Achtzehn Jahrhunderte führt das Volk Israels den Kampf um die Herrschaft, die Abraham versprochen worden und die das Kreuz uns entrissen. Achtzehn Jahrhunderte haben unseren Feinden gehört – das neue Jahrhundert gehört Israel ...«

Dieses Romankapitel über das Treffen der bösen Dreizehn auf dem Prager Judenfriedhof wurde rasch populär und als separate Schrift nachgedruckt, 1872 erschien eine russische Übersetzung in St. Petersburg, es folgten tschechische, französische, schwedische und andere Ausgaben.

Warum gerade Prag? Hatte Goedsche, der »verlumpte Journalist der 1848er Revolution«[142], bei seiner Fantasy-Story den »Golem« vor Augen, den der Oberrabbiner Löw ben Bezalel, genannt »Maharal von Prag« (1512-1569) dort aus Lehm geschaffen hatte und dann zum Leben erweckte, indem er ihm den unaussprechlichen Gottesnamen, auf einem Zettel geschrieben, unter die Zunge legte? Nach der jüdischen Legende wurde das Prager Ghetto durch den Golem vor verschiedenen Pogromen gerettet. »Es gelang ihm sogar, Ritualmordverleumdungen aufzudecken und ihre Täter zu fassen. Einmal brachte ein christlicher Fleischer mitten in der finsteren Nacht in das Judenviertel ein großes Schwein in seinem Wagen. Im Bauche des Schweins war ein getötetes Kind, eingewickelt in einen Gebetmantel. Der Fleischer wollte diese Last in den Keller des Gemeindevorstehers, des Rabbi Mordechai Meisel, legen und dadurch alle Juden Prags des Ritualmords beschuldigen. Aber er hatte kein Glück. Plötzlich erschien der Golem, fesselte den Fleischer an das Schwein und führte ihn mit seinem Wagen geradeaus zur Polizei.«

An einem Freitagmorgen jedoch wird der Golem ungebärdig, fängt an, alles zu zerschlagen, was ihm in den Weg kommt. Frau Löw stürzt zur Synagoge, um den Rabbi zu holen. Der befiehlt der Gemeinde, im Gebet fortzufahren, eilt, so schnell er kann, nach Hause, nimmt dem Golem den Gottesnamen aus dem Mund, und sofort wird das Monster wieder zu lebloser Tonmasse. »Es war gut«, berichtet, wieder zurück in der Synagoge, der Rabbi den Betenden, »dass der Sabbat noch nicht begonnen hatte. Wäre es schon Sabbat gewesen, so hätte ich keine Gewalt mehr über den Golem gehabt. Ich hätte ihn nicht daran hindern können, wenn er die ganze Welt zerstört hätte«.[143]

Ein tiefsinniges kleines Märchen, mit einem golem-großen Hintergrund realer Ohnmacht, aber ein Märchen; Goedsches Verschwörungsmärchen jedoch wurde für bare Münze genommen – eine Verwischung der Grenzen zwischen Dichtung und Wahrheit, welche ihre Erklärung vielleicht darin findet, dass auf dem Prager Judenfriedhof noch eine andere Begegnung stattfindet: Hier treffen sich »self-fulfilled-prophecies« und neutestamentliche Judenbilder mit Ängsten und Erwartungen der Christen. Da geht es um Geld, um Hohepriester, um Verschwörung, um Vergeltung (wofür?), um Frauenraub und den Kampf gegen Christi sittliche Welt, einen untergründigen Kampf, den die Juden mit der Zerstörung ihres Tempels in Jerusalem (70 n. Chr.) und dem Beginn ihrer Zerstreuung in alle Länder aufgenommen hatten.

Mit »kleinen Verschwörungen« kannte Goedsche sich ja aus: Als kleinem preußischen Postbeamten war ihm nach der Märzrevolution 1848 ein »Missgriff« unterlaufen: Um den unbequemen demokratischen Politiker Benedikt Waldeck zu denunzieren, hatte er den Behörden Briefe vorgelegt, aus denen hervorging, dass Waldeck den Sturz der Verfassung und die Ermordung des Königs plante. Bald stellte sich jedoch heraus, dass die Briefe gefälscht waren und Goedsche dies wusste. Er musste den Postdienst quittieren und wurde Redakteur beim Presseorgan der konservativen Großgrundbesitzer, der *Neuen Preußischen Zeitung* – bekannter unter dem Namen »*Kreuzzeitung*«.[144]

Die Verschwörung der Weisen von Zion

Goedsches konspiratives Rabbinertreffen gab die Vorlage für eine ungeheuerlich wirksame Schrift, die Walter Laqueur als den »größten literarpolitischen Betrug der modernen Geschichte« bezeichnet: Die »Protokolle der Weisen von Zion«.

Der Ursprung dieser Protokolle ist bis heute nicht ganz geklärt; vorgeblich handelt es sich um die Sitzungsberichte des Weltbundes der Freimaurer und Weisen von Zion. In Wirklichkeit hatte der in Paris stationierte Auslandschef der zaristischen Geheimpolizei, General Ratschkowsky, sie in Auftrag gegeben oder selbst zusammengestellt, wofür in jedem Fall Maurice Joly's Satire (auf Napoleon III.) namens »Dialogue aux Enfers entre Montesquieu et Machiavel« (Dialog in der Hölle zwischen Montesquieu, dem Liberalen, und Machiavelli, dem Despotischen; Brüssel 1864) als Vorlage diente. Dies erklärt auch, warum die Schriften zuerst aus dem Französischen übersetzt werden mussten, ehe sie 1903 dann auf Russisch in Sankt Petersburg erschienen. Herausgegeben wurden sie dort von dem Antisemiten P. A. Kruschewan; dieser war im April desselben Jahres als Organisator des blutigen Pogroms von Kischinew hervorgetreten und war einer der Gründer der berüchtigten »Schwarzen Hundertschaften«, deren Traditionen noch heute in der Pamjat-Bewegung fortleben. Populär gemacht allerdings wurden die Protokolle durch Sergej Nilius, einen am Zarenhof höchst einflussreichen mystischen Schriftsteller, der später in Verfolgungswahn verfiel. In diesen »Sitzungsprotokollen« ist die Wahnidee von einer jüdisch-freimaurerischen Weltverschwörung, die damals durch viele Köpfe geisterte, perfektioniert worden. Den politischen Zionismus, der sich 1897 beim Baseler Kongress formiert hatte, sahen viele als die sichtbare Spitze eines geheimen globalen Komplotts an, während er doch in Wirklichkeit der jüdischen Flucht vor einem immer krasser werdenden westlichen Antisemitismus dienen sollte. Als »Anzettelung einer Verschwörung« wertete am 8. Februar 1898 die Civiltá Cattolica, offiziöses Organ des Vatikan, den internationalen Zionistenkongress von Basel. Spät dran! In Dresden nämlich hatte schon sechzehn Jahre vorher der Berliner Hofprediger Adolf Stoecker eine »antisemitische Internationale« zu gründen angeregt und den Kongressbesuchern, zu denen auch Russen gehörten, erklärt, die jüdische Frage müsse gelöst werden wie im Mittelalter die Frage der Türken, Tataren und Araber.[145]

1917, im Jahr der Oktoberrevolution, brachte der zaristische Hofmystiker Nilius die Protokolle in einer durchgesehenen, erweiterten Fassung heraus, und auf Anweisung des Metropoliten von Moskau wurden nun in allen Kirchen der Stadt Predigten mit Zitaten aus diesem Buch gehalten. Zar Nikolaus II. versah sein Exemplar dieser Ausgabe mit begeisterten Randnotizen, musste sich jedoch von seinem Innenminister sagen lassen, dass erhebliche Zweifel an der Echtheit der Protokolle bestanden; zu einer offiziellen Förderung kam es also nicht.

Aber schließlich verhalf die Zarenfamilie den »Protokollen der Weisen von Zion« doch noch zu weltweiter Fama. Als nämlich am 28. Juli 1918 in Jekaterinburg die Leichen der von den Bolschewiki Ermordeten entdeckt wurden, fanden sich bei der Zarin drei Bücher: Tolstois »Krieg und Frieden«, die Bibel, und – die Protokolle. Zudem entdeckte man, dass Zarin und Zar in dem Zimmer, das sie zuletzt bewohnten, ein Hakenkreuz angebracht hatten, zu dieser Zeit bereits ein bekanntes Symbol arischen Kampfes gegen das Judentum.

Die ermordete Zarin wurde zur Blutzeugin gegen die jüdische Weltverschwörung; die jüdische Anstiftung der Revolution war nun ebenso ergreifend bestätigt wie die Authentizität der Protokolle.

Russische Emigranten brachten die »Protokolle« 1919 nach Berlin. Im gleichen Jahr – es war die Blütezeit der Dolchstoß-Legende – erschien auch eine deutsche Ausgabe, möglicherweise angeregt von Alfred Rosenberg, der in Moskau studiert hatte und sich als späterer Chefmythologe der Nazis immer wieder auf diese offenbarten Geheimnisse bezog. Der deutsche Boden war bereits beackert durch Pamphlete wie »Judas Schuldbuch« von Wilhelm Meister (bürgerlich Paul Bang), wo es heißt, dass »dieser Krieg ein Judenkrieg« gewesen sei und »das Ende dieses Krieges den Juden auch die äußere Herrschaft zu achtzig Prozent nominal« in die Hände gespielt habe. Das »Endziel Judas« fließe aus dem weltumgreifenden Machtwillen »des Volkes, das sich nach wie vor als das auserwählte fühlt. Das Ziel ist die Weltherrschaft selbst.«[146]

Was ist nun der Inhalt dieser »Protokolle der Weisen von Zion«, dieses »wörtlichen Berichts über vierundzwanzig Geheimsitzungen der Häupter der jüdischen Weltverschwörung«, deren Auflage in Deutschland rasch über hunderttausend stieg und die man, wie Walter Laqueur meint, zumindest teilweise gelesen haben muss, um an ihre Existenz glauben zu können?

»Das erklärte Ziel der Verschwörer ist der Sturz aller bestehenden Throne und Religionen, die Vernichtung aller Staaten – mit dem Ziel, auf ihren Ruinen ein jüdisches Weltreich zu errichten, mit einem Kaiser aus dem Geschlecht Davids an der Spitze.

Zu diesem Zweck benutzen die Juden verschiedene Geheimorganisationen (wie etwa die Freimaurerlogen), aber ihre wichtigsten Werkzeuge sind Demokratie, Liberalismus und Sozialismus. Die Juden haben hinter allen geschichtlichen Umwälzungen gestanden (natürlich auch hinter dem Sturm auf die Bastille) und immer die Forderung nach der Freiheit des Individuums unterstützt. Alle politischen Morde und alle größeren Streiks sind von ihnen organisiert worden. Sie verführen die Arbeiter zum Alkoholismus und Marxismus und sie versuchen, durch Erhöhung der Lebensmittelpreise, aber auch durch Verbreitung ansteckender Krankheiten chaotische Zustände herbeizuführen. Jetzt schon stellen sie eine geheime Weltregierung dar; weil aber ihre Macht noch unvollständig ist, hetzen sie die Völker gegeneinander auf, um einen Weltkrieg zu entfesseln.«

Ist bis hierher alles recht einleuchtend, so haben die folgenden strategisch-taktischen Kalküls der Weisen von Zion gerade einen Adolf Hitler besonders fasziniert:

»Natürlich besteht ein großer Unterschied zwischen a) der pragmatischen Taktik auf dem Weg hin zur Weltherrschaft, und b) dem wahren Charakter des Endstadiums eines ›tausendjährigen Zeitalters‹:

a) Taktische Mittel sind die Ablehnung von Parteienhader und Parlamentarismus, Ausnutzung demokratischer Freiheiten für den Staatsstreich, Ablehnung der Justiz und ihre Diffamierung als Rechtsverdrehung;

b) In Wirklichkeit sind Zions Weise alles andere als Liberale oder Demokraten. Das wahre Glück im tausendjährigen Reich wird es nicht durch demokratische Prinzipien, sondern durch blinden Gehorsam gegenüber der Obrigkeit geben. Nur ein kleiner Teil der Bevölkerung wird vertiefte Bildung genießen, denn die Ausbreitung des Wissens unter den niederen Bevölkerungsschichten ist eine der Hauptursachen des Niedergangs der christlichen Staaten gewesen. Es wird Ehrenpflicht aller Staatsbürger sein, einander zu bespitzeln und anzuzeigen. Die Regierung wird unbarmherzig diejenigen unterdrücken, die sich ihr entgegenstellen. Ihre früheren Mitverschworenen – zum Beispiel die Freimaurer – werden liquidiert, einige werden getötet, die übrigen in Strafkolonien nach Übersee verbannt.«

Abgesehen von dem geographischen Detail, dass seine Strafkolonien nicht in Übersee waren, sind die programmatischen Übereinstimmungen zwischen dem Künstler von Braunau und den Weisen von Zion frappierend. Tatsächlich wird vom Protokolle-Leser Adolf Hitler der Satz überliefert: »Ich erkannte sofort, dass wir dies nachbilden müssten, auf unsere Weise natürlich.«[147]

Walter Rathenau wurde eines der ersten Opfer der Verschwörungs-Hetze. Protokolle-Herausgeber Ludwig Müller hatte der deutschen Edition eine Abbildung des Hauses von Rathenaus Vater Emil beigefügt, denn der umlaufende Stuckfries dieses Hauses zeigte doch ganz deutlich »Opferschalen, auf welchen abgeschnittene, gekrönte Häupter liegen«. Und Walter Rathenau war doch einer der »dreihundert Weisen von Zion«, die mit ihm an die Macht gelangt seien. Im Juni 1922 wurde der demokratische Außenminister Rathenau, auf den sich »die gottverdammte Judensau« so gut deutsch reimen ließ, ermordet. Überlebt hat seine Warnung: »Wehe dem, der ein Kind in Furcht erzieht, und wenn es die Furcht Gottes wäre ...«

Nun sind die Juden aber keineswegs die einzige Minderheit, auf welche das von Furcht motivierte Feindbild der mächtigen, klugen Verschwörer projiziert wurde. Freimaurer und Jesuiten könnten hier neben Juden als Projektionsflächen genannt werden, wobei die vermutete intellektuelle Überlegenheit und die Disposition zu internationaler Vernetzung innerhalb jeder dieser drei Gruppen von »Eingeweihten« bei aller Gegensätzlichkeit wohl die Angst auslösende Gemeinsamkeit wäre.

Die Juden allerdings waren für die Verschwörerrolle unvergleichlich gut geeignet, da ihr Part bei der Kreuzigung Christi das auf den Leib geschneiderte Kostüm zurückgelassen hatte, in welches sie bis ins zwanzigste Jahrhundert so gut hineinpassten.

Schon im Jahr 848 – um ein Beispiel aus dem ersten Jahrtausend zu nennen – wurden die Juden von Bordeaux vom dortigen Bischof beschuldigt, die Plünderung der Stadt durch Verschwörung mit den Normannen veranlasst zu haben: ein von nun an beliebtes Propagandamittel, das es ermöglichte, jedes politisch-kriegerische Desaster den Juden zuzuschreiben. Für die (von den Normannen natürlich ebenso ausgeplünderten) Juden von Bordeaux hatte der Verschwörungsvorwurf zur Folge, dass dreihundert Jahre lang an jedem Karfreitag dem Oberhaupt der Juden vor der Kathedrale eine Ohrfeige gegeben wurde, zur allgemeinen Erheiterung.[148]

Ein im Vergleich zu Bordeaux viel weniger karnevaleskes Beispiel für christliche Verschwörungsphantasien lieferte der österreichische Pfarrer Arbogast Reiterer. Unter dem Pseudonym Gaston Ritter erschien 1933 in der Verlagsanstalt der steiermärkischen Katholiken in Graz sein Buch »Das Judentum und die Schatten des Antichrist« – in zweiter Auflage und natürlich mit kirchlichem Imprimatur.

Schon im Vorwort bedauert Pfarrer Ritter: »Leider sind die Protokolle der Weisen von Zion unter dem Klerus und der katholischen Intelligenz viel zu wenig bekannt.« (Dabei sind sie leicht erhältlich durch die katholische »Wiener Vereinsdruckerei«.) Dann stellt der Pfarrer die Oberlehrerfrage: »Warum ist Israel den Protokollen so gram? Weil sie uns den gigantischen Plan zur Aufrichtung eines jüdischen Weltreiches, uns eine riesenhafte Weltverschwörung enthüllen.(...) Die Frage ist nicht mehr, ob echt oder unecht, sondern einzig nur mehr, ob es noch eine Rettung gibt aus Ahasvers Händen, die sich schon tief in unser Fleisch eingekrallt haben.«[149]

Ähnliche Eleganz beim Hinwegwischen aller Zweifel an der Echtheit der Protokolle beweist, zeitlich vor A. Reiterer, Adolf Hitler in »Mein Kampf«:

»Wie sehr das ganze Dasein dieses Volkes auf einer fortlaufenden Lüge beruht, wird in unvergleichlicher Art in den von den Juden so unendlich gehassten ›Protokollen der Weisen von Zion‹ gezeigt. Sie sollen auf einer Fälschung beruhen, stöhnt immer wieder die ›Frankfurter Zeitung‹ in die Welt hinaus: der beste Beweis dafür, dass sie echt sind. (...) Es ist ganz gleich, aus wessen Judenkopf diese Enthüllungen stammen, maßgebend aber ist, dass sie mit geradezu grauenerregender Sicherheit das Wesen und die Tätigkeit des Judenvolkes aufdecken ...«[150]

Weiter Pfarrer Reiterer: »So gründlich will Juda die Welt beherrschen, dass es dann kein Ausland mehr geben soll, und sie fühlen sich schon an der Schwelle des Weltkaiserpalastes, der auch den Vatikan ersetzen soll, denn der neue König will auch Papst sein der neuen Weltkirche, erstanden aus den Trümmern verwüsteter Staaten und aufgelöster Religionsbekenntnisse ... Wir wissen, dass die Juden über weitverzweigte Geheimorganisationen verfügen, aber es ist niemals gelungen, deren eigentliche Leitung und deren wirkliche Ziele vollständig aufzudecken. ... An der Spitze dieser Geheimorganisationen steht der Exilarch, das gemeinsame jüdische Weltoberhaupt in New York, ihm zur Seite die drei Weisen und als deren Drahtzieher auf der ganzen Welt die so genannten dreihundert Eingeweihten. ... Schritt für Schritt, Jahrzehnt um Jahrzehnt in Europa, in Amerika, in Asien, in Afrika und auf allen Inseln der weiten Welt«, so Reiterer, wurde die jüdische Machtübernahme vorbereitet. »Geschieht das wirklich ohne führende Hand, ohne Oberleitung? Ein Tor, der das noch glaubt, ein blinder Greis, der die Fäden nicht sieht, welche schon die ganze Welt eingesponnen haben. Die Riesenkreuzspinne sitzt in New York ...«

Ausgerechnet Kreuzspinne. Warum der katholische Geistliche akkurat diese Metapher in sein Hirngespinst einsetzt, sei dahingestellt. Psychologisch interessanter ist vielleicht die »führende Hand«, die »Oberleitung« des »Weltoberhauptes«.

Big Father is killing you

Auf den »Väter«-Aspekt deutet auch Poliakov hin, indem er zunächst aus den »Protokollen« zitiert, wie es im Tausendjährigen Reich der jüdischen Weltregierung aussehen soll:

»Unsere Regierung wird in der Person unseres künftigen Weltherrschers den Schein altväterlicher Sorge um das Wohl und Wehe unserer Untertanen annehmen. Unser Volk und unsere Untertanen werden in ihm einen Vater sehen, der sich um alles kümmert, über alles unterrichtet ist ... Sie werden froh sein, dass wir ihr Leben so geregelt haben, wie es kluge Eltern tun, die ihre Kinder zu Pflicht und Gehorsam erziehen. Bleiben doch die Völker und ihre Regierungen gegenüber den Geheimnissen unserer Staatskunst ewig in der Rolle unmündiger Kinder ...«

»Big Father is watching you«, ließe sich hier in George Orwells Diktion resümieren. Woher aber die Angst der Antisemiten, die ja meist Anhänger von strenger Erziehung, Obrigkeitsstaat und »law and order« sind, vor diesem väterlich-fürsorglichen Wohlfahrtsstaat? Poliakov hält diese »Väterlichkeit« für die »hauptsächliche Ursache des an Besessenheit grenzenden Umgetriebenseins der Antisemiten«. Diese sind »gegenüber den Juden beunruhigt, diesen ›Vätern‹, die mit übermenschlichen Fähigkeiten ausgestattet sind, diesen ›Weisen‹, die ihr Gesetz den Christen diktieren, diesen schon allein vom Umstand ihrer Existenz her unerträglichen ›Vormündern‹«.[151] Norman Cohn spricht es noch deutlicher aus: »In der Tat ist es offenkundig, dass die Weisen von Zion Vaterfiguren sind. Schon ihr Name deutet darauf hin; und was sie Nationen antun, entspricht genau dem, was der ›böse‹ Vater in der Phantasie dem Sohn antut ... Vor allem besitzen sie das Monopol der Macht. Geheimnisvoll und unergründlich, manipulieren und peinigen sie Menschenmassen, die in ihren Händen so hilflos und unwissend wie Kinder sind.«[152]

Ein Vater mit übermenschlichen Fähigkeiten, ein weiser Vormund war auch der »Abba« (Papa), den Jesus am Ölberg so Blut schwitzend wie vergeblich anflehte, jenen Kelch vorübergehen zu lassen, welchen er schließlich pflichtbewusst gehorsam bis zur Neige trank.

Als weitere Parallele ist festzuhalten, dass sich der Christ mit Christus identifizieren soll, in Kontrast zu dessen Kontrahenten Judas, der für die Juden steht. Nun wird aber Jesus nicht nur von den Juden gekreuzigt, sondern auch vom »Vater«, der die flehentlichen Bitten des angstvollen Sohnes am nächtlichen Ölberg nicht erhört. Die »Kompliziertheit« dieser Vater-Sohn-Beziehung beschreiben sarkastisch zunächst der bereits zitierte Aphorismus von Theodor Weisenborn: »Seit er meinen Bruder kreuzigen ließ, um sich mit mir zu versöhnen, weiß ich, was ich von meinem Vater zu halten habe« – und der Soldat Simon in Brechts »Kaukasischem Kreidekreis«: »Ich liebe euch wie ein Vater, sagte der Zar zu den Bauern und ließ dem Zarewitsch den Kopf abhaun.«

Der Christ hat also Grund, dem »Vater oben« zu misstrauen. Eugen Drewermann sieht die Problematik der Kreuzesopfer-Lehre darin, »dass ein Gott einen Menschen soll töten müssen, um sich mit ... [der Welt] zu versöhnen; ein solcher Gedanke macht Gott nicht vertrauenswürdig, sondern lässt ihn blutrünstig, barbarisch und roh erscheinen ... Warum soll es der scheußlichen Qual von Kreuz und Hinrichtung bedürfen, um irgendeine Schuld vor Gott zu sühnen? Was für ein Moloch von Gott braucht denn solche ›Sühneopfer‹? Und ... welch ein Mensch von etwas Sensibilität will denn überhaupt auf eine solche Weise erlöst werden?... Statt eines befreienden Aufatmens erzeugen (diese Opfervorstellungen) ... von neuem tödliche Schuldgefühle.«[153]

Gefühle des Schuldigseins entstehen da nicht nur gegenüber Jesus, dessen »Sühnenmüssen« der Christ ja mit jeder eigenen Sünde mitverschuldet, sondern auch gegenüber dem allmächtigen Vater, den der Christ – was in der Zarewitsch-Rolle nicht ganz leicht ist – gotteskindlich lieben soll, und zwar aus ganzem Herzen. Das Liebensollen bewirkt keine Liebe, sondern kehrt nur den Hass und die Angst unter den Teppich. Dem »Big Father« darf der Christensohn nicht gram sein, denn dies würde die ohnehin vorhandenen Schuldgefühle nur verstärken.

Gefahrlos kann er aber das Vatervolk hassen, das er mit dem harten Gott des Alten Testamentes identifiziert. Indem er seinen Hass vom Vater auf das »Volk« verschiebt, kann er der brave Sohn bleiben, der den Vater ehrt und dessen Liebe sucht – so wie Adolf Hitler seinen Vater »geehrt, die Mutter jedoch geliebt«[154] hat, um so mehr als er sich, wie Adolf, sagen kann: »Indem ich mich des Juden erwehre, kämpfe ich für das Werk des Herrn«[155] – also pro Vater!

Kann man aber eine ganze Clique fürsorglicher Machthaber als »Big Father« und das ganze ohnmächtige Volk als Sohn personifizieren? Im Brasilien der siebziger Jahre, als die Militärjunta das Land despotisch regierte, die Presse zensierte und die Künstler zum Schweigen brachte, schrieben Gilberto Gil und Chico Buarque den Song »Calice«. Wobei man wissen muss, dass »Calice« der Kelch ist, aber gleich klingt wie »Cale se!«, das umgangssprachliche »Halt den Mund!«, »Sei still« oder »Schweig, Bub!« »So viel Lüge, so viel brutale Gewalt«, klagt hier der Sohn, der, statt Sohn einer Heiligen, lieber der einer anderen wäre, einer anderen, weniger toten Realität. »Vater, nimm diesen Kelch von mir, diesen Wein, schwarzrot von Blut ...«

Zu diesem verhaltenen Aufschrei gegen die Überväter der brasilianischen Militärdiktatur passt auch das, was Friedrich Heer 1967 über den »nicht offen angegriffenen Vater-Gott« sagt: »Nur wenige Männer wagen in Amerika den Vater-Gott als Vater einer terroristischen Gesellschaft, als Todfeind der Demokratie, so offen anzugreifen wie Thornton Wilder – in der Paulskirche in Frankfurt, in seiner Rede anlässlich der Verleihung des Friedenspreises des Deutschen Buchhandels – und Eugene O'Neill in seinem Schauspiel ›Seltsames Zwischenspiel‹.«

Heer sieht diesen despotischen Alten auch in jenem, bei Juden zur Lehre gegangenen, schandbaren Vater der Brüder Karamasow, der von diesen dann getötet wird, und im Motivgefüge der Judenfeindschaft: »Die Verlagerung der verdrängten Feindseligkeit gegen den eigenen Vater auf auswärtige ›Väter‹ und ›Überväter‹ kommt dem Antisemitismus zugute. Nicht zufällig wird das Judentum als die Religion des Vaters und das Christentum als die Religion des Sohnes angesehen. Das am pathetischsten aufgeladene Image des Juden, des Ostjuden, trägt Züge des ›Alten‹, des Alten im Barte, des verkommenen Vaters ... Auf Wehrmacht-Propagandabildern des Zweiten Weltkrieges werden junge deutsche Soldaten gezeigt, die alten Judenvätern den Bart abschneiden, sie dergestalt impotent machen ...«[156]

Essig und Galle, Gift und Gas

Betrachten wir nochmals die frühe Kreuzigungsdarstellung aus dem keltischen Irland des 8. Jahrhunderts (siehe 4. Station) und fragen wir wie bei einem Suchbild: Wer in dieser Kreuzigungsszene trägt einen Schnurrbart? Dann die zweite Frage: Warum gerade der? Was hat der Schnurrbart mit seiner Tätigkeit zu tun? Wahrscheinlich gar nichts. Zufall oder Künstlerlaune?

Zur Klärung dieser Frage sind zwei von Malern des Mittelalters häufig gewählte Varianten der Kreuzigungsszene von besonderem Interesse; öfters wurden diese beiden Varianten auch miteinander kombiniert:

Kreuzigung aus einem
Evangeliar des späten
9. Jahrhunderts. Stephaton,
der den Essigschwamm aufs
Rohr gesteckt hat, trägt
Bart und phrygische Mütze.

- Die Darstellung des Gekreuzigten zwischen Ecclesia und Synágoga, christlicher Kirche und jüdischem Tempel, die den Alten
  versus Neuen Bund verkörpern.
- Die Darstellung des Gekreuzigten zwischen Longinus, dem Lanzenträger, der Jesus in die Seite sticht, und Stephaton, dem
  Schwammhalter, der ihm den Essigtrunk reicht.

Sind beide Varianten in einem Bild kombiniert, so ist der Lanzenträger Longinus immer der Ecclesia zugeordnet. Longinus war nach der
Legende ursprünglich blind, wurde aber unter dem Kreuz zum Sehenden, zum Christen und später als Bischof von Kappadokien sogar
zum Märtyrer; oft fängt Ecclesia das Blut auf, das durch den Lanzenstich aus seiner Seite strömend Longinus sehend macht.

Stephaton dagegen, der den Gekreuzigten mit dem Essigschwamm
tränken will, steht neben Synágoga – eine Affinität von durchaus
wechselseitiger Wirkung: So erleichtert die Nähe des Schwamm-
trägers zu Synágoga einerseits seine Identifizierung als Jude; und
umgekehrt finden sich Darstellungen, auf denen die beiden Schergen

fehlen, Synágoga aber die Attribute des Stephaton (Schwamm und Krug) zugewiesen werden.

Dass Jesus am Kreuz von den Soldaten Essig zu trinken bekam, ist bei allen vier Evangelisten vermerkt. Matthäus berichtet zusätzlich: *»Als sie an den Ort kamen, den man Golgota, das heißt Schädelstätte, nennt, gaben sie ihm Wein mit Galle vermischt zu trinken. Er kostete davon, wollte aber nicht trinken.«* (Mt 27, 33-34) Bei Markus (15,23) ist der Wein mit Myrrhe vermischt, und die Herausgeber der »Jerusalemer Bibel« deuten dies mit einem im Talmud erwähnten Brauch, dem gemäß vornehme Frauen den Kreuzigungskandidaten ihr Los durch betäubende Getränke zu erleichtern pflegten. Den Essig, der Jesus in einem Schwamm hochgereicht wurde, interpretiert die Jerusalemer Bibel als »Geste des Mitleids« seitens der römischen Soldaten; die Synoptiker (Matthäus, Markus und Lukas) hätten sie aber »als Verhöhnung aufgefasst«.

Als Versuch, sich auf Kosten eines hilflosen Opfers zu amüsieren und dessen Pein noch bitterer, noch saurer zu machen, dürfte die kleine Sympathiegeste der römischen Legionäre (selber arme Schweine) wohl auch in Mitteleuropa interpretiert worden sein, wo Kreuzigung nie zu den Kulturtechniken gehörte und die Gefahr des Verdurstens geringer war. Anders wäre das Paradoxe schwer zu erklären, dass der Lanzenträger Longinus mit seinem Akt der Verletzung so positiv und heilswirksam bewertet, der Part des Trankspenders Stephaton aber dem »bösen« Juden zugewiesen wird. Gekennzeichnet und unterschieden wird der Jude nicht nur durch die phrygische Mütze, sondern auch durch seinen Bart.

Die schon im Stabreim »Gift und Galle« anklingende, weniger biochemische als psychologische Verbindung lässt vermuten, wie die Essig-Gabe unterm Kreuz zur Assoziation von Jude und Gift mit beigetragen haben mag; zumal der Trank, den Jesus nicht trinken will (Mt 27,34), als ein aufgedrängter, eingeflößter erscheint.

Die »Giftigkeit« der Juden war im christlichen wie im rassistischen Repertoire der Vorurteile sowohl ein wesentliches Element der Diffamierung als auch Emblem zur äußerlichen Kennzeichnung. Der literarisch gewandte heilige Augustinus, die Leuchte der spätantiken Kirchenlehrer, charakterisiert die Juden mittels geschickter Anklänge an die »Gift unterm Kreuz«-Szenerie:

»Sie haben immer noch die Bitterkeit ihrer Eltern, die dem Herrn Galle zur Speise gaben, und sie sind alt durch den Essig, den sie ihm zum Trank gaben (...) Sie selbst sind nämlich bitter wie Galle und sauer wie Essig geworden, da sie dem lebendigen Brot Galle und Essig zur Speise reichten!« Weiter benennt Augustinus die Juden als »ausgearteter Wein der Propheten, von der Ungerechtigkeit dieser Welt angefüllt wie ein volles Gefäß, mit einem Herzen wie Schwamm, trügerisch sozusagen durch löcherige und krumme Schlupfwinkel.«[157]

Der Ex-Augustiner-Mönch Martin Luther bleibt seinem Ordensgründer und dessen Antijudaismus verbunden, wenn er in seiner Altersschrift »Von den Juden und ihren Lügen« sagt: »... da wurden sie zornig, bitter, giftig, unsinnig auf ihn und gossen endlich die Glocken, dass sie ihn töten wollten. Also taten sie auch, kreuzigten ihn, so schändlich sie nur konnten ...«[158]

Ein naturkundliches Beispiel für hinterhältige Giftigkeit ist, mit seinem gefährlichen Giftstachel am Schwanz – der Skorpion: »... der aber ist in der christlichen Kunst das emblematische Zeichen sowohl des Teufels als auch der Juden«[159]. Ein zweites, sehr beliebtes »Gefahrenzeichen« ist die Farbe Gelb: Die Kleidungsetiketten, die den Juden vorgeschrieben wurden, mussten immer wieder gelb sein: gelbe Gürtel, gelbe Ringe, gelbe Flecken, gelbe Hüte, gelbe Sterne. Nur, damit es besser auffällt? Die biologische Verhaltensforschung weist darauf hin, dass die Kombination »Gelb-Schwarz« bei Tier und Mensch ein instinktives Muster für Gefahr und Gift darstellt: Was bei Wespen, Hornissen, Raupen, Kröten und Salamandern wirksam ist, wird sogar von völlig ungiftigen Schwebfliegen als »Mimikry« erfolgreich nachgeahmt. Technische Gefahrenhinweise (Hochspannung, Atomstrahlung) sind oft gelb/schwarz und nutzen so das instinktive Muster, das uns sagt: Vorsicht, Distanz halten! Bekanntlich ist auch Galle gelb, und gelbe Hautfarbe ein Krankheitssymptom. Die im ersten Weltkrieg eingesetzten Giftgase waren das relativ harmlose »Blaukreuz« und das hochgiftige »Gelbkreuz«, dem auch der Gefreite Hitler beinahe zum Opfer gefallen wäre.

Gift (sprachgeschichtlich »das, was man gibt«) war den Legenden zufolge gut ein Jahrtausend lang gängiges Mittel jüdischer Verschwörer. Im Mittelalter waren es vor allem verheerende Seuchen, in denen sich die Verschwörung gegen die Christenheit zu erkennen gab; denn wie sonst als durch hinterhältige Giftanschläge konnten Seuchen entstehen? Und standen nicht die Juden, vor allem die jüdischen Ärzte, mit ihren sonderbaren Schriftzeichen und unverständlichen Wörtern, im Geruch, sich zauberischer Mittel zu bedienen? Bereits 1161 sollen in Böhmen jüdische Ärzte versucht haben, die christliche Bevölkerung zu vergiften. Sechsundachtzig Teilnehmer der Verschwörung wurden jedenfalls verbrannt. Zu weiträumigen Verfolgungen kam es jedoch erstmals im Frankreich des frühen 14. Jahrhunderts. Hier lässt sich auch historisch feststellen, wie die Juden, zunächst gar nicht verdächtigt, schließlich doch als Hauptdrahtzieher entlarvt wurden: Am 21. Juni 1321 erließ König Philipp V. ein Edikt, in dem er die Internierung und Verbrennung der Aussätzigen forderte; sie hätten nämlich nicht nur in Frankreich, sondern in allen christlichen Landen versucht, die Gesunden zu ermorden, indem sie Brunnen, Quellen und Gewässer vergifteten. De facto waren während der zurückliegenden Monate in verschiedenen südwestfranzösischen Gebieten die Leprakranken »bis auf einige wenige Kinder und harmlose Frauen« bereits verbrannt worden. Doch als jenes Edikt nachträglich die Ermordungen rechtfertigte, hatte man vielerorts bereits die Juden als Spießgesellen ausgemacht. Beginnend in Tours am 11. Juni kam es deshalb rasch zu ausgreifenden Verfolgungen; im benachbarten Chinon wurden hundertsechzig Juden in eine Grube geworfen und verbrannt, und ähnliche Maßnahmen waren in weiten Teilen Frankreichs zu verzeichnen.

Mittlerweile waren genauere Einzelheiten und Beweismittel der Verschwörung aufgetaucht. So zitierte Papst Johannes XXII. in einem Hirtenbrief, mit dem er (vergeblich) zum erneuten Kreuzzug aufrief, ein Sendschreiben des Herzogs von Anjou: Unter wunderbarsten Vorzeichen, die auf das nahe Ende der Welt hindeuteten, hatten die Christen der Grafschaften Anjou und Touraine begonnen, die Juden zu verfolgen. Dabei hatte man, welch eine Fügung, im Haus des Juden Bananias ein geheimnisvolles Schriftstück entdeckt, das sich als Brief an allerlei großmächtige orientalische Herrscher entpuppte. Bananias versichert darin zunächst – im Namen aller Juden – die nahöstlichen Potentaten seiner größten Ehrerbietung und bekennt sich nochmals zu dem Pakt, den das jüdische Volk durch Vermittlung des maurischen Unterkönigs von Granada mit dem König von Jerusalem geschlossen hatte: Am Berg Sinai hatte sich die lange vermisste mosaische Bundeslade wieder aufgefunden; angesichts dieses Wunders hatten sich die Sarazenen entschlossen, den jüdischen Glauben anzunehmen und den Juden Jerusalem nebst anderen Städten Palästinas abzutreten – im Gegenzug aber auf der Auslieferung Frankreichs bestanden. Nicht ahnend, dass sein Brief ausgerechnet dem Papst in die Hände fallen würde, schreibt Bananias weiter: »... ersannen wir Juden einen ausgeklügelten Plan: in Brunnen, Quellen, Zisternen und Flüsse schütteten wir ein aus bitteren Kräutern und dem Blut giftiger Kriechtiere bereitetes Pulver, um die Christen auszurotten. Bei dieser Unternehmung ließen wir uns von den Aussätzigen helfen, die wir mit gewaltigen Geldsummen bestochen hatten. ... Nun schickt uns Gold und Silber; das Gift hatte noch nicht die gewünschte Wirkung, aber wir hoffen, es beim nächsten Mal besser zu machen.«[160]

Aus heutiger, aufgeklärter Sicht ist klar, von wem im Frankreich des Jahres 1321 – aufbauend auf volkstümliche Beschuldigungen – ein Komplott geschmiedet wurde. Im Juli selbigen Jahres ließ Philipp V. alle Juden im Königreich gefangennehmen, ihre Vermögen einziehen, die Schuldigen in Paris verbrennen, die übrigen auf alle Zeiten verbannen. 1323 schließlich wurden alle Juden, die dem Scheiterhaufen entgangen waren, aus Frankreich vertrieben.

Allzu tröstlich ist es nicht, dass nun, wo man die richtigen Sündenböcke gefunden hatte, wenigstens die Leprakranken den Anschuldigungen entkamen und bis spätestens 1338 auch formal freigesprochen wurden; denn umso mehr sollte der Vorwurf gegen die Juden nur wenig später von Katalonien über Frankreich, Bayern und das Rheinland bis nach Ostdeutschland Anlass zu entsetzlichen Massakern geben.

Pestilentia judaica

1321 war das Komplott zur Vergiftung der Christenheit rechtzeitig aufgedeckt worden; siebenundzwanzig Jahre später aber wurde Europa tatsächlich von der Pest heimgesucht. Seit sechs Jahrhunderten war der Schwarze Tod in Europa kaum noch aufgetreten; nun wanderte er mit seiner Sense, von genuesischen Galeeren bei der Rückkehr aus Konstantinopel von Bord gegangen, von Sizilien aus durchs Abendland. In Narbonne, Carcassonne und Avignon wurden schon im Frühjahr einige Arme und Bettler hingerichtet, weil sie, von besorgten Augenzeugen beobachtet, ein Pulver in Wasserstellen und Häuser gestreut hatten, während es in der Provence zur gleichen Zeit in Städten, wo die Pest schon auftrat, bereits zu blutigen Verfolgungen der Juden kam; die Anklage der Brunnenvergiftung, obwohl hier noch nicht ausdrücklich formuliert, lag in der Luft – man kennt sie ja, wie war das damals in Anjou? – und wenig später, als sich die Seuchenfurcht in der benachbarten Dauphiné ausbreitete, wurden die ersten Juden einschlägig vor Gericht gestellt und verbrannt.

Dies war der Auftakt, um allenthalben Juden festzusetzen und zu foltern, die erlangten Geständnisse als Beweismaterial zirkulieren zu lassen, fortlaufend weitere Verästelungen der großen Verschwörung aufzudecken und immer mehr Verfahren anzustrengen. Nicht immer freilich konnte der Volkszorn den Rechtsweg abwarten. Im November 1348 hatten Solothurns Juden die Ehre, als erste auf deutschsprachigem Gebiet verbrannt zu werden; nun wurden im Allgäu, in Augsburg, Nördlingen und Stuttgart, in Lindau, Esslingen und Horb die jüdischen Gemeinden in rascher Folge heimgesucht, im Januar 1349 endeten zunächst die Juden zu Basel und Freiburg auf dem Scheiterhaufen. Am 9./10. Februar dann wurde der bisherige Stadtrat von Straßburg durch ein Aktionsbündnis von Patriziern und Zünftlern abgesetzt, und neue Besen kehren gut:

»An der Mittewoche schwur man den neuen Rat, an dem Dunnerstage schwur man in dem Garten, an dem Fritage fing man die Juden, an dem Samestage brannte man die Juden, deren waren wohl auf zwei tausend als man achtete. Wele sich aber wolten lan taufen, die lies man leben, es wurden ouch vil junger Kinde von dem fürgenommen gegen irre Mueter und irre Vetter Wille, die geteufet wurdent.«[161]

Nicht überall war das Vorgehen so planmäßig und geordnet wie in Straßburg, wo man die Juden erstens einfing, sie zweitens auf den jüdischen Friedhof führte, um sie, item drei, in einem eigens zu diesem Zweck erbauten Holzhaus zu verbrennen, was sechs Tage gedauert haben soll. Im selben Jahr im März, wenn der Bauer die Rösslein anspannt und Karfreitag nicht weit ist, verbrannte man die Juden in Erfurt, im Juli in Meiningen; noch selben Monats wurden sie in Frankfurt und Oppenheim, im August in Mainz und Koblenz blutig verfolgt und in Köln das Judenviertel gestürmt, die Bewohner je nachdem erschlagen oder in ihren Häusern verbrannt, die Synagoge der Domstadt zerstört. Angeblich dauerte das wilde Plündern und Morden hier wochenlang. Fast keine jüdische Gemeinde in Deutschland blieb im Pestjahr verschont.

Freilich geschah den Juden nicht nur deshalb so, weil ihre Vorfahren dem leidenden Christus Essig und Galle gegeben und auch nicht, weil deren Nachfahren den Christen giftiges Pulver ins Wasser gemischt hatten. Der Straßburger Chronist deutet sarkastisch auf andere Motive hin, die Juden der »Vergift« anzuklagen:

»Was man den Juden schuldig was, das wart alles wette, und wurden alle Pfand und Briefe, die sie hetten uber Schulde wider geben. Das bar Guet, das sü hetten, das nam der Rat und teilet es under die Hantwerg nach Markzal (= anteilig). Das was ouch die Vergift, die die Juden dote.«[162]

Nicht nur in Straßburg sind die sozialen und ökonomischen Hintergründe der Pogrome unübersehbar. Vielfach ging es bei der behördlichen Aufdeckung von Verschwörungen nur um nachträgliche Rechtfertigungen für bereits geübte Vergeltung. Zwar wurden 1348/49 zuweilen auch Bettelmönche, Kräutersammler und andere suspekte Außenseiter der Gesellschaft als Giftmischer angezeigt. Dagegen war der Glaube an die Verschwörungslust der Juden allgemein verbreitet und führte auch dort zu Vorsichtsmaßregeln, wo es keine Juden oder keine Pest oder keins von beiden gab. Tatsächlich eilen die Judentotschläger des Pestjahrs in Deutschland dem Schwarzen Tod meist um Längen voraus. In Fulda zum Beispiel waren am Sonntag Laetare bei der Messfeier verkleidete Juden gesehen worden, woraus man schließen musste, »daz dy Juden gemeiniglich das Cristen Volck in der Kirchen ermorden wollten«. Man kam ihnen jedoch zuvor.

Die Pestzeit 1348/1349 war eine tiefe Zäsur für die deutschen Juden. Als einzige bedeutende Stadt war Regensburg ganz verschont geblieben. Wo es noch Überlebende gab, wurden sie nun in Ghettos zusammengepfercht, in ummauerten, elenden Zwangsorten, die mit den Judenvierteln früherer Zeit nicht viel gemeinsam hatten. Und auch diese jüdischen Restgemeinden, nur zwecks Abpressung von Geldern geduldet, wurden schließlich aus den Städten vertrieben: ein Prozess, der 1389 mit der endgültigen Ausweisung der Juden aus Straßburg begann und an dessen Ende, nach der Vertreibung der Regensburger Juden anno 1519, als einzige Städte von Rang noch Frankfurt und Worms eine jüdische Gemeinde beherbergten.

Der Vorwurf von Vergiftungsanschlägen kam auch nach 1349, als die Pest überstanden war, immer wieder auf. 1357 verursachten die Juden angeblich eine Seuche, die in Franken grassierte, 1382 eine Epidemie in Halle, 1397 dasselbe in Rappoltsweiler, Türkheim und Colmar; in der Bodenseegegend wollten sie 1401 auf andere Weise zuschlagen: mit »vergifftende den Lufft«, und zwar durch Christenblut. Schlesien und Regensburg im 15., Brieg und wieder Schlesien im 16., das Rheinland und Wien im 17. Jahrhundert wurden Opfer weiterer »pestilenzialischer Contagionen« durch die Juden. Zwischendurch hatte Martin Luther über die jüdischen Vergiftungskünstler gepredigt: »... und wenn sie uns kondten alle tödten, so theten sie es gerne, Und thuns auch offt, sonderlich, die sich vor ertzte ausgeben.« Diese Mediziner nämlich beherrschen mit Teufels Hilfe eine besondere Arzneikunst, »... da man einem eine Gifft bey bringet, davon er in einer Stund, in einem Monat, in einem Jar, ja in zehen oder zwentzig

Jaren sterben mus. Die Kunst können sie.«[163] Und 1610 erließ die medizinische Fakultät der Wiener Universität den fürsorglichen Warnhinweis vor unerwünschten Nebenwirkungen: Jüdische Ärzte seien durch Gesetz verpflichtet, jeden zehnten christlichen Patienten zu vergiften.

Noch im 19. Jahrhundert fürchteten die Behörden im bayerischen Unterfranken Übergriffe gegen die jüdische Bevölkerung, da ihr in Gerüchten »immer in Beziehung auf andere Orte, Brunnenvergiftungen ...« und, wohl noch schlimmer, »Vergiftung des zum Bier kommenden Hopfens u. d. gl. angedichtet werden«. Drei Jahre später, 1825, war man wieder alarmiert, zumal diesmal nicht nur Brunnen vergiftet, sondern »durch Vertheilung vergifteter Zuckerwaren von ihnen Kinder getötet« worden seien.

Sechs Jahre später konnte die niederbayerische Kriminalpolizei die Nachricht dementieren, bei Deggendorf seien am Gürtel eines ermordeten Juden vier Pfund Mercurius-Gift (Quecksilber; Mittel gegen Syphilis) gefunden worden nebst einem, im Rock eingenähten, Brief eines polnischen Juden, der den Ermordeten beauftragt hatte, in Reichenhall die Salz-Quellen zu vergiften.[164] Ob das polizeiliche Dementi nachhaltig wirkte, scheint fraglich, wenn man sich vor Augen führt, welche Hysterie etwa zur selben Zeit die Cholera sogar im aufgeklärten Berlin verursachte. Rahel Varnhagen, geborene Levin, in deren Freundeskreis die Brüder Humboldt nicht die einzigen Berühmten waren, musste feststellen, »dass einem hier die Domestiken erzählen, zwei Juden hätten hier die Brunnen vergiftet«.[165]

Bezeichnend für die Schwierigkeit des rationalen Denkens im 19. Jahrhundert, mit irrationalen, religiös begründeten Bildern und Ängsten umzugehen, erscheint eine Episode im Ringen um die bürgerliche Gleichstellung der Juden: In Preußen waren sie seit 1812 grundsätzlich zu allen legalen Gewerben zugelassen; doch ein Jahrzehnt später wünscht König Friedrich Wilhelm III. die jüdische Gewerbefreiheit »ausdrücklich dahin zu beschränken, dass die Juden in unseren Staaten ... von dem Gewerbe des Apothekers unbedingt ausgeschlossen sein sollen«. Dieses allerhöchste Ansinnen auf Berufsverbot nun sachlich und juristisch zu begründen, geben sich die Ministerien, deren Voten dazu eingeholt werden, alle Mühe. Die einen verweisen auf die staatliche Approbation und dass doch Juden vom Staatsdienst ferngehalten werden sollen; die anderen machen geltend, dass Religiosität unabdingbare Voraussetzung der Vertrauenswürdigkeit sei, und dritte halten für bedenklich, dass fromme Juden am Sabbat keine

Salben mischen dürfen. Dem Kern des Problems kam Kultusminister Freiherr vom Stein wohl näher. Es könne als unzumutbar hart erscheinen, »die ganze Bevölkerung eines Distrikts zu zwingen, ihre Gesundheit einem Juden anzuvertrauen, gegen den sie gerade seines Judentums wegen das äußerste Misstrauen hegt«.[166] Noch 1892 kam es im Landtag von Niederösterreich zu wilden Szenen bei der Debatte über Maßnahmen gegen die drohende Cholera-Epidemie. Der Christlichsoziale Ernst Schneider lehnte den Einsatz jüdischer Ärzte ab, denn die Bevölkerung befürchte, »dass die jüdischen Ärzte es darauf anlegen, die christliche Bevölkerung in die Cholera-Spitäler zu schicken, damit dort recht viele sterben«.[167]

Es könnte, um das Thema »Gift und Jude« vorerst abzuschließen, etwas herbeigezogen erscheinen, diesen Konnex des Vorurteils auf die Gabe von Essig und Galle auf Golgatha zu beziehen. Die eben geschilderte preußisch-beamtliche Episode lässt aber erkennen, dass dieses Vorurteil in einer subrationalen Schicht der Psyche wurzelt. Wenn solche alten Bilder wie Gasblasen aus einer chemisch aktiven Sumpfschicht aufsteigen, dann kennzeichnet dies »das Nebeneinander unterschiedlicher, inkongruenter Wissens- und Bewusstseinsschichten, deren ›ältere‹ ... noch stets aktivierbar sind; und es deutet auf die potentiellen Schattierungen eines auch aus bewusstseinslatentem Wissen gespeisten Judenbildes.«[168] Die Assoziationen auf dieser subrationalen Ebene sind eben nicht logisch-vernünftig, sondern emotional, affektiv, bildhaft. Zwei bekannte psychologische Diagnoseverfahren, der Rorschach-Test und der Thematische Apperzeptionstest (Murray 1943), bauen gerade auf diese unterbewusste, und das heißt auch, mit lebenswichtigen Körper- und Triebfunktionen verbundene Verknüpfungsweise, um etwas über seelische Vorgänge und Ursachen herauszufinden. Der Essig für Jesus hat mit der Körperfunktion des Trinkens zu tun, die Galle mit Bauchweh und beides mit Hohn und Spott und Tod für den, in dessen Leiden sich der Christ von Herzen einfühlen soll.

Einer dieser Christen war, zumindest als Kind und Jugendlicher, Adolf Hitler. Über die Syphilis – auch diese Krankheit wurde den Juden angelastet – verbreitet er sich in »Mein Kampf« auf gut zwölf Seiten, und die Ursache dieser »Pest« sei auch die »Verjudung unseres Seelenlebens«[169] durch Prostitution und Mädchenhandel (beides in jüdischen Händen), durch Kino und Theater: »Das war Pestilenz, geistige Pestilenz, schlimmer als der schwarze Tod von einst, mit der man da das Volk identifizierte. Und in welcher Menge dabei dieses Gift erzeugt und verbreitet wurde!«[170]

In einem Gespräch mit seinem Vertrauten und Förderer, dem völkischen Poeten Dietrich Eckart, wird Hitler, der Giftgaspatient des Ersten Weltkriegs, noch deutlicher:

»Adolf und Dietrich sprechen über Theodor Herzl, den Zionismus, den neuen Judenstaat. Berufung auf Luther, auf den arischen Jesus Christus, auf die Kirche, auf ihren Kampf gegen den Ritualmord. Das Gespräch schweift durch die Jahrtausende der Weltgeschichte; überall ist der teuflische Jude am Werk, in der Verführung der Völker, im Verderben der Völker. Dietrich Eckart weist auf den Kampf des Jesus Christus gegen die Juden hin.

Eckart: Trotzdem er gesagt hatte: Liebet eure Feinde!

Hitler: Feinde ja. Was so ein richtiger Feind ist, ein offener, meinetwegen noch so brutaler, den kann man auch lieben, man kann ihn wenigstens achten, und so hat es auch Christus gemeint; aber dass wir die reinen Bestien, Menschen, die keine Liebe der Welt davon abbringen könnte, uns Seele und Leib zu vergiften, ans Herz schließen, das zu ertragen ist Christus nicht im Traum eingefallen. Er tut es ja selber nicht. Im Gegenteil, er haut zu, so fest er kann ...«[171]

Bekannt ist Hitlers Diktum, man hätte nur zu Beginn des (Ersten) Weltkriegs »zwölf- oder fünfzehntausend dieser hebräischen Volksverderber unter Giftgas halten« müssen, um Millionen deutscher Soldaten das Leben zu retten.[172] Nun aber sei die »Ausscheidung des marxistischen Giftes aus unserem Volkskörper« die erste Voraussetzung, um Deutschland zu retten.[173] Am Ende des Zweiten Weltkrieges, am 29. April 1945 schreibt Hitler sein Testament, und alle seine Befürchtungen haben sich bestätigt:

»Der eigentlich Schuldige an diesem mörderischen Ringen ist: Das Judentum! Ich habe weiter keinen darüber im Unklaren gelassen, dass dieses Mal nicht nur Millionen Kinder von Europäern der arischen Völker verhungern werden, nicht nur Millionen erwachsener Männer den Tod erleiden und nicht nur Hunderttausende an Frauen und Kindern in den Städten verbrannt und zu Tode bombardiert werden dürften, ohne dass der eigentlich Schuldige, wenn auch durch humanere Mittel, seine Schuld zu büßen hat. Vor allem verpflichte ich die Führung der Nation und die Gefolgschaft zur peinlichen Einhaltung der Rassegesetze und zum unbarmherzigen Widerstand gegen den Weltvergifter aller Völker, das internationale Judentum.«[174]

Aber bereits zwölf Jahre früher, am 1. Juni 1933 hatte der führende evangelische Theologe Gerhard Kittel in Tübingen einen Vortrag über »Die Judenfrage« gehalten. Die Juden, stellt Kittel fest, sind durch ihre

Rasse ein Fremdkörper in Deutschland. Emanzipation und Assimilation hätten keineswegs eine Anpassung der Juden an die deutsche Gesellschaft gebracht, sondern es ihnen vielmehr ermöglicht, das deutsche Volk »in Blut und Geist zu vergiften«.

Was tun? Wie dieses Problem »lösen«? Kittel hat dafür vier Vorschläge parat:

a) Unterstützung des Zionismus zur Schaffung eines jüdischen Staates in Palästina; und
b) Assimilation in Deutschland; da beides aber nicht praktikabel sei, könne man ...
c) »... den Juden auszurotten versuchen (Pogrom)«;
d) »Fremdlingschaft«, also Trennung der Juden von ihren Gastvölkern.

Natürlich lehnt Kittel die Ausrottung ab – weil sie praktisch wie politisch nicht durchführbar sei – und plädiert statt dessen für die Lösung (d).[175] Der »johanneische«, apokalyptisch großzügig denkende Hitler war anderer Ansicht.

Wer Großes durchziehen will, muss klein beginnen: Die Assoziation von Gift und Jude wurde im Dritten Reich schon in Schulbüchern gepflegt – als infektiöse Ratte, als Giftpilz und als Kartoffelkäfer (schwarz-gelb) wurde der Jude Kindern konnotiert; ein Schädling war er sowieso »par excellence«. Und so »lag der Gedanke nahe, solches ›Ungeziefer‹ durch Gas zu vernichten«.[176]

Der beschnittene Antichrist

Nach dem verschwörerischen Komplott der Hohenpriester und der Tränkung Jesu mit Essig und Galle ist noch eine dritte Essenz der Zionkali-Verbindung zu nennen, und bei dieser handelt es sich nicht um ein einzelnes Bild, sondern um die ebenso ergiebige wie erschreckende Serie, als deren Autor von manchen Gläubigen noch heute Johannes, der Lieblingsjünger Jesu, angesehen wird. Eine Bilderfolge, die veranschaulicht, warum Friedrich Heer vom »johanneischen« Adolf Hitler spricht.

Ein zentrales Element dieser johanneischen Sichtweise ist der »Antichrist«: Von ihm sprechen (neben einer Andeutung im 2. Thessalonicherbrief 2,4) vor allem die zwei ersten Johannesbriefe:

»Liebe Kinder, es ist die letzte Stunde, und wie ihr ja gehört habt, dass der Antichrist kommt, so sind auch jetzt schon viele Antichristen aufgetreten ...« (1 Joh 1,18; vgl. 1 Joh 4, 2-3)

»Denn viele Verführer sind ausgezogen in die Welt, die sich nicht zu Jesus Christus als im Fleische kommend bekennen. Das ist der Verführer und der Antichrist.« (2 Joh 7)

In der »Apokalypse«, die etwa 100 n. Chr. entstanden ist, nennt der nun auf der Insel Patmos lebende, nicht mehr ganz junge Lieblingsjünger unmissverständlich Ross und Reiter: *»Ich kenne«,* schreibt er an die Gemeinde von Smyrna, *»deine Drangsal und deine Armut – doch du bist reich – und die Lästerung aus dem Munde derer, die sich Juden nennen, sie sind es aber nicht, vielmehr eine Synagoge des Satans.«* (Apok 2,9)

Sie, die Lästerer, bilden den Negativkontrast zu denjenigen, die das *»Lamm, das geschlachtet ward«* verehren. Dieses Lamm *»inmitten des Thrones«* wird von den Heiligen der Endzeit besungen: *»Würdig bist du, die Buchrolle zu nehmen und ihre Siegel zu öffnen, denn du bist geschlachtet worden und hast für Gott mit deinem Blute erkauft Menschen aus jedem Stamm und jeder Sprache, aus jedem Volk und jeder Nation ...«* (Apok 5, 9)

Das Lamm öffnet dann die Siegel, das Endgericht naht. Am Himmel erscheint eine Frau, umkleidet mit der Sonne, bekleidet mit Sonne und Mond, auf ihrem Haupt ein Kranz von Sternen; sie ist schwanger und schreit in Wehen und Geburtsqualen; und ein feuerroter Drache mit sieben Köpfen und sieben Kronen stampft auf, um das Kind, wenn es geboren ist, gleich zu verschlingen. *»Und sie gebar einen Sohn, ein männliches Kind, das alle Völker mit eisernem Stabe weiden soll.«* (12,5) Das Kind wird entrückt zu Gott, die Frau entkommt in die Wüste, und Michael samt Engeln kämpft gegen den Drachen und dessen Engel. *»Und gestürzt wurde der große Drache, die alte Schlange, die der Teufel heißt und der Satan, der die ganze Erde verführt; gestürzt wurde er auf die Erde, und seine Engel wurden mit ihm gestürzt.«* (12, 7-9) Dort unten verfolgt der Drache die Frau, um Krieg zu führen mit den übrigen ihrer Nachkommenschaft, mit denen, die *» ... am Zeugnis Jesu festhalten«* (12,17). Nun taucht auch noch (aus dem Meer) ein Tier auf, das lästerliche Reden führt, und es wird ihm Macht gegeben *» ... über jeden Stamm, jedes Volk, jede Sprache und Nation«* (13,7). Das Tier bringt es fertig, dass alle Menschen sich auf ihrer rechten Hand oder auf der Stirn ein Malzeichen machen lassen, *»dass niemand kaufen oder verkaufen kann, wenn er* *nicht das Malzeichen hat«* (14,17). Ein Engel jedoch verkündet, dass jeder, der das Malzeichen annimmt, auch trinken soll *»vom Zornwein Gottes, der ungemischt eingeschenkt ist im Becher seines Zorns; und er soll gepeinigt werden mit Feuer und Schwefel vor den heiligen Engeln und vor dem Lamme. Und der Qualm ihrer Qual steigt auf ... und keine Ruhe haben sie Tag und Nacht«* (14, 10-11). Ein anderer Engel wirft eine Sichel auf die Erde und erntet den Weinstock der Erde ab *»und warf die Trauben in die große Zornkelter Gottes. Und die Kelter wurde getreten außerhalb der Stadt, und Blut quoll aus der Kelter bis an die Zügel der Pferde, sechzehnhundert Stadien weit«* (14,19). Die Sieger aber singen das *»Lied des Lammes«:* *»... denn dein gerechtes Walten ist offenbar geworden.«* (15,4) – Weiter geht's aber mit sieben Zornesschalen, *»gefüllt mit dem Zorne Gottes, der da lebt von Ewigkeit zu Ewigkeit«* (15,7) – und mit dem weiblichen Element, diesmal nicht der Sohnesgebärerin: *»Komm, ich will dir das Gericht über die große Hure zeigen, die an vielen Wassern sitzt. Die Könige der Erde haben mit ihr Unzucht getrieben, und die Bewohner der Erde sind trunken geworden vom Wein ihrer Unzucht.«* (17,2) Babylon heißt sie und betrunken ist auch sie, nämlich *»vom Blut der Zeugen Jesu«* (17,6), während die *»Kaufleute der Erde«* der Dame dafür danken, dass sie *»an ihrer maßlosen Üppigkeit reich geworden«* sind (18,3).

Nun kommt aber, auf einem weißen Pferde fast wie Wagners Lohengrin (den Hitler so verehrte), der eine, der *»heißt Treu und Wahr, und mit Gerechtigkeit hält er Gericht und führt Krieg ... Und angetan ist er mit einem blutgetränkten Mantel, und sein Name ward genannt: das Wort Gottes. Und es folgten ihm die Heerscharen ... und aus seinem Mund geht ein scharfes Schwert hervor, auf dass er mit ihm die Völker schlage. Und er selber wird sie weiden mit einem eisernen Stab; und er selber tritt die Weinkelter des grimmigen Zornes Gottes ...«*

Johannes sieht nun *»das Tier und die Könige der Erde und ihre Heere versammelt, um Krieg zu führen«* mit dem Reiter auf besagtem weißen Rosse *»und mit seinem Heere. Und das Tier ward ergriffen und mit ihm der Lügenprophet, der vor ihm die Wunderzeichen gewirkt hatte, womit er die verführte, die ... sein Bild angebetet hatten. Lebendig wurden sie beide in den Feuerpfuhl geworfen, der von Schwefel brennt. Und die übrigen wurden mit dem Schwerte getötet ... und alle Vögel sättigten sich an ihrem Fleische.«* (19, 19-21)

Nun kommt ein Engel mit einer großen Kette, und er ergreift *»den Drachen, die alte Schlange, die der Teufel und der Satan ist«* und legt

166

ihn in Fesseln *»für tausend Jahre«;* die Standhaften aber, die das Malzeichen des Tieres nicht angenommen hatten, gelangen nun *»zur
Königsherrschaft mit Christus, tausend Jahre«* (20,4).

In der anderen, ähnlich psychopathischen Apokalypse, geschrieben
auf Landsberg 1923, heißt der Drache Jude, und er »geht seinen ver-
hängnisvollen Weg weiter, so lange, bis ihm eine andere Kraft ent-
gegentritt und in gewaltigem Ringen den Himmelsstürmer wieder zum
Luzifer zurückwirft«.[177]

Doch weiter mit dem Original: *Eine »mächtige Stimme, vom Throne
her«,* spricht zu Johannes nun, beim Happy End, ein viel zitiertes Wort
zum Tag des Herrn: *»Siehe, das Zelt Gottes unter den Menschen. Und
er wird bei ihnen sein Zelt aufschlagen, und sie werden seine Völker
sein, und er selbst, Gott mit ihnen, wird ihr Gott sein. Und er wird
abwischen jede Träne von ihren Augen, und es wird keinen Tod mehr
geben, auch keine Trauer, keinen Klageschrei, keine Mühsal wird es
mehr geben; denn das Frühere ist vorbei ... Aber die Feiglinge und die
Treulosen, die Gemeinen und die Mörder, die Unzüchtigen und die
Zauberer, die Götzendiener und die Lügner, alle haben ihren Anteil in
dem Pfuhl, der von Feuer und Schwefel brennt ...«* (21, 3-8)

Lüge und Unzucht, Verführung, internationale Handelskartelle,
treuloser Verrat: die genuinen Attribute der »Synagoge des Satans«. Zu
den Zauberern ist zu bemerken, dass diese grundsätzlich – sie sind
halt so, man denke an den mit Räuber Hotzenplotz befreundeten
»Petrosilius Zwackelmann« – einen Spitzhut tragen, noch spitzer als
der jüdische, verziert mit unlesbaren krausen Schriftzeichen. Von unzüchtigen Hexen und Zaubermeistern weiß auch Goethe, dass diese
auf dem Blocksberg ihren »Sabbat« feiern, wo auch Mephisto sich
recht gerne amüsiert. Der Jude als Zauberer: ein weiterer, Furcht er-
regender Aspekt des Judenbildes, den Joshua Trachtenberg untersucht
hat. An den Anfang seiner drei Kapitel über Zauberei, Kabbalah und
magische Medizin der Juden stellt Trachtenberg ein Wort von Martin
Luther: »Ein Jude ist so voll von Götzendienst und Zauberei, wie neun
Kühe Haare auf dem Rücken haben, das ist: ohne Zahl und ohne
End.«[178]

Trachtenberg schrieb seine Untersuchung 1943 in den USA, während in Europa blutrote Fahnen wehten, mit weißem Kreis und mit-
tendrin ein Kreuz mit Haken. Blutrot der Mantel und weiß das Pferd:
Die Farben des edlen Reiters, der die Getreuen ins Tausendjährige
Reich führt, sind vielleicht nur zufällig die Bannerfarben derjenigen
kriegerischen Bewegung, die in Auschwitz »Feuerpfühle« installier-

te. Was den Führer der Bewegung und seine Endzeitschrift angeht, kommt Lucy Dawidowicz zu keinem zufälligen Konnex: »›Mein Kampf‹ ist eine apokalyptische Vision des Konflikts zwischen Ariern und Juden ... Er sah sich selbst als den Messias, der Befreiung von dem Teufel bringen würde.«[179]

Hitler ist aber nur der Terminator, das (hoffentlich) letzte Glied einer historischen Kette, die durch die spezifisch deutsche Geistesgeschichte führt: »Fichte und andere Romantiker radikalisieren die christliche Apokalyptik; die Erlösung der Menschheit ist keine Aufgabe Gottes mehr, sondern der Menschen, in denen sich Gott verkörpert. Die neuen Heilsbringer und Erlöser sind die Deutschen. Fichte behauptet, dass nur im Blut der Deutschen Christi Blut enthalten sei, das durch die Transsubstantiation im eucharistischen Akt wieder aufgefrischt würde.«[180] Mit solchem Blutdoping fit gemacht, obliege den Deutschen, so Fichte, die große Aufgabe, ein Weltreich des Geistes zu errichten. Auch für die Rolle des Antichristen, des Finalgegners in dieser Weltmeisterschaft, hat Fichte schon die passende Besetzung: »Fast durch alle Länder Europas verbreitet sich ein mächtiger feindlich gestimmter Staat, der mit allen übrigen im beständigen Kriege steht und der in manchen fürchterlich schwer auf die Bürger drückt: Es ist das Judenthum.«[181]

Gehen wir aber noch weiter zurück in der Entwicklungskette des Mythos vom Antichrist und seiner Projektion auf diejenige Religion, die der christlichen Frohbotschaft so störrisch widerstand. Um die Mitte des 10. Jahrhunderts gab die westfränkische Königin Gerberga dem Mönch und späteren Abt Adso von Montier-en-Der († 992) den Auftrag, alle Zeugnisse über den Antichrist zusammenzutragen. Das Bedürfnis nach solchen Zeugnissen hängt wohl mit der Endzeit-Stimmung vor der ersten Jahrtausendwende zusammen. Adsos »Büchlein von Abkunft und Zeit des Antichrist« bringt verstreute Aussagen harmonisierend zusammen und fixiert die wesentlichen Züge der Legende. Im Steckbrief: Geb. in Babylon, jüdisch (Stamm Dan); beim Zeugungsakt Teufel als Inkubus beteiligt. Schulbildung bei Zauberern und falschen Propheten. Nach Beschneidung Berufstätigkeit als Christenverfolger, Baumeister des neuen Tempels zu Jerusalem, anschließend, nach Abdankung des letzten Frankenkönigs, prospektive Karriere (mittels Mord, Wundern und Vitamin B) bis zum Weltherrscher. Weitere Prognose: Nach dreieinhalbjähriger Amtszeit Tötung auf dem Ölberg, durch Jesus bzw. Erzengel Michael.

Das älteste bekannte Antichrist-Spiel, das Tegernseer »Ludus de Antichristo« aus dem späten 12. Jahrhundert, nimmt in mehrfacher Hinsicht eine Sonderstellung ein, vor allem dadurch, dass ihm der judenfeindliche Aspekt völlig fehlt: Der Antichrist geht aus der christlichen Kirche hervor, und nicht die Juden, sondern die Heuchler sind seine ersten Anhänger. Die späteren Spiele, wie etwa das Züricher »Des Entkrist Vasnacht« von etwa 1354 bauen jedoch meist auf das von Adso vorgezeichnete Bild, welches den Juden beim Machtantritt des teuflischen Pseudomessias eine Schlüsselrolle zuweist. Die Antichrist-Spiele des Spätmittelalters nehmen einerseits verstärkt die weltlichen und geistlichen Mächte aufs Korn; entwickeln sich aber im deutschen Sprachraum auch zu Collagen derben Judenhasses. So mussten sich, als 1468 und 1469 in Frankfurt ein nicht weniger als vier Tage dauerndes Spiel vom Antichrist und Jüngsten Gericht aufgeführt wurde, die Juden auf Geheiß des Bürgermeisters in ihren Häusern einschließen; offenbar befürchtete man Ausschreitungen des von drastischen Szenen animierten Publikums. Im Künzelsauer Fronleichnamsspiel von 1479 ist der Antichrist »des Teufels Sohn«, geboren zu Babylon »von einer bosen Frawen«. Zwar weiß das Drama nichts von einer jüdischen Abkunft, aber die Juden sind seine ersten Anhänger, und ihre Grausamkeit gegen die Christen sowie die Propheten Henoch und Elias erinnert an die Kreuzigungsszenen mancher Passionsspiele dieser Zeit; so wie die Juden dort den Tod Jesu verschulden, so beschwören sie hier in ihrer Verblendung und Rachsucht den Zorn der Christen herauf. Die »Archisinagoga« wirft sich mit den Juden vor dem Antichrist nieder, und der »Primus Iudeus« droht allen Christen, die sich nicht bekehren, sie würden »... gemartert werden als ewer Jhesus Crist ...«[182]

Im »Spil von den Herzogen von Burgund«, einer derben Burleske, die der Nürnberger Meistersinger Hans Folz wohl 1491 schrieb, verkommt das Endzeit-Thema vollends zum Vorwand einer wüsten Hetze gegen die Juden. Der Name des »Endchrist« ist Programm: »Secht, das ist schlecht davon der Sin, das ich ein Ent der Christen bin.« Er entlarvt sich schon durch einen »jüdischen« Fluchspruch, mit dem er einen Zaubertrunk entgegennimmt, und am Ende gesteht er als enttarnter Jude auch gleich die abscheulichsten rituellen Bluttaten. Wenn es schließlich darum geht, die angemessenste Bestrafungsart zu finden, kann der Meistersinger derbste Phantasien entfalten, was ihm damals sicher ein paar Lacher brachte, aber nach gewissen Filmszenen aus »Schindlers Liste« nicht mehr unbedingt komisch wirkt:

»Der Ritter:
Ich urtail, das man sie alle Jar
Ganz ploß und nacket ziehe aus,
Setz ieden unter ein Scheißhaus
Und ließ ein Tag auf sie schmaliern
Und darnach gar rein uberfrirn.«

Andere lustvoll ausgemalte Vorschläge sind, die Juden zu verbrennen
oder sie in Fässern einen Berg hinunterrollen zu lassen – letzteres
Spektakel war lange Zeit ein Höhepunkt des römischen Karneval[183]
– und »welch dann umbkom oder bleib, dasselb man seinem Geluck
zuschreib«.

In der Umbruchzeit des späten 15. Jahrhunderts hatten apokalyptische Strömungen wieder Konjunktur. Häufig verband sich christliche Endzeiterwartung mit tödlichem Hass gegen die Juden. Der (später heilig gesprochene) Franziskanermönch Johannes Capistrano
(† 1456), eigentlich zur Bekehrung der Hussiten ausgesandt, zog durch
Italien, Österreich, Bayern, Schlesien, Mähren und Polen, um zu
einem neuen Kreuzzug aufzurufen, den Untergang der Welt zu predigen und gegen die Juden zu hetzen. In Breslau überwachte er persönlich Folterung und Verbrennung von einundvierzig Juden, nachdem eilig eine Hostienschändung und ein Ritualmord stattgefunden
worden waren.[184]

Prophezeihungen wie die des Johannes Lichtenberger, der den An-
bruch der Schreckenszeit unter dem Einfluss des Saturn auf das Jahr
1488 berechnet hatte, kursierten damals weitläufig; und der Astrologe
wusste, dass »diser schedliche Gifftiger ... die schedlichen vergifften
Juden in mancherley Landen erhöhen wird«, weshalb er zur Gegen-
wehr aufrief: »O yhr Churfursten des Reichs / yhr seid die sechs Men-
ner / die da werden erwurgen und umbringen diese gifftige Wurzel aus
Deudschem lande.«[185]

Mit der Reformationszeit wird es üblich, den jeweiligen Gegner
innerhalb des Christentums als Antichrist zu identifizieren. Durch ihre
derart inflationäre Verwendung wurde die Antichrist-Waffe als spezifisch antijüdische unbrauchbar. Unterschwellig bleibt das Projektil
aber präsent, um im 19. Jahrhundert wieder aktiviert zu werden – mit
der alten Zielrichtung. So sehen sich die Widersacher Napoleons, die
in ihm den Antichrist erkannt haben, bestätigt, als er 1806 das »Große
Sanhedrin« einberuft. Ein Exil-Blatt französischer Emigranten in London kommentiert diese Versammlung jüdischer Honoratioren: »Uns

bleibt nur, diesen Antichrist gegen die Gebote der Gottheit kämpfen zu sehen; dies muss der letzte Akt seiner teuflischen Existenz sein.«[186]

Hier, im nachrevolutionären Frankreich, bildet somit das lange Zeit latente Bild vom apokalyptischen Antichrist eine der Wurzeln des Verschwörungsmythos, der knapp hundert Jahre später, von Paris ausgehend, sich weltweit verbreitete. Norman Cohn bemerkt zu den militant antisemitischen Gruppen, die ihr Gedankengut aus den Protokollen bezogen: »Wenn sie ihre eigene Rolle schildern, benutzen sie – und zwar mittelalterliche Judenmörder, russische Schwarzhunderter und Naziführer gleichermaßen – eine apokalyptische Bildersprache, die unmittelbar der Offenbarung des Johannes entlehnt ist. Sie alle sehen sich als die himmlischen Heerscharen, welche die Mächte der Finsternis besiegen, oder als einen kollektiven Sankt Michael, der den Drachen tötet, oder gar als kollektiven Christus, der den Antichrist überwältigt.«[187]

Nach den drei dargestellten Ursprüngen: Verschwörungskomplott der Hohenpriester, Tränkung Jesu mit Essig und Galle, Apokalypse des Johannes, wäre noch eine Seitenwurzel der Verschwörungs-Mythe zu nennen, besonders unter dem Aspekt, dass die Verschwörung sich des Auslösens von Seuchen, Unwettern und dergleichen als Mittel bedient. Auch Jahwe, der furchterregende Gott des jüdischen Volkes, hatte sich bei Bedarf dieser Methoden bedient, um sein Israel mit einem Befreiungsschlag aus der Unterdrückung der umgebenden Völker zu retten. Die Ägypter plagt er, indem Moses' Zauberstab den Nil schlägt, mit blutrot verseuchtem Wasser, dann mit Fröschen, Stechmücken, Bremsen, Heuschrecken, Geschwüren, Hagel, einer Viehseuche und Finsternis, bevor er ihre erstgeborenen Söhne tötet. Nur dort, wo die Israeliten wohnen, fällt kein Hagel, und von ihrem Vieh fällt kein einziges Stück und keiner ihrer Söhne stirbt, denn Jahwe hatte – durch Moses' Mund – zum Pharao gesprochen: »Ich werde scheiden zwischen meinem Volk und deinem Volk.«

Ein Gott, ein Volk zum Fürchten.

Wir sind das Volk und das will Blut oder: Warum die selber schuld sind

Mit Blut
wascht men nischt op
kein Blut.
Jiddisches Sprichwort

Das Volk des Alten: verworfen oder abgelöst?

Die Scheidung zwischen »meinem Volk und deinem Volk«, die der alte Gott Moses' gegen den des Pharao noch so apart vollzog, wurde nach Golgatha in dem Maß zum Problem, in welchem Jesus, der Sohn, zum jungen Gott avancierte. Seit fast zweitausend Jahren wird nun um das Erbe prozessiert und einer Einigung ist man nicht näher gekommen.

Zwar bekennen beide Klägerinnen den einen Gott, zwar gelten für beide, Synágoga wie Ecclesia, die Zehn Gebote, aber deren zweites (Verbot von Gottesbildern) sieht die Jüngere, zum Ärger der Älteren, aufgehoben, mit der Begründung, es entspräche gerade der menschlichen Natur des Sohnesgottes, ihn sinnlich erfahrbar darzustellen. Zwar sind die Autoren des Neuen Testaments fleißig bemüht, auch kleinste Details der Passion des Rabbi Jesus, des Gottes Christus, aus Prophezeihungen des Alten Testamentes herzuleiten – aber bei seinem Tod zerriss der Vorhang des Tempels von oben bis unten: desselben Tempels, den der Verstorbene niederreißen und in drei Tagen wieder aufbauen wollte. Drei Tage war er nur tot, sagt die Jüngere, und jetzt haben wir den Neuen Bund, denn der Sohn, der Junge, ist der auferstandene Gott, der Messias, auf den Israel so lange gehofft hat, das Heil aller Völker, nicht nur des alten vom Alten (Bund), nicht nur der Beschnittenen, sondern aller Getauften. Kein Blut mehr nötig, Wasser reicht, dazu noch Brot und Wein.

Der Prozessverlauf entsprach dem beklagten Vorgang: Aus Wein wurde Blut.

Paulus, der griechisch gebildete römische Staatsbürger, jüdische Schriftgelehrte und Judas-Ersatz-Apostel, war lange bemüht, die auseinanderdriftenden Gruppen von Judenchristen und Heidenchristen beinander zu halten, vergebens. Beschneidung, Sabbat- und andere Ritualgebote waren den von Christus begeisterten Heiden nicht schmackhaft zu machen. Resigniert zerschneidet der Zeltmacher aus Tarsus die Bahnen: *»Denn, Brüder«* (er meint die unbeschnittenen Christen), *»ihr seid den Gemeinden Gottes in Judäa gleich geworden, die sich zu Christus Jesus bekennen. Ihr habt von euren Mitbürgern das gleiche erlitten wie jene von den Juden. Diese haben sogar Jesus, den Herrn, und die Propheten getötet; auch uns haben sie verfolgt. Sie missfallen Gott und sind Feinde aller Menschen; sie hindern uns daran, den Heiden das Evangelium zu verkünden und ihnen so das Heil zu bringen. Dadurch machen sie unablässig das Maß ihrer Sünden voll. Aber der ganze Zorn ist schon über sie gekommen.«* (1 Thess 2, 14-16)

1994, ein halbes Jahrhundert nach der Shoa, blickt der katholische Exegese-Professor Rupert Feneberg auf zwei »überholte theologische Modelle« zurück, mit denen die christliche Tochter ihr Verhältnis zur jüdischen Mutter zu erfassen suchte:

a) Das Modell der Verwerfung des Judenvolkes

Nach dieser Sichtweise konnte die christliche Theologie weithin der nationalsozialistischen Judenpolitik zustimmen und sie dadurch stützen: Die Juden sind von Gott verworfen, weil sie den Heiland gekreuzigt haben. Ihr unheilvolles, unstetes Umherziehen ist die schicksalhafte, gerechte und heilsplanmäßige Folge ihrer damaligen Rollenübernahme. Seit der Französischen Revolution versuchen die Juden, durch Emanzipation und Assimilation ihre Sonderrolle loszuwerden. Damit wenden sie sich aber gegen den von Gott bestimmten Weg ihrer Verwerfung. Christen dürfen diese Rollenverweigerung nicht zulassen.

Herausragender Repräsentant dieses Verwerfungsmodells war der bereits zitierte Tübinger evangelische Neutestamentler Gerhard Kittel. Seinen Aufsatz »Die Judenfrage«[188], in dem er statt der Ausrottung die Apartheid (»Fremdlingschaft«) als »Problemlösung« favorisierte, hat er auch später nicht widerrufen. Zwar ist, konkordant zu seinen Thesen, die Judenpolitik des Dritten Reiches, so lange sie über forcierte »Apartheid« nicht hinausging, von christlichen Gesichtspunkten geleitet. Aber so ehrlich war Kittel von seinem Modell überzeugt, dass er seinen Aufsatz am 13. Juni 1933 auch direkt an den jüdischen Religionsphilosophen Martin Buber sandte, im Glauben, bei ihm Anerkennung zu finden. Diese fand er nicht bei Buber, aber bei seinen geistlichen Mitbrüdern; noch 1947, bei der Entnazifizierung, schrieb sein Landesbischof Wurm in einem Gutachten zu Kittels Verteidigung:

»Die Kirche Jesu Christi hat von Gott her den Auftrag, vor der Welt zu bezeugen, dass Gott seine Heilsgeschichte, die er bei dem Volk Israel begonnen hat, herrlich zu Ende führt und dass er auch dieses Volk einmal in sein Reich rufen wird. Aber sie hat ebensosehr den Auftrag zu bezeugen, dass die Geschichte der Verwerfung des Volkes Israel ... ein Gerichtszeichen für alle Menschen bedeutet ...«[189]

b) Das Modell der Ablösung des Judenvolkes

Nach diesem »milderen« Modell ist das Judentum heute obsolet, ein überholter alter »Proto-Tempel«, welcher durch Jesu Christi Kirche abgelöst worden ist. Einst waren die Juden Gottes Volk; sie sollten den Erlöser hervorbringen, jenen Messias, dessen Gläubige nun das »wahre Israel« bilden. Man braucht das alte Judentum weiter, aber nur als dunkle Folie, auf welcher sich die christliche Vollendung umso leuchtender und strahlender abheben kann.

Ein Beispiel für dieses Modell sind die berühmt gewordenen Adventspredigten des Münchner Kardinals Faulhaber im Dezember 1933. Berühmt sind sie als besonders klares und mutiges Wort des Widerstandes der katholischen Kirche gegen den Nationalsozialismus. Der Kardinal, vorher Professor für Altes Testament in Straßburg, erkannte richtig, dass die Angriffe auf die Juden auch das Alte Testament als Heilige Schrift der Kirche in Mitleidenschaft ziehen mussten. Er verteidigte in fünf Predigten das Alte Testament – aber auf wessen Kosten? Schon in der ersten Predigt am 3. Dezember 1933 zieht Faulhaber, »um volle Klarheit zu schaffen und jedes Missverständnis auszuschließen«, klare Grenzen: »Wir müssen erstens unterscheiden zwischen dem Volk Israel vor dem Tode Christi und nach dem Tode Christi. Vor dem Tode Christi, die Jahre zwischen der Berufung Abrahams und der Fülle der Zeiten, war das Volk Israel Träger der Offenbarung ... Nur mit diesem Israel der biblischen Vorzeit werden meine Adventspredigten sich befassen. Nach dem Tode Christi wurde Israel aus dem Dienst der Offenbarung entlassen. Sie hatten den Gesalbten des Herrn verleugnet und verworfen, zur Stadt hinausgeführt und ans Kreuz geschlagen. Damals zerriss der Vorhang im Tempel auf Sion und damit der Bund zwischen dem Herrn und seinem Volk. Die Tochter Sion erhielt den Scheidebrief, und seitdem wandert der ewige Ahasver ruhelos über die Erde.«[190]

»Die Nationalsozialisten« – kommentiert Feneberg – »verstanden sofort, dass sie das Alte Testament nicht widerstandslos würden abschaffen können, dass ihnen aber mit dieser Argumentation die lebenden Juden von heute freigegeben worden waren.«[191]

Von katholischer wie protestantischer Seite waren also die Juden identifiziert als das »Volk Israel« des Alten Testaments. Mit dem deutschen Begriff »Volk« – in andere Sprachen ohnehin kaum adäquat zu übersetzen (Folk? People? Nation? Pöbel?) wurden ja nun ab 1933 die »ideal« gesinnten Deutschen ziemlich betrunken gemacht; aber auch heute wird von nüchternen Menschen das Begriffsdreieck »deutsch-jüdische Gemeinsamkeit« konstruiert, was etwa so richtig ist wie ein »Gespräch zwischen Briten und Katholiken«. Nation, Religion? Der »jüdische Staat Israel« macht diese, für die Verursachung der Shoa nicht unwichtige Frage auch nicht einfacher zu beantworten. Volk oder Religion des Alten Testaments? Betrachten wir zunächst einmal die Schriften dieses Alten Bundes so, wie sie den Christen bekannt sind und sie deren Bild des Judentums (ob Volk oder Religionsgemeinschaft) ausmalen.

Zuvor jedoch sollten wir uns klarmachen, welches Ansehen die Bibel bei Christen in vergangenen Jahrhunderten hatte und auch heute noch hat.

Für die Katholiken ist die »Dogmatische Konstitution über die göttliche Offenbarung« maßgebend, die das 2. Vatikanische Konzil 1965 festlegte: »Das von Gott Geoffenbarte, das in der Heiligen Schrift enthalten ist und vorliegt, ist unter dem Anhauch des Heiligen Geistes aufgezeichnet worden; denn aufgrund apostolischen Glaubens gelten unserer heiligen Mutter, der Kirche, die Bücher des Alten wie des Neuen Testaments in ihrer Ganzheit mit allen ihren Teilen als heilig und kanonisch, weil sie, unter der Einwirkung des Heiligen Geistes geschrieben, Gott zum Urheber haben ... Da also alles, was die inspirierten Verfasser ... aussagen, als vom Heiligen Geist ausgesagt zu gelten hat, ist von den Büchern der Schrift zu bekennen, dass sie sicher, getreu und ohne Irrtum die Wahrheit lehren, die Gott um unseres Heiles willen in den Heiligen Schriften aufgezeichnet haben wollte.«

Für die protestantische, am Bibelübersetzer Luther orientierte Richtung, wo »Bibelfestigkeit« traditionell zum guten Ton gehört, ist eine Aktion zur Jahreswende 1999 auf 2000 bezeichnend. Beginnend an Weihnachten, wurde in einer Hamburger Kirche eine Non-Stop-Lesung der Bibel veranstaltet. Promis und Normalos wechselten sich ab, um die ganzen Heiligen Schriften Wort für Wort zum Vortrag zu bringen, ein rekordverdächtiges Unterfangen, das erst um Dreikönig 2000 zu Ende gehen sollte. Wir werden sehen, was alles zur Sprache kam.

Ein Gott des Genozids?

Daniel Defoes Robinson Crusoe, Sohn eines Bremer Kaufmanns, ist froh, neben Äxten, Flinten, Kompassen auch drei Bibeln vom untergehenden Schiffswrack auf seine einsame Insel retten zu können: »... so war ich auch in dieser Hinsicht gut versorgt.« Er hatte in achtundzwanzig Jahren genügend Zeit, sie nicht nur mehrfach von A bis Z am Sonntag zu lesen, sondern auch den Freitag zu katechisieren.

Nicht so viel Zeit hatte Zuckmayers Schinderhannes: Im Kerker, vor der Hinrichtung, probiert er mit Julchen das »Bibelstechen« und stößt prompt auf eine tröstliche Stelle (wohl Jesus Sirach 38,18): »... denn von der Traurigkeit kommet der Tod«. Wenige Seiten vorher in derselben Schrift hätte er gute Ratschläge zur Sklavenhaltung gefunden: »Heu, Stock und Last sind für den Esel / Brot, Zucht und Arbeit für den Sklaven ... Joch und Strick beugen den Nacken / und dem schlechten Sklaven gehören Block und Schläge.« (Sir 33, 25-28) Wieder ein paar Seiten vorher hätte dem Hannes sein Julchen gute Erziehungstipps für ihren künftigen Halbwaisen lesen können: »Wer seinen Sohn liebt, hält stets den Stock für ihn bereit (...) Beuge ihm den Kopf, solange er jung ist,/ und hau ihn auf die Lenden, solange er klein ist, damit er nicht verrohe ...« (Sir 30, 1-12) Wie man richtig zu Gott betet, lehrt Jesus Sirach im 36. Kapitel: »Erwecke deinen Zorn und ergieße deinen Grimm / beuge den Gegner und vernichte den Feind. ... durch rächendes Feuer ... Schlag ab das Haupt der fremden Fürsten ...« Drum Kopf hoch, Julchen, auch wenn der Hannes kein' mehr hat!

Hier an dieser zufällig aufgestochenen Schriftstelle zeigt sich nach kurzem Blättern schon ein gewalttätiger, rachsüchtiger Stammesgott Jahwe, der genau unterscheidet zwischen dem »eigenen« und »fremden« Völkern. Jesus Sirachs angeführtes Gebet um göttliche Rache, um Verbrennung, Enthauptung und Vernichtung der Bösen ist aber durchaus kein Zufall. Wer eine Hausbibel samt Partner(in) zur Hand hat, kann es leicht nachprüfen, indem er und sie, wie seinerzeit der Schinderhannes und sein Julchen, die Bibel stechen. Bei zehnmaligem Aufstechen wird im Schnitt auf sieben oder acht der aufgeschlagenen Doppelseiten zu lesen sein von Mord und Totschlag, Gewalt und

Vergewaltigung, von Rache und Verfluchung – jeweils im Namen Gottes.

Vor dem Stechen aber sollten, in Bezug auf die Wurzeln der Shoa, folgende Thesen möglichst skeptisch aufgenommen werden:

1. Der Gott des Volkes Israel wurde von den Christen als Gott der Furcht und Bedrohung, des Unheils und des Völkermordes wahrgenommen. Er ist ein Stammesgott, der rassistisch das Überleben und die Ausbreitung einer genetisch definierten Population besorgen soll.
2. Gott Jahwe und Volk Israel sind eine untrennbare Einheit. Gott und Volk sind intolerant gegenüber allen anderen Religionen.
3. Da Jahwe mit inhumansten Mitteln alle Völker außerhalb Israels bedroht, mussten sich alle bedroht fühlen, die sich nicht mit diesem Volk identifizieren.

Vernichtungsweihe

»Da gelobte Israel dem Herrn: ›Wenn du mir dieses Volk in meine Gewalt gibst, dann weihe ich ihre Stätte dem Untergang.‹ Der Herr hörte auf Israel und gab die Kanaaniter in seine Gewalt. Israel weihte sie und ihre Stätte dem Untergang.« (Num 21, 2-3)

»Gott ... frisst die Völker, die ihm feind sind, er zermalmt ihre Knochen ...« (Num 24,8)

»Da sprach Jahwe zu mir: ›Siehe, ich habe damit angefangen, Sichon und sein Land dir preiszugeben; fange nun an, sein Land in Besitz zu nehmen.‹ (...) Wir eroberten damals all seine Städte und vollzogen an jeder Stadt, an Männern, Frauen und Kindern den Bann, ohne auch nur einen entkommen zu lassen.« (Dt 2, 31-34)

Letzteres Zitat stammt aus der »Jerusalemer Bibel«, wie sie 1968 herausgegeben wurde: blumig umschreibt sie mit »den Bann vollziehen« das, was die »Einheitsübersetzung« der Bibel (Freiburg, Basel, Wien 1980) mit »Vernichtungsweihe« übersetzt. Dass letztere Verdeutschung exakter sein dürfte, lassen Stellen wie die folgende (aus der Jerusalemer Bibel) vermuten, wo es um das richtige Verfahren nach der Eroberung von Städten geht. In denjenigen besiegten Städten nämlich, die *»sehr weit von dir entfernt liegen«*, soll Israel *»alles Männliche ... erschlagen, die Frauen und Kinder jedoch ... an dich nehmen«*. Anders bei den Städten der Nachbarvölker: Aus deren Städten *»sollst du keine Seele am Leben lassen; denn an ihnen musst du den Bann unbedingt vollstrecken: an den Hethitern, Amoritern, Kana-*

anitern, Pheresitern, Hiwwitern und Jebusitern, wie dir Jahwe, dein Gott, befahl ...« (Dt 20, 12-17)

Ökologischerweise hat Jahwe aber ein Herz für Bäume, denn er fügt an:

»Wenn du eine Stadt belagern musst, um sie niederzukämpfen und zu erobern, sollst du ihren Baumbestand nicht vernichten, indem du die Axt daran legst, sondern dich von ihm verpflegen, ihn aber nicht umhauen. Oder sind etwa die Bäume des Feldes Menschen, dass sie von dir in die Belagerung einbezogen werden müssten?« (Dt 20,19)

Weiter geht es mit der Sonderbehandlung von Menschen:

»Wir weihten sie der Vernichtung, wie wir es mit Sihon, dem König von Heschbon, getan hatten. Wir weihten die ganze männliche Bevölkerung und die Frauen, Kinder und Greise der Vernichtung.« (Dt 3,1 – 4,6)

Radikal ist die Endlösung Jahwes für Städte, die von ihm abgefallen sind und nun anderen Göttern dienen. Da muss dann zuerst sorgfältig inquiriert werden, mit Untersuchungen und genauem Verhör. Zeigen sich dabei die Schuldigen geständig und »... ist dieser Greuel wirklich in deiner Mitte geschehen, dann sollst du die Bewohner jener Stadt mit der Schärfe des Schwertes schlagen. Vollziehe an ihr und allem, was in ihr ist, die Vernichtungsweihe. Und alles, was in ihr erbeutet wird, sollst du auf ihrem Marktplatz zusammentragen und dann die Stadt samt allem, was in ihr erbeutet wird, als Ganzopfer für Jahwe, deinen Gott, verbrennen. Sie soll für immer ein Trümmerhaufen bleiben, nie wieder darf sie aufgebaut werden.« (Dt 13, 15-17)

Also Holocaust, verbrannte Erde.

Bei der Zerstörung Jerichos zeigte Jahwe dann doch ein bisschen Herz: nämlich für die junge Dame des ältesten Gewerbes und ihr Etablissement, mit deren verräterischer Hilfe die Stadt eingenommen worden war:

»Die Stadt soll für Jahwe dem Bann verfallen sein mit allem, was in ihr ist; nur Rachab, die Dirne, soll am Leben bleiben sowie alle, die mit ihr in ihrem Hause sind, weil sie die Boten versteckt hat, die wir gesandt haben.(...) Sie vollzogen den Bann an allem, was in der Stadt war, an Mann und Weib, jung und alt, bis zu Ochs und Schaf und Esel, mit der Schärfe des Schwertes.« (Jos 6, 17)

»Joshua fit the battle of Jericho« – so erzählt ein Gospel-Song von dieser ruhmreichen Schlacht, als die Posaunen erschallten, »and the walls came tumbling down«.

Nun hatte aber nach dem Blutbad ein gewisser Achan, entgegen

Jahwes Weisung, für seine Spesen einen Mantel und etwas Edelmetall abgestaubt. Der schlimme Frevel schrie nach Sippenhaftung:

»Da nahm Josua den Achan, den Sohn Serachs, mit dem Silber, dem Mantel und der Goldstange und ließ ihn ins Achortal steigen, ebenso seine Söhne, seine Töchter, seinen Stier, seinen Esel, sein Kleinvieh, sein Zelt und alles, was zu ihm gehörte ... Und ganz Israel steinigte sie.« (Jos 7, 24-25)

Ausrottung anderer Völker

»Steh auf und drisch, Tochter Zion! Denn ich mache dein Horn zu Eisen, und deine Hufe mache ich zu Erz, dass du viele Völker zertretest und Jahwe ihre Beute weihest und ihre Schätze dem Herrn der ganzen Welt.« (Mich 4,13)

»Heute wirst du erkennen, dass der Herr, dein Gott, wie ein verzehrendes Feuer selbst vor dir hinüberzieht. Er wird sie vernichten und er wird sie dir unterwerfen, so dass du sie unverzüglich vertreiben und austilgen kannst, wie es der Herr dir zugesagt hat.« (Dt 9, 1-3)

»... sieben Völker, zahlreicher und mächtiger als du – und wenn sie Jahwe, dein Gott, dir preisgibt und du sie dann besiegst, dann sollst du an ihnen unbedingt den Bann [andere Übersetzung: die Vernichtungsweihe] vollziehen; du darfst weder einen Vertrag mit ihnen abschließen noch Gnade an ihnen üben.« (Dt 7, 1-3)

»Nun ziehe hin und schlage Amalek und vollstrecke den Bann an ihm so wie an allem seinem Besitz. Schone seiner nicht, sondern töte Mann und Weib, Kind und Säugling, Rind und Schaf, Kamel und Esel!« (1 Sam 15,3)

»An jenem Tage werde ich die Geschlechter Judas gleich einem Feuerbecken im Holzstoß machen, gleich einer Brandfackel im Strohhaufen, und sie werden alle Völker zur Rechten und zur Linken ringsum verzehren.« (Sach 12,6)

»So spricht der Herr Jahwe: Wenn ich das Haus Israel aus den Völkern, unter die es zerstreut war, sammle, will ich mich an ihnen als heilig erweisen vor den Augen der Völker, und sie sollen wohnen auf ihrem Boden, den ich meinem Knechte Jakob gegeben habe. Sie sollen sicher darauf wohnen und Häuser bauen und Weinberge pflanzen, und sollen sicher wohnen, während ich ringsum das Gericht vollziehe an allen, die sie verachtet haben ...« (Ez 28, 25-26)

»Ja, von felsiger Kuppe sehe ich es, von Hügeln herab erblicke ich es, / Sieh, ein Volk ist's, das abgesondert siedelt, / das nicht zu den andern Völkern rechnet.« (Num 23,9)

»An jenem Tage werde ich darangehen, alle die Völker zu vernich-
ten, die gegen Jerusalem herangezogen sind. Aber über das Haus Da-
vid und die Bewohner Jerusalems werde ich einen Geist der Erbar-
mung und des Gebetes ausgießen, und sie werden auf den blicken, den
sie durchbohrt haben; ihn werden sie betrauern, wie man trauert um
den einzigen Sohn, und bitter um ihn klagen, wie man klagt um den
Erstgeborenen.« (Sach 12, 9-10)

Letztere Stelle ist auch deshalb interessant, weil sie von Johannes
(Jo 19,37) als Prophetie auf den von der Lanze durchbohrten Jesus
bemüht wird. Im Anschlusskapitel allerdings wünscht sich Sacharja,
jeder weitere Prophet (und da gab's noch einige) möge von dessen
eigenen Eltern per Durchbohrung am Prophezeihen gehindert werden.

Bei Jeremia schließlich steigert sich der Zorn Jahwes gegen alle
Völker (außer Israel) zu apokalyptischem Amoklauf:

»So sprach Jahwe, der Gott Israels, zu mir: Nimm diesen Becher
mit Wein aus meiner Hand und lass alle Völker, zu denen ich dich
sende, daraus trinken. Sie sollen trinken, dass sie taumeln und rasend
werden vor dem Schwert, das ich unter ihnen loslasse. ... Jahwe brüllt
aus der Höhe ... Laut brüllt er über seine Aue hin, lässt ein Jauchzen
erschallen wie die Keltertreter. Über alle Bewohner der Erde bricht
jähe Verwüstung herein bis ans Ende der Erde. ... Unheil wälzt sich
von Volk zu Volk ... An jenem Tage wird es Erschlagene Jahwes geben
von einem Ende der Erde zum andern ... Als Dünger werden sie auf
offenem Felde liegen. Heulet, ihr Hirten, und schreiet, wälzt euch im
Staub, ihr Führer der Herde. Denn eure Zeit ist um, nun geht es ans
Schlachten ...« (Jer 25, 15-35)

Relativ human und »maßvoll« – in zynischem Doppelsinn des Wortes – handelt dagegen David bei der Sonderbehandlung der besiegten
Moabiter:

»Danach geschah es, dass David die Philister schlug und sie unter-
warf ... Dann schlug er die Moabiter und maß sie mit der Schnur ab,
nachdem er sie auf die Erde hatte niederlegen lassen. Zwei Schnur-
längen maß er ab, um sie hinzurichten, eine volle Schnurlänge dage-
gen, um sie am Leben zu lassen. So wurden die Moabiter zu Unter-
tanen Davids und mussten Abgaben zahlen.« (2 Sam 8, 1-2)

Eine ganz ähnliche Methode wandten die Auschwitzer SS-Herren
an, nachdem die an den Gaskammern arbeitenden »Funktionshäft-
linge« einen ohnmächtigen Versuch der Rebellion unternommen hatten: Die Aufständischen mussten sich, Gesicht nach unten, in Reihe
auf den Boden legen. Jeder dritte bekam einen Kopfschuss.[192]

Egoismus der Gene?

Die Theorie vom »Egoismus der Gene«, vertreten etwa vom britischen Biologen Richard Dawkins, ist eine Weiterentwicklung von Charles Darwins Evolutionstheorie und beruht wie diese auf dem »survival of the fittest«, dem Überleben der Bestangepassten. Menschlicher Egoismus ist nach Dawkins' Theorie auf die egoistische Programmierung seiner Gene zurückzuführen. Es reproduzieren sich nur die Chromosomensätze, die sich erfolgreich reproduzieren: So tautologisch einfach läuft das seit Milliarden Jahren. Geschlechtliche Fortpflanzung als Weitergabe genetischer Baupläne schließt aber altruistische, soziale Verhaltensweisen ebensowenig aus wie die kulturelle Weitergabe von Informationen, etwa durch Erziehung. Im Gegenteil: Auch soziale Verhaltensweisen zum Vorteil der genetischen Verwandtengruppe (Familie, Sippe, Stamm, Volk) bilden einen Überlebensvorteil der verwandten Gene und haben selbst ihre genetische Grundlage. In diesem Sinne kann es genetisch von Vorteil sein, sich zum eigenen Volk so freundlich wie zu genetisch Fremden feindlich zu verhalten.

Das Problem des »stiefväterlichen« und »stiefmütterlichen« Verhaltens bei Tieren wie bei Menschen unterstützt und illustriert diese noch umstrittene Theorie: Der leibliche Vater ist freundlich, die Stiefmutter aber mörderisch unfürsorglich gegenüber Hänsel und Gretel, weil diese nicht ihr Nachwuchs sind, nicht ihre mütterlichen Gene in sich tragen. Auch Männer sorgen gezielt vor: Unterdrückung der Frauen durch Verschleierung, Gefangenhaltung im Haus, Hochschätzung von Jungfräulichkeit und schärfste Bestrafung von Ehebruch wären Vorsichtsmaßnahmen der Männer gegen die – immer gegebene – Gefahr, als Hahnrei Jahrzehnte lang sich abzuplagen, um das Kind eines anderen Mannes aufzuziehen. Schauen wir, wie die männlichen Bibelhelden und -autoren peinlich darauf achten, nur Sprosse aus eigener Lende aufzuziehen:

»Wenn der Herr, dein Gott, sie in deine Gewalt gibt, sollst du alle männlichen Personen mit scharfem Schwert erschlagen. Die Frauen aber, die Kinder und Greise, das Vieh und alles, was sich sonst in der Stadt befindet, alles in ihr Erbeutete sollst du an dich nehmen.« (Dt 20, 12-14)

»Da sandte die Gemeinde zwölftausend Mann von den Starken dorthin mit diesem Befehl: ›Geht, und schlagt die Bewohner von Jabesch in Gilead mit der Schärfe des Schwertes, auch die Frauen und die Kinder. Seht, wie ihr es machen sollt: An allem, was männlich

ist, und an allen Frauen, die schon das Lager mit einem Manne geteilt haben, vollzieht den Bann, aber die jungfräulichen Mädchen lasst am Leben.‹« (Ri 21, 10-11)

»Mose aber geriet in Zorn über die Befehlshaber, die Hauptleute der Tausendschaften und die Hauptleute der Hundertschaften, die von dem Kriegszug zurückkamen. Er fuhr sie an: ›Warum habt ihr alle Frauen am Leben gelassen? Gerade sie haben auf den Rat Bileams hin die Israeliten dazu verführt, vom Herrn abzufallen und dem Pegor zu dienen, so dass die Seuche über die Gemeinde des Herrn kam. Nun bringt alle männlichen Kinder um und ebenso alle Frauen, die schon einen Mann erkannt und mit einem Mann geschlafen haben. Aber alle weiblichen Kinder und die Frauen, die noch nicht mit einem Mann geschlafen haben, lasst für euch am Leben!‹« (Num 31, 14-18) Die Beute fällt dann mit Gottes Hilfe stattlich aus: zweiundsiebzigtausend Rinder, einundsechzigtausend Esel und zweiunddreißigtausend ... *»Mädchen, welche noch nicht mit einem Manne verkehrt hatten«.* Jahwe meint es gut mit seinen Mannen.

Sehr empfindlich reagieren die – natürlich männlichen – Schreibkräfte Gottes, wenn es um den kleinen Unterschied geht:

»Wenn Männer miteinander raufen, Mann gegen Mann, das Weib des einen dann herbeieilt, um ihren Mann aus der Gewalt dessen, der ihn schlägt, zu befreien, dabei ihre Hand ausstreckt und ihn bei den Schamteilen packt, so sollst du ihr die Hand ohne jedes Erbarmen abhacken.« (Dt 25, 11-12) – Wenn's nicht so furchtbar wär, dann könnte man (und frau?) über den biblischen Slapstick lachen.

Was den Apachen und Frontier Men der Skalp, das war für die Davidskrieger übrigens die Vorhaut:

»Daher machte sich David auf, rückte mit seinen Leuten aus und erschlug zweihundert Philister. Ihre Vorhäute brachte David und legte sie vollzählig dem König vor, um des Königs Schwiegersohn zu werden. Da gab ihm Saul seine Tochter Michal zur Frau.« (1 Sm 18, 26-27)

Herzlichen Glückwunsch! Das exquisite Brautgeschenk kommt natürlich in Sonntagslesungen und Trauungspredigten nicht vor. Muss ja nicht sein.

Kindermord

Über Babel soll – so spricht Jesaja – *»der Tag Jahwes«* kommen, *»furchtbar und voll Grimm und Zornesglut, um die Erde in eine Wüste zu verwandeln und die Sünder daraus zu vertilgen«.* Konkret:

»*Vor ihren Augen werden ihre Kinder zerschmettert, ihre Häuser geplündert, ihre Frauen geschändet (...) Alle Knaben werden zerschlagen und die Mädchen zerschmettert; sie haben kein Erbarmen selbst mit der Leibesfrucht, ihr Auge kennt kein Mitleid mit den Kindern.*« (Jes 13,15-18) Allerdings ist nicht Jahwe persönlich hier zu Gange, sondern die Meder, die *ER*, als das »*Werkzeug seines Grimmes*« gegen die Babylonier gehetzt hat. Am Resultat ändert das nichts.

Die Ermordung fremdvölkischer Kinder als Huldbeweis Jahwes für die Seinigen preisen die Psalmen: »*Dankt dem Herrn, denn er ist gütig / In Ewigkeit währt sein Erbarmen (...) Der geschlagen die Erstgeburt der Ägypter / In Ewigkeit währt sein Erbarmen ...*« (Ps 136, 1-10)

Religiöse Intoleranz

»*Völlig zerstören sollt ihr all die Stätten, an denen die Völker, welche ihr alsbald verdrängen werdet, ihre Gottheiten verehrten, auf den hohen Bergen, auf den Hügeln und unter jedem grünen Baume. Reißt ihre Altäre ein, zertrümmert ihre Malsteine, verbrennt im Feuer ihre heiligen Bäume, zerhaut ihre Gottesbilder und tilgt so ihren Namen an jener Stätte!*« (Dt 12, 2-3, ähnlich Dt 7,5)

»*Elija aber sagte zu ihnen: ›Ergreift die Propheten Baals!‹ Sie ergriffen sie, und Elija ließ sie zum Bach Kischon hinabschaffen und dort abschlachten.*« (1 Kön 18,40)

»*Und Jahwe sprach zu Mose: ›Hole alle Häupter des Volkes zusammen. Spieße sie für Jahwe an den Pfahl im Angesicht der Sonne, auf dass die Zornesglut Jahwes von Israel ablasse!‹ Mose befahl also den Richtern Israels: ›Jeder töte diejenigen seiner Leute, die dem Baal von Peor gedient haben.‹*« (Num 25, 4-5)

Vermischung mit anderen Völkern bestraft Jahwe, wie die anschließenden Verse desselben Textes zeigen, mit Seuchen. Zu deren Bekämpfung statuieren die Wächter der Blutreinheit ein Exempel, als es einer der Israeliten wagt, eine Midianiterin in sein Zelt zu führen, und dabei beobachtet wird: »*Das sah Pinchas, der Sohn Eleasars, des Sohnes des Priesters Aaron, erhob sich mitten aus der Versammlung, ergriff einen Speer, drang hinter dem Israeliten in das Innengemach ein und durchbohrte beide zugleich, den Israeliten und das Weib, am Unterleib. Da wurde der Seuche unter den Israeliten Einhalt getan.*« (Num 25, 6-8)

Der nach außen gewandten Exklusivität und Intoleranz entspricht innerhalb der Gruppe die »Tendenz, das Problem normabweichenden Verhaltens durch Liquidierung der betreffenden Gesellschaftsmitglieder zu ›lösen‹«.[193] Beispielhaft dafür ist das in den fünf Büchern Mose formelhaft wiederkehrende Gebot: »*Du sollst das Böse aus deiner Mitte austilgen.*« (z. B. Dt 22,21)

Der Gott Baal wurde den Israeliten, ebenso wie der berüchtigte »Molech«, als besonders blutrünstig dargestellt. Die Soldaten Jahwes hatten deshalb wenig Gewissensbisse, einen Tempel durch ein Blutbad zu entweihen:

»*Jehu aber hatte sich draußen achtzig Mann bereitgestellt und befohlen: ›Wer einen von den Männern ... entrinnen lässt, der soll mit seinem Leben für dessen Leben haften.‹ (...) Da gingen die Läufer und Schildträger hinein, hieben sie mit scharfem Schwerte nieder und drangen bis ins Heiligtum des Baalstempels vor. (...) Sie zerstörten den Altar des Baal, ebenfalls zerstörten sie den Tempel des Baal und machten eine Kloake daraus bis auf den heutigen Tag. (...) Dann zog alles Volk des Landes zum Baalstempel und riss ihn nieder. Sie zertrümmerten seine Altäre und seine Bilder vollständig und brachten den Baalspriester Mattan vor den Altären um.*« (2 Kön 10, 24 -27 und 11,18)

Verbot der Blutsvermischung

»*Gebt nun eure Töchter nicht ihren Söhnen, und nehmt nicht ihre Töchter für eure Söhne! Sucht nicht immer ihr Glück und Wohl, damit ihr erstarkt, das Gut des Landes genießt und es euren Söhnen für immer vererbt!*« (Esr 9,12)

»*Du darfst dich nicht mit ihnen verschwägern; deine Tochter darfst du dem Sohn eines von ihnen nicht zum Weibe geben und die Tochter eines von ihnen darfst du deinem Sohne nicht zum Weibe nehmen.*« (Dt 7,3)

»*Auch sah ich in jenen Tagen Juden, die aschdodische, ammonitische und moabitische Frauen heimgeführt hatten. Von ihren Kindern sprach die Hälfte aschdodisch. Sie verstanden nicht mehr jüdisch zu sprechen ... Ich schalt sie, verfluchte sie, schlug einige von ihnen, raufte ihnen die Haare aus und beschwor sie bei Gott: ›Ihr sollt eure Töchter nicht ihren Söhnen geben und keine aus ihren Töchtern für eure Söhne nehmen! Hat sich ihretwegen nicht auch Salomo, der König Israels, versündigt? ... Muss man nun auch von euch hören, dass ihr ganz die gleiche große Schandtat begeht, da ihr gegen Gott treulos handelt dadurch, dass ihr fremde Frauen heimführtet?‹*« (Neh 13, 23-27)

Kollektivschuld

»Kein Bastard darf in die Gemeinde eintreten; selbst das zehnte Glied, das von ihm stammt, darf in die Gemeinde Jahwes nicht eintreten. Kein Ammoniter und Moabiter darf in die Gemeinde Jahwes eintreten; nicht einmal das zehnte Glied von ihnen darf in die Gemeinde Jahwes eintreten, in Ewigkeit nicht, deswegen, weil sie euch bei eurem Wegzuge aus Ägypten unterwegs nicht mit Brot und Wasser entgegenkamen ...« (Dt 22, 4-5)

Themabezogener Kommentar: Hier wird erstens ein Abstammungsnachweis verlangt, zweitens jeder »Mischling« diskriminiert und dieses drittens deswegen, weil das »unreine« Volk sich vor geraumer Zeit einer Sünde gegen die Gastfreundschaft kollektiv schuldig gemacht hat.

Kein Mitleid!

»Du aber sollst alle Völker, welche Jahwe, dein Gott, dir preisgibt, verschlingen; du darfst sie nicht mitleidigen Blicks schonen ...« (Dt 7, 16) *»Du sollst in dir kein Mitleid aufsteigen lassen.«* (Dt 25,12)

Und der hundertsechste von insgesamt hundertfünfzig Psalmen, in denen Gewalt oftmals »enthusiastisch bejaht wird«[194], zählt Israels Sünden auf; darunter eine Unterlassungssünde, die schon Moses in Rage gebracht hatte: *»Sie rotteten die Völker nicht aus, die Jahwe ihnen benannt.«* (Ps 106, 34)

Seuchen, Hagel, Pest etc.

»Jahwe wird jede Krankheit von dir fernhalten und all die schlimmen Seuchen Ägyptens, die du ja kennst, nicht über dich kommen lassen, sie aber über all die bringen, welche dich hassen.« (Dt 7,15)

»Während sie nun vor Israel bei der Steige von Bet-Horon flohen, warf Jahwe auf sie vom Himmel her gewaltige Hagelsteine bis nach Aseka; so kamen sie um. Mehr kamen von ihnen unter den Hagelsteinen um als unter der Schärfe des Schwertes der Israeliten.« Die gefangenen fünf Könige mussten sich auf den Boden legen. *»Danach schlug Josua sie tot und ließ sie an fünf Bäumen aufhängen ...«* (Jos 10, 10-26)

»Da sprach Jahwe zu Mose und Aaron: ›Nehmt eure Hände voll Ofenruß! ... Er wird zu feinem Staub über ganz Ägypten werden und zu Beulen, die an Menschen und am Vieh in ganz Ägypten als Geschwüre aufbrechen.‹« (Ex 9, 8-9)

Gegen die Frauen von Samaria verkündet Amos: *»Geschworen hat*

Jahwe, der Herr, bei seiner Heiligkeit: ›Seht, es kommen Tage über euch, wo man euch mit Haken fortschleppt, und was von euch übrigbleibt, mit Fischerhaken ... Ich schlug euch mit Getreidebrand und Gilbe, ich ließ vertrocknen eure Gärten und Weinberge, eure Feigenbäume und Ölbäume fraß die Heuschrecke, aber ihr habt euch nicht zu mir bekehrt, spricht Jahwe. Ich sandte unter euch die Pest wie in Ägypten, erschlug eure Jünglinge ...‹« (Am 4, 2-10)

Rache!

»Er macht die Rache zu seinem Gewand ... Wie es die Taten verdienen, so übt er Vergeltung; er zürnt seinen Gegnern und vergilt seinen Feinden; bis hin zu den Inseln übt er Vergeltung.« (Jes 59, 17-18)

»Hab' ich mein blitzendes Schwert geschärft / und greift meine Hand nach dem Köcher,/ Dann zahl' ich Rache meinen Drängern heim / und übe Vergeltung an meinen Hassern, / Mach trunken von Blut meine Pfeile, / und Fleisch soll fressen mein Schwert / Von Erschlagener und Verwundeter Blut, / vom Haupte feindlicher Führer. Ihr Himmel, jauchzet mit ihm; / ihr Söhne Gottes, betet ihn an ...« (Dt 32, 41-43)

»... aber Juda wird ewig bestehen und Jerusalem von Geschlecht zu Geschlecht. Und ich werde rächen ihr Blut und es nicht ungerächt lassen.« (Joel 4, 20-21)

»Wer seinem Nächsten einen Leibschaden zufügt, dem soll man tun, wie er getan hat: Bruch um Bruch, Aug um Auge, Zahn um Zahn. ... Wer einen Menschen erschlägt, muss sterben. Das gleiche Gesetz gelte euch für die Fremden wie für die Einheimischen. Denn ich bin Jahwe, euer Gott.« (Lev 24, 19-22)

Alle diese Stellen der Heiligen Schrift wurden bei der Nonstop-Lesung der Bibel in einer Hamburger Kirche vorgelesen. Keines der Worte wurde ausgelassen, denn alle sind sie von Gott inspiriert. Keinen der aufgeklärten Zuhörer zur Jahreswende auf 2000 empörte, was er hörte. »Wer sich über die Bibel nicht empört, kennt sie nicht«[195] – diese Unkenntnis können die ausdauernden Gäste dieser Totallesung als Entschuldigung so wenig in Anspruch nehmen wie bibelfeste Theologen.

Ich für meinen Teil muss erstens gestehen, dass ich während meines Theologiestudiums die mörderische Inhumanität der Bibel zu wenig wahrnahm, und zweitens, dass beim Zusammenstellen obiger Bibelzitate der »empathische Zorn« in mir aufstieg. Wieviel Blut ist da geflossen, wieviel ungenannte Kinder, Frauen und Männer wurden da massakriert und wieviel Leid produziert – im Namen Gottes? »Empathischer Zorn« gerade deswegen, weil die Bilder der ermordeten Kinder des 20. Jahrhunderts, dank Zelluloid und Silberbromid, nicht vergangen sind wie die Skelette derjenigen Kinder, von denen ER wollte, dass sie vor ihrer Eltern Augen »zerschmettert« wurden. Warum kam mir bei der Stelle des 1. Buchs der Könige »... *und Elija ließ sie zum Bach Kischon hinabschaffen und dort abschlachten* ...« das Bild der Schlucht von Babi-Yar bei Kiew in den Kopf, wo im September 1941 an zwei Tagen 33.771 Menschen abgeschlachtet wurden? Und warum bei Sacharjas Weissagung »*Jahwe wird sie beschützen. Sie werden* ... *Blut trinken wie Wein und voll werden wie die Ecken am Altar*« die – im Namen Christi – verbrannten Tridentiner, die den Synagogen-Blutmord am kleinen Simon gestanden hatten? »Mitfühlender Zorn« auf wen? Auf diejenigen, die nach Jahrtausenden noch ein Sammelsurium des gottbefohlenen Totschlags auf samtenem Kissen vor sich hertragen, mit sonorer Stimme vorlesen und als Gotteswort tabuisieren – oder auf Jahwe, den Gott dieses Volkes? Oder auf die Juden, das Volk dieses Gottes?

Und was das Fressen betrifft, das ja vor der Moral kommt: Wie sollte eine agrarische, öfters Hunger leidende Bevölkerung Mitteleuropas nicht Angst haben vor dem Volk in ihrer Mitte, dessen rachsüchtiger Gott alle Völker ringsum mit Getreidebrand und Gilbe, mit Dürre, Hagel und Heuschrecken bedrohte? Der tödliche Seuchen brachte über das Volk, in dessen Mitte »sein« Volk lebte – im exklusiven Stolz, das »auserwählte« zu sein?

Die Beantwortung der Frage, ob und wie weit die christliche Identifikation der Juden mit Volk und Gott des Alten Testaments zum Antijudaismus beitrug, hängt ab von der anderen Frage, ob und wie weit das Alte Testament dem christlichen Volk überhaupt bekannt war. Auch heute noch, in einer nach-gutenbergischen Zeit, wo jedes Kaufhaus Bibeln für ein paar Euro fuffzig in den Regalen hat, ist, wie aktuelle Umfragen zeigen, der Buchinhalt sehr wenig bekannt. Der Titel »Ungelesenster Bestseller der Buchgeschichte« wird zwar richtigerweise eher Hitlers »Mein Kampf« zugesprochen. Paradoxerweise dürfte aber der Bekanntheitsgrad zentraler Bibelstellen in ungebildeteren (aber christlicher geprägten) Zeiten wesentlich höher gewesen sein als heute. Mythen und Geschichten wie die von Noahs Boot in Jahwes Sintflut und den Plagen Jahwes gegen die Ägypter, außerdem die Psalmen, die penetrant den Gegensatz zwischen Israel und den

»Auszug der Juden«: nach der »Kristallnacht« 1938 werden Juden
durch die Straßen Regensburgs geführt.

von Jahwe abzustrafenden anderen Völkern kultivieren, waren damals
Allgemeingut.

Den bibel-belesenen Theologen aber, wie allen Päpsten, einem
Fürstbischof von Trient, einem Fastenprediger Bernardino da Feltre,
einem anderen Pogromprediger wie dem Johannes Capistrano, einem
Bibelübersetzer Martin Luther, einem preußischen Hofprediger Adolf
Stoecker standen alle Grausamkeiten Jahwes für sein Judenvolk vor
Augen. Als Christ identifizierte man sich weder mit diesem Volk – es
war ja abgelöst bzw. verworfen – noch mit dessen Gott – er hatte sich
gewandelt, war jünger und freundlicher geworden, seit er auf Geheiß
des Alten gekreuzigt worden war, natürlich von den Juden, dem Volk
des Alten.

Das Bild von Gott Jahwe und seinem Volk Israel, wie es die Bibel
zeichnet, wirkte als wesentlicher Faktor beim Entstehen des »empathischen Zorns« gegen das jüdische Volk. Objekt der Empathie, des
Mitfühlens war diesenfalls nicht der leidende Jesus; Gottes Opfer
waren vielmehr die Nachbarvölker Israels, die von Jahwes auser-
wähltem Volk einiges auszuhalten hatten. Die Ostpreußin Brünnhild
Barden entdeckt 1906 die »Historischen Grundlagen des jüdischen
Ritualmordes« im Alten Testament. Sie liest da über Menschen- und
Kindesopfer, erkennt die Israeliten als eine im Namen ihres Gottes
raubende und würgende Mörderbande, die Kanaan heimsuchte, un-

ter den Midianitern ein Blutbad anrichtete und an einem Tag vierhundertfünfzig Baalspriester abschlachtete. Das Passahfest feiert, so Brünnhild, den »an den erstgeborenen Söhnen der Ägypter vollzogenen grauenvollen Massenmord«, das Purimfest halte das Gedenken wach an »die zweite große politische Mordorgie«, nämlich »den Massenmord unter den Persern«. Und Barden kommt zur bündigen Botschaft: »... der Jahve-Zebaot-Kult ist der systematische, ausdrückliche Blut-Kultus.«[196]

Die spöttisch-ängstliche Bezeichnung »auserwähltes Volk« wird von Hitler in »Mein Kampf«, ebenso in vielen anderen seinerzeitigen Schriften als ironisches Synonym benutzt. Die Deutschen als geplagte moderne Nachfolger der von den Juden geplagten Ägypter: diese Anspielung wird zum Beispiel gezielt eingesetzt, wenn am Morgen nach der »Reichskristallnacht« jüdische Männer durch die Straßen Regensburgs marschieren müssen (Ab nach Dachau!) unter einem Transparent, das den »Auszug der Juden« verkündet.

Das folgende Bild, entstanden zu Ende des 19. Jahrhunderts, propagiert die Vertreibung der Juden. Seltsamerweise wählt der Zeichner für den Schriftzug an der Bahnhofsstation »Oswiecim«, das damals zur österreichisch-ungarischen Monarchie gehörte und bei den Nazis später »Auschwitz« hieß.

»Abreise« der Juden am Bahnhof Oswiecim: Antisemitische Postkarte, ca.1890.

Ein Mitglied des Sonderkommandos, das im Juli 1941 zwei Juden auf dem Marktplatz von Shitomir aufgehängt hatte, erinnert sich hinterher nicht mehr so genau: »Ob die Juden dabei etwas sprechen mussten, weiß ich nicht. Wenn mir vorgehalten wird, dass der Zeuge Jordan bekundet hat, die Juden hätten sagen müssen: ›Wir wollen ins Gelobte Land‹, so weiß ich dies nicht ...«

Christliches Verhalten gegenüber den Juden sowie nazistischer Rassismus erscheinen in verschiedenen Punkten als Reflex auf das, was im Alten Testament über die »Erste Liebe Gottes« berichtet wird. Die französische Philosophin Simone Weil, Sozialistin und Kämpferin im spanischen Bürgerkrieg wie in der Resistance, als Tochter eines elsässischen jüdischen Arztes areligiös erzogen, macht der Religion ihrer Vorfahren einen schwer wiegenden Vorwurf: »Die jüdische ist die einzige rassistische Religion.« Für Simone Weil »zählten allein die Bande des Geistes, die des Blutes dagegen so gut wie gar nicht – in striktem Unterschied zum orthodoxen Judentum, für das die Blutsverwandtschaft ja eine so entscheidende Rolle spielt, auch und gerade in der Heilserwartung des auserwählten Volkes, dem Simone Weil just deshalb Nationalismus und Rassismus vorwarf.«[197] Denn »sie haben« als »Götzen« eine »Rasse«.[198]

Nehmen wir nun ein Zitat des in vielfacher Hinsicht krassesten Antipoden von Simone Weil, nämlich des zwanzig Jahre älteren Adolf Hitler, über den Rassismus des Juden: »So verwendet er alles Wissen, das er in den Schulen der anderen aufnimmt, nur im Dienste seiner Rasse. Dieses Volkstum aber hütet er wie nie zuvor. Während er von ›Aufklärung‹, ›Fortschritt‹, ›Freiheit‹, ›Menschentum‹ usw. überzufließen scheint, übt er selber strengste Abschließung seiner Rasse. Wohl hängt er seine Frauen manchmal einflussreichen Christen an, allein er erhält seinen männlichen Stamm grundsätzlich immer rein. Er vergiftet das Blut der anderen, wahrt aber sein eigenes.«[199]

Sehen wir vom pathologischen Fanatismus ab, der sich bei Hitler in der manichäischen Zugespitztheit jedes einzelnen Teilsatzes zeigt (alles! ... nie! ... strengste! ... rein / vergiftet! ... anderen / eigenes!), so kommen Adolf und Simone doch in einem überein: Das Judentum verbindet Reinheit der Rasse mit Religion.

Es ist von verschiedenen Autoren festgestellt worden, dass die Ausgrenzungsmaßnahmen der Nazis gegen die Juden den früheren Maßnahmen der Kirche frappierend ähnlich waren (Ehe- und Berufsverbote, Kleidungskennzeichen, Abstammungsnachweis, Ghettobildung u. a.).[200] Der Vergleich mit den oben zitierten Stellen aus dem Alten

Testament legt die Vermutung nahe, dass sowohl Kirche wie Nazis mit ihren Maßnahmen auch einen Reflex erzeugten zum Bild des jüdischen Volkes, wie es die Bibel überlieferte.

Das Wort »Reflex« muss aber genauer erklärt werden. Fassen wir den Reflex als Reiz-Reaktions-Funktion auf und reduzieren die auslösenden Reize (englisch »irritations«) auf drei neuralgische Punkte:

- Die wahrgenommene Fremdheit einer Bevölkerungsgruppe mit eigenen Riten, Feiertagen, Lebensgewohnheiten;
- Die Bilder, die von der Bibel, von Predigern und Künstlern zu diesem fremden Volk geliefert wurden;
- Die Kreuzigung Christi als »Schnittpunkt« der beiden Identifikationsgruppen (Juden und Christen), die sich hier gegenüberstanden.

Einer zeitlichen Reihenfolge entsprechen diese Reflex auslösenden Punkte nicht: Es gab antijüdische Vorurteile im christlichen Abendland auch dort, wo gar keine Juden lebten; konkret wahrgenommene Fremdheit konkreter Menschen war keine notwendige Bedingung, denn Altes Testament und Passionsgeschichte lieferten genug Anschauungsstoff. Sie suggerierten das Bild vom rassistischen, exklusiven, unheimlichen, gefährlichen, dünkelhaften »auserwählten Volk«, das – auch aus diesem Dünkel heraus – den universellen Erlöser verworfen hatte, der das Heil zu allen Menschen, ungeachtet ihrer Nation und Abstammung bringen wollte. Die Kreuzigung war Schnittstelle im doppelten Sinn: Abkopplung des alten (elitären, separaten) und Zusammenschließen des neuen Volkes der weltweiten Egalität und Fraternität.

Zwar wurde die Geschichte Israels vom Sündenfall bis zur Geburt des Herrn von christlicher Seite immer als notwendiger erster Akt des Heilsplans interpretiert. Zu einer tieferen Identifikation der Christen mit dem Volk Abrahams, Isaaks und Jakobs hat dies aber nie gereicht. Zu unterschiedlich waren die Bräuche, Riten und Dogmen. Stattdessen trug die Enklave-Situation der jüdischen Gemeinden in Europa immer dazu bei, dass sich die Christen mit den »Umgebungsvölkern« der vorchristlichen Juden identifizierten. Das, was Ägypter, Kanaaniter, Philister, Moabiter und Amoriter im Alten Testament von den Juden und ihrem Jahwe erlitten, fürchteten britische, französische, deutsche, polnische und russische Christen auch von diesem kleinen Volk in ihrer Mitte und von seinem fürchterlichen, zaubermächtigen, rachsüchtigen Vatergott.

Im Gespräch mit seinem Mentor Dietrich Eckart übt sich übrigens auch Adolf Hitler im Bibelstechen:

»Ein Griff nach dem Alten Testament, ein kurzes Blättern, und – ›Da‹, rief er, ›schau's dir an, das Rezept, wonach die Juden von jeher ihre höllische Suppe kochen! Wir Antisemiten sind Mordskerle. Alles stöbern wir auf, nur das Wichtigste nicht.‹ Und er las mit harter Stimme, Wort für Wort betonend: ›... Und ich will die Ägypter aufeinander hetzen, dass ein Bruder wider den anderen, eine Stadt wider die andere, ein Reich wider das andere streiten wird.‹«[201]

Sechzehn Jahre später verkündet derselbe »Volksprediger« coram publico die Endlösung: »Wenn es dem internationalen Finanzjudentum gelingen sollte, die Völker noch einmal in einen Weltkrieg zu stürzen ...«, so werde das Resultat sein: »die Vernichtung der jüdischen Rasse in Europa«.

Der böse liebe Vater

»Für Freud hatte die Idee des Gottesmordes nur eine unbewusste Bedeutung«, stellt Norman Cohn fest, »nämlich die des Vatermordes; aber das ist nicht die einzige mögliche Bedeutung. Wenn deshalb, wie in der christlichen Lehre ständig behauptet wird, die Juden kollektiv am Tode Christi schuldig sind, dann sind sie weniger Vater- als vielmehr Sohnesmörder ... Wer je ein Passionsspiel gesehen hat, kann nicht daran zweifeln, dass mittelalterliche Menschen den Anteil der Juden an der Kreuzigung auf diese Weise interpretieren.«[202]

Das Vatervolk der Sohnesmörder (Juden) gegen das Sohnesvolk der Vatermörder (Christen)? Diese Sichtweise geht aus von Sigmund Freuds Schriften »Totem und Tabu« sowie »Der Mann Moses und die monotheistische Religion«. Freud sieht im Judentum wie im Christentum eine demütige Unterwerfung unter den Vatergott, und zwar in beiden Fällen aus Schuldgefühl wegen aggressiver Gedanken gegen den Vater. Dieses Schuldgefühl sieht Freud nun als Kern-Emotion besonders des Christentums. Denn was bedeutet eigentlich die »Erbsünde«, deretwegen Adam, der vom Weib Verführte, vom Vater aus dem Paradies verwiesen wurde und deretwegen Jesus zur Sühne, nach Willen des »Abba«, am Kreuz ermordet werden musste? Freud erklärt:

»Im christlichen Mythos ist die Erbsünde des Menschen unzweifelhaft eine Versündigung gegen Gottvater. Wenn nun Christus die Menschen von dem Drucke der Erbsünde erlöst, indem er sein eigenes

Leben opfert, so zwingt er uns zu dem Schlusse, dass diese Sünde eine Mordtat war. Nach dem im menschlichen Fühlen tiefverwurzelten Gesetz der Talion [Gleichheit von Tat und Strafe; K. R.] kann ein Mord nur durch die Opferung eines anderen Lebens gesühnt werden; die Selbstaufopferung weist auf eine Blutschuld zurück. Und wenn dies Opfer des eigenen Lebens die Versöhnung mit Gottvater herbeiführt, so kann das zu sühnende Verbrechen kein anderes als der Mord am Vater gewesen sein.«[203]

Ein Mord, der selten real, oft aber in unterdrückten Hassgefühlen sich ereignet. Man braucht Freuds Behauptung vom »Inzestwunsch« des Sohnes nicht zu akzeptieren, um das gestörte Verhältnis zwischen einem übermächtigen, strengen, lieblosen Vater und seinem unmündigen Sohn als wichtigen Faktor vieler psychischer Störungen anzuerkennen. Mantells Studie[204] über amerikanische »Green Berets«, die in Vietnam zu Kriegsverbrechern wurden, belegt, dass diese jungen Männer unter einem anerzogenen Panzer seelischer »Robustheit« einen tiefen Hass gegen ihre Eltern, vor allem ihre Väter verbargen, von denen sie so erzogen worden waren, wie die Bibel es empfiehlt: »Wer seinen Sohn züchtigt, wird Freude an ihm haben« (Sir 30,2), »Hast du Söhne, so halte sie in Zucht / und beuge ihren Nacken von Jugend auf« (Sir 7,23) und »Züchtige deinen Sohn und erziehe ihn gut, / damit er in seiner Torheit sich nicht gegen dich erhebe.« (Sir 30,13). Die Antwort zur Frage, warum diese gezüchtigten Söhne von Uncle Sam sich nicht gegen starke Väter, sondern gegen schmächtige vietnamesische Dorfbewohner »erhoben«, wird bei dem zu finden sein, was Alice Miller über den Vaterhass des Braunauer Judenhassers sagt.

Die Juden als Vatermörder, die man für diejenigen Aggressionen bestraft, die man selber gegen den eigenen Vater hegt: Diese Projektion der eigenen »Mordgelüste« auf das geeignete Objekt wäre etwa bei Hitler und Höß zu untersuchen. Sie dürfte bei einzelnen Individuen (und aus solchen besteht jede Gesellschaft) als Motiv ihres Antisemitismus sehr wirksam gewesen sein. Generell gravierender jedoch ist die Selbst-Identifikation der Christen mit Jesus und die Fremd-Identifikation der Juden mit Jahwe, diesem »Alten vom Berge«. Von ihm gilt, dass »im Gegensatz zum christlichen Gott, der die Attribute von Vater und Sohn vereinigt, der Gott der Juden nur Vater ist. Und man kann hinzufügen: Für Christen, die ihn nur aus dem Alten Testament kennen und nichts von der späteren Entwicklung des Judaismus wissen, ist er ein außerordentlich tyrannischer und unbarmherziger Vater.«[205] In christlicher Umgebung wurden die Juden, die mit einer

Art »Altersstarrsinn« auf »alter Väter Sitte« beharrten, fast zwangsläufig zu einer, wie Norman Cohn es ausdrückt, »kollektiven Vaterfigur (...) Das war ein schreckliches Schicksal, denn das Phantasiebild des ›bösen‹ Vaters ist unendlich hassenswerter, als ein wirklicher Vater jemals sein könnte.«[206]

Der wirkliche Vater ist neben der Mutter die wichtigste Bezugsperson eines Kindes, das in einer vollständigen Familie aufwächst. Im Beziehungsnetz dieser Familie müssen Kinder lernen, in der Gesellschaft anderer menschlicher Wesen zu leben. Konflikte sind zwangsläufig, alle Eltern müssen manchmal »böse« sein; das Kind ist von den Eltern abhängig, möchte sie lieben und von ihnen geliebt werden. Aber »alle Kinder sind moralische Rigoristen«, beobachtet Simone Weil, und das heißt auch, sie trennen streng nach »gut« und »böse«. Entsprechend agieren die kleinen Moralisten nun im seelischen Drama: Gegenüber den guten Eltern (wären sie nicht gut, dann müsste es sie fürchten oder hassen) erlaubt sich das Kind keine negativen Regungen, denn es kann den Schmerz nicht ertragen, dass es mit seinem Hassgefühl die Eltern angreift, die es gleichzeitig liebt und von deren Fürsorge es abhängt. Um dieser unerträglichen Ambivalenz zu entgehen, muss es in seiner Phantasie die Eltern in »gute« und »böse« Mütterbilder, in liebens- und hassenswerte Väterfiguren spalten. Wenn dies geschehen ist, kann es die realen Eltern lieben und die imaginären ohne Gewissensbisse hassen.

Und dieser Hass kann rigoros sein. »Wo ein kleines Kind hasst, will es das gehasste Objekt töten ...«, verbrennen (wie die Lebkuchenhexe), in glühenden Schuhen tanzen lassen (wie die böse Stief-Königin). Wegen solcher gerechter Bestrafungswünsche fühlt sich das Kind nun zwar nicht schuldig, »... doch das Schuldgefühl besteht im Unterbewusstsein fort und sucht sich ein Ventil ... Die Phantasiefiguren der ›bösen‹ Eltern werden Verfolger, ausgestattet mit all dem mitleidlosen Hass, all der Zerstörungswut, die das Kind in sich fühlt, aber nicht zu erkennen wagt. [So entstehen ...] Elternfiguren von geradezu monströser Grausamkeit ...«

Soweit die psychoanalytische, Sigmund Freuds Theoriegebäude entsprechende Sichtweise, mit welcher Norman Cohn und Rudolph Loewenstein die Projektion des »bösen Vaters« auf das jüdische Volk begründen. Man braucht dieser Sichtweise aber nicht eng zu folgen, denn das Kind braucht auch nicht viel Phantasie, um den Gott des Alten Testaments als negative Vaterfigur zu erleben: Zu deutlich zeigt er sich schon in den wenigen biblischen Geschichten, die es zu hören bekommt (Sündenfall, Sintflut, Auszug aus Ägypten ...) als einer, mit dem nicht zu spaßen ist; einer, der rigoristisch zwischen Unterwerfung oder harter Bestrafung wählen lässt. Das Kelchtrinkenmüssen des flehenden Sohnes beseitigt letzte Zweifel an der väterlichen Liebe, und die Kreuzigung als Schnittstelle trennt Gut (der Sohn) und Böse (der Alte) für alle Zukunft.

Der pathologische Antisemitismus »wurzelt in dem Schisma, das das Christentum vom Judentum getrennt hat«. Was James Parkes so lapidar schon 1934 festgestellt hat[207], ergänzt Loewenstein durch die Beschreibung der zwei nun feindlichen Religionen: Auf der einen Seite die Vaterreligion: Ein »Stammesgott«, ein Vater, der nur für die eigenen Kinder sorgt, so wie Mutter Courage nur ihre eigenen drei Söhne (von drei Vätern) durch den Krieg bringen will: »Eia popeia, was raschelt im Stroh, Nachbars Bälg greinen und meine sind froh.« Auf der anderen, der jungen Seite jene Religion, »in der der Sohn, wenn er den Vater nicht verdrängt, sich zumindest auf gleiche Stufe mit ihm stellt, und in der die Mutter Gegenstand der Anbetung geworden ist und dem Sohn näher steht als der Vater.«[208]

Loewenstein weist auch darauf hin, dass sich die jüdische Theologie in den Jahrhunderten vor Christus stark vom Stammesdenken wegbewegt hatte: Weg vom Provinzialismus und Nationalismus, hin zum »Universalismus«. Weg von der Auffassung Jehovas als eines Stammesgottes, hin zu einem universalen Gott aller Menschen. »Diese universalistischen Tendenzen nahmen im Pharisäertum eine besonders ausgeprägte Form an und haben ebenso im ›Testament der 12 Patriarchen‹, in den Schriften Philons von Alexandrien, in der Lehre Hillels des Großen und seiner Nachkommen: den Rabbinern, Verfassern des Talmud, wie in der Lehre Jesu ... ihren Höhepunkt erreicht.«[209]

Nun wollte ja der historische Jesus, so weit er erkennbar ist, keineswegs eine jüdische Sekte abspalten oder gar eine neue Religion stiften, sondern die jüdische reformieren. Er zeigt auch wenig Neigung, sich leidender Menschen außerhalb des »richtigen« Volkes anzunehmen (siehe Mt 15, 21-28, wo er Kanaaniter mit »*Hündlein*« vergleicht, die das *»Brot der Kinder des Herrn«* eigentlich nicht verdienen). Jesus als Universalist? Wohl kaum. Es ist eine seltsame Ironie der Religionsgeschichte, dass, vorbei an Jesus, das Christentum die universalistischen Reformtendenzen innerhalb des Judentums aufgriff und dem Alten Testament weltweite Wichtigkeit verschaffte – bloß: auf wessen Kosten?

Nicht nur waren nun die innerjüdischen Tendenzen zur Abkehr vom

Separatismus »abrupt aufgehalten«; sondern die Eigenbrötelei nahm zu, bei beiden Gruppen. Das Christentum schuf sich allmählich einen Kanon eigener Schriften, der ab seiner Festlegung kaum mehr verändert wurde. Noch sakrosankter war jedoch das als Erbmasse übernommene Alte Testament, da christliche Exegeten, von den sprachlichen Problemen abgesehen, wenig Kontakt zu den jüdischen Experten der Bibelexegese hielten. Und so wurden die archaisch-inhumanen Inhalte eines Gottesbildes der späten Bronze- bis frühen Eisenzeit als schwere Altlast mitgeschleppt, um noch Jahrzehnte nach Auschwitz und Hiroshima vom Wirken Gottes für sein Volk zu künden. Das Kreuz erscheint in dieser Perspektive nicht nur als Trennkeil, sondern auch als Bremspflock für die Entwicklung beider Religionen hin zu mehr Humanität – und dieses menschliche Gesicht der Religionen trägt immer die Charakterzüge, die Menschen ihren Göttern verleihen.

Wir wissen heute, wie die getrennten Wege der beiden biblischen Religionen nach der Kreuzigung verliefen. Norman Cohn fasst zusammen, wie es der Vaterreligion erging:

»Es war die Tragödie der Juden in christlicher Umwelt, dass sie wegen des ›Eltern‹-Verhältnisses des Judaismus zum Christentum und des jüdischen Gottes zum christlichen Gott leicht zu Trägern ›böser‹

Die Beschneidung Jesu. Kloster Neustift, Neustifter Buchmalerei.

Angehörige des Polizeibataillons 101 erheitern sich an einer sichtlich urkomischen, deutschen Art, die alten Väter zu beschneiden. Aufschrift auf der Foto-Rückseite: »Arbeiten soll er, aber Rasirt [!] muß er sein.«

Elternbilder, insbesondere ›böser‹ Vaterbilder wurden. Sie wurden vorgestellt als Inkarnationen unbarmherziger, grausamer, durch keine Liebe oder Anteilnahme gemilderter Macht. In der volkstümlichen Kunst erscheinen sie vom Mittelalter an als uralte Männer, die zugleich Teufel sind – Geschöpfe mit langem Haar und langem Bart, mit Gesichtszügen, die maßlose Grausamkeit ausdrücken, oft auch mit Hörnern und Schwänzen. (...)

Man braucht sich nur eine mittelalterliche bildliche Darstellung eines Ritualmords anzusehen, um den unbewussten Inhalt der Phantasie zu erkennen. Solche Bilder zeigen immer die gleiche Szene: Ein kleiner Junge – bezeichnenderweise ist es stets ein Junge, nie ein Mädchen – ist von einer Gruppe alter Männer mit langen Bärten umringt, die ihn foltern, ihn kastrieren und ihm Blut abzapfen, das sie sorgsam auffangen. (...)

Es ist oft beobachtet worden, dass die deutschen Truppen in Osteuropa die orthodoxen jüdischen Männer mit ihren langen Bärten am grausamsten von allen Juden behandelten. Fotografien, die zeigen, wie junge Soldaten diese patriarchisch aussehenden Männer verspotten, demütigen und töten, bilden das Gegenstück zu den alten Holzschnitten mit Ritualmordszenen – nur mit dem Unterschied, dass der Ritualmord reine Fiktion war, die geübte Rache aber wirklicher und unbegrenzt wiederholter Mord.«[210]

Ein Kriminalbeamter, dessen Grenzpolizeieinheit bei Erschießungen in der Region Krakau beteiligt war: »Ich betone nochmals, dass

man sich heute ein falsches Bild macht, wenn man glaubt, die Juden-
aktionen wurden widerwillig durchgeführt. Der Hass gegen die Juden
war groß, es war Rache ...«[211]

Fjodor Karamasow, der brüderlich gehasste Vater, hatte seine raff-
gierigen Finanzpraktiken bezeichnenderweise bei den Juden in Odessa
erlernt, und kein Leser wird mit ihm groß Mitleid fühlen, wenn er
endlich von seinen christlich gebildeten Söhnen im Konsens ermordet
wird. Der Alte und das Volk des Alten: Eine gezielte Assoziation des
sehr christlichen Fjodor Michailowitsch Dostojewskij, oder eine unbewusste? Jedenfalls eine psychologisch nahe liegende, vorgegeben
durch das, was Christen von der Bibel des Alten Bundes wussten.

Natürlich gibt es auch die schönen Seiten dieser Bibel: das Hohe Lied,
das Buch Hiob, vieles beim »Prediger« (Kohelet), zum Beispiel jene
epikuräische, fast schon bacchantische Passage: *»Da pries ich nun die
Freude. Denn es gibt für den Menschen unter der Sonne kein anderes
Gut, als zu essen, zu trinken und sich zu freuen (...) Wohlan denn, iss
fröhlich dein Brot und trinke wohlgemut den Wein! Denn von jeher
gefällt es Gott, wenn du so tust. (...) Genieße das Leben mit der Frau,
die du liebst, all die Tage deines nichtigen Lebens, die Gott dir gegeben unter der Sonne...«* (Prd 8,15-9,9)

Auch für den Schreiberling hat Kohelet was Kluges: *»Über dies
hinaus, mein Sohn, lass dich warnen! Das viele Büchermachen nimmt
kein Ende, und vieles Studieren ermüdet den Leib.«* (Prd 12,12) Recht
hat er.

Die Bibel hat für jeden etwas, für Christen und Sozialisten, für
Kapitalisten und Darwinisten, sogar für Hedonisten und Atheisten (am
meisten aber für die Sadisten). Um ein viel zitiertes Bibelwort auf-
zugreifen: Es gibt im Alten Testament »eine Seite zum Fluchen, und
eine zum Segnen; eine Seite zum Totschlagen und eine zum Öl auf die
Wunden Gießen; eine für Fremdenhass und eine für Gastfreundschaft«. Aber die ersteren überwiegen in fürchterlichem Ausmaß, und
das Gesamtbild ist so inhuman, dass man sich, wie der Freiburger
Entwicklungspsychologe Franz Buggle meint, eigentlich fragen muss,
ob die Bibel nicht auf dem Index jugendgefährdender Schriften ganz
vorne hin gehört.

Die »Württembergische Bibelgesellschaft« sieht das anders. Sie
publiziert zur Erbauung regelmäßig Zeitungsinserate mit kurzen Tex-
ten wie:

Ich bin der HERR, dein Gott, ich fasse dich bei der Hand und sage zu dir: Fürchte dich nicht! Ich selbst, ich helfe dir! Die Bibel, Jesaja 41,13.

Schaut man dann bei Jesaja nach, dann findet man als vorhergehenden Vers 12: *»Du wirst sie suchen und nicht mehr finden, die Leute, die mit dir hadern; es werden vernichtet und vergehen, die dich bekämpfen.«*

Und als nachfolgende Verse 14-16: *»Siehe, ich mache dich zu einem Dreschschlitten, zu einem neuen und scharfen mit vielen Schneiden. Du wirst Berge dreschen und zermalmen und Hügel in Spreu verwandeln. Du wirst sie worfeln, der Wind wird sie verwehen und der Sturm sie zerstreuen. Du aber wirst frohlocken in Jahwe ...«*

Ein banaler Trostspruch wird da per Annonce publiziert, gezielt herausgepickt aus einem Kontext rustikaler Phantasien von Plattmachen und Verdreschen, Zermalmen und Vernichten mit anschließendem *(»Du aber ...«)* süßen Frohlocken: Ein frommes Beispiel für die offiziell propagierte, korrekte und löbliche Lesart der Bibel: Eine Rosinenpickerei, die aus einem Hektar alter Rebstöcke drei Liter Aldi-Wein herausholt, damit die alten Schläuche nicht so spröde werden, man braucht sie noch. Aber das Verdrängte und doch Mitgepflückte, das Blutrote, wo hat man's ausgeschwitzt?

Denn trotz dieser unredlichen Schönleserei der Bibel ist und war sie den Christen als blutig und barbarisch präsent. Wie sonst könnte der jüdische Widerstandskämpfer und KZ-Häftling Jean Amery, als Folteropfer der SS, mit solchen Worten vor einer Beschuldigung der Nachkriegsjugend warnen: »Nur gestockter alttestamentarischer Hass«, sagt Amery, »könnte seine Last dahertragen und sie schuldloser deutscher Jugend auf die Schultern wälzen wollen.«[212]

Gestockter Hass? Beim alten Elischa jedenfalls war die Jugend nicht so schuldlos, und er hat's ihr dann schon gezeigt:

»Von dort stieg er hinauf nach Betel. Und als er so den Weg hinaufstieg, kamen kleine Buben aus der Stadt heraus; die verspotteten ihn und riefen: ›Komm herauf, Glatzkopf!‹ Er aber wandte sich um, schaute sie an und fluchte ihnen beim Namen Jahwes. Da kamen zwei Bärinnen aus dem Wald und zerrissen zweiundvierzig von den Knaben.« (2 Kön 2, 23-25)

Abgesehen von der wohl recht bündig zu beantwortenden Frage, wie oft auf achtzehnhundert Bibelseiten eigentlich gelacht wird: Mit diesem Gott der alten Glatzen ist wirklich nicht zu spaßen.

Blut ist ein ganz besonderer Saft

Eine »auffallende Faszination des biblischen Gottes und seiner Anhänger für Blut«[213] lässt sich zum Beispiel mit folgenden Stellen kar-
mesinrot illustrieren:

*»Hierauf nehme er etwas von dem Blute des Stieres und sprenge es
mit seinem Finger vorn oben auf die Versöhnungsplatte; vor die Versöhnungsplatte hin aber sprenge er mit seinem Finger siebenmal von
dem Blute. Dann schlachte er den zum Sündopfer für das Volk bestimmten Bock, bringe von dem Blut hinter dem Vorhang und verfahre
mit dem Blut wie mit dem Blut des Stieres; er sprenge es auf die Versöhnungsplatte und vor die Versöhnungsplatte hin. So entsündige er
das Heiligtum wegen der Verunreinigungen durch die Israeliten und
wegen aller Übertretungen, die sie irgend begangen haben. ... dann
soll er hinausgehen an den Altar, der vor Jahwe steht, und ihn entsün-
digen. Er nehme von dem Blut des Stieres und von dem Blut des Bockes
und streiche es an die Hörner des Altares ringsum. Darauf sprenge er
mit seinem Finger siebenmal auf ihn und reinige ihn so und trenne ihn
von den Unreinigkeiten der Israeliten.«* (Lev 16, 14-19)

*»Sie werden niedertreten die Schleudersteine, sie werden Blut
trinken wie Wein und voll werden wie die Ecken am Altar.«* (Sach 9,15)

*»Meine Pfeile mache ich trunken von Blut, während mein Schwert
sich ins Fleisch frisst – trunken vom Blut Erschlagner und Gefangener.«* (Dt 32,42)

Die zuerst zitierte Ritual-Anweisung des Leviticus lässt schon die
wesentlichen Funktionen des Blutes in Ritus und Mythos erkennen:

* Sühne für Sünden
* Reinigung
* Gemeinschaftsbildung: Volk und Gott als Blutsbrüder

Allerdings wirken die beiden letzteren von Blut trunkenen Zitate auch
deshalb befremdlich, weil es dem Volk Jahwes rituell streng verboten
ist, Blut zu essen oder zu trinken; Tiere müssen deshalb geschächtet,
das heißt durch Ausblutenlassen getötet werden, denn das Blut als
Träger und Symbol des Lebens gehört dem Schöpfer und muss ihm
zurückgegeben werden. Gerade dieses Blutverbot bildet zusammen
mit der Bilderverdammung des zweiten Gebots den schärfsten Kontrast zwischen Christentum und Judentum. Kontra (des »unjüdischen«
Blutverwendens) und Kontinuum (des Bundes, der Sühne, der Reini-

gung) manifestieren sich prägnant in Jesu »Einsetzung der Eucharistie« beim letzten Abendmahl:

»Trinket alle daraus. Denn das ist mein Blut des Bundes, das für viele vergossen wird zur Vergebung der Sünden.« (Mt 26, 27-28)

Für Juden, die peinlich darauf achten müssen, kein Tierblut zu sich zu nehmen, musste das, was Jesus hier von den Evangelisten in den Mund gelegt wurde und was das christliche Messopfer begründete, als potenzierter Frevel, als dezidiertes Kontra zu ihren Riten erscheinen. Die Kontinuität liegt andererseits darin, dass auch hier das Blut einen Bund zwischen Gott und Menschengruppe stiftet, dass es Jesus mit den Jüngern und diese miteinander eint und dass es Sünden sühnen soll.

Die neue Religion stellte außerdem dadurch einen Konnex zum Alten Bund her, dass sie Christi Opfer mit einer alten liturgischen Formel in die »Ordnung des Melchisedech« stellte, des alten mosaischen Priesters, der neunhundert Jahre alt geworden war. Eine Miniatur der Weimarer *Biblia pauperum* aus dem 13. Jahrhundert stellt Melchisedech dar, wie er Kelch und Hostie darbietet[214]. Die Hostie wiederum hat ihre Vorläufer in Matze und Manna, im ungesäuerten Brot des aufbrechenden Volkes und in der himmlischen Nahrung, die dieses Volk in der Wüste erhielt.

Wenn die Christen den Patriarchenpriester Melchisedech als Vorläufer ihres »ewigen Hohenpriesters« Christus reklamierten, dann geschah dies aber weder in der Absicht noch mit dem Effekt, das Judentum wertzuschätzen. »Sie beanspruchten nur sämtliche Helden und edlen Menschen aus der Schrift für sich ... Und den Juden überließen sie alle Schurken und Götzendiener und bezogen auf sie alle Drohungen und Verdammungen.«[215]

Ebenso warf die Kirche mit der Aufhebung des Bilderverbots und des Blutverbots zwei Fehdehandschuhe vor die Füße von Synágoga, zwei, die begrifflich tatsächlich ein Paar bildeten. Beim Bilderstreit ging es darum, ob Gott als transzendentes Wesen bildlich dargestellt werden dürfe. Juden verneinten diese Frage so entschieden, dass Pilatus beinahe einen Aufstand auslöste, als er heimlich Statuen des römischen Gottkaisers nach Jerusalem gebracht hatte. Auch bei den Christen vertrat eine Fraktion die Ansicht, die Göttlichkeit Christi sei nicht abbildbar; die andere dagegen argumentierte so: Da Jesus sich als realer Mensch inkarnierte, also Fleisch und Blut angenommen hatte, ist er auch als realer Mensch darstellbar.

»Dies ist mein Blut«

Die dogmatische, bis heute wirksame Entscheidung in dieser Frage brachte, unter dem judenfeindlichen Papst Innozenz III., das Laterankonzil des Jahres 1215. Hier wurde die »Transsubstantiationslehre« festgelegt: die Lehre, dass Brot und Wein, die der Gläubige bei der Eucharistiefeier zu sich nimmt, nicht nur symbolisch, sondern ganz real der Leib und das Blut des Herrn Jesus sind. Die Konsekration – die »Wandlung« von Wein und Brot in Blut und Fleisch, bildet von nun an den Höhepunkt der Messe; die Eucharistie wird zum »Zentralsymbol des späten Mittelalters« (Miri Rubin). Es ist ein magischer Akt, bei dem sich einfache Materie durch die Macht des Priesterwortes in eine andere Materie von unüberbietbarer Heiligkeit verwandelt. (Die spaßhafte Zauberformel »Hocus Pocus« ist, so wird vermutet, aus den priesterlichen Jesusworten »Hoc est corpus meum« – »Dies ist mein Leib« verballhornt worden.)

Gleichzeitig mit der Substanz-Verwandlungs-Lehre wurde auf dem Laterankonzil von 1215 eine Geschichte machende antijüdische Bestimmung erlassen: Juden mussten ab jetzt einen gelben Fleck tragen (dessen runde Form der Deutsche Wolfgang Gerlach als Geldsymbol, der Israeli Giora Shoham als »Symbol der Hostie« deutet[216]). So waren auch sie verwandelt: in die, schon äußerlich erkennbaren, ganz Anderen, die nicht am Corpus Christi teilhatten. Tatsächlich bestand zwischen diesen beiden Ergebnissen des Konzils psychologisch und politisch ein stringenter Zusammenhang: Beide dienten der Bildung von Gemeinschaft und Identität.

In diesem Punkt nämlich hatte das ethnisch gebundene Judentum einen Vorteil gegenüber dem multiethnischen, global ausgreifenden Christentum: Fand der Jude seine Identität und soziale Gruppenbindung in doppelter Weise durch geistigen Glauben und körperliche Abstammung (Blutsverwandtschaft), so war die Verbindung des Christen mit seiner Religionsgruppe eben nur durch den Glauben gegeben – und auch dieses einzige Band war ständig bedroht durch Glaubenszweifel.

Die Transsubstantiationslehre bestärkte – ein nicht zu unterschätzender Nebeneffekt – zunächst einmal die Macht und Wichtigkeit der Priester. Vor allem aber verstärkte sie das wichtigste christliche Band, das »Band des Blutes«, besiegelt durch das Selbstopfer des Heilands. In der »Communio«, der, wörtlich übersetzt, »Gemeinschafts-Befestigung« verband sich nun jeder Kommunikant mit allen anderen durch die ganz reale, innerliche Aufnahme des gemeinsam verehrten Gottes. Die Transsubstantiation ist zwar sinnlich nicht wahrnehmbar (schmeckt wie Brot, sieht aus wie Brot, ist Brot) und bereitet dem »common sense« einige Schwierigkeiten, aber gerade dies verleiht dem Dogma seine geheimnisvolle, unergründbare Tiefe: *Credo quia absurdum* – Ich glaube es, weil's mein Verstand nicht fasst!

Im dreizehnten, dem auch für die Judenfeindschaft so wegweisenden Jahrhundert, setzt sich nun die neue »realistische« Opfervorstellung durch; Zweifler, auch unter den Klerikern, wurden durch Wunder zur Wahrheit des Dogmas hingeführt. So ist etwa auf einem Fresko in Orvieto, gemalt 1263, das »Wunder von Bolseno« festgehalten: In den Händen eines Priesters, der nicht an die Transsubstantiation glaubte, beginnt die Hostie zu bluten[217].

Freilich ängstigte das blutige Wundergeschehen auch viele Christen, nicht zuletzt Geistliche, die es ja täglich beim Messopfer zu bewirken hatten[218]. Einen »alten Einsiedler« zum Beispiel, der die Hostie nicht für den realen, sondern nur den repräsentierten Leib Christi hielt, führten seine Freunde zur Sonntagsmesse, damit er von seinem Irrtum befreit werde. Dort nun, bei der Wandlung, »... sahen alle drei ein junges Kind auf dem Altar, und als der Priester die Hostie zu brechen begann, war es ihnen, als stiege ein Engel vom Himmel herab, der das Kind mit einem Messer in zwei Hälften zerteilte und das Blut in einem Kelch auffing. Und als der Priester die Hostie in mehrere Teile zerbrach, um der Gemeinde die Kommunion zu reichen, sahen sie, dass der Engel auch das Kind in mehrere Teile zerschnitt. Und als der Einsiedler schließlich am Ende der Messe selber zur Kommunion ging, war es ihm, als empfinge nur er einen Teil des blutigen Fleisches des Kindes. Als er das sah, war er mit solchem Grauen erfüllt, dass er schrie und sagte: ›Mein Herr, nun glaube ich wirklich, dass das auf dem Altar geweihte Brot Dein Leib und dass der Kelch, also der Wein, Dein Blut ist.‹ Und sofort erschien es ihm, als sei das Fleisch wieder zu Brot geworden, und er empfing die Kommunion. Die anderen beiden Einsiedler aber sagten: ›Gott, der weiß, dass es die menschliche Natur mit Grauen erfüllt, rohes Fleisch zu essen, hat es so gefügt, dass das Sakrament den Anschein von Brot und Wein hat ...‹«[219]

George Tabori, dessen dramatisches Gesamtwerk von der Frage »Auschwitz, ja warum denn?« durchzogen ist, transponiert dieses Grauen des Einsiedlers in den »Deutschen Offizier«, der Taboris couragierte Mutter, heraus aus dem Güterwaggon, zum Gespräch in sein Zugabteil gebeten hat:

Deutscher Offizier: Natürlich, man sollte noch weitergehen. Eine Pflaume zum Beispiel, empfindet sie Schmerzen, wenn man sie isst?

Mutter: Ach, das glaube ich nicht.

Deutscher Offizier: Sie sind sehr gütig. Aber irgendwo habe ich gelesen, dass Lilien, wenn sie Stimmen hätten, schreien würden, wenn man sie bricht. Manchmal höre ich alle Lilien auf dem Feld schreien und die Kohlköpfe auch. Wie weit muss man gehen, um ein Gerechter vor Gott zu werden?

Mutter: Ein was?

Deutscher Offizier: In meinem Heimatdorf gab es einen Priester. Er war nicht sehr erfolgreich. Seine Gemeinde schrumpfte zusehends. An manchen Sonntagen lümmelten sich nicht mehr als fünf Menschen auf den Kirchenbänken, zu Tode gelangweilt von seinen Predigten. Des Nachts aber, wenn er keinen Schlaf fand, tröstete er sich: Jesus liebt die Versager, denn er war selber einer, wie es sich gehört für einen Gott, die Verkündigung der Liebe ist ein Aufschrei gegen Eitelkeiten und Erfolge, jede Religion basiert auf Misserfolgen, oder besser gesagt, da Misserfolge zum Leben gehören, muss man sie sanktionieren. Was mir am Christentum gefällt und natürlich auch am Judentum, ist der Realitätssinn, der Misserfolge, will sagen, Sünden, toleriert und den Menschen in seiner Schwäche annimmt, den Angstschweiß in einem Garten etwa, vor einer Festnahme. Was sonst bleibt uns als diese Schwäche, es gelingt uns ja nicht einmal, eines der berühmten Gebote zu befolgen, und das ist doch gar nicht so schwierig, oder? Ich meine, was ist so schwierig, der Versuchung zu morden zu widerstehen? Finden Sie nicht auch?

Mutter: O ja.

Deutscher Offizier: Dann eines Tages – die Pflaume schmeckt wirklich köstlich – passierte etwas Schreckliches im Dorf, der Tuchhändler, ein Jude, wurde gepackt, nicht etwa von Rowdies, sondern von fünf getreuen Kirchgängern, mit Wanderstöcken zu Tode geprügelt und hastig auf den Rieselfeldern verscharrt, nur seine Witwe durfte dabeisein, aber am darauffolgenden Sonntag wurde das Grab offen gefunden, und die Leiche war verschwunden. In derselben Nacht spuckte der Schornstein des Priesters Rauchwolken aus, was deshalb bemerkenswert war, weil die Haushälterin Ausgang hatte und der Priester – er hatte sehr weiße Hände – nicht kochen konnte, der Mann war nicht fähig, niedrige Arbeiten zu verrichten. An jenem Sonntag, es war Mariä Himmelfahrt, war die Kirche ziemlich voll; ein Dutzend kleine Mädchen sollte die Kommunion empfangen. Sie trugen weiße

Spitzenkleider, die nicht lange weiß blieben: Sobald sie sein Blut und seinen Leib empfangen hatten, übergaben sie sich und spuckten nicht Brot und Wein über sich, sondern das, was ihnen gereicht worden war, nämlich echte Fleischbrocken und einen Schwall echtes Blut. Anstatt der Transsubstantiationspredigt brüllte der Priester in die Gemeinde: »Wenn ihr von Gott essen wollt, dann sollt ihr, so wahr Gott lebt, auch sein Fleisch essen und sein Blut trinken, das echte, das echte!« Eine schreckliche Geschichte, nicht wahr?

Mutter: Ja.

Der surrealistische Fast-Monolog des SS-Offiziers bildet den Kern der Tabori'schen Tragikomödie. Mutters Courage wird belohnt: mit einer Rückfahrkarte nach Budapest. Die andern tausend steigen in Auschwitz aus.

Menschenschinder, Hostien-Schänder

Nicht Taboris Drama, sondern das Opferdrama der eucharistischen Wandlung interpretiert Christina von Braun wie folgt:

»Als Hostie dringt der Herr in den Leib des Gläubigen ein. Nach der Transsubstantiationslehre wird dieses heilige Mahl aber nicht als Brot (oder als Symbol für Gottes transzendente Gegenwart) wahrgenommen, sondern als das Fleisch eines Mensch gewordenen Gottes. ›Der Magen wurde zu einem versteckten Altar, in dem magische und unverständliche Dinge geschahen, zu einem Ort liturgischer Kontemplation zwischen Himmel und Erde, dem Göttlichen und dem Tierischen, an dem sich ein unvorstellbarer Ritus der Verwandlung vollzog‹. Dass dieser Akt viele Christen des Mittelalters zugleich mit Grauen erfüllt haben muss, zeigt der vorher zitierte Bericht vom ›alten Eremiten‹. Eben dieses Grauen sollte sich aber wiederum in Bildern vom Juden niederschlagen: Dem Juden wurden jene frevelhaften Taten unterstellt, die der Christ als eigene Taten nur schwer ertragen konnte. Auf diesem (abgespaltenen) Grauen beruhten auch die Ritualmordlegenden, bei denen Juden beschuldigt wurden, Menschenblut und Menschenfleisch zu verzehren.«[220]

Bei diesem Abspalten und Unterstellen handelt es sich um den altbekannten psychischen Vorgang der Projektion: Das Negative, Unerwünschte, Unerträgliche wird, um eine positive Selbstwahrnehmung aufrechterhalten zu können, vom Selbst entfernt und auf dem Grundstück des Nachbarn abgeladen.

Dieser Vorgang beginnt unbewusst, aber das Resultat, die Unterstellung »Juden machen was mit Blut« ist bewusst: Sie wird verbalisiert, diskutiert, instrumentalisiert. Gerade deshalb aber muss sie nun rationalisiert werden: Es müssen vernünftige Begründungen her, um die Unterstellung zu stabilisieren. Im Basteln rationaler Motive, weshalb die Juden eigentlich so scharf auf Blut sind, entwickelten nun die Christen respektable Phantasie. Im Gespräch waren vor allem folgende triftige Gründe:

- Sie brauchen's, um es in ihre ungesäuerten Matzebrote zu träufeln.
- Sie leiden seit der Kreuzigung Jesu an Blutfluss (»männliche Menstruation«) und brauchen deshalb Zusatzblut.
- Sie brauchen es für ihre kleinen Söhne, die alle mit einer blutenden rechten Hand geboren werden.
- Alle jüdischen Männer brauchen es wegen des Blutverlusts bei ihrer Beschneidung;
- Für Arzneien brauchen sie's.
- Weil sie sonst stinken würden, brauchen sie Christenblut.

Sehr illustrativ für die Infamie der antijüdischen Agitation ist der »Bericht von den zwölf jüdischen Stämmen / was ein jeder Stamm dem Herrn Christo zur Schmach getan / und was sie bis auf den heutigen Tag dafür leiden müssen«, der ab 1645 in sämtlichen deutschen Drucken der Geschichte vom »Ewigen Juden« enthalten ist. Bei fünf der zwölf Stämme haben die selbstverschuldeten Strafleiden mit Blut zu tun; alle zwölf beziehen sich auf die Kreuzigung:

1. *Ruben:* Aus diesem Stamm waren diejenigen, die Jesus im Garten gefangennahmen. »Um solcher Missethat willen haben sie drey Plagen, Strafen und Flüche in ihrem Geschlechte.« 1) Wenn sie was Grünes anrühren, so verdorret dieses in drey Tagen. 2) Alles, was sie säen und pflanzen, hat kein Gedeihen. 3) Wann sie sterben und begraben werden, wächst nichts Grünes auf ihren Gräbern.

2. *Simeon*: Mitglieder dieses Stammes haben Jesus ans Kreuz genagelt. Deshalb haben sie »alle Jahre vier große Plagen an Händ und Füßen, daraus **Blut rinnt** vom Morgen an, bis auf den Abend«.

3. *Levi*: Weil die Leviten »den Herrn Christum in sein heiliges Angesicht geschlagen, und gespieen haben«, leiden sie daran, dass sie nicht auf die Erde und nicht über ihren Bart »speyen und auswerfen können«.

4. *Juda*: Dieser Stamm [welcher sonst? Nomen est omen!] brachte

den Verräter hervor. Deshalb sterben jedes Jahr dreißig [genau!] Personen dieses Stammes durch Verrat.

5. *Zabulon*: Er brachte diejenigen hervor, die »das Los über den Rock Christi geworfen haben«. Alljährlich am 15. März hat dieses Geschlecht »die Plage im Mund, welche aus den Wangen entspringt, dass sie **Blut speyen** müssen vom Morgen bis zum Abend«.

6. *Isachar*: Ihm entstammen diejenigen, die Jesus gegeißelt haben. Deshalb haben diese Juden alljährlich am 25. März »viele hundert Striemen und unzählbare Wunden an ihren Leibern, daraus **Blut fließt** vom Morgen bis auf den Abend.«

7. *Dan*: Sie waren es, »die da geschrieen, und überlaut gerufen: Christi Blut komme über uns und unsere Kinder. Diese haben die Strafe, dass ein jedweder aus diesem Geschlechte alle Monate sonderliche Plage und Schmerzen an seinem Leib verspüret: also, dass **Blutstropfen** von ihnen fließen, welche sie Gestanks halber nicht über eine Woche verbergen noch halten können, wofern sie nicht wieder mit Christenblut ihren stinkenden Leib salben.«

8. *Gad*: Dieser Stamm hat jene hervorgebracht, die »dem Herrn Christo die dörnerne Krone von 15 spitzigen Meerdornen geflochten und ihm dieselbige zur Schmach und Spott durch Haut und Bein bis auf das Hirn gedrückt. Um solcher Sünde willen« hat alljährlich am 15. März jeder von ihnen 15 Beulen am Kopf, »welche mit großen Schmerzen **Blut** über das Angesicht, bis auf die Erde, heraus schweißen; dieser **Blutschweiß** dauert vom Morgen bis Abend.«

9. *Asser*: Seine Nachkömmlinge haben Jesus geohrfeigt. Deshalb ist ihr rechter Arm eine Handbreit kürzer als der andere.

10. *Nephtali*: »Juden aus dem Stamme Nephtali waren es, die ihre Kinder, Söhne und Töchter in einen Schweinstall gethan, da andere des nämlichen Stammes den Herrn Christum ... zum Hohenpriester Kaiphas führten.« Als Jesus vorbeigeführt wurde, grunzten und schrien diese Kinder »nach Art der Schweine, Christum zu versuchen; worauf sie ihn fragten, und zu ihm sprachen: Weissage uns, Christe! Wer ist darinnen? Und Jesus sprach zu ihnen: Es sind euere Kinder, Söhne und Töchter. Da sagten die anderen Juden wiederum zu ihm: Es ist erlogen, es sind Schweine darinnen. Darauf hat der Herr Jesus ihnen geantwortet: Sollen es dann Schweine seyn, so seyn es Schweine, und müssen Schweine werden und bleiben.« Deshalb haben alle aus dem Stamm Nephtali »vier Zähne im Mund nach Art und Weise der Schweine; sie haben auch Ohren wie die Schweine und stinken wie die Schweine«.

11. *Joseph*: Aus diesem Stamm kamen die Nagelschmiede. »Unter diesem Geschlechte soll ein Weib gewesen seyn, mit Namen Beatrix, welches diesen Rath erdacht: Man solle die Spitze der Nägel stumpf machen, damit der Herr Christus desto schmerzlicher gepeiniget würde. Um solcher Sünde willen haben alle Weiber aus dem Stamme Joseph, wenn sie über die 33 Jahr kommen, des Nachts im Schlaf ihren Mund voll lebendiger Würmer.«

12. *Benjamin*: »Aus dem Stamme Benjamin waren die Juden, so den Herrn Christum an dem Kreuze mit Essig und Galle aus einem Schwamme getränket haben. Um solcher Sünde willen hat dies Geschlecht die Strafe und Plage, dass sie nimmermehr über sich in die Luft sehen können. Zu dem haben sie allezeit Durst, und wann sie reden wollen, so springen ihnen kleine Würmchen aus dem Munde heraus.«[221]

Geschickt gemacht, mit deutscher Gründlichkeit! Alle sind schuldig: alle Stämme sind beteiligt, und nicht nur deren Männer, sondern auch Frauen und Kinder; genüsslich malt der Autor, alle verfügbaren Details der Evangelien benutzend, ihre Grausamkeiten aus; diejenigen Strafen, die den Juden Blutmangel verursachen, sind, wohl nicht ohne Absicht, in die vorösterliche Zeit datiert, die Hochsaison der Pogrome, die »jährliche Achse der Judenverfolgung im christlichen Abendland«.[222]

Die Projektion ist also eine dreifache: Einmal wird der Blutgehalt des christlichen Messopfers, täglich memoriert in der Formel »Dies ist der Kelch meines Blutes ... trinket alle daraus ...« zum Etikett der Juden transformiert. Zum anderen projiziert man auf die lebenden jüdischen Mitmenschen die Taten der Zeitgenossen Jesu, macht sie also zu Zielscheiben empathischen Zorns. Und drittens verpackt man die eigenen Strafgelüste in gerechte Strafen Gottes und verschafft sich somit eine vorsorgliche Rechtfertigung für allfällige Pogrome.

Zwar lässt sich das christliche Unwohlsein und die Skepsis bezüglich des Messopfers auch schon in Berichten des 9. und 10. Jahrhunderts erkennen, in welchen die Skeptikerrolle auf den Juden projiziert wird. Gezo von Tortona berichtet im späten 10. Jahrhundert von einem bekehrten Juden, der bei seiner ersten Kommunion voller Entsetzen bezeugt: Er sehe, wie der Priester mit bluttriefenden Händen auf dem Altar den Leib eines Mannes zerstückle.[223] Während aber in solchen Hostienanekdoten vor 1215 der Jude versöhnlich als bekehrter Zweifler, als heimgekehrter Sohn auftreten darf, entwickelt sich nach dem eucharistischen Dogma des Laterankonzils ein neuer Typus von Hostienfrevel-Beschuldigungen. 1290 in Paris traktierten demnach Juden die Hostie mit Messern und anderen spitzen Werkzeugen, woraufhin Blut hervorströmte; nun warfen sie die Hostie in einen Kessel mit kochendem Wasser, das prompt zu Blut wurde, während sich die Hostie in Fleisch verwandelte; nach einer anderen Version entschwebte die Hostie sodann, wobei ein Abbild des Gekreuzigten erschien. Einige Juden wurden dadurch bekehrt, die Hauptschuldigen aber mussten hingerichtet werden; die Wunderhostie erfreute sich eines starken Zustroms von Pilgern.

Wohl auch durch die heimkehrenden Wallfahrer fand dieses Wunder weite Verbreitung und zahlreiche Nachahmungen – aber »nicht in Frankreich, sondern im deutschsprachigen Raum«[224]. Die meisten Hostienfrevel, die nun hierzulande zur Entdeckung kamen, wurden Juden angelastet. Ihnen wurde unterstellt, dass sie Hostien – die in den meisten Legenden zunächst die Gestalt des Jesuskindes annahmen – durch Messerstiche zum Bluten brächten. »Vermutlich als Folge des Pariser Hostienfrevels« von 1290 sühnt 1298 ein Metzger (oder verarmter Ritter?) namens Rindfleisch im fränkischen Röttingen einen Hostienfrevel. »Auf göttliches Geheiß« macht Rindfleisch erst Röttingen judenfrei und zieht dann durch sechzig fränkische und schwäbische Städte mit seinem bewaffneten Mob, dem nahezu hunderttausend Menschen zum Opfer gefallen sein sollen.[225] Eine Generation später zieht von 1336 bis 1338 das vor allem aus Bauern bestehende Heer des »König Armleder« durch Franken und das Elsass, um die jüdischen Gemeinden massakrierend heimzusuchen. Aber auch die Judenverfolgungen in Hessen, an der Mosel, in Böhmen und Niederösterreich standen im Zusammenhang mit Hostienfreveln.

Erst 1992 fand die berühmte »Deggendorfer Gnad« durch ein Machtwort des Bischofs von Regensburg ein Ende. Bis dahin fand in diesem niederbayerischen Städtchen, siebzig Kilometer nördlich von Hitlers Geburtsort Braunau, alljährlich eine Prozession statt, bei der indirekt weiter an die jüdische Hostienschändung erinnert wurde. Direktere Wirkung hatten die Tafelbilder von 1725, die erst um 1970 aus Deggendorfs Pfarrkirche entfernt wurden. Die Bildunterschrift erklärt dem Betrachter: »Die heiligen Hostien werden von den Juden bis auf das heilige Blut mit Dornen zerkratzt und es erscheint unter solcher Marter ein kleines Kind.«

Deggendorf wurde im Gnadenjahr 1338, als die beträchtlich verschuldete Kleinstadt nach einer Heuschreckenplage (!) ihre jüdischen

Einwohner ausgeraubt und ermordet hatte (die Hostienschändung entdeckte man erst zweiunddreißig Jahre später), zum Ausgangspunkt einer Welle blutiger Pogrome in Niederbayern. Aber erst 1477 erstand in letzterer Gegend dem Wallfahrtsort Deggendorf ernsthafte Konkurrenz: In Passau, das mit dem siebzig Kilometer entfernten Deggendorf und Hitlers Geburtsort (fünfzig Kilometer) ein geographisches Dreieck bildet, hatte ein christlicher Verräter namens Christoph Eysengreißheimer acht Hostienpartikel aus der Liebfrauenkirche zu Freyung gestohlen und den Passauer Juden verkauft; zu exakt einem solchen Gesamtpreis, »... dass eine Partikel auf 30 Pfennige kam. Die Juden brachten nun dieselben in ihre Synagoge, wo einer von ihnen in grimmiger Begierde, Jesum noch einmal zu kreuzigen, und zugleich zu erfahren, ob der Glaube der Christen als wahr sich erweise, in eine Partikel des heiligsten Altarsakramentes mit einem scharfen Messer stach, woraus Blut geflossen, und wo dann das Angesicht eines Kindes erschienen ist.«

So berichtet es ein illustrierter Einblattdruck, der zwar in Bildfolge und Text bis in Einzelheiten mit entsprechenden Drucken aus der Zeit um 1480 übereinstimmt, aber erst im späten 19. Jahrhundert erschien, zu der Zeit, als der kleine Adolf in Braunau gerade seine ersten Gehversuche machte.

Reinheit des Blutes

Kehren wie von der Leichtigkeit des Überbrückens von Jahrhunderten zur Schwierigkeit des Glaubens zurück. Dieser war von allen Christen gefordert als bewusste Entscheidung, die über Heil oder Unheil des Individuums entschied. Dass die Christenheit als Gemeinschaft alles auf dieses einzige einheitsstiftende Band setzen und auf das andere, das der Blutsverwandtschaft, verzichten musste, war der Preis für die Universalität ihrer Verkündigung:

»Ihr seid also alle Kinder Gottes durch den Glauben in Christus Jesus.(...) Da gibt es nicht mehr Juden und Griechen, Sklaven und Freie, Mann und Weib. Denn ihr alle seid einer in Christus Jesus. Folglich: Wenn ihr Christus angehört, so seid ihr Abrahams Nachkommenschaft, Erben nach der Verheißung.« (Gal 3, 26-29)

Geistige Gemeinschaft statt einer genetischen: ein hoher und wohl auch sehr »moderner« Anspruch. Anders als für den Juden, der kraft seiner Geburt durch eine jüdische Mutter einer Sozialgemeinschaft angehört, die ihm Identität und auch eine gewisse Absicherung bedeutet, gibt es für den nur durch seinen Glauben sozialversicherten Christen keine größere Sünde als den Glaubenszweifel. Nun ist ein Glaube, der einen Willensakt erfordert, ja in sich schon eine spannungsreiche, pikante Geschichte. Denn eine Willensanstrengung ist nur nötig, wenn ein Widerstand vorhanden ist. Und wo anders kommt der Widerstand in diesem Fall her als aus der Ratio, dem logischen Urteil auf Grund sinnlicher Anschauung? Für den Christen, der an Jesus glauben will, kommt aber hinzu, dass sein eventueller Zweifel nicht nur seine soziale Gruppenbindung gefährdet, sondern auch Schuldgefühle auslöst wie bei jenem Apostel Thomas, den Jesus in seine Seitenwunde greifen ließ und ihn dann rügte: »*Selig, die nicht sehen und doch glauben*« (Joh 20,29). Verstärkt wird dieses Schuldgefühl durch eine Besonderheit der christlichen Religion: Während bei Opferritualen in anderen Kulten der Mensch der Handelnde ist, er also eine materielle oder Verhaltens-Leistung erbringen kann, ist es hier umgekehrt: Gott opfert sich selbst – in seinem Sohn – zur Erlösung des Menschen. Der Mensch steht der Allmacht und dem geradezu unerträglichen Altruismus dieses Gottes hilflos, mit leeren Händen gegenüber, ein »do ut des« auf Gegenseitigkeit ist ihm versagt. Das Einzige, was er geben kann – und was Gott fordert – sind Demut und jener Glaube, der so schwer fällt.

Dieses Schuldgefühl ist kein unwichtiger Entstehungsfaktor des Antisemitismus, da es in letzterem Erleichterung findet: Wenn es nicht Gott ist, der sich aktiv für mich geopfert hat, sondern Jesus passiv das Opfer eines jüdischen Verbrechens wurde, dann ist Christi Leiden nicht mehr das aufdringliche, übertriebene Geschenk, das mich ein Leben lang verpflichtet, mich durch seine Großherzigkeit beschämt und dessen ich mich niemals würdig erweisen kann. Je aktiver dabei der Part des Juden, desto besser; desto passiver nämlich ist dann die Rolle Jesu – und desto konvenienter das Geschenk seines Blutes.

Gehen wir vom Opfer des reinen Blutes Christi über zur Blutreinheit der Christen, so kommen wir zur Hauptquelle der auf »Rasse« gestützten Fraktion des Antisemitismus. Wie die Begrifflichkeit und Wertschätzung der erbmäßigen »Blutreinheit« Eingang ins Christentum fand – angesichts der »Genfreiheit« der christlichen Gemeinschaftsbindung durch »Glaube allein« ein seltsames Paradox – zeigt sich besonders deutlich auf der iberischen Halbinsel zu Beginn der Neuzeit. Mit den Mauren hatten sich dort auch viele Juden niedergelassen. Im ausgehenden Mittelalter befand sich hier die größte jüdische Gemeinschaft aller Länder Europas. Als um 1391 – mit dem Beginn der nationalen und christlichen Konsolidierung des spanischen Reichs – auch antijüdische Pogrome einsetzten, zogen viele Juden die Taufe dem Ermordetwerden vor. Wieviele es waren, die sich vor der Vertreibung 1492 taufen ließen, ist ungewiss; die Schätzung, dass rund fünfzig Prozent aller spanischen und portugiesischen Juden zu diesem Zeitpunkt bereits christlich getauft waren, gilt eher als vorsichtig.[226] Während aus den meisten der Getauften gläubige Christen wurden (manche sogar bedeutende Kirchenmänner), blieb ein Teil der Neuchristen ihrer alten Religion treu und nahm es in Kauf, dafür als »Marranos« (Schweine) beschimpft zu werden. So oder so übten viele Übergetretene weiterhin die medizinischen und kommerziellen Berufe aus, in denen sie hier im frühen Mittelalter hohes Ansehen erworben hatten; viele erwarben einflussreiche Stellungen bei Hofe und vermählten ihre Töchter an den spanischen Adel, der auf diese Weise oft seine leeren Schatullen mit neuem Vermögen füllte. Doch bevor diese Integration der »conversos« völlig abgeschlossen war, begannen sich zur Mitte des 15. Jahrhunderts in der spanischen Gesellschaft negative Gefühle gegen die jüdischen Konvertiten auszubreiten; ironischerweise gerade jetzt, wo die Christenheit ihrem jahrhundertelangen Ziel, die Juden durch die Taufe zu assimilieren und als hartnäckige Dissidentengruppe aufzulösen, so nahe gekommen war. Nun stellte man fest, dass die Massenkonversion von Juden, weit davon entfernt, das Problem zu lösen, dieses nur verschärfte:

»Solange die Juden ihrer alten Religion verhaftet geblieben waren, konnten sie durch restriktive Gesetze in genau definierten Grenzen gehalten werden. Nun aber, gleichsam über Nacht, war der gesamte Corpus der antijüdischen Gesetze auf die große Gruppe der conversos nicht mehr anwendbar. Da sie technisch und juristisch Christen waren, konnten sie handeln, wie sie wollten – und das war für viele Spanier unerträglich. (...) Das traditionelle Misstrauen gegen den Juden als Außenseiter wurde nunmehr abgelöst durch eine größere Angst vor dem converso als Insider.«[227]

Ziel der Inquisition, deren Tribunal erstmals 1480 in Sevilla tagte, war es, die »heimlichen Juden« unter den conversos auszumachen, die nach ihrer Taufe noch an jüdischen Gebräuchen festhielten. Verdächtig war schon der Gebrauch von Öl (statt Schweineschmalz) in der Küche, und dieses Küchenfett-Indiz war auch die häufigste Beobachtung, welche christliche Denunzianten bei der Heiligen Inquisition vorbrachten. Anders in Portugal ein Inquisitor namens Bernardo de Santa Cruz: Er stellte das sechsjährige Kind des reichen Simon Alvarez vor eine mit brennenden Kohlen gefüllte Schale. Wenn es nicht gestehe, dass seine Eltern ein Kruzifix beleidigt hätten, so werde es seine Hände verbrennen. Das Kind gestand, die Eltern wurden verbrannt. [228] Allein in Sevilla wurden innerhalb von sieben Inquisitionsjahren siebenhundert conversos zu Hauptdarstellern solch feuriger »autos da fé«. [229]

In dieser Zeit wurden Gesetze geschaffen, die als »estatutos de limpieza de sangre« (Statuten zur Reinheit des Blutes) in die Geschichte eingingen und die Verdrängung der Konvertiten aus allen öffentlichen Ämtern und Privilegien ermöglichten. Denn nun entschieden nicht mehr Taufe und Credo, sondern Herkunft und Blut darüber, wer ein »verdadero christiano« sei und als solcher eine gehobene Stellung einnehmen durfte. Ausgerechnet das Spanien der Inquisition, der strengstens kontrollierten Dogmen, schien die sakramentale Bedeutung der Taufe zu vergessen, die ja eigentlich sowohl das »Anziehen Christi«, die Kindschaft Gottes als auch die Reinigung von der Erbsünde bewirkte: »Reinheit« bestand nun in einer »unbefleckten« christlichen Abstammung. 1673 veröffentlichte der Geistliche Fra Francisco de Torrejoncillo einen »Mahnruf gegen die Juden«, dem gegenüber die Nürnberger Gesetze recht nonchalant erscheinen:

»Um ein Feind der Christen, von Christus und seinem Heiligen Gesetz zu sein, bedarf es nicht eines jüdischen Vaters und einer jüdischen Mutter. Ein Elternteil alleine genügt. Es will nichts bedeuten, dass der Vater nicht Jude ist; die Mutter genügt. Und selbst wenn sie nicht völlig jüdisch ist, schon die Hälfte genügt; und selbst wenn sie das nicht ist, auch ein Viertel genügt oder selbst ein Achtel. Die Heilige Inquisition hat in unserer Zeit entdeckt, dass das jüdische Blut sich bis ins einundzwanzigste Glied fortsetzt.« [230]

Auch während der Hitlerzeit gab es nur zwei Organisationen auf der Welt, die nicht einmal »Achteljuden« als Mitglieder aufnahmen: Die SS des Heinrich Himmler – und der Orden, den Himmler so bewunderte: die »Societas Jesu« (SJ). 1592 hatten die Jesuiten – gegen den erklärten Willen ihres Gründers, des Spaniers Iñacio de Loyola –, ihren »Arierparagraphen« eingeführt, und erst 1946 konnte der Elite-Orden, auf Druck des Vatikan, sich seiner Sorgen um die Reinheit des Blutes entledigen. [231]

Lichtgestalt mit
leichtem Schatten
oder: Woran litt Jesus?

*Naturkunde-Unterricht in einer bayerischen
Grundschule. »Also, Kinder, was ist das: Es lebt
im Wald, ist klein und hüpft von Ast zu Ast?« Es
meldet sich der kleine Udo, erst vor drei Wochen
mit seinen Eltern aus Berlin zugezogen. »Also,
wenn Se mich fragen, Fräulein, ick würde ja sagen,
det is 'n Eichhörnchen. Aber so wie ick den Laden
hier kenne, isses doch wieder det kleene Jesulein.«*

Eigentlich geht der Witz anders. So wie ihn Fritz Muliar erzählt, ist
die Lehrerin ein Katechet, der mal ausnahmsweise für den »Natur-
geschichtsprofessor« einspringt, und statt dem preußischen Udo liegt
das jüdische Moritzl mit seiner Antwort leicht daneben. So ändern sich
die Zeiten: umständehalber wurde aus dem jüdischen Schulkind nach
45 das preußische »Zugereiste«.

Was sich nicht änderte, ist die goldschimmernde Aura, mit der das
Jesulein, von der Krippe bis zum Kreuzbalken, von Betlehem bis
Golgatha versehen ist. Mag noch so viel säkulare Kritik das Boot der
Kirche schwanken lassen wie damals der Sturm das Fischerboot, Jesus
bleibt unbeeindruckt im Schlaf des Gerechten. Den Papst, die Bischöfe, die christlichen Politiker kann man, so wahr ihnen auch Gott
helfe, attackieren, aber doch nur dann, wenn sie wieder einmal dem
wahren Jesus nicht folgen, sich seine Sandalen nicht anziehen und
seine schlicht geniale Friedensbotschaft schnöde verraten haben oder
nicht verstanden. Überhaupt ist SEINE *message* einfach noch nicht
verstanden worden, Jesus, der »erste neue Mann« (Franz Alt), harrt
der Entdeckung, als erster Pazifist, als schlechthin »der Befreier«
(Leonardo Boff), als utopischer Proto-Kommunarde (Ernst Bloch)
oder »Virtuose der akosmistischen Menschenliebe und Güte« (Max
Weber[232]), als psychosomatischer Heilpraktiker und früher Frauenbe-
wegter, auch für Umwelt hatte er was übrig oder jedenfalls nichts
dagegen. Als humaner Ethiker passt er zu Socrates und Buddha (meint

Erich Fromm 1966), als »Salvator« steht er in München für starkes Bier, als »Cristo Redentor« segnend über Rio de Janeiro (38 m, 1145 t) und als »Jesus Christ Superstar« füllt er die Akustiktempel so gut wie das Phantom der Oper.

Theologisch wurde seine Vita seit G. E. Lessings Schrift »Fragmente eines Ungenannten« (ab 1774), spätestens aber seit David Friedrich Strauß (»Das Leben Jesu«, 1835) besser ausgeleuchtet, und vor allem die Qumran-Rollen, die 1946 in der Negev-Wüste gefunden wurden, hat man nach Reflexen des realen Jesus abgesucht. War er ein Anhänger der Essener-Sekte? Ist er sogar identisch mit dem essenischen »Lehrer der Gerechtigkeit« – oder dessen Gegenspieler? Oder hat er die Kreuzigung überlebt und ist als Opa im Kaschmir gestorben? Zu gönnen wäre es ihm gewesen, auch seiner Magdalena. Für die vorliegende Arbeit haben aber solche und ähnliche Vermutungen über den realen Jesus relativ wenig Bedeutung. Auch der aktuelle Forschungsstand, wonach kein einziges Wort des Neuen Testaments von einem Augenzeugen Jesu verfasst wurde, sowie die heutige exegetische Einschätzung, dass nur etwa vier Prozent (Bultmann) oder auch fünfzehn Prozent (Lüdemann) der Jesus-Worte im Neuen Testament als authentisch gelten dürfen[233], sind sekundär. Entscheidend ist für den Zusammenhang seines Todes mit dem Meister aus Deutschland das, was im Christentum von ihm gelehrt wurde, ausgehend von den Schriften des Neuen Testaments. Auch ohne theologische Ausbildung kann jeder Bibelleser beurteilen, ob die Lichtgestalt Jesus wirklich ein Mann ohne Schatten ist und ohne Bezug zum Holocaust.

Bei den im Folgenden wiedergegebenen Jesusworten ist jeweils durch Fettdruck oder Zusatz angegeben, welche von ihnen der protestantische Neutestamentler Gerd Lüdemann für wahrscheinlich authentisch hält.

Das sanfte Genie der Ethik – und seine Widersprüche

Thema dieses Abschnitts ist es nicht, die historische Person des Palästinensers Jesus anzugreifen, die ohnehin kaum greifbar ist. Es geht vielmehr um die ethische Inkonsistenz der auf seine »heiligen Worte« gegründeten Lehre, um die peinliche Schwäche eines Fundamentes, das Unmenschlichkeiten verschiedener historischer Form erstarken ließ; es geht um das Angstpotential einer »Brave-Kinder-

Lehre«, die Gespaltenheit einer Doktrin, die nicht nur von Nietzsche als »Sklavenmoral« verneint wurde, sondern die auch viele junge Nazis dazu brachte, in der Abkehr von ihr in Bausch und Bogen auch jede humane Ethik zu verwerfen.

Da hätten wir also, im Ambiente des sonntäglichen Familiengottesdienstes, Jesus zunächst als den sanften, friedliebenden »family man«, der nach Mutters Bitten auf der Hochzeit Wasser in Wein verwandelt, der mit dem Gleichnis vom »Verlorenen Sohn« die Väter anspricht und der durch die Kinder, die er gesund macht, wie durch die Kleinen, die er zu sich kommen lässt, immer die familiären Bindungen betont. Dabei sagt er jedoch an anderer Stelle ganz offen: *»Glaubet nicht, ich sei gekommen, Frieden auf die Erde zu bringen. Ich bin nicht gekommen, Frieden zu bringen, sondern das Schwert ...«* (Das hat zweitausend Jahre geklappt) – *»Denn ich bin gekommen, den Menschen zu entzweien mit seinem Vater und die Tochter mit der Mutter und die Schwiegertochter mit der Schwiegermutter ...«* (Letzteres kein Kunststück) – *»Und die Feinde des Menschen werden seine Hausgenossen sein. Wer Vater und Mutter mehr liebt als mich, ist meiner nicht wert. Und wer Sohn oder Tochter mehr liebt als mich, ist meiner nicht wert.«* (Mt 10, 34-**37**; vgl. Lk 12, 51-53)

Sich sorglos der Vorsehung zu überlassen, empfiehlt Jesus im Stil der »Blumenkinder« (»If you come to San Francisco ...«): *»Sorget nicht um das Leben, was ihr esst, noch um den Leib, was ihr anziehen sollt. Betrachtet die Raben, sie säen nicht, sie ernten nicht; sie haben weder Speicher noch Scheuer, und Gott ernährt sie.(...) Betrachtet die Lilien, wie sie weder spinnen noch weben; ich sage euch aber: Selbst Salomo in all seiner Pracht war nicht gekleidet wie eine von ihnen. (...) So fragt denn auch ihr nicht, was ihr essen und was ihr trinken werdet ...«* (Lk 12, 22-29; davon **24-26** echt).

So ernst ist die Sorglosigkeit aber nun doch nicht gemeint. Zumindest in der Baubranche, das weiß auch Jesus, sieht's anders aus: *»Denn wer von euch, der einen Turm bauen will, setzt sich nicht zuerst hin und berechnet die Kosten, ob er genug habe, um fertigzubauen, damit nicht etwa, nachdem er den Grund gelegt hat und nicht fertigmachen kann, alle, die es sehen, anfangen über ihn zu spotten? ...«* (Lk 14, 28-29)

Gerne sieht man, etwa in der »Befreiungstheologie« und in der christlichen Gewerkschaftsbewegung, Jesus als Kämpfer für Solidarität, für die Rechte der Schwachen und gegen harten »Sozialdarwinismus«. Dabei könnten sich eher Neoliberale, Manchester-Kapitalisten und Verfechter eines Auslese- und Elite-Schulsystems sein Gleichnis von den drei Knechten und ihren Talenten auf die Fahnen schreiben: *»Nehmt ihm also das Talent und gebt es dem, der die zehn Talente hat. Denn jedem, der hat, wird gegeben werden, und er wird Überfluss haben. Wer aber nicht hat, dem wird auch das, was er hat, genommen werden. Und den unnützen Knecht werft hinaus in die Finsternis draußen; da wird Heulen und Zähneknirschen sein.«* (Mt 25, 28-30; vgl. Mk 4,25 und Lk 19, 11-26) Dem so hart bestraften, zwar ehrlichen, aber unternehmerisch ängstlichen Treuhänder hält Jesus vor, er hätte das anvertraute Geld *»auf der Bank anlegen sollen, und ich hätte bei meinem Kommen das Meine mit Zins zurückerhalten«* (Mt 25,27; vgl. Lk 19,23). Das ist sehr modern gedacht, aber es entspricht wohl nicht ganz der anderen Lukas-Stelle: *»Kein Knecht kann zwei Herren dienen. (...) Ihr könnt nicht Gott dienen und dem Mammon.«* (Lk 16, 13; vgl. **Mt 6,24**)

Der brasilianische Befreiungstheologe Paulo Suess fordert, statt einer paternalistischen »Option für die Armen« (durch gnädiges Verabreichen von Almosen) ein »Einspruchsrecht der Armen« zu proklamieren, denn »das wäre sicher eine kopernikanische, besser noch, eine Wende der Kirche im Jesus-Sinne«[234]. Dabei spricht Jesus doch ganz den brasilianischen Großgrundbesitzern aus dem Herzen: *»Wenn einer von euch einen Knecht hat, der pflügt oder das Vieh hütet, wird er etwa zu ihm, wenn er vom Feld kommt, sagen: Nimm gleich Platz zum Essen? Wird er nicht vielmehr zu ihm sagen: Mache mir etwas zu essen, zieh dir eine Schürze an und bediene mich. Nachher, wenn ich gegessen und getrunken habe, kannst auch du essen und trinken. Bedankt er sich etwa bei dem Knecht, weil er getan hat, was ihm befohlen wurde?«* (**Lk 17, 7-9**)

Bedenklicher als solche sozialen Marginalien ist aber Jesu Einstellung zum Leben auf dieser Welt. Sehr gern erinnert man sich dabei an seine Festmähler, seine Weinherstellung bei der Hochzeit von Kanaan und seinen unverkrampften Umgang mit »Sünderinnen«. Tatsächlich scheint Jesus kein Freund von Asketismus zu sein: *»Denn Johannes der Täufer ist gekommen, der aß kein Brot und trank keinen Wein; da sagt ihr: ›Er hat einen Dämon.‹ Der Menschensohn ist gekommen, isst und trinkt; da sagt ihr: ›Siehe, ein Schlemmer und Trinker, ein Freund von Zöllnern und Sündern.‹«* (Lk 7, 33-35) An anderer Stelle ist der Herr aber nicht so fürs »savoir vivre«: *»Wenn einer mir nachfolgen will, so verleugne er sich selbst und nehme sein Kreuz auf sich und folge mir nach.«* (Mk 8,34)

In seiner famosen Bergpredigt folgen den Seligpreisungen die Wehedrohungen auf dem Fuß: »*Selig, die ihr jetzt hungert, denn ihr werdet gesättigt werden. Selig, die ihr jetzt weint, denn ihr werdet lachen.* ...« Aber dann: »*Wehe euch, ihr Satten, denn ihr werdet hungern; wehe euch, die ihr jetzt lacht, denn ihr werdet klagen und weinen.*« (Lk 6, **21**-25) Dann lieber nicht.

»*Wer sein Leben liebt, verliert es, und wer sein Leben in dieser Welt hasst, der wird es zu ewigem Leben bewahren.*« (Joh 12, 25) Wie viele Menschen haben sich durch diese Sätze zu Lebenshass, Diesseitsverachtung und ängstlicher Ablehnung von Glücksgefühlen verleiten lassen, und zwar mit der Zielsetzung, für das ewige Leben ihres Ego zu sorgen?

»*Du sollst den Herrn deinen Gott lieben mit deinem ganzen Herzen und deiner ganzen Seele und mit deiner ganzen Vernunft. Das ist das größte und erste Gebot. Das zweite ist ihm gleich: Du sollst deinen Nächsten lieben wie dich selbst. An diesen beiden Geboten hängt das ganze Gesetz und die Propheten.*« (Mt 22, 37-39; vgl. Lk 10, 25-28; Mk 12, 28-31)

Was die Aufforderung zur Gottesliebe betrifft: Warum muss sie befohlen werden? Ist sie so mühsam? Und wie würde es klingen, wenn ein Mensch zum anderen sagen würde: Es ist deine Pflicht, mich zu lieben!?

Und was die Nächstenliebe angeht – schön und gut, nur: Wenn Jesus an anderer Stelle und mehrfach von seinen Jüngern verlangt, dass sie ihr eigenes Leben hassen, dann kann man sich vorstellen, wie die entsprechende Nächsten-wie-dich-selbst-Liebe bei diesen Selbsthassern aussehen wird. Noch krasser fällt sein Liebesgebot aus, wenn Jesus bei Lukas zu den Volksscharen spricht: »*Wenn jemand zu mir kommt und nicht Vater und Mutter und Weib und Kinder und Brüder und Schwestern und dazu auch sein eigenes Leben hasst, kann er nicht mein Jünger sein.*« (**Lk 14,26**; vgl. **Mt 10,37**)

Kurz gesagt: Liebe deinen Herrn und hasse deine Nächsten wie dich selbst.

Abgesehen von der Frage, woran ein Mensch wohl leidet, der sich in solchen Imperativen ausspricht – die Maxime der christlichen Ethik, die er an anderer Stelle so formuliert: »*Alles nun, was ihr wollt, dass euch die Leute tun, das sollt auch ihr ihnen tun; denn das ist das Gesetz und die Propheten*« (Mt 7,12) –, diese »goldene Regel« der Ethik ist ja keineswegs originell. Ihre wohl älteste schriftliche Fixierung findet sich im indischen Mahabharata (etwa 500 v. C.): »Dies ist die Summe aller wirklichen Redlichkeit – behandle andere, wie du selbst behandelt werden möchtest ... – der Mensch gewinnt eine richtige Leitschnur für sein Verhalten, wenn er seinen Nächsten ansieht wie sich selbst.«[235] Sie findet sich genauso, als *Goldene Regel* (Tob 4,15; etwa 3./4. Jh v. C.) und schon früher, als Gebot der Nächstenliebe (Lev 19,18) im Alten Testament. Moses Mendelssohn, der bewunderte Freund Lessings und Vorbild für dessen »Nathan«, wurde einmal gefragt, ob er die ganze Tora aufsagen könne, während er auf einem Bein stehe. »Behandle die anderen so, wie du von ihnen behandelt werden möchtest«, antwortete der jüdische Aufklärer kurz und bündig. »Das ist das ganze Gesetzbuch. Der Rest ist Auslegung.«

Der amerikanische Psychologe Lawrence Kohlberg erstellte, ausgehend von Kants Ethik und von Piagets Untersuchungen über die Entwicklung der moralischen Einsicht beim Kind, eine sechsstufige Reifeskala des Moralurteils. Auf dieser Skala liegt ein Verhalten nach der »Goldenen Regel« auf Stufe 2 bis 6, je nachdem, ob Angst vor Strafe und handfester Eigennutz oder soziale Rücksicht und ethische Überzeugung als Motive wirken. Da macht sich Jesu Ethik durch ihren Vorrang des Menschen vor dem Gesetz (Sabbatgebot), durch seinen Aufruf zur Selbstkritik (»... der werfe den ersten Stein«), zu Empathie und Toleranz (»Splitter und Balken«) sehr gut. Wenn es aber wirklich um das Wohl des Nächsten geht, warum muss Jesus selber dann wieder für dieses nächstenliebe Verhalten lohnende Gewinne in Aussicht stellen? Auf Kohlbergs Skala rutscht er da ganz schön ab, etwa auf Stufe 2.

Nun werden aber christliche Theologen entgegnen, dass Jesus sich durch sein Gebot der Feindesliebe zu neuen ethischen Höhen aufschwingt: *»Ihr habt gehört, dass gesagt ist: ›Liebe deinen Nächsten‹ und hasse deinen Feind. Ich aber sage euch: Liebet eure Feinde und betet für die, die euch verfolgen ... Achtet darauf, dass ihr eure Gerechtigkeit nicht vor den Menschen übt, um von ihnen gesehen zu werden, (...) wie es die Heuchler in den Synagogen und in den Gassen machen, sonst habt ihr keinen Lohn bei eurem Vater, der im Himmel ist (...) und dein Vater, der ins Verborgene sieht, wird dir vergelten.«* (Mt 5, 43 – 6,4; authentisch nur **5,44a**: *»Ich aber sage euch: Liebet eure Feinde.«*) Kürzer könnte man diese vielzitierte Morallehre so fassen: »Heucheln ja, aber richtig!« Die nach außen gerichtete Schönbeterei des Pharisäers, die ihren Lohn in der sozialen Anerkennung durch die Mitmenschen sucht, wird zur verinnerlichten »Braves-Kind-Haltung« des Christen, die auf den Lohn des alles sehenden *big father* schielt. Denn geht es hier wirklich um den Mitmenschen, um sein Wohlergehen, sein Glück und die Gerechtigkeit gegen ihn, oder im Grunde nur darum, selber ganz oben gut angeschrieben zu sein? Natürlich sollte man sich vor Purismus hüten; ein bayerisches »Vergelt's Gott« ist meistens, ganz ungeheuchelt, ein ehrliches Dankeschön und eine Entschuldigung dafür, dass man nichts auf Gegenseitigkeit geben kann. Restlos »selbstloses« Verhalten wird für uns Sterbliche wohl ein Ding der Unmöglichkeit sein; zumindest ein »gutes Gefühl«, eine Steigerung des Selbstwertes dürfte – und sollte – immer herausspringen; und nur wer sich dieses immer vorhandenen, legitimen Eigennutzes einigermaßen bewusst ist, kann der subtilen Heuchelei und dem frommen Selbstbetrug entgehen, denen die famose Ethik Jesu breiten Raum gibt. Viel ehrlicher ist da übrigens die Ethik des alten Epikur: »Ich bin moralisch, um mir selber gut zu tun«, sagte dieser griechische Heide, »und nicht, den Göttern zu gefallen.«[236]

Auch die Feindesliebe Jesu (andere Wange hinhalten, dem Rockdieb auch den Mantel mitgeben ...) erweist sich bei näherem Hinsehen als soft-aggressiver Belehrungs-Akt. Als erster hat Paulus die Mechanik kapiert: »*... wenn dein Feind hungert, speise ihn, wenn er dürstet, tränke ihn. Denn wenn du dies tust, wirst du feurige Kohlen auf sein Haupt sammeln.*« (Apg 12, 20) Im Übrigen empfiehlt Paulus, nicht selbst rächend tätig zu werden, sondern »dem Zorn Raum« zu geben: »*Es steht ja geschrieben: ›Mein ist die Rache, ich will vergelten, spricht der Herr.‹*« (Apg 12, 19) Also: Die Peitsche überlasse man dem lieben Gott, ganz nach dem Motto: »Wart nur, bis Papa heimkommt!«

An dieser Stelle ist festzuhalten: Was an der jesuanischen Ethik vernünftig und praktikabel ist, nämlich die »goldene Regel«, das ist nicht neu, sondern steht ebenso im Alten Testament und ist im Übrigen die natürliche Grundlage des einigermaßen sozialen Zusammenlebens aller Nachkommen von Eva oder Lucy. Was aber neu ist an seiner Morallehre, nämlich die unbedingte Gewaltlosigkeit und Nachgiebigkeit, das Hinhalten der anderen Wange, ist meistens weder vernünftig noch praktikabel. Und die Warteschlangen nackter, schuld- und gewaltloser Menschen vor den Gaskammern in Birkenau haben auf die SS-Mützen der Täter nicht viele glühende Kohlen gesammelt.

Sarkastisch formuliert Simone Weil, die Resistance-Kämpferin und »katholische Mystikerin«, diese tödliche Praxisferne: »Wer das Schwert ergreift, der wird durch das Schwert umkommen. Und wer das Schwert nicht ergreift (oder es sinken lässt), der wird am Kreuz sterben.«[237] An anderer Stelle geht Simone Weil auf die berüchtigte Frage ein, die früher in Deutschland bei der »Gewissensprüfung« von Kriegsdienstverweigerern so zwangsläufig kam wie das Amen in der Kirche und die auch an Mahatma Gandhi gestellt wurde: »Was tun Sie, wenn Krieg ist und Soldaten dringen in Ihr Haus ein und wollen Ihre Schwester vergewaltigen und Sie haben ein Gewehr zur Hand?« Die jüdisch-katholische Philosophin meint dazu:

»Nur wenn sie wirksam ist, ist die Gewaltlosigkeit gut. Siehe die Frage, die ein junger Mann bezüglich seiner Schwester an Gandhi stellte. Die Antwort müsste lauten: brauche Gewalt, es sei denn, du könntest sie, mit der gleichen Aussicht auf Erfolg, auch ohne Anwendung von Gewalt verteidigen; es sei denn, du besäßest eine Ausstrahlung, deren Stärke ... deiner Muskelstärke gleich käme. Sich bemühen, so zu werden, dass man gewaltlos handeln kann. Das hängt auch vom Gegner ab.«[238]

Unnötig ist wohl, darauf hinzuweisen, wie wenig gerade die christlichen Krieger der letzten zwei Jahrtausende Jesu Gebot der Feindesliebe umsetzen, das Schwert sinken lassen, die andere Wange hinhalten und auf ihre »Ausstrahlung« bzw. die Langzeitwirkung der »glühenden Kohlen« vertrauen konnten. Schließlich waren es Truppen des Vatikan, die bei jener denkwürdigen Schlacht von Solferino so heftig die andere Wange hinhielten, dass Henri Dunant, als er das Schlachtfeld sah, den Entschluss fasste, das »Rote Kreuz« zu gründen.

Lassen wir aber trotz seiner praktischen Fragwürdigkeit Jesu Gebot der Gewaltfreiheit als positiven Ansatz gelten; als eine gerade wegen dieser Fragwürdigkeit fruchtbare Anregung zum Nachdenken über humanes Verhalten. Auch die bei Jesus vorrangige Gottesliebe wurde in verschiedenen christlichen Legenden (etwa der von Martinus und dem Bettler) humanistisch-sozial umgedeutet, indem sich der arme Mensch, dem der Mensch zu Hilfe kommt, als »Gott inkognito« herausstellt. »Ich suchte Gott und fand ihn nicht; ich suchte mich selbst und fand mich nicht; ich suchte meinen Bruder und fand alle drei.« So hat ein Gefangener eines sibirischen Straflagers es frei von jedem falschen Pathos ausgedrückt; und wie so viele Beispiele sozialer Praxis im christlichen Kulturraum, von Hospitalstiftungen bis zur Bahnhofsmission, so lässt auch dieses Finden von »Gott« und »Ich« im »Bruder« die starke Wirkung des Gleichnisses vom barmherzigen Samariter vermuten. Jesus selber wird von Evangelisten mehrfach eine faktische Gleichsetzung von Gottes- und Nächstenliebe in den Mund gelegt: »*Was ihr dem Geringsten eurer Brüder getan habt, das habt ihr mir getan.«* (Mt 25,31-45; die Höllendrohung fürs Nicht-Tun schließt Jesus allerdings unmittelbar an.) In seltener Schönheit stellt schließlich der Verfasser des 1. Johannesbriefes eine christlich-humane Ethik dar, wie sie hätte sein können:

»Wenn einer sagt: ›Ich liebe Gott‹, und er hasst seinen Bruder, so ist er ein Lügner. Denn wer seinen Bruder, den er vor Augen hat, nicht liebt, der vermag Gott, den er nicht sieht, erst recht nicht zu lieben.« (1 Joh 4, 20) Derselbe Autor denunziert aber jeden, der Jesus nicht bekennt, als einen, der zum *»Geist des Antichrist«* gehört und *»Gott ... zum Lügner macht«* (1 Joh 4, 3 und 5,10). Und solche Leute verdienen, bei aller Liebe, natürlich ihre Strafe.

In Jesu Verhaltenslehre sind neben dem Gebot der Nächsten- und Feindesliebe folgende viel gerühmte Komponenten zu nennen:

Barmherzigkeit üben! *»Selig die Barmherzigen, denn sie werden Barmherzigkeit erlangen.«* (Mt 5,7) Das heißt, weil es sich lohnt.

Nicht richten! Zu den Leuten, die eine Ehebrecherin steinigen wollen, sagt Jesus: *»›Wer von euch ohne Sünde ist, der werfe als erster einen Stein auf sie.‹ Dann bückte er sich wieder und schrieb auf die Erde. Als sie aber das gehört hatten, gingen sie weg, einer nach dem andern ... Und er blieb allein zurück und die Frau, die in der Mitte stand. Da richtete sich Jesus auf und sprach zu ihr: ›Frau, wo sind sie? Hat keiner dich verurteilt?‹ Sie aber sprach: ›Keiner, Herr.‹ Da sprach Jesus zu ihr: ›Auch ich verurteile dich nicht. Geh und sündige von jetzt an nicht mehr.‹«* (Joh 8, 7-11)

»Richtet nicht, damit ihr nicht gerichtet werdet. Denn ... mit dem Maß, mit dem ihr messet, wird euch gemessen werden.« (**Mt 7, 1**-2)

Vergeben! *»Da trat Petrus hinzu und sprach zu ihm: ›Herr, wenn mein Bruder sich gegen mich verfehlt, wie oft soll ich ihm vergeben? Bis zu siebenmal?‹ Jesus antwortete ihm: ›Ich sage dir, nicht bis siebenmal, sondern bis zu siebenundsiebzigmal.‹«* (Mt 18, 21-22) Der Heuchelei leistet Jesus auch hier Vorschub: Wer wird schon, wie Jesus fordert, seinem Bruder siebenundsiebzigmal verzeihen, dass er das ausgeliehene Auto wieder mal schrottreif zurückgebracht hat?

Abgesehen von solcher Überforderung kommen jedoch in diesen Geboten und Verhaltensbeispielen menschliche Güte, Weisheit und Großherzigkeit sehr anschaulich zur Sprache. So sympathisch hier die Ethik des Rabbi Jesus erscheint, so befremdlich wirkt auf diesem Hintergrund ein anderes Gesicht des Gottessohnes. Im selben Matthäus-Kapitel, wo die Barmherzigen so seliggesprochen werden – nämlich der berühmten *»*Bergpredigt*«* –, ist wenig später zu lesen:

»Jeder, der seinem Bruder zürnt, soll dem Gericht verfallen sein. Wer aber zu seinem Bruder sagt ›Du Dummkopf‹, der soll dem hohen Rat verfallen sein. Und wer sagt: ›Du Narr!‹, der soll der Feuerhölle verfallen sein.« (Mt 5, 22; echt nur der erste Satz **22a**) In einem einzigen Vers schafft es hier der Evangelist, die Gebote der Brüderlichkeit und Nächstenliebe, des Nicht-Urteilens, des Vergebens (siebenundsiebzigmal) und der Barmherzigkeit gründlich zu kompromittieren. Mit »Vergeben«, »Nicht richten« und »Barmherzigkeit üben« ist es da schon wieder vorbei. Vor allem aber bringt der Evangelist hier eine Strafandrohung ins Spiel, »deren unheilvolle, psychisch verheerende Wirkung in der Geschichte des Christentums auf unzählige Menschen gar nicht übertrieben werden kann«[239] und als deren Erfinder sein Jesus wohl gelten darf: der »Feuerhölle«.

Flüche, Hölle und Dämonen

Der sanfte Jesus ist, vor allem bei Matthäus, ein Meister der Verdammung, ein Flucher vor dem Herrn. Die Objekte seiner Flüche sind ganz verschieden: Mal sind es die Übeltäter (Mt 13, 41), mal ein Hochzeitsgast, der nicht richtig angezogen ist (Mt 22, 11-13), mal ein Feigenbaum, der wider Jesu Erwarten keine reifen Feigen hat (es war nämlich die falsche Jahreszeit; Mt 21,19), mal sind es ganze Städte (Chorazin, Betsaida, Kapharnaum), deren Bewohner nach seinen Predigten nicht »umgekehrt« waren: *»Aber ich sage euch: Tyrus und Sidon wird es erträglicher ergehen am Tage des Gerichts als euch. Und du Kapharnaum: Wirst du wohl bis zum Himmel erhoben werden? Bis zur Unterwelt wirst du hinabfahren!«* (Mt 11, 21-23)

Die häufigste Metapher im »Wörterbuch des Gottmenschen« ist dabei wohl das reinigende, strafende, vernichtende Feuer; wiederkehrende Formeln sind auch »hinaus in die Finsternis«, sowie »Heulen und Zähneknirschen«: *»Da sprach der König zu den Dienern: ›Bindet ihm Hände und Füße und werft ihn hinaus in die Finsternis draußen. Dort wird Heulen und Zähneknirschen sein. Denn viele sind berufen, wenige aber auserwählt.«* (Mt 22, 13) Gravierender als dieses verbale Schäumen ist aber die Denkweise, die Jesus offenbart und die in folgenden Merkmalen Beziehungen zum Holocaust befürchten lässt:

- »Manichäischer« Dualismus zwischen Gut und Böse
- Vernichtung und Ausmerzung der Übeltäter
- Exzessive Straf-Phantasien; Qualen, Folterung, ewige Verdammung als Strafen

Schwarz-Weiß-Denken

Die Lehre des persischen Religionsstifters Mani, wonach sich ein gutes und ein böses Prinzip in ewigem Kampf gegenüberstehen (daher »Manichäismus«), wurde von der Kirche als Irrlehre verworfen; obwohl sie von Jesus sicher stark angeregt, wenn nicht initiiert worden war. Denn so einfach sieht er die Sache:

»Entweder: Der Baum ist gut – dann sind auch seine Früchte gut. Oder: Der Baum ist schlecht, dann sind auch seine Früchte schlecht. (...) Ihr Schlangenbrut, wie könnt ihr Gutes reden, wenn ihr böse seid? Ein guter Mensch bringt Gutes hervor, weil er Gutes in sich hat, und ein böser Mensch bringt Böses hervor, weil er Böses in sich hat.« (Mt 12, 33-35)

»Hütet euch vor den falschen Propheten, die in Schafskleidern zu euch kommen, inwendig aber reißende Wölfe sind. An ihren Früchten werdet ihr sie erkennen. Sammelt man etwa Trauben von Dornen und Feigen von Disteln? So bringt jeder gute Baum gute Früchte, der schlechte Baum aber bringt schlechte Früchte. Ein guter Baum kann keine schlechten Früchte bringen, und ein schlechter Baum kann keine guten Früchte bringen. Jeder Baum, der keine gute Frucht bringt, wird umgehauen und ins Feuer geworfen. An ihren Früchten also werdet ihr sie erkennen.« (Mt 7, 15-20; echt nur **17-18**)

Schlicht demagogisch ist hier Jesu Argumentationskette: Zuerst diffamiert er Menschen als reißende Tiere. Diese – für die Zuhörer noch zweifelhafte – Abwertung von Menschen untermauert er dann durch zweifellos richtige, bauernfängerische Banalitäten über »wertvolle« und »minderwertige« Pflanzenarten. Und wenn seine bäuerlichen Zuhörer mit dem zustimmenden Kopfnicken noch gar nicht fertig sind, kehrt Jesus unvermittelt wieder zu den verschieden wertvollen Menschen zurück, nicht ohne beiläufig noch eingefügt zu haben, wie man mit wertlosen Bäumen umgehen solle: Eine rustikale Endlösung, die den einfachen palästinensischen Landwirt, der täglich mit Dornen und Disteln kämpft, durchaus innerlich erwärmen kann, die aber, auf Menschen angewandt, verheerend wirkt. Auch beim Gleichnis vom Sämann sind Jesu Jünger wieder mal schwer von Begriff und der Meister muss ihnen die Pointen erklären: *»Der, der den guten Samen sät, ist der Menschensohn. Der Acker aber ist die Welt. Der gute Same, das sind die Söhne des Reiches, und das Unkraut sind die Söhne des Bösen. Der Feind, der es gesät hat, ist der Teufel. Die Ernte ist das Ende der Welt, die Schnitter sind die Engel. Wie nun das Unkraut gesammelt und im Feuer verbrannt wird, so wird es auch sein am En-*

de der Welt: Der Menschensohn wird seine Engel aussenden, und sie werden aus seinem Reich alle Ärgernisse und Übeltäter sammeln und sie in den Feuerofen werfen ...« (Mt 13, 24-43)

Der Evangelist steht hier wohl in der Tradition des alttestamentarischen *»Du sollst das Böse aus deiner Mitte entfernen«.* Aber noch stärker als dort sind bei Jesus die Bösen ganz durch und durch Schurken, verdorben von Anbeginn, genetisch böse, da hervorgegangen aus dem Samen des Teufels. Unkraut bleibt Unkraut! »Es gehört ein Herz von der Härte einer Krokodilhaut dazu ... die Juden nicht zu hassen ... [und auch jene, die] ... zu feige sind, dies Ungeziefer zu zertreten. Mit Trichinen und Bazillen wird nicht verhandelt, Trichinen und Bazillen werden auch nicht ›erzogen‹, die werden so rasch und gründlich wie möglich unschädlich gemacht.«[240] So tönte ein Paul de Lagarde im Jahr 1888, jener Kulturkritiker Lagarde, dessen ausgewählte Schriften 1944 an die deutschen Truppen im Osten verteilt wurden[241] und der noch 1999 unkritisch als idealistischer Vorkämpfer der Reformpädagogik genannt wird[242].

Phantasien von Strafe und Vernichtung

»Und wie es in den Tagen Noahs zuging, so wird es auch in den Tagen des Menschensohnes sein. Sie aßen und tranken, sie nahmen und gaben zur Ehe ... Da kam die Flut und vernichtete sie. Und wie es in den Tagen Lots war, sie aßen, sie tranken, sie kauften, sie verkauften, sie pflanzten und bauten. An dem Tage aber, da Lot von Sodom wegzog, regnete es Feuer und Schwefel vom Himmel und vernichtete alle. Geradeso wird es sein an dem Tage, an dem der Menschensohn offenbar werden wird.« (Lk 17, 26-30)

Die finale Überraschungs-Strafe baut Jesus auch in Gleichnisse ein: Kontrollbesuch ist immer dann, wenn's keiner denkt. Um seinen Knecht kalt zu erwischen, wird der Chef *»... an einem Tage kommen, da er es nicht erwartet, und zu einer Stunde, die er nicht kennt, und wird ihn entzwei hauen ...«* (Lk 12, 45-46; vgl. Mt 24, 50-51)

Etwas besser ergeht es dem »unbarmherzigen Knecht«, der zuerst vom Herrn Gnade erfährt, dann aber seine eigenen Schuldner hart hernimmt. Das muss er büßen: *»Und voll Zorn übergab ihn der Herr den Folterknechten, bis er ihm die ganze Schuld bezahlt hätte. So wird auch mein himmlischer Vater mit euch verfahren, wenn nicht jeder von euch seinem Bruder von Herzen verzeiht.«* (Mt 18, 34-35)

Das schöne Gleichnis vom reichen Prasser und dem armen Lazarus darf hier nicht fehlen, denn einerseits bildet es die Vorlage der christlichen Himmel-und-Hölle-Spielregeln, zum andern offenbart es wiederum die Straflust, Unbarmherzigkeit und dualistische Gespaltenheit der jesuanisch-lukanischen Psyche. Als nämlich der Reiche »... *im Totenreich, mitten in seinen Qualen, seine Augen erhob, sah er Abraham von ferne und Lazarus in seinem Schoß. Da rief er laut:* ›*Vater Abraham, erbarme dich meiner und sende Lazarus, dass er die Spitze seines Fingers ins Wasser tauche und meine Zunge kühle; denn ich leide große Pein in dieser Feuersglut.*‹« Vater Abraham lehnt ab: »*Sohn, denke daran, dass du dein Gutes in deinem Leben empfangen hast, Lazarus ebenso das Schlechte. Jetzt dagegen wird er hier getröstet, du aber wirst gepeinigt. Und außerdem besteht zwischen uns und euch eine tiefe Kluft, damit die, welche von hier zu euch hinüber wollen, es nicht können, und ebensowenig können die von drüben zu uns herüberkommen.*« (Lk 16, 19-26)

Im vertrauten Gegensatz von »rechts« und »links« findet Jesus die anschauliche Kurzformel für seinen strikten Dualismus; eine Strukturierung des Bildraums, die von Malern gerne aufgegriffen wurde. Michelangelos sixtinischer Christus, der mit einem herrischen Schwung der rechten Hand (und einem Gesichtsausdruck ähnlich Apollo beim Schinden des Marsias) die Verdammten für eine Ewigkeit hinwegfegt, ist die kongeniale Darstellung des matthäischen Jesus:

»*Alsdann wird er auch zu denen auf der Linken sprechen:* ›*Hinweg von mir, Verfluchte, in das ewige Feuer, das dem Teufel und seinen Engeln bereitet ist.*‹ *(...) Und sie werden hingehen, diese in ewige Pein, die Gerechten aber in das ewige Leben.*« (Mt 25, 41-46)

Warum werden diese Menschen vom »Menschensohn« so unvorstellbar gnadenlos bestraft? Weil sie in ihrem lächerlich kurzen Leben zu wenig barmherzig waren: »*Was immer ihr einem dieser Geringsten nicht getan habt, das habt ihr mir nicht getan.*« (Mt 25,45) Derselbe Jesus, der fordert, siebenundsiebzigmal zu verzeihen, nie zu richten, nie zu verurteilen, immer Böses mit Gutem zu vergelten, der jedes verlorene Schäfchen sucht, findet und heimträgt, lässt hier für seine eigene psychiatrische Diagnose wohl wenig Spielraum übrig. Gleichwohl (oder deshalb) hat seine Schöpfung der Hölle eine buchstäblich ungeheure Wirkung entfaltet. Der Katholik Friedrich Heer resümiert:

»Dieser Teufels- und Höllenglaube hat bis zur Gegenwart Millionen Menschenleben vernichtet. Keine Statistik kann sie berechnen. Teufelsangst und Höllenangst haben christliche und auch nachchristliche Existenzen bis ins Mark zerbrochen. Wenn bedeutende kirchliche Theologen wie Hans Urs von Balthasar ... vermerken, dass es so wenig ungebrochene schöpferische Charaktere in der Kirche gibt, dann ist dies auf diese Brechung des Menschen bis in den innersten Personkern hinein zurückzuführen. Teufelsangst und Höllenglaube haben das Christentum und die Kirche zu neurotischen, pathologischen Gebilden im Banne kollektiver Zwangsneurosen gemacht, die mit immer neuen epidemischen Wellen die menschliche Gesellschaft identifizieren.«[243]

Worin liegen die Zusammenhänge dieses von Jesus initiierten Teufels- und Höllenglaubens mit dem Holocaust? Erstens in der Anklage »*Ihr habt den Teufel zum Vater*«, mit welcher Jesus seltsamerweise diejenigen Juden, die »*zum Glauben an ihn gekommen waren*«, zur Beinahe-Steinigung provoziert (Joh 8, 31-59); zweitens in der jesuanischen Prägung des Kindes Adolf Hitler sowie vieler Täter, Helfer und Zuschauer des Holocaust; drittens in der Tatsache, dass das »Unternehmen Barbarossa«, der »Kreuzzug im Osten«, der Himmlers Totenkopf-Orden die Räume öffnete, so vielen christlich erzogenen Wehrmachtssoldaten als Kampf des christlichen Abendlandes gegen das bolschewistische »Reich der Finsternis« illustriert wurde – eine Heiligsprechung des Krieges, an der die deutsche und römische Geistlichkeit nicht wenig Anteil hatte. Der »manichäische« Dualismus, der hier zur Kriegsmotivation so hilfreich war, ist insofern noch näher zu betrachten, als er auch zu einer Spaltung von Emotion und Mitgefühl führte.

Innerhalb des Christentums ist angesichts der Höllenlehre oft die Frage gestellt worden, wie die Seligen im Himmel mit dem Wissen leben könnten, dass andere Seelen, vielleicht sogar Familienangehörige, gleichzeitig und für die Dauer derselben Ewigkeit unablässig gepeinigt werden. Friedrich Heer zitiert dazu den päpstlichen Hausprälaten Monsignore L. Cristiani (1959!) mit seiner Antwort auf die Frage: Macht es nicht die Erwählten traurig, wenn sie einen Verwandten oder einen Freund in der Hölle sehen? – Nein, erklärte Cristiani, denn: »Sie sind selbst darüber glücklich, dass die Gerechtigkeit Gottes triumphiert (...) Die bösen Werke, die auf Erden getan werden, und die Strafen der Verdammten im anderen Leben sind so ein Anlass akzidenteller Freude für die Erwählten, insofern sie hier die Materialursache für das Offenbarwerden der göttlichen Gerechtigkeit und des göttlichen Erbarmens sehen. Denn Gott ist mächtig und weise genug, um das Böse, das er auf Erden zulässt, zu seiner eigenen Verherrlichung gereichen zu lassen.«

Solche theologischen Stiefelleckereien lasse ich lieber Friedrich Heer sarkastisch kommentieren: »Die Seligen genießen im Himmelstheater also wohl auch die ›Auschwitz-Wochenschau‹ sowie die übrigen ›Kriegstheater‹ aller Zeiten. Diesem Himmel fehlt es ebensowenig an perversen Zügen wie der Hölle.«[244]

Selige Freude statt Mitleid

Zu allen christlichen Zeiten war die jesuanische Höllenlehre das geeignete Übungsmaterial, um die Abspaltung und Verdrängung des Mitgefühls zu erlernen: Mit Judas, dem Satan und seinen Opfern, mit all den zur Hölle gefahrenen ehemaligen Mitmenschen musste, sollte, durfte kein Christ Mitleid haben. »Wer ist verbrecherischer als jener, der mit den Verdammten Mitleid hat?« – so fragt ironisch Charles Peguy, und als katholischer Sozialist weiß er, wie kalt-theologisch die Kirchenlehrer Augustin und Thomas von Aquin behauptet haben, die Leiden ihrer verdammten Ex-Mitmenschen seien den seligen Seelen eher Anlass zu seliger Freude als zu Mitgefühl. Peguy wirft Dante, dem großen Infernalisten, vor, er habe die Hölle als Tourist bereist, ohne Mitleid. Der Katholik Friedrich Heer hat nach 1945 zu Dantes »Dite«, der innersten Inferno-Stadt, eine andere Assoziation:

»Diese Höllenstadt ist ein Auschwitz. Die Minarett-Türme sind KZ-Türme, der Feuerschein Dites gleicht den Feuern der ständig brennenden Krematorien. Der große Unterschied ist nur: Die KZ-Höllen ›arbeiten‹ nur wenige Jahre. Dantes Höllen schinden in alle Ewigkeit ihre Gefangenen.«[245]

Genau so, als ewiges Schinden, hat aber Jesus sein Höllenbild gemalt:

»*Und wenn dir deine Hand Ärgernis gibt, dann hau sie ab. Besser ist es für dich, verstümmelt ins Leben einzugehen, als mit beiden Händen in die Hölle zu fahren, in das unauslöschliche Feuer. Und wenn dir dein Fuß Ärgernis gibt, dann hau ihn ab, es ist besser, hinkend ins Leben einzugehen, als mit beiden Füßen in die Hölle geworfen zu werden. Und wenn dir dein Auge Ärgernis gibt, dann reiß es aus. Es ist besser, einäugig in das Reich Gottes einzugehen, als mit beiden Augen in die Hölle geworfen zu werden, wo ihr Wurm nicht stirbt und das Feuer nicht erlischt ...*« (Mk 9, 42-49)

Abspalten- und Verdrängenkönnen des Mitgefühls, wie es die anerkannten Theologen Augustinus und Thomas in der Nachfolge Jesu vorexerzierten, ist eine wichtige Eignungsbedingung für passive Zuschauer, für aktive Folterer und KZ-Personal. Möglich gemacht wird die Abspaltung dadurch, dass Menschen, zu denen kein Mitgefühl gestattet ist, verteufelt, verdammt, auf die linke Seite gewiesen werden.

Paul Celan akzentuiert diese Gefühlsabspaltung der »Meister aus Deutschland« in der »Todesfuge«:

... Ein Mann wohnt im Haus der spielt mit den Schlangen der schreibt
der schreibt wenn es dunkelt nach Deutschland dein goldenes Haar
Margarete ...
er hetzt seine Rüden auf uns er schenkt uns ein Grab in der Luft
er spielt mit den Schlangen und träumet der Tod ist ein Meister aus
Deutschland
dein goldenes Haar Margarete
dein aschenes Haar Sulamith

Dachte Celan beim »Mann, der im Haus wohnt« an Rudolf Höß, den (sehr katholisch erzogenen) Kommandanten von Auschwitz? Der wohnte in einem schönen Haus am Lagerzaun, mit einem Garten, wo seine Kinder unter Bäumen spielen konnten, an denen nie ein Jude hing. »Ja, meine Familie hatte es in Auschwitz gut. Jeder Wunsch, den meine Frau, den meine Kinder hatten, wurde erfüllt. Die Kinder konnten frei und ungezwungen leben. Meine Frau hatte ihr Blumenparadies ... Immer hatten auch die Kinder im Garten besonderes Viehzeug, das die Häftlinge angeschleppt brachten. Ob Schildkröten oder Marder, ob Katzen oder Eidechsen, stets gab es was Neues, Interessantes im Garten. Oder sie planschten im Sommer im Planschbecken im Garten ... Ihre größte Freude war jedoch, wenn Vati mitbadete. Der hatte nur wenig Zeit für all die Kinderfreuden.«[246]

Denselben lieben Vati stellte beim Frankfurter Auschwitz-Prozeß 1964 eine Zeugenaussage so dar:

»Im Jahr 1944 wurden lebende Kinder in die großen Feuer geworfen, die neben den Krematorien brannten. Wir hörten das im Stammlager, und ich teilte es dem Standortarzt mit. Dr. Wirths wollte es mir nicht glauben. Er fuhr nach Birkenau hinaus, um nachzusehen. Als ich am nächsten Tag zum Diktat zu ihm kam, sagte er nur: ›Das war ein Befehl vom Lagerkommandanten Höß. Er wurde gegeben, weil nicht mehr genug Gas da war.‹«[247]

Derselbe Höß schreibt in seinen autobiographischen Aufzeichnungen: »Ich musste mich sehr zusammenreißen ... Kalt und herzlos musste ich scheinen bei Vorgängen, die jedem noch menschlich Empfindenden das Herz im Leibe umdrehen ließen. Ich durfte mich noch nicht einmal abwenden, wenn allzumenschliche Regungen in mir hochstiegen. Musste kalt zusehen, wie die Mütter mit den lachenden und weinenden Kindern in die Gaskammern gingen. – Einmal waren zwei kleine Kinder so in ihr Spiel vertieft, dass sie sich absolut nicht von ihrer Mutter davon wegreißen lassen wollten. Selbst die Juden des Sonderkommandos wollten die Kinder nicht aufnehmen. Den um Erbarmen flehenden Blick der Mutter, die bestimmt wusste, was geschieht, werde ich nie vergessen. ... Wenn ich so nachts draußen bei den Transporten, bei den Gaskammern, an den Feuern stand, musste ich oft an meine Frau und meine Kinder denken ... Wenn man die Frauen mit den Kindern in die Gaskammern gehen sah, so dachte man unwillkürlich an die eigene Familie. Ich war in Auschwitz seit Beginn der Massenvernichtung nicht mehr glücklich. Ich wurde unzufrieden mit mir selbst.«[248]

Immerhin beweist dieses späte Eingeständnis der inneren Weichheit, dass Höß mitfühlender war als Vater, Sohn Jesus, Maria und alle Erlösten, die das ewige Leben im Himmel verbringen, um sich täglich an den Leiden der Verdammten zu erfreuen.

Der amerikanische Psychiater Martin Gilbert schrieb über Höß, nachdem er ihn in Nürnberg untersucht hatte: »Er macht den Gesamteindruck eines Mannes, der geistig normal ist, aber mit einer schizoiden Apathie, Gefühllosigkeit und einem Mangel an Einfühlungsvermögen, wie er kaum weniger extrem bei einem richtigen Schizophrenen auftritt.«[249]

Und wie würde die Diagnose des Jesus von Nazareth ausfallen? Nach dem, was von seinen überlieferten Worten authentisch erscheint, war er keinesfalls apathisch oder gefühllos oder unfähig zur Einfühlung, etwa in die soziale und seelische Lage verachteter Zeitgenossinnen und gesellschaftlicher »losers«. Gerade deshalb dürfte die Spaltung zwischen »ewiger Pein« und »ewigem Leben« eher den Autor Matthäus als schizoide Persönlichkeit ausweisen; aber das Bild Jesu ist ja eben nicht durch ihn selbst, sondern durch solche Autoren gestylt worden. Auf deren Textgrundlage hielt der Dominikanermönch Giordano Bruno Jesus für »einen verächtlichen, gemeinen und unwissenden Menschen«, durch den »alles entwürdigt, geknechtet, in Verwirrung gebracht und das Unterste zuoberst verkehrt, die Unwissenheit an Stelle der Wissenschaft gebracht« und »die Niederträchtigkeit zu Ehren gebracht« worden seien.[250] Im Vorfrühling des Jahres 1600, nach achtjährigem Kerker und schwerer Folter, wurde Giordano Bruno anlässlich des kirchlichen Jubeljahres in Rom verbrannt. »Als die Flammen des feuchten Holzes Bruno langsam erfassten« – berichtet ein Augenzeuge – »kam kein Schmerzensschrei über seine Lippen. Ein

Priester hielt dem Brennenden ein Kreuz vor das Gesicht; Bruno wandte den Kopf beiseite.«

Unsere angelsächsischen Nachbarn sind, ebenso wie für ihren schwarzen Humor, auch dafür bekannt, dass sie harmlosen »Lunatics« und Exzentrikern viel Freiraum zum Ausleben ihrer Spleens gewähren. Deshalb sollen hier, was die psychiatrische Diagnose des Rabbi Jesus betrifft, ein Brite und ein Ire das Wort haben.

Zunächst der irische Dramatiker George Bernard Shaw: »Hätte Jesus vor einem modernen Gericht gestanden, so wäre er von zwei Ärzten untersucht worden, man hätte entdeckt, dass er von einer fixen Idee besessen sei, er wäre für unzurechnungsfähig erklärt und in eine Anstalt geschickt worden.«[251]

Dass ihr als Wunderheiler umherziehender Verwandter *»von Sinnen«* sei, meinten übrigens auch die *»Seinen«*, die sich *»seiner zu bemächtigen suchten«*, als er *»nach Hause kam«* (**Mk 3, 20-21**).

Noch drastischer fällt das Bulletin des Arztes und Psychologen Havelock Ellis aus: »Hätte es damals im Vorort von Jerusalem eine Irrenanstalt gegeben, wäre Jesus Christus mit Sicherheit dort schon zu Beginn seiner öffentlichen Laufbahn eingesperrt worden. Allein sein Gespräch mit dem Teufel auf dem Turm des Tempels wäre bereits ausreichend gewesen, und alles, was danach passiert ist, hätte die Diagnose nur bestätigt. Die ganze religiöse Ausprägung der heutigen Welt verdanken wir im Grunde der Tatsache, dass es in Jerusalem keine Irrenanstalt gab.«[252]

Auch in seiner Dämonen-Therapie kommt die Polarität des Denkens Jesu zum Ausdruck (Mt 8, 28-32; **Mk 1, 23-26**; Lk 4, 41 sowie 9, 37-43): Nach dem Motto »Ganz oder gar nicht« wird das Böse, das sich eines Menschen bemächtigt hat, das als »incubus« in ihm drinsteckt (wie seinerzeit im »deutschen Volkskörper«), nicht behandelt, sondern vertrieben; es muss »ausfahren« (zum Beispiel in eine Schweineherde) und dann nach Möglichkeit vernichtet werden. Nicht zuletzt mit seinen Exorzismen hat also Jesus, der heilende Heiland, die Grundanweisungen zu jenem »tausendjährigen europäischen Manichäismus« geliefert, »der als eine Krebskrankheit des Christentums bezeichnet werden darf«[253]. Dämonen- und Höllenglaube waren, gerade in diesem Dualismus, eng verbunden: Hexen, Ketzer und Zauberer waren vom Teufel beherrscht, mit Dämonen im Bunde. Abneigung gegen vorgehaltene Kruzifixe galt im Mittelalter als sicheres Indiz, an dem man Hexen erkennen konnte, und Kruzifixe werden selbstverständlich auch heute noch von geistlichen Exorzisten erfolgreich eingesetzt. Ketzer, Hexen und die Leute aus der »Synagoge des Satans« waren Besessene. Durch Verbrennung, durch diesseitige Leiden konnte man sie reinigen, kurieren und ihnen jenseitige Leiden in der Hölle ersparen. So galt auch der Scheiterhaufen als ein Akt der christlichen Barmherzigkeit, wie er gleichfalls ein Akt der Glaubenstreue war, ein »auto da fé«. Denn schließlich: wenn Jesus diejenigen selig preist, die jetzt weinen, die hier leiden, die im Diesseits dürsten, dann kann es – mit Blick auf jenseitigen Ausgleich – nicht schaden, die Höllen im Diesseits zu inszenieren.

Karl Jaspers sah in der christlichen Höllenlehre ein Instrument der Kirche, um die Seelen der Gläubigen mit »unerhörtem Druck« und einer der schlimmsten Methoden von »Seelenzwang« in ihrer Hand zu behalten; ein Instrument, das nach Bedarf durch diesseitige Zwangsmethoden ergänzt wurde: Folterung und qualvolle Hinrichtungsarten führten zu einer »vorher nie dagewesenen Vergewaltigung der Seelen und Völker«.[254] Als »fruchtbarstes Ei ihrer Macht« habe, so Nietzsche, die Kirche Jesu Höllenlehre ergriffen[255] und mit dieser, so Bloch, dem neuen »Gott der Liebe« einen »Pfuhl der Grausamkeit« gegraben.[256]

Charles Péguy schließlich, der Herz-Jesu-Sozialist, schafft den anstrengenden Spagat, einerseits als Katholik an der christlichen Höllenlehre prinzipiell festzuhalten und ihre psychologischen Folgen andererseits zu geißeln. Er macht das Fragezeichen nicht hinter Gott, sondern hinter die Menschen, die eine Hölle »für die anderen« akzeptieren. Péguy erklärt, der Glaube an die Hölle habe die Christen verholzt und versteinert; er habe ihren Blick für die Solidarität aller Menschen und allen Lebens auf der Erde böse gemacht. Der Blick auf die Verdammten sei ein »Blick der endgültigen Entnährung, der endgültigen Lieblosigkeit, der Blick der ewigen Vernichtung, endlich ein Blick des zersetzenden Vergessens«. Péguy fragt, ob es da verwundern dürfe, dass die Christen die konkrete Hölle übersehen, die sie täglich mitschaffen?[257]

Ob der Nazarener Jesus selber der verbale Designer dieser Höllen war oder ob das Copyright mehr seinen vier kanonisierten Biographen zukäme, tut nichts. Entscheidend ist, wie die Überlieferung dieser Bosch'schen Bilder, ihre Vermittlung an Kinder, ob sie Adolf oder sonstwie hießen, im Religionsunterricht gewirkt hat. Ob der »echte Jesus« die Verbrennung allen Unkrauts und die Zugrunderichtung der bösen Winzer forderte, tut nichts am Resultat. Um es mit Lessings »Patriarch von Jerusalem« zu sagen: »Tut nichts! Der Jude wurde verbrannt.«[258]

Ein bereits zitiertes Jesus-Wort ist im Folgenden leicht verfälscht: Die Worte »Menschensohn« und Engel« wurden durch modernere Begriffe ersetzt:

»Der Führer wird seine Schutzengel-Staffeln aussenden, und sie werden aus seinem Reiche alle Ärgernisse und Übeltäter sammeln und sie in den Feuerofen werden. Dort wird Heulen und Zähneknirschen sein.« (Mt 13, 41)

Wie Pilatus ins Credo kam

Bei aller notwendigen – und viel zu lange tabuisierten – Kritik an der Jesusgestalt der Evangelien darf nicht vergessen werden, dass der reale Jesus selber ein Opfer war. Wie mag er zu dem psychisch leidenden Menschen geworden sein, als der er sich in seinen Äußerungen ausweist? Sicher scheint, dass er der uneheliche Sohn der Maria war – was seine zwiespältige Überhöhung des »Vaters« ebenso beleuchten könnte wie sein gespanntes Verhältnis zu seiner Mutter und seinen Geschwistern, sein Eintreten für Huren, aber auch für die Unauflöslichkeit der Ehe. Das Gerücht, sein leiblicher Vater sei römischer Soldat gewesen, trat zwar schon so früh auf, dass es als Resultat des mündlichen Nachfragens in Nazareth eine gewisse Plausibilität haben könnte. Jedenfalls ist uns der historische Jesus, als eine zu seiner Zeit recht marginale Persönlichkeit, auch in seinem Familienkonflikt nicht zugänglicher als insgesamt. Macht das etwas aus? Der große protestantische Theologe Rudolf Bultmann meint, es sei ohnehin nicht nötig, den Jesus der Geschichte zu kennen. Der einzig wichtige Jesus sei der Christus der Kirche als das Zentrum der kirchlichen Verkündigung. Aber, so müsste man wohl bei Bultmann rückfragen, wer bestimmt, was von ihm verkündet werden soll: ob die Drohbotschaft des Höllenerfinders oder die Frohbotschaft der Erlösung durch Hinrichtung? Bultmanns Kollege Albert Schweitzer zieht in seiner »Geschichte der Leben-Jesu-Forschung« 1951 das Fazit, dass jeder der vielen Forscher seit Reimarus (1694-1768) nach langen Mühen endlich absolut überzeugt war, den Original-Jesus gefunden zu haben. Nur dass keiner dieser Jesusse aussah wie der andere, denn jeder Theo-Historiker hatte sich seinen eigenen geschnitzt. Auch Albert Schweitzer kann dieser Versuchung nicht widerstehen, aber er kommt dem aktuellen Forschungsstand nahe: Sein Jesus glaubte an ein apokalyptisches Weltende schon im nächsten Spätsommer. »Als Vorbereitung darauf sandte er seine Jünger aus, um seine Mitjuden zu warnen. Er war überzeugt, dass seine Jünger dadurch leiden würden. Als sie unversehrt zurückkamen, war er gezwungen, Gott sozusagen in Zugzwang zu bringen. Er trat selbst in den Vordergrund, nicht nur als Bote des Gottesreiches, sondern als der leidende Gottesknecht. Selbst als er am Kreuz hing, kam das Reich nicht – daher seine Verzweiflung am Ende, ausgedrückt in dem großen Schrei der Verlassenheit.«[259]

Den Grund für die außerordentliche Verschiedenheit der Jesusbilder sieht Peter de Rosa (nach dem hier Albert Schweitzer zitiert wurde) darin, dass das Christentum nicht nur eine »hochkomplexe Mythologie« sei, »sondern dass sein Held Jesus von Nazareth ist. Der Glaube beruht auf Leben und Tod eines wirklichen Mannes, an dessen Existenz heute wenige zweifeln.«[260] Genau dies aber, die Verknüpfung eines metaphysischen Mythos mit einem physisch realen, leibhaftigen und historischen Menschen macht einen Großteil dessen aus, was das Christentum anderen Religionen voraus hat und zwei Jahrtausende lang die Menschen faszinierte. Ohne einen realen, historischen Jesus wäre aber auch dieses nicht reale Historie geworden: die »fast zweitausendjährige Blutspur von Golgatha über ... die Judenmetzeleien der Kreuzzüge bis in die Gasöfen von Auschwitz: vom Mythos des ›Christusmordes‹ bis hin zur Tatsache des Völkermordes«.[261]

Jesus – Pilatus – die Juden – der Prozess: um diese historischen Figuren des Gottesmord-Mythos mit Völkermord-Folge geht es im Folgenden.

Die ab 1947 gefundenen Schriftrollen von Qumran am Toten Meer haben eine schon früher diskutierte Vermutung untermauert. Jesus stand wohl der asketisch-elitären jüdischen Sekte der Essener nahe, mit der wohl auch sein Vorläufer Johannes der Täufer in Verbindung stand. Wohl mehrere hundert Mitglieder dieser religiösen Bewegung lebten in einer Art Kloster, dessen Ruinen in Qumran ausgegraben wurden. Hier, wo auch die Schriftrollen geschrieben worden sind, gab es nur sehr wenige Frauen und Kinder. Wozu auch, in diesem elitären Männerbund, der hier, fünf Gehstunden vor Jerusalem, anscheinend auf den Messias und das kurz bevorstehende Weltende gewartet hat. Die Auserwählten nennen sich selber »Kinder des Lichts«, vom Kampf zwischen »Licht und Finsternis« ist die Rede und vom »Heiligen Geist«. Ein »Rat der Zwölf« traf, zusammen mit drei Priestern, wichtige Entscheidungen; eine »frohe Botschaft« wurde verkündet und ein »neuer Bund« gegründet. Zum Abendmahl trafen sich die

Gläubigen in einem Kultsaal, der Priester segnete das Brot und den Most oder Wein, bevor alle ausgiebig aßen und tranken. Ein »Lehrer der Gerechtigkeit«, der das Zentrum gegründet haben soll, wurde dort genauso verehrt, wie sein Gegenspieler, der »Mann der Lügen«, verhasst war. Einige Stellen aus den Qumran-Texten sind späteren Worten Jesu erstaunlich ähnlich, etwa:

»Du hast Strauchelnde aufgerichtet durch deine Kraft, doch Hochgewachsene fällst du, um sie zu erniedrigen«, oder:

»Und er mache dich zum großen Licht und, durch Erkenntnis, zum Licht der Welt. Und du mögest erleuchten das Angesicht vieler durch Einsicht zum Leben.«

Zum Vergleich das, was Johannes, der Lieblingsjünger, über Johannes den Täufer und über Jesus sagt: »*Ein Mensch trat auf, von Gott gesandt, sein Name war Johannes. Dieser kam zum Zeugnis, damit er Zeugnis ablege über das Licht, damit alle durch ihn glaubten. Er war nicht das Licht, sondern er sollte Zeugnis ablegen über das Licht. Das Wort war das wahre Licht, das jeden Menschen erleuchtet; es kam in die Welt.*« (Joh 1, 6-9)

Und Jesus selber, in schlichter Eleganz: »*Ich bin das Licht der Welt. Wer mir folgt, wird nimmermehr in der Finsternis wandeln, sondern das Licht des Lebens haben.*« (Joh 8, 12)

Zwar stammt die letztgenannte Äußerung Jesu aus dem spätesten Evangelium, das etwa siebzig Jahre nach seinem Tod entstand und von allen Evangelien wohl am wenigsten den historischen Jesus darstellen will. Dessen starkes Sendungsbewusstsein wird aber, trotz zwischendurch anklingender Selbstzweifel, in allen Evangelien erkennbar. Das historische Qumran andererseits lebte von einer starken Erwartungshaltung und Hoffnung auf einen Messias. Was passieren kann, wenn das starke Sendungsbewusstsein eines Einzelnen mit der Erwartungshaltung einer hoch aufgeladenen Masse zusammentrifft wie der Stecker mit der Buchse, wissen wir aus dem 20. Jahrhundert.

Aber bleiben wir im viel kleineren Maßstab des 1. Jahrhunderts. Jesus scheint der Qumran-Sekte nahe gestanden und ihre Einflüsse aufgenommen zu haben. Erfolgreiche Heilungen »Besessener« auf seiner Wanderschaft durch Galiläa bestätigten sein Sendungsbewusstsein und begründeten seinen Ruf als »Verkünder der Heilsbotschaft an Israel«: »*Da erstaunten alle und stritten untereinander und sagten: ›Was ist das? Eine neue Lehre voll Macht. Sogar den unreinen Geistern befiehlt er, und sie gehorchen ihm.‹*« (**Mk 1,27**)

Eine »Lehre voll Macht«: Ob Jesu Lehre »nur religiös« oder »auch politisch« gemeint war, ist eine ergiebige Frage für theologische Dissertationen, aber nicht viel notwendiger als das scholastische Problem, wieviele Engel wohl auf einer Nadelspitze Platz haben. Denn wie sollte ein zorniger junger Mann des 1. Jahrhunderts das schaffen, was deutschen Politikern und Kirchenführern im 21. Jahrhundert noch so schwer fällt, nämlich Politik und Religion zu trennen? Gerade im Judentum waren Volk und Religion zu Jesu Zeiten eine Einheit, und diese Legierung ist noch im heutigen Palästina das Material vieler Probleme. Jesu Lehre vom »Reich Gottes« hätte, auch wenn sie ganz unpolitisch gemeint gewesen wäre, die Statthalter des Römerreiches misstrauisch machen müssen. Das jüdische Volk (und besonders die Galiläer) war als besonders aufrührerisch berüchtigt. Von einem fehlgeschlagenen Volksaufstand in Galiläa um das Jahr 7 nach Christi Geburt berichtet die Apostelgeschichte noch neunzig Jahre später: Damals »*erhob sich – in den Tagen der Schätzung – Judas von Galiläa und brachte einen Volkshaufen hinter sich*« (Apg 5, 37). Der Aufstand wurde von den Römern blutig niedergeschlagen und obendrein durch eine Strafexpedition gegen verschiedene galiläische Ortschaften gerächt – ein Ereignis, das, wie Weddig Fricke meint, den damals dort aufwachsenden »Jesus als Kind tief beeindruckt haben dürfte«.[262]

Damit kommen wir zu jenem Römer, der die Weltgeschichte wohl mehr beeinflusst hat als Caesar und Augustus zusammen, der durchs Händewaschen und die Frage »Was ist Wahrheit« sprichwörtlich wurde und bis heute von der äthiopischen Kirche mitsamt seiner Ehefrau als Heiliger Pilatus verehrt wird.

Über den herzensguten römischen Statthalter, der von den Juden so lange bearbeitet wurde, bis er widerwillig den nach seiner Ansicht unschuldigen Jesus kreuzigen ließ, stehen uns wesentlich mehr historische Daten zur Verfügung als über den Verurteilten. Typisch für die Funktion eines Statthalters zur Zeit Jesu ist eine Äußerung des Kaisers Tiberius, der seine Landpfleger mit Stechfliegen zu vergleichen pflegte, die den Provinzen das Blut aussaugten, »bis sie voll davon waren und nicht mehr saugen konnten«. Es wäre daher besser, so räsonierte der Kaiser, die alten Moskitos im Amt zu belassen, anstatt sie durch neue, hungrige Blutsauger zu ersetzen – eine Politik, der Pilatus, wie etliche Historiker meinen, seine mit vollen zehn Jahren recht lange Statthalterschaft in Jerusalem zu danken hatte.[263]

Der römische Geschichtsschreiber Tacitus erwähnt Pilatus nur beiläufig als einen der römischen »Prokuratoren«, in dessen Amtszeit »ein gewisser Jesus« auftrat. Bezeichnende Episoden über den Statthalter berichten Flavius Josephus, der jüdisch-römische Historiker, sowie der jüdische Philosoph Philo von Alexandrien und der Evangelist Lukas. Schon mit einer seiner ersten Amtshandlungen im Jahr 26 verletzte Pilatus absichtlich die religiösen Gefühle der Juden: In der Nacht ließ er Bilder des Gottkaisers nach Jerusalem bringen. Auf diese provokative Verletzung des dekalogischen Bilderverbots reagierten die Juden zuerst mit erfolglosem Einspruch und dann mit einem gewaltlosen Aufstand. Fünf Tage und fünf Nächte dauerte ihre »Sitzblockade« vor seinem Haus. Dann ließ Pilatus Soldaten aufmarschieren und auf ein Zeichen hin die Schwerter ziehen. In diesem Moment aber warfen sich, anstatt in Panik zu fliehen, die Juden wie auf einen gemeinsamen Befehl zu Boden und boten ihre Nacken den Schwertern dar – bereit, lieber zu sterben als ihr Gesetz zu verraten. Was tut Pilatus? Er lässt nicht nur die Soldaten abziehen, sondern auch die Kaiserbilder aus Jerusalem entfernen!

Erfolgreich war diese gewaltlose Aktion ziviler Verteidigung aber nicht wegen des weichen Herzens, sondern des scharfen Kalküls des neu ernannten Landpflegers. Seine Karriere mit einem Massenmord zu beginnen, konnte er sich nicht leisten, zumal die Respektierung des Bilderverbots zu den Privilegien gehörte, die Rom den Juden seit Kaiser Augustus gewährte.

Die zweite Episode begann damit, dass Pilatus wiederum die Juden provozierte, diesmal, indem er Gelder aus dem Tempelschatz für den Bau eines Aquädukts verwendete. Wieder kam es zu einer friedlichen, aber lautstarken Demonstration, diesmal beim »... Tribunal des Pilatus, das sich zu dieser Zeit in Jerusalem befand. Pilatus, der diesen Aufruhr vorhergesehen, hatte angeordnet, dass sich bewaffnete Soldaten, in Zivil verkleidet, unter die Menge mischten, wobei er ihnen befahl, die Aufrührer mit Knüppeln zu erschlagen. Von der Höhe seines Tribunals aus gab er das verabredete Zeichen. Viele Juden wurden getötet (...) Durch dieses Massaker war die Menge derart entsetzt, dass sie lange Zeit Ruhe hielt.« (Flavius Josephus, Der jüdische Krieg, II, 9,2)

Die dritte Episode berichtet Lukas: *»Zur selben Zeit kamen einige und berichteten ihm von den Galiläern, deren Blut Pilatus mit dem ihrer Opfer vermischt hatte.«* Jesus wendet diese Nachricht zu einer Ermahnung: *»Meint ihr, diese Galiläer seien mehr als alle Galiläer Sünder gewesen, weil sie solches erlitten haben? Nein, sage ich euch, denn wenn ihr nicht umkehrt, werdet ihr alle auf gleiche Weise umkommen.«* (Lk 13, 1-3)

Die vierte Facette findet sich bei Philo in Form eines Protestbriefs, den König Herodes Agrippa an Kaiser Caligula sandte. Diesmal hatte Pilatus die Juden durch die Aufstellung goldener Schilde in Jerusalem provoziert. Den Protest der jüdischen Delegation, nämlich der vier Söhne des Königs, wies Pilatus »schroff zurück, denn er war von Natur aus hartherzig und starrköpfig. Nun riefen die Juden: Wir werden Abgesandte mit einer Beschwerde an den Kaiser Tiberius schicken! Das reizte ihn noch mehr als alles übrige. Er wusste, dass, wenn man Abgesandte zum Kaiser schickte, noch andere Mängel in seiner Verwaltung entdeckt würden. Wie er das Volk gequält, beraubt und misshandelt hatte, wie er die Bürger ohne Gerichtsverfahren hinrichten ließ, kurzum – seine unerträgliche Grausamkeit.«[264]

Der letzte berichtete Zwischenfall ist auch der blutigste und führte im Jahr 36 zur Amtsenthebung des Pilatus: Als ein Prediger am Fuß des Garisim, des heiligen Berges der Samaritaner, eine Volksmenge versammelte und ihnen Wunder in Aussicht stellte, ließ er die Versammlung durch Reiter und Fußtruppen blutig zerschlagen und die prominentesten der Gefangenen zum Tod verurteilen. Pilatus wurde nach Rom zurückbeordert, um sich für dieses Massaker zu rechtfertigen, und endete dort angeblich durch Selbstmord.

Nach vorsichtiger Schätzung hat er in seiner zehnjährigen Amtszeit etwa sechstausend Juden kreuzigen lassen – also durchschnittlich zwölf pro Woche; einige nach »kurzem Prozess«, die meisten nach militärischem Schnellverfahren, den Rest »ohne Gericht«, wie Philo aus erster Quelle zu berichten weiß.[265] Philo von Alexandrien reiht Pilatus unter die Judenverfolger ein, das rabbinische Schrifttum stellt ihn jenem »Haman« zur Seite, der einst die Vernichtung der Juden geplant hatte; jenem »Prototyp aller Antisemiten«, dessen Ende die jüdischen Gemeinden im Mittelalter alljährlich am Purim-Fest durch die öffentliche Verbrennung einer Holzpuppe zu feiern pflegten.[266]

Dass der römische Kaiserhof gerade Pilatus, diesen »Mann fürs Grobe«, mit dem Posten in Jerusalem betraute und ihn zehn Jahre lang trotz Protesten dort beließ, hängt wohl auch mit der Besonderheit dieser Provinz zusammen: Hier war permanent mit Aufständen zu rechnen. »Kein Volk hat der römischen Besatzungsmacht so viel Widerstand geleistet wie das jüdische. Alarmbereitschaft der römischen Garnison in Jerusalem und eine damit einhergehende Nervosität waren in den Tagen vor einem Passahfest besonders ausgeprägt. Denn infolge der aus der ganzen Welt zusammenströmenden, unübersehbaren Pilgermassen ... waren die Römer den Juden zahlenmäßig bei weitem unterlegen.«[267]

Genau diesen Zeitpunkt kurz vor dem Osterfest hatte Jesus sich nun ausgesucht, um nach Jerusalem hinaufzuziehen: er, der als Rabbi aus Galiläa in den Augen der Römer von vornherein verdächtig war; er, in dem viele aus dem Volk den Messias vermuteten und unter dessen Aposteln sich womöglich einige »Zeloten« befanden. Diese »Eiferer« hatten viel mit den Pharisäern gemeinsam, vor allem den ausgeprägten Nationalismus. Viele Pharisäer sympathisierten mit den Zeloten, die möglicherweise den militanten Flügel der Pharisäerpartei darstellten. Von den Römern »sicarii« (Dolchmänner) genannt, bezeichnete man die Zeloten, diese »antiken Guerrilleros« (W. Fricke), häufig auch schlicht als »Galiläer«. Lapide deutet den Namen »Iskariot« als eine Verballhornung von »Judas sicarius«, der Theologe Kolping sieht im Beinamen »Barjona« des Apostels Simon Petrus einen Hinweis auf Zugehörigkeit zu einer militanten Gruppe, und W. Fricke kommt, indem er die Zebedäussöhne und den Petrus-Bruder Andreas als Zeloten vermutet, unter zwölf Aposteln auf insgesamt sechs »Militante«.

An triftigen Gründen, Jesus als »Kopf« einer Gruppe religiöser Eiferer rechtzeitig vor dem Osterfest zu verhaften, hatte die Administration des Pilatus also keinen Mangel. Vor dieser Verhaftung ist unter den Jüngern auch von zwei Schwertern die Rede (Lk 22,36); nach dem Judaskuss, als die Apostel sehen, was bevorsteht, fragen sie: *»Herr, sollen wir mit dem Schwerte dreinschlagen?«* und einer von ihnen haut dem Knecht des Hohenpriesters ein Ohr ab. Jesus heilt es aber sofort wieder (Lk 22, 47-51), und mehr noch als Lukas sind die anderen Evangelisten bemüht, Jesus als Gewaltfreien darzustellen.

Nachdem er nun verhaftet ist, berichten die Evangelien ausführlich vom nächtlichen Prozess, in dem Jesus zwischen den Residenzen des Hohenpriesters und des Statthalters hin- und hergeschoben wird. Seltsame nächtliche Vorgänge also, die in ihrer Ungereimtheit schon auf ein Anliegen der Evangelisten bei ihren Prozessberichten hindeuten, nämlich: die Schuld am Todesurteil von den Römern abzuwaschen und die Juden damit anzuschwärzen. Lapide weist in zwölf Punkten nach, wie der berichtete Prozess den jüdischen Strafgesetzen und Verfahrensordnungen in absurdem Ausmaß widerspricht. Der Jurist Weddig Fricke spricht von einem Prozess, der »als Justiz-Posse Nummer eins in der Weltrangliste zu verzeichnen wäre« – wenn er stattgefunden hätte.[268] Der Gipfel der Geschichtsverfälschung wird dann erreicht, als Pilatus Jesus an die Juden ausliefert, auf *»dass er gekreuzigt werde«* (Joh 19, 16). »Nur wer sich die Tausende von römischen Kreuzen vergegenwärtigen kann, an die Pilatus, seine Vorgänger und Nachfolger,

239

unzählige Juden nach kurzem oder gar keinem Prozess schlagen ließen, versteht die blutige Ironie dieser Zeilen, die die humane Rechtspraxis Israels, der Kreuzigungen unbekannt sind, verhöhnen will.«[269]

Die folgenreichste Geschichtsfälschung aller Zeiten

So tragisch sie ist, so kurz lässt sich die Geschichte Jesu zusammenfassen: Als erstes Kind der Maria wuchs er mit mehreren Stiefgeschwistern und seinem Adoptivvater Joseph in dörflicher Umgebung auf und lernte das Zimmererhandwerk. Seine uneheliche Geburt (der Vater war möglicherweise römischer Soldat) brachte ihm nicht nur Nachteile im sozialen Ansehen, sondern auch eine lebenslange Vatersehnsucht. Als junger Mann machte er die Erfahrung, Krankheiten (vor allem geistige) heilen zu können und zog, nachdem er sich vom Kreis des Asketen Johannes des Täufers gelöst hatte, als charismatischer Führer einer Gruppe religiöser Eiferer etwa ein Jahr lang predigend zwischen dem See Genesareth und dem Toten Meer durch ein Gebiet, das nach seiner Größe der Region zwischen Bodensee und Ammersee entspricht. Durch seine Heilungen und Prophetien vom nahenden Reich Gottes erregte er mäßiges Aufsehen und den Verdacht der Römer; kurz vor Ostern zog er hinauf nach Jerusalem, provozierte den dortigen Klerus durch seine »Tempelreinigung«, wurde von Sicherheitskräften der römischen Besatzungsmacht vorsorglich verhaftet, standrechtlich abgeurteilt und zusammen mit zwei anderen mutmaßlichen Aufrührern als einschüchterndes Exempel vor den Toren Jerusalems gekreuzigt. Der kurze Prozess, den Pilatus mit ihm machte, wurde zum längsten und tödlichsten der Weltgeschichte.

Als eine gut meinende christliche Initiative in den siebziger Jahren an den Staat Israel mit der Bitte herantrat, den »Prozess Jesus« neu aufzurollen, um den Angeklagten endlich zu rehabilitieren, wurden die Antragsteller freundlich abgewiesen, mit der feinsinnigen Begründung, der Staat Israel sei für diesen Fall nicht zuständig. Man möge sich doch an italienische Gerichte wenden.

»Hunderte Generationen von Juden sind in der ganzen christlichen Welt für ein Verbrechen bestraft worden, das weder sie noch ihre Vorfahren begangen haben«, resümiert Chaim Cohn.[270] Wie kam es, dass sie für etwas beschuldigt wurden, das mit mehr Ursache, zynisch gesagt, die Italiener hätten zweitausend Jahre lang büßen müssen?

Sämtliche Evangelien entstanden nach dem Jahr 70, dem für das

Judentum traumatischen Jahr, als die Römer dem permanenten Unruheherd im Osten ihres Reiches durch die Zerstörung Jerusalems und des Judenstaates samt seines Tempels ein Ende machten; bei der Belagerung Jerusalems waren täglich fünfhundert Juden vor den Toren an Kreuzen gestorben. Nun war das Judenvolk nicht nur besiegt worden, sondern blieb als ewiger Rebell und Störenfried im ganzen Römerreich berüchtigt.

Für die jungen christlichen Gemeinden gab es ein ähnliches Trauma. Nach dem Brand Roms im Jahre 64 war ihnen die Schuld in die Schuhe geschoben worden; Tausende von Christen hatten diese verschwörerische Attacke auf den Römerstaat als lebende Fackeln, als Opfer für die Löwen, als Spielbälle brutaler Volksbelustigung büßen müssen. Die Christen wussten, wie der römische Staat mit denen umzuspringen pflegte, die auch nur den Verdacht der Staatsfeindlichkeit erregten. Das Weiterleben und die Ausbreitung der christlichen Gemeinden unter staatlicher Duldung waren aber durch drei »Schwachpunkte« der christlichen Lehre bedroht:

- Dass Jesus als Jude ein Vertreter dieses allgemein als aufrührerisch und staatsfeindlich eingestuften Volkes war;
- dass er von einem römischen Prokurator abgeurteilt und ...
- dass er den typischen Tod eines Aufrührers gestorben war – denn für solche war die Kreuzigung vor allem reserviert.

Es war daher eine Lebensfrage für die Evangelisten, erstens Jesus vom Judentum zu distanzieren und zweitens die Hände des Pilatus möglichst rein zu waschen. Dass der Rabbi am Rebellenkreuz den Tod gefunden hatte, war nicht zu ändern. Außerdem musste, wenn nicht Pilatus, nun jemand anders schuldig sein, denn Selbstmord hatte er ja (wenigstens direkt) nicht begangen. Da bot sich nun eine Klappe an, mit der man die drei Fliegen auf einmal schlagen konnte: Schuld mussten, erstens, die Juden sein, die gegen Jesus aus jüdisch-internen, religiösen Gründen ein Komplott geschmiedet hätten. Damit war zweitens das Kreuz kein Rebellenkreuz mehr und drittens war Pilatus freigesprochen. Je später das Evangelium, desto mehr wird die römische Amtsperson vom Täter zum barmenden Biedermann, der dem Volkszorn und den Verschwörern vergeblich Widerstand leistet.

Bei Markus ist Pilatus noch passiv-indifferent: *»Was soll ich denn mit dem tun, den ihr den König der Juden nennt?«* (Mk 15, 12) Das Volk schreit natürlich unisono: *»Kreuzige ihn!«*

241

Bei Matthäus wird Pilatus insofern aktiver, als er jede Schuld von sich weist: »*Mich trifft keine Schuld am Blut dieses Menschen. Das ist eure Sache.*« (Mt 27, 24)

Bei Lukas erklärt Pilatus dann Jesus ausdrücklich für unschuldig: »*Ihr seht also: Er hat nichts getan, wofür er den Tod verdient.*« (Lk 23, 15)

Und bei Johannes schließlich unternimmt Pilatus sogar händeringend fünf Versuche, Jesus vor seinem eigenen Todesurteil zu bewahren: »*Nehmt ihr ihn und richtet ihn nach eurem Gesetz*« (Joh 18, 31), bietet er erstens an, um zweitens zu beteuern: »*Ich finde keine Schuld an ihm*« (Joh 18, 38). Noch ein drittes Mal gibt er, ganz Staatsmann, eine Ehrenerklärung ab: »*Seht, ich bringe ihn euch heraus, damit ihr erkennet, dass ich keine Schuld finde.*« (Joh 19, 4) Doch wieder schreien die Hohenpriester und Diener: »*Ans Kreuz, ans Kreuz!*« Zum vierten Mal beteuert Pilatus: »*... ich finde keine Schuld an ihm*« und empfiehlt den Juden, ihn doch selber zu kreuzigen – was sowohl staats- als auch religionsgesetzlich unmöglich war. Ein letztes Mal versucht er, ihn freizulassen, aber die Juden wissen, wie sie den Römer kleinkriegen: »*Wenn du den da freilässt, bist du kein Freund des Kaisers.*« Und so liefert Pilatus schließlich »*ihn an sie aus, damit er gekreuzigt würde*« (Joh 19, 16).

Die kleinen Korrekturen, welche die Evangelisten vornahmen, waren die wohl folgenreichste Geschichtsfälschung aller Zeiten. Schon der römische Philosoph Celsus warf im Jahr 178 den christlichen Abschreibern vor, dass sie »den Urtext der Evangelien drei-, viermal und noch öfter nach ihrem Belieben umgearbeitet haben«, und auch der Kirchenlehrer Origenes musste in seiner Entgegnung zugeben, dass die Schreiber »hinzufügten und ausließen, wie es ihnen passte«[271].

Kann man die »Redakteure« entschuldigen, weil sie, wie der Märtyrer Stephanus sagte, »nicht wissen (konnten), was sie tun«? Die Steinigung des Stephanus durch die Juden (Apg 7, 55-60), die seine Predigt nicht hören wollten, ist übrigens eine Parallele zur Kreuzigung des Jesus, der von den »Seinigen« nicht angenommen wurde, und sie malte von Beginn an mit am Bild der Juden als Hinrichter Jesu.

Im Gleichnis von den bösen Winzern, das alle drei Synoptiker verzeichnen (Mk 12, 1-12; Mt 21, 33-46; Lk 20, 9-19), wird Jesus selbst zum Propheten der Vergeltung an jenen, die den »Sohn« ermordet haben: Hier überlässt der Besitzer eines Weinbergs (also Gott) seinen Weinberg (Israel) den Händen von Pächtern (den Juden). Von Zeit zu

Zeit schickt er seine Diener (die Propheten) zu ihnen, um den Pachtzins einzutreiben. Doch die bösen Pächter ermorden alle Gesandten. Zuletzt schickt der Herr seinen eigenen Sohn zu den Pächtern, denn »*vor ihm werden sie wohl Achtung haben*«, denkt er. Doch die Pächter töten auch den Sohn, weil sie meinen, der Weinberg würde dann ihr Eigentum. »*Was nun wird der Herr des Weinbergs ihnen tun? Er wird kommen und diese Winzer zugrunde richten und den Weinberg anderen geben*«, denn der Stein, den die Bauleute verwarfen, ist zum Eckstein geworden, und »*jeder, der auf diesen Stein fällt, wird zerschmettert werden; auf wen er aber fällt, den wird er zermalmen*« (Lk 20, 17-18).

Wie ansprechend und phantasievoll die geschichtsfälschenden Vorlagen der Evangelisten ausgestaltet werden konnten, macht ein Beispiel aus der Domstadt Freiburg des Jahres 1941 nachfühlbar. Unter der Überschrift »Mann der Schmerzen« erscheint hier ein österliches Hirtenschreiben des Erzbischofs Gröber:

»Ihre Augen waren verblendet von ihrer jüdischen Weltherrschaftsbegier ... Von den Pharisäern verführt, erhebt sich gegen ihn nun auch das Volk ... Der Pharisäische Geheimdienst hatte durch Lüge und Verleumdung das Tier in ihnen geweckt, und sie lechzten nach schauerlichem Nervenkitzel und Blut ..., wobei aufgehetzte Weiber die Männer noch überkreischen ... Der Heiland aber schaut sie mit seinen blutunterlaufenen Augen an. Ein Blick, den sie in Ewigkeit nicht vergessen. Ein Blick der beschämenden Wehmut über Menschen, tief unter dem Tier ... Die Bestie hat Menschenblut gerochen und will ihren wildbrennenden Durst daran löschen. Erst dann ist es ihr genug, wenn er angenagelt am Kreuzesbalken verendet ... Über Jerusalem gellt indessen der wahnsinnige, aber wahrsagende Selbstfluch der Juden: ›Sein Blut komme über uns und unsere Kinder!‹ Der Fluch hat sich furchtbar erfüllt, bis auf den heutigen Tag.«[272]

Am selben Frühlingstag, dem 27. März 1941, wurden Hunderte von Nachfahren der Selbstverflucher, Hunderte von Kindern der Bösen Winzer zugrunde gerichtet, »*damit das Blut aller Propheten, das vergossen wurde seit Grundlegung der Welt, von diesem Geschlecht gefordert wird, vom Blute Abels an bis zum Blute des Zacharias, der zwischen Altar und Tempel umgebracht wurde. Ja, ich sage euch, es wird von diesem Geschlechte gefordert werden.*« (Lk 11, 50-51; vgl. Mt 23, 33-36)

Freiburg und Baden: Ihre jüdischen Einwohner waren im Reichsgebiet die ersten gewesen »von diesem Geschlecht«, die deportiert worden waren und vielleicht zu denen gehörten, die vor der Vergasung in der Dorfkirche von Chelmno eingesperrt waren. Vor dieser Kirche fragte Claude Lanzmann nach dem Krieg, inmitten einer Gruppe christlicher polnischer Augenzeugen einen Mann : »Er glaubt also, dass die Juden für den Tod Christi gebüßt haben?« – »Nein, er ist nicht dieser Ansicht ...«, übersetzte der Dolmetscher, »und er denkt auch nicht, dass Christus sich rächen wollte ... Aber die Juden haben gerufen: Sein Blut komme über uns!«[273]

Jesus – der real existierende Synkretismus

Als »Synkretismus par excellence« bezeichnet der protestantische Theologe Walter J. Hollenweger das Christentum. Hollenweger bemüht sich um eine »Interkulturelle Theologie«, um eine pluralistische Vermittlung zwischen nicht nur den großen Weltreligionen, sondern auch allen religionsnahen Zeitströmungen von Esoterik und Parapsychologie bis zur Relativitäts- und Quantentheorie[274]. Dass der reale Jesus insofern ein Kind seiner Zeit war, als er in seinem Selbstverständnis die religiösen, sozialen und politischen Vorstellungen seiner Umgebung widerspiegelte, ist im Vorangegangenen en passant zur Sprache gekommen und ist auch alles andere als verwunderlich. Als mythologische Figur ist er aber noch viel pluralistischer, synthetischer ein Produkt seiner Zeit. Auf die frappierenden Ähnlichkeiten zwischen seiner und anderen Figuren der Mythenbildung soll aber hier lediglich unter dem Leitmotiv eingegangen werden, warum nur er als einzige dieser Figuren im Zentrum eines Völkermordes steht.

Karl-Heinz Deschner hat die Gemeinsamkeiten von Jesus mit einem Quartett mythischer Helden der Antike aufgezeigt. Beschränken wir uns aber hier auf drei Gottessöhne, die nach getaner Arbeit als irdische Entwicklungshelfer in die himmlische Heimat zurückkehrten. Wie Jesus.

Herakles

Neben den griechischen Sagen vom Helden Herakles, der sich in Zeiten Hollywoods gegen Verfilmung nicht wehren konnte, gab es auch ein philosophisches Heraklesbild und eine Heraklesreligion, die zur Zeit Jesu in Syrien ebenso bekannt war wie in Griechenland, in Rom und am Rhein.

Herakles wurde schon in der Wiege verfolgt, und nach einem heldenhaften Leben starb er mit den Worten »Es ist vollbracht« und schwebte schließlich zum Himmel empor, um vom göttlichen Vater für alle Mühen belohnt zu werden – während sich derjenige, der schuld an seinem Tod war, voll Reue erhängte.

Herakles ist ein Gottessohn; sein leiblicher Vater Amphitryon hält sich bis zur göttlichen Empfängnis von seiner jungfräulichen Gattin Alkmene fern. Mit der schwangeren Alkmene wandert er von Mykenai nach Theben, wo der kleine Herakles dann geboren wird.

Den Nachstellungen der Zeus-Gattin Hera entkommt er, indem Alkmene ihn aussetzt und Herakles ihr wieder zurückgebracht wird. Vor Beginn seines öffentlichen Wirkens geht der herangewachsene Herakles in die Einsamkeit. Vom Versucher wird ihm auf einem hohen Berg das Reich des Königs und das des Tyrannen gezeigt. Natürlich kann er dem Versucher widerstehen – der in abweichender Fassung eine dralle Versucherin ist, die ihn auf den bequemen Weg führen will.

Herakles wählt den Weg, den ihm die andere, sittsame Weiblichkeit aufzeigt: Abhärtung, Verehrung der Götter, Krieg und Sieg. Sein Lebensweg ist ein Pfad des Leidens und der Wundertaten, und im Sterben gelingt es ihm, den Tod zu überwinden.

In der Heraklesreligion ist er erhabenes Vorbild und der Gottessohn, der als Mittler zwischen Gott und den Menschen für diese bittet. In den Heraklesdramen des Seneca wird Herakles als der große Wohltäter, der Friedensbringer für die ganze Menschheit, vor allem aber als Weltheiland und wirklicher Gottessohn, als »Retter der Welt« gezeigt. Er besiegt die Dämonen und bringt auch den Unterirdischen Erlösung: »Der schreckliche Tod ist gebrochen, des Todes Reich hast du besiegt.« Dem göttlichen Vater befiehlt er scheidend seinen Geist: »Siehe, mein Vater öffnet den Himmel und ruft mich und öffnet den Himmel. Ich komme, Vater, ich komme.« Anwesend beim Tod sind seine Mutter und sein Lieblingsjünger Hyllos.

Dionysos

Auch Dionysos ist ein Sohn des höchsten Gottes, und seine Mutter Semele war, während sie mit dem von Zeus empfangenen Sohn schwanger ging, ähnlich enthusiasmiert wie die Maria des Lukas-Evangeliums. Dionysos wurde ein Freudenbringer, aber auch ein leidender, sterbender und wieder auferstehender Gott. In Delphi war sogar sein Grab zu besuchen.

In Griechenland erlangte der Dionysos-Kult schon im achten vorchristlichen Jahrhundert.Geltung. Da er sich aktiv missionierend ausbreitete, wurde Dionysos, von Asien bis Spanien, zum Lieblingsgott der antiken Welt. Ähnlich wie schon Zeus und Hermes als in der Krippe in Windeln liegend dargestellt wurden, so wurde das Dionysoskind bei Prozessionen in einem Getreidesieb umhergetragen.

Wie der johanneische Christus war schon Dionysos der inkarnierte Gottessohn, der Arzt, der den Tod überwindende Gott des Geistes, und noch stärker als der Christus des letzten Evangeliums war er mit dem Wein verbunden. »Der Weinstock« war einer seiner bekanntesten Beinamen – »*Ich bin der Weinstock, ihr seid die Rebzweige*«, lehrt Jesus bei Johannes (Joh 15, 5). Jesu Verwandlung von Wasser in Wein auf der Hochzeit zu Kana (Joh 2, 1-12) ist insofern nichts Neues, als Euripides (480-406) dieselbe wundersame »Transsubstantiation« auch von Dionysos berichtet.

Während im Dionysoskult die Titanen das göttliche Kind zerfleischen und seine Glieder verspeisen, während dort die Mänaden in dionysischer Ekstase rohes Fleisch essen, um in einer sakramentalen Vereinigung mit dem Gott die Unsterblichkeit zu erlangen, heißt es bei Johannes: »*Wenn ihr nicht das Fleisch des Menschensohnes esset und sein Blut nicht trinket, habt ihr das Leben nicht in euch. Wer mein Fleisch isst und mein Blut trinkt, hat ewiges Leben ...*« (Joh 6, 55-56)

Mit Jesus, aber auch mit Lykourgos, Marsyas und dem am Kaukasus angeschmiedeten Prometheus hat Dionysos noch einen anderen, schmerzlichen Berührungspunkt: Auch er gehört zu den gekreuzigten Göttern. Schon vor Christi Geburt haben Dionysosgemeinden ihren Gott über einem Altartisch mit Weingefäßen am Kreuz verehrt. Der Theologe Hermann Raschke resümiert:

»Dionysos, der auf dem Esel reitet, Dionysos zu Schiff und als der Herr des Meeres, Dionysos und die trockenen Feigen, Dionysos und der Weinstock, die Verspottung und das Leiden des Dionysos, Dionysos, dessen Fleisch gegessen und dessen Blut getrunken wird, ja der bakchische Orpheus am Kreuze – es bedarf nur dieser flüchtigen Hinweise, um zu erkennen, dass der evangelische Mythenbestand von Dionysosmotiven durchsetzt ist.«[275]

Mithras

Mithras, der Gott des himmlischen Lichtes, ist ein Sonnengott. Schon der Pharao Amenophis IV. (1375-1358), der Gemahl der Nofretete, versuchte in Ägypten die Verehrung der Sonne, dieses einzigartigen Gestirnes, als des einzigen Gottes durchzusetzen. Auch Babylon verehrte einen Sonnengott, und nicht nur Jupiter, Apollo und Baal, sondern auch Jahwe wird mit Attributen der strahlenden, die Erde erleuchtenden Sonne gepriesen. Und auch im Christentum wirkt bis heute die Sonnenverehrung fort in den mit Blickrichtung auf Sonnenaufgang gebauten Kirchen und Altären, in der häufigen Sonnenform der die Hostie bergenden Monstranzen, im Sonntag als »Tag des Herrn« und natürlich im Weihnachtsfest zur Wintersonnenwende.

Auch der Mithraskult ist ein Synkretismus, mit hauptsächlich persischen und ägyptischen Wurzeln. Ein Kerngebiet der Mithrasreligion war schon fast hundert Jahre vor Christus das kleinasiatische Kilikien, die Heimatprovinz des Paulus. Zwischen seiner Jesus-Deutung und dem Mithraskult gibt es erstaunliche Parallelen.

Mithras stieg als Kind vom Himmel herab. Es waren Hirten, die als Erste das neugeborene Kind anbeteten und ihm Geschenke brachten. Am Ende fuhr er wieder zum Himmel auf, wurde durch den Sonnengott inthronisiert, zum Teilhaber seiner Allmacht und Mitglied einer Trinität. Man erwartete, er werde einst wiederkehren, um die Toten zu erwecken und zu richten.

Auch Mithras war Weltheiland, Erlöser, Gottmensch, Mittler zwischen Himmel und Erde. Sein heiliger Tag im Mithraskult war der *dies solis*, der Sonntag; für die Christen führte Kaiser Konstantin im Jahr 321 den Sonntag gesetzlich ein. Was heute in romanischen Ländern als »Natal«, »Noël«, »Natale« gefeiert wird, war seinerzeit der Geburtstag des Mithras, der »dies natalis solis« (Tag der Sonnengeburt) am 25. Dezember. Erst im Jahr 353 hat die Kirche den Geburtstag Jesu auf den 25. Dezember verlegt, um den »sol invictus«, Mithras, den unbesiegten Sonnengott, aus der Volkstradition zu verdrängen.

Bei der lieblichen Weihnachtserzählung mit Stall und Krippe, Ochs und Esel, Hirten und Weisen – sie findet sich nur bei Lukas – musste der Evangelist allerdings nicht im Mithraskult Anleihen nehmen, sondern konnte aus dem Vollen schöpfen. Die Hirtenerzählung wird ganz ähnlich bei der Geburt des Kyros und des Romulus überliefert; aus den Mysterienfeiern stammt der Ruf: »Euch ist der Heiland geboren«; bei Osiris heißt es: »Ein großer König und Wohltäter, Osiris ist geboren«; in der alexandrinischen Aionfeier wird verkündet: »Die Jungfrau hat geboren, das Licht geht auf«, und Vergil verheißt in seiner vierten Ekloge, 40 vor Christi Geburt, die Geburt eines Knaben, der vom Himmel auf die Erde gesandt werden und ihr den ersehnten Frieden bringen soll: »Gekommen ist die Endzeit ... Schon hat Apollo seine Königsherrschaft angetreten ... Ein Sohn des höchsten Gottes wird geboren.«[276]

Ähnlich wie der Jesusknabe auf dem Schoß mittelalterlicher Madonnen, wird auch der Mithrasknabe mit einem »Globus in der Hand«[277] abgebildet.

Zum Mithraskult gehörten sieben Sakramente. Er kannte Taufe, Firmung und eine Kommunion, die aus Brot und Wasser oder mit Wein gemischtem Wasser bestand. Man beging diese Kommunion zum Gedächtnis an eine letzte Mahlzeit des Meisters mit den Seinen[278]. Die Hostien waren mit einem Kreuzzeichen versehen. Die Mithras-Priester zelebrierten täglich die Messe, die wichtigste jedoch am Sonntag. Die Zelebranten waren hierarchisch gestuft in sieben Weihestufen[279] (im Katholizismus sind's weniger, bei Scientology mehr). Der Zelebrant sprach dabei über Brot und Wasser rituelle Formeln, bei einem besonders feierlichen Moment klingelte man mit einem Glöckchen, ansonsten erklangen lange melodische Gesänge.

Die frappanten Ähnlichkeiten der mithräischen Kultmahle mit der christlichen Eucharistiefeier fielen schon dem Christen Justin († um 165) auf, aber er konnte sie erklären: »Denn die Apostel haben überliefert ...: Jesus habe Brot genommen, gedankt und gesagt ›Das tut zu meinem Gedächtnis, das ist mein Leib‹ und ebenso habe er den Becher genommen, gedankt und gesagt ›Dies ist mein Blut ...‹. Auch diesen Brauch haben«, so Justin, »die Dämonen in den Mithras-Mysterien nachgeahmt.« Und ein paar Jahrzehnte später führt der Kirchenlehrer Tertullian († nach 220) es auf den Teufel zurück, dass die Mithrasanhänger die Sakramente Christi »bei ihren götzendienerischen Verrichtungen in so böswilliger Weise zum Ausdruck bringen«.[280]

Unter diesen Umständen war es natürlich mehr als gerechtfertigt, dass die Mithrasanhänger christlich verfolgt, die Priester getötet und in den somit entweihten Tempeln verscharrt wurden. Zur erfolgreichen Niederkämpfung des Irrglaubens trug es sicher nicht unwesentlich bei, dass christliche Kirchen vielfach direkt auf den Ruinen der Mithras-Tempel gebaut wurden. Nicht weniger als vierzig Mithräen (davon etwa ein Dutzend dicht um Frankfurt) wurden in Deutschland entdeckt, wo der Mithraskult, neben den Donauprovinzen, seine festesten Stützpunkte hatte. Anthroposophische Forscher (womöglich reinkarnierte Mithraspriester? Könnte doch sein!) kommen beim Vergleich antiker Mysterienkulte zum Schluss: »Christus ist der wahre Mithras.«[281]

Der griechisch gebildete römische Staatsbürger Paulus von Tarsus im (heute türkischen) Kilikien musste also seine mythische Deutung des Gekreuzigten als des sich selbst opfernden Gottessohnes nicht auf eine »tabula rasa« schreiben. Erlösung der Vielen durch Kreuzigung des Einen, durch die Einverleibung seines Fleisches und Blutes, das war Stand der Technik im 1. Jahrhundert. Auch die Vergottung eines Sterblichen war etwas Gängiges, das sogar dem Atheisten Buddha passierte. Neu war aber die Deutlichkeit, mit der dieser Sterbliche an einem Ort und in einer historischen Person festgemacht wurde. Neu war auch, dass es für den grausamen Tod dieser Person konkrete Verräter, Verschwörer und Mittäter gab. Diese historische Tatsächlichkeit des mythischen Geschehens hat bis heute sehr wesentlich zur Anziehungskraft und Publizität des vor allem von Paulus kreierten Mythos beigetragen; reale Gegenstände, genannt Reliquien, dienen ja bis heute zur Verankerung des Glaubens im Diesseits, und besonders das »Turiner Grabtuch« hat als Realsouvenir Jesu mehr Charme als jedes andere Leichentuch.

Mithras-Kult und Christus-Kult lieferten sich, um es up to date auszudrücken, lange Zeit ein Kopf-an-Kopf-Rennen um Einschaltquoten. Es siegte die Sendung mit dem größeren reality-factor. Die Entscheidung brachte erst Kaiser Konstantin, als er nach der berühmten, unter dem Zeichen des Christentums siegreichen Schlacht an der Milvischen Brücke den Kult des real Gekreuzigten zur Staatsreligion erhob.

Angenommen, es wäre anders gekommen und der Mithras-Kult hätte sich anstelle des Christentums durch freundliche und feindliche Übernahmen so ausgebreitet, wie es das Christentum erlebte: Wäre es dann auch zu zweitausendjähriger Verfolgung mit finalem Völkermord gekommen? Und gegen wen?

Opfer müssen gebracht werden [282]

Dass seine Theorie von der Opferung des Sohnes zur Versöhnung des Vaters nur teilweise selbstgestrickt, vielmehr »Kulturgut« seiner Zeit war, lässt das psychiatrische Gutachten für Paulus wohl etwas milder ausfallen. Die Frage verlagert sich: Woher hat nicht Paulus, sondern die Menschheit diese fixe Idee, es müsse unbedingt ein Einzelner geopfert werden, dass es vielen gut geht?

Elias Canetti erklärt sich diese Frage, wie es seine Art ist, mit Rückgriff auf die »Urhorde«. Menschen, Affenmenschen, Menschenaffen lebten immer in Gruppen und Herden. Die Gruppe bot Schutz vor Angreifern. Die Herde bewegt sich gemeinsam, bildet optisch eine Einheit, passiv in der Flucht, aktiv in der Verteidigung. Nähert sich etwa ein Leopard einer Schimpansengruppe, gerät alles in helle Aufregung, in Angst vor dem Mächtigen, der Gewalt androht. Oft muss einer dran glauben: der Mächtige schnappt sich ein Glied der Gruppe, ein Opfer, und ist's zufrieden. Auch der Rest der Herde, die Überlebenden, können nun wieder in Frieden leben, nachdem es ein Opfer gegeben hat. Eine Sequenz aus vier emotionalen Erfahrungen hat für sie stattgefunden: Friedliches Zusammenleben – Angst und Bedrohung – Opfer eines Einzelnen – erneutes friedliches Zusammenleben. Als Folgerung prägt sich bei jedem ein: Das Opfer beendet die Phase von Angst und Bedrohung und bringt dem »Volk« den neuen Frieden, denn der Mächtige ist wieder versöhnt. Tatsächlich sind es ja meistens die »Söhne«, die unerfahrenen und risikobereiten Jungtiere der Gruppe, die dahingegeben werden müssen.

Das war jetzt, muss ich betonen, eine sehr freie Interpretation des Kapitels über »Fluchtmassen« in Canettis »Masse und Macht«. Wörtlich sagt der Nobelpreisträger dort:

»Der Getroffene ist ein Opfer, es wurde der Gefahr gebracht. Wie wichtig immer er einem persönlich als Mitfliehender war, als Gefallener ist er für alle wichtig geworden. Sein Anblick gibt den Ermattenden neue Kraft. Er war schwächer als sie, auf ihn hatte die Gefahr es abgesehen. Die Isolierung, in der er zurückbleibt, in der sie ihn kurz noch sehen, erhöht für sie den Wert ihres Zusammenhalts. Man kann die Bedeutung des Gefallenen ... nicht genug betonen.«[283]

Canetti unterscheidet, wieder von archaischen Gruppen herkommend, Jagdmeuten, Kriegsmeuten, Klagemeuten und Vermehrungsmeuten – nicht als feste Formen, sondern als ineinander übergehende Zustände einer Menschengruppe. Das Christentum sieht er als Musterbeispiel einer Klagemeute:

»Von den Religionen der Klage ist das Gesicht der Erde gezeichnet. Im Christentum haben sie eine Art von allgemeiner Gültigkeit erlangt ... Was hat den Glaubensformen, die der Klage entspringen, ihre Konsistenz gegeben? Was verschafft ihnen diese eigentümliche Beharrlichkeit über Jahrtausende? Die Legende, um die sie sich bilden, ist die eines Menschen oder Gottes, der zu Unrecht umgekommen ist. Es ist immer die Geschichte einer Verfolgung, sei es einer Jagd oder einer Hetze. Auch ein ungerechter Prozess kann damit verbunden sein ... Die Jagd oder Verfolgung wird in allen Einzelheiten ausgemalt, es ist eine genaue Geschichte, sie wird ganz persönlich gehalten, immer fließt Blut, selbst in der humansten aller Passionen, der Christi selbst, geht es nicht ohne Blut und Wunden ab. Jede einzelne der Aktionen, aus denen die Passion sich zusammensetzt, wird als ungerecht empfunden, es besteht, je weiter man sich von mythischen Zeiten entfernt, um so mehr die Neigung, die Passion zu verlängern und mit unzähligen menschlichen Zügen auszustatten. Die Jagd oder Hetze aber wird immer vom Opfer aus empfunden. ... Warum schließen sich so viele der Klage an? Was macht ihre Anziehung aus? Wozu verhilft sie den Menschen? In allen, die sich ihr anschließen, geschieht dasselbe: die Jagd- oder Hetzmeute entsühnt sich als Klagemeute. Als Verfolger haben die Menschen gelebt, und als Verfolger leben sie auf ihre Weise immer weiter. Sie suchen nach fremdem Fleische, und sie schneiden hinein, und sie nähren sich von der Qual der schwachen Geschöpfe. In ihrem Auge spiegelt sich das brechende Auge des Opfers, und der letzte Schrei, an dem sie sich ergötzen, gräbt sich unauslöschlich in ihre Seele. Vielleicht ahnen die meisten von ihnen nicht, dass sie mit ihrem Leibe auch das Dunkel in sich nähren. Aber Schuld und Angst in ihnen nehmen unaufhaltsam zu, und so sehnen sie sich ahnungslos nach Erlösung. So schließen sie sich einem an, der für sie stirbt, und in der Klage um ihn fühlen sie sich selber als Verfolgte. Was immer sie getan, wie immer sie gewütet haben, für diesen Augenblick stellen sie sich auf die Seite des Leides. Es ist ein plötzlicher und weittragender Wechsel der Parteien. Er befreit sie von der angesammelten Schuld des Tötens und der Angst, dass der Tod sie selber trifft. Was immer sie anderen angetan haben, das nimmt ein anderer nun auf sich, und, indem sie ihm treu und ohne Rückhalt anhängen, entgehen sie, so hoffen sie, der Rache.«[284]

Auch den zentralen Ritus der Kulte des Dionysos, des Mithras und des Christus, nämlich die Kommunion, das Einswerden der Gruppe mit dem erhöhten Opfer durch Einverleiben seines Fleisches und Blutes, führt Canetti auf prähistorische Prägungen zurück, nämlich auf das »... gemeinsame Mahl. In einem Ritus wird jedem der Teilnehmer ein Stück des erlegten Tieres ausgehändigt. Man isst zusammen, was man zusammen erlangt hat. Teile desselben Tieres werden der ganzen Meute einverleibt. Etwas von einem Leibe geht in sie alle ein. Sie ergreifen, beißen, kauen, verschlingen dasselbe. Alle, die davon genossen haben, sind nun durch dieses eine Tier verbunden: es ist in ihnen allen zusammen enthalten. Dieser Ritus der gemeinsamen Einverleibung ist die Kommunion. Es wird ihr ein eigener Sinn gegeben: sie soll so vor sich gehen, dass das Tier, von dem man genossen hat, sich geehrt fühlt. Es soll wiederkommen ... Das Tier, von dem die Jäger zeremoniös genossen, würde wieder leben, es würde auferstehen und sich jagen lassen. Diese Herbeiführung einer Auferstehung wird in den höheren Kommunionen zum wesentlichen Ziel; aber statt des Tieres wird der Leib eines Gottes genossen, und seine Auferstehung beziehen die Gläubigen auf sich selbst.«[285]

Wem sich bei dieser archaischen Erklärung für Messopfer und Abendmahl die Haare sträuben, sollte sich bewusst sein, dass genau dieser Haaraufstell-Reflex ebenfalls ein – und zwar noch archaischeres – Relikt, sogar aus äffischen Zeiten darstellt. Damals ein wirksames Mittel, plötzlichen Gegnern zu imponieren, ist dieser Schutzreflex seit Jahrhunderttausenden unwirksam, und trotzdem funktioniert er noch, auch unterm Smoking. Zwar handelt es sich bei der »Friede-durch-Opfer«-Sequenz nicht um einen solchen Reflex, sondern um Verstärkungslernen à la Pawlow, aber gerade Pawlow schließt, ebenso wie Piaget, eine Vererbung gelernter Verhaltensweisen (Lamarckismus) nicht aus.[286]

Für Katholiken, die als neunjährige Kinder bei der feierlichen »Erstkommunion« zum ersten Mal den »Leib des Herrn« empfangen durften, wird Canettis Deutung trotzdem schwer verdaulich sein. Eine bessere Erklärung dafür, dass hier, allen feierlichen Ernstes, das Fleisch und Blut des Gottessohnes verzehrt wird, der von seinem göttlichen Vater zu seiner eigenen Versöhnung geopfert wurde, steht aber aus. Und so werden Kinder des 21. Jahrhunderts weiterhin in einen Ritus eingeführt, der wohl in den Riten steinzeitlicher Jäger und Sammler wurzelt. Oder ist die folgende Erläuterung des heiligen Augustinus weniger bizarr und weniger schaurig? »Welcher Priester«, fragt der Kirchenlehrer, »wäre aber gerechter und heiliger als der Sohn Gottes, der von keinen Sünden durch ein Opfer gereinigt zu werden braucht ...? Und was wäre angemessener, von der Menschheit genommen, um für sie dargebracht zu werden, als Menschenfleisch? ... Und welches Fleisch ist so rein, die Befleckung der Sterblichen zu reinigen, wie jenes, das ohne Befleckung durch fleischliche Begierde gezeugt und geboren wurde im Schoße und aus dem Schoße einer Jungfrau? Kurz: Welches Opfer könnte in so willkommener Weise dargebracht und angenommen werden wie unser Fleisch, das der Leib unseres Priesters ist?«[287]

Während Augustinus das Fleischopfer als Sühne sexueller Sünden sieht, lässt Canettis Kausaldeutung des Opfer-Archetyps vermuten, dass dieser mit dem menschlichen Fleischkonsum zusammenhängt. In unseren »Burger«-lichen Zeiten mag diese Interpretation obskur erscheinen. Tatsächlich gehörte aber bei »primitiven« Jägerkulturen –

und es gibt unter den heute noch existierenden keine, die nicht »unter dem Zwang zu töten leiden würde«[288] – ebenso wie bei den Griechen der Antike zum Fleischessen regelmäßig eine gewisse Entschuldigung der Esser gegenüber dem gegessenen Tier. In der islamischen Kultur finden Schlachtungen noch heute im Rahmen von »Entschuldigungs- und Absolutionsriten« statt. »Im Judentum und im frühen Christentum waren die Opfergaben ein vergleichbares Äquivalent. Wenn man schon auf das Tier zugriff, hatte man wenigstens ein schlechtes Gewissen. Das ist uns völlig abhanden gekommen.«[289] Das jüdische Gebot, kein Zicklein in der Milch seiner Mutter zu kochen, gilt wohl der seelischen Hygiene in der Küche arbeitender Frauen, und auch im katholischen Fleischverzicht (Säugetiere) am Freitag (Tag des Opfertodes Jesu) steckt wohl mehr als eine Fastenübung. *»Denn das Geschick der Menschenkinder und das Geschick der Tiere – sie haben ein und dasselbe Geschick«,* weiß der Prediger. *»Wie diese sterben, so sterben auch jene.«* (Prd 3,19) Die genetische Einheit und Verwandtschaft aller Lebewesen, auf die gerade die moderne Biologie wieder aufmerksam macht, ist dem Menschen bei aller industriellen Ausbeutung seiner »Nutztiere« sublim bewusst geblieben, so weit er sich auch in seiner Lebensweise von jenem indianischen Medizinmann Seattle entfernte, der im 19. Jahrhundert den weißen Pionieren noch (angeblich) erklärte: »Was immer den Tieren geschieht, eines Tages wird es auch den Menschen geschehen.« Uns Menschen als wohl am stärksten zu Empathie fähigen Lebewesen fällt es zunehmend schwer, unser Mitgefühl auf unsere Gattung zu beschränken. »Nach Fleisch rufen, aber den Metzger schimpfen, wenn er mit dem Messer läuft« findet Brecht schlecht, aber vegetarisch gut fühlt sich Kafka vor dem Aquarium: »Nun kann ich euch in Frieden betrachten; ich esse euch nicht mehr.« Ist diese leise beißende Inkonsistenz das »Dunkel, das wir in uns nähren« und das wir mit Opferriten eindämmen wollen?

Isaac Bashevis Singer schließlich stellt einen Konnex her, bei dem einem das Filet im Hals stecken bleibt: »Wo es um Tiere geht, wird jeder zum Nazi: für die Tiere ist jeden Tag Treblinka.«[290] Einspruch: Die Obernazis und Tierfreunde Himmler und Streicher beschimpften die Juden wegen ihres angeblich grausamen Ritus des Schächtens; der Hundefreund und vegetarische Massenmörder Hitler lehnte das Tieropfer ab. – Vielleicht deshalb, weil er selber nicht Opferlamm eines Vaters sein mochte, der seinen »Mistbuam ... noch mal derschlagen« wollte? Immerhin: alle drei fanden es unerträglich, Tiere wie Juden zu behandeln.

Dass Elias Canetti die Kreuzigung Jesu als »humanste aller Passionen« bezeichnet, erscheint mir im Übrigen als stärkste aller Untertreibungen.

Die Tötungsaktionen der christlichen Klagemeuten geschahen seit Konstantin unter dem ja so einfach zu malenden Zeichen des römischen Hinrichtungsgerätes. Wer auch immer es damals erfunden hat, Jahrhunderte vor Christus, die Kirchen sind ihm wohl zu Dank verpflichtet. Wäre Jesus nämlich enthauptet oder gesteinigt worden, dann hätte sich auch ein heutiger Designer schwer getan, für die aufstrebende Sekte ein auch nur annähernd so eingängiges, für die Laienhand so gut geeignetes und bedeutungsschweres Logo zu kreieren, wie es das Kreuz darstellt. Ob Hindu-Rad, ob Yin und Yang oder Mercedesstern, kein Symbol ist derart konkurrenzlos simpel und gleichzeitig visuell zentriert wie das »Firmenzeichen der Christen«, wie es Kardinal Meißner in schöner zeitgeistiger Offenheit bezeichnet.

Psychologisch aussagekräftig ist die historische Beobachtung, dass das Kreuz erst dann und umso mehr zum christlichen Siegel avancierte, als die Kreuzigung (seit Konstantin) als Hinrichtungsart nicht mehr praktiziert wurde und allmählich ihre reale Bedrohlichkeit verlor. So wie es an Drohpotenz abnahm, gewann es aber zur selben Zeit an magischer Bedeutungstiefe und Exotik. Das vierschenklig-rechtwinklige Kreuz ist, besonders in der irischen Form mit eingezogenem Kreis, fast ein »Mandala«; Psycho-Symbolisten in der Tradition von C. G. Jung werden es als Symbol des Selbst interpretieren. Es kommt dem Zeichen für »Mensch« in der chinesischen Schrift sehr nahe, aber das ist kein Zufall: Der geniale vorchristliche Erfinder schuf das Folterwerkzeug in optimaler Anpassung an die menschliche Körperstruktur – *form follows function* – und die Funktion war, Menschen bestmöglich und spektakulär zu quälen. Wer im Kreuz ein »Mandala« sieht, muss das verdrängen.

Die Gewalt, der Schmerz des Opfers, die das Kreuz implizierte, wurden verschieden betont, aber nie bestritten, denn die Wirkung des Zeichens beruhte zum großen Teil auf wohl dosiertem Schauder. Crux crudelis – das grausame Kreuz: die aggressiven, Abscheu ausdrückenden Knurr-Laute, die es phonetisch enthält, stoßen wir auch in »grimmig«, »grollen«, »grässlich«, »krallen«, »kratzen«, »grell« und »kreischen«, im »dernier cri«, die niederdrückenden in »Gram« und »greinen« aus. Es ist übrigens bekannt, dass Kinder Vornamen bevorzugen, die diese harten Laute nicht enthalten.

Aber: Gewalt ist immer geil und Opfer haben was Gutes – wer das bestreitet, greife zur Fernbedienung und zappe kurz durch die Abendprogramme, oder er überlege, warum schon die kurzen Programmvorschauen immer so vollblütig sein müssen, er befrage (oder lieber nicht) die Kinobesucher, warum sie sich »Das Schweigen der Lämmer« anschauen, oder er beobachte die Gaffer, die nach einem Verkehrsunfall die Rettungsdienste behindern.

Die Textilfirma Benetton hat in den neunziger Jahren die Werbephilosophie des Christentums recht gut erfasst und nachzuahmen versucht: Sie erregte Aufmerksamkeit und öffentliche Diskussionen durch Plakate, die mehr oder weniger offen grausame Gewalt implizierten. Mal war es ein noch blutiger menschlicher Schenkelknochen in der Hand eines Afrikaners, mal blutgetränkte Soldatenkleidung. Das fing den Blick ein (wie das Kreuz), das ließ ein bisschen schaudern (wie das Kreuz), das aktivierte »human interest«, das zwang (wie das Kreuz) zum Nachdenken über die frohe, verbindende Botschaft, die mitgeliefert wurde: United Colors ... ! Allerdings wurde die Werbeserie bald eingestellt, denn grausame Bilder von Opfern gelten im christlichen Abendland als sittenwidrig – mit einer Ausnahme.

Im Freiburger Breisgau zum Beispiel und im schönen Schwarzwald kommt der Wanderer an vielen schönen Wegkreuzen vorbei. Ein besonders schönes steht bei Meßkirch am Westrand des Schwarzwaldes. Hier sind neben dem Corpus die Folterwerkzeuge zu sehen, das Rohr mit dem Schwamm, die Lanze, ein Beutel mit der lateinischen Zahl 30 und ein spitzhelmiger Jude, der Jesus anspuckt.

In demselben Freiburg, wo Bischof Gröber sich in jenem März 1941 zu seinem oben zitierten Hirtenwort inspirieren ließ, war 1889 in vierter Auflage ein Kinderkatechismus erschienen, der kindgemäß vom Foltermord am kleinen Simon von Trient erzählte: »Unterdessen hatte Samuel schon wie ein Tiger nach Blut gelechzt ... Die Umstehenden fingen das frische Blut auf und nahmen die Schere, einer nach dem anderen und jeder schnitt ein Stück Fleisch heraus ... Sie sagten dabei: Wir wollen ihn töten wie Jesus, den Christengott ... Dann durchschnitt ihm der blutrünstige Rabbiner die Kehle. So verblutete das liebe unschuldige Kind an seinen vielen Wunden.«

Vom kleinen Simon zurück zum Kreuzesopfer des Gottessohnes. Der immense Erfolg dieses archaischen Mythos, der insofern auch ein religiöser Kriminalroman ist, als die Täter schließlich gefasst und bestraft werden, erklärt sich weder aus seinem einprägsamen Logo noch aus stammesgeschichtlichen Prägungen oder ödipalen Motiven allein oder aus seiner antirationalen, vexierenden Enigmatik. Wirksam und schwerwiegend ist besonders seine Eigenschaft, Angst auslösen zu können, und dies im Zusammenhang mit frühkindlicher Indoktrination.

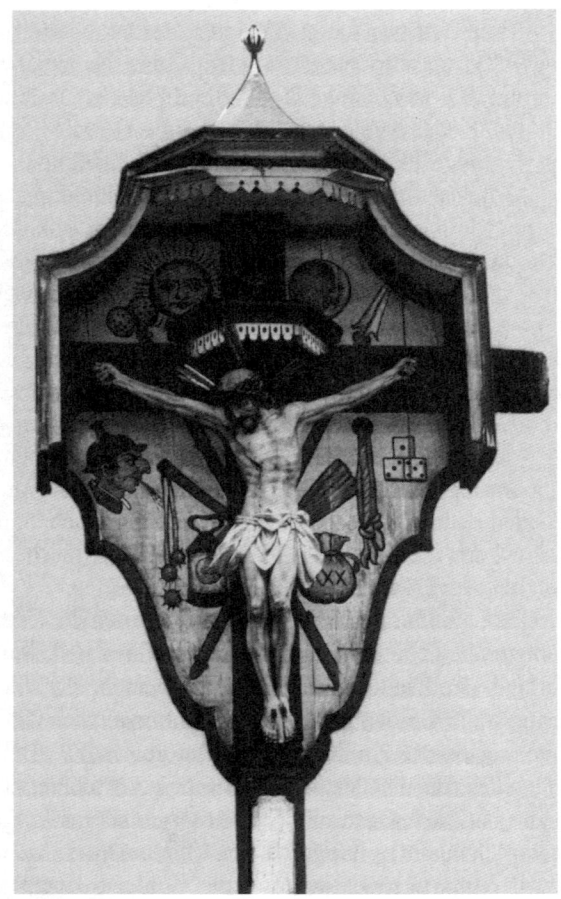

Feldkreuz bei Meßkirch am Schwarzwald

10. Station »Lasset die Kinder zu mir kommen ...« oder: Die erziehliche Fruchtbarkeit des Sohnesopfers

Ich war auf einmal furchtbar fromm. Drei Wochen lang hat uns der Religionslehrer Falkenberg vorbereitet auf die heilige Kommunion, und ich habe zum Fritz gesagt: »Wir müssen ein anderes Leben anfangen.«

Den Fritz hat es auch gepackt, weil der Falkenberg einmal so weinte und sagte, er kann es nicht verantworten, einen verdorbenen Knaben zum Tisch des Herrn zu schicken.

Weil neulich vor dem Kommunionunterricht an die Türschnalle Senf hingeschmiert war und der Religionslehrer meinte, es ist etwas anderes.

Ludwig Thoma, Lausbubengeschichten

Die Kinder sollen zu ihm kommen, »*... denn für solche ist das Himmelreich*« (Mt 19, 14). Wie werden Kinder zu Jesus gebracht und zu seinem Vater?

Ein vorgefertigtes Arbeitsblatt, das der Diesterweg-Verlag für den Religionsunterricht der Grundschule herausgibt, trägt die Überschrift »Gott ist mein guter Vater«. In der Mitte stellt eine Zeichnung zum Ausmalen den bärtigen, gütigen Vater dar, wie er am Tor den heimkehrenden, vor ihm auf die Knie fallenden »verlorenen Sohn« in die Arme schließt. Fünf Sätze in Ich-Form legen dem Grundschulkind ans Herz, wie es sich Gottvater zu denken habe:

1. Wenn ich Vater sage, denk ich an die Hand, die mich führt und leitet und ganz umschließt.
2. Wenn ich Vater sage, denk ich an ein Licht, das mich wärmt, mir leuchtet, dass ich mich nicht fürcht.
3. Wenn ich Vater sage, denk ich an ein Haus, wo die Türe offen ist für mich tagein, tagaus.

4. Wenn ich Vater sage, denk an Liebe ich, Liebe, die umarmt und mich nicht vergisst.
5. Wenn ich Vater sage, denke ich an dich, Vater, du im Himmel, ja, dein Kind bin ich.

Nun ist es aber gerade dieser Vater im Himmel, der seinen Sohn zur Opferung leitet, ihn der Furcht überlässt, am Kreuz vergisst. Das muss so sein, denn, so lehrt der Katholische Katechismus der deutschen Bischöfe von 1949: »Jesus hat vor allem durch sein Leiden und Sterben dem himmlischen Vater die höchste Genugtuung geleistet.« Und der fachliche Kommentar zum katholischen »Glaubensbuch für das 3. und 4. Schuljahr« von 1965 erklärt die Erbsünden-Tilgung noch genauer: »Weil Gott der Beleidigte war, konnte auch nur Gott diese Beleidigung aufwiegen. Weil ein Mensch der Beleidigende war, musste aber einer aus den Reihen der Menschen das schwere Werk der Wiedergutmachung auf sich nehmen.« Also ist allein der Gottmensch Jesus Christus »in der Lage, die Sünde von ihrer tiefsten Sohle aufzuarbeiten und dem Vater nicht nur eine genügende, sondern eine überreiche Genugtuung zu leisten«.[291] Augustinische Tötologie für Drittklässler.

Sensible Theologen erkennen den emotionalen Irrrsinn, der in dieser »Satisfaktionslehre« steckt. »Das Christentum hat mit seiner Menschenopferreligion an die Stelle des Wortes Jesu eine Henkertheologie gesetzt«, sagt Uta Ranke-Heinemann und nennt die Lehre der »Erlösung durch Hinrichtung« eine »gotteslästerliche Mörder-Behauptung«.[292]

Eugen Drewermann, Theologe und Psychotherapeut, sieht in der paulinischen Erlösungslehre einen »verfeierlichten und religiös übermalten Abkömmling des Ödipuskomplexes«. Jesus »wurde ›geopfert‹, so dass die Erzählung von seinem Tod in der Seele eines jeden Kindes bereits als erstes Trauer- und neuerliches Schuldgefühl für die eigene Bosheit hervorrufen muss«.[293]

Hubertus Mynarek zitiert den evangelischen Kollegen Reuß mit dessen Meinung, dass diese Art von Kreuzestheologie oft »schlimme Erfahrungen mit dem eigenen Vater anrührt«, aber diese »nicht heilt, sondern eher noch vertieft. Denn die Art, wie Gott hier ... handelt, ist uneinsichtig, ja empörend.«[294]

Hans Küng: »Lässt sich bestreiten, dass gerade der Begriff des Sühneopfers ... oft geradezu peinliche heidnische Missverständnisse aufkommen ließ: als ob Gott so grausam, ja sadistisch sei, dass sein Zorn nur durch das Blut seines eigenen Sohnes besänftigt werden könne?«[295]

Vielleicht ist ja das ganze Christentum ein heidnisches Missverständnis. Nimmt man Kants »Religion innerhalb der Grenzen der bloßen Vernunft« zum Maßstab, liegt das meiste Neutestamentliche wohl außerhalb dieser Grenzen, aber sei's drum. Die drei zitierten Theologen sind inzwischen ja auch mehr oder weniger außerhalb (der Kirche), ins Abseits gestellt wegen Verstößen gegen die wahre Lehre.

Aber auch der eher konservative Münchner Moraltheologe Eugen Biser hält es für undenkbar, dass Gott seinen eigenen Sohn grausam opfern würde, und Gotthard Fuchs, der Leiter der Katholischen Akademie Wiesbaden sieht es so: »Ein Gott, der Blut sehen will, ein Gott, der das Opfer seines Sohnes braucht, ist kein christlicher Gott, das ist ein Götze. Und ich denke, das ist die erste Aufgabe, eine Redeweise zu entwickeln, die frei ist von diesem sadomasochistischen Zusammenhang. Der ist pervers, und es müsste seit Voltaire, Freud, Feuerbach und Nietzsche klar sein, dass das neurotisch und schlimm ist und dass das krank macht.«[296]

Was das Christentum hier eigentlich lehrt, das macht auch Dostojewskijs Iwan Karamasow zum Gegner Gottes. In seiner Redeweise wird Gott zum General und Gutsbesitzer, von dem er eine Anekdote kennt:

»Nun, dieser General lebt auf seinem Gut, einem Gut von zweitausend Seelen, tut groß, behandelt seine kleineren Nachbarn, als wären sie seine Schmarotzer und Narren. Er besitzt eine Meute aus Hunderten von Hunden mit fast hundert Hundewärtern, alle tragen sie Uniform und sind beritten. Und nun wirft eines Tages ein erst achtjähriger kleiner Junge, der Sohn eines Leibeigenen, beim Spielen einen Stein und verletzt den Lieblingsjagdhund des Generals am Bein. ›Warum hinkt mein Lieblingshund?‹, fragt der General. Man meldet ihm, dass der kleine Junge einen Stein geworfen und den Hund am Bein verletzt habe. ›Ah, du warst das‹, sagt der General und mustert ihn von oben bis unten, ›greift ihn!‹ Man griff ihn, nahm ihn der Mutter weg, und die ganze Nacht saß er im Arrestlokal. Am nächsten Morgen, kaum ist es hell geworden, will der General in vollem Staat zur Jagd reiten. Er setzt sich aufs Pferd, umringt von seinen Schmarotzern, den Hundewärtern und Jägermeistern, die alle beritten sind, und den Hunden. Das ganze Hofgesinde ist versammelt, und vorn, vor allen anderen, steht die Mutter des unschuldigen Knaben. Man führt den Knaben aus dem

Arrestlokal heraus. Es ist ein düsterer, kalter, nebeliger Herbsttag, prachtvoll zur Jagd. Der General befiehlt, den Knaben zu entkleiden, das Kind wird ausgekleidet, es zittert, ist vor Angst von Sinnen und traut sich nicht zu mucksen. ›Hetzt ihn!‹, kommandiert der General. ›Lauf, lauf!‹, rufen ihm die Hundewärter zu, und der Knabe läuft ... ›Ihm nach!‹, brüllt der General und lässt die ganze Meute der Windhunde auf ihn los. Vor den Augen der Mutter hetzte er das Kind zu Tode, und die Hunde rissen es in Stücke! ... Den General hat man, glaube ich, unter Kuratel gestellt. Nun ... Was hätte man sonst mit ihm machen sollen? Ihn erschießen? Ihn zur Befriedigung des sittlichen Gefühls erschießen? Sag doch, Aljoschka!«

»Ja, erschießen!«, sagte Aljoscha leise und erhob mit einem schwachen, verzerrten Lächeln seinen Blick zu dem Bruder.

»Bravo!«, brüllte Iwan in einer Art Begeisterung. »Wenn sogar du das sagst, dann ... Du bist mir ein Mönch! Sieh mal an, was für ein kleiner Teufel in deinem Herzen sitzt, Aljoschka Karamasow!«[297]

Verhaften, verängstigen, verurteilen, entkleiden, hetzen, der Meute zur Speise geben – was der kleine Guts-Gott mit dem Sohn einer leibeigenen Frau macht, das macht der große Welten-Gott, ganz christlich, mit seinem eigenen. »Sie darf sich nicht unterstehen, ihm zu verzeihen«, meint Iwan über die Mutter des Kindes, »auch wenn das Kind selbst ihm verziehe.«

Dass auch der Vater des Kindes einem solchen Despoten nicht verzeihen darf, kann man bei Schiller nachempfinden. »Mit diesem zweiten Pfeil durchschoss ich – Euch«, erklärt Tell dem despotischen Landvogt Geßler, »wenn ich mein liebes Kind getroffen hätte, und Eurer – wahrlich! Hätt' ich nicht gefehlt.« Die erzwungene Gefährdung seines Buben wird für Tell der Anlass, den Landesvater abzuschaffen, in einer hohlen Gasse, fast wie bei Ödipus. Und Schiller (»in tyrannos!«) wie das Publikum sind voll auf Seiten des gerechten Eidgenossen. Denn einen Vater zu zwingen, der Liebe zu seinem Kind so frevlerisch entgegen zu handeln, so etwas darf es doch, bei Gott, nicht geben.

Und dann kommt ein Religionsunterricht, der Kindern milde lächelnd beibringt, der himmlische Vater habe seinen Sohn nur deshalb gezeugt, in die Welt gesandt und dort heranwachsen lassen, um ihn dann, wenn er reif ist, zu seiner eigenen Genugtuung zu opfern.

So weit, so psychopathisch. Aber wo geht's hier nach Auschwitz?

Kinder opfern – darf man das?

Gehen wir erst mal zurück in vorchristlich barbarische Zeiten. Kinderopfer waren damals im Mittelmeerraum verbreitet. Der griechische Historiker Diodor von Sizilien (1. Jh. v. Chr.) berichtet, als einmal (310 v. Chr.) schweres Unheil die Stadt bedrohte, hätten die Karthager dies dem begründeten Zorn des Göttervaters Kronos zugeschrieben; denn einst hatten sie ihm die besten ihrer Kinder, in letzter Zeit aber nur noch gekaufte oder schwächliche geopfert. Reuevoll führten sie nun wieder zweihundert Kinder der besten Familien zum Tempel. Sie wurden einer eisernen Statue des Kronos auf die Hände gelegt, von wo sie dann in den Feuerofen rollten.[298] Ähnliches wird von den Phöniziern berichtet, aber beide Berichte sind zweifelhaft. Der italienische Archäologe Sabatino Moscati hält die Kinderopfer-Stories über die Phönizier, zumindest was systematische Opferungen betrifft, auf Grund von Ausgrabungsbefunden für feindselige Gräuelpropaganda seitens der Griechen und Römer. Auch das Alte Testament berichtet über Kinderopfer; meist werden sie als verwerflicher Brauch fremder Völker kritisiert. So etwa, als der jüdische König Ahas (8. Jh. v. Chr.) seinen Sohn »*durchs Feuer gehen*« ließ, nach der »*gräulichen Sitte der Völker, die der Herr vor Israel vertrieben hat*« (2 Kön 16,3). Ebenso verabscheut wird, was König Manasse (7. Jh. v. Chr.) tat: »*Auch ließ er seinen Sohn durchs Feuer gehen, trieb Wahrsagerei und Zauberei ..., tat überhaupt vieles, was böse ist in den Augen Jahwes ...*« (2 Kön 21,6) Solche Kinderopfer fanden vor allem im »Hinnom-Tal« südlich von Jerusalem statt, das heute noch »Feuer-Tal« heißt und dem hebräischen Wort für Hölle im Neuen Testament, ebenso wie dem arabischen im Koran, seinen Namen gab: Gehenna.

Nicht alle Berichte des Alten Testaments über Väter, die Kinder opfern, sind Gräuelpropaganda. Einer wird sogar gepriesen: Richter Jiphtach hatte gelobt, wenn Jahwe ihm helfe, die Ammoniter zu schlagen, »*dann soll, wer zuerst aus der Tür meines Hauses mir entgegenkommt, wenn ich als Sieger vom Kampf heimkehre, der soll Jahwe gehören, und ich will ihn als Brandopfer darbringen*«. Nach seinem gewaltigen Sieg dank Jahwe kommt der glückliche Jiphtach nach Hause, und »*siehe, da trat seine Tochter heraus, ihm entgegen, und tanzte zum Paukenklang*«. Dumm gelaufen oder Jahwes Wille?, könnte man zynisch fragen, denn »*sie war sein einziges Kind*«. Die Tochter – ihr Name ist nicht überliefert, wozu auch – ist aber gehorsam, wie es sich gehört: »*Mein Vater, wenn du dich gebunden hast vor Jahwe, dann handle an mir nach dem Gelübde, das du ausgesprochen hast, denn Jahwe hat dir Rache verliehen an deinen Feinden, den Ammonitern.«* Nachdem sie noch zwei Monate mit ihren Freundinnen ihre Jungfernschaft beweinen durfte, vollzog der Vater das Gelübde. *»Daher wurde es Brauch in Israel: Alljährlich gehen die Töchter Israels hin, die Tochter Jiphtachs ... zu beklagen, vier Tage im Jahr.«* (Ri 11, 29-40)

Bei diesem Brauch lernten Generationen junger Mädchen nebenbei, wer im Ernstfall in der Familie das Sagen hat, falls sie es noch nicht wussten. Es scheint, als sei aus diesen phönizischen und hebräischen Erinnerungen die christliche Legende vom »Ritter Georg« entstanden. Bezeichnenderweise mutiert hier Kronos / Jahwe, der die Einhaltung des grausigen Gelübdes fordert, zum Drachen in den Sümpfen vor der Stadt. Seine traditionelle Macht endet, als ein junger Ritter es wagt, gegen das alte Scheusal zu kämpfen, wobei er den Alten besiegt und das Töchterlein rettet. Eine andere Variante der Ablösung des Vaters durch den jugendlichen Erlöser?

Ich meine, hier verdeutlicht sich ein sehr wesentlicher psychologischer Entwicklungstrend der Menschheit: Konnte früher der Vater seinen Nachwuchs als sein sachliches Eigentum betrachten, mit dem er schalten und walten konnte grad so wie er wollte, so gewinnt gegenüber diesem absoluten, patriarchalischen Vaterrecht immer mehr die Gleichheit der Rechte aller Menschen, ob jung oder alt, an Bedeutung; eine Entwicklung, die auch mit Beginn der Neuzeit noch längst nicht abgeschlossen war. Den großen Pädagogen Comenius, Rousseau, Pestalozzi und Fröbel ging es ganz wesentlich darum, dem Kind Eigenrecht und Achtung zu verschaffen, auf seine natürliche Entwicklung Rücksicht zu nehmen. Ellen Key benannte das 20. Jahrhundert an seinem Beginn als das »Jahrhundert des Kindes«, und in seinem Verlauf wurden die Rechte des Kindes gegen die erwachsenen Autoritäten tatsächlich wesentlich gefördert, etwa durch die demokratischen Erzieher John Dewey, A.S. Neill, Janusz Korczak und Jean Piaget. Demokratisch, denn: die Entwicklung der politischen Herrschaftsformen vom Patriarchat hin zur Demokratie läuft deutlich parallel mit einer zunehmenden Respektierung des kindlichen Untertanen als Mensch, der Rechte hat und mitsprechen darf.

Kommen wir an dieser Stelle zurück auf das berühmte, da verhinderte Kindesopfer: Die Rettung des Isaak – für den Islam übrigens alljährlich ein Grund zum Feiern – ist nicht nur eine religionsgeschichtliche Wegmarke, sondern auch eine Station auf dem Weg zur gleichberechtigten Achtung des Kindes. Obwohl der Sohn hier gerettet wird, hat die Bedrohlichkeit der Szene, der »Schauer des Gedankens« den sensiblen Christen Sören Kierkegaard zu vier Variationen über die Bibelstelle angeregt:

I. In der ersten Variante versucht Abraham, bevor er im Opfern gestoppt wird, Isaaks Angst auf sich zu lenken, um das Bild Gottes rein von Schuld zu erhalten. Er teilt seinem Sohn mit, was er vorhat, segnet ihn. »Und Abrahams Antlitz war Väterlichkeit, sein Blick war mild, seine Rede vermahnend. Aber Isaak vermochte nicht ihn zu verstehen ... er umschlang Abrahams Knie, er fiel ihm bittend zu Füßen, er bat um sein junges Leben ...« Abraham verstellt sich: »Er packte Isaak an der Brust, warf ihn zu Boden und sprach: ›Alberner Bursch, glaubst du, ich bin dein Vater? Ich bin ein Götzendiener. Glaubst du, es ist Gottes Geheiß? Nein, es ist mein Gefallen.‹ Da erbebte Isaak und rief in seiner Angst: ›Gott im Himmel, erbarme dich meiner, Gott Abrahams, erbarme dich meiner, ich habe keinen Vater auf Erden, sei du mein Vater!‹ Aber Abraham raunte sich selber zu: ›Herr im Himmel, ich danke dir: es ist doch besser, dass er mich einen Unmenschen glaubt, als dass er verlöre den Glauben an dich.‹«

II. Die zweite Variante geht wie in der Bibel, aber sie endet mit dem Nachspann: »Und von dem Tage an ward Abraham alt, er konnte nicht vergessen, dass Gott das gefordert hatte von ihm. Isaak gedieh wie zuvor; aber Abrahams Auge war verdunkelt, er sah die Freude nicht mehr.«

III. In der dritten Lesart macht sich Abraham nach Gottes rettendem Eingreifen Vorwürfe: »Er warf sich auf sein Antlitz, er bat Gott, ihm seine Sünde zu vergeben, dass er Isaak hatte opfern wollen, dass der Vater seine Pflicht vergessen hatte gegen den Sohn. (...) und wenn es eine Sünde war, wenn er Isaak nicht genug geliebt hatte, so konnte er nicht verstehen, dass sie vergeben werden konnte; denn welche Sünde wäre wohl furchtbarer?«

IV. »... Abraham richtete alles zum Opfer, ruhig und mild. Aber wie er sich fortwandte, und das Messer zog, da sah Isaak, dass Abrahams Linke sich krampfte in der Verzweiflung, dass ein Beben durch seine Glieder lief – aber Abraham zog das Messer.
Dann kehrten sie wieder heim und Sara eilte ihnen entgegen, aber Isaak hatte den Glauben verloren. Nie ist ein Wort davon gesprochen worden in der Welt, und Isaak hat zu keinem Menschen

geredet von dem, was er gesehen, und Abraham ahnte nicht, dass es einer gesehen.«[299]

Rückfall in alte Barbarei

Aber hat diese Errettung des Isaak am Berg Morija etwas mit der Nichterrettung seiner Enkelkinder in Auschwitz zu tun? »Die jüdische Überzeugung, dass aus einem Menschenopfer kein Heil erwachse, und der christliche Glaube, dass nur aus solchem Opfer etwas zu gewinnen sei«, bilden für Gunnar Heinsohn den »Kern des Konflikts ... Bis heute stehen die Konzepte des kindesverschonenden Abrahamgottes und des sohnesopfernden Christengottes unvereinbar nebeneinander.«[300]

Wenn man Isaaks Geburt auf etwa 1800 vor Christi Geburt datiert, dann bedeutet die paulinische Menschenopfer-Lehre einen kulturellen Rückfall, eine psychologische Regression von satten sechzig Generationen. Der jüdische Philosoph Ernst Bloch sieht diesen »letztmaligen« Rückfall auch in Bezug zu sehr deutschen Folgerungen:

»Ist doch der nun letzte Quell der Opfertodlehre nicht nur besonders blutig, sondern auch besonders archaisch: er entspringt dem ältesten, so lange schon vermiedenen Menschenopfer, zuletzt noch vor – Moloch. ... Wie ersichtlich, wurde damit das Lamm, so sanft es war, höchst unsanft geschlachtet ... Dieser Rückfall in höchst barbarische Zeiten und Mittel ist erstaunlich groß, und noch erstaunlicher ist der Rückfall von der Heiligung des Namens in ein derart barbarisches Gottbild ... Seit der abgelehnten Opferung Isaaks, so interpoliert sie auch sei, hatten Menschenopfer eben wegen der Heiligung des Namens liturgisch kein gutes Gewissen. ›Und Abraham nannte die Stätte: der Herr sieht. Daher man noch heutigentags sagt: auf dem Berg, da der Herr sieht‹ (1. Mos 22,14); das Golgatha des paulinischen Opfertods nimmt diesen Berg samt den Propheten zurück. Gewiss, wie Jephtahs Tochter und ihr Schicksal zeigen ... reicht ein Menschenopfer noch in sehr historische Zeiten, doch nicht liturgisch, und der Dämon wird observiert, dem mit unserem Blut gezinst wurde. Desto seltsamer also hinter Pauli Obligationenrechts-Theologie der längst vergessene, mindestens nicht mehr als Gott verehrte Kannibale im Himmel ... Und das erst erklärt nun den Rückfall dieser Lehre ins Molochhafte längst vergessener Tage oder besser: es ließ den Rückfall hinter eine längst humanisierte Jachwe-Vorstellung politisch-ideologisch empfehlen; von diesem Moment im Paulinismus bis Luther und weiter hinaus.

Denn damit war eben das Subversive in der Bibel vermöge des ge-opferten Lamm-Mythos zum letzten Mal unterbrochen. Es sollte sich so die sogenannte Geduld des Kreuzes sanktionieren, die den Unter-drückten so empfehlenswerte, den Unterdrückern so bequeme, und insgesamt der bedingungslose Gehorsam vor der Obrigkeit schlecht-hin, als der von Gott seienden ... ›Leid, Leid, Kreuz, Kreuz ist des Christen Teil‹, sagt von daher auch der spätere Luther (zu den ge-schundenen Bauern, nicht zu den Herrn) ... – die Nützlichkeit einer Geduld des Kreuzes konnte, besonders bei Ausbleiben der Wiederkehr Christi, nicht größer sein.«[301]

Noch einmal, was hat das mit Auschwitz zu tun?

Die folgenden Bemerkungen des Psychoanalytikers Rudolph M. Loewenstein dürften den Weg zum Lagertor recht gut markieren.

»Die Einführung in das religiöse Leben zur Zeit der Erstkom-munion verstärkt beim christlichen Kind ... den Konflikt zwischen den Triebregungen und den sittlichen Kräften. Daraus können Tendenzen zur Askese, ausgedehnte Schuldgefühle, aber auch Rebellionsversuche resultieren.«

Auch das Kommunionkind Ludwig Thoma war in dieser Zeit auf einmal »furchtbar fromm ... Die Tante Fanny gibt immer Obacht, wenn ich im Gebetbuch lese ... Sie glaubt, dass ich in mich gegangen bin, und ich glaub es auch, weil ich jetzt schon eine Viertelstunde lang beten kann und nicht denke, wie ich der Tante etwas antue.«

»Die religiöse Initiation findet unter anderem anhand der biblischen Geschichte statt. Deshalb nehmen die in den Evangelien überlieferten Ereignisse in der Moralbildung des christlichen Kindes die Rolle von Prototypen und Modellen an. Man bringt dem Kind bei, aggressive Regungen und sexuelle Triebe zu unterdrücken, indem man ihm mit Strafen droht, von denen die Hölle voll ist.«

Der Lausbub Ludwig Thoma erinnert sich, wie es war, nachdem eines Morgens dem gipsernen heiligen Aloisius die Nase fehlte:

Und nach einer Stunde kam der Pedell und holte mich auf das Rektorat ... Das Bild lag auf einem Stuhl und der Stein auch. Davor stand ein kleiner Tisch. Der war mit einem schwarzen Tuch bedeckt, und zwei brennende Kerzen waren da und ein Kruzifix ...

Der Religionslehrer sah jetzt sehr böse aus. Dann sagte er zum Rektor: »Wir werden jetzt sofort Klarheit haben. Das Mittel hilft be-stimmt.« Er führte mich zum Tische, vor die Kerzen hin, und sagte furchtbar feierlich:

»Nun frage ich dich vor diesen brennenden Lichtern. Du kennst die schrecklichen Folgen des Meineides vom Religionsunterricht. Ich frage dich: Hast du den Stein hineingeworfen? Ja – oder nein?«

»Ich habe doch gar keinen Stein nicht hineingeschmissen«, sagte ich.

»Antworte ja – oder nein, im Namen alles Heiligen!«

»Nein«, sagte ich.

»Das Kind wird andererseits aber auch dazu ermahnt, aus Liebe zu Christus auf seine Begierden zu verzichten. Es lernt, Christus zu lieben und sich mit ihm zu identifizieren. (...)

Die Juden, die in den Evangelien den Glauben an Seine göttliche Sendung verweigern und als Gotteshenker dargestellt werden, entwickeln sich in der kindlichen Vorstellung zu Repräsentanten der ›bösen Instinkte‹, zur Inkarnation alles Bösen, welches das Kind in sich verdrängt hat. Da sich das christliche Kind mit dem Gottessohn identifiziert, bleibt Gott-Vater, den die Juden allein anerkennen, in der Vorstellung der jungen Christen mit jenen verbunden. Die Juden sind die Altvorderen, die ältere Generation, mit einem Wort, das umgeformte Bild des eigenen Vaters ... Freud hat als erster betont, dass der nazistische Antisemitismus in Wirklichkeit das Christentum bedrohte, und weiter, dass die am meisten antisemitischen Völker diejenigen sind, die das Christentum am spätesten und nicht freiwillig angenommen haben ... Die antijüdischen Reaktionen mancher Christen projizieren ihre unbewusste Revolte gegen Christus nach außen, auf die Juden. ... Christus, der die moralischen Kräfte repräsentiert, der leidet und sich für das Heil der Menschheit opfert, ist für die Hitleristen kein Ideal mehr. Im Gegenteil, er wird mit dem jüdischen Volk identifiziert, der Quelle der christlichen Moralvorstellungen ... Nun wagten die Nazis nicht, das Christentum offen anzugreifen, sie zerstörten lieber sein Pendant: das Judentum. Seitdem bereiten die Nazis den Juden das gleiche Schicksal wie Christus, sie schlachten sie hin und versuchen dadurch, sich auf dem Rücken dieses Sündenbocks ihrer Fehler, ihrer Gewissensbisse und ihres Über-Ichs zu entledigen.«[302]

Loewensteins psychologische, von der Indoktrination des Kindes ausgehende Analyse wirft ein sehr erhellendes Licht auf die von SS-Leuten zerschlagenen und zerschossenen Kruzifixe, auf das nazistische Gebräu aus Judenhass, Antiklerikalismus und germanischem Neuheidentum.

Die unpraktikable, leibfeindliche und schuldbeladende Morallehre des Christentums gab und gibt, wie oben anhand von Stellen des Neuen Testamentes belegt wurde, Anlass zur Heuchelei im Übermaß. Die Auflehnung gegen diese Morallehre ebenso wie gegen die Heuchelei vieler alter Tugendwächter floss zusammen mit den Ressentiments gegen das Volk des alten Gottes. Und der junge?

Er wurde dem christlichen Nachwuchs nicht nur als vorbildlicher Triebverzichter, sondern noch mehr als derjenige empfohlen, der gehorsam war bis zum Tod, so gehorsam wie die Tochter Jiphtahs. Die paulinische Theologie ist nicht zuletzt ein Lobpreis des Gehorsams gegenüber dem, der Ungehorsam hart bestraft: *»Wem anders als den Ungehorsamen schwur er, sie sollten nicht in seine Ruhe eingehen?«* (Heb 3, 18) Und die Passion ist des Juniors Lernprozess: *»So hat er, obwohl er Sohn war, an dem, was er litt, den Gehorsam gelernt und ist, nachdem er zur Vollendung gelangte, all denen, die ihm gehorchen, Urheber ewigen Heils geworden, von Gott begrüßt als Hoherpriester nach der Ordnung des Melchisedech.«* (Heb 5, 8-10) Kreuz und Gehorsam sind die Hauptattribute des Sohnes und die Voraussetzung für die väterliche Belohnung: *»In seiner äußeren Erscheinung als ein Mensch erfunden, erniedrigte er sich selbst und wurde gehorsam bis zum Tode, bis zum Tod am Kreuze. Darum hat Gott ihn erhöht und ihm den Namen gegeben, der über alle Namen ist, auf dass im Namen Jesu sich jedes Knie beuge ...«* (Phil 2, 8-8)

Was diese Verbindung von Erleiden, Gehorchen, Belohnen als religiös fundierte Erziehungspeitsche psychisch bewirkt hat, ist nicht abzuschätzen, und es ist immens, wenn stimmt, was Elias Canetti über Befehlsgehorsam sagt:

»Aber der Stachel senkt sich tief in den Menschen, der einen Befehl ausgeführt hat, und bleibt dort unverändert liegen ... Es kann Jahre und Jahrzehnte dauern, bis jener versenkte und gespeicherte Teil des Befehls, im kleinen sein genaues Ebenbild, wieder zum Vorschein kommt. Aber es ist wichtig zu wissen, dass kein Befehl je verlorengeht; nie ist es mit seiner Ausführung geschehen, er wird für immer gespeichert. Die Befehlsempfänger, denen am gründlichsten mitgespielt wird, sind die Kinder. Dass sie unter der Last von Befehlen nicht zusammenbrechen, dass sie das Treiben ihrer Erzieher überleben, erscheint wie ein Wunder. Dass sie es alles, nicht weniger grausam als jene, später an ihre eigenen Kinder weitergeben, ist so natürlich wie Beißen und Sprechen ... Jedes, auch das gewöhnlichste Kind, vergisst keinen der Befehle, mit denen es misshandelt wurde ... Unverändert wird er wieder ausgestoßen, aber die Gelegenheit dazu muss da sein;

die neue Situation, in der er sich ablöst, muss der alten, in der er empfangen wurde, zum Verwechseln ähnlich sein. Das Wiederherstellen solcher frühen Situationen, aber in Umkehrung, ist eine der großen Quellen seelischer Energie im Leben des Menschen. Der Ansporn, wie man so sagt, dies oder jenes zu erreichen, ist der tiefste Drang, an Befehlen loszuwerden, was man einmal empfangen hat.«[303]

»Meiner Liebe entgehst du nicht« – dieser liebedrohliche Satz aus Ödön von Horvaths »Wienerwald« spricht auch aus den unentrinnbar sanften Augen des gekreuzigten Erlösers. »Große Geschenke erbittern den Beschenkten oft bis zur Rachsucht«, stellt Richard Friedenthal für die normale menschliche Geschenk-Verbindlichkeit fest. Das bissige Bonmot gilt auch für jenes göttliche Geschenk einer gnadenlos liebevollen Erlösung, die in der Art eigentlich keiner wollte und deren sich nie ein Mensch als würdig erweisen kann, es sei denn, er lässt sich für Jesus kreuzigen. Diese Erbitterung gegen den »Jesusgott« erklärt zum großen Teil, warum antiklerikales Neuheidentum so oft mit Antijudaismus zusammen marschierte.

Ein Beispiel für diese antiklerikal-antijüdische Marschgemeinschaft ist der bayerische Dichter Ludwig Thoma. Am Ende seines Lebens, zu Beginn der zwanziger Jahre, schrieb der Erzähler der »Lausbubengeschichten« für den »Miesbacher Anzeiger« aggressive Kolumnen gegen die Kleriker, gegen das katholische Zentrum, und hasserfüllte – gegen die Juden. Gegen den »Bazillenherd« der Frankfurter Zeitung, gegen das »jiddische Verbrecher- und Gaunerkauderwelch« dieser »Saubande« bläst der passionierte Waidmann zur Jagd. Für Loewensteins Analyse ist die Metamorphose des antiklerikalen Lausbuben Ludwig zum antijüdischen Hetzschreiber Thoma ein prominenter Beleg.

Übrigens: Der Schwur des Buben Ludwig vor Kerzen und Kruzifix – das war ein Meineid. »Denn ich hätte meine Lage gar nicht verbessert und wäre davongejagt worden ... Aber ich bin nicht so blöd.«

11. Station Das Fleisch kreuzigen, bis der Geist frei wird oder: Diese Liebe muss man töten

»Rabbi, darf man, wenn man ist auf Reisen, in einem
christlichen Gasthof essen a Schweinefleisch?«
»Auf keinen Fall. Das ist genauso, als würdet Ihr
begehen einen Ehebruch!«
»Unsinn, Rabbi. Wie könnt Ihr so was behaupten.
Ich hab ausprobiert beides. Gar kein Vergleich!«
Salcia Landmann

»Wer zur Geilheit neigt, ist mitleidig und voll
Erbarmen; die zur Reinheit neigen, sind es nicht«
(hl. Johannes Klimakos). – Niemand außer einem
Heiligen konnte so deutlich und kräftig nicht die
Lügen, sondern die Essenz der christlichen Moral
und aller Moral anprangern.
Emile Cioran[304]

Das am meisten vergeistigte, das »gnostische« Johannesevangelium
beginnt damit, dass der *»Mensch, von Gott gesandt«* in die Welt
kommt, er, *»der nicht aus dem Blute und nicht aus dem Willen des*
Fleisches und nicht aus dem Willen des Mannes, sondern aus Gott
geboren wurde« (Joh 1, 6-13). Später mahnt dieser fleischfrei Geborene: *»Wer sein Leben liebt, verliert es, und wer sein Leben in dieser*
Welt hasst, der wird es zu ewigem Leben bewahren.« (Joh 12, 25)

Während das Judentum den Genüssen des Lebens und der Liebe gar
nicht abgeneigt ist – eine Talmudstelle sagt, dass jeder Mensch dereinst vor Gott wird »Rechenschaft ablegen müssen für jeden erlaubten
Genuss, den er sich ohne Not entgehen ließ«[305] – ist es »der fanatische
Exiljude Paulus aus Kilikien, der die christliche Lehre mit den asketischen, sex- und genussfeindlichen Elementen aus der heidnischen
Gnosis seiner Heimat durchtränkt hat«[306]:

»So sind wir also, Brüder, dem Fleische nicht schuldig, dass wir
fleischlich leben«, erläutert Paulus den Römern. *»Denn wenn ihr*

fleischlich lebt, werdet ihr sterben. Wenn ihr aber mit dem Geist die Werke des Fleisches tötet, werdet ihr leben.« (Röm 8, 12-13)

Den Dualismus »Fleisch kontra Geist« bringt der »Völkerapostel« schnell auf völkische Dimension: Die Christen lobt er als »Kinder der Verheißung«, wie es idealtypisch Isaak, der Sohn der Sara war, und er stellt ihnen und Isaak dessen Stiefbruder Ismael, Sohn der ägyptischen Sklavin Abrahams gegenüber:

»Aber wie damals der nach dem Fleische Gezeugte den nach dem Geiste Gezeugten verfolgt hat, so geschieht es auch heute. Doch, was sagt die Schrift? ›Verstoße die Sklavin samt ihrem Sohn, denn der Sohn der Sklavin soll nicht erben mit dem Sohne der Freien.‹« (Gal 4, 29-31)

Damals, als Abraham die Sklavin Hagar und ihren (seinen) kleinen Sohn mit einem Schlauch Wasser als einzigem Proviant in die Wüste schickte, geschah das, wohlgemerkt, auf Saras Missgunst und Jahwes Anordnung hin, der aber gnädig versprach, auch Ismael zu einem großen Volk zu machen. Als »Ismaeliten« wurden später bisweilen die muslimischen Araber identifiziert; der Koran indes berichtet in der 19. Sure, wie Maria ähnlich verstoßen wird wie Hagar und dann in der Wüste, an einem Bach, unter einer Palme den Propheten Jesus zur Welt bringt. Aber das nur nebenbei. Paulus meint hier mit dem minderwertigen Volk aus Abrahams Lende die Juden, und er rubriziert sie, die »Fleischmenschen«, als Verfolger der christlichen »Geistmenschen«.

Wie letztere leben und lieben sollen, macht er dann klar, wenn er die Galater ermahnt: *»Gewiss, zur Freiheit seid ihr berufen, Brüder! Nur macht die Freiheit nicht zum Stützpunkt des Fleischestriebes, dient vielmehr einander in Liebe. (...) Die Frucht des Geistes aber ist: Liebe, Freude, Friede, Langmut, Milde, Güte, Treue, Sanftmut, Enthaltsamkeit ... Die, welche Jesus Christus zugehören, haben das Fleisch mit seinen Leidenschaften und Gelüsten gekreuzigt.«* (Gal 5, 13-24)

Friedrich Heer bescheinigt Paulus ein »homoerotisches Verhältnis zu seinem Christus, das für Jahrtausende vorbildlich wird«. Diesen langen Zeitraum hatte Paulus allerdings gar nicht vorgesehen: Die »Naherwartung« der jungen Christengemeinde – dass Christus innerhalb einer Generation mit großer Herrlichkeit wiederkehren werde – mit ihrem Ruf »Herr, komme bald« wird für Paulus »zum Existential seines Lebens. Diese kurze Zeit, bevor der Herr kommt, gilt es zu nützen: in unermüdlichem Missionsdienst, in unermüdlichem Kampf gegen die Sünde, die Fleischeslust.«[307] Und wenn er dann wiederkommt, wird nur eine unbefleckte Elite genügend stimmliche Reinheit haben, um das Lied zu singen, das vor dem Thron des Lammes zu intonieren ist: Genau gesagt, niemand »*außer den Hundertvierundvierzigtausend. Die losgekauft sind von der Erde. Das sind die, die sich mit Weibern nicht befleckten; denn sie sind jungfräuliche Menschen. Das sind die, die dem Lamme folgen, wohin immer es geht.*« (Apok 14,3-4)

Pädagogisch gravierend ist beim Apokalyptiker wie bei Paulus die Verknüpfung von Folgsamkeit mit »Jungfräulichkeit«. Nicht nur der Geschlechtstrieb, auch der eigene Wille muss abgetötet werden. Der kreuzbrave, lammfromme Knabenchor mit seinen hundertvierundvierzigtausend Geretteten gehört denn auch »eigentlich in den Kult der Großen Mutter, sie entsprechen den entmannten ... Eunuchen, die sich ›um des Himmelsreiches willen‹ selbst kastriert haben, wie die Kybélepriester. Der größte Theologe der frühen Christenheit, Origenes, entmannte sich selbst.«[308] Vielleicht war er nach dem Jesus-Wort zur Tat geschritten: »*... es gibt Verschnittene, die sich selbst verschnitten haben um des Himmelsreiches willen*« (Mt 19,12, wohl authentisch).

Der Perser Mani, 216 n.Chr. in einem Dorf Babyloniens aus königlichem Geschlecht geboren, wird in einer Täufergemeinde erzogen und hat als Zwölfjähriger eine lebensentscheidende Vision: Der heilige Geist, schreibt Mani, »offenbarte mir das Mysterium des Lichtes und der Finsternis, das Mysterium des Kampfes und des Krieges und des Großen Krieges«. Von einem gewissen Zeitpunkt an fühlt er sich wahrscheinlich als Vertreter Christi und nennt sich im Briefeingang »Mani, der Apostel Jesu Christi«.[309]

Der künstlerisch und literarisch Hochbegabte beginnt seine Mission in Indien. Seine Lehre ist ein kosmisches Drama, das mit einer »Dritten Zeit« endet: »Jesus herrscht auf der Erde eine kurze Zeit. Dann verlassen Christus und die Auserwählten mit den Schutzgöttern des Kosmos die Welt und kehren ins Lichtreich zurück ... Die Verdammten, die Dämonen, die Welt der Materie und Finsternis werden ... in die Tiefe eines riesigen Grabens versenkt und mit einem Stein zugedeckt.«[310]

Wie sehr Manis Lehre die Menschen faszinierte und ihnen Geborgenheit gegen die Mächte der Finsternis gab, zeigt sich schon darin, wie sie trotz Folterung, Verfolgung und Kreuzigung an ihr festhielten. »Kaum eine Religion ist wohl so rücksichtslos und grausam verfolgt worden wie diejenige Manis.«[311]

Keusch, beherrscht, gehorsam

Fasziniert hat Manis Lehre auch den Nordafrikaner Augustinus (354-430), der, wie er selbst vermerkt, als junger Mann die zehn schönsten Jahre seines Lebens in den »Düsternissen der Manichäer« verbrachte. Von ihnen erbt er lebenslang, wie Hans Urs von Balthasar es diagnostiziert, »die religiöse Schizophrenie der beiden Gesetze«.[312] Zeigte sich der asketische Mani fasziniert von obszönen Mythen, so hat Augustinus, nachdem er seine Ehefrau samt Kind auf Druck seiner Mutter Monica sausen ließ, einen »abgründigen Pessimismus der bösen, geschlechtlichen Welt gegenüber und eine panische Geschlechtsangst, die vorbildlich für Christen bis zum 20. Jahrhundert wird« (Friedrich Heer).

Augustinus lehrt, der Geschlechtsverkehr sei vor dem Sündenfall frei gewesen von jeder geschlechtlichen Erregung. Ein ganzes Kapitel, das vierzehnte seines »Gottesstaates«, widmet er dem Nachweis, dass der ursprüngliche Mensch die Geschlechtsorgane mit dem Willen beherrscht habe. Nachdem Eva den Apfel gepflückt und ihren Adam mit Erfolg versucht hatte, entstanden zwei »Lieben«: Die Selbst-Liebe, der bösen Lust entstammend, und die reine Gottes-Liebe inkarnieren sich in zwei Staaten. Friedrich Heer fasst Augustins Politologie zusammen:

»Auf Erden gibt es keinen Frieden. Diese Welt ist dem Bösen verfallen. Es hat keinen Sinn, Widerstand zu leisten. Etwa gegen die Folter oder den Krieg. Gott züchtigt durch die Kriege die Menschheit. Es hat keinen guten Sinn, sich gegen verbrecherische Staatsherren aufzulehnen. Die Christen sollen auch den verbrecherischen Staat ertragen ... Dieser Augustinus ist der große Töter der Hoffnung (wie der Jesuit Pierre Charles und Hans Urs von Balthasar aufzeigen). Der Mensch kann nur für sich selber, nicht für den Nächsten hoffen. Den Menschen geht nur eines an: Gott und seine Seele. Kampf des Christen ist Kampf um sein Seelenheil.«[313]

Es braucht nicht aufgezeigt zu werden, wie optimal diese Lehre der Passivität und Entsolidarisierung ins Konzept aller rechten Despoten vor und nach Hitler passte – ebenso wie die Weltanschauung des immerwährenden Kampfes gegen dunkle Mächte. Der Kampf des Asketen gegen den inneren Schweinehund ist nicht trennbar von dem gegen äußere Moralverderber. »Askesis« (Übung) trieb der antike Athlet ebenso wie der »asketos«, der Krieger (noch heute ist im Türkischen der Soldat, wohl vom Byzantinischen herkommend, der »asker«). Und das Leben des »idealen« Christen, »besonders des Klerikers, noch mehr des Mönchs, soll ein dauernder Kampf, ein ständiger Kriegszustand sein. Der sich Kasteiende wird zum Streiter gemacht, erst gegen sich, dann gegen andere.«[314]

Schon Paulus, der »mit dem Geist die Werke des Fleisches tötet« (Röm 8,13), liebt martialisches Vokabular. Er spricht vom »Kriegsdienst« der professionellen Glaubensverkünder (1 Kor 8,7), von »Mitkämpfern« (Phil 2,25), von »Kampf«, »Waffen«, »Zerstörung« (nämlich der schädlichen »Vernünfteleien«) und Bestrafung »jeglichen Ungehorsams« im Dienste Gottes (2 Kor 10,3-6). Er sieht sich als »rechter Soldat Christi Jesu«, für den »Kriegsherrn« um den »Siegeskranz« kämpfend (2 Tim 2,3-5). Noch mehr strotzt die Biographie des heiligen Cyprian, eines »Offiziers Christi und Gottes« von Militarismen wie »Fahneneid« (für Taufe) und »Heerbann« (für Kirche). Pachomius, der erste Klostergründer, und der Ex-Soldat Ignatius von Loyola überbieten sich darin, ihre Ordensregeln als Exerzierreglements zu gestalten. Der katholische Messdiener und Korpsstudent Heinrich Himmler wiederum hat die »Societas Jesu« (SJ) als Vorbild, wenn er seine »Schutz-Staffel« aufbaut. Und Adolf Hitler fordert, es müsse alles, »... von der Fibel des Kindes bis zur letzten Zeitung ... in den Dienst dieser einzigen großen Mission gestellt werden, bis dass das Angstgebet unserer heutigen Vereinspatrioten ›Herr, mach uns frei‹ sich in dem Gehirn des kleinsten Jungen verwandelt zur glühenden Bitte: ›Allmächtiger Gott, segne dereinst unsere Waffen; sei so gerecht, wie du es immer warst; urteile jetzt, ob wir die Freiheit nun verdienen; Herr, segne unseren Kampf!‹«[315]

Kampf und Keuschheit: Während der Kreuzzüge setzte man das Blutvergießen mit Werken der Askese gleich. »Besonders auffällig korrelieren geschlechtliche Kasteiung und kriegerischer Sadismus beim Templerorden. Die frommen Ritter geloben Keuschheit und Armut, haben selbst im Bett mit Hemd und Hose zu schlafen, meiden ... das Theater, die Spaßmacher, die Spielleute, und eifern umso verbissener wider die Feinde der Christenheit.«[316] Thomas von Aquin empfiehlt, jungfräulich zu bleiben nicht nur um geistiger Arbeit und beschaulichen Lebens willen, sondern auch, um besser dem Kriegsdienst sich widmen zu können. Und schwärmt noch 1922 ein deutscher Theologe, die keusche Seele sei zu allem fähig, selbst zum »Heldentum des Opfertodes«[317], so preist 1926 ein anderer die Kreuzzüge als so »kraftvoll«, wie es »nur in einem keuschen Geschlecht ... mit jener Intensität« möglich war, »wie wir sie im Mittelalter gewahren«.[318]

»Die ... Jesus Christus zugehören, haben das Fleisch mit seinen Leidenschaften und Gelüsten gekreuzigt.« (Gal 5,24) Zu welchen Exzessen des Asketismus es im Christentum kam, vom ägyptischen Mönchtum der Antike bis zu neuzeitlichen Heiligen wie Theresia von Lisieux, ist bei Deschner mit gemischten Gefühlen nachzulesen: Tragik und Komik liegen da manchmal nahe beieinander. Nur zwei Beispiele:

Der belgische Jesuit Johannes Berchmans (am Münchner Berchmans-Kolleg durfte ich ein Jahr Philosophie studieren), starb schon mit zweiundzwanzig Jahren im Jahr 1621. In seinem kurzen Leben floh er nicht nur den Anblick der Frauen, sondern auch den der Männer. Dafür rutschte er noch nach Mitternacht, mit nackten Knien, betend auf der Erde herum, seufzte und stöhnte und küsste inbrünstig ein Bild der Jungfrau Maria, der er unaufhörlich die schönsten Namen gab. Wagte er sich aber ins Bett, weihte er dessen verschiedene Stellen vorher an diverse heilige Beschützer seiner Keuschheit und ans Fußende legte er den gekreuzigten Christus.[319]

Nur ein Jahr älter wurde sein 1591 gestorbener Ordensbruder Aloysius Gonzaga, dessen Embleme Lilienstengel, Kreuz, Geißel und Totenkopf sind. Er errötete schon vor Scham, wenn er nur mit seiner Mutter allein war, fiel bei seiner ersten Beichte in Ohnmacht, sprach auf jeder Treppenstufe ein Ave Maria und betete oft stundenlang bäuchlings vor einem Kruzifix. Wie bei Berchmans waren seine Hemden oft blutig vom Selbstgeißeln. Dabei war er aber, wie ein moderner Jesuit versichert, ein lebensfroher, gesund empfindender Mensch.[320] Verdientermaßen avancierte er denn auch, im Zeitalter der Aufklärung, zum Patron der studierenden Jugend, zumindest als gipserne Statue.

Der bedeutendste bayerische Philosoph, Ludwig Feuerbach (1804-1872), sagt über Kreuzes Leid und Lust:

»Die christliche Religion ist die Religion des Leidens. Die Bilder des Gekreuzigten, die uns heute noch in allen Kirchen begegnen, stellen uns keinen Erlöser, sondern nur den Gekreuzigten, den Leidenden dar. Selber die Selbstkreuzigungen unter den Christen sind psychologisch tief begründete Folgen ihrer religiösen Anschauung. Wie sollte dem nicht die Lust kommen, sich selbst oder andere zu kreuzigen, der stets das Bild eines Gekreuzigten im Sinne hat? Wenigstens sind wir zu diesem Schlusse ebensogut berechtigt als Augustin und andere Kirchenväter zu dem Vorwurf gegen die heidnische Religion, dass die unzüchtigen religiösen Bilder die Heiden zur Unzucht aufforderten.«[321]

Der Zusammenhang der christlichen Kreuzigung des Fleisches mit der Vernichtung der Juden lässt sich unter drei Aspekten ordnen:

- Härte gegen sich selbst, ergo Härte gegen andere
- Verdrängte Sexualität als Ursache von Grausamkeit gegen andere
- Christliche Reinheit versus schmutzige Sexualität der Juden

Hart wie Kruppstahl

Der »Kirmesmörder« Jürgen Bartsch, der 1966 als Neunzehnjähriger gefasst wurde, nachdem er vier Buben sexuell missbraucht und grausam ermordet hatte, erzählte später dem Psychiater Paul Moor über seine Schulzeit in Bonn sowie im Internat der Salesianer in Marienhausen:

»In Bonn, da kann ich mich nur an eine Lehrerin erinnern, Frl. Susanne Prim, sie war damals schon über sechzig. Sie war unsere Klassenlehrerin, auch heute wundert es mich noch, sie war nicht im geringsten streng, sie war eine der wenigen, die aus Güte Autorität zu machen vermögen. Auch lernte man bei ihr so leicht, als ob man spiele ... Ausflüge machte sie mit uns ... es war verdammt schön.

Marienhausen, außer PaPü (Pater Pütlitz) erinnere ich mich noch an Pater Henninger, mein Lehrer in der 6. Klasse, ein sehr anständiger Mann, streng, doch gut. Er war vor kurzem als Missionar aus Caracas zurückgekommen ... Er lebte sich schwer in unser Heim ein, die Härte, auch unter den Priestern, gefiel ihm nicht. ›Nicht nur das Wetter hier ist kälter‹, pflegte er zu sagen, ›in unserer Mission gab es diesen Zank und Streit nicht, dort lachten immer alle, hier nur auf Kommando.‹ – Mit dem dicken Religionslehrer, der ein ganz übler Schläger war, hatte er sich dauernd in der Wolle.«[322]

Unter seinen Mitschülern erinnert sich Bartsch besonders an Herbert Grewe aus »Kölle«, den Kleinsten der Klasse:

»Im Chor kam er, da er nun wirklich der Kleinste war, niemals umhin, in der ersten, vordersten Reihe zu stehen, und so quasi bei jeder Probe sein Teil an Schlägen in die Nieren und ins Gesicht zu empfangen. Oh Gott, mehr als sein Teil ... Hatte Pater Pütlitz oder der dicke Katechet ihn in der Mangel, dann schrie er wie kein anderer, dann brüllte er seinen Schmerz hinaus, dass man glauben konnte, die verhassten, heiligen Mauern stürzen ein.«[323]

Adorno in »Erziehung nach Auschwitz«: »In dieser gesamten Sphäre geht es um ein vorgebliches Ideal, das in der traditionellen Erziehung auch sonst eine erhebliche Rolle spielt, das der Härte ... Wer hart ist gegen sich, erkauft sich das Recht, hart auch gegen andere zu sein, und rächt sich für den Schmerz, dessen Regungen er nicht zeigen durfte, die er verdrängen musste.«

Vom kleinen Kölner Herbert hat Jürgen Bartsch ein Erlebnis besonders gut im Kopf:»1960, im Zeltlager in Rath bei Niedeggen, an einem Sommerabend, ließ Pater Pütlitz ihn ›entführen‹. Ein Spiel sollte es sein, ein lustiges. Aber Herbert Grewe wusste es nicht, weil es ihm niemand kundtat. Man schleppte ihn tief in den abendlichen Wald, fesselte, knebelte ihn, steckte ihn so in einen weißen Schlafsack, ließ ihn liegen. Er lag bis nach Mitternacht. Angst, Bitten, Verzweiflung, Einsamkeit, es ist müßig. Was er gefühlt hat, ich kann es nicht sagen. Nach Mitternacht wurde er ausgelacht, Spott und Hohn, ein Spiel, ein lustiges. – Als er ein paar Jahre von Marienhausen fort, aber noch lange nicht erwachsen war, stürzte er sich bei einer Bergtour zu Tode. Er wurde geboren, um geschlagen und gequält zu werden und ›sodann‹ zu sterben. Er war der Kleinste in unserer Klasse. Er hieß Herbert Grewe. Und er war ein guter Kamerad.«

Wieder Th. W. Adorno:»Anknüpfen ließe sich an das Leiden, das die Kollektive zunächst allen Individuen, die in sie aufgenommen werden, zufügen. Man braucht nur an die eigenen ersten Erfahrungen in der Schule zu denken. Anzugehen wäre gegen jene Art folk-ways, Volkssitten, Initiationsriten jeglicher Gestalt, die einem Menschen physischen Schmerz – oft bis zum Unerträglichen – antun als Preis dafür, dass er sich als Dazugehöriger, als einer des Kollektivs fühlen darf.«[324]

Allerdings ist diese Erziehung zur Härte keinesfalls eine ausschließlich christliche Spezialität. Das fängt nicht erst bei den Spartanern an, sondern bei den Initiationsriten schriftloser Kulturen; bei anerkannten Reformpädagogen wie Lietz und dem jüdischen Deutsch-Engländer Kurt Hahn steht Abhärtung in freier Natur im Dienst von Willensbildung und körperlicher Gesundheit, bei Hahn und seinem britischen Vorbild Cecil Reddie dient körperliche Abhärtung auch der Abwehr sexueller Impulse. Der Weg von der Kreuzigung des Fleisches zur »Stählung« körperlich und sexuell aufblühender Jugendlicher ist kurz. Mantell findet unter den »Ledernacken«, die er interviewt, nachdem sie in Vietnam an Kriegsverbrechen beteiligt gewesen waren, überproportional viele Kinder aus kernig katholischen Elternhäusern und Internaten. Warum war der Pater Pütlitz so für handfeste Pädagogik? Weil, wer seinen Sohn liebt, ihn züchtigt?

Alice Miller, die ausführlich auf den Fall Bartsch eingeht, ist sich sicher, dass jemand, der Kinder misshandelt, als Kind selbst misshandelt wurde. Sie erzählt das Beispiel eines vierzigjährigen Mannes, eines geschätzten Mitbruders seiner Sekte, der seinen zweijährigen Sohn, weil der nicht »Entschuldigung« sagen wollte, eine halbe Stunde lang geschlagen hatte und noch, ohne es zu merken, weiterschlug, als der Kleine bereits tot war. Aufhören hätte er erst dürfen, sagte der Vater nachher, wenn sich das Kind entschuldigt hätte, denn ein Kind muss lernen, Entschuldigung zu sagen, wenn es vor Gott erscheint. Der modellhafte Bezug zu einem patriarchalischen Gottesbild und einem thronenden Vater, der seinen Filius an gekreuzten Prügeln leiden lässt, wird von Alice Miller so angedeutet: »Menschen, die Hitler geholfen haben, sein Werk auszuführen und ganze Völker auszurotten, mussten als Kind ähnliches wie er erfahren haben: die ständige Präsenz der Gewalt.«[325]

Der Theologe Horst Hermann zieht die Verbindungslinie ähnlich wie Adorno: »Askese übt ein, wie sich Schmerzen ertragen lassen, und das möglichst lautlos, lustvoll. Das erlaubt, Gleichgültigkeit gegen den Schmerz umschlagen zu lassen in Entladungen der Gewalt. Nicht von ungefähr scheuten sich Asketen kaum, grausame Folterungen und Hinrichtungen zu praktizieren. Nicht nur prägte eigene Gewalt das fürchterliche Gottesbild, das auf uns kam, die unbewältigte Aggressivität äußerte sich auch im Verlangen nach Opfern.«[326]

Verdrängte Sexualität, bewusste Grausamkeit?

»Die Askese tötet nicht den Sexus, sondern den Eros; den Sexus kann sie nicht töten. Daher ist die Geschichte der Askese eine Geschichte sterbender Erotik und zugleich ein Verzeichnis schwelender Begierden.«[327] Wir brauchen uns hier nicht lange bei einem früheren christlichen Massenpogrom, dem Hexenwahn aufzuhalten; jeder weiß, dass die Verteufelung der heilkundigen und anderer Frauen in der innerpsychischen Verteufelung der Sexualität bei den Klerikern wurzelt; dass es vielen unter diesen gar nicht so lästig war, entkleidete Frauen am ganzen Körper akribisch auf Hexenmale untersuchen zu müssen, und dass sie es recht gut ertrugen, bei Folterungen der verstockten Teufelsbuhlinnen aufsichtspflichtig zu sein. Dass es auch mutige Kleriker gab wie den Jesuiten Friedrich von Spee, der sich unermüdlich für das Ende des wahnhaften Frauenmordes einsetzte, ist alles, was man zur Ehrenrettung der »Eunuchen für das Himmelreich« anführen kann.

Ein anderer, protestantischer Theologe, der Schweizer Arzt, Tiefenpsychologe und Religionshistoriker Oskar Pfister, stellt im 20. Jahrhundert fest: »Der Teufel der Hexen ist der Sexualteufel. Der wütende
Hass auf die Hexen ist im Grunde Hass auf die begehrten, aber durch
strengste Moral versagten Sexualregungen, und diese rächen sich mit
teuflischer List, indem sie den schändlichsten sadistischen Gelüsten
im Namen der heiligen Religion ein ungeheuer weites Feld orgias-
tischer Betätigung verschaffen.«[328]

Allerdings waren weder die Mehrheit der Nazi-Größen noch das
Gros der SS-Schergen geschlechtliche Asketen. Der SS-Richter Konrad Morgen erlitt, wie er nach 1945 berichtet, »zum ersten Mal einen
wirklichen Schock«, als er die SS-Wachstube Birkenau besichtigte.
Hier lagen »SS-Männer auf Couchen und dösten mit glasigen Augen
vor sich hin. Statt eines Schreibtisches stand ein Hotelherd im Raum,
und vier bis fünf junge Jüdinnen von orientalischer Schönheit back-
ten Kartoffelpuffer und fütterten die SS-Männer, die sich wie Paschas
bedienen ließen. Die SS-Leute und die weiblichen Häftlinge duzten
einander.«[329]

Wilhelm Reichs Rückschluss von grausamen Charakterzügen auf
»chronische sexuelle Unbefriedigtheit«[330] scheint hier verfehlt. Allerdings weist schon der Auschwitz-Überlebende Viktor Frankl darauf
hin, dass die meisten Männer der Lagerwache keineswegs Sadisten,
sondern einfach abgestumpft waren. »Diese abgestumpften und in ihrem Gemütsleben verhärteten Menschen waren es dann hauptsächlich, die wenigstens den Sadismus in eigener Regie ablehnten; aber
das war auch alles, gegen den Sadismus der anderen unternahmen sie
nichts.«[331] Bruno Bettelheim, ein anderer Psychologe mit KZ-Erfah-
rung: »Die meisten SS-Leute vergeudeten auch nicht eine Minute ihrer
freien Zeit mit der Misshandlung von Gefangenen; ihre Faulheit war
sozusagen der beste Schutz der Häftlinge. Ein derartiges Verhalten entspricht aber keineswegs dem eines Sadisten, der ja die Misshandlung
anderer genießt.«[332]

Der Satz von Alex Comfort: »...viele prominente Übeltäter in der
Geschichte waren von einer merkwürdigen Keuschheit« ist auf NS-
Prominenz nur sehr differenziert anzuwenden. Bormann und Heydrich
produzierten sich als ausgesprochene Frauenhelden; auch Göring und
Goebbels waren keine Mönche. Vor allem Himmler und Hitler verban-
den aber Keuschheitsideale mit Vernichtungsphantasien; beim Letzteren stark angeregt durch einen seiner geistigen Väter, den Ex-Mönch
und »Mannesrechtler« Jörg Lanz von Liebenfels. Der nämlich dürfte

genau der richtige Mann sein für Friedrich Heers folgende Diagnose: »In den Feind wird zudem alles projiziert, was in der eigenen Hölle, im unaufbereiteten, unerhellten Untergrund der eigenen Person leidenschaftlich begehrt wird: der Genuss des Geschlechts und aller Güter dieser Erde ... In den ›materialistischen‹ Juden wird die eigene Weltlust, ›Weltgeilheit‹, in den ›geilen‹ Juden wird die eigene ungereifte sexuelle Gier projiziert.«[333]

Georgius Lanz war Mönch im Zisterzienserkloster Heiligkreuz, aber »von fleischlicher Liebe erfasst«, hatte er, wie seine Mitbrüder notierten, »die Mönchskleider von sich« geworfen.[334] Unter dem angemaßten Adelstitel »Jörg Lanz von Liebenfels« gab er die nach der germanischen Frühlingsgöttin »Ostara« benannten Hefte »für Blonde und Mannesrechtler« heraus, die auch Strindberg las und die Hitler so faszinierten, dass er sich die fehlenden Exemplare seiner Sammlung vom Herausgeber persönlich erbat. In diesen Heften verbreitete sich Lanz über die Züchtung einer arioheroischen Herrenrasse, über die Bekämpfung der rassisch minderwertigen »Tschandalen« und »Äfflinge«, aber auch über »Kastraten um des Reiches der Himmlischen willen«. Er hielt eine asexuelle Lebensweise für das Ideal, sah sich selbst als johanneische Erscheinung, vertrat einen Mutterkult, bekämpfte Feministinnen und konnte sich für rassische Schönheitskonkurrenzen erwärmen. Ganz schwarz auf weiß empfiehlt er: »Bekämpf zuerst den Tschandalen in dir, dann erst den Tschandalen um Dir« und er droht mit »Rassenkampf von unserer Seite bis aufs Kastrationsmesser«. Lanz beschwor die Systematisierung von Züchtungs- und Vernichtungspraktiken, die »Ausrottung des Tiermenschen und die Entwicklung des höheren Neumenschen« sowie Liquidationen durch Zwangsarbeit oder Mord: »Bringt Frauja Opfer dar, ihr Göttersöhne«, schrieb er in sonoren Worten, »Auf! Und bringt ihm dar die Schrättlingskinder.«[335] Denn schuld an diesen Kreaturen war doch Eva, die sich mit dem Teufel gepaart hatte.

Der Jüngling Adolf Hitler fand in der Lanz'schen Lehre das vollkommen gefestigte Weltbild, nach dem er gesucht hatte, und einen »Stempel, der ihn imprägnierte«[336]. Nach dem Anschluss Österreichs ließ er die Schriften seines Lehrers allerdings verbieten; zu deutlich hätten sie erkennen lassen, wie er in »Mein Kampf« aus ihrem Vollen schöpfte.

Dass Menschen an der asketischen Unterdrückung ihrer sexuellen Regungen scheitern und wie der Ex-Mönch Lanz von »fleischlicher Liebe« erfasst werden, ist freilich weder ein Wunder noch eine Seltenheit. »Siebentausend Prozesse«: So viele Verfahren gegen katholische Geistliche habe der Führer niedergeschlagen, sagt am 11. März 1938 Reichsaußenminister Ribbentrop in Audienz bei Pius XII. Eine erhebliche Vorleistung; der Papst brachte laut deutschem Audienzprotokoll diesen Ausführungen des Reichsaußenministers »durchaus Verständnis entgegen und gab die dabei erwähnten konkreten Tatsachen unumwunden zu«.[337]

Die siebentausend Prozesse bildeten eine »Geheimwaffe« Hitlers gegen den deutschen Episkopat. »In Österreich erzählte man sich 1938/39 in kirchlichen Kreisen, dass der ominöse Aufruf des österreichischen Episkopats für Hitlers ›Volksabstimmung‹ am 10. April 1938 durch dessen Drohung erpresst worden sei, die Gerichte in Sittlichkeitsprozessen gegen Kleriker sprechen zu lassen (...) Die Zahl der möglichen Sittlichkeitsprozesse gegen Kleriker, vor allem gegen Mönche, war auf jeden Fall erschreckend groß. Kirchlicherseits wurde nach Aufdeckung einiger Fälle, die eine Kettenreaktion von Enthüllungen auslösten, von Rom aus eine ganze Provinz der Franziskaner aufgelöst. Was aber steckt, historisch, hinter diesen Sittlichkeitsdelikten? Hinter den Verführungen von Jugendlichen durch Kleriker zu Päderastie, hinter der Sodomie, hinter den Verführungen von Ehefrauen und Mädchen, die im französischen Mittelalter das Sprichwort aufkommen ließen, dass schon der Schatten eines Franziskanerklosters die ganze Umgebung schwängere?« In den Priesterseminaren wurde »als spirituelles Ziel ein gehorsames, den ›süßen Seelenbräutigam Jesus‹ und, als ›Marienkind‹ die Jungfrau und Gottesmutter Maria ›innig liebendes‹, immer jungfräuliches Priester-Kind erzogen und gebildet ... Innerlich brüchige Priester- und Mönchstypen dieser Art, ständig gequält von ihren sexuellen Versuchungen, boten jedoch den kurialen und kirchlichen Hierarchien ein besonders geeignetes ›Material‹: besonders geeignet zu Gehorsamsleistungen aller Art, zu denen geschlechtlich ungebrochene Männer sich nie hergeben würden. Das sacrificium intellectus, das Opfer des Geistes, ist viel leichter zu leisten von einem in seiner Geschlechtlichkeit gebrochenen Priester ...«[338]

Das Versagen des Papstes und seiner Kurie gegenüber Hitler und seinen Helfern erklärt sich freilich nur zu einem geringen Teil aus dem Druckmittel der siebentausend Sittlichkeitsprozesse. Diese sind eher ein Symptom für einen Klerus, der hetero- wie homoerotische Zuneigungen gleichermaßen totschweigen musste und der zu tödlicher Verfolgung Anderer auch so schweigsam blieb, wie er es gelernt hatte.

Überhaupt gibt es für diesen Klerus Schlimmeres als den Tod und Wichtigeres als das Gut des Lebens. Das machte auch Papst Johannes Paul II. am 12. November 1988 auf dem internationalen Kongress der Moraltheologen in Rom bewusst: »Auch für Aidskranke oder für Personen, die Verhütungsmittel als Vorbeugung gegen die Immunschwächekrankheit gebrauchen wollen«, lasse die kirchliche Morallehre »keine Ausnahme zu. Eine solche Ablehnung der kirchlichen Morallehre entleert das Kreuz Christi.« Und Carlo Caffarra, sein Sprecher für Familienfragen, sekundierte: Wenn der aids-infizierte Ehemann es nicht schaffe, abstinent zu bleiben, sei es besser, dass er seine Frau ansteckt, als dass er ein Kondom benutzt, denn »die Wahrheit spiritueller Güter, wie des Sakraments der Ehe, ist dem Gut des Lebens vorzuziehen«.[339]

Die jüdischen Lüstlinge

Der klinische Psychologe Hans Askenasy, geboren 1930 in Frankfurt, sieht Hitlers zwölf Seiten langen Mein-Kampf-Monolog über die Syphilis, die »jüdische Krankheit« (auch dagegen kämpfte der Heiler Hitler), als »interessanten Ansatzpunkt für die Beantwortung der bisher noch nicht gelösten Frage nach den Ursachen seines Antisemitismus«.[340]

Juden als andersartig wahrzunehmen, war den Christen besonders im Bereich des Sexuellen leicht: erstens wegen ihrer – trotz aller auch im Judentum vorhandenen Tabus – freizügigeren, unbefangeneren und mehr pragmatisch-moralischen Sexualkultur. Dass es im Jiddischen mit dem abfälligen Wort »Schickse« einen eigenen Begriff für »Christenmädchen« gab, deutet allerdings auch auf Max Webers Beobachtung hin, dass die jüdischen Gemeinden ein »zweispuriges Moralsystem« entwickelten, mit einer internen Ethik für den Umgang untereinander und »lockereren moralischen Maßstäben für den Verkehr mit Nicht-Juden«[341]. Das andere, körperlich Unterscheidende war die Beschneidung jüdischer Buben, ein Brauch, den christliche Kinder anhand der Beschneidungen von Johannes und Jesus (Lk 1 und 2) mitbekamen, ohne sich gleich einen Reim darauf machen zu können.

Wie interessant diese Penis-Veränderung war, zeigte schon der Kult um die echte Vorhaut Jesu, die an dreizehn Pilgerorten verehrt wurde; 1427 gründete sich sogar eine »Brüderschaft von der Heiligen Vorhaut«; zum Häutlein von Charroux gingen zu Zeiten Voltaires besonders schwangere Frauen auf Bittgang, und das in Antwerpen aufbewahrte »Präputium Christi« umsorgten spezielle Präputiumkapläne[342].

Der »Stürmer«, das Hetzblatt des Julius Streicher, machte es sich zur Aufgabe, mit pornographischer Delikatesse regelmäßig »jüdische Mädchenschänder« anzuprangern. Vielleicht ging es, so musste der neiderfüllte Leser wohl schließen, ohne Vorhaut besser? Tatsächlich war die Spekulation bezüglich des kleinen Unterschieds am kleinen Unterschied in dieser Frage widersprüchlich: Das Beschnittensein brachte man einerseits mit hemmungslosen geschlechtlichen Ausschweifungen in Verbindung. Andrerseits wird der Defekt am männlichsten Körperteil belächelt. So ist etwa im satirischen Roman »Herr Moritz Deutschösterreicher« die Mutter des kleinen Moritz besorgt wegen der Beschneidung: »Es ist verrückt, Sandor, mein Kind absichtlich zu verletzen, denk doch nur, was passiert, wenn er zum Heer einrückt und sie alle miteinander nackt baden müssen, oder wenn er eine Christin heiratet, wie peinlich ...«[343] Auf jeden Fall: »Juden wurden in Europa traditionell als sexuell von der Norm abweichend betrachtet.«[344]

Im Jahr 1946 erregte meine Heimatgemeinde Pfaffenhofen Aufsehen. durch eine Marienerscheinung. Der junge Ortsgeistliche hatte während des Krieges mit den Gläubigen ein Gelübde getan: Falls Pfaffenhofen von Bombenangriffen verschont bleibe, werde man zum Dank der Jungfrau Maria, der Patrona Bavariae, eine Kapelle errichten.

Nachdem nur vier Bauernhöfe durch Brandbomben zerstört worden waren, gingen 1946 der Pfarrer, seine Schwester und Bärbel, ein zweiundzwanzigjähriges, sehr gläubiges Mädchen im Wald auf die Suche nach einem geeigneten Bauplatz für die Kapelle. Wunderbarerweise geriet das Mädchen dabei in visionäre Entzückung; der Priester konnte das Mariengebet, das sie während der Erscheinung der Jungfrau sprach, geistesgegenwärtig mitstenographieren.

So weit, so gut. Nachdem die Marienerscheinung publik geworden war und Diskussionen entfacht hatte, wurde aber das junge Mädchen, bei dem sich inzwischen an Händen, Füßen und Seite die Wundmale Christi zeigten, entführt. Nach drei Tagen tauchte sie wieder auf und berichtete, sie sei von einem Mann, der vorgab, sie nach Marienfried mitzunehmen, in ein Auto gelockt worden. Am Steuer saß eine Frau, ein weiterer Mann stieg zu. Nach mehrstündiger Fahrt – Bärbel hatte inzwischen fünf Rosenkränze gebetet – wurde sie in einen Keller gebracht, wo sie dann das Bewusstsein verlor.

»Als ich wieder zu mir gekommen war, sah ich einige Männer (um mich) herumstehen. Sie unterhielten sich teils in fremder, teils in deutscher Sprache miteinander. Ich sah auch solche darunter, die wie Juden aussahen. Andere standen etwas mehr hinten und zählten Geld. Als diese merkten, dass ich erwacht war, traten sie näher und beobachteten mich. Dann kam einer mit einem Buch, entnahm ihm Hostien und sagte: ›Du kannst ruhig bei uns bleiben, da ist der Herrgott auch!‹ Er spuckte die Hostie an, worauf eine Frau herbeikam, die Hostien zwischen den Fingern zerrieb und wegblies. Dabei spottete sie: ›Das ist dein Gott!‹ Hiernach ließ der Mann wieder Hostien fallen, wovon ein Hund einige auffraß ... Ich versank in Bewusstlosigkeit; ich spürte, dass es konsekrierte Hostien waren. Ihre Verunehrung tat mir entsetzlich weh.

Beim Erwachen standen wieder andere um mich herum. Sie entkleideten mich, streckten dann meine Arme aus und brachten eine elektrische Leitung mit zwei beleuchtbaren Platten herbei. Diese befestigten sie an meinen Händen und Füßen ... Das Greifen an Händen und Füßen schmerzte sehr. An der Seitenwunde taten sie nicht viel, sie waren dabei vorsichtig. Gesprochen wurde kein Wort.

Im ekstatischen Zustand, in den ich hierauf wieder fiel, erlebte ich das Gleiche wie im Vorjahr, die Passion des Herrn. Hierbei war mein eigenes Ich ganz ausgelöscht. Ich war ganz im Heiland.

Beim Erwachen hörte ich, wie ein Mann – eine Hostie in der Hand – furchtbar über sie lästerte. Er schien Jude zu sein, sprach in einer abgehackten Redeweise, war dick und hatte schwarzes Haar. Während der Lästerungen entstellte sich sein Gesicht. ...

Als ich zu mir kam, hörte ich vor der Tür Geschrei. Decken wurden hereingebracht, Männer und Frauen – in schamloser Kleidung – kamen herein und trieben schreckliche Sachen, wobei sie johlten und schrien. Lange trieben sie es so. Hierbei wurden viele – lauter konsekrierte, hellaufleuchtende – Hostien in unvorstellbarer Weise geschändet. Sie standen alle um mich herum. Das war furchtbar. Der zwischen den Leuten umherlaufende Hund fraß die hinuntergefallenen Hostien auf. Ich war so schwach, dass ich mich gar nicht wehren konnte. Als ein Teil einer Hostie neben mich fiel, kommunizierte ich ihn. Das gab mir Kraft, und ich hoffte damit dem Heiland ein wenig Abbitte zu leisten. Dem Hund, der die Hostien gefressen hatte, gab man dann ein Brechmittel, so dass er alles, was er zu sich genommen hatte, wieder ausbrach. Es war fürchterlich!

Nach Beendigung dieser Frivolitäten legten sich alle auf die Decken und schliefen – schwer betrunken – ein ... Auch ich bin dann eingeschlafen.

Als ich erwachte, waren keine Leute mehr da. Karfreitag muss schon vorbei gewesen sein; denn mir war von innen her ganz leicht. Kaum hatte ich mich wieder einigermaßen zurechtgefunden, sah ich fürchterliche Weiber hereinkommen, die mit Hostien in Händen fluchten. Eines von ihnen war besessen. Es warf die Hostien auf den Boden und trat darauf. Andere hörte ich miteinander handeln und Geldgeschäfte machen. Sie hatten Akten bei sich und sahen mich an.

Neu hinzugekommene Männer und Frauen fühlten sich unsicher und bekleideten mich wieder. Dann fütterten auch sie einen Hund mit Hostien. Eine ließen sie übrig und sagten zu mir: ›Wenn du sie nicht – in dieses Gift getaucht – konsumierst, geben wir sie ebenfalls dem Hund.‹ Ich entgegnete: ›Gebt sie mir!‹ – ›Du glaubst wohl nicht, dass das Gift ist?‹, fragten sie höhnisch und träufelten einer heruntergefallenen Hostie Gift auf...«[345]

Die Hostienschänder geben die vergiftete Hostie dem Hund, der sofort daran verendet, während das Gift dem Mädchen Bärbel, das die Hostie konsumiert, um sie vor der Schändung zu bewahren, nichts ausmacht.

Das Wunder, mit dem der Herr Jesus das junge Mädchen vor dem Gifttod und aus den Händen jüdischer Frevler errettete, geschah 1946: drei Jahre, nachdem aus der ehemals großen jüdischen Gemeinde des Nachbarortes Ichenhausen die letzten zehn Männer und Frauen nach Osten deportiert worden waren – die jüngste, Ellen Blüth, war damals vierzehn Jahre alt[346]. Das Wunder, mit dem der liebe Gott ein christliches Mädchen vor der Vergiftung durch Juden bewahrte, geschah ein gutes Jahr nachdem russische Truppen des bolschewistischen Satans einen Ort befreit hatte, wo der liebe Gott jahrelang kein Wunder geschehen ließ, um jüdische Mädchen, Buben, Frauen und Männer vor der Vergiftung durch Zyklon B zu bewahren.

Bärbel wiederholt noch im Jahr 1946, passgenau zur Osterzeit, das fast komplette Arsenal christlich-antijüdischer Stereotype: Verschwörung, Anspucken (des Leibes) Christi, Geldzählen, Gotteslästerung, Entkleidung und Kreuzigung (»streckten meine Arme aus«), Hostienfrevel und Vergiftung, Teufelsbuhlschaft (das besessene Weib, Mephistos Hund) und die sexuellen Ausschweifungen der ganzen jüdischen Gruppe, wie damals in Sodom und Gomorrha.

Zum sexuellen Aspekt muss angemerkt werden: Zwischen Bärbel

»Jüdischer Mädchenhandel« und
»Der Jude als Verführer«: Verknüpfung
der Stereotype »Geld«, »Fleischeslust«
und »dirty old men«. Der »Alte« war
nun auch der Geile.
Links: Buch »Der Jude als Rassenschänder«,
ohne Jahresangabe.
Untertext: »Der Nürnberger Jude Otto
Mayer pflegte seine Opfer zu kreuzigen.
In völlig nacktem Zustande band er sie
an ein eigens dazu angefertigtes Holz-
kreuz und schändete sie, sobald aus den
Wundmalen das Blut floss.«

und dem zwanzig Jahre älteren Priester bestand eine tiefe gegenseiti-
ge Zuneigung, die der Umgebung nicht verborgen blieb; der Priester
selbst gestand später ein, dass er »nicht frei« gewesen war von Gefühlen gegenüber seiner Bürogehilfin Bärbel. Wie weit die Beziehung
ging, geht uns nichts an – sie durfte eh' nicht die Grenze überschreiten,
die einen katholischen Priester, einen Verschnittenen um Gottes wil-

len, von einer niedrigen Sexualitätsbejahung trennt, wie sie als »jüdische« in Bärbels Erlebnissen zum Ausdruck kommt.

Der Priester, als mein Gemeindepfarrer, erzählte mir persönlich, fast dreißig Jahre später, er wäre eigentlich gerne Arzt oder Architekt geworden, aber er habe dann doch, dem Wunsch seiner Eltern entsprechend, den Priesterberuf gewählt. Ich bin sicher, er wäre mit seiner Tatkraft und sozialen Einsatzbereitschaft ein guter Mediziner oder Architekt geworden. So wurde er aber zum Konstrukteur eines Marienerscheinungs-Wallfahrtsortes mit einem Ensemble von Gebäuden, Hunderten von Parkplätzen, tief liegendem Atombunker (wg. Apokalypse) und einem Andenkenladen, wo noch vor kurzem unkommentiert die 1976 aufgelegte Erzählung der Seherin Bärbel von den Freveltaten der Juden verkauft wurde.

Die Visionärin heiratete später und hatte mehrere Kinder. 1996 starben sie und der Priester im Abstand von kaum einem Monat.

Zu anderen Zeiten des christlichen Abendlandes hätten die Erlebnisse des Mädchens nicht nur eine Wallfahrt begründet, sondern auch ein blutiges Pogrom ausgelöst, aber das war ja 1946 schon passé.

12. Station Alter Wein in neuen Schläuchen oder: Kontinuität und Säkularisierung der Infamie

ERSTER HANDWERKSBURSCH predigt
auf dem Tisch:
Jedoch, wenn ein Wandrer der gelehnt steht an dem
Strom der Zeit oder aber sich die göttliche Weisheit
beantwortet und sich anredet: Warum ist der
Mensch? – Aber wahrlich, ich sage euch: Von was
hätte der Landmann, der Weißbinder, der Schuster,
der Arzt leben sollen, wenn Gott den Menschen nicht
geschaffen hätte? Von was hätte der Schneider leben
sollen, wenn er dem Menschen nicht die Empfindung
der Scham eingepflanzt hätte, von was der Soldat,
wenn er ihn nicht mit dem Bedürfnis sich
totzuschlagen ausgerüstet hätte? Darum zweifelt
nicht – ja, es ist lieblich und fein, aber alles Irdische
ist übel, selbst das Geld geht in Verwesung über.
Zum Beschluss, meine geliebten Zuhörer, lasst uns
noch übers Kreuz pissen, damit ein Jud stirbt!
Georg Büchner, Woyzeck

Der Medizinstudent Georg Büchner hat in seinem Woyzeck ein Pa-
radigma für die Zeit der Säkularisationen hinterlassen: Woyzeck ist
medizinisches Versuchsobjekt des Doktors, darf nur Erbsen essen,
»nichts als Erbsen, cruciferae, merk' Er sich's. Es gibt eine Revolution
in der Wissenschaft, ich sprenge sie in die Luft. Harnstoff 0,10,
salzsaures Ammonium, Hyperoxydul – Woyzeck, muss er nicht wieder
pissen?« Woyzeck hat keine Moral, rügt der Hauptmann, »Moral, das
ist, wenn man moralisch ist, versteht Er ... Er hat ein Kind ohne den
Segen der Kirche, wie unser hochwürdiger Herr Garnisonsprediger
sagt ...« Wenn Woyzeck auf dem Rasen aufstampft, merkt er was, im
deutschen Erdreich: »Hohl, hörst du? Alles hohl da unten! Die Freimaurer!« Und dann, wie's so ist, »wenn einem die Natur kommt«,

kauft er beim Juden um zwei Groschen – preiswert, denn »er soll einen
ökonomischen Tod haben« – ein Messer.

Es war die Zeit der Theorien und der Wissenschaften: von der Ökonomie, von der Entstehung der Arten, von der Bekämpfung der Mik-
roben. Ideologien, die Einfluss haben wollten, mussten in neuen Klei-
dern daherkommen, gewebt auf Dampfwebstühlen und genäht auf
Singers Nähmaschinen. Der vertraute Antisemitismus brauchte nun
weltliche, exakt vermessene Schnittmuster, denn was die christlichen
Dogmen an Vertrauen einbüßten, das wanderte hinüber zur Wissenschaft. Das neue Denken gewann an Boden in dem Maß, in dem die
Errungenschaften der technischen Wissenschaften sich einerseits im
Alltag der Menschen breit machten und zum anderen in die Schulbildung eindrangen, das heißt: sehr allmählich, regional unterschiedlich
und ohne das Alte vergessen zu machen.

Säkularisierung und Kontinuität der antijüdischen Mythen laufen
deshalb parallel, bis heute. Wenden wir uns zuerst der zweitausendjährigen Tradierung dessen zu, was im Neuen Testament, insbesondere im
Evangelium des Johannes und den Briefen des Paulus an Judenfeindschaft grundgelegt ist.

Wegen der ungeheuren Menge des Materials (zu finden etwa bei
Deschner, Kühner, Lapide) soll sich der chronologische Überblick auf
die Beiträge wichtiger Kirchenlehrer beschränken.

Von »Goldmund« bis zum Doktor Luther

Johannes Chrysostomus, Schutzpatron der Kleriker, ein Mann von
teilweise hohem sozialem Ethos, attackierte vom Jahr 386 an in acht
Predigten die Juden, die seines Erachtens »nicht besser als Schweine
und Böcke sind«, die er des Raubes und Diebstahls bezichtigt, deren
Synagoge er ein Theater nennt, ein Hurenhaus, eine Mördergrube, eine
Herberge wilder Tiere und – des Teufels. Dessen Gasthäuser seien
auch die Seelen der Juden, weshalb man mit ihnen ebensowenig ver-
kehren dürfe wie mit dem Teufel selber, denn so wie er den Menschen
an Leib und Seele ruinieren wolle, so trachten auch die Juden. Töten
diese Verbrecher doch sogar ihre Kinder mit eigener Hand. Und da
ihm diese Behauptung anscheinend nicht einmal seine Christen abnah-
men, verbessert sich Chrysostomus (wörtlich übersetzt »Goldmund«)
in einer späteren Predigt: Auch wenn sie nicht mehr ihre eigenen Kinder töten, so haben sie doch Christus getötet, was schlimmer ist.[347]

Auch Kirchenlehrer Origenes, dessen menschliches Fühlen sich immerhin darin zeigt, dass er eine ewige Verdammnis bestreitet (was ihm sehr angekreidet wurde), eifert gegen die Feinde Jesu: »Die Juden haben ihn ans Kreuz genagelt.« Mit Jesu Verfolgung begingen sie den »allerverruchtesten Frevel«. Mit Recht sei daher Jerusalem bis auf den Grund zerstört und das jüdische Volk seiner Wohnsitze beraubt worden.[348]

Die erste Zerstörung einer Synagoge war im Jahr 388 am Euphrat angesagt, die Niederbrennung erfolgte auf Befehl des Bischofs von Kallinikon. Als Kaiser Theodosius die Bestrafung der Brandstifter und den Wiederaufbau des Gebäudes durch den Ortsbischof forderte, trat Kirchenlehrer Ambrosius in Aktion, leugnete rundweg das Verbrecherische der Tat und erklärte sich sogar mit seinem Amtsbruder von Kallinikon solidarisch. »Ich erkläre«, schreibt Sankt Ambrosius, »dass ich die Synagoge in Brand gesteckt, ja dass ich ihnen den Auftrag gegeben habe, damit es keinen Ort mehr gäbe, wo Christus geleugnet wird.«[349]

Erzbischof Kyrill, ein Heiliger sowohl der griechisch-orthodoxen als auch der römisch-katholischen Kirche, bekannt sowohl wegen seiner Verwicklung in die bestialische Ermordung der schönen Philosophin Hypatia wie auch als Förderer der Marienverehrung, beschlagnahmte in Ägypten sämtliche Synagogen und machte Kirchen daraus. Nur die Synagoge von Alexandrien ließ er nicht umwandeln, sondern zerstören, die dortigen Juden nach Plünderung ihrer Habe vertreiben.

Zur größten Autorität seit Paulus und zum Patron der Theologen wurde Augustinus (354-430), seit er sich, nach fünfzehn »Ehejahren«, von seiner Konkubine losgerissen hatte. Nun bewegte ihn, nach eigenem Bekenntnis, nur noch die Kraft der Liebe. Er rühmte jetzt die Keuschheit, rechtfertigte die Folter und kämpfte heftig gegen Heiden wie Häretiker. »Der Gerechte wird sich freuen, dass er Rache schaut; er wird seine Füße baden im Blute der Gottlosen«, erklärte er ganz allgemein. Speziell den Juden warf er vor, dass sie Theater besuchten, dass sie den Sabbat nur hielten, um zu naschen und zu faulenzen, und dass sie schlimmer seien als Dämonen, Natterngezücht und aufgerührter Schmutz. Dass der Teufel ihr Vater sei und sie dessen Gelüste hätten, war nicht neu; auch dass der Heilige die Juden ein »ganz verbrecherisches Volk« nannte und das Schriftwort »Gehet hin ... »in das ewige Feuer« auf sie münzte, waren nur Nuancen. Nachhaltiger war, dass der nach Paulus zweitwichtigste Kirchenlehrer, als »Lehrer des Abendlandes« die Gottesmörderthese vertrat, die Zerstörung Jerusalems durch die Römer als Gottesstrafe erklärte und den Juden ewige Knechtschaft als gerechte Sühne in Aussicht stellte.[350]

Ex-Augustinermönch Martin Luther bemühte sich nach erfolgreicher Reformation des Glaubens zunächst in christlicher Liebe und guter Hoffnung, die Juden zu bekehren. 1523, als er seine Streitschrift »Dass Jesus Christus ein geborener Jude sei« herausgibt, gehört er zu den wenigen in dieser Zeit, die es wagen, sich für die Juden einzusetzen: »Sie sind Blutsfreunde, Vettern und Brüder unsers Herrn ...« Doch Luther war wandlungsfähig, nicht nur gegenüber den Bauern. Als sein Werben fehlschlug, wurden die Hiebe, die Luther den Juden zugedachte, immer heftiger und erreichten in seiner Altersschrift »Von den Juden und ihren Lügen« einen Höhepunkt, von dem aus man bis nach Auschwitz blicken kann:

Er nennt die Juden Teufel, Wölfe, Feinde der Kirchen, Gotteslästerer, Teufelshure, Teufelsvolk, Gaunerschule, Erzdiebe, Landräuber, durstige Bluthunde, Mörder der Christenheit, Plage, Pestilenz, blutdürstige Feinde, Teufelskinder, Schlangengezücht. Die von Treitschke stammende, als Leitspruch über NS-Massenaufmärschen prangende Phrase »Die Juden sind unser Unglück« findet sich bei Luther so: »Ein solch verzweifelt, durchböset, durchgiftet, durchteufelt Ding ist's um diese Juden, so diese 1400 Jahre unsere Plage, Pestilenz und alles Unglück gewest und noch sind.«

Ehe sie uns am Messias teilhaben lassen würden, wollten sie lieber »noch zehn Messiasse kreuzigen und Gott selber totschlagen ...« – »Der Jude lässt nicht von seinem Sinn, Christen umzubringen, wo er nur kann« (den Trienter Ritualmord bringt Luther als Beispiel). »Darum, wo du einen rechten Juden siehst, magst du mit gutem Gewissen ein Kreuz schlagen und sagen: Da geht ein leibhaftiger Teufel.«

Nach Darlegung dieser Tatbestände und Charakterzüge empfiehlt Luther den Christenmenschen eine »scharfe Barmherzigkeit«, die er in folgende Ratschläge kleidet: Man soll...

1. ... ihre Synagogen mit Feuer anstecken, Schwefel und Pech dazu werfen, und was nicht brennen will, mit Erde überschütten, damit kein Stein mehr zu sehen sei ewiglich.

2. ... ihre Häuser zerstören, sie in einem Stall wie Zigeuner zusammentreiben, damit sie einsähen, sie seien nicht die Herren im Lande, sondern Gefangene im Exil.

3. ... ihnen ihre Gebetbücher, den Talmud und die Bibel wegnehmen, damit sie nicht mehr Gott und Christus zu verfluchen die Macht hätten.

4. ... ihren Rabbinern bei Todesstrafe verbieten, Unterricht zu erteilen, Gott öffentlich zu loben und zu ihm zu beten, damit sie keine Gotteslästerei mehr betreiben können.

5. ... ihnen das Geleit und das Recht, die Straßen des Reichs zu befahren, aufkündigen.

6. ... ihnen den Wucher untersagen, ihnen ihr Geld und ihre Kleinodien, ihr Gold und Silber abnehmen, da alles, was sie besitzen, durch Wucher geraubt und gestohlen ist.

7. ... den jungen starken Juden und Jüdinnen Flegel, Axt, Spaten, Rocken und Spindel geben, damit sie im Schweiß ihres Angesichts ihr Brot verdienen, obwohl es für das Wohl der Untertanen das Beste sei, sie wie in Spanien, Frankreich, Böhmen und den Reichsstädten aus dem Lande zu jagen.

Der Übergang vom religiösen zum rassistischen Antijudaismus wird von Luther schon vorgezeichnet: Verbote nämlich nützen nichts, denn »wenn wir gleich den Juden ihre Synagogen verbrennen, ihnen öffentlich verbieten, Gott zu loben, zu lehren, Gottes Namen zu nennen – gleichwohl werden sie es doch heimlich nicht lassen ... So müssen wir geschieden sein, und sie aus unserem Land vertrieben werden.« Deutschland den Deutschen: »Gleich wie wir Deutschen also reimen möchten: Du bist nicht ein Deutscher, sondern ein Täuscher, nicht ein Welscher, sondern ein Fälscher ... nicht ein Bürger, sondern ein Würger.« – »Drum immer weg mit ihnen.« Schon in einer Predigt am 25. September 1539 hatte Luther erklärt, dass Juden auch durch die Taufe keine dauerhafte Veränderung erfahren. Folglich, »um die Angelegenheit ein für allemal zu regeln, sollten die Juden aus der christlichen Gesellschaft ganz und gar vertrieben werden. Ein Ende dem Fluch der Menschheit.«[351]

Den Landesfürsten rät er: »Verbrenne ihre Synagogen, verbiete alles, was ich oben aufgezählt habe, und gehe mit ihnen um nach aller Unbarmherzigkeit, wie Moses tat in der Wüste und schlug dreitausend tot.«

In einer anderen Schrift wenige Monate später (»Vom Schem Hamphoras und vom Geschlecht Christi«) erreichen Luthers Tiraden ein Niveau des Hasses und der Unflätigkeit, das jenen »direkten Weg von Luther zu Streicher«[352] belegt, den evangelische Theologen schon 1961 erkannten. Wenn Luther hier den Scharfsinn seiner jüdischen Gegner von der »Merde« und »Judaspisse« des am Baum hängenden Verräters herleitet, so scheint sich sein Wunsch, Gott möge ihn selbst

»zur Sau machen« psychisch erfüllt zu haben. Wenn er aber gleich zu Anfang dieser Schrift fordert, die Juden so zu strafen, »dass die Gassen voll Bluts rönnen, dass man ihre Toten nicht mit Hunderttausend, sondern mit Zehnhunderttausend rechnen und zählen müsste«[353], dann kann einem der protestantische Buchhalter Eichmann einfallen. Von dem ist ja die Rechnung überliefert: »Hundert Tote sind eine Katastrophe, aber hunderttausend Tote sind eine Statistik.«

Auf die Frage, ob Eichmann normal sei, antwortete ein amerikanischer Psychologe: »Er ist jedenfalls normaler als ich, nachdem ich ihn untersucht habe.« Nehmen wir deshalb Luthers Von-den-Juden-Schrift, von der ein direkter Weg zu Eichmann führt, einmal nicht als Programmatik des Holocaust, sondern als psychologisches Material. Stellen wir uns vor, da liegt ein alter Mann auf der Couch und spricht sich aus, macht seiner Seele Luft.

Dem zuhörenden Psychiater würde am Protokoll seines Monologs zunächst einmal die ständige Wiederkehr gewisser Schlüsselwörter auffallen: »Teufel« hundertdreizehn mal, »fluchen und lästern« gut siebzig mal, »Gift« achtzehn und »Kreuz« sechzehn mal, nicht zu zählen »Blut«, »geißeln«, »verspeien« und »martern«.

Nun, das überrascht nicht, sondern bestätigt nur Luthers geflügeltes Wort »Wes das Herz voll ist, des läuft der Mund über«. Voll sind sein Herz und Kopf aber vor allem von folgenden Problemen: Das wahre Volk Gottes – die Wahrheit des Glaubens – Gott als Strafender.

Was die ersten beiden Problemkreise angeht, so versucht Luther ein Dutzend Seiten lang exegetisch nachzuweisen, dass die Beschneidung nicht der Vorhaut, sondern des Herzens (!) die Zugehörigkeit zum Volk Gottes ausmache, welche die Juden exklusiv für sich reklamieren. »Darnach, wenn sie Gott in seinem Wort also zergeißelt, gekreuzigt, verspeiet, gelästert und verflucht haben, ... kommen sie dahergetrollet mit ihrer Beschneidung ... und wollen Gottes Volk allein und eigen sein ...« Ans Sexuelle rührt auch die wütend verteidigte Glaubenswahrheit der Jungfrauengeburt. Gut zwanzig mal spricht Luther von »Hure« und »Metze«, um den jüdischen Vorwurf der unehelichen Geburt Jesu auf das ganze »Hurenvolk« zurückzuprojizieren. Das noch stärker abwertende »Sau« verwendet er fünfundzwanzig mal, meistens als Attribut der Juden, aber auch wiederholt in der vielsagenden Verbindung: »Was sollt mir nu der Juden Messias? ... Ich wollt sagen: Lieber Herr Gott, behalt deinen Messias, oder gib ihn, wer ihn haben will. *Mich aber mache dafür zur Sau.*«

Im Kampf gegen seine eigenen massiven Glaubenszweifel schlägt

Luther verbal wild um sich, projiziert diese Zweifel auf die »halsstarrischen«, »verbitterten«, »verzweifelt hochmütigen«, an »gräulichen Irrtümern« hängenden lügenhaften Juden, die »noch immer« auf den Messias hoffen, obwohl dieser schon »lengest kommen« ist. Projektionen sind ebenso die Vorwürfe der »Abgötterei« gegen das Volk des Bilderverbots und vor allem die geheimen Vernichtungswünsche, gehegt von jenem Volk, das »Christen und Römer aus der Welt aufräumen« wollte, obwohl die Christen immer lieb zu ihnen waren: »Wir fluchen ihnen nicht, sondern wünschen ihnen alles Guts, leiblich und geistig. Wir stehlen und zerpfriemen ihre Kinder nicht, vergiften ihre Wasser nicht, und dürsten nicht nach ihrem Blut.« Aber weil Gott das böse Volk nun mal (auch eine Projektion) »mit Wahnsinn, Blindheit und rasendem Herzen geschlagen hat« ... »so ist's auch unsere Schuld, dass wir das Blut, das sie an unserem Herrn ... und, bis heute, an Kindern vergossen haben ... nicht rächen, sie nicht totschlagen, ... sondern sie frei bei uns sitzen lassen, ... dass sie getrost unser Geld und Gut uns aussaugen ... und zuletzt unserer mächtig werden.« Der Reflex auf eigene Wünsche ist prägnant: »Sie haben die Rache [Gottes] am Halse, tausend mal ärger, als wir ihnen wünschen mögen.« Und da die Rache Gottes Sache ist, kann Luther wie Pilatus sagen. »Wir sind unschuldig an eurem Blut.«

Doch wenn sie sterben müssen, diese »epicureischen Säue«, dann leiden sie nicht viel. Luther kann sich nämlich gut in eine Sau hineinversetzen: »Kommt der Schlächter über sie, so denket sie, es klemme sie etwa ein Holz oder Stein, sterbens versiehet sie sich nicht, bis im Augenblick ist sie tot. Hat weder zuvor noch im Tod, noch hernach, ein Augenblick den Tod gefühlet ...«

»Schwarze Pädagogik«

Luthers angstvolles Kreisen um einen strafenden Vatergott lässt noch nach fünfhundert Jahren in Martins Kindheit blicken. »Schlägefaul« (also unempfindlich) sind die Juden in vierzehn Jahrhunderten göttlich gerechter Strafe geworden. »Helfen die Schläge nicht, so ist's gut zu rächen.« Deshalb »müssen wir sie wie die tollen Hunde ausjagen, damit wir nicht ... mit ihnen Gottes Zorn verdienen und verdammt werden.« Denn »wer den Sohn hasset, der hasset den Vater«. Vielfach lobt Luther das erziehende Strafen durch den Vatergott, so »wie man Kinder stäupt«, zum Beispiel mit »Birkenreisern«. Heftig klagt er dagegen die jüdischen Väter an, welche »über das hinaus, dass sie dem Knäblein die Vorhaut abschneiden, weiter das Häutlein an seinem Schwänzlein zurück aufreißen mit scharfen Fingernägeln, ... und tun dem Kindlein damit über die Maßen weh, ohne Gottes Befehl, also, dass dem Vater, der da steht und sich über die Beschneidung freuen sollte, nun, wenn er das Kindlein schreien hört, die Augen übergehen und es ihm durchs Herz geht.«

Wie ist nun Luther auf Grund seines selbstverfassten Diagnosebogens von 1543 zu beurteilen? Der verdiente Reformator und Bibelübersetzer erscheint, ganz ohne Schmähung gesagt, als psycho-pathischer, als seelisch-leidender, da sensibler Mensch. Als Kind dürfte er, dem damaligen Erziehungsleitbild entsprechend, von seinem Vater streng behandelt worden sein, so dass er, ähnlich Hitler, dazu kam, den Vater zu »ehren«, die Mutter aber zu lieben. Diesen Eindruck hatte ich jedenfalls nach der Lektüre der beiden genannten Altersschriften. Um dieses Bild zu überprüfen, befasste ich mich nun mit der Kindheit Luthers.

Noch in seinen Tischreden als berühmter Reformator erinnert sich Martin, dass er einmal, weil er eine Nuss stibitzt hatte, »bis aufs Blut« geschlagen wurde – aber von seiner Mutter. Der Theologe Heiko Oberman bemerkt dazu: »Eine Mutter straft ihren Jungen bis aufs Blut ... Das ergibt doch eine einleuchtende Krankengeschichte für einen verängstigten und depressiven Sohn.« Aber diese, Martins Mutter ins Zentrum setzende Sichtweise hat sich, so Oberman, nicht durchgesetzt. »Margarete Luder [ursprüngliche Schreibweise] tritt völlig hinter ihrem imponierenden Mann zurück, der seinen Sohn so vollkommen unter der Knute gehabt habe, dass die Reformation sich aus einem Akt der Notwehr erklären lasse, aus Protest gegen gnadenlose Väter, seien sie nun Hans, Papst oder Gott genannt.«[354] Und dieser Vater Hans Luder schlug zu, und einmal so hart, dass der verängstigte, verstörte Sohn erst langsam zu ihm zurückfand. Martin zieht aus diesem Trauma Folgerungen für die Erziehung seines eigenen, wieder Hans getauften Sohnes: »Man soll die Kinder nitt zu hart steuppen, denn mein Vatter steupt mich einmal so sehr, dass ich ihm floh und dass ihm bang war, bis er mich wieder zu ihm gewehnet. Ich wollt auch nit gern mein Hansen sehr schlagen, sunst wurd er blode und mir feind ...«, und ein größeres Leid könne er sich nicht vorstellen: Vater Martin weiß noch gut, wie sehr er selber seinem Vater Feind war. Gott, das weiß Luther, macht es anders, ER langt nicht selber zu, sondern erklärt: »Euch, meine Kinder, züchtige ich nicht selber, sondern durch

Satan und die Welt.«[355] So nahe steht Satan, der Zuchtmeister Gottes, also beim göttlichen Vater. Gott und Satan, das sind nur die zwei Gesichter des Luder-Vaters.

Carl-Heinz Mallet arbeitet sehr stringent heraus, wie sich Luthers pädagogisches Konzept aus dessen unbewältigter Kindheit heraus entwickelt, wie seine Katechismus-Methode sogar im katholischen Bereich adäquat umgesetzt wurde und wie Luthers unerbittliche Gehorsamsforderung ihre Wirkungen bis in unsere Tage entfaltete. Mit den immer griffbereiten biblischen Belegen kann Luther klarstellen, dass nur lieblose Eltern »der Rute schonen« und ihren »Drecksack« von Kind nicht »vielmal stäupen« (vgl. Sprüche 13,24), dass aber solch lieblose, Kinder schonende Eltern wegen ihrer Versäumnisse bei der Kindererziehung sich die Hölle verdienen.[356] Mit Bezug auf eine andere Bibelstelle (Ex 21,15) beweist er, dass man ungehorsame Kinder töten soll; und den Vers 17 derselben Stelle übersetzt er ruck-zuck so: »Wer seinem Vater oder seiner Mutter flucht, der soll getötet werden, ... flugs Kopf ab, Kopf weg, auf dass das Land nicht voll Gottloser werde.«

Als 1528 seine kleine Tochter Elisabeth stirbt, wundert sich Luther über sein »fast weibisches Herz«: »... so sehr bin ich von Jammer erfüllt. Ich hätte nie vorher geglaubt, dass ein Vaterherz so weich gegenüber seinen Kindern sein könnte.« Gegenüber den Ungehorsamen jedoch kannte er keine solche Weichheit. Freimütig bekennt er, dass er früher, als Papist, bereit gewesen wäre, jeden umzubringen, »der dem Papst auch nur mit einem Wort den Gehorsam verweigert hätte«.[357] Den Fürsten empfiehlt er 1525, den Bauern die Köpfe einzuschlagen, weil sie ja »nicht hören« wollten.

Auf Luthers unbedingte Gehorsamsforderung konnte sich auch der Arzt Dr. Daniel Gottlieb Moritz Schreber (1808-1861) berufen, welcher zwar zwei seiner vier Kinder in den Wahnsinn und eins in den Selbstmord trieb, aber mit seinen Erziehungsbroschüren und seinen Hilfsmitteln wie dem »Schreber'schen Geradhalter« nachhaltige Wirkung erlangte. Morton Schatzman vertritt die Meinung, dass Dr. Schreber »die Grundlage für ein System der Kinderverfolgung, nicht der Kindererziehung schuf« und dass er eine Schlüsselfigur »der deutschen Familienpädagogik« war. Schatzman vergleicht den autobiographischen Bericht des irren Schreber-Sohnes mit den Erziehungsbroschüren des Vaters und entdeckt verblüffende Zusammenhänge. Auch die absurdesten Ideen, Phantasien und Verfolgungsängste des kranken Sohnes erzählen, ohne dass der es ahnt, die Geschichte seiner frühkindlichen Erziehung. Schreber lehrte seine Kinder, den Vater wie einen Gott zu lieben und zu fürchten, und er übte als Haupt seiner Familie eine gottähnliche Macht aus. »Für den Sohn wurde Gott als sein Verfolger zur leitenden Wahnidee: Gottvater – sein Vater.«[358]

Und damit sind wir wieder beim – nur etwas weniger »patrinoiden« – Martin Luther. Sein Vaterbild trug, bei aller Furcht gebietenden Strenge, noch Züge der Vertrauens- und Liebenswürdigkeit. Auf dieses primäre, von gefühlter Furcht und gesuchter Liebe geprägte Beziehungsgefüge traf nun das Eltern-Kind-Modell der Passionsgeschichten sowie das Gottesbild beider biblischer Testamente. Welche psychische Dynamik sich im jungen Martin nun entwickelte, braucht und kann hier nicht spekulativ diskutiert werden. Die bereits dargestellten bzw. noch folgenden Erklärungsmodelle von Norman Cohn, Rudolf Loewenstein, Christina von Braun, Emanuel Hurwitz und Alice Miller scheinen aber für Luther par excellence zu gelten. Sein Modell des anzustrebenden Eltern-Kind-Verhältnisses wirkte prägend für Jahrhunderte, vor allem für die deutsche Gehorsamsbereitschaft, und war mit ursächlich für aufgestaute Hassgefühle in vielen deutschen Söhnen, für einen uneingestandenen Vaterhass, der sich im Hass gegen die Religion des alten Vaters entlud.

Der Weg von Luther zu Hitler ist zweispurig: Die eine Schiene ist der religiös begründete Antijudaismus, die andere die »schwarze Pädagogik« von unbedingtem Gehorsam und körperlich-seelischer Abhärtung, und diese Linie führt über Fichte und Schreber. Fichte (1762 - 1814) definiert das »Himmelreich« als eine »Theokratie ... für den blinden Glauben aller«, und erreichbar sei dieses Himmelreich nur durch die allgemeine Einsicht, »dass der Mensch unter dem Willen Gottes stehe, und dass er ohne Gehorsam nichts sei, und eigentlich gar nicht da ist. Diese Einsicht ist nun die des Christentums ... Die geforderte Erziehung muss darum die Kunst besitzen, alle Menschen ohne Ausnahme unfehlbar zu dieser Einsicht zu bringen.«[359]

Doch natürlich ist Fichte auch für Freiheit; und wenn der acht Jahre jüngere Hegel diese Freiheit so schön dialektisch als »Einsicht in die Notwendigkeit« hinstellt, so bügelt Fichte den Widerspruch mit einem unerbittlichen Wohlwollen nieder, das schon Orwell und Kafka vorwegnimmt: »Dieser freie Gehorsam besteht darin, dass die Kinder ohne Zwängsmittel, und ohne Furcht derselben, freiwillig tun, was die Eltern befehlen, freiwillig unterlassen, was sie verbieten, darum, weil sie es verboten oder befohlen haben.« Wie Luther und Schreber vergleicht Fichte den Vater mit Gott: »Nämlich wie der gebildete Mensch sich verhält gegen das Sittengesetz überhaupt und gegen den Anführer desselben, Gott, so verhält das Kind sich gegen das Gebot seiner Eltern ... Im Christentume wird Gott vorgestellt unter dem Bilde des Vaters. Und dies ist vortrefflich ... Man denke dabei auch an unseren pflichtmäßigen Gehorsam gegen ihn und die kindliche Ergebung in seinen Willen.«[360]

In seinen »Reden an die deutsche Nation«, wo es um die »göttliche Sendung« des deutschen Volkes geht, fordert Fichte eine »neue Erziehung«. Sie werde »gerade darin bestehen müssen, dass sie auf dem Boden, dessen Bearbeitung sie übernehme, die Freiheit des Willens gänzlich vernichte«.[361] Man könnte den Satz, den Erikson auf den deutschen Soldaten münzt, getrost auf Fichte anwenden: »In ihm bewies sich die Einheit durch blinden Gehorsam und widerlegten sich Aspirationen in Richtung einer demokratischen Vielfalt.«[362] In dieser seiner politischen Pädagogik beruft sich Fichte ausdrücklich auf Luther, der, als ein Vorbild für alle nachfolgenden Generationen, für die Kinder Gottes die Freiheit gewonnen habe.[363]

Fichtes Ideen wiederum gleichen, so Schatzman, denen des Dr. Schreber, jener »Schlüsselfigur in der Verschwörung deutscher Eltern gegen ihre Kinder«[364]. Die Route Richtung Auschwitz sieht von hier aus Elias Canetti: Aus den Zitaten dessen, der zum schizophrenen Sohn des deutschen Pädagogen Dr. Schreber mit »mächtigem Bass« spricht, ergibt sich ein »überaus klares Bild Gottes: Er ist nichts als Machthaber ... Unbequeme Menschen räumt er aus dem Wege ... Man wird nicht leugnen können, dass sein [Dr. Schrebers] politisches System es einige Jahrzehnte später zu hohen Ehren gebracht hat. Es wurde in etwas roherer und weniger ›gebildeter‹ Fassung zum Credo eines großen Volkes. Es hat unter Führung eines ›Mongolenfürsten‹ zur Eroberung des europäischen Kontinents und um ein Haar bis zur Weltherrschaft geführt.«[365]

Aus Fichtes Erziehungsleitbild ist rückzuschließen, dass er eine ähnliche Erziehung »genossen« haben müsse wie Luther und Schreber. Tatsächlich war das »kluge, zugleich aber stille Kind« wohl der Grund gewesen für die »Muss-Heirat« seiner Eltern. Erst bei seiner Ehefrau Johanna fand Johann Gottlieb, was er vermisst hatte bei seiner Mutter, »die ... nie besondre Zärtlichkeit gegen mich gezeigt hat«, und es ist zu vermuten, »dass die Mutter in ihrem Ältesten ein Kind der Schande gesehen und ihn dies hat spüren lassen«. Der »gute, herzliche, brave Vater« ist für den Sohn ein Gegenbild, aber ein ambivalentes. Denn als ein vom Papa geschenktes Buch im Bach gelandet war, wurde der Buchwerfer von seinem gutherzlichen Vater »hart bestraft«. Dabei hatte er dieses Buch schweren Herzens, aus Opfermut weggeworfen, weil es ihn zu sehr fesselte und ihn vom Lernen abhielt – was er aber dem Vater nicht erklären konnte.[366] Auch in seiner Berufswahl zeigte Fichte die tief verinnerlichte, gehorsame Pflichttreue, die seine freiheitlichen »Reden an die deutsche Nation« beherrscht – denn, dem Wunsch der Eltern und der Prophezeihung eines alten Oheims der Mutter entsprechend, studierte er zuerst mal Theologie, die protestantische des Doktor Luther.

Die zwei Spuren von Wittenberg nach Auschwitz sind, wie gesagt, die parallellen Schienen desselben Gleises: Ein Gott, der das Leben des Sohnes opfert, fordert auch absoluten Gehorsam, was denn sonst.

Luthers willige Schüler

Führt man sich die frappierenden Kongruenzen der Lutherischen Ratschläge mit den nazistischen Maßnahmen dreihundertneunzig Jahre später vor Augen, dann muss man dem Thüringer Landesbischof Martin Sasse zu seiner Gedankenverbindung gratulieren, wenn er 1938 aus aktuellem Anlass zwei historische Daten verknüpft:

»Am 10. November 1938, an Luthers Geburtstag, brennen in Deutschland die Synagogen ... In dieser Stunde muss die Stimme des Mannes gehört werden, der als der deutsche Prophet im 16. Jahrhundert einst aus Unkenntnis als Freund der Juden begann, der, getrieben von seinem Gewissen, getrieben von den Erfahrungen und der Wirklichkeit, der größte Antisemit seiner Zeit geworden ist, der Warner seines Volkes wider die Juden.«[367]

Wenige Wochen später, am 6. Dezember 1938, bekam Bischof Sasse amtsbrüderliche Unterstützung vom württembergischen Landesbischof Wurm:

»Ich bestreite mit keinem Wort dem Staat das Recht, das Judentum als ein gefährliches Element zu bekämpfen. Ich habe von Jugend auf das Urteil von Männern wie Treitschke und Adolf Stoecker über die zersetzende Wirkung des Judentums auf religiösem, sittlichem, literarischem, wirtschaftlichem und politischen Gebiet für zutreffend gehalten ...«[368]

Der preußische Hofprediger Adolf Stoecker, den Wurm erwähnt, trat nach 1870 als Initiator und Organisator der christlichsozialen Bewegung hervor. »Er war der erste Politiker, der den Antisemitismus erfolgreich als wirksames Instrument der Massenmobilisierung einsetzte, und er trug dazu bei, dem politischen Antisemitismus in christlich-konservativen Kreisen eine gewisse Anerkennung zu verschaffen.«[369]

Stoecker, eine der umstrittensten Persönlichkeiten seiner deutschen Zeit, war ein Mann von großer Ausstrahlungskraft; seinem rhetorischen Talent und seiner patriotischen Leidenschaft, die er als Militärgeistlicher im 1870er-Krieg gegen Frankreich bewiesen hatte, verdankte er seine Berufung zum Hofprediger am Dom in Berlin. Aus einfachsten sozialen Verhältnissen stammend, besaß er eine feine Rute für die religiösen, geistigen, politischen Grundwasserströme seiner Zeit und konnte die Nöte und Ängste des »kleinen Mannes« artikulieren. Indem er seine Fähigkeiten – gestützt von einem unerschütterlichen protestantisch-konservativ-monarchischen Weltbild – populistisch ausspielte, wurde er zu einem beachtlichen politischen Faktor.

Anders als die meisten katholischen Antisemiten, führte Stoecker die zersetzende Tätigkeit des »jüdischen Liberalismus« gegen Christentum und Kirche nicht auf die jüdische Religion zurück. Verächtliche Bemerkungen über gläubige und »Talmudjuden« sucht man bei ihm vergebens; nicht die fremde Religion griff er an, sondern die Religionslosigkeit der emanzipierten freigeistigen Juden, denn sie vor allem leisteten, so Stoecker, den religionsfeindlichen Tendenzen in Liberalismus und Sozialismus Vorschub: »...wenn nun zugleich aus dem Judentum diese schürenden, aufhetzenden, revolutionären Kräfte kommen, die, in der einen Hand den Kapitalismus, in der anderen den Umsturz, durch beides das Volk vernichten, so ist das etwas, was keine Religion ertragen kann; das ist eine Perfidie des öffentlichen Lebens ...« (Reichstagsrede am 30. März 1886)[370]

Nach Stoeckers Ansicht war die führende Rolle, die Juden gleichzeitig in der »goldenen Internationale« des Kapitalismus und der »roten Internationale« des Sozialismus spielten, ein Beweis ihrer nationalen Unzuverlässigkeit. War dieses synchrone Projizieren des Verschwörer- und des Schacherer-Mythos zwar nichts Neues, so brachte Stoeckers Rhetorik nun aber bereits rassistische und biologistische Elemente ins Spiel. Wiederholt redete er von der »parasitischen Existenz«, die Juden inmitten christlicher Völker stets geführt hätten; den Vergifter-Mythos verknüpfte er mit dem der Blutreinheit: »... Das jüdische Trachten nach Gold und Geld, diese Gier nach Gewinn und Genuss, ... dieser jüdische Kampf gegen alles, was heilig und unverletzlich ist, gegen alle Hoheit und Majestät im Himmel und auf Erden, dieses jüdische Wesen ist ein Gifttropfen in dem Herzen unseres deutschen Volkes. Wenn wir gesunden wollen, wenn wir unsere deutsche Volkstümlichkeit festhalten wollen, müssen wir den giftigen Tropfen der Juden aus unserem Blut loswerden.«[371]

Bereits Stoeckers erste »Judenrede« hatte dem angesehenen, von der Studentenschaft hoch verehrten Historiker Heinrich von Treitschke den Impuls für einen zustimmenden Beitrag in den »Preußischen Jahrbüchern« gegeben. Darin prägte der Professor den berühmt-berüchtigten Satz »Die Juden sind unser Unglück«. Stoecker und Treitschke waren es, die, wie Theodor Mommsen es formulierte, den »Kappzaum der Scham« entfernten, kraft ihres Ansehens und öffentlichen Auftretens den Antisemitismus aus der Sphäre der Vulgarität heraushoben, ihn gesellschafts- und hoffähig machten.[372]

1892 konnte Hofprediger Stoecker die Aufnahme des folgenden Punktes ins Parteiprogramm der »Deutschkonservativen Partei« durchsetzen: »Wir bekämpfen den vielfach sich vordrängenden und zersetzenden jüdischen Einfluss auf unser Volksleben. Wir verlangen für das christliche Volk eine christliche Obrigkeit und christliche Lehrer für christliche Schüler.«[373] Zwar erlebte seine »Christlichsoziale Partei« bis zu ihrer Auflösung im Jahr 1918 zuletzt eine Kümmerexistenz. Aber er hinterließ, auch durch seine antisemitische Agitation, deren Bedeutung, wie Berding meint, »sehr hoch zu veranschlagen« ist, »tiefe Spuren in der Geschichte des Deutschen Kaiserreichs und darüber hinaus«. Die Grundlagen für seinen nachhaltigen Einfluss legte er als Führer der »Berliner Bewegung« in den Jahren um 1880, als vor allem die Studenten in seine Massenversammlungen strömten:

»Und alle beglücken muss es uns, dass die Jugend, besonders die akademische Jugend mit glücklichem Instinkt sich begeistert und sagt. Wir gehen mit! ... Aus den Jünglingen werden Männer, Richter, Ärzte, Philosophen und Theologen im Geiste der neuen Zeit – lassen Sie uns nur zehn Jahre arbeiten, und diese Männer stehen im Amte, auf der Tribüne der Volksversammlung und des Parlaments! ... Der Strom geht tiefer, als wir es heute fassen können.«[374]

»Hepp! Hepp!«

Gehen wir in die erste Hälfte des 19. Jahrhunderts zurück, so finden wir in den »Hepp-Hepp-Krawallen« ein Beispiel dafür, wie sich die Kontinuität der Gottesmord-Mythe als Vehikel sehr säkularer ökonomischer Interessen verwenden ließ.

Vorbereitet war die Welle durch ein Klima, in dem die Juden »in der ersten Hälfte des 19. Jahrhunderts ... für viele Christen die ›Christuskreuziger‹ schlechthin« darstellen, die den »Gekreuzigten ... in Gedanken« immer wieder kreuzigen, wie es im »Allgemeinen Anzeiger der Deutschen« 1817 heißt.[375]

Ihren Start hatte die Welle am 2. August 1819 in Würzburg. Bis 1803 hatten dort, in der Residenzstadt des Fürstbistums, keine Juden gelebt. 1806 kam Würzburg zu Bayern, wo Montgelas im Zuge der durchgreifenden Säkularisierung auch eine tolerante Religionspolitik durchsetzte. Zwischen Katholiken und Protestanten bestand rechtlich weitgehende Parität, ab 1813 wurde den Juden »immerhin der Status einer Privatkirchengesellschaft zugestanden«[376.] 1819 hatten sich in Würzburg, wo sie nun Wohnrecht hatten, bereits dreißig jüdische Familien mit mehr als vierhundert Personen angesiedelt. Dieser »rasche Zuzug« (Helmut Berding) verursachte nach der Formulierung eines zeitgenössischen Berichterstatters »dumpfe Unzufriedenheit«. Den vielen Würzburgern, die eine Rücknahme des toleranten Edikts von 1813 forderten, standen die jüdischen Bürger und einige liberale christliche Befürworter der Emanzipation gegenüber, die sich bemühten, die noch bestehenden Beschränkungen der Juden bezüglich Ansiedlung und Erwerb vollends aufzuheben. Als der engagierte liberale Abgeordnete Wilhelm Josef Behr am 2. August von München zurückkehrte, empfingen ihn »Gassenbuben« und Studenten »mit dem Geschrei: Hepp! Hepp! ... Als nun die Köpfe einmal erhitzt waren, versammelte die Rotte sich bei dem Kaufladen eines Juden nahe der Brücke, zerbrach die Fenster und warf die Ware auf die Straße.«[377]

Die nächsten Tage war die ganze Stadt in Aufruhr. Ziele der Aggressionen waren die Läden und Wohnungen der jüdischen Kaufleute, nicht zuletzt auch der reichen Bankiers Salomon und Jakob Hirsch. »Sie hatten während der Revolutionskriege und in der napoleonischen Zeit mit Geldgeschäften und Heereslieferungen ihren Wohlstand begründet. Ihrem spektakulären Aufstieg stand die Verarmung breiter christlicher Bevölkerungsschichten gegenüber.«[378] Nach Zeitungsmeldungen war es ausschließlich die »unterste Volksklasse«, die zu Gewalttätigkeiten schritt.

Die Wirklichkeit sah allerdings anders aus. Auch »rechtliche Bürger« wie Kaufleute und Handwerker beteiligten sich aktiv an den Unruhen. Als ein Kaufmann erschossen, zwei andere Bürger verletzt wurden, verlangte die Bürgerschaft die sofortige Ausweisung der Juden. Diese Parteinahme gegen die Juden geschah sicher nicht aus Solidarität mit dem »Pöbel«, vielmehr waren Geschäftsleute und Handwerksmeister der Stadt an den Judenverfolgungen interessiert, und dies war auch der Grund, warum die Stadt dem Mob nicht Herr wurde. Auch das von den Staatsbehörden eingesetzte bayerische Militär brauchte zwei Wochen, um die Situation unter Kontrolle zu bringen; die jüdischen Bürger hatten sich nur durch Flucht nach außerhalb der Stadt retten können.

Innerhalb weniger Tage sprang der Funke auf andere Städte über. In Frankfurt wurden, nachdem Zeitungsberichte zwischen den Zeilen zur Nachahmung aufgefordert hatten, ab dem 10. August Juden von der Promenade vertrieben, die Randalierer rotteten sich vor dem Haus der Familie Rothschild zusammen. Bestand das Gros der »Heppmänner« aus Handlungsgehilfen und Handwerksburschen, so bestand kein Zweifel an der entschieden antijüdischen Haltung der mittleren und gehobenen Bürgerschichten und ihrem ökonomischen Interesse. Die »Neue Speyerer Zeitung« schrieb am 31. August 1819, die Judenfeinde seien »die Kaufleute, aufgeklärte Männer, die den Juden ihren Unglauben und ihre asiatische Abstammung gerne verzeihen, wenn diese nur den Handel mit englischen und französischen Waren en Gros und en Detail ihnen allein überließen und zu dem vormaligen Schacher zurückkehren wollten«.

Auch in Hamburg, wo die Krawalle am 19. August ausbrachen, entlud sich der Zorn vor allem gegen die reichen Juden, aber Glaubensgegensätze waren in Städten wie Hamburg offensichtlich kaum noch ein Motiv dieser Unruhen. Der Hamburger Senat ging vielmehr davon aus, dass »dieselben ... lediglich im Geschäfts- und Erwerbsneide ... ihren Grund hatten«[379].

Auf dem Land standen die Krawalle im Zusammenhang mit der Subsistenzkrise von 1816/17. In deren Folge stand 1819 ein Großteil der Bauern und Kleinlandwirte vor dem finanziellen Ruin. Die wahren Ursachen, ein komplexes Bündel von politischen und wirtschaftlichen, konjunkturellen und strukturellen Faktoren, die zu der Misere der Landwirtschaft geführt hatten, durchschaute der »einfache Mann« nicht. Er sah jedoch, dass die Krise dem Agrarhandel genutzt hatte, und dieser lag in den am stärksten betroffenen Gebieten »weitgehend in der Hand von Juden«[380]. Deshalb verquickten sich in einer Krisenzeit, die mystisch-religiöser Realitätsflucht ohnehin Auftrieb gab, wirtschaftliche mit religiösen Motiven. Synagogen wurden demoliert

(z. B. in Limpar bei Würzburg), Friedhöfe heimgesucht (u. a. in Fulda), jüdische Feiern gestört (so in Danzig). Die ganze Wucht der religiösen Motive, von Exodus bis Golgatha, enthält ein Flugblatt, das in Preußen kursierte:

»Brüder in Christo! Auf, auf, sammelt euch, rüstet euch mit Mut und Kraft gegen den Feind unseres Glaubens, es ist Zeit, das Geschlecht der Christusmörder zu unterdrücken, damit sie nicht Herrscher werden über euch und unsere Nachkommen, denn stolz erhebt schon die Juden-Rotte ihre Häupter und spotten unserer Ehrfurcht, dass wir unsere Knie beugen für den, den sie gewürgt, darum nieder! nieder mit ihnen, ehe sie unsere Priester kreuzigen, unsere Heiligthümer schänden und unsere Tempel zerstören, noch haben wir Macht über ihnen ... darum lasst uns jetzt ihr sich selbst gefälltes Urtheil an ihnen vollstrecken laut dem wie sie geschrieen: Sein Blut komme über uns und unsere Kinder! Auf, auf, wer getauft ist, es gilt der heiligsten Sache ... Diese Juden, die hier unter uns leben, die sich wie verzehrende Heuschrecken unter uns verbreiten und die das ganze preußische Christentum mit dem Umsturz bedrohen, das sind Kinder derer, die da schrien: kreuzige, kreuzige ... Auf, wer getauft ist, es gilt der heiligsten Sache ... Nun auf zur Rache! Unser Kampfgeschrey sey Hepp! Hepp!! Hepp!!! Aller Juden Tod und Verderben, ihr müßt fliehen oder sterben!«[381]

Eine Neuauflage erleben die Hepp-Krawalle in der Notzeit der 1840er Jahre. Wider sind es die untersten Klassen, die Verlierer der Gesellschaft, welche im Juden einen Prügelknaben finden: Verschuldete Bürger, Dienstboten, entlassene Soldaten, »Knechte und Tagelöhner« werden »im Wirtshause zum Branntweintrinken ermuntert« und danach, nicht selten vor der Kirche, »militärisch aufgestellt«. Oft unter Glockengeläut, manchmal mit weißer Fahne, auf der ein blutig rotes Kreuz zu sehen ist, oder gelegentlich mit einer großen Puppe, die den gehenkten Judas vorstellt, zieht man johlend vor die Synagoge, zu den Häusern der Juden, und schreit aus vollem Halse: »Hep, Hep, Jude verreck!« oder »Es lebe die Freiheit, ein Glaube, ein Gott!«[382]

Freiheit: In der Märzrevolution 1848 gehören in Bayern etliche Juden zu den führenden Liberalen.[383] Als die Progressiven 1849 ein Gesetz zur Gleichstellung der Juden im bayerischen Landtag einbringen, starten die Klerikalen, ganz demokratisch-modern, eine Unterschriftenkampagne. Etwa dreizehn Prozent der bayerischen Bevölkerung tragen sich ein, die Rom treuen »Ultramontanen« jubeln: Des Volkes Stimme habe gesprochen, sie erhebe sich gegen die Juden, das bayerische Volk sei also christlich. Vermutungen, es sei bei den Petitionslisten nicht alles »mit rechten Dingen« zugegangen, führen zu regierungsamtlichen Nachforschungen. Als peinliches Resultat der Untersuchungen ergibt sich, »dass die Stimmung vielfach von der katholischen Geistlichkeit teils angeregt, teils benutzt worden ist« und »die Mehrzahl der einkommenden Adressen« von den »Pius-Vereinen« initiiert wurde, die für »Constitutionelle Monarchie und religiöse Freiheit« einstehen. In vielen Orten ergibt sich, dass geistliche Hirten ihre Schäflein dazu gebracht hatten, Petitionen zu unterschreiben, »ohne zu wissen, was darin gestanden hätte«.[384]

Der Kampfruf »Hepp« wird übrigens hergeleitet von »Hierosolyma est perdita«, übersetzt: »Jerusalem ist verloren«. Auf denselben biblischen Ort spielt eine konservative bayerische Zeitung 1879 an. Der »politisierende Jude«, heißt es da, wirke allenthalben »mit einer Leidenschaft und Wut, dass man unwillkürlich an den Fluch erinnert wird, den die Juden bei der Verurteilung unseres Erlösers über ihr Geschlecht heraufbeschworen und unter dessen Last sie jetzt, nachdem sie wiederum über den in der göttlichen Weltordnung lebendig gewordenen Christus ihr ›Kreuzige, kreuzige!‹ geschrien, einem vielleicht baldigen schweren Gottesgericht entgegensehen.«[385] Vierzig Jahre später begann Hitler in Bayern seine Karriere.

Ritualmorde: »… bis zum Standartenführer verteilen«

Waren in den bisher genannten Beispielen die alten Motive der Judenfeindschaft meist mit ökonomischen vermischt, zum Teil auch schon formal adaptiert an das aufgeklärte Säkulum, so wird bezüglich Ritualmorden der alte Wein noch bis zur Mitte des 20. Jahrhunderts ganz unverändert abgezapft und ausgeschenkt. Etwa im nordtirolischen Rinn, wo die dortige »Anderl-Wallfahrt« erst 1985 – gegen heftigen Widerstand aus der Bevölkerung – verboten wurde.[386] »Der angeblich 1462 von fremden Juden hingeschlachtete Anderl ist freilich die Erfindung des auch sonst sehr um die Förderung der Kulte Tiroler Heiliger bemühten Hippolyt Guarinoni, Arztes am adeligen Damenstift im benachbarten Hall. Der aus Trient stammende Mediziner von barocker Gelehrsamkeit fabrizierte den ›Fall‹ des Anderl um 1620 in deutlicher Anlehnung an die Geschichte des Simon, an dessen mumifiziertem Leichnam er später übrigens exakt 5812 Wunden festgestellt haben wollte.«[387]

1823 klärt ein lutheranischer Priester die Gläubigen über die »allgemeine Sitte der Juden« auf, dass sie am Pessachfest gestohlene Kinder »martern und hinopfern und deren Blut zu abergläubischen Zwecken verwenden«.[388] 1845 lobt ein bayerischer Priester die »christliche Gläubigkeit« der Prager Bürger, die im Jahr 1369 dreitausend Juden wegen Ritualmordes umgebracht hatten. Und er weiß auch, dass die Juden, wenn sie nicht jedes Jahr einen Christen zum Opfer brächten, an ihrem Fasttag Jom Kippur Buße tun müssen.[389] 1847 klagt eine christliche Mutter, »Kinder, die kaum lallen können«, lernten den Namen Juden »verabscheuen wie einen bösen Dämon«, und ganz früh sage man ihnen, »die garstigen Juden hätten den lieben Herrn Jesus ans Kreuz geschlagen«.[390]

Im Frühjahr 1862 wurde aus Köln von einer »Aufregung der Gemüther« innerhalb der »niederen Volksschicht« berichtet. Am 4. April kam es dann zu einem Menschenauflauf, als ein bärtiger Mann, der ein Mädchen an der Hand führte, von Kindern als jüdischer Entführer verschrien wurde. Der Vorfall nahm ein glimpfliches Ende, als sich herausstellte, dass das Kind die Tochter des Bärtigen war. Schlimmer ging es einem Tischlergesellen, der einen verdächtigen Sack auf dem Rücken trug, deshalb als Kindermörder angehalten und von der schnell versammelten Menge derart misshandelt wurde, »dass er liegen blieb und weggetragen werden musste«. Dabei stellte sich auch heraus, dass im Sack Kaninchenfutter war.

Im Juni dann schrien in Deutz bei Köln Schulkinder einem vorbeigehenden Holzhändler nach, »er sei ein Blutjude, der Kinder holen und ihnen das Blut aussaugen wolle«. Herbeigeeilte Erwachsene misshandelten ihn so schwer, »dass er einige Zeit für todt am Boden lag«, dabei war der Mann, wie sich später herausstellte, so unschuldig wie katholisch.

Auch der Ritualmord-Vorwurf fand, den Zeitbedürfnissen entsprechend, Unterstützung von »wissenschaftlich-sachverständiger« Seite. Sie kam vom Hauptvertreter des katholischen »Anti-Talmudismus«, August Rohling, der in seinem gleichnamigen Pamphlet 1871 den Kampfbegriff »Der Talmudjude« prägte. Dass Rohling, Münsteraner Professor für Exegese des Alten und Neuen Testaments, in dieser Schrift eine Mixtur aus krassem Unwissen und wissenschaftlichen Fälschungen zusammenstellte, wurde schon seinerzeit so sorgfältig dargetan, dass Rohling neben seiner Reputation auch seine Professur verlor; der öffentlichen Wirkung und zweckdienlichen Zitation seines Buches bis in die Nazizeit tat dies keinen Abbruch. Bis 1922 erlebte es siebzehn Auflagen; allein von der sechsten Auflage wurden achtunddreißigtausend Exemplare durch den »Bonifatius-Verein« kostenlos verteilt. Der kirchliche »Broschürencyklus für das katholische Deutschland« brachte 1876 unter dem Titel »Was lehrt der Talmud« eine Kurzfassung unter das »allernaivste Kirchenvolk«.[391]

Der Talmud betrachte, so Rohling, die Nichtjuden nicht als Menschen, sondern als Tiere in Menschengestalt, die geschaffen seien, um von den Juden nach Belieben betrogen, bestohlen, bewuchert und ausgenutzt zu werden, und der Talmud erlaube es nicht nur, sondern mache es zur schieren Pflicht, den Nichtjuden zu töten. Aus diesem seinem Sachwissen heraus erbot sich Rohling im Jahr 1882, als der Ritualmord im ungarischen Tisza-Eszlar weltweit die Meinungen bewegte, einen Amtseid darauf zu schwören, dass die rabbinische Theologie Menschenopfer kenne; und im Jahr darauf unternahm er es, die schreckliche Ritualmord-Wahrheit durch Schilderungen historischer Fälle zu belegen.

Die grenzenlose Niedertracht derjenigen, die nun, mit Rohlings Wissenschaft gewappnet, Ritualmord-Gerüchte bewusst schürten, scheint bereits die Agitation des »Stürmer« in wesentlichen Zügen vorwegzunehmen. Für das NS-Hetzblatt waren Ritualmorde ein Dauerthema. Bereits 1926 erschien eine »Ritualmord-Nummer« mit Bezug auf den Mord an zwei Geschwistern in Breslau. Als dann 1929 ganz in der Nähe der damals noch mit dem Untertitel »Nürnberger Wochenblatt« firmierenden Stürmer-Redaktion eine Kinderleiche aufgefunden wurde, ließen die Brandstifter nichts anbrennen. Schon am nächsten Tag war der Zahnarzt Dr. Otto Hellmuth als »Sonderberichterstatter« am Tatort. Im Leitartikel der nächsten Stürmer-Ausgabe urteilt er, medizinisch wie talmudisch sachverständig:

»Die Sektion der Leiche ergab, dass der Körper völlig ausgeblutet war. Nur eine kleine Menge Blut befand sich noch in der linken Herzkammer. Damit ist der Beweis einwandfrei geliefert, dass es sich hier nur um einen jüdischen Blutmord handeln kann. (...) Nachträglich sei noch bemerkt, dass das Opfer auch noch am Rückenwirbel eine Wunde trägt, die an den jüdischen Brauch erinnert, am Vorabend des ›Schabbes‹ schwerkranke Juden zu ›knicken‹, damit sie nicht durch den Tod den ›Schabbes‹ entheiligen.(...) Bemerkt sei, dass der Schreiber dieser Zeilen, der selbst am Tatort war und in der Gegend herum horchte, überall nur eine Stimme hörte: ›Es geht auf Ostern zu, es kann ja nur ein Blutmord sein.‹«[392]

Der promovierte Zahnmediziner arbeitet nicht nur Rohling'sche Erkenntnisse über den »Talmudjuden« in seine wissenschaftliche Beweisführung hinein, sondern spielt mit dem »Knicken« auch geschickt auf die bekannte Stelle bei Johannes an:

>*Da es Rüsttag war und damit die Leichname nicht während des Sabbats am Kreuze blieben – denn jener Sabbat war ein großer Festtag – baten die Juden den Pilatus, man möge ihnen die Beine zerschlagen und sie fortschaffen.*« (Joh 19, 31)

Zwar wurde dieser »medizinischen«, in allen Einzelheiten der Phantasie des »Experten« Dr. Hellmuth entsprungenen Darstellung vom Untersuchungsrichter öffentlich widersprochen, aber zwei Wochen nach dem Leichenfund referierte dieselbe medizinische Kapazität im benachbarten Kreisstädtchen Hofheim über das Thema »Der Blutmord von Manau – Jüdische Moral und Blutmysterien« – vor einem völlig überfüllten Saal. Nun wurden immer konkretere Anschuldigungen erhoben; zahlreiche Juden der Umgebung wurden vernommen und mussten ihr Alibi nachweisen. Der Fortgang der Ermittlungen deutete jedoch eher darauf hin, dass der Bub Karl Kessler bei einem Unfall sein Leben gelassen hatte. Trotzdem wurde am Ort des schändlichen Verbrechens eine Tafel, später ein Gedenkstein errichtet, mit einer Inschrift, die den kleinen Karl als Opfer eines Ritualmordes verewigte; alljährlich wurden nun hier – unter beflissener Mitwirkung der örtlichen NS-Aktivisten – Gedenkversammlungen abgehalten. Bei einer großen Feier sprach hier am 19. März 1937 der inzwischen zum Gauleiter von Mainfranken arrivierte Dr. Hellmuth. Wenige Wochen später verhaftete die Gestapo in Franken neun Juden, die das Gerücht mit dem acht Jahre zurückliegenden Todesfall in Verbindung brachte. Trotz offensichtlicher Unschuld wurden sie erst nach acht Monaten wieder entlassen. Der Versuch, aus Karl Kesslers Tod nachträglich eine »cause célèbre« des jüdischen Blutdurstes zu machen, misslang, und auch das Echo auf einen Aufruf des »Stürmer« im Mai 1939 an seine Leser, der Redaktion zum Thema »Ritualmorde früher und heute« Wissenswertes zuzusenden, war offenbar gering.

Versuchsballone wie dieser ließen die Nazis offenbar erkennen, dass sich die Ritualmord-Mythe wohl kaum so systematisch und effektiv in eine Argumentation von derart »wissenschaftlichem« Zuschnitt integrieren ließ, wie sie der Rassenantisemitismus vortrug. Außerhalb des »Stürmer« und verwandter Publikationen erreichte das zu wenig neuzeitlich-sachliche Thema keine größere Bedeutung mehr. So gesehen ist es kein Paradox, dass gerade diese Epoche allgegenwärtiger antisemitischer Agitation keinen spektakulären Ritualmordfall mehr hervorbrachte; außerdem gab es genügend andere Anlässe, Judenhass auszuleben.

Bei Kriegsbeginn jedoch wurden wieder vermehrt Meldungen und Artikelserien über »historische« Ritualmorde veröffentlicht. Dabei ging es um mehr als eine Wiederauflage alter Beschuldigungen. »Der nach nationalsozialistischer Lesart von den Juden verschuldete Krieg wurde als ein ›Ritualmord‹ mit anderen Mitteln dargestellt, als ein letzter Versuch der jüdischen Weltverschwörung, die nichtjüdische Menschheit abzuschlachten.«[393] Diese thematische Verschiebung und gigantische Vergrößerung hatte bereits vor dem Krieg der zum Ludendorff-Zirkel gehörende W. Matthießen in Schriften angekündigt, deren Titel für sich sprechen: »Israels Geheimplan der Völkervernichtung« (München 1937) und »Israels Ritualmord an den Völkern« (München 1939).

Hitler hatte bereits am 30. Januar 1939 im Reichstag sein Projekt gegen den jüdischen Völkermord dargelegt: »Wenn es dem internationalen Finanzjudentum in- und außerhalb Europas gelingen sollte, die Völker noch einmal in einen Weltkrieg zu stürzen, dann wird das Ergebnis nicht die Bolschewisierung der Erde und damit der Sieg des Judentums sein, sondern die Vernichtung der jüdischen Rasse in Europa!«[394]

Stoeckers Verschwörung von »goldener« und »roter Internationale« kehrt in Hitlers Zielanpeilung so deutlich wieder wie beim Verfasser des folgenden Ritualmord-Pamphlets von 1942:

»Morde verworfener, asozialer Elemente kommen in den Polizeiakten aller Länder der Welt vor, aber Ritualmorde zu begehen, blieb dem von Natur aus niedrigen, verbrecherischen Instinkt der Juden vorbehalten – Morde, um ihrer Blutgier zu frönen, Morde, um ihren unstillbaren Hass gegen die Gojim zu befriedigen. Morde, um das Gesetz ihres Glaubens zu befolgen. Was muss das für ein Gott sein, der solche blutigen Opfer von seinen Angehörigen verlangt? ... Heute haben die Juden nach ihrem letzten Versuch, die Völker Europas zum Massenmord gegeneinander aufzuhetzen, ihre Rolle bei uns ausgespielt ... und der von den Juden entfesselte Krieg wird mit der radikalen Vernichtung des Judentums enden. Hart, aber gerecht ist das Strafgericht ...«[395]

Der religiöse Bezug, die Verabscheuung des alttestamentarischen »Menschenopfer-Gottes« wird auch in einem 1943 veröffentlichten, 475 Seiten starken Opus eines Dr. Schramm deutlich. Sein Titel: »Der jüdische Ritualmord. Eine historische Untersuchung«: Im Vorwort heißt es: »Jeder Jude weiß um diese Dinge Bescheid und ist, wie die vorliegenden Untersuchungen ergeben, auch tatsächlich bereit, jederzeit zumindest Hilfestellung zu leisten! Wenn auch einige der alten Völker, beispielsweise die Skythen, Karthager, Phönizier, Azteken usw. das Menschenopfer kannten, so beruhte dieses ... in erster Linie auf Opferung zu kultischen Zwecken ... und nicht auf gesetzlich diktiertem Vernichtungswillen alles Andersartigen! ... Es ist nun sehr interessant festzustellen, dass jener Argwohn, der sich im Laufe der Jahrhunderte zum Vernichtungswillen steigerte, immer wieder um Deutschland kreist ...«[396]

Armes Deutschland! Von dieser »historischen Untersuchung« des Dr. Schramm war der Agrarforscher Heinrich Himmler überaus angetan. Nach der Lektüre beauftragte er am 19. Mai 1943 das Reichssicherheitshauptamt mit Nachforschungen über Ritualmorde in den besetzten Ostgebieten und schlug vor, aus Gerichts- und Polizeiakten Berichte über vermisste Kinder zusammenzustellen, »sodass wir dann in unseren Sendern entsprechende Kurznachrichten geben können, dass in dem Ort XY ein Kind vermisst wurde und es sich wahrscheinlich um einen jüdischen Ritualmord handele«. Weiter heißt es im selben Schreiben an Ernst Kaltenbrunner:

»Von dem Buch ›Die jüdischen Ritualmorde‹ habe ich eine größere Anzahl bestellt und lasse es bis zum Standartenführer verteilen. Ich übersende Ihnen mehrere hundert Stück, damit Sie diese an Ihre Einsatzkommandos, vor allem aber an die Männer, die mit der Judenfrage zu tun haben, verteilen können.«[397]

Passionsspiele und andere Performances

Kontinuität der Tradition wird in der christlichen Religion so multimedial gesichert wie wohl in keiner anderen: Messopfer, Kommunion und Schriftlesungen während der täglichen Gottesdienste, Volksgesänge und Choräle, Bildersequenzen in und außerhalb der Kirchen – nimmt man den Weihrauch noch hinzu, dann spricht die kirchliche Liturgie alle fünf Sinne an. Fröhliche Körperbewegung oder gar Tanz, in anderen Religionen selbstverständlich, passten dagegen wohl nicht so recht zur Abtötung des Fleisches; Prozessionen, Bittgänge, Kniebeugen und Knie-Wallfahrten waren da als körperliche Ausdrucksformen adäquater. Trotzdem kann man sagen, die Weitergabe religiöser Inhalte geschieht im Christentum in Form eines Gesamtkunstwerkes, denn die dramatische Darstellung kam auch ohne die hübschen Beine der Dolores ausgiebig zu ihrem Recht.

Die Passionsspiele, deren Tradition bis in jene Zeit um 1300 zurückreicht, als Hostienverehrung und Judenverachtung gleichzeitig aufblühten, fanden vor allem in der Karwoche statt. Ihr Ursprung liegt wohl in den Wechselgesängen der Passionsliturgie, wo die Leidensgeschichten der vier Evangelien mit verteilten Rollen vorgetragen wurden. Aus kleinen Präludien entwickelten sich die Dramen zu großen, oft mehrtägigen Veranstaltungen. Von solchen »Corpus-Christi-Dramen« berichten historische Quellen ab der Mitte des 14. Jahrhunderts[398]. Sie fanden nicht mehr im Halbdunkel der Kirchen, sondern – auch dies eine Art Säkularisierung[399] – auf Dorfwiesen und Marktplätzen statt und waren in die Regie der Zünfte gelegt, die sich von Jahr zu Jahr als Veranstalter abwechselten oder auch die verschiedenen Szenen untereinander aufteilten wie etwa in Coventry: Wollweber und Schneider spielten das Drama bis zum Kindermord in Betlehem, die Weber und Schmiede übernahmen Jesu Wirken bis zur Kreuzigung, die Nadelmacher Tod und Grablegung, die Hutmacher die Auferstehung.[400]

Von den vielen Passionsspielen, die in ihrer Hochblüte vom 15. bis 16. Jahrhundert aufgeführt wurden, sind nur wenige Texte erhalten; diese lassen erkennen, dass die schuldhafte Verstrickung der Juden vielfach stark betont wurde. Dass die »Täter« nicht als historische Figuren, sondern als Zeitgenossen agierten, verschärfte die Schuldzuweisung.

Was die Kostüme zum Luzerner Passionsspiel im 15. Jahrhundert betrifft, so sind in den städtischen Kostenbüchern nur die Kleider von Judas und manchmal auch für den »Salvator«, also Jesus, notiert. Man hat vermutet, dieses »Sponsoring« gerade für Judas belege die Schwierigkeit, einen Spieler für die Rolle des Judas zu finden, eine verachtete Rolle, die »für den Rest des Lebens an ihm hängen bleiben« konnte.[401] Vielleicht war die Gefahr dieses bleibenden negativen Image auch der Grund, warum die Spieler es liebten, ihre Rolle des Judas gnadenlos komisch zu gestalten. Sein »groteskes Verhalten und Gehabe«, mit dem sie ihre Lacher einheimsten, bestärkte die Zuschauer »in ihrer Meinung, dass er ein ›unmöglicher‹ Mensch ist, der deshalb auch unmenschlich behandelt werden darf«.[402]

Eine ähnliche Art von »Komik« drang auch in die Folterszenen ein: »Wir müssen annehmen, dass bei den Kreuzigungsszenen gelacht wurde, möglicherweise sehr viel häufiger, als man vermuten möchte.«[403] Laut der Regieanweisungen zur Donaueschinger Passion wird Jesus »gebunden, zu Boden geworfen, geschlagen, verprügelt, gestoßen, fortgezogen, ins Gesicht und auf den Kopf geschlagen, an den Haaren und dem Bart gezogen, angespuckt, mit den Füßen getreten. Man droht, ihm den Kopf umzudrehen, auf den Mund zu schlagen, die Seiten zu spannen, ihn zu verprügeln, ihm den Bart auszureißen, die Federn herauszurupfen. Er wird geohrfeigt, verspottet, beschimpft, angeschrien, sein Stuhl wird ihm weggezogen, die Augen verbunden, das Haar ausgezogen. Man dreht ihm den Kopf um, er wird gegeißelt und mit Dornen gekrönt, wobei man ihm die Dornenkrone mit Stangen in den Kopf drückt. Bei der Annagelung ... wird das Einschlagen eines jeden Nagels von einer Doppelrede begleitet.«[404] Einher mit dieser »Folterkomik« gingen also immer die verbale Interpretation und der Appell an das Mitgefühl. »Sechstausendsechshundertsechsundsechzig Wunden«: so viele, wird dem Publikum in der ältesten Oberammergauer Fassung erklärt, haben die Juden ihm zugefügt, just die Zahl des apokalyptischen Tieres, in dessen Dienst der Antichrist steht. Und diese jüdische Grausamkeit wird besonders der Mutter empathisch angetragen: »Weib sieh an diese Nägel drei / die müssen geschlagen werden frei / durch deines Sohnes Händ und Fieß / es werd ihm gleich sauer oder sieß.«[405] Bis ins 20. Jahrhundert wurde der Oberammergauer Jesus von einem »Judenknaben«, der eine Kiste mit den Marterwerkzeugen trug, zur Kreuzigung geführt.

Tödliche Unfälle auf der Szene verdeutlichen den Ernst des Mitfühlens, das Schwinden der Grenze zwischen Spiel und Wirklichkeit. Ein schwedischer König hat den Longinus auf der Bühne niederhauen, weil er den König der Juden zu fest gestochen hatte, ein anderer Darsteller des Longinus erstach den Gekreuzigten tatsächlich. Fast schon erfreulich ist dagegen eine niederbayerische Anekdote, die auch dem wohlwollenden Bayernkenner nicht unglaubwürdig sein dürfte: In Deggendorf geißelten 1740 bei der Aufführung des Passionsspiels die »Juden« den Darsteller des Jesus so brutal, dass dieser kurz aus der Rolle fiel und zurückschlug, was eine allgemeine Schlägerei auslöste.

Die Wirkung all dieser Gewaltdarstellungen, und besonders der Passionsspiele, darf nicht unterschätzt werden. Ganz modern wurde der Zuschauer in diese Spiele mit einbezogen: sowohl als Volksmenge, die ihr »Crucifige« schreit, wie auch als Tröster und »bystanders« zu Maria und den Frauen unter dem Kreuz. »In Mitleiden und Mitfreuen nehmen sie am Geschehen teil; sie reagieren darauf mit gemeinsamer Empörung, Freude, Angst und Zorn.«[406] Vielerorts brach

Passionsspiel in
Deggendorf, um 1925:
Geldtaschen, spitze Hüte,
Klebenasen und die
»typisch jüdischen«
Handbewegungen ...

sich der »empathische Volkszorn« ähnlich Bahn wie in Prag 1389, wo
es anlässlich eines »Geistlichen Spiels« zu »blutigsten Ausschreitungen des Prager Pöbels«[407] gegen die Juden gekommen war. In Frankreich wurde 1459 angeordnet, dass die Juden während der Passionsspiele ihre Häuser nicht verlassen durften; ihr Wohnviertel musste
abgesperrt werden. Der Theologe Dieckmann drückt die bei den Zuschauern wirkende psychische Mechanik so aus: »Sie konnten ihre
Aggressionen gegen ihre Mitmenschen auf Jesus projizieren und im
geheimen Einverständnis den Peinigern Jesu zustimmen. Sie konnten
sich auch mit dem leidenden Jesus identifizieren, ohne sich vom Bedürfnis nach Vergeltung und Rache zu lösen. Ihren Hass auf Menschen, von denen sie sich unterdrückt und gequält glaubten, übertru-
gen sie auf Judas und die Juden.«[408]

Dieselben psychologischen Effekte und zusätzlich die Kontinuität der »Passions-Performances« stellt der Historiker Dr. Rudolf Kleinpaul in ihrer Synergie dar: »Im Mittelalter war bekanntlich jede katholische Stadt ein Oberammergau – und zugleich ist jede katholische Kirche ein perpetuierliches Oberammergau, wo jahraus, jahrein die Passion gefeiert, der Erlöser im Garten Gethsemane gefangen genommen, ans Kreuz geschlagen und ins heilige Grab gelegt wird ... Und dazu kommt noch ein tägliches Oberammergau, das so oft spielt, als Messe gelesen und das heilige Opfer dargebracht wird, das denselben welterlösenden Vorgang, nur symbolisch und in Form eines Mysteriums, wiederholt. Dank diesen vielfachen, immer neuen und doch immer identischen Darbietungen wird das Volk gleichsam hypnotisch, weil es ununterbrochen auf das Kreuz starrt, das ihm die Kirche vorhält – die Phantasie kann gar nicht anders, sie muss beständig auf Golgatha verweilen, sich das Haupt voll Blut und Wunden andächtig ausmalen ...«

Diese Zeilen, die in ihrer psychologischen Hellsichtigkeit an Sören Kierkegaard erinnern, schrieb der Historiker Kleinpaul bereits im Jahr 1900. Ein Säkulum später wirkt es beklemmend, vom selben Autor zu erfahren, wie solche Spiele die Bevölkerung damals dazu brachten, nicht nur die Juden, sondern auch »die Schauspieler, welche in dem Passionsspiel die jüdischen Rollen gaben, leidenschaftlich zu hassen und zu verfolgen, als ob sie wirklich schuld an Christi Leiden und Sterben gewesen wären«. [409]

Säkularisation oder die Rationalisierung des Irrationalen

»Das ist erstaunlich und besonderer Beachtung würdig, dass die Juden seit so vielen Jahren bestehen und dass man sie immer im Elend findet: Es war zum Beweise Jesu Christi sowohl notwendig, dass sie bestünden, um ihn zu beweisen, wie dass sie elend seien, weil sie ihn gekreuzigt haben.« »Pascal oder die gekreuzigte Vernunft«: so wird der Autor dieser Bemerkung, der große Philosoph und Mathematiker Blaise Pascal vom Theologen und Philosophen Wilhelm Weischedel [410] tituliert. Das französische Wunderkind spekulierte über All und Unendlichkeit, legte die Grundlagen zur Wahrscheinlichkeitsrechnung, bereitete das Infinitesimalrechnen vor und meinte doch, nichts sei »der Vernunft so gemäß wie die Verleugnung der Vernunft«. Denn nichts

313

wisse er, Pascal, außer »dass ich, wenn ich aus dieser Welt gehe, entweder in das Nichts oder in die Hände eines erzürnten Gottes falle ...« Dieser Gott bleibe der ewig Verborgene, offenbar geworden nur in Jesus Christus. So gepolt, brachte Pascal das »sacrificium intellectus«, das Opfer der Vernunft, und blieb im Christentum, das solches fordert, buchstäblich eingezwängt: Zuletzt macht er die Wände seines Zimmers kahl, versagt sich seine Lieblingsspeisen und konstruiert einen stachligen Gürtel, den er sich um den Leib legt. 1662 stirbt er, mit neununddreißig Jahren.

Man sieht: Es ist nicht einfach, gleichzeitig Ihm und Ihr zu dienen, Christus und der Vernunft. Genauer gesagt ist es unmöglich, Christ zu bleiben und doch zu tun, was die Aufklärung verlangte: »Sapere aude! – Habe Mut, dich deines eigenen Verstandes zu bedienen«. Deshalb wurden die antijüdischen Mythen des Christentums im Vorgang der Säkularisierung auch gar nicht vernünftig gemacht, sondern nur gegen neue Irrationalismen eingetauscht – aber, wie es der Zeitgeist und der Konsument verlangten, neu verpackt in pseudo-wissenschaftliches Papier. An die Stelle des theologischen Dogmas als Garant der Glaubwürdigkeit musste der wissenschaftliche Nachweis treten. Der Aufschwung der Naturwissenschaften brachte als augenfälligstes Ergebnis Maschinen hervor, die naturgesetzlich einsehbar funktionierten. Immer neue Naturgesetze wurden entdeckt.

»Entdecktes Judentum« hieß denn auch eine nachhaltig wirkende antisemitische Schrift, die der Heidelberger Professor für Orientalistik Andreas Eisenmenger schon um 1700 herausbrachte und mit der er versuchte, alte Motive in religionswissenschaftlicher Form zu erneuern. Gemäß dem Untertitel »Gründlicher und Wahrhafter Bericht, Welchergestalt die verstockte Juden / Die Hochheilige Dreyeinigkeit, Gott Vater, Sohn und Heiligen Geist, erschrecklicher Weise lästern und verunehren, die Heil. Mutter Christi verschmähen, das Neue Testament, die Evangelisten und Aposteln, die christliche Religion spöttisch durchziehen, und die ganze Christenheit auf das äußerste verachten und verfluchen« – gemäß diesen Unterthesen versuchte er aus dem Talmud herauszubeweisen, dass Juden religionsgesetzlich verpflichtet sind, Christen zu töten. Mit philologischer Akribie erhielt er das »wissenschaftliche« Ergebnis, das er suchte und das in Bild und Text der Passion schon immer vorlag.

Beginn der Neuzeit: Mit fast religiöser (oder sexueller?) Inbrunst versuchten die Forscher des christlichen Abendlandes, in die Natur einzudringen, während in anderen Erdteilen mit langer Kulturtradition

(Arabien, Indien, China, Japan) kaum wissenschaftlicher Fortschritt zu verzeichnen war. Christine von Braun sieht für die Forscherleidenschaft der Europäer religiöse Ursachen, die sich in einer seltsamen Paradoxie offenbaren:

»Keine andere Religion der Welt hat die Erkenntnisse der Wissenschaft so erbittert verfolgt wie die christliche – und zugleich hat keine andere so viele Wissenschaftler und wissenschaftliche Neuerungen hervorgebracht wie diese.« Das Paradox erklärt sich nicht daraus, dass etwa »die Wissenschaftler und Neuerer Ungläubige waren und außerhalb der christlichen Gesellschaft standen. Vielmehr findet gerade in ihnen der Säkularisierungsdrang, der der christlichen Religion inhärent ist, seinen Ausdruck.«[411] Die Vernunftwidrigkeit der Weltdeutung, die sie als Kinder aufnehmen mussten, wurde vielen Christen zu dem »Stachel« (um Canettis Wort einzusetzen), der sie lebenslang antrieb, naturwissenschaftlich (diesmal mit Blochs Metapher) »wider den Stachel zu löcken«. Beispiele wären viele aufzuzählen: von den Klerikern Nikolaus Kopernikus und Giordano Bruno über den Pfarrerssohn und Ex-Theologen Charles Darwin bis zum Pfälzer Karl Marx mit seinem Abituraufsatz über »Die Vereinigung der Gläubigen in Christo«.

Wenn Christine von Braun Recht hat, dann erweist sich das christliche »sacrificium intellectus« als Motor der naturwissenschaftlichen und allgemein der geistigen Entwicklung. Also: Ein dreifach donnernd Hoch der Kirche – aber Vorsicht: Vorwärtsbewegung erzeugten die schwer zu ertragenden Dogmen erstens nur als stachlige Sporen in weicher Haut oder wie die Wackersteine, die man aus dem Ruderboot nach hinten wirft, zweitens nur bei denen, die den Mut hatten, zu werfen, und drittens: Die forcierte Entwicklung war vielleicht insofern überstürzt, als die menschliche Ethik mit den Fortschritten der Technik nicht Schritt halten konnte. Siehe das deutsche Chemieprodukt Zyklon B oder die IBM-Lochkartentechnik, die sich bei der Logistik der »Endlösung« bewährte. Und viertens: gegen solches Entkommen ins rationale Denken, für die Fixierung im irrationalen Glauben gab es (wie Horkheimer und Adorno meinen) ein schlagendes Mittel: »Den Juden schlagen sie ans Kreuz, endlos das Opfer wiederholend, an dessen Kraft sie nicht glauben mögen.«[412]

Wenn der Erkenntnis suchende Blaise Pascal scheiterte, dann wohl weniger am »deus absconditus«, am unbekannten Gott, als am bekannten Christus, seinem geheimnisvollen Leib und Blut, gegeben für unsere Sünden. Genau dieses Mysterium (Jesus gibt Leib und Blut ...)

und diese Anklage (... für deine Sünden!) sind es aber, die in Hitlers Wahn in säkularem Modus weiterleben: Im Mythenkomplex von Blutreinheit, Volkskörper und Rasse, gegen die man nicht sündigen darf.

Vor diesem Mythenkomplex soll aber auf zwei andere alte Weine in neuen Schläuchen eingegangen werden: Verschwörung und Vergiftung.

Die neue Verschwörung: Vorsicht, Intellektuelle!

Der neutestamentliche Verschwörungsvorwurf an die Juden ist bereits ausführlich als Phänomen schon früher Säkularisierung besprochen worden. Hatte der spätmittelalterliche Brunnenvergiftervorwurf noch ein sehr simples Strickmuster, so genügte die Argumentation des Dreyfus-Gegners Drumont in »La France juive« schon viel akademischeren Ansprüchen, denn »... ohne Zweifel lag seine größte Geschicklichkeit in der ›Modernisierung der Formulierung‹ ... indem er einen Teil seiner Beweisführung auf das große Ansehen der Wissenschaft gründete.«[413]

Auch für die »Protokolle der Weisen von Zion« ist kennzeichnend, »dass sie das Mittelalterliche mit dem Modernen verbinden. Die zugrunde liegenden Vorstellungen entstammen einer uralten Dämonologie, aber die angebliche Verschwörung ist eine ganz moderne Angelegenheit. Sie arbeitet in größtem Maßstab ... Auch die Mittel, mit denen die Weisen ihre Ziele verfolgen, gehören durchaus dem 19. und 20. Jahrhundert an. Diese sabbatischen Hexenmeister murmeln keine Zaubersprüche, sondern lancieren Artikel in die Presse; sie vergiften keine Brunnen, sondern stürzen ganze Länder in Krisen, Kriege und Revolutionen.«[414]

In den Augen des Antisemiten behält der Jude alle die mysteriösen, unheimlichen, magischen Züge, die ihm das Mittelalter zugeschrieben hatte, und wird gleichzeitig zum Symbol alles dessen, was Kleinbürger in der Moderne als Angst einflößend empfinden: Er ist der Finanzmagnat, der Psychiater, der entartete Künstler, der linke Ideologe und Revoluzzer – und immer der Intellektuelle.

»Judenlümmel« wurde dem Kabarettisten Werner Finck nach 1933 aus dem Publikum zugerufen. »Da irren Sie sich aber gewaltig«, gab Finck zurück, »ich seh nur so intelligent aus.« Antisemitismus und Anti-Intellektualismus waren eng befreundet, gingen Hand in Hand. Die weit überproportionale Häufigkeit jüdischer Namen in Wissenschaft, Musik und Literatur legte dem Christen zwei Kausaldeutungen nahe: Entweder herrschte da eine »Camarilla«, die nur Juden hochkommen ließ, oder Juden waren intelligenter als Christen. Da Letzteres wenig akzeptabel erschien, neigte der normalbegabte Christ zwar eher zur ersteren Ansicht, aber die Angst vor der geistigen Überlegenheit der »anderen« war in einer Zeit, die gesellschaftlichen Rang und Lebenschancen des Einzelnen zunehmend nach dessen geistiger Bildung definierte, damit nicht beseitigt.

Wie kommt das mit der jüdischen Intelligenz, mit Einstein, Hertz und Mendelejew, mit Bernstein, Mahler, Rubinstein, mit Freud und Reich und Adler, mit Lubitsch, Lang und Liebermann, Chagall und Reinhardt?

Von 1885 bis 1919 untersuchte der in Australien geborene Joseph Jacobs die »komparative Verteilung jüdischer Begabung« und ihren Beitrag zur Zivilisation. Als Gründe der »vorwiegend abstrakten« jüdischen Geistigkeit sieht er ihre Urbanität, ihre Neigung zum Handel, ihre Zweisprachigkeit, ihr großes Interesse an guter Bildung für ihre Kinder und – die erfolgreiche Überwindung der Verfolgung. Das Wichtigste sei aber: »Der jüdische Verstand war nie in Fesseln geschlagen, und schließlich wurden die schwächeren Mitglieder jeder Generation durch die Verfolgung ausgesiebt, die sie verlockte oder zwang, sich zum Christentum zu bekehren, und daher sind die heutigen Juden die Überlebenden eines langen Prozesses unnatürlicher Auslese, die sie anscheinend ausgezeichnet auf den Kampf um die geistige Existenz vorbereitet hat.«[415]

Anatole Leroy-Beaulieu, Mitglied der Académie Française, sieht 1893 die jüdischen Begabten hauptsächlich in Musik und Literatur dominieren, und das habe kulturelle Gründe: Der Jude sei »gezwungen, polyglott zu sein«.[416]

Mark Twain bemerkte schon 1898, der jüdische »Beitrag zur weltweiten Liste großer Namen in Literatur, Wissenschaft, Kunst, Musik, Finanz, Medizin und weltferner Gelehrsamkeit« stehe in »überhaupt keinem Verhältnis zu ihrer geringen Zahl«, und den Hass auf die Juden führt Twain auch auf »die Unfähigkeit des Durchschnittschristen« zurück, »geschäftlich erfolgreich mit dem Durchschnittsjuden zu konkurrieren«[417]. Der antisemitische Autor und Chemiker Arthur Dinter findet 1920 die statistischen Fakten, dass von zehntausend jungen Protestanten fünfundzwanzig, von zehntausend jungen Katholiken dreizehn, von zehntausend jungen deutschen Juden aber hundertsechzig die Universität besuchen, »verhängnisvoll« und »Schrecken erregend«.[418]

Für Sigmund Freud ist 1938 in »Der Mann Moses und die monotheistische Religion« die spezifisch jüdische Geistigkeit das Ergebnis der jüdischen Glaubenssysteme. Durch ihr Bilderverbot hätten die Juden ihre Geistigkeit betont, »das heißt Kräfte, die nicht von den Sinnen (speziell vom Gesichtssinn) erfasst werden können«. Die Juden seien anders, denn: »Der Vorrang, der durch etwa zweitausend Jahre im Leben des jüdischen Volkes geistigen Bestrebungen eingeräumt war, hat natürlich seine Wirkung getan; er half, die Rohheit und die Neigung zur Gewalttat einzudämmen, die sich einzustellen pflegen, wo die Entwicklung der Muskelkraft Volksideal ist. Die Harmonie in der Ausbildung geistiger und körperlicher Tätigkeit, wie das griechische Volk sie erreichte, blieb den Juden versagt. Im Zwiespalt trafen sie wenigstens die Entscheidung für das Höherwertige.«[419]

Der jüdische Mathematiker Norbert Wiener und der marxistische mathematische Genetiker J. B. S. Haldane formulierten nach der Shoah, in den fünfziger Jahren, die »Wiener-Haldane-Hypothese«, der zufolge »die biologischen Gepflogenheiten der Christen« dazu tendieren, »etwaige Erbeigenschaften, die zum Lernen disponieren, wegzuzüchten, während die biologischen Gepflogenheiten des Juden dazu tendieren, diese Eigenschaften einzuzüchten«.[420]

1969 kommt Ernest van den Haag bei Juden wie Christen auf quasi »religenetische« Intelligenzfaktoren. Er behauptet, die Christen opferten ihre »guten« Gene, indem sie ihre Priester zum Zölibat verpflichteten, während die Juden kluge Rabbiner mit den besten Frauen und der größten Unterstützung für ihre Familien belohnen. Christliche Intelligenzgene hätten sich dadurch verringert, während die Gene für die hohe jüdische Intelligenz verstärkt worden seien: »Die Kirche hat die einzige Karriere angeboten, bei der Geistesgaben ungeachtet der Herkunft ihres Trägers belohnt wurden ... aber das Priestertum forderte einen Preis: Zölibat. Das bedeutete, dass der intelligenteste Teil der Bevölkerung keine Nachkommen hatte; ihre Gene wurden Generation um Generation von der Kirche abgeschöpft und nicht an das Genreservoir der Welt oder selbst der Kirche zurückgegeben.«[421]

Diese genetische Begründung, die ganz ähnlich auch von Arthur Ruppins, Salcia Landmann und, noch präziser, von Nathaniel Weyl[422] unterstützt wird, bringt ein jüdischer Diskussionsteilnehmer beim »web chat« flapsig so auf den Punkt:

»Seit mindestens siebenhundert bis neunhundert Jahren haben intelligente junge Männer die besten [jüdischen] Bräute abgestaubt. Ihre guten Gene wurden wieder in die Gesellschaft eingekreuzt ... Gleichzeitig traten die besten Köpfe der christlichen Welt in die Kirche ein, wo ihr Genom verlorenging ... Wenn dies sieben bis neun Jahrhunderte lang geschieht, dann muss es ... eine Auswirkung auf die relative Intelligenz der zwei Populationen haben.«[423]

Folgen des Zölibats weniger für die Intelligenz als für das christliche Ethos hatte Francis Galton bereits 1869 gesehen: »Die lange Epoche des Mittelalters, die Europa umfangen hielt, ist, glaube ich, in erheblichem Maß auf den Zölibat zurückzuführen, den die religiösen Orden ihren Mitgliedern auferlegten. Die gesellschaftlichen Umstände der Zeit boten Männern und Frauen, die aufgrund ihres sanften Charakters zu Wohltätigkeit, zu Meditation, Literatur und Kunst neigten, keine andere Zuflucht als im Schoße der Kirche. Aber die Kirche predigte und erzwang Ehelosigkeit ... Sie verhielt sich genau so, als verfolge sie das Ziel, allein die grobschlächtigsten Mitglieder des Gemeinwesens als Eltern künftiger Generationen zu selektieren.«[424]

1874 argumentierte Charles Darwin ganz ähnlich, indem er den Niedergang des spanischen Imperiums darauf zurückführte, dass »Menschen sanfter Wesensart, die zu Meditation und geistiger Kultur neigten«, in »den Schoß einer Kirche eingingen, die Ehelosigkeit förderte«.[425]

Das Zölibat als eugenische Maßnahme zur Züchtung dumpfer Backen? Gäbe es diesen jüdischen Vorteil bei der Intelligenz und den christlichen Rückstand bei »sanfter Wesensart«, dann wären beide wohl auch Grundbausteine des Antisemitismus. Tiefere Ursache der Shoah wäre dann auch in dieser Linie die christliche Leibfeindlichkeit, Sexualitätsverachtung und Fleischeskreuzigung. Bevor man solche Wurzeln zieht, sollten aber diese genetischen Theorien erst einmal kritisch beleuchtet werden.

Erstens: Was hier über das Christentum gesagt wird, gilt nur für die römisch-katholische Kirche; in der reformierten dagegen *soll*, in der orthodoxen *muss* ein »Weltpriester« heiraten. Zudem soll es auch heute noch vorkommen, dass zölibatäre katholische Geistliche zu mehr oder weniger stolzen Vätern werden, von barockeren Zeiten zu schweigen. Für die brasilianische Kultur, die ja in ihrer Miszigenität auch als Erbin der maurisch-jüdisch-iberischen Epoche betrachtet werden kann, stellt Gilberto Freyre (wohlgemerkt als Ausnahme von der globalen Regel!) fest: »Bei uns war es eine Seltenheit, wenn ein Priester keusch blieb, die meisten trugen freigebig zum Bevölkerungs-

wachstum bei und zeugten hochgeistige Söhne und Enkel.«[426] Aber
die brasilianische Kultur ist auch eine viel weichere, weniger kriegeri-
sche als unsere nordalpine. Und die weichen, sensiblen, von protestantischen Pfarrern abstammenden Pädagogen Pestalozzi und Fröbel zum
Beispiel wären in katholischen Pfarrhöfen gar nicht zur Welt gekommen. Bevor sich dieses Kontra ins Pro verwandelt, kommen wir zum
nächsten:

Zweitens nämlich zitiert Gilman den Soziologen Lewis S. Feuer,
der die Intelligenz-Züchtungs-Thesen insofern zurückweist, als die
jüdischen Verheiratungspraktiken hier einseitig dargestellt wurden.
Der Sozial- und Wirtschaftshistoriker Bill Rubinstein akzeptiert die
genetischen Thesen von Galton und van den Haag, konstatiert dann
aber das überraschende Fehlen überragender jüdischer Intelligenz in
Israel und Australien, wo bezüglich Quantität sowie Freiheit von Be-
nachteiligung ja beste Bedingungen herrschen.[427]

Dieses Ruhen der Begabungen in ruhiger Umgebung nimmt nun
nicht nur den genetischen Hypothesen Wind aus den Segeln, sondern
legt, drittens, den Schluss nahe, dass Juden im Abendland deshalb
viele hohe Begabungen hervorbrachten, weil eine feindliche Umgebung hohe Fähigkeiten verlangte, um Benachteiligungen zu überwinden. Den Einfluss der Umgebung, der in den Vererbungstheorien wohl
in gravierendem Maß unterbewertet wird, hebt Martin Peretz hervor: Kreativität und Intelligenz seien durch ein Umfeld miteinander
verbunden, das von der ethnischen Gruppe erwarte, bestimmte Berufs-
gruppen hervorzubringen.[428] Gilman selbst kommt auf die Frage, ob
Juden tatsächlich klüger seien, zum Fazit: »Sie sind nur dann klüger
und anders, wenn die Kulturen, in denen sie leben, sie als klüger und
anders benötigen. Dass es kluge Juden gibt, ist sicherlich richtig; dass
ein Jude zu sein mit Klugheit gleichzusetzen sei, ist ein Bestandteil der
Konstruktion jüdischer Besonderheit.«[429]

Klar ist, dass Nazis Juden für intelligent hielten, mehr noch: sie
als »Intellektuelle« mit einem Begriff denunzierten, der als »les inte-
lectuelles« schon in Frankreich gegen die Dreyfusards zum Einsatz gekommen war. Und bei der Bücherverbrennung am 10. Mai 1933 konnte Dr. Josef Goebbels endlich das Ende »eines Zeitalters von übertriebenem jüdischen Intellektualismus« verkünden.[430]

Anzunehmen ist, dass die Nazis von einer »gezüchteten Intelligenz« bei den Juden ausgingen, zumal Rassentheoretiker wie Gobi-
neau sie in ihren Werken besprachen. Sicher ist, dass dieses Minder-
wertigkeitsgefühl gegenüber dem oft so apostrophierten »auserwähl-

ten Volk« ein starkes Motiv war, analog die arische Rasse als edle, schöpferische und kulturtragende zu verehren und zu züchten – wobei hohe Intelligenz aber nicht als Zuchtziel propagiert wurde, denn damit hätte man die falsche Zielgruppe der Bevölkerung angesprochen.

In allen Bevölkerungsgruppen war übrigens eine Facette jüdischer Besonderheit präsent, die Friedrich Heer als prägend ansieht: »Der böse jüdische Intellektuelle und Sophist ist ein letztes Abbild des in einer christlichen Predigt und in dem Religionsunterricht der Schule gezeichneten Pharisäers.«[431]

Exkurs: Papa mag keine Weichlinge

Gilman belegt vielfach, dass zu Beginn des 20. Jahrhunderts Judentum nicht nur mit »übertriebenem Intellekt« und einer »unmännlichen Erscheinung« assoziiert wurde, sondern auch – sehr explizit – mit Weiblichkeit. Von der »femininsten unter den Nationen« redet der Wiener Rabbiner Adolf Jellinek, von der »quasi weiblichen Natur« einer »femininen Rasse« weiß Leroy-Beaulieu in der Academie Francaise zu berichten.[432]

Dass »fast alle großen Antisemiten des 19. Jahrhunderts zugleich leidenschaftliche Frauenfeinde« waren (Christina von Braun), setzt sich in Adolf Hitler und seinem Erziehungsideal fort: Hart wie Kruppstahl sollte der deutsche Siegfried sein, mit kantigem Kiefer und Adlerblick, erigiertem Oberkörper, gespannten Sehnen und einem Kopf fast so breit wie der muskulöse Hals, der ihm die rechte Richtung gibt. Grobschlächtige Burschen, ungefähr so wie Francis Galton sie als Ausleseideal der zölibatären Kirche unterstellte, ohne alle sanften Wesenszüge, ohne jene »Neigung zu Meditation und geistiger Kultur«, welche Galtons Cousin Charles Darwin durch priesterliche Ehelosigkeit im Schwinden sah. Besteht zwischen Kreuz, Zölibat, Kruppstahl und Gripsmangel ein ähnlicher Zusammenhang, wie er zwischen Jude, Weiblichkeit, Sexualität und Phantasie vermutet wurde?

Blaise Pascal, Sören Kierkegaard und Friedrich Nietzsche haben mehreres gemeinsam: Sie waren genial, emotional hochsensibel und lebenslang mit dem Kreuz beschäftigt. Ihre radikale Infragestellung der Welt ging aus vom Kindheitsschrecken des Kreuzes. Und alle drei starben vor dem 50. Lebensjahr, ohne ihre Gene weitergegeben zu haben. Sie waren Hochbegabte, und als solche auch hoch gefährdet. »Je weniger Geist, desto weniger Angst«, wusste Kierkegaard 1848.[433]

Wolfgang Michaelis stellt 1999 nach Auswertung der aktuellen Literatur zur Hochbegabungsforschung eine Liste von signifikant häufigen Risiken und Nebenwirkungen zusammen: Hochbegabte Kinder ...

- haben von Anfang an Realangst und Umweltangst
- sind häufiger psychopathisch
- haben eine höhere Suizidrate
- sind oft gute, sehr sensible Beobachter
- neigen zu Perfektionismus
- kritisieren und durchbrechen häufiger gesellschaftliche Normen
- machen sich schon früh Gedanken über moralische Probleme
- entwickeln hohe Moralvorstellungen
- neigen bei sozialer Anspannung zu Introversion.[434]

Pascal, die »gekreuzigte Vernunft«, zog sich mit seinem Bußgürtel zurück, Kierkegaard philosophierte über das Sohnesopfer, über echte und unechte Verzweiflung, der Pastorensohn Nietzsche notierte »Dionysos ... der Gekreuzigte« auf einen Zettel und streichelte schluchzend einen geschlagenen Esel, kurz bevor er in Umnachtung fiel. Drei tragische Einzelfälle und drei Gipfelkreuze eines religiösen Eisbergs.

Pascals Zeitgenosse Nicolas Poussin (1594-1665) zog rechtzeitig die Notbremse: Er war zweiundfünfzig, als er, nachdem er ein Kreuzigungsgemälde vollendet hatte, das nächste Gemälde »Jesus trägt sein Kreuz« nicht mehr beginnen wollte. Einem Freund schrieb er, warum: »Ich habe nicht mehr genug Freude und Gesundheit, solche Themen zu gestalten. Die Kreuzigung hat mich krank gemacht. Sie ist mir so schwer geworden. Jetzt Jesus, der sein Kreuz trägt, zu malen, würde mich töten.«[435] Poussin lebte noch neunzehn Jahre, aber er malte keine Kreuzigung mehr.

Muss man sich darüber wundern, wenn der Theologe Hans Urs von Balthasar beklagt, dass es so wenig ungebrochene schöpferische Charaktere in der Kirche gibt? In einer Kirche, die ihren Kindern von Anfang an beibringt, dass der himmlische Papa vom Sohn Gehorsam bis zum Tod verlangte, einem unmenschlich grausamen Opfertod, an welchen in allen Herrgottswinkeln, an allen Feldwegen ein Kreuz erinnerte? Natürlich waren es (scheinbar) nur wenige Kinder, die so schmerzhaft unter dem christlichen Gottesbild litten, wie es der Psychotherapeut Tilmann Moser in seinem Buch »Gottesvergiftung« beschreibt: Immer bedrückte ihn die »ewig lauernde Verdammnis ... So dass ich keinem Menschen glauben konnte, er liebe mich. Ich habe das dann für Täuschung gehalten und ... dachte verächtlich über den Versuch, mich zu lieben.«[436] Unkomplizierten und seelisch robusten Kindern ging dieser Gottesschrecken (scheinbar) kaum unter die dicke Haut, was soll's? Und was sind das für Weichlinge, denen wo das was ausmacht? »Ein Guter hält's aus«, heißt's in Bayern, »und um an' Schlechten is's net schad g'wesen.« Eben!

Wie lebensentscheidend und genetisch selektiv Entwicklungsstörungen bei sensiblen jungen Menschen wirken können, zeigt etwa die Teenager-Krankheit Magersucht. Man kann die »anorexia nervosa« interpretieren als psychisch verankerte Reifungsstörung, als Weigerung der Mädchen, Frau zu werden, als Wunsch, keine Blutung zu haben, keine Kinder bekommen zu müssen. Betroffen sind meist sehr begabte, brave, introvertierte Mädchen. An Magersucht sterben fünf bis zehn Prozent der Patientinnen; von denen, die geheilt werden, heiraten später nur fünf Prozent.[437] Bezüglich der Spätfolgen religiös verankerter Reifungsstörungen im Kindes- und Jugendalter gibt es, wie der Entwicklungspsychologe Buggle beklagt, noch immer keine empirischen Untersuchungen. Und dies, obwohl »kaum zu bestreiten ist, dass gerade die religiöse und speziell die christlich-traditionelle Sozialisation von entscheidender Bedeutung für die Entwicklung verschiedenster und zentraler Erlebnisbereiche, wie Weltbild, Motivation, Steuerung und Ausrichtung bzw. Hemmung des Verhaltens, Entwicklung von Ängsten und Verhaltensstörungen ... sein dürfte«.[438]

Wenn unter hundert Kindern nur ein »schlechtes« war, das sich wie der kleine Sören beim Kreuz dachte, es wisse jetzt, »wie es in der Welt hergehe«, dem dabei »angst und bange« wurde »vor den Älteren und der Welt«, und das dann, wie Sören seiner großen Liebe Regine, die ihn ebenso liebt, ein Leben lang nur beim Spaziergang begegnete, dann ergibt das im Lauf der Generationen eine erhebliche Abnahme der Sensibilitäts-Gene in der christlichen Population.

Halt! Vielleicht war es anders. Vielleicht war Sören ein solcher, wie ihn Brecht in seinem skandinavischen Gedicht »Der Dunkle« beschreibt: »Bemerkte immer die bösen Geister / Die guten gar nicht ... / Die Judasse riefen nach mir / Aus der Erde tauchte der Erdgeist / Bin der dunkle Sohn der Mutter / Erschrocken bei der Geburt / Sehe überall Entsetzen / Doch am meisten im Leben der Menschen ...«[439]

Vielleicht war es gut, dass Sören, wie der Dunkle, sein Erschrecken nicht an einen Sohn Regines weitergab, einen Sohn wie den kleinen Lessing, über dessen frühen Tod der Vater (auch so ein Dunkler) so räsonierte: »War es nicht Verstand, dass man ihn mit eisernen Zangen auf die Welt ziehen musste? ... War es nicht Verstand, dass er die erste Gelegenheit ergriff, sich wieder davonzumachen?« Es ist der gar nicht zölibatäre, aber kinderlose Heine, der so über Lessing (und vielleicht auch über sich) berichtet.[440] Jener Heine, den Lombroso als Beispiel für den Zusammenhang zwischen körperlicher Krankheit und geistiger Kreativität darstellt. Gibt es da einen? Und gibt es auch eine Verbindung zwischen hohem jüdischem Intellekt und dem »höheren Prozentsatz an Gesteskrankheiten« bei den Juden, den Charcot auf ihre »extreme Anstrengungen und die erlittenen Verfolgungen« zurückführt? Kevin MacDonald bringt diese höheren Raten an »Hysterie, Neurasthenie und manischer Depression« in Zusammenhang mit höherer »Affekt-Intensität« bei Juden, die zu »intensiven Erfahrungen positiver wie negativer Emotionen neigen«.[441]

Da sind wir nun wieder bei Sensibilität versus Gesundheit. Vielleicht war es dieser seelischen Gesundheit ja recht förderlich, dass die Sensiblen, Weichen, Sanften via Zölibat aus dem »christlichen Genpool« herausgenommen wurden? Vielleicht ist da wirklich, wie man in Bayern und Österreich noch sagt, »a g'sunde Rass'« herausgekommen?

Aber Vorsicht: Wie dieser Ausdruck zeigt, stehen solche genetischen Sichtweisen in kompromittierender Nähe zu rassistischen Einfältigkeiten und sind immer in Gefahr, die prägende Macht gesellschaftlicher »habits« unterzubewerten. Dass Härte und Gehorsam zu den deutschen Verhaltensformen viel typischer gehören als zu denen unserer französischen und italienischen Nachbarn, wird niemand bestreiten. Gehorsam gegenüber dem idealen Vater, Härte im Aufsichnehmen von Schmerzen, sowie die sublime Einsicht, dass diese ganze dies- und jenseitige Weltordnung zutiefst grausam strukturiert ist – genau dies sind aber die messages dieses gekreuzten Initiationsritus, der nicht nur in allen deutschen Stuben hing und die deutschen Wegränder markierte, sondern auch auf den Tanks und Stukas aller deutschen Wehrmachten Segen spendend übers Land zog.

Ganz richtig, nämlich als abhärtende Erziehungsmaßnahme, sieht der Autor eines anonymen Briefes das Kruzifix im Klassenzimmer, gegen das ich in einem Leserbrief pädagogisch unter anderem so argumentiert hatte: es stelle die grausame Hinrichtung des Sohnes auf Wunsch des »himmlischen Papa« dar. Das christliche Echo:

»Trotz Ihrer gehobenen Bildung schließt sich vielleicht schon bald der Sargdeckel über dem lieben Konrad. Dann kann er sich beim ›himmlischen Papa‹ über dessen Vorgehen vor 2000 Jahren beschweren.

Übrigens gilt auch für die heutige verweichlichte Erziehung (hinter jedem 2. Deutschen ein Psychiater!) immer noch die Stelle aus dem 1. Korintherbrief Kap. 1, Vers 23 und 24: ›... predigen wir Christus, den Gekreuzigten; den Juden ein Ärgernis, den Heiden eine Torheit; den Berufenen aber, Juden wie Griechen, Christus als Gottes Kraft und Gottes Weisheit.‹
Nichts für ungut und einleuchtendere Grüße
Von einem alten Veteranen, ›Relikt‹ aus dem 2. Weltkrieg.«

Unschwer hört man aus diesen Sätzen heraus, wie sehr der Veteran von Kindheit an unter dem gelitten hat, was man ihm über Kreuz und himmlischen Papa erzählte. Er versucht aber, es im Nachhinein noch positiv zu werten: als Erziehung zur Härte, die ihn den Weltkrieg überstehen ließ. Der alte Landser hat ja auch ganz Recht mit seinem Lob der Härte; sagt doch der gute Jean Paul schon 1811, man sollte »vielmehr Übungen im Ertragen des Schmerzes, Kreuzschulen im stoischen Sinn erfinden« und somit durch »Bildung« wiederholen, was »früher ganze Völker vermochten ... Zeigt nur nie Mitleid mit Schmerzen, sondern treibt Scherz damit.«[442]

Erziehung zur Härte: Dann wäre der lebenstüchtige Mensch der Zukunft ein homo robustus, Nietzsches Übermensch, der jedes Mitgefühl als Sklaventugend verachtet, der das, was fällt, noch tritt? Ist das nicht das Naturgesetz der Auslese der Best(i)en, auf das Vulgärdarwinisten so pochten?

Ihnen zum Possen hat aber Mutter Natur die Chuzpe, seit sechs Milliarden Jahren in andere Richtung zu gehen. Denn wenn man in der Evolution der Lebewesen, vom Einzeller bis zum heutigen Menschen, überhaupt einen durchgängigen Trend feststellen kann, dann ist es der zu mehr Sensibilität, zu größerer (sinnlicher und seelischer) Empfindsamkeit. Sicher hat es mit dem ebenso durchgängigen Trend zu immer intensiverer und längerer Nachwuchspflege zu tun, dass Delphine, Affen, Menschen die Instinkte und habits der Fürsorglichkeit immer weniger abschalten können. »Am Badestrand war ein Mann, ein Musterfall von unsympathisch, knöcherner Bürokratentyp«, beobachtet der Münchner Philosoph Anton Neuhäusler. »Als er, mit seinem lahmen Bein, hundert Meter ins Wasser gewatet war, blieb er stehen, fischte ein zum Tode verurteiltes Insekt aus den Wellen und trug es zurück zu einem Busch. Dann hinkte er wieder zurück ins Wasser und schwamm ins Tiefe.«[443] Bei all seiner Grausamkeit ist der Mensch auch das empathischste, mitfühlendste aller Lebewesen. Aber gerade deshalb ist die Fähigkeit, grausame Bilder »abschalten« zu können, nicht in ihnen zu ertrinken, lebensnotwendig. »Ein Zeichen für geistige Gesundheit ist die Fähigkeit, unser Wissen über die Grausamkeit in unserer Welt zu unterdrücken und trotz einer Umgebung voller Schrecken und gewaltsamer Tode in Frieden leben zu können«, stellt der New-Yorker Psychiater Franz G. Alexander fest und meint: »Eigentlich ist es widersinnig, dass ich einen depressiven Patienten, der zu mir ins Büro kommt, weil er die Welt als zu grausam empfindet und sie deshalb nicht mehr ertragen kann, als einen kranken Menschen behandeln soll. Im Grunde hat der Patient ja Recht; denn er sieht die Wahrheit nur zu deutlich. Aber er ist ›krank‹, weil er bestimmte grundlegende Verteidigungsmechanismen verloren hat; ihm fehlen die normalen Illusionen, die uns ›geistig gesund‹ erhalten.«[444]

Die andere Seite dieser psychischen Abhärtung, dieser Erziehung zum Wegsehenkönnen ist etwas, das Stanley Milgram als »Gefahr ... für das Überleben der Menschheit« ansieht: »... die Fähigkeit des Menschen, seine Mitmenschlichkeit abzustreifen, (...) auf Weisung einer böswilligen Autorität brutal und unmenschlich zu handeln.«[445] Milgrams berühmtes Experiment, das Gordon W. Allport als »Eichmann-Experiment« bezeichnete, wurde später in anderen Erdteilen wiederholt. Meistens waren es etwa sechzig Prozent der Versuchspersonen, die bei der Bestrafung ihres »Schülers« auf Befehl bis zur Höchststromstärke von 450 Volt gingen. Am geringsten war die Neigung, gehorsam grausam zu sein, in Australien mit nur fünfundvierzig Prozent. Als Mantell den Versuch in München durchführte, kam er auf fünfundachtzig Prozent[446]. München ist die Stadt, wo Hitler Karriere machte, die später »Hauptstadt der Bewegung« hieß, in deren Nähe das erste KZ entstand und wo A.D. 1996 eine christsoziale Regierung gesetzlich vorschrieb, in allen Volksschul-Klassenzimmern Kreuze anzubringen. Kruzifixe seien nämlich Ausdruck der »geschichtlichen Prägung Bayerns«. Da ist was dran.

Passgenau zu dieser geschichtlichen Prägung dürften aber auch Adornos folgende Sätze in »Erziehung nach Auschwitz« sein:

»Ich erinnere daran, dass der fürchterliche Boger während der Auschwitz-Verhandlung einen Ausbruch hatte, der gipfelte in einer Lobrede auf Erziehung zur Disziplin durch Härte. Sie sei notwendig, um den ihm richtig erscheinenden Typus vom Menschen hervorzubringen. Dies Erziehungsbild der Härte, an das viele glauben mögen, ohne darüber nachzudenken, ist durch und durch verkehrt. Die Vorstellung, Männlichkeit bestehe aus einem Höchstmaß an Ertragenkönnen, wurde längst zum Deckbild eines Masochismus, der – wie die Psychologie dartat – mit dem Sadismus nur allzuleicht sich zusammenfindet. Das gepriesene Hart-Sein, zu dem da erzogen werden soll, bedeutet Gleichgültigkeit gegen den Schmerz schlechthin. Dabei wird zwischen dem eigenen und dem anderer gar nicht einmal so fest unterschieden ... Wer hart ist gegen sich, der erkauft sich auch das Recht, hart auch gegen andere zu sein, und rächt sich für den Schmerz, dessen Regungen er nicht zeigen durfte, die er verdrängen musste.«[447]

Der Boger war übrigens der Apfel essende SS-Mann (siehe Vorwort).

Die neuen Vergifter: Kulturzersetzer

Das starke Anwachsen eines pseudowissenschaftlichen Antisemitismus zum fin de siècle ging einher mit der zeitgeistigen Bewegung der Kulturkritik. Diese ist auch und vor allem eine Kritik an Rationalismus und Intellektualismus. Julius Langbehn beklagt in seinem Hauptwerk »Der Rembrandt-Deutsche«, dass es an bedeutenden Persönlichkeiten fehle. Im »Volksboden« liege die schöpferische Kraft. Die kraftvolle Ausbildung eines Volkscharakters sei die Bedingung für das Hervorbringen einer großen individuellen Persönlichkeit, wie Rembrandt sie war. Paul de Lagarde bedauert, es fehle der deutschen Jugend an »Idealismus« (den Hitler später als Unterscheidungsmerkmal des Ariers gegenüber dem Juden verherrlichte).

Beide, Langbehn wie Lagarde, gelten als Wegbereiter der Reformpädagogik, aber beide verbreiten mit ihren kulturkritischen Ansätzen antisemitische Äußerungen.

Fehlenden Idealismus und zersetzenden Intellekt wirft auch Hitler, bei dem die Gefährdung der Kultur apokalyptische Dimensionen erreicht, den jüdischen Kulturzerstörern vor: »Nein, der Jude besitzt keine irgendwie kulturbildende Kraft, da der Idealismus, ohne den es eine wahrhafte Höherentwicklung des Menschen nicht gibt, bei ihm nicht vorhanden ist und nie vorhanden war. Daher wird sein Intellekt niemals aufbauend wirken, sondern zerstörend und in ganz seltenen Fällen vielleicht höchstens aufpeitschend, dann aber als das Urbild der ›Kraft, die stets das Böse will und dann das Gute schafft‹.«[448]

Für Hitler hatte der Jude keine eigene Kultur, sondern nur eine »Scheinkultur«, nämlich »das unter seinen Händen meist schon verdorbene Gut der anderen Völker«.[449] Kulturzerstörend sei besonders die »jüdische Lehre des Marxismus«, da sie das »aristokratische Prinzip der Natur«, das »Vorrecht der Kraft und Stärke« ablehne. Als typische »authoritarian personality« in Adornos Definition verbindet Hitler mühelos moderne Halbwissenschaft mit atavistischem Mythos: »Siegt der Jude mit Hilfe seines marxistischen Glaubensbekenntnisses über die Völker dieser Welt, dann wird seine Krone der Totentanz der Menschheit sein, dann wird dieser Planet wieder wie einst vor Jahrmillionen menschenleer durch den Äther ziehen ... So glaube ich heute im Sinne des allmächtigen Schöpfers zu handeln: Indem ich mich des Juden erwehre, kämpfe ich für das Werk des Herrn.«[450]

Das neue Gottesvolk: Die Rasse

»Durch Reinheit zur Einheit« war ein griffiges Schlagwort des Alldeutschen Antisemiten Georg Ritter von Schönerer. Die neue Auffassung von »Reinheit« zeigt sich besonders deutlich am Wandel des Begriffs »Blutschande«. Ursprünglich bezeichnet sie den sitten- und gesetzeswidrigen Inzest, den geschlechtlichen Verkehr mit nahen Blutsverwandten. Bei den Antisemiten wird jedoch daraus die Sünde des Verkehrs mit dem fremden, unreinen Blut, dem Blut des Juden. Schon 1887 hatte der Rassentheoretiker Fritsch – dem Hitler später die Grabrede gesprochen haben soll – das Verbot des Sexualverkehrs mit Juden als das wichtigste der Zehn deutschen Gebote bezeichnet:
»Erstes Gebot: Du sollst Dein Blut reinhalten. – Erachte es als ein Verbrechen, Deines Volkes edle arische Art durch Juden-Art zu verderben. Denn wisse, das jüdische Blut ist unverwüstlich und formt Leib und Seele nach Juden-Art bis in die spätesten Geschlechter.«[451]
Im Prozess der Säkularisierung wird aus dem Dekalog ein Rassenkodex und aus dem »Fremden« – dem Anderen, an den die Christen ihre Glaubenszweifel und ihre »unkeuschen« Gedanken delegiert haben – ein Fremdkörper, ein fremder Körper mit fremdem Blut. Die Fremddefinition der Juden als »Die da« ermöglichte die Selbstdefinition des »Wir hier«, der Ausschluss war Mittel des Zusammenschlusses: Rausheit bringt Reinheit.
Natürlich gibt es eine arische oder germanische ebensowenig wie eine jüdische Rasse. Für das jüdische Volk haben Maurice Fishberg schon 1911[452] und Manuel Humbert 1936[453] eine starke Miszigenität nachgewiesen, die sich durch Mischehen, Missionierung und auch durch den weitgehenden Übertritt des Turk-Volkes der Chasaren

(im 8. Jahrhundert) zum Judentum erklärt. Für den Amerikaner Thorstein Veblen sind die Juden eine »Nation von Mischlingen«,[454] für Poliakov »gerade das Gegenteil einer Rasse«.[455] Eine ganz ähnliche Miszigenität hat Bernt Engelmann für die Mitteleuropäer deutscher Muttersprache aufgezeigt. Rassismus war das irrwitzige Suchraster zur Ortung und »Zielansprache« derjenigen, für die jedes christliche Kind empathischen Zorn zu fühlen gelernt hatte. Die Kreuziger Christi wurden neu an die Wand gemalt als »menschenfeindliche Dämonen«, die »das Kreuz auf den Rücken des deutschen christlichen Volkes nageln«[456] wollten. »Die Völker«, hieß es 1843 in Deutschland, »bluten aus hundert Wunden durch die jüdische politische und wirtschaftliche Macht.«[457]

Achtzig Jahre später fand Hitler für den Feind des Volkskörpers sehr biologische Metaphern. Der Jude ist ihm: Made im faulenden Leibe, Pestilenz, Bazillenträger der schlimmsten Art, ewiger Spaltpilz der Menschheit, die Drohne, die sich einschleicht, die Spinne, die dem Volk langsam das Blut aus den Poren saugt, der Parasit im Körper, der ewige Blutegel, der Völkervampyr ...[458] – »Aus dem Feindbild des ›verstockten‹ oder ungläubigen Juden wird der Krankheitsträger, der den ›arischen Volkskörper‹ auf ähnliche Weise gefährdet wie der Zweifler die christliche Glaubensgemeinschaft. Aus dem ›Gottesmörder‹, der den Heiland ans Kreuz geschlagen hat, wird im säkularen Zusammenhang der ›Rassenschänder‹, der die Reinheit der germanischen Rasse – den sakralen kollektiven Körper – bedroht.«[459]

Dieser säkulare »Volkskörper« ist einerseits die Folge der dem Christentum immanenten Verbindung von metaphysischem Mythos und physischer, historischer Realität. Das reale Konkretum dieser Verbindung ist eben der Leib Christi. Auch die katholische Kirche erhebt ja den Anspruch, als Kirche die Verwirklichung des Leibes Christi zu sein, wobei ihre zahlreichen Mitglieder als dessen Glieder (oder Körperzellen) fungieren. Das Bild des Volkskörpers war also vorgezeichnet und wartete quasi darauf, im 19. Jahrhundert, als die Bedürfnisse nach Säkularisierung und nationaler Identifikation zu gleicher Zeit aufkamen, mit den Farben der Nation koloriert zu werden.

Andererseits ist es das Wesen jedes Körpers, dass er sein Inneres integriert, vom Außen abgrenzt und schützt. Integer zu bleiben, bedeutet für den Christen auch, seinen Heilsglauben zu bewahren, der beständig von Zweifeln bedroht ist. »Der Jude aber stellt die Verkörperung des Zweifels schlechthin dar: An ihn delegiert mancher Christ seine eigenen Glaubenszweifel; im Juden findet er das andere ›böse‹

Selbst verkörpert, für die es in seinem Glauben keinen Platz gibt. Er überträgt ihm den Teil des Ichs, den er abzuspalten hat, will er Teil der eigenen Glaubensgemeinschaft bleiben.«[460] Christine von Braun sieht als historische Markierung dieser Abspaltung das Laterankonzil von 1215, als mit der Lehre von der Transsubstantiation des Leibes Christi auch gleichzeitig die Bestimmung erlassen wurde, dass alle Juden einen gelben Fleck zu tragen hätten: »Der Jude wurde fortan als sichtbarer – d.h. in der Sprache der Transsubstantiation: als realer Anderer gebrandmarkt. Seine Sichtbarkeit stellte gleichsam das Pendant der Menschwerdung Gottes dar ..., d.h. die Rassenlehren des 19. Jahrhunderts greifen in gewisser Weise die Transsubstantiationslehren des 13. Jahrhunderts wieder auf.«[461] So wie in dieser Lehre das Blut die Gläubigen verbindet (»*Denn das ist mein Blut des Bundes, das für viele vergossen wird*«, Mt 26,28), so sind die Glieder des »Volkskörpers« durch die Bande des Blutes, der arischen Rasse verbunden. Gerade diese physische Blutsverwandtschaft als Band der ethnisch-religiösen Einheit hatte aber das Christentum mit seinem »transnationalen« Universalismus, seiner »rein geistigen« Einung durch das Band des gemeinsamen Glaubens überwunden. »Paradoxerweise findet so im christlichen Kontext eine Annäherung an die Gesetze der jüdischen Religion statt, bei der die Glaubensgemeinschaft zugleich Volksgemeinschaft ist – eine Annäherung, die die Konkurrenz der christlichen Religion mit der jüdischen um den Anspruch darauf, das ›erwählte Volk‹ zu sein, nur noch steigern musste.«[462]

Diese scheinbare Paradoxie hat Theodor Heuß schon 1932 festgestellt, nämlich beim braunen Chefmythologen: »Rosenberg, der auf der nationalsozialistischen Seite den Gang bestimmt, spürt selber nicht, dass er im tiefsten Widerspruch befangen ist – seine Religion des Blutes ist Judaismus mit umgekehrtem Vorzeichen, er zerschlägt den Altar Jehovas, um aus den Bruchstücken ihn neu aufzubauen, er ist der Erbe oder Erbschleicher der These vom ›auserwählten Volk‹.«[463]

Eine seltsame Bewunderung des alten Volkes, mit dem das arische zu konkurrieren hat, zeigt auch Rosenbergs Meister in »Mein Kampf«: »Den gewaltigsten Gegensatz zum Arier bildet der Jude. Bei kaum einem Volke ist der Selbsterhaltungstrieb stärker entwickelt als beim so genannten auserwählten Volk ... Wo ist das Volk, das in den letzten zweitausend Jahren so wenigen Veränderungen der inneren Veranlagung, des Charakters usw. ausgesetzt gewesen wäre als das jüdische? Welches Volk endlich hat größere Umwälzungen mitgemacht als dieses – und ist dennoch immer als dasselbe aus den gewaltigsten Katastrophen der Menschheit hervorgegangen? Welch ein unendlich zäher Wille zum Leben, zur Erhaltung der Art spricht aus diesen Tatsachen!«[464]

Bemerkenswert, dass Hitler auf zweitausend Jahre Judentum zurückblickt, wo er doch weiß, dass Abraham vor fast viertausend Jahren lebte; aber vor zweitausend Jahren geschah ja die Verwerfung der Kreuziger![465] Oder ahnt Hitler, dass dieses Volk, das zweitausend Jahre lang mit »unendlich zähem Willen« christlicher Verfolgung widerstand, auch die Katastrophe überleben wird, die er selbst zu inszenieren sich anschickt?

Die geschlechtliche Sünde wird beim lebenslang pubertierenden Hitler zur Sünde gegen die Rasse, gegen die Reinheit des Volkskörpers, die Erbsünde wird zur Vererbsünde: »Rassenkreuzung ... herbeizuführen« heiße nichts anderes als »Sünde treiben wider den Willen des ewigen Schöpfers«.[466] – »Der Arier gab die Reinheit seines Blutes auf und verlor dafür den Aufenthalt im Paradiese, das er sich selbst geschaffen hatte. Er sank unter in der Rassenvermischung ... Was nicht gute Rasse ist auf dieser Welt, ist Spreu.«[467]

Und diese Spreu, so ist zu ergänzen, wird der Herr, wenn er seine Tenne mit der Wurfschaufel fegt, nicht in der Scheune sammeln wie den Weizen, sondern »verbrennen in unauslöschlichem Feuer« (Mt 3, 12; Lk 3,17): Ein Jesuswort, welches nicht Hitler, sondern Luther so erklärte: »Ja, solch Feuer göttlichen Zorns sehen wir an den Juden, wie es brennet lichter Lohe und heller Glut, gräulicher denn Sodom und Gomorrha.«[468]

Recht säkular zeigte sich der göttliche Zorn über die Sünde gegen die Blutreinheit nicht in »unauslöschlichem Feuer«, sondern in der Syphilis, die zu Hitlers Jugendzeit eben erst heilbar wurde. Er weiß, ihre Ursachen sind die »Verjudung unseres Seelenlebens und Mammonisierung unseres Paarungstriebes«, die »Blutsvergiftung« durch jede beliebige »Warenhausjüdin«, und er lässt dann in »Mein Kampf« in extra breiten Lettern drucken: »Die Sünde wider Blut und Rasse ist die Erbsünde dieser Welt ...«[469]

Ende 1917 veröffentlichte der »summa cum laude« promovierte Chemiker Artur Dinter, Herausgeber der Zeitschrift »Das Geist-Christentum«, seinen Zeitroman »Die Sünde wider das Blut«. Der wurde zum Bestseller, sein Autor arrivierte 1927 zum NS-Gauleiter in Tübingen, gleichzeitig zum Gründer einer »Deutschen Volkskirche«, die aber später von den Nazis verboten wurde, »um die Kirchen nicht zu vergrätzen«.[470]

Dinters Roman wurde in allen Schichten gelesen, und »Tausende von Zuschriften« erhielt der Autor, wie er selbst in einem Nachwort verkündet, »vom ehemals regierenden Fürsten bis zum schlichten Arbeiter herab, vom Gelehrten und Arzte bis zum einfachen Volksschullehrer, vom Professor der Theologie bis zum Seminaristen und Landgeistlichen, von Offizieren ... und von Angehörigen eines jeglichen Berufes«.[471]

Ein neunzehnjähriger Monteur in einer Umfrage 1928: »Ich lese gern zur Unterhaltung. Und zwar möglichst Spannendes, etwa Bücher der Courths-Mahler. Sonntags allerdings lieber etwas zum Nachdenken, z.B. A. Dinter, die Sünde wider das Blut. Denn da steckt Philosophie drin ...«

Dinters Roman – eingeleitet von 1. Joh 4,1 – fängt faustisch an: Der Held namens Dr. Kämpfer, Privatdozent in Chemie, denkt einsam im mitternächtlichen Labor an den (durch jüdische Güterschlächterei verschuldeten) Untergang seiner bäuerlichen Familie, und an die jüngste Schwester, die schöne blonde sechzehnjährige Gretel, die in der Stadt eine Dienstbotenstelle annahm, verführt wurde und ins Wasser ging.

Kämpfer lernt dann in einer Ballnacht eine schöne Unbekannte kennen, die sich als Tochter einer Christin und eines hässlichen, »diabolischen« Juden herausstellt, der, über ganz Deutschland verteilt, hundertsiebzehn Kinder gezeugt hatte. Sie kommt mit einem »menschenunähnlichen Etwas« nieder, das die Züge des jüdischen Großvaters trägt. Kämpfer sieht die Ursache der Missgeburt im »sinnlichen Begehren« seiner halbjüdischen Elisabeth, in ihrem »an Ausschweifung grenzenden Liebesleben«, und ändert nun die Versuchsanordnung. Auf die wieder schwangere, durch gemeinsame Johannes-Lesungen geistig gestärkte Elisabeth lässt er ausschließlich »reine und schöne« Eindrücke wirken, vor allem Beethoven. Resultat des Versuchs ist aber wieder ein »error«: »Es war wieder ein schwarzer, diesmal aber bildhübscher Judenknabe.« Da Mutter und Knabe im Wochenbett sterben und später auch ihr erster Judenknabe ertrinkt (wobei der Lümmel noch Kämpfers uneheliches, von einer Schwäbin vermachtes Lieblingsbüble mit in den nassen Tod reißt), hat Kämpfer freie Hand für einen dritten Versuch. Er lernt die arische Krankenschwester Johanna kennen, ein »wohlgebautes, blauäugiges, blondes, vollerblühtes Weib«, und: »Die müsste dir Kinder schenken«, ist sein erster Gedanke. Doch, oh weh, sie gebar »ein Kind mit schwarzem Kraushaar, dunkler Haut und dunklen Augen, ein echtes Judenkind«. Eine Verunreinigung hatte sich eingeschlichen ins Labor: Die Frau war von einem getauften jüdischen Offizier verführt, geschwängert und verlassen worden. »Trial and error« mit wissenschaftlichem Erkenntnisgewinn:

»Es ist eine bedeutungsvolle, in der Tierzucht gemachte Erfahrung, dass ein edelrassiges Weibchen zur edlen Nachzucht für immer untauglich wird, wenn es nur ein einziges Mal von einem Männchen minderwertiger Rasse befruchtet wird ... so dass es nur noch imstande ist, unedle Nachkommen zur Welt zu bringen, selbst im Falle der Befruchtung durch ein edelrassiges Männchen ...« Am Ende stirbt der edelrassige Dr. Kämpfer, nachdem er für den Totschlag an Johannas jüdischem Verführer Freispruch geerntet hatte, selber den Heldentod, am Heiligen Abend des ersten Kriegsjahres, »mit beiden eisernen Kreuzen geschmückt«.

Interessanter als diese »ergiebige Onanie«, wie Joseph Roth den Inhalt des Dinterschen Sünden-Blut-Romans bezeichnet, und bemerkenswerter als dessen durchgehende Kontrastierung des »Ariers Jesus« (auch alle Apostel, außer dem einen, waren natürlich Arier) mit dem »jüdischen alten Testament« und seinem »entsetzlichen, rachsüchtigen, profitgierigen Judengott« ist der »wissenschaftliche« Anhang von nicht weniger als siebzig Seiten für ein Buch von zweihundertzweiundachtzig Seiten – das heißt, auf je vier Romanseiten kommt eine Seite wissenschaftliche Vertiefung: Anmerkungen, Literaturhinweise zur Einführung in die Judenfrage, philosophische Ergüsse, Erklärungen hebräischer Textstellen. Letztere, sogar in hebräischen Lettern gesetzt, dienen dazu, erstens die Aggressivität der Juden gegen die »Gojim« zu belegen und dadurch, zweitens, die Reinheit des christlichen Jesus zu illustrieren, die Dr. Kämpfer in die rhetorische Frage kleidet: »Können Sie sich eine abgrundtiefere Kluft vorstellen als die, welche zwischen seinem und dem jüdischen Denken und Empfinden gähnt?« Mit »naturwissenschaftlicher Präzision« und durch »seelische Analyse« kann Kämpfer feststellen, dass Jesus Arier war. Dies und die These, dass Christus nicht nur – wie im christlichen Sinn – der Überwinder, sondern der diametrale Gegenpol zum Judentum sei, stellen, so Michael Schmidt, »als Gemeinplätze der völkischen Literatur den Versuch dar, den Antisemitismus der zwanziger Jahre wieder stärker an das Christentum, ... den ursprünglichen Träger der Judenfeindschaft anzubinden«.[472]

Wie verhielten sich nun die christlichen Kirchen gegenüber dieser als Rassismus säkularisierten und doch wieder an christliche Tradition angebundenen Judenfeindschaft?

Im Jahr 1931 noch schreibt der Theologe Alfons Wild, aus »Hitlers Buch« lasse sich der Nachweis erbringen, dass der Führer der NSDAP »... nicht christlich denkt. Die Partei, die den Marxismus am schärfsten bekämpft, ist selbst auf materialistischen Ideen aufgebaut.«[473] Wild stellt dann die Frage:

»Wer hat nun Recht, Hitler oder der Papst, der vor kurzem Chinesen zu Bischöfen geweiht hat? Gehört der Papst auch zu der verkommenen bürgerlichen Welt, begeht er auch einen ›verbrecherischen Wahnwitz‹, wenn er Farbige, in der Sprache Hitlers ›geborene Halbaffen‹, zu Bischöfen weiht? Es gibt Chinesen, Japaner, aber auch Neger als Bischöfe; und die Kirche befolgt damit nur die Weisung ihres göttlichen Lehrmeisters, während Hitler behauptet, sie versündige sich an dem Ebenbild Gottes ... In diesen Sätzen kann man unmöglich mehr ein Bekenntnis zu der katholischen Lehre von der Arteinheit der Menschen finden. Diese Sätze widersprechen aber auch der Universalität des Christentums. Hitler selbst ist ja der Meinung, dass die christliche Lehre lediglich für die Weisen da sei.

Die Rassentheorien des nationalsozialistischen Führers widersprechen also der christlichen Lehre.«[474]

Am 26. April 1933 besuchen der Osnabrücker Bischof Berning und der Berliner Generalvikar Steinmann den frisch gebackenen Reichskanzler Adolf Hitler. Die Konferenz der Diözesanvertreter in Berlin berichtet über das Treffen, es sei »herzlich und sachlich« gewesen. »Die Bischöfe anerkannten freudig, dass durch den neuen Staat das Christentum gefördert, die Sittlichkeit gehoben und der Kampf gegen Bolschewismus und Gottlosigkeit mit Energie und Erfolg geführt wird.« Hitler spricht »mit Wärme« und erwidert: »Die katholische Kirche hat tausenfünfhundert Jahre lang die Juden als Schädlinge angesehen, sie ins Ghetto gewiesen usw. ... Ich gehe zurück auf die Zeit, was man tausendfünfhundert Jahre lang getan ... Ich sehe die Schädlinge in den Vertretern dieser Rasse für Staat und Kirche, und vielleicht erweise ich dem Christentum den größten Dienst.«[475]

Nur Konrad Graf von Preysing, Bischof der Diözese Eichstätt, warnte in dieser Zeit, am 31. Mai 1933 bei der Fuldaer Bischofskonferenz, die Kirche davor, sich zum neuen Staat zu bekennen: »Wir sind es dem katholischen Volk schuldig, ihm die Augen zu öffnen über die Gefahren für Glaube und Sitte, die sich aus der nationalsozialistischen Weltanschauung ergeben.«

Drei Tage später heißt es im Hirtenbrief der deutschen Bischöfe: »Zu unserer großen Freude haben die führenden Männer des neuen

Staates ausdrücklich erklärt, dass sie sich selbst und ihr Werk auf den Boden des Christentums stellen. Dies ist ein öffentliches, feierliches Bekenntnis, das den herzlichen Dank aller Katholiken verdient. Nicht mehr soll also der Unglaube und die von ihm entfesselte Unsittlichkeit das Mark des deutschen Volkes vergiften, nicht mehr der mörderische Bolschewismus mit seinem satanischen Gotteshass die deutsche Volksseele bedrohen und verwüsten.«[476] Der Hirtenbrief trägt die Unterschriften aller katholischen deutschen Bischöfe, einschließlich Preysings.

Joseph Goebbels notierte vier Tage später: »Die Soutanenträger sind sehr klein und kriecherisch.«[477]

Die evangelische Kirche Deutschlands schuf 1933 einen internen Arierparagraphen. Er legte fest, dass Personen nichtarischer Abstammung nicht als Geistliche und Beamte der allgemeinen kirchlichen Verwaltung zuzulassen sowie Geistliche und Beamte, die nichtarische Personen heiraten, zu entlassen sind.[478]

Ebenfalls im Wendejahr 1933 sieht der katholische Theologe Mirgeler im Dogma der unbefleckten Empfängnis (19. Jh.) die fleckentfernende Lösung des Christentums von der Befleckung durch Jesu Stammbaum: »War der Erlöser schon nach dem Dogma der jungfräulichen Geburt von der Vaterseite her aus dem natürlichen Verbande seines Volkes gelöst, so wurde jetzt diese Lösung noch einmal und stärker betont, indem auch die Mutter des Erlösers herausgehoben wurde aus der (über Juden und Heiden verhängten) erbsündlichen Verderbnis und damit gerade aus der besonderen Ausprägung dieser Verderbnis im jüdischen Säkularismus.«[479]

Dass gegen die Nürnberger Rassengesetze von 1935 aus den Kirchen keinerlei wirkungsvoller Widerspruch zu vernehmen war, ist insofern kein Wunder. Die rassenmäßige Unterscheidung der Deutschen mussten die Nazis, da ihre Rassentheorien keinerlei physische, empirische Substanz hatten, auf die Religionszugehörigkeit gründen. Jahrelang wurden nun anhand von Kirchenbüchern, unter williger Mithilfe von Geistlichen, die bekannten »Ariernachweise« erstellt: Dokumente, die anfangs über Ausschluss aus Ehen und Berufen, später über Auschluss aus dem Leben entschieden.

Als am 10. April 1938 offiziell über neunundneunzig Prozent der Deutschen und Österreicher für den »Anschluss« stimmen, jubeln die österreichischen Protestanten – eine Minderheit in dem katholisch geprägten Land – am lautesten. Zwei Drittel aller evangelischen Pfarrer sind aktive Parteimitglieder, und der Reichsbundführer der Deut-

schen Evangelischen Pfarrvereine, der Nürnberger Kirchenrat Fritz
Klingler, frohlockt: »Das österreichische Pfarrhaus war mit ein besonderer Hort für die nationalsozialistische Erhebung der Ostmark.«[480]
Am 1. Mai 1938 verkündet Superintendent Dr. Hans Eder, der spätere
Bischof von Wien, in einem amtsbrüderlichen Rundschreiben:»Unsere positive Einstellung zu Reich, Volk und Führer ist nicht bloß blut-
und rassemäßig bedingt, sondern durch die tiefe Erkenntnis davon,
dass in all dem Geschehen Gott selbst zum Wohle unseres Volkes ein-
gegriffen hat und dass der Führer der Vollstrecker des göttlichen Ret-
tungswillens an unserem Volke war. Das hat restlose Gefolgschaft zur
Folge ...«[481]

Und am Karfreitag des Jahres 1941 im badischen Freiburg weiß
Bischof Gröber in seinem schon zitierten Hirtenbrief, dass der hoch-
rassige Herrgott Jesus schmerzlicher leiden musste als niedrigrassige
Menschen: »Echt jüdisch feilschte Judas mit den Hohenpriestern ... Er
[Christus] wird verraten mit dem Zeichen der überschäumenden Liebe, mit einem schmatzenden Kuss der schmutzigen Judaslippen ... Er
soll verächzen, verbluten, verröcheln, umringt von seinen Todfeinden,
den Schriftgelehrten und Pharisäern und dem von ihnen aufgepeitsch-
ten jüdischen Mob ... Christus muss schmerzlicher leiden als andere.
Denn es ist doch allgemein bekannt, dass nicht jeder Mensch den
Schmerz in gleicher Weise fühlt. Schon die Zugehörigkeit zu einer
höheren oder niederen Rasse spricht erfahrungsgemäß hier mit ... Wir
grüßen dich, wir Christen einer neuen deutschen Zeit, du leidender
Heiland ...«[482]

Ein neues Kreuz: mit Dreh und Hacken

Auf den Einbänden der Blut-Sünden-Trilogie des Artur Dinter finden sich 1917 Hakenkreuze, »jene merkwürdigen Zeichen, die in den
ersten Nachkriegsjahren an den Stahlhelmen deutscher Freikorps-
söldner auftauchten und fortan den aggressiven Antisemitismus, aber
auch den Todeswunsch deutscher Nationalisten symbolisieren sollten«.[483] Dinter widmet dem Hakenkreuz eine eigene Broschüre. Von
ihm wie von den »Völkischen« wird das Zeichen als »Sonnenkreis«
gedeutet, dessen Rundform einer »technisch bequemeren linearen«
Darstellung gewichen sei: »So entstand aus dem Kreis die Raute, aus
dem Radkreuz das Rautenkreuz.«[484]
Als »Feuerquirl« hatte »Der Scherer« (die vorwiegend satirische

Tiroler Zeitschrift der völkischen Schönerer-Bewegung) das Hakenkreuz beschrieben, das er in seiner ersten Nummer vom Mai 1899
abbildete[485]. 1902 verziert August Strindberg seine Konzepthefte mit
solchen Kreuzen. 1907 zieht der entlaufene Mönch, arische Männer-
rechtler, Strindberg-Freund und schrullige Tschandalen-Hasser Lanz
von Liebenfels ein Hakenkreuzbanner vor seiner niederösterreichischen Ordensburg auf, deren Erwerb ihm industrielle Gönner ermöglicht hatten und wo ihn auch Hitler besuchen wird. Auf den weißen
Ordensgewändern seines Neutempler-Ordens prangt aber kein Ha-
ken-, sondern ein Kruckenkreuz, wie es später die Austrofaschisten,
traditionell der Ku-Klux-Klan und heute wieder russische antisemitische Ultranationalisten verwenden.

Michael Schmidt weist auf die Übereinstimmung des Hakenkreuzes mit einer schematischen Darstellung des Hauptes der Meduse
Gorgo hin – ein Zusammenhang, den der Amateur-Archäologe Kaiser
Wilhelm II. im Jahr 1911 auf Korfu entdeckt hatte. Dieses schreckliche Haupt, mit Schlangen statt Haaren, versteinerte jeden, der es an-
blickte. Perseus, der griechische Held, entging diesem Anblick, indem
er seinen Schild als Spiegel verwendete: So konnte er der Gorgo das
Haupt abschlagen. Er schenkte es der Göttin Athene, die es fortan auf
ihrem Brustpanzer trug.

Sigmund Freud interpretiert das Medusenhaupt als Darstellung des
weiblichen Genitale und als »Kastrationsschreck«[486] – eine Deutung,
die zu einer sexualpathologischen Analyse der frauenverachtenden
NS-Ideologie passen würde und die auch in der »literarischen Onanie«
des Dr. Dinter anklingt; sein »Dr. Kämpfer« schließt ja seine große
Rede gegen das Judentum mit dem messianischen Seufzer: »Wann
endlich wird uns deutschen Christen der neue Luther entstehen, der
des ersten Luthers Tat zu Ende bringt, unsere christliche Religion vom
Judentume und uns selbst vom Juden in uns und um uns befreit, der
der jüdischen Gorgo ein für alle Mal das Haupt abschlägt?«

»Das alte Zauberzeichen des Hakenkreuzes und die blutrote Farbe
der Zettel erregten in mir ein dumpfes Gefühl des Schauders und
Ekels«: So erinnert sich Bruno Walter, der als Bruno Schlesinger in
Berlin geborene Dirigent und (bis 1936) Direktor der Staatsoper in
Wien, an seine erste Begegnung mit dem Hakenkreuz, 1920 in München. Adolf Hitler, Neu-Münchner und Designer des Nazikreuzes, erinnert sich, wie es entstand: Ein Zahnarzt aus Starnberg – Dr. Friedrich
Krohn – hatte »einen gar nicht schlechten Entwurf geliefert, der
übrigens dem meinen ziemlich nahe kam, nur den einen Fehler hatte,

dass das Hakenkreuz mit gebogenen Haken in eine weiße Scheibe hineinkomponiert war. Ich selbst hatte unterdes nach unzähligen Versuchen eine endgültige Form niedergelegt; eine Fahne aus rotem Grundtuch mit einer weißen Scheibe und in deren Mitte ein schwarzes Hakenkreuz.«

Friedrich Heer kommentiert: »Adolf Hitler kennt den archaisch-atavistischen Untergrund der bayerischen und österreichischen Volks-seele, ihr Verlangen nach Heil und Hass, ihren Hang, sich von magi-schen, ›sakramentalen‹ Zeichen, Weihen, Riten ergreifen zu lassen. Im Christenglauben sehr vieler Katholiken sind die Sakramente, die liturgischen Handlungen, die Weihen der Kirche ... tief eingebettet in magische, ältere Bezüge ... Hitler sieht für dieses gläubige, glauben-suchende Volk Symbole, Abzeichen, Weihen, Sakramente seiner Be-wegung als außerordentlich wichtig an.«[487] Dem Beispiel Mussolinis folgend, schuf er auch für Deutschland eine »profane Liturgie«[488]. Sei-ne Hakenkreuzfahnen, liturgisch geweiht durch Berührung mit einer »Blutfahne« der Märtyrer des Münchner Putsches, erwiesen sich – so Friedrich Heer – den Prozessionsfahnen der katholischen Kirche als überlegen.

Das christliche Kreuz zeigt den Erlöser Jesus am Wendepunkt des tiefsten Leides, der Gottverlassenheit. Elias Canetti sieht das demüti-gende Diktat von Versailles als den Moment, wo Hitler zum Erlöser wurde: Hier verkündet er das Heil, das aus dem Tod, und die Bewe-gung, die aus der Niederlage wächst. Hier hat das gekreuzte, säku-larisierte und gleichzeitig in archaischen Tiefen verankerte Heilszei-chen sein Zentrum. Und die Drehbewegung der umlaufenden Haken? Für Canetti ist sie bedrohlich, erinnert »an die gebrochenen Glieder derer, die früher aufs Rad geflochten wurden«, an das »Hakenstellen« der raufenden Buben, es verheißt den Anhängern »die vielen, die man zu Fall bringen wird«. Hitler war als Bub, nach seiner Zeugnisnote, ein »vorzüglicher« Sportler und, nach eigenem Bekunden, ein »Rädels-führer« in seiner Volksschulklasse. Anzumerken ist aber auch: Dreht sich das Kreuz, wie sich's gehört, nach rechts, im Schrauben- und Uhr-zeigersinn, dann ist es nicht das wirbelnde Sonnenrad, das an sei-nen Enden Flammen hinter sich herzieht; im Gegenteil: die Haken sind Hacken, das Rad eher eine Fräse, ein Hackwerk, eine stampfende Knochenmühle. Ob Hitler diesen zerstörerischen, umpflügenden As-pekt seines Designs bewusst oder unbewusst intendierte, ist aber frag-lich.

Plausibler wäre, nicht nur zur Erklärung der Rechtsdrehung, dass

Oben: Das Siegel des ehemaligen Benediktinermönches und Gründers der »Neutempler«
Lanz, so zu finden auf seinen »Ostara«-Heften. Rechts: Jörg Lanz von Liebenfels
Links: Das Hakenkreuz-Wappen des Lambacher Benediktiner-Abtes Thomas Hagen.
Person und Zeichen beeindruckten den Schüler Hitler nachhaltig.

Hitler im Hakenkreuz etwas ausgestaltete, das ihn als Zehnjährigen
stark beeindruckt hatte: das Hakenkreuz-Wappen des Abtes von Lambach.

Über seine Volksschulzeit scheint Hitler in »Mein Kampf« nur
Weniges berichtenswert; vom Herumtollen im Freien erzählt er, vom
»die Mutter manchmal mit bitterer Sorge erfüllenden Umgang mit
äußerst robusten Jungen«. Mehr erzählt er von liturgischen Freuden:
»Da ich in meiner freien Zeit im Chorherrenstift zu Lambach Ge-
sangsunterricht erhielt, hatte ich beste Gelegenheit, mich oft und oft
am feierlichen Prunke der äußerst glanzvollen kirchlichen Feste zu
berauschen. Was war natürlicher, als dass, genau so wie einst dem

Vater der kleine Herr Dorfpfarrer, nun mir der Herr Abt als höchst erstrebenswertes Ideal erschien?«[489]

Der Münchnerin Helene Hanfstaengl, als einer der mütterlichen Frauen, denen der Führer sein Herz öffnen konnte, erzählte er, als kleiner Bub sei es sein sehnlichster Wunsch gewesen, Priester zu werden. Oft habe er sich die große Küchenschürze der Magd genommen, sie wie ein Messgewand um die Schultern gelegt und, auf einem Küchenstuhl als Kanzel stehend, lange und glühende Predigten gehalten.«[490]

Dieser so bewunderte Herr Abt, den der kleine Schürzenprediger imitierte und über den nicht nur im Sängerknaben-Institut des Benediktinerstifts, sondern auch in Lambach und Umgebung mit Hochachtung und besonderem Respekt geredet wurde, führte ein Hakenkreuz mit so genannten »Wolfsangeln« im Wappen – rechtsdrehend und mit vier Initialen: T-H-A-L (T. Hagen, Abbas Lambachensis) sowie der Jahreszahl 1869. Alle vier Buchstaben kommen auch im Namen des im Jahr 1889 geborenen A.H. vor, und jeder weiß, wie gerne Kinder im Grundschulalter mit Buchstaben und Anagrammen spielen, ihre Initialen als Ausdruck ihrer Identitätssuche stilisieren. Das Wolfsangelkreuz des geschätzten Abtes faszinierte den Sängerknaben, der später der »Herr Wolf« sein wollte: »Früh schon zeichnete Hitler es in seine Hefte hinein und entwarf Buchtitel mit Hakenkreuzsymbolen.«[491]

Die Wirkung des Haken-Kreuzes ist nach Canetti »eine zwiefache: die des Zeichens und die des Wortes. Das Zeichen selbst hat etwas von zwei verbogenen Galgen. Es bedroht den Betrachter auf eine etwas hinterhältige Weise, als wolle es sagen: Warte, du wirst staunen, was da noch hängen wird.« Das Wort, zum anderen, »hat sich vom christlichen Kreuz die grausamen und blutigen Züge geholt, so als wäre es gut zu kreuzigen«.[492]

Vielleicht hat aber der visuell empfängliche junge Zeichner auch einmal eines der »lebenden Kreuze« gesehen wie das hier abgebildete, das heute im Benediktinerstift St. Lambrecht verwahrt wird. Bei diesen hochsymbolischen Darstellungen, die schon im 15. Jahrhundert gemalt werden (Giovanni da Bologna 1421) gehen von den vier Enden des Kreuzes Arme aus. Beim abgebildeten Beispiel öffnet der obere Arm das Himmelstor, während der untere die Pforte der Unterwelt sprengt. Der Arm am Querbalken rechter Hand Jesu krönt die auf dem »Tetramorph«, dem Tier der vier Evangelisten, heranreitende Ecclesia, die einen Kelch in der Hand hat und die Hostie empfängt. Der andere Arm, als einziger im Drehsinn des Hakenkreuzes, durchbohrt den Kopf der Synágoga mit einem Schwert. Sie hat einen Widderkopf in der Hand und reitet mit verbundenen Augen auf einem Esel. Neben ihr ein Spruchband:

»Das Blut der Opferböcke hat mich verführt wie die Schlange, heute bin ich blind, vom Reich Gottes ausgeschlossen.«[493] Ecclesias Spruchband dagegen frohlockt: »Mit Christi Blut beschenkt bin ich Gottes Braut genannt.«

Ecclesia und Synágoga, oder: Dein blondes Haar Margarete dein aschenes Haar Sulamith.

Darstellung eines »Lebenden Kreuzes« von einem unbekannten Maler, ca.1600, heute im Benediktinerstift St. Lambrecht. (Bildhintergrund retouchiert, K. R.)

Wieso ist der Meister aus Deutschland?
oder: Warum wir so tödlich tüchtig sind

*1940. Zwei jüdische Emigranten treffen sich
am oberen Amazonas und tauschen Berufs-
erfahrungen aus.*
*»Ich fang Schlangen. Ich sammle das Gift und
bring es dann zur Flussmündung. Dann fahr
ich wieder hierher. Me lebt.«*
*»Ich zapf die Gummibäum' an. Hab ich genug,
bring ich zur Mündung und komm wieder hierher.
Me lebt.«*
»Was aber ist geworden aus dem Nafziger?«
*»Der is geworden e Abenteurer. Der is zurück
nach Deutschland.«*
Salcia Landmann

*»Regierungen bestehen aus Kindern,
die groß geworden sind.«*
David M. Mantell[494]

Deutscher Nährboden: Glaube, Geist, Gehorsam

Wenn in diesem Buch behauptet wird, der Holocaust stamme aus
christlicher Pfahlwurzel, ist der Einwand berechtigt, dass Deutschland
nicht das einzige christliche Land Europas ist und dass auch im faschistischen Italien weder von Mussolini noch von der katholischen
Bevölkerung auch nur annähernd so antisemitisch agiert wurde. Und
als in Dänemark die deutschen Besatzer daran gingen, die Juden zu
deportieren, zeigten die protestantischen Dänen beispielhaften Mut
und Solidarität: Weil den jüdischen Mitbürgern vorgeschrieben wurde,
den gelben Stern zu tragen, hefteten sich auch die Christen in Massen
gelbe Sterne an – einschließlich des Königs – und schützten durch
dieses deutliche Signal die Bedrohten mit Erfolg.

Allerdings hatten vor der Shoah Pogrome in fast allen Ländern des christlichen Abendlandes stattgefunden. Der Schotte George Mackenzie macht darauf aufmerksam, dass Schottland und Skandinavien die einzigen christlichen Länder Europas sind, in denen nie jüdisches Blut vergossen wurde.[495] Von jüdischer Seite stellt Norman Cohn fest: »Fast zweitausend Jahre lang haben jüdische Kolonien in Indien und China existiert, ohne besondere Aufmerksamkeit auf sich zu ziehen; bis zum heutigen Tag gelten die jüdischen Handwerker und Bauern Indiens einfach als eine der unzähligen Religionsgemeinschaften des Subkontinents, an der nichts weiter Auffälliges ist.«

Als »nicht christliche« Ursachen von Judenfeindschaft nennt Cohn:

- eine traditionelle, aus der religiösen Praxis entspringende Neigung der Juden zur Absonderung, etwa durch Erschwerung von Mischehen oder Ernährungsvorschriften, die es gläubigen Juden schwer machten, mit Nichtjuden an einem Tisch zu essen;
- eine besondere Rolle der Juden in der betreffenden Gesellschaft. »Zum Beispiel waren die Juden auf Grund ihrer besonderen Geschichte oft Pioniere des Handels und des Geldverleihs in vorwiegend agrarischen Gesellschaften ... In solchen Fällen haben sie die gleiche Art Feindseligkeit auf sich gezogen wie etwa indische Händler in Südostafrika oder chinesische Händler in Java«;
- »Minderwertigkeitsgefühle der ghettoisierten Juden und – als Kompensation – Überlegenheitshaltungen, die nicht automatisch verschwanden, als die Ghettomauern fielen.«[496]

Alle drei genannten Ursachen waren aber vor 1933 im deutschen Sprachraum in ihrer Bedeutung so stark zurückgegangen wie nie zuvor. Die Assimilation der Juden war so vorangeschritten, dass viele liberale Juden kaum noch wussten, dass sie »mosaischer Religion« waren. Die Konzentration auf Handelsberufe war einer breiten beruflichen Streuung gewichen, Mischehen waren an der Tagesordnung. Äußerlich als Juden erkennbar waren meist nur Chassidim, die erst vor kurzem aus dem Osten zugezogen waren. Ausgerechnet in dieser Epoche, als ein tolerantes, gleichberechtigtes Zusammenleben endlich möglich schien, braute sich die Katastrophe zusammen. Dass die zunehmende »Ununterscheidbarkeit« der Juden ein Faktor christlicher Angst war, der zu den Geheimbund-Vorstellungen führte, welche Hitler wiederum in »Mein Kampf« auswalzte, wurde bereits anhand des französischen Antisemitismus im 19. Jahrhundert dargestellt. Es war aber nicht Frankreich, wo der Holocaust ausgebrütet wurde, sondern Deutschland. Hier war Hitlers Biotop. Hier fand sich die »Eins-zu-Eins-Entsprechung zwischen den Grundbegriffen der Appelle Hitlers und der Antwort, die sie in Deutschland weckten – eine Entsprechung, ohne die Hitler ein obskurer Agitator von höchstens ärgerlicher Bedeutung geblieben wäre. Nur ein vorbereiteter Boden und ein hoch günstiges Meinungsklima konnte Hitlers Saaten aufgehen lassen.«[497]

Wodurch war der deutsche Boden so gut vorbereitet? Wenn's denn ein germanischer Stabreim sein soll, dann lässt sich das deutsche Saatbeet beschreiben mit: Glaube – Geist – Gehorsam.

Glaube

Auf die Religiosität der Germanen hat schon Tacitus hingewiesen: Sie pflegten eine pantheistische Naturfrömmigkeit mit kriegerischen Göttern und heiligen Schaudern göttlicher Erfahrung. Dewey sieht in diesem »strong religious bent« der erst spät christianisierten und kultivierten Volksstämme nördlich des Limes die »Keimanlage des spirituellen Sinnes, der sich später in Luther ebenso zeigte wie im besonderen Genius der Deutschen für religiöse Erfahrung«.[498] Unterstützung in diesem Hinweis auf eine wie auch immer vererbte religiöse Neigung der Germanen und Deutschen erhält der amerikanische Philosoph von so verschiedenen Denkern wie Heinrich Heine und C. G. Jung, der im Nazismus ein kollektivpsychisches Wiederaufleben des nur verschütteten »Wotan« und seiner »rauhen Jagd« sichtet. Jung sieht in Deutschland, diesem »geistigen Katastrophenland«, den alten Archetypus des alten »Sturm- und Rauschgottes« Wotan wirken, der schon mit der Wandervogelbewegung erwachte und dann 1933, als der britische »Punch« die Karikatur eines sich losreißenden wütenden Berserkers veröffentlichte, seinen »furor teutonicus« erst recht entfalten konnte. Da wurde dann, so Jung, der »lächerlich hysterische« Hitler mit seinen »weibisch kreischenden« Reden zu einem seltsamen Zwitter aus Wotan und Christus, zum blonden und blauäugigen »Helden-Herr Jesus«, auch wenn das Äußere nicht ganz passte. Kurz gefasst sieht der Psychoanalytiker die Tragik darin, dass »der Gott der Deutschen Wotan ist und nicht der universale Christengott«.[499]

Während Jung diese Diagnose erst 1936 abgibt und sie dadurch, dass er ihr eine Prophezeihung des Nostradamus von der Wiedergeburt des germanischen Heidentums voranstellt, auch nicht wissenschaftlicher macht, wirkt Heines Prophetie von 1852 hinterher bestürzend: »Das Christentum – und das ist sein schönstes Verdienst – hat jene brutale, germanische Kampflust einigermaßen besänftigt, konnte sie jedoch nicht zerstören, und wenn einst der zähmende Talisman, das Kreuz, zerbricht, dann rasselt wieder empor die Wildheit der alten Kämpfer, die unsinnige Berserkerwut, wovon die nordischen Dichter so viel singen und sagen. Jener Talisman ist morsch, und kommen wird der Tag, wo er kläglich zusammenbricht. Die alten steinernen Götter erheben sich dann aus dem verschollenen Schutt und reiben sich den tausendjährigen Staub aus den Augen, und Thor mit dem Riesenhammer springt endlich empor und zerschlägt die gotischen Dome.«

Es waren allerdings nicht die Dome, sondern die Synagogen, und es war vielleicht auch nicht so sehr Thors wie Luthers Hammer, unter den sie kamen. Denn die Germanen vergessen alte Schulden nicht so schnell. »Einst, im Bierkeller zu Göttingen«, weiß Heine noch, »äußerte ein junger Altdeutscher, dass man Rache an den Franzosen nehmen müsse für Konradin von Staufen, den sie zu Neapel geköpft.«[500] Und als man Chlodwig, dem berühmten Frankenkönig, der sich und seine Leute zu Christus bekehrte, von dessen Leiden erzählte, meinte er: »Wäre ich an der Spitze meiner tapferen Franken gestanden, hätte ich seine Verwundungen gerächt.«

Giora S. Shoham, der den bekehrten Chlodwig so kolportiert, stimmt dem getauften Heine (der seine eigene »Bekehrung« im Rückblick mit »Ich bin zu Kreuze gekrochen« verabscheute[501]) mit nur etwas anderen Worten zu: »Die Bekehrung zum Christentum zügelte die germanische aktivistisch-separante Natur mit partizipanten Werten und Beschränkungen.« Aber dafür wurde für diese Germanen »das Bedürfnis nach einem sicheren Ventil und einem Ablass für ihre angestaute Gewalttätigkeit« sowie nach »Projektion ihrer kürzlich erworbenen Schuldgefühle ... umso größer, ... was zu einer heftigen Entfaltung der Aggression gegen den offensichtlichen Ursprung dieser Schuld, die Juden, führte.«[502]

Nun klingen aber die Deutungen von Jung, Heine und Shoham so kollektivistisch, dass sie schon fast nach »völkischem Denken« riechen. Diese kollektiven Tendenzen sind jedoch nicht als »angeboren« zu werten, sie liegen nicht »im Blut«, sondern sind vor allem kulturell vermittelt. Der Pragmatist Dewey, der das starke Beharrungsvermögen solcher, im sozialen Kontext erworbener kultureller »habits« darlegt, sieht in der Nazi-Gläubigkeit eine Kombination von Sendungsbewusstsein des Volkes (auf das auch Heine hinweist) und »einer Art von anthropologischer Metaphysik, die in Deutschland zum Wahn wurde«.[503] Nur aus der deutschen »tendency to mysticism« sei die

»mystische Gleichsetzung von Rasse, Kultur und Staat«[504] erklärbar. »Denn es ist eine Tatsache, dass die Deutschen nie den Bruch mit der Tradition – der politischen wie religiösen – vollzogen, dessen markantes Symbol die Französische Revolution ist.«[505]

Eine durchgreifende Laisierung wie im katholischen Frankreich am Ende des Absolutismus und zu Beginn des 20. Jahrhunderts oder eine pragmatische Unterordnung der Kirche unter den Staat wie schon früher in England hat es in Deutschland nie gegeben, am wenigsten in Bayern. Die Zaghaftigkeit sogar sozialdemokratischer Regierungen und auch der höchsten deutschen Gerichte, wenn es um die praktische Umsetzung der verfassungsmäßigen Trennung von Staat und Kirche geht, spricht bis heute Bände.

Gläubigkeit wird in Deutschland, wo man »Glauben für eine moralische Handlung hält« (Dewey 1942), bis heute als moralisches Kriterium kultiviert. In diesem Land, dessen Soldaten, auf Gott und Hitler vereidigt, mit dem Schriftkranz »Gott mit uns« rings um das Hakenkreuz am Koppelschloss Europa heimsuchten, werden heute noch Politiker angegriffen, weil sie bei ihrer Vereidigung das »So wahr mir Gott ...« weglassen – dieselbe Beteuerung, mit der auch Millionen deutscher Soldaten auf den Führer vereidigt wurden.

Staat, Kultur und Rasse erhielten unter Hitler eine religiöse Bedeutung, die Nichtdeutsche erstaunen lässt. Die Bemerkung einer amerikanischen Zeitung, »Race means a number of people reading the same newspaper« verbucht Dewey als »nüchternen wissenschaftlicher Befund«, verglichen mit dem deutschen Kult der Rasse. In diesem Kult konnte Hitler gleichzeitig das Glaubensbedürfnis und die Naturverehrung der Deutschen ansprechen und dadurch, wie Heine es prophezeit hatte, »die dämonischen Kräfte des germanischen Pantheismus heraufbeschwören«. Hilfreich waren Hitler dabei die Schriften und Opern seines Richard Wagner, die »in ihrer Rückkehr zu primitiver teutonischer Mythologie Hitlers Hoffnungen mehr formten als irgendjemandes anderen Schriften«.[506]

Als Rauschning Hitler erzählte, dass die Bauern seiner Heimatgegend unter der Oberfläche des Christentums den Glauben der alten Zeiten bewahrten, erwiderte Hitler: »Das ist es, worauf ich setze. Unsere Bauern haben ihre wahre Religion nicht vergessen. Sie ist nur verschüttet ... Sie werden erfahren, was die christliche Kirche ihnen genommen hat – das ganze geheime Wissen um die Natur, das Göttliche, das Ungeformte, das Dämonische.«[507]

War Richard Wagner der mythologische Lehrmeister des Lohengrin aus Braunau, so konnte sich Hitler bei der Betonung des Glaubens an Martin Luther orientieren, der ihm mit der ganzen Reformationsgeschichte »sehr am Herzen lag«.[508] Max Domarus bezeichnet Hitler aufgrund seiner Reden und Proklamationen als »Volkspropheten« und »zweiten Luther«, der dem Volk aufs Maul schaute.[509] Hitler bewunderte den Reformator: »Trotzdem: Luther war ein großer Mann, ein Riese. Mit einem Ruck durchbrach er die Dämmerung, sah er den Juden, wie wir ihn erst heute zu sehen beginnen. Nur leider zu spät, und auch dann noch nicht da, wo er am schädlichsten wirkt: Im Christentum. Ach, hätte er ihn da gesehen ... Nicht den Katholizismus hätte er angegriffen, sondern den Juden dahinter! Statt die Kirche in Bausch und Bogen zu verwerfen, hätte er seine ganze leidenschaftliche Wucht auf die wahren Dunkelmänner fallen lassen. Statt das alte Testament zu verklären, hätte er es als die Rüstkammer des Antichristen gebrandmarkt. Und der Jude, der Jude wäre in seiner scheußlichen Nacktheit dagestanden ...«[510]

In einer Art des Glaubens zumindest standen sich Luther und Hitler sehr nahe: im manichäischen Feindbild des Teufels. Als die »gewaltigste Aufgabe« seiner rassischen Glaubensbewegung sieht Hitler: »An Stelle des Hasses gegen Arier, von denen uns fast alles trennen kann, mit denen uns jedoch gemeinsames Blut oder die große Linie einer zusammengehörigen Kultur verbindet, muss sie den bösen Feind der Menschheit, als den wirklichen Urheber allen Leides, dem allgemeinen Zorne weihen. (...) Die heilige Pflicht, so zu handeln, gebe uns Beharrlichkeit, und höchster Schirmherr bleibe unser Glaube.«[511]

Am Eingang des zweiten Bandes von »Mein Kampf« nimmt Hitler das in Bayern und im christlich-konservativen Deutschland sehr wichtige Thema »Weltanschauung und Partei« wieder auf. Er plädiert für die Pflege und Erhaltung eines streng fixierten, »klar begrenzten«[512] dogmatischen religiösen Glaubens in den Kirchen, simultan zum »politischen Glauben« der »Bewegung«. Berding belegt stringent, wie Hitlers Weltanschauung »formal« (aber warum nur formal?) einer Religionslehre glich:

• Sie war ein kosmologisches Welterklärungsprinzip.
• Als manichäische Doktrin teilte sie die Welt in Gut und Böse auf.
• Sie war eine heroische Lehre, die ihre Sinngebung aus einem »heiligen Krieg« bezog.
• Als eschatologisch-endzeitliche Heilslehre verhieß sie ein goldenes Zeitalter.

- Die Kernaussagen der Weltanschauung hatten dogmatisch-unfehlbare Geltung[513].

Berdings Punkte sind mit weiteren religiösen Komponenten zu ergänzen:

- Hitlers Weltanschauung lehrte einen – streng gruppeninternen – Moralkodex.
- Sie enthielt eine Sündenlehre mit Rassenschande als Todsünde.
- Sie verwirklichte eine hierarchische Herrschaftsstruktur, gründete sich auf eine heilige Schrift und pflegte eine Liturgie mit Sakramenten und Hochfesten.
- Ihre Zentralfigur war ein Prophet und Gesandter der Vorsehung, von niedriger Geburt, aber höchster Erlösungsbedeutung: Adolf Hitler.

Somit kam Hitlers Religion dem »strong religious bent« der »Germans« sehr entgegen. Und im April 1939 konnte in den Blättern des Evangelischen Diakonievereins[514] eine Schwester B. K. zeitgerecht zum bevorstehenden Losschlagen und Anzünden dichten:

»Ein Volk zum Herrgott hebt die Hand:
Herr, segne Flamm und Schwert!
Du hast sie segnend uns gesandt, mach uns der Flamme wert!
Ihn, der das Feuer hat entfacht, lass, Herr, gesegnet sein;
Sei mit ihm, wenn er hält die Wacht, erhalt die Flamme rein ...«

Überschrieben ist diese Poesie zum fünfzigsten Geburtstag des Führers mit dessen Worten: »Wer Glauben im Herzen hat, der hat die stärkste Kraft der Welt!«

Geist und Welt: die deutsche Teilung

Heine lobt Luther, den echten deutschen Mann, weil er ein vollständiger Mensch sei, ohne Zwiespalt von Materie und Geist, und er konstatiert seinen Erfolg mit ironischer Finesse: »So wurde in Deutschland die geistige Freiheit eingeführt, oder, wie man sie nennt, die Gedankenfreiheit. Denken wurde ein Recht und die Urteile der Vernunft wurden legitim.«[515]

Luther erkämpfte dieses gnädig bewilligte Recht, indem er paulinisch dem Kaiser gab, was des Kaisers ist, und dem Gläubigen, dem denkberechtigten, die Pflicht auferlegte, der Obrigkeit allzeit gehorsam zu sein. Das Volk der Dichter und Denker nutzte dieses Denkrecht, um die Religion mit kühler Leidenschaft vernünftig zu machen – mit begrenztem Erfolg: Der preußisch-aufgeklärte Protestant Immanuel Kant erachtete es als »notwendig, die Erkenntnis Gottes, Freiheit und Unsterblichkeit zu verneinen,« aber, lasst ihn doch ausreden, »um einen Platz für den Glauben zu finden«[516], wodurch Glaube als moralische Handlung sanktioniert wurde und gleichzeitig zwei »Reiche« in ihren Grenzen abgesteckt waren: das Reich der Freiheit und das der Notwendigkeit; in ethischer Lesart: sittliche Pflicht gegen menschliche Neigung.

Kant unterschied sich dadurch deutlich von Rousseau, dass er nicht wie dieser von einem ursprünglichen Gutsein des Menschen ausging, sondern ein »radikal Böses« postulierte. Das sich hier abzeichnende »two-world-scheme of German culture«, wie es der Yankee Dewey nennt, entsprang so einerseits dem paulinisch-augustinisch-lutherischen Dualismus, andererseits der Tatsache, dass etwas der Französischen Revolution Vergleichbares in Deutschland sich nicht ereignet hatte, die deutsche »Revolution« stattdessen in Ideen stattfand, isoliert von politisch-institutioneller Aktion.

Nach den napoleonischen Befreiungskriegen bekam Deutschland, auf Erden leer ausgehend, das »Reich der Wolken« zugesprochen. Man nützte die Luftherrschaft weidlich aus zum Philosophieren, ohne sich auf Erden in Demokratie zu üben. Hegel versuchte, den Geist wieder auf die Erde herunterzuholen, indem er im Feldherrn Napoleon den »Weltgeist zu Pferde« sah und alles Wirkliche (also Bonaparte so gut wie Malaria und Cosa Nostra) als Wirkung des Geistes erklärte. Nicht nur Idealist, sondern vielleicht sogar ein »Brutalist« zu sein, muss sich der Tübinger Theologe Hegel dafür vom Amerikaner Dewey sagen lassen. Und Nietzsches Ausspruch »Der Mensch ersehnt sich nicht das Glück; nur der englishman tut das« kontert Dewey: »Leute, die vorgeben, bei ihrem Handeln nicht nach Glück zu streben, haben eine unvorteilhafte Art, nach ihrem Prinzip zu leben, indem sie andere unglücklich machen.«[517]

Eine eidesstattliche Aussage über die Erschießung von Juden: »Diese Aktion wurde von SS-Sonderkommandos durchgeführt, die aus Idealismus – ohne Schnaps – die Vernichtungen durchführten.«[518]

Die Neigung der Deutschen zu einer Trennung von Geist und Materie, Moral und Neigung, selbstlos-vernunfttreuer Pflicht und persönlichem Glücksstreben kann ihre christlich-religiösen Wurzeln nicht verleugnen. Es mag befremden, zwischen dem »Idealismus« der SS-

Schergen und der platonisch-gnostisch-johanneischen Zwei-Welten-Lehre eine Verbindung herzustellen. Am Beispiel von Johann Gottlieb Fichte, dem deutsch-nationalen Philosophen des subjektiven Idealismus, zeigt sich aber die Verwandtschaft, die Heine geahnt hat, sehr deutlich: Glaube an die Pflicht, Härte gegen sich selbst, Vernichtung des Ich: Das sind Maximen Fichtes, jenes begabten Dorfbuben, der als Hütejunge seinem Gutsherren die ganze Sonntagspredigt des Pastors auswendig wiedergeben konnte, der sich, schon Professor, als quasi weltlicher Feldprediger bewarb, um mit den Truppen gegen Napoleon auszumarschieren und »die Kriegsführer in Gott einzutauchen«,[519] und der, wie der katholische Autor Hirschberger meint, in seinem späten Werk den Pflichtbegriff im Sinn des (griechisch-gnostischen) Johannesevangeliums[520] ausformte.

Um wehrlose Menschen »aus Idealismus« erschießen zu können, bedurfte es allerdings einer religiös fundierten und legitimierten Überzeugung vom Unwert dieser Menschen. Diese religiöse Legitimation bringt der Autor von »Mein Kampf« mit Idealismus und Zwei-Welten-Lehre, mit Diesseitsverachtung und »nicht sehen doch glauben« mühelos zusammen:

»Jeder Arbeiter, jeder Bauer, jeder Erfinder, Beamte usw., der schafft, ohne selber je zu Glück und Wohlstand gelangen zu können, ist ein Träger dieser hohen Idee, auch wenn der tiefere Sinn seines Handelns ihm immer verborgen bliebe.«[521]

»Nein, der Jude besitzt keine irgendwie kulturbildende Kraft, da der Idealismus ... bei ihm nicht vorhanden ist und nie vorhanden war.«[522]

»... aus dem ursprünglichen eigenen Wesen kann der Jude eine religiöse Einrichtung schon deshalb nicht besitzen, da ihm der Idealismus in jeder Form fehlt und damit auch der Glaube an ein Jenseits vollkommen fremd ist. Man kann sich aber eine Religion nach arischer Auffassung nicht vorstellen, der die Überzeugung des Fortlebens nach dem Tode in irgendeiner Form mangelt. Tatsächlich ist auch der Talmud kein Buch zur Vorbereitung auf das Jenseits, sondern nur für ein praktisches und erträgliches Leben im Diesseits.«[523]

Glück im Diesseits, wie es der *englishman* erstrebt, war Hitlers Streben nicht, trotz seinem Faible für Erdbeeren, Schlagrahm und Wiener Zuckergebäck. Am 1. Mai 1933 betet er in die Mikrophone:

»Wir bitten nicht den Allmächtigen: ›Herr, mach uns frei!‹ Wir wollen tätig sein, arbeiten, uns brüderlich vertragen, gemeinsam ringen, auf dass einmal die Stunde kommt, da wir vor den Herrn hintreten können und ihn bitten dürfen: ›Herr, du siehst, wir haben uns geändert‹. Das deutsche Volk ist nicht mehr das Volk der Ehrlosigkeit, der Schande, der Selbstzerfleischung, der Kleinmütigkeit und der Kleingläubigkeit. Nein, Herr, das deutsche Volk ist wieder stark in seinem Willen, stark in seiner Beharrlichkeit, stark im Ertragen aller Opfer. Herr, wir lassen nicht von dir! Nun segne unseren Kampf ...«[524]

Auch in dieser Paraphrase zeigt sich Hitler übrigens recht bibelfest: Als Gott dem Jakob, der mit ihm rang, die Hüfte ausgerenkt hatte, sprach er: »*Lass mich los, denn die Morgenröte bricht an!*« Aber Jakob gibt nicht auf: »*Ich lasse dich nicht, bis du mich gesegnet hast.*« (Gen 32, 26-27)

Zurück zu den zwei Welten des deutschen Idealismus, der auch die deutsche Schule prägte. Hitler verließ das Realgymnasium mit einem »elementaren Hass auf die Schule«; sein Zeitgenosse Hermann Hesse meint, an ihm habe die Schule viel kaputtgemacht, und er kenne wenige bedeutende Persönlichkeiten, denen es nicht ähnlich ging. »Gelernt habe ich dort nur Latein und Lügen.«[525] Erikson sieht die humanistische Erziehung dieser deutschen Zeit unter dem schweren Widerspruch leiden, »dass sie einerseits Pflicht und Disziplin pflegte, während sie auf der anderen Seite die sehnsüchtige Weltflucht der Dichter verherrlichte«.[526]

Der große, weltoffene, aber von griechisch-antiken Idealen ausgehende Denker Wilhelm von Humboldt ist nicht schuldlos daran, dass die deutschen Eliteschulen seit Beginn des 19. Jahrhunderts im Geist bewusster Lebens- und Praxisferne eingerichtet wurden. Das Gymnasium sah sich als Hain der klassizistischen, griechisch-»humanistischen« Bildung, »... die nicht auf tätig-praktisches Zusammenleben in einer ... sich ständig komplizierenden und differenzierenden Gemein-Welt vorbereitete, sondern die die im Grunde so hochmütige Isolation des neuen Humanismus von seiner ganz und gar nicht humanistischen Umwelt schuf. Mehr als fünf Generationen Deutscher, die durch die humanistischen Gymnasien zogen, um ›wie Griechen‹ zu werden, wurden zwar keine Griechen, wohl aber Deutsche mit gestörtem Verhältnis zur Welt-Wirklichkeit ... Was aber kam, war der Homer, Platon und Sophokles lesen könnende und von der nicht näher definierbaren Dreiheit des ›Guten, Schönen, Wahren‹ als einer Ersatzreligion erfüllte Gebildete, der weder die Gesetze der Massengesellschaft noch die politische Grundsituation Deutschlands begriff ... noch eine der Realität des Inhumanen gegenüber tragfähige, widerstandsstarke Ethik besass.«[527]

Gehorsam

»Wenn ein Schüler einmal den leisesten Ansatz von Eigenwilligkeit zeigte, verfolgten sie ihn erbarmungslos«, hat Adolf sich von seinen Lehrern gemerkt, »und die einzigen Musterschüler, die ich kennen gelernt habe, waren im späteren Leben Versager.«[528]

Es ist ein Beleg für Hitlers Identifikation mit dem Unterdrücker – die Lehrer spielten in dieser Position die Rolle seines Vaters weiter –, dass er genau solchen, jede Eigenwilligkeit auslöschenden Gehorsam später vom deutschen Volk, dieser breiten gebeugten Masse forderte.

Das paulinische Gebot, der Obrigkeit untertan zu sein, da jede Obrigkeit von Gott sei, hat über Luther als Prediger dieses Untertanengehorsams – gegen die demokratischen Forderungen der Bauern! – besonders in Deutschland verheerende Wirkungen gezeigt. Luther beeilte sich, seine »Freiheit des Christenmenschen«, nachdem sie zum Aufruhr der Bauern geführt hatte, nur religiös gemeint zu haben. Fast zeitgleich erhält, nach dem Konzil von Trient, im Katholizismus der »kindliche Gehorsam« jene Betonung, die er bis Hitler und heute inne hat. »Die deutschen Katholiken wurden durch ihre Bischöfe und durch Rom Adolf Hitler übergeben. Der nahezu blinde Gehorsam, der allzu lange als erste Tugend den Katholiken gelehrt wurde, wurde diesem deutschen Katholizismus zum Verhängnis.«[529]

Hitler hat es gar nicht nötig, diese Gehorsamsbegründung zu betonen – sie ist fest genug im Hinterkopf des deutschen Untertanen, auch nach 1945. Noch 1962, als in Jerusalem Adolf Eichmann vor Gericht stand und sich unter anderem mit jenem bemerkenswerten Satz verteidigte: »Von Zivilcourage stand nichts in unseren Vorschriften« – zur selben Zeit, als die Gehorsamsbereitschaft der Deutschen sich einmal mehr als Prozessfaktor des Holocaust herausstellte, schrieb ein junger katholischer Pädagoge in Bayern ein Büchlein über den Gehorsam in der Erziehung. Zwar mit deutlicher Kritik gegen einen »Zwangsgehorsam«, aber für eine »gültige Haltung des Menschen ... die ihrerseits ausschließlich Gehorsamshaltung sein kann«, denn: »Ungehorsam ist im letzten ... etwas Satanisches, der Ursprung allen Übels.« Letzlich werde aber »die Gehorsamshaltung des erwachsenen Menschen sich am Vorbild jenes zu orientieren haben ..., von dem gesagt wird, dass ›er gehorsam ward bis zum Tod (Phil 2, 8)‹.«[530]

Gläubigkeit und Autoritätsgläubigkeit gehen, wie Sorrentino darlegt, Hand in Hand. Und diese Autoritätsbedürftigkeit wiederum ist verbunden mit der Neigung zur Feindseligkeit gegen Außenseiter sowie mit Lerners »Gerechte-Welt-Hypothese«, nämlich dem

Wunschglauben an eine Welt, wo jeder kriegt, was er verdient. »Der Beobachter [einer Misshandlung] wird entweder sich für das Opfer einsetzen – oder sich selbst davon überzeugen, dass es verdient, was es erleidet. In unserer Kultur gilt Leiden als verdient, wenn die Person sich schlecht benommen hat oder innerlich schlecht ist oder unerwünscht.«[531] Und für manche galt alles drei.

Erikson findet 1950 in »Childhood and Society« bei Hitler und dem typischen Reichsdeutschen eine »eigenartige Mischung idealistischer Auflehnung und gehorsamer Unterwerfung«. Die »Ablehnung der individuellen Väter« geht dabei zusammen mit der »Hinwendung zu einer mystisch-romantischen Totalität wie Natur, Vaterland, Kunst«, welche sämtlich zu werten sind als »Ersatzbilder einer reinen Mutter, einer Mutter, die den aufrührerischen Knaben nicht an das Ungeheuer, den Vater, verraten würde«. Hier komme eine spezielle deutsche Familienstruktur zu Tage, und diese wiederum bringt Erikson mit einem deutschen Gewissen in Verbindung, »das selbstverneinend und grausam ist ... Der Deutsche ist hart mit sich selbst und anderen; aber extreme Härte ohne innere Autorität erzeugt Bitterkeit, Furcht und Rachsucht. Da ihm die Versöhnung seiner Ideale nicht gelingt, neigt der Deutsche dazu, mit blinder Überzeugung, grausamer Selbstverleugnung und extremem Perfektionismus viele widersprüchliche und schlechthin destruktive Ziele zu verfolgen.«[532] Eriksons Sichtweise erlaubt eine frappierende Diagnose für Luther, Fichte, Schreber und Hitler: Religiöser und subjektiver Idealismus als pathologisches Ergebnis einer Spaltung im Vaterbild: Der züchtigende Vater muss idealisiert werden, denn diese Idealisierung hilft dem Kind, »mit Hilfe der Phantasie und der Verdrängung ... zu überleben«.[533] Während bei Schreber junior diese Verdrängung schließlich implodierte, fand sie bei Luther, Fichte und Hitler, diesen wütenden Idealisten, schließlich ein äußeres, prädestiniertes Objekt der Projektion: das Volk des Alten.

Die züchtigenden Ältern: Der in Wien geborene amerikanische Psychoanalytiker Leopold Bellak erzählt 1990 in der *New York Times* von einer wissenschaftlichen Untersuchung, die er fast zwanzig Jahre früher unternahm. Er hatte beobachtet, wie unterschiedlich dänische, deutsche und italienische Eltern mit ihren Kindern umgingen. Er ließ nun jeweils zwei Psychologen in Kopenhagen, Frankfurt und Mailand Kinderspielplätze beobachten – ohne ihnen zu sagen, worum es wirklich ging. Jede Beobachtergruppe bekam den Auftrag, jeweils halbstundenweise zu beobachten, was sich auf den Spielplätzen ereignete und ihre Beobachtungen mit dem Tonbandgerät festzuhalten.

Das Ergebnis: Die dänischen und italienischen Eltern begingen keine aggressiven Handlungen gegen Kinder, während dreiundsiebzig Aggressionen von seiten der deutschen Eltern registriert wurden. Die deutschen Kinder begingen zweihundertachtundfünfzig aggressive Akte gegen andere Kinder, die italienischen achtundvierzig und die dänischen zwanzig. Man sei versucht, schrieb Bellak, »als Moral der Geschichte zu formulieren, dass Deutsche ihre Kinder häufiger als dänische oder italienische Erwachsene misshandeln, und dass die Kinder das an anderen Kindern abreagieren«. Bellak gab seinem Versuchsbericht den Titel: »Warum ich die Deutschen fürchte«[534].

Die deutsche Jüdin Lea Fleischmann, geboren 1947, blickt zurück: »Ich studierte Pädagogik, wurde Lehrerin im beruflichen Schulwesen, und ich lernte eine Erziehung kennen, die mir bis dahin fremd war. Bei den Juden lässt man den Kindern viel mehr Freiheit, bei den Deutschen werden sie von klein auf diszipliniert. ›Gib das schöne Händchen‹, ›Frag nicht so dumm‹, ›Solange du deine Beine unter meinen Tisch streckst, tust du, was ich sage‹, das sind Sprüche, die ich in meiner Kindheit nie gehört hatte, die aber zum täglichen Erziehungsrepertoire meiner Schüler gehörten. ... Ich fand heraus, dass das Geheimnis der deutschen Erziehung die Zerstörung des Selbstbewusstseins ist, aus fröhlichen Kindern werden ängstliche Individuen, aus denkenden und selbstentscheidenden Menschen gut funktionierende Maschinen. Die Kinder dieses Volkes können einem Leid tun, wie kalt und unpersönlich mit ihnen umgegangen wird, aber sie werden zu gefährlichen Erwachsenen, die aus Angst und für ein bisschen Anerkennung alles tun, was man von ihnen verlangt ... Und wenn ich beobachte, wie alle Versuche, in der Erziehung etwas zu verändern, scheitern, wie durch immer neue Gesetze, Erlasse und Verordnungen der Freiraum der Menschen hier eingeengt wird und wie reibungslos und brav jede Anweisung nach wie vor befolgt wird, dann sehe ich, wie Recht das alte Sprichwort hat: ›Der Apfel fällt nicht weit vom Stamm.‹«[535]

Lea Fleischmann gab ihrem deutschen Stillleben den Titel »Warum ich gehe«. 1980 verließ sie Deutschland.

Vom Wegkreuz nach Auschwitz

Das kleine Braunau am Inn, an der Grenze von Bayern und Österreich, ist in gewisser Weise ein sehr zentraler Ort: Würde man kartographisch die Zahl der Wegkreuze pro Quadratkilometer sowie der (14-Stationen)-Kreuzwege unter freiem Himmel quantitativ erfassen und durch Farbstufen darstellen, würde man die Kirchen, als Kulträume für Mess- und Passionsfeiern, mit Punkten eintragen und würde man dann noch die Passionsspiel-Gemeinden durch kleine Kreuze auf der Karte kennzeichnen, dann läge Braunau wohl ziemlich inmitten konzentrischer Kreise, innerhalb derer auch Hitlers Lebensstationen Passau, Linz und Landsberg liegen. Auch Wallfahrten zu Tatorten »jüdischer Frevel« liegen nahe, etwa die zum »Anderl« von Tirol (Rinn, bis 1985) und zur »Gnad'« (in Deggendorf, bis 1992).

Vor allem aber München ist da, der weltweit einzige Ort, wo der Österreicher Karriere machen konnte. Wien war für diese Karriere ungeeignet; es war für Hitler das »Rassenbabylon«; in München meldete er sich als Kriegsfreiwilliger, hier kam er als V-Mann der staatlichen Überwachung in Kontakt mit einer kleinen Bierkeller-Partei, hier offenbarte man ihm beim Bürgerbräu sein Rednertalent, hier putschte er und konnte seinen Hochverratsprozess zur Personality-Show gestalten, hier bekam er noble Vorzugshaft, »Hochschule auf Staatskosten«, wie er es nannte[536], um, fast wie Luther auf der Wartburg, seine Bibel zu schreiben. Das milde Urteil kam nicht von ungefähr, denn die Münchner Regierung war, wie Werner Maser aufzeigt, in bedeutendem Maße an der Vorbereitung des Putsches von 1923 beteiligt, der Hitler außer Publicity und Autorenpension auch Märtyrer und Blutfahne verschaffte. »Der Gegensatz zwischen Bayern und dem Reich, die Verfilzung der (katholisch-konservativ dominierten) bayerischen Staatsregierung und der staatlichen Institutionen mit der gesamten radikalen Rechtsfront ... hatten zur Folge, dass Hitler bereits am 20. Dezember 1924 wieder die Möglichkeit zum Eingriff in das politische Leben erhielt.«[537]

Nicht weit entfernt von Landsberg und München ist Miesbach, wo Pater Bernhard Stempfle als Mitherausgeber des »Miesbacher Anzeigers« fungierte. »Mein guter Pater Stempfle«, so nennt Hitler diesen Priester, der zwar vermutlich nicht, wie mehrfach angenommen wurde, »Mein Kampf« redigierte und überarbeitete, der aber Hitler in seiner Münchner Frühzeit sehr nahe stand[538]. Sein »Anzeiger«, für den auch Ludwig Thoma als Autor zeichnete, ist fanatisch antisemitisch, antipreußisch, antidemokratisch und wirkte ab 1921 neben dem »Völkischen Beobachter« werbend für die Nationalsozialisten.

Der gläubig katholische Boden Bayerns war der geeignete Biotop für Hitlers noch zartes braunes Pflänzchen, und ganz natürlich ist auch, dass Romain Gary als Schauplatz seines surrealistischen Romans »Der Tanz des Dschingis Cohn« das schöne Nachkriegs-Oberbayern wählt. Hier muss es sein, wo der frühere SS-Mann Schatz, inzwischen zum aufstrebenden Polizeikommissar die Treppe hinaufgefallen, vom Dibbuk-Geist des erschossenen KZ-Häftlings Cohn heimgesucht wird, der bei der Erschießung mit den jiddischen Worten »Kisch mich in Toches, Schatz« hingeschieden war, also mit dem »schwäbischen Gruß« des Götz von Berlichingen, der auch in Bayern gut verstanden wird.

Hitler nimmt »überaus sorgfältig Rücksicht auf seine christlichen, katholischen, kirchlichen, bayerischen, konservativen Gläubigen. Das ist die harte Wahrheit: In ›Mein Kampf‹ kann sehr viel von dem, was er da verkündet, von ebendiesen christlichen, evangelischen, katholischen und konservativen Gläubigen Adolf Hitlers so gut wie vorbehaltlos angenommen werden.«[539]

Gut bayrisch sind auch gesagte Laienspiele von den Leiden des Herrn, deren bekanntestes Beispiel den Ruhm von Oberammergau, der Stadt der Herrgottschnitzer, begründet hat. Adolf Hitler ist mit Recht von diesen Festspielen begeistert und rühmt besonders die »Darstellung des Pontius Pilatus bei diesen Festspielen, erscheine dieser doch als ein rassisch und intelligenzmäßig überlegener Römer, dass er wie ein Fels inmitten des jüdischen Geschmeißes und Gewimmels wirke. In der Anerkennung der ungeheuren Bedeutung dieser Festspiele für die Aufklärung auch aller kommenden Geschlechter sei er [Hitler] ein absoluter Christ.«[540]

Noch 1970 sagten Christen in Oberammergau gegenüber einer ökumenischen Studiengruppe: »Ich fasse das als Fluch auf, den das Volk über sich ausspricht (...) die Juden sind verflucht. In dem Moment, wo sie den Christus gekreuzigt haben, in dem Moment hat sie der Herrgott verstoßen. Und sie können ihn bitten, was sie wollen – sehn Sie mal, was sie ausgehalten haben in den Konzentrationslagern – aber es hilft ihnen nichts. Die Juden sind verflucht. Der Herrgott erhört sie nicht mehr. Sie haben keine Bleibe auf der Welt.«[541] Und der »Oberammergauer Report 1970«, der 1971 in Bayern erscheint, bringt mit bayerischer Bierruhe ganz sachlich zwei Gewichte auf die Waagschalen: »Genauso wie wir nicht wegleugnen, dass Hitler Millionen von Juden vernichtet hat, genauso wenig können Juden wegleugnen, dass sie Christus ans Kreuz genagelt haben.«

Immerhin: Man gibt schon zu, dass Hitler übertrieben hat.

Hitlers Ministranten:
Eichmann, Himmler, Goebbels, Höß

Für die Frage, ob der Antisemitismus der Männer um Hitler christliche Wurzeln hat, sind die Biographien der Vasallen von ganz unterschiedlicher Ergiebigkeit. Will man sie in zwei Gruppen grob einteilen, so gehören Bormann, Göring, Heydrich wohl zu den extrovertierten Machtmenschen, die sich ihrem Leitwolf fügten, um so ihr Schäfchen ins Trockene zu bringen, und dereinst vielleicht sogar (wie Heydrich) den »Alten« zu beerben hofften. Zur Gruppe der »Idealisten« wären demgegenüber Himmler, Hess, Goebbels, Höß, Eichmann (und natürlich Hitler selbst) zu zählen. Waren Erstere zwar keineswegs »glaubenslos«, aber mehr oder weniger ausgeprägt kirchen-feindlich (besonders Bormann) und biographisch nicht dominant christlich geprägt, so hat der Antisemitismus Letzterer sehr fundamental mit ihrer christlichen Erziehung zu tun. Auf diesen Aspekt soll im Folgenden eingegangen werden.

Der Mann vom Amt: Adolf Eichmann

Es war an »jenem 19. März des Jahres 1906, als ich in Solingen, Rheinland, um 5 Uhr morgens in das irdische Leben als Erscheinungsform Mensch eintrat«[542]: So rekapituliert Eichmann, als er sich in Jerusalem seiner Lieblingsbeschäftigung, dem Memoirenschreiben hingab. Sein Vater, beruflich Ingenieur, war äußerst strenggläubig, und schon als Kind hatten die bürgerlich unpolitischen Eltern ihn beim »Christlichen Verein junger Männer« eintragen lassen. Seine Mutter starb, als Adolf, das älteste von fünf Geschwistern, zehn Jahre alt war, und sein Vater heiratete erneut. Später übersiedelte seine Familie nach Linz in Österreich. Als einziges der Geschwister versagte er in der Schule; der »deklassierte Sohn«[543] sah in seiner Tätigkeit bei der SS die Chance, es doch noch zu etwas zu bringen.

Nachdem er als »Buchhalter« den Holocaust bürokratisch abgewickelt hatte, entkam er 1950 nach Argentinien. Den erforderlichen Pass hatte ihm der deutsche Pallottiner-Pater Anton Weber (zu Kriegszeiten noch Leiter einer Hilfsstelle für »katholisch getaufte Nichtarier«) in Rom besorgt. Pater Weber hat später einer Journalistin erläutert, wie er sicherstellte, dass nur wirklich Getauften zur Ausreise verholfen wurde: »Ich ließ sie das Vaterunser und das Ave Maria aufsagen; da stellte sich schnell genug heraus, wer echt war und wer nicht.«[544] Eichmann allerdings musste nicht vorbeten: Als er sagte, er sei Ostdeutscher und wolle partout nicht zu den Bolschewiken, fiel dem Pater auch sein österreichischer Akzent nicht mehr so auf. Glücklich drüben in Buenos Aires, ließ Eichmann, laut »SS-Stammrollen-Auszug« evangelisch, in seinen argentinischen Pass »catolico« eintragen: »Ich erinnerte mich in tiefer Dankbarkeit an die Hilfe katholischer Priester bei meiner Flucht aus Europa und entschied, den katholischen Glauben zu honorieren, indem ich Ehrenmitglied wurde.«[545]

Als er sich unter dem Namen »Ricardo Clement« in Argentinien eine neue Existenz aufgebaut hatte, wurde Eichmann 1960 vom israelischen Geheimdienst aufgespürt und in einem Spezialkoffer nach Israel entführt, wo man ihn 1962 nach langem Prozess zum Tode verurteilte und hinrichtete.

Die Prozessbeobachterin Hannah Arendt urteilt über die Motive seines Handelns: »Es entsprach vermutlich der Wahrheit, als er sagte, ... dass er nur seine Pflicht erfüllt habe. Er sagte, er hätte auch nicht gezögert, seinen eigenen Vater in die Gaskammer zu schicken, wenn man dies von ihm verlangt hätte.« Und angesichts des unermüdlichen Eifers, mit dem er bis Kriegsende am Schreibtisch die Vernichtung von Menschen organisierte, meinte sie: »Die traurige und sehr unangenehme Wahrheit war, dass nicht etwa sein Fanatismus, sondern vielmehr sein Gewissen ihn zu dieser unnachgiebigen Haltung veranlasste.«[546] Er war ja auch, wie zu betonen er nicht müde wird, »ein Idealist« – »... und ich habe diese jüdische Angelegenheit aus Idealismus so lange gemacht, solange es sich um aufbauende Werte handelte ...« Dass er die Lenkung der Geschicke einem »höheren Sinnträger« zuschrieb, ist für Hannah Arendt aufschlussreich: »Gott als ›höheren Sinnträger‹ zu bezeichnen, heißt, ihm einen Platz in der militärischen Hierarchie zuzuteilen, denn aus den ›Befehlsempfängern‹ hatten die Nazis ›Befehlsträger‹ gemacht, um – in Anlehnung an die alten ›Träger böser Kunde‹ – auszudrücken, welche Last der Verantwortung ... diejenigen zu tragen hatten, die Befehle ausführten.«[547] Selten ist so deutlich zu sehen, welch leichter Schritt vom deutschen Zwei-Welten-Idealismus hinführt zu einer Spaltung von Dienstpflicht und Menschsein, zur Abspaltung von Gefühlen und persönlicher Verantwortung.

Allerdings täte man Kant und seiner Ethik der von Neigungen unabhängigen Pflicht sehr Unrecht, würde man die unmenschliche Kälte der Nazis von ihr herleiten wollen. Denn Kant begründet seine Ethik gerade nicht auf göttlichem Willen und schon gar nicht auf einem heteronomen Befehl, sondern auf einem Imperativ der Vernunft, zu dem auch die Pflicht gehört, »fremde Glückseligkeit zu befördern«.[548]

Dem scheinbar so affektlosen Beamtentum Eichmanns dagegen lag ein nicht eingestandener Judenhass zu Grunde. Unter dem Titel »Die Götzen« hatte Eichmann in der Haft auf tausenddreihundert Seiten seine Memoiren zu Papier gebracht. Niemals sei er Antisemit gewesen, beteuert er und berichtet zum Beweis langatmig über angeheiratete jüdische Verwandte, und: »Mein alter Herr selbst hatte u. a. auch Juden zu Freunden.« Mehrmals habe er entfernten jüdischen Verwandten und Bekannten seiner Stiefmutter geholfen, bekannte Eichmann in Jerusalem. »Ich will damit nur sagen, von Haus aus kannte ich keinen Hass gegen die Juden, denn die ganze Erziehung durch meine Mutter und meinen Vater war streng christlich.«[549] Doch hatte er selbst 1938 in Wien die Gründung einer Organisation zur Vertreibung österreichischer Juden vorgeschlagen. Wie Höß berichtet, trat sein Vorgesetzter Eichmann »besessen geradezu, für die restlose Vernichtung aller erreichbaren Juden ein«.[550] Und in einem Interview in Argentinien Jahre vor seiner Verhaftung bedauerte er öffentlich, dass nicht mehr Juden vernichtet werden konnten.[551]

Wen er mit »Götzen« meinte, geht aus einer Bemerkung über die »Wannsee-Konferenz« hervor, wo die »Endlösung« beschlossen wurde: »In dem Augenblick hatte ich eine Art Pilatus'sche Zufriedenheit in mir verspürt; denn ich fühlte mich bar jeder Schuld. Hier auf der Wannsee-Konferenz sprach nur die Prominenz des damaligen Reiches. Es befahlen die Päpste – ich hatte zu gehorchen.«[552]

Eine bemerkenswerte Paraphrase, zu der sich aber, wie Pinchas Lapide kommentierte, jeder Kommentar erübrigt.

Der Apostel der Reinheit: Heinrich Himmler

Der spätere »größte Massenmörder der Geschichte«[553] kam 1900 in München zur Welt und wuchs als zweiter von drei Brüdern wohl behütet in einem erzkatholischen, bürgerlichen Elternhaus auf. Da sein Vater Gymnasiallehrer bei Hofe war, übernahm dessen ehemaliger Schüler Prinz Heinrich von Bayern die Patenschaft für den Himmler-Spross gleichen Vornamens. Der stolze Vater ermöglichte seinen drei Söhnen eine gymnasiale, konservative, »auf religiösen Überlieferungen aufbauende Erziehung, die weder die Autorität des Elternhauses noch die bestehende Gesellschaftsordnung in Frage stellte«.[554] Nach dem Notabitur 1917 verhinderte Heinrichs Brille eine Seemannskarriere bei der kaiserlichen Kriegsmarine, aber bei der Infanterie brachte er es bis Kriegsende zum Fahnenjunker. Auch als Freikorps-Kämpfer gegen die rote Räterepublik in Bayern war für den zwar unsportlichen, plattfüßigen, magennervösen, aber vor Ehrgeiz brennenden jungen Mann der Kampf zu Ende, bevor er Krieger-Lorbeeren ernten konnte, und als Korps-Student in einer schlagenden Verbindung musste er erst offiziell vom Biertrinken befreit werden, bevor er, satisfaktionsfähig geworden, sich die für einen Akademiker vorteilhaften Mensuren auf die weichen Backen holen konnte. Das Studium der Landwirtschaft schloss er mit dem Diplom ab. Sein Versuch, eine Hühnerzucht aufzumachen, scheiterte an den fünfzig Zuchthennen, die in seinem selbstgebauten Hühnerstall partout nicht legen wollten. Dafür bekamen Heinrichs Vorliebe für experimentelle Pflanzenzucht und gesundheitsfördernde Kräutergärtlein später noch Häftlinge zu spüren, die mit ihrem Kopf für das Gedeihen der himmlerischen Agrikultur in seinen KZ-Gärtchen haftbar gemacht wurden.

Der erste innere Bruch des Neunzehnjährigen mit der Kirche fiel zeitlich zusammen mit seinem Eintritt in die schlagende Verbindung; trotzdem notiert er in sein Tagebuch: »Ich werde immer Gott lieben, der Kirche treu bleiben, zu Gott beten.« Unter den mehr als zehn Vereinen, denen er in dieser Zeit beitrat, heben sich die »Deutsche Gesellschaft für Züchtungskunde«, der »Altbayerische Schützenbund« und die »Vereinigung der Freunde des humanistischen Gymnasiums« heraus.

Der seelisch weiche, leicht verklemmte, an Astrologie und parapsychologischen Phänomenen interessierte landwirtschaftliche Assistent trat früh in die NSDAP ein, nahm am November-Putsch 1923 als Fahnenträger teil und war vor den Reichstagswahlen 1924 per Motorrad als Propagandist gegen Juden, Freimaurer, Kommunisten und Kapitalisten in Niederbayern unterwegs. Zur richtungsweisenden Vaterfigur, die ihm noch fehlte, wurde ihm der vorzeitig aus der Haft entlassene Adolf Hitler. In ihm fand er »seinen Ersatzgott und mit ihm ein greifbares Idol, dem er seine ganze Existenz mit Leib und Seele verschreiben konnte«.[555] Körperlich von einer schuljungenhaften Zartheit, schmalbrüstig und breithüftig, hielt er als Sekretär in der Partei-Geschäftsstelle oft innige Zwiesprache mit dem hier aufgehängten Hitlerporträt und stand militärisch stramm, wenn er mit Hitler am Telefon sprach.

Himmler war nichtrauchender Abstinenzler, hielt absolute Keuschheit vor der Hochzeitsnacht für unabdingbar, achtete auf Tierschutz, versagte sich jede kleinste illegale Bereicherung und verband den Befehl, alle Wertgegenstände der Opfer an das Reich abzuführen, mit der Androhung der Todesstrafe für jeden, der sich auch nur mit einer

Mark oder mit einer Zigarette an der jüdischen Habe vergreife. Wurde er bei seinen Inspektionen Zeuge von Exekutionen, musste er sich zusammenreißen, geriet auch einmal so in Rage, dass er fast der Länge nach hingeschlagen wäre, als ein MG-Schütze schlecht schoss, bekam auch mal weiche Knie, als ihm ein Fetzchen Gehirnmasse am Revers landete, musste sich ein andermal am neben ihm stehenden Heydrich festhalten, der ihm ob dieser Weichheit nur einen verächtlichen Blick zuwarf.

Der »unbestechliche SS-Heilige«, ständig an Magenkrämpfen leidend, nahm beim Aufbau seiner in »bauernschwarze« Uniformen gekleideten »Schutz-Staffel« die militärisch-hierarchische, auf absolutem Gehorsam basierende Struktur des Jesuiten-Ordens zum Vorbild, den er aber gleichzeitig, ebenso wie Juden, Zigeuner, Bibelforscher, Asoziale, Homosexuelle, Kommunisten, Ostvölker, undeutsche Kunstrichtungen und menschenversöhnende Weltreligionen seinem Verdikt des »lebensunwerten Lebens« unterwarf.[556]

Für den »Apostel der Reinheit« mit seinem »metaphysischen Hang zur Gleichmacherei«[557] war Hitler Gott und Rasse Religion. Nach welcher Moral die rassisch geprüften Männer seines schwarzen Ordens, angetreten unter dem Leitspruch »Unsere Ehre heißt Treue«, zu handeln hatten, erklärt Himmler vor versammelten SS-Leuten 1943 in Posen:

»Ein Grundsatz muss für den SS-Mann absolut gelten: ehrlich, anständig, treu und kameradschaftlich haben wir zu Angehörigen unseres eigenen Blutes zu sein und sonst zu niemandem ... Wir Deutsche, die wir als einzige auf der Welt eine anständige Einstellung zum Tier haben, werden ja auch zu diesen Menschentieren eine anständige Einstellung einnehmen, aber es ist ein Verbrechen gegen unser eigenes Blut, uns um sie Sorgen zu machen ... Wenn mir einer kommt und mir sagt: ›Ich kann mit den Kindern oder den Frauen den Panzergraben nicht bauen. Das ist unmenschlich, denn dann sterben sie daran‹, – dann muss ich sagen: ›Du bist ein Mörder an deinem eigenen Blut, denn wenn der Panzergraben nicht gebaut wird, dann sterben deutsche Soldaten, und das sind Söhne deutscher Mütter. Das ist unser Blut. ... Die meisten von Ihnen wissen ja, was es heißt, wenn hundert Leichen beisammen liegen, wenn fünfhundert daliegen oder wenn tausend daliegen ... Dies durchgehalten zu haben und dabei – abgesehen von Ausnahmen menschlicher Schwäche – anständig geblieben zu sein, das hat uns hart gemacht. Dies ist ein niemals geschriebenes und niemals zu schreibendes Ruhmesblatt in unserer Geschichte.«[558]

So sensibel war der »Reichsheini« für die seelischen Belastungen seiner unter diesem »schwersten aller Aufträge« hart geprüften Totenkopftruppe: »Wir wissen wohl, wir muten euch ›Übermenschliches‹ zu, wir verlangen, dass ihr ›übermenschlich unmenschlich‹ seid.« Aber er konnte sie damit trösten, dass sie in etwas historisch Groß- und Einzigartiges einbezogen waren, dass sie einer »in zweitausend Jahren nur einmal vorkommenden Aufgabe dienten«.[559] Warum gerade zweitausend? Was hatte die arische oder germanische Zeitrechnung mit diesen zwei Säkula zu schaffen? Himmlers Freud'sche Fehlleistung bezog sich wohl auf das erhoffte Ende des christlichen Äon – aber warum mittels Endlösung der Judenfrage?

Der Dramatiker Christi: Joseph Goebbels

Der spätere Reichspropagandaminister wurde 1897 im rheinländischen Rheydt als drittes von vier Geschwistern geboren. Sein Vater, ein ernster und tiefreligiöser Mann, dessen strenge Art aber durch seinen stark ausgeprägten rheinischen Humor gemildert wurde, hatte als Arbeitersohn den Aufstieg zum Kleinbürger und Werkmeister in einer Textilfabrik schon in jungen Jahren geschafft. Mit ihm stand der Sohn Joseph weniger gut als mit seiner holländischen Mutter, die er liebte: eine zeitlebens wenig gebildete, aber herzensgute, charakterstarke, mit beiden Beinen im Leben stehende Frau, die Aufstieg und Fall ihres Filius bis zum Ende miterlebte und ihn auch überlebte.

Hatte ihn die Kinderlähmung im Alter von vier Jahren zum Hinkebein gemacht, so wurde Joseph, kaum dass er lesen konnte, zum Bücherwurm, der sich liebend gerne mit »Mayers Konversationslexikon« auf den Dachboden zurückzog, umso lieber, als er durch seine so erworbenen Kenntnisse in Familie und Schule glänzen konnte. Im Gymnasium (nach Peuschel eine »Jesuitenschule«) war Goebbels ein mit Zensuren glänzender, aber wenig beliebter Mitschüler. Selbst sein bester Freund Fritz Prang war ihm manchmal ernstlich böse, zum Beispiel, als er einmal einen gemeinsamen Freund beim Kaplan Mollen verpetzte, weil er den Religionsunterricht geschwänzt hatte. Wäre Joseph kein Krüppel gewesen – erinnerte sich Dr. Prang noch nach dem Krieg –, nichts hätte ihn vor der wohlverdienten Klassenkeile retten können. Bewundert wurde der Streber und Petzer allerdings als Schauspieler, und gerne ließ er sich noch nach der Schulzeit mit seinem Spitznamen »Ulex« nennen – nach Ulysses, dem listenreichen Odysseus, dessen Rolle er im Schultheater so brillant geboten hatte.

Josephs Eltern wünschten, ihren begabten und fleißigen Sohn dereinst im Priesterornat zu sehen, und Prälat Mollen war noch als Achtzigjähriger des Lobes voll, wenn er von den Leistungen des Primaners Goebbels im Religionsunterricht sprach. »Kein Zweifel, dass Joseph in seiner Schulzeit dem Lieblingswunsch der Eltern nicht abgeneigt war und ernsthaft mit dem Gedanken spielte, Priester zu werden. Dass ein im katholischen Rheinland aufgewachsenes Kind vom Glanz der Kirche und von der würdevollen Macht ihrer Priester beeindruckt wurde, ist nur natürlich. Im Priesterornat die heilige Messe zu zelebrieren, in der Fronleichnamsprozession sich von der Menge bewundern zu lassen und von devoten Beichtkindern ›Hochwürden‹ tituliert zu werden – das waren die ersten Wunschbilder des empfindsamen und ehrgeizigen Knaben, der davon träumte, dereinst im Erzbischöflichen Palais in Köln zu thronen und in der roten Robe eines Kardinals die demütig vor ihm kniende Menge zu segnen.«[560]

Nach der Abiturfeier, bei der er eine formvollendete, jedoch hochtrabende und geschwollene Rede gehalten hatte, ließ er sich an der Bonner Universität aber nicht in Theologie einschreiben, sondern studierte, von seiner Berufung zum erstrangigen Schriftsteller überzeugt, Literaturgeschichte.

Sechs Semester lang bekommt er ein – als Darlehen gegebenes – Stipendium des »Albertus-Magnus-Vereines«, für das ihm Kaplan Dr. Mollen »wegen seines religiösen und sittlichen Verhaltens die beste Empfehlung« gegeben hatte. Hinterher allerdings hatte der kirchliche Verein größte Schwierigkeiten, den Kredit zurückzubekommen, musste ihn sogar einklagen, und die endgültige Regelung erfolgte erst 1930, als Goebbels längst als Gauleiter und Reichstagsabgeordneter scharfe Brandreden gegen die katholische Kirche hielt. Wie hatte sich dieser Wandel vollzogen?

Seine Abwendung vom katholischen Glauben war einhergegangen mit der Zuwendung zu einem neuen Glauben: der Überzeugung, zum Dichter berufen zu sein. Gegenüber seiner Familie hatte sich Joseph immer mehr in die Sucht hineingesteigert, »den ›verlorenen Sohn‹ zu spielen und damit nicht so sehr sich selbst zu quälen als diejenigen, die ihn liebten«.[561] Ein Brief seinen Vaters gibt davon ein rührendes Zeugnis:

»Wenn Du nun weiterschreibst: ›Wenn ich meinen Glauben verliere ...‹, so darf ich wohl annehmen, dass du ihn noch nicht verloren hast, und dass es nur Zweifel sind, die dich quälen. Dann kann ich Dir zur Beruhigung sagen, dass kein Mensch, besonders in den jungen Jahren, von diesen Zweifeln verschont bleibt, und dass die, die am meisten unter diesen Zweifeln leiden, bei weitem nicht die schlechtesten Christen sind. Auch hier kommt man nur durch Kampf zum Sieg. Dich dieserhalb von den Sakramenten fernzuhalten, ist ein großer Fehler, denn welcher Erwachsener könnte behaupten, stets mit dem kindlich reinen Herzen zum Tisch des Herrn zu treten, wie er es bei der ersten Heiligen Kommunion tat?

Ich muss nun einige Fragen an Dich stellen. Denn wenn unser Verhältnis die frühere Zutraulichkeit bekommen soll, die keiner mehr wünscht wie ich, dann müsste ich diese Sache schon beantwortet haben:

1. Hast Du, oder beabsichtigst Du Bücher zu schreiben, die mit dem katholischen Glauben nicht vereinbar sind?

2. Willst Du vielleicht einen Beruf ergreifen, in den kein Katholik passt? (...)

Du schreibst in Deinem Brief: ›Sage mir, dass Du mich nicht verfluchst, als den verlorenen Sohn, der seine Eltern verließ und in die Irre ging!‹ Und ferner: ›Wenn Du meinst, ich dürfte nicht mehr Dein Sohn sein ..‹ Beides tue ich als katholischer Vater nicht. Ich bete für Dich, wie ich so oft für Dich gebetet habe.«[562]

Eine weltliche Liebesgeschichte, eine der vier großen seines Lebens, entspann sich zwischen dem Studenten Goebbels und der Halbjüdin Else. Ihr schildert er zu Weihnachten 1922 in einem Brief seine Seelenlandschaft:

»Die Welt ist ein Narrenhaus geworden, und die Besten selbst schicken sich an, mitzutanzen in dem wüsten Tanz um das goldene Kalb. ... Ja, die werden in diesem Jahr mit Begeisterung und Freude von Christus, dem Friedensbringer singen. Ich kann es nicht, denn ich sehe keinen Frieden, weder in der Welt noch in mir. Draußen ist's öd und leer, und in meinem Innern da sind die festlichen Altäre umgestürzt,und die Bilder der Freude zerschlagen. Weltlichkeit beginnt einzuziehen in die Wohnungen, wo sonst nur der Geist und die Liebe thronte ...«[563]

Schon nach acht Semestern promovierte Goebbels in Literaturgeschichte bei Friedrich Gundolf, einem berühmten Literaturhistoriker, bis heute unerreicht in seiner Goethe-Biographie. Gundolf hieß eigentlich Gundelfinger und war gebürtiger Jude. Jeder Student, der den Vorzug hatte, bei Gundolf zu studieren, durfte sich getrost einbilden, am Urquell dichterischer Hochkultur und literarischer Elite zu trinken, und sicher galt dies auch für Goebbels.

Schon vor der Promotion versuchte er, seine Manuskripte bei Verlagen und Zeitungen unterzubringen. Zahlreiche Arbeiten sandte er ans Berliner Tageblatt, und zwar direkt an den Chefredakteur Theodor Wolff, dessen scharf geschliffene Artikel er bewunderte. Als seine Arbeiten, meist mit ebenso schwülstigen Begleitbriefen versehen, dutzendweise zurückgeschickt wurden, festigte sich beim jungen Literaten die Überzeugung, »eine Kamarilla jüdischer Redakteure und Verleger wolle den deutschen Dichter Joseph Goebbels an der Entfaltung seines Genies hindern. Dies waren«, so meinen Fraenkel und Manvell, »die Anfänge des Antisemitismus, den Goebbels später kultivierte.«[564]

Von seinem früh verstorbenen, nachdenklichen Jugendfreund Flisges empfing Goebbels die Anregung, Marx, Engels und Rathenau zu lesen. Er tat dies mit Begeisterung, etwa ein Dutzend Jahre bevor er, als Reichsminister, die Mörder Rathenaus glorifizierte. Flisges hat seinen Freund Joseph auch zu Dostojewskij hingeführt. »Goebbels war immer noch bis zu einem gewissen Grade im Christentum seiner Kindheit verwurzelt, und Dostojewskijs Mystizismus hat sich den Restbeständen seines religiösen Empfindens vermählt.«[565]

Während der vier Jahre, in denen der frischgebackene Dr. phil. Joseph Goebbels vergeblich eine Stelle als Lektor, Journalist oder Dramaturg suchte, schrieb er unter anderem ein Christus-Drama in Versen, »Der Wanderer« betitelt, das aber nie gespielt oder publiziert wurde, sowie ein literarisches Werk in Tagebuchform, dessen Titelheld Michael ein Märtyrer der sozialen und politischen Zeitumstände wird. In Michael schuf sich Joseph die Heldenfigur seiner eigenen Wunschträume; hier verschmilzt sein eigenes Ich mit der Idealgestalt seines Freundes Flisges, des hochdekorierten Frontkämpfers, ernsthaften Sinnierers und unter Tage verunglückten Grubenarbeiters, zu einer romantischen Figur mit Goebbels' Geist und Flisges' Körper. Dieser Michael schreibt seine Seelenkämpfe in sein Tagebuch:

»12. Juli: Ich halte Zwiesprache mit Christus. Ich glaubte, ihn überwunden zu haben, aber das waren nur seine Götzenpriester und falschen Trabanten.

Christus ist hart und unerbittlich.

Er peitscht die jüdischen Händler aus dem Tempel heraus.

Eine Kriegserklärung an das Geld ...

Der Intellekt hat unser Volk vergiftet.

15. Juli: Ich liege nächtelang wach und ringe mit den anstürmenden Gewalten.

In mir ist Aufruhr, Empörung, Revolution.

Eine Idee wächst in mir zu grandiosen Formen.

Totentanz und Auferstehung.

18. Juli: Mir ist, als lebte ich nicht mehr in dieser Welt. Ich rase im Rausch, im Traum, im Zorn.

Ich ahne neue Welten. ...

Gib mir, o Gott, zu sagen, was ich leide!

Ich lese Nietzschepredigten, die Fröhliche Wissenschaft.

19. Juli: Christus ist das Genie der Liebe.

Er ist der größte und tragischste Mensch, der je auf Erden lebte.

Hertha Holk glaubt an mich, wie sie an das Evangelium glaubt.

25. Juli: Die Erleuchtung ist über mich gekommen.

Ich schreibe ein Drama. Der Held ist Jesus Christus.

Nun bin ich still und voll der seligen Empfänglichkeit.(...)

Ich danke Gott!

9. August: (Michael arbeitet inzwischen auf einer friesischen Insel an seinem Messias-Drama)

Keinen Juden sah ich bis heute. Das ist ein wahres Labsal. Der Jude ist für mich direkt ein körperlicher Ekel. Ich bekomme Übelkeitsanfälle bei seinem Anblick.

Der Jude ist uns im Wesen entgegengesetzt. Ich kann ihn gar nicht hassen, nur verachten. Er hat unser Volk geschändet, unsere Ideale besudelt, die Kraft der Nation gelähmt, die Sitten angefault und die Moral verdorben. Er ist das Eitergeschwür am Körper unseres kranken Volkstums ...

Christus kann gar kein Jude gewesen sein. Das brauche ich erst gar nicht wissenschaftlich zu beweisen. Das ist so!

Ich möchte Pastor auf dieser Insel sein. Einfachen Menschen die Bergpredigt erklären und die Welt Welt sein lassen.«

Im Frühling des nächsten Jahres geht die Liebesgeschichte mit Hertha Holk zu Ende, weil Michael schon »von anderen Gluten« brennt. Something's coming! – aber es ist nicht Maria, die in der Westside zu Toni, und nicht Julia, die in Verona zu Romeo kommt, sondern ...

»*27. April:* Ich sitze in einem Saal, in dem ich noch nicht war. Mitten unter Menschen, die mir fremd sind. Arme, verhärmte Menschen. Arbeiter, Soldaten, Offiziere, Studenten. Das ist das deutsche Volk nach dem Kriege. Man sieht alte, zerschlissene Uniformen, auf den Waffenröcken, schmutzig und zerfetzt, trauern die Zeichen des großen Krieges. Das alles schaue ich fast wie im Traum.

Ich merke kaum, wie plötzlich einer oben steht und zu reden beginnt. Stockend und schüchtern zuerst, als suchte er Worte für Dinge, die zu groß sind, als dass man sie in enge Formen presse.

Da, mit einem Male beginnt der Fluss der Rede sich zu entfesseln. Ich werde gefangen, ich horche auf. Der da oben gewinnt Tempo. Wie ein Licht leuchtet es über ihm.

Ehre? Arbeit? Fahne? Was höre ich? Gibt es das noch in diesem Volk, von dem Gott seine segnende Hand gezogen? Die Menschen beginnen zu glühen ...

Der da oben spricht, wälzt Quader auf Quader zu einem Dom der Zukunft. Was in mir seit Jahren lebte, hier wird es Gestalt und nimmt greifbare Formen an.

Offenbarung! Offenbarung! ...

Ich gehe, nein, ich werde getrieben bis an die Tribüne. Da stehe ich lange und schaue diesem Einen ins Gesicht.

Das ist kein Redner, das ist ein Prophet!

Schweiß läuft ihm in Strömen von der Stirne. In diesem grauen, bleichen Gesicht wettern zwei glühende Augensterne. Die Fäuste ballen sich.

Wie das Jüngste Gericht donnert Wort um Wort und Satz um Satz ...

Der da oben schaut mich einen Augenblick an. Diese blauen Augensterne treffen mich wie Flammenstrahlen. Das ist Befehl!

Von diesem Augenblick an bin ich neu geboren ...«[566]

Bergpredigt, Berufung der Jünger und pfingstliche Geist-Taufe, alles in einem ist diese Erleuchtung, die der deutsche Michael in München erlebt. Der johanneische Michael, das wusste der Religionsprimus Joseph auswendig, würde am Ende der Zeiten mit seinen Engeln reinen Tisch machen: »*Und gestürzt wurde der große Drache, die alte Schlange, die der Teufel heißt und der Satan, der die ganze Welt verführt ... und seine Engel mit ihm*« (Apok 12, 9).

Im Januar 1933, kurz vor der Machtergreifung, die es ohne die geschickte PR des Doctor pro paganes Joseph Goebbels wohl nie gegeben hätte, notiert der spätere Propagandaminister in sein Tagebuch:

»Abends sahen wir den Film ›Rebell‹ von Luis Trenker. Eine Spitzenleistung der Filmkunst. So kann man sich den Film der Zukunft denken, revolutionär mit ganz großen Massenszenen, die mit einer ungeheuer vitalen Kraft hingeworfen sind. In einer Szene, in der ein Riesenkruzifix vor den Aufständischen aus einer Kapelle getragen wird, wird der Zuschauer auf das tiefste erschüttert.«

Goebbels selber jedenfalls war so erschüttert, dass er sich den Film gleich am nächsten Abend nochmal anschaute.

Schon kurz nach der Machtergreifung offenbarte sich Goebbels'
hemmungsloser, sich steigernder Antisemitismus nicht nur in Verordnungen und Kommentaren, sondern im aktiven Organisieren von
sozialer Isolierung und Verfolgung. Das begann mit dem »Kauft nicht
bei Juden«-Boykott vom 1. April 1933 und ging so weit, dass er 1938
den Juden sogar das Betreten deutschen Waldes verbieten wollte, weil
das so »aufreizend und provozierend« sei; ein Vorschlag, über den sich
sogar der Waidmann Göring königlich amüsierte.[567]

Einig waren sich Göring und Goebbels darin, dass sie die Entfernung von Kruzifixen aus Schulen und Krankenhäusern missbilligten.
Am 21. März 1942 notiert der Propagandaminister:

»Es ist nicht zu verkennen, dass gewisse Maßnahmen der Partei, vor
allem der Kruzifixerlass, den Bischöfen ihre Propaganda gegen den
Staat allzu leicht gemacht haben. Göring beklagt sich auch sehr ...
Auch der Führer hat ihm denselben Standpunkt vermittelt, wie er das
mir so und so oft getan hat. Der Führer hat in diesem Zusammenhang
erklärt, wenn seine Mutter noch lebte, würde sie heute zweifellos noch
in die Kirche gehen, und er wollte und könnte sie nicht daran hindern.«[568]

Am 27. März 1942 schreibt Goebbels in sein Tagebuch:

»... Aus dem Generalgouvernement werden jetzt, bei Lublin beginnend, die Juden nach dem Osten abgeschoben. Es wird hier ein ziemlich barbarisches und nicht näher zu beschreibendes Verfahren angewandt, und von den Juden selbst bleibt nicht mehr viel übrig ... An den
Juden wird ein Strafgericht vollzogen, das zwar barbarisch ist, das
sie aber vollauf verdient haben ... Gott sei Dank haben wir jetzt während des Krieges eine Reihe von Möglichkeiten, die uns im Frieden
verwehrt wären. Die müssen wir ausnützen ...«[569]

Verschiedene Autoren weisen auf eine tiefe Ergebenheit oder sogar
echte Liebe des Lieblingsjüngers Joseph zu seinem Meister Adolf hin;
»aber wahrscheinlich war diese Zuneigung zu Hitler in erster Linie
eine Art Spiegel, in den sich Goebbels als lauterster, tüchtigster und
treuester aller Gefolgsleute reflektiert sah.«[570] Einen Tag nach Hitlers
Hinscheiden bereitete Joseph am 1. Mai 1945 im Führerbunker seinen
sechs Kindern, seiner Frau und sich ein Ende.

Der Missionar bei den Schwarzen: Rudolf Höß

Rudolf Franz Ferdinand Höß wurde 1900 oder 1901 – hier gehen
Tauf- und Heiratsurkunde nicht mit Gerichtsakten und Biographien
zusammen – in Baden-Baden geboren. Sein Vater Franz Xaver Höß

hatte nach mehreren Verwundungen seinen Offiziersdienst bei der deutschen Kolonialarmee in Ostafrika aufgegeben und betrieb nun mit der Mutter zusammen einen von ihren Eltern ererbten Tee- und Kaffeehandel. 1906 zog die Familie mit Rudolf und seinen zwei jüngeren Schwestern nach Mannheim um, wo der Stammhalter ab 1910 das Gymnasium besuchte.

Seine Eltern habe er »sehr geachtet«, schreibt Höß 1947 im polnischen Gefängnis, und »mit Verehrung« habe er zu ihnen aufgeschaut. »Doch Liebe – Elternliebe, wie ich sie später kennen lernte, brachte ich nicht für sie auf ... Zwischen meinen Eltern bestand ein gütiges, liebevolles Verhältnis voll Achtung und gegenseitigem Verstehen. Doch habe ich nie erlebt, dass sie zu einander zärtlich waren.«[571]

Seine Mutter schildert Höß als »direkt, ehrlich, gesellig, herzlich, unendlich gut, konnte niemandem etwas abschlagen oder Böses tun«. Aber der Sohn hielt Distanz: »Während meine zwei Schwestern sehr anschmiegsam und immer um die Mutter waren, lehnte ich jeden Zärtlichkeitsbeweis, schon von früher Jugend an, strikt ab, sehr zum Bedauern meiner Mutter.« Anscheinend entsprach diese äußerliche Kühle des Sohnes nicht seinem wirklichen Liebesbedürfnis, denn seinem eigenen Sohn gegenüber bedauerte Höß an seinem Lebensende: »Mutterliebe und Muttersorge ist das Schönste und Wertvollste, was es auf Eden gibt. Ich habe dies auch einst erst erkannt, als es zu spät war und habe es mein Leben lang bereut.«[572]

Dominierend in Rudolfs Erziehung wie in der Familie war der Vater. Ihn schilderte Höß als »in sich verschlossenen Menschen, wenig gesellig, Gefühle nicht zeigend, ausgeglichen, sehr aufrichtig, von ungeheuer strengen ethischen Grundsätzen, ein tief religiöser fanatischer Katholik«.[573]

Noch als Ehemann, in der Mitte seines Lebens, spielte der Vater nach Aussage seines Sohnes mit dem Gedanken, dem Leben zu entsagen und ins Kloster zu gehen. Als dann seine jüngste Tochter geboren war, legte der tief ernste Katholik ein religiöses Gelübde ab, weihte seinen Sohn Gott und dem Priestertum und führte seitdem eine keusche »Josefs-Ehe«.[574] Rudolfs Lebensperspektive war von da an fest vorgezeichnet und die ganze Erziehung darauf abgestellt. Der Vater fand in Mannheim, wo man nun wohnte, »fast täglich Zeit, sich mit mir zu beschäftigen, sei es, um meine Schularbeiten zu sehen oder mit mir über meinen zukünftigen Beruf zu sprechen ... Meine Eltern führten ein sehr gastliches Haus. In der Hauptsache verkehrten Geistliche aus allen Kreisen bei uns. Mein Vater wurde im Laufe der Zeit immer religiöser. So oft es seine Zeit erlaubte, fuhr er mit mir zu all den Wallfahrtsstätten und Gnadenorten meiner Heimat, sowohl nach Einsiedeln wie nach Lourdes in Frankreich. Inbrünstig erflehte er den Segen des Himmels für mich, dass ich dereinst ein gottbegnadeter Priester würde.«

Der Sohn selbst wurde nicht gefragt, und anfangs akzeptierte er wie selbstverständlich, was Vater mit ihm vorhatte. »Ich war auch tief gläubig, soweit man das als Knabe in den Jahren sagen kann, und nahm es mit meinen religiösen Pflichten sehr ernst. Ich betete in wahrhaft kindlichem Ernst und war sehr eifrig als Ministrant tätig.«[575]

Doch die Liebe des Vaters erdrückte den zur Heiligkeit erkorenen Sohn: »Was mich so eigensinnig machte und mich wahrscheinlich später veranlasste, mich von den Menschen abzuschließen, war seine Art, mich fühlen zu lassen, dass ich ihm ein persönliches Unrecht angetan hätte und dass er, da ich geistig arg unter ihm stünde, vor Gott für meine Sünden verantwortlich wäre. Und ich konnte nur beten, um für meine Sünden zu büßen. Mein Vater war eine Art höheres Wesen, dem ich nie nahekommen konnte. Und so zog ich mich in mich selbst zurück – und ich konnte mich anderen gegenüber nicht öffnen. Ich glaube, dass diese bigotte Erziehung Schuld daran trägt, dass ich so verschlossen wurde.«[576]

Am besten ging es dem einzelgängerischen Bub in den Ferien auf dem Schwarzwaldhof seiner Großeltern. »Hier fühlte ich mich am wohlsten, und hier wuchs meine Liebe zur Landwirtschaft, zur Natur und zur Tierwelt. Ich galt als ein stiller, sensibler Junge, aber man wagte nicht, mich ohne Notwendigkeit zu stören, weil ich wütend werden konnte.«[577] Der empfindliche Bub hatte ein lebendiges ethisches Bewusstsein: Ungerechtigkeit, Lüge, unmoralisches Benehmen regten ihn auf, auch und besonders, wenn sie ihn selbst betrafen: »Ich ließ mir nichts gefallen und setzte mich immer durch. Wurde mir Unrecht getan, so ruhte ich nicht eher, bis dies – nach meiner Ansicht – gesühnt war. Darin war ich unerbittlich und bei meinen Klassenkameraden gefürchtet.«[578]

Sehr aufmerksam hörte Rudolf dem Vater zu, wenn er von seiner Dienstzeit in Ostafrika erzählte, von den Kämpfen mit den Eingeborenen und von ihrem »finsteren Götzenkult«; oder wenn einer jener bärtigen Afrika-Patres zu Besuch kam, die sein Vater aus Ostafrika kannte. Dann wich Rudi nicht von der Stelle, um ja kein Wort der Unterhaltung zu versäumen; dann stand für ihn fest, er würde Missionar werden, und zwar im dunkelsten Afrika.

370

Der erste Bruch in seiner »tiefen, wahrhaft kindlichen Gläubigkeit« kam nach dem Knöchelbruch eines Mitschülers, den Rudolf beim Gedränge vor der Turnhalle unbeabsichtigt die Treppe hinuntergeschubst hatte, was ihm zwei Stunden Karzer brachte. Rudolf sagte seinem Vater nichts, aber er beichtete seine Sünde einem Priester. Am nächsten Tag stellte ihn sein Vater wegen des Vorfalls zur Rede. Da sein Beichtvater am Vorabend seinem Vater einen Freundschaftsbesuch abgestattet hatte, war für Rudolf alles klar: »Es wurde doch immer gelehrt, dass das Beichtgeheimnis so unverbrüchlich sei, dass selbst die schwersten Verbrechen, die dem Beichtvater ... anvertraut würden, nicht angezeigt werden dürften. Und nun hatte der Priester, zu dem ich solches Vertrauen hatte ..., der mein ganzes kleines Sündenleben in- und auswendig kannte, das Beichtgeheimnis gebrochen um solch einer Nichtigkeit!«

Der Zwölfjährige zog aus diesem Verrat seine Konsequenzen: Erst ging er zu einem anderen Beichtvater, dann gar nicht mehr zur Beichte, was aber höchst gefährlich war: »In der Religionslehre wurde gesagt, dass, wer ohne Beichte zur heiligen Kommunion ginge, von Gott schwer bestraft würde. Es sei vorgekommen, dass solche Sünder tot an der Kommunionbank umgefallen seien.« Nach flehentlichem Bittgebet, mit bebendem Herzen ging Rudolf in einer anderen Kirche zur Kommunionbank und – »es geschah nichts!«[579]

1914 stirbt der Vater. »Ich kann mich nicht entsinnen, dass dieser Verlust mir besonders nahe ging.« Gegen den Willen der Mutter und der Verwandtschaft, die Rudolf zwingen wollen, das väterliche Gelübde zu erfüllen, schafft es der fürs Soldatentum begeisterte Sechzehnjährige, zu einer Kavallerieeinheit zu kommen, die bis in die Türkei und nach Palästina gelangt. Dort stößt ihm auf, »welch ein Handel mit angeblich geheiligten Sachen betrieben wird, um frommen Pilgern möglichst viel Geld aus der Tasche zu ziehen. Z.B. wird Moos mit roten Tupfen nach Jerusalem gebracht, um dort als Moos von Golgatha mit Blutstropfen Jesu verkauft zu werden.« Nur wenige seiner Kameraden, gleich ihm »tiefgläubige Katholiken, verurteilten dies Treiben der Kirche, wurden angewidert von dieser üblen Geschäftemacherei mit den tief ernsten religiösen Gefühlen der Pilger ... Diese Dinge ... waren wahrscheinlich Ausschlag gebend für meine spätere Abkehr von der Kirche.«[580] In Gefechten entwickelt der Siebzehnjährige schon bald dieselbe Kaltblütigkeit und »eiserne Ruhe«, die er an seinem Rittmeister bewunderte. »Mein erster Toter! – der Bann war gebrochen«, erinnert er sich an einen indischen Soldaten, den er niedergestreckt hatte. Als dann sein Rittmeister, zu dem er ein »viel innigeres Verhältnis« als zu seinem Vater entwickelt hatte, im Frühjahr 1918 am Jordan fiel, trauerte er ihm schmerzlich nach. »Sein Tod ging mir wirklich nahe.«[581]

Einen Schlussstrich unter den Vaterwunsch der geistlichen Weihe zog er nach seiner abenteuerlichen Rückkehr nach Hause; dies, obwohl seine Mutter in ihrem letzten Brief ihn daran gemahnt hatte, »wozu ich von meinem Vater ausersehen sei«. Zu Hause im Badischen hatten die Verwandten nach dem Tod der Mutter die zwei Schwestern in Klosterschulen untergebracht und den Hausstand unter sich verteilt, in der festen Annahme, dass die Mädchen und der dem Priestertum geweihte Sohn diese »weltlichen« Dinge nicht mehr bräuchten. Ihn bestürmten sie nun, sofort ins Priesterseminar zu gehen, um den Lebensweg zu beschreiten, der ihm vorgezeichnet war. Noch am selben Tag geht er zu seinem Vormund, erklärt ihm kurz und bündig, dass er nicht Geistlicher wird. Der aber will ihn dazu zwingen, indem er für eine andere Ausbildung kein Geld hergeben werde. Kurz entschlossen verzichtet Rudolf auf sein Erbteil und sucht seine neue Heimat bei einem Freikorps in Ostpreußen.

Nach dem ersten Verrat des Beichtvaters und dem zweiten der lieben Verwandten bestimmt ein dritter den weiteren Lebensweg des inzwischen abgebrühten Soldaten. Kurz nachdem sein »alter guter Kamerad« Schlageter von den Franzosen hingerichtet worden war, vollstreckt Höß mit Gleichgesinnten den Fememord an einem Volksschullehrer, den sie für den Verräter Schlageters halten. Für den »besonders grausamen und brutalen« Totschlag wurde er 1923 zu zehn Jahren Zuchthaus verurteilt.

Nach zwei Jahren bekommt er Angstträume, in denen er immer wieder verfolgt, erschlagen, erschossen wird. Eine Haftpsychose bahnt sich an. »Ich versuchte mich gewaltsam zusammenzureißen, ich konnte nicht dagegen an. Ich wollte beten, ich brachte nur noch ein trauriges Angstgestammel zusammen, ich hatte das Beten verlernt, ich fand den Weg zu Gott nicht mehr. In dem Zustand glaubte ich, dass Gott mir nicht mehr helfen wolle, weil ich ihn verlassen hatte. Mein amtlicher Kirchenaustritt von 1922 quälte mich ... Bitterste Vorwürfe machte ich mir, weil ich dem Willen meiner Eltern nicht gefolgt, nicht Geistlicher geworden war. – Gibt es eine Verbindung mit den Abgeschiedenen? Ich sah oft in den Stunden der stärksten Erregung, bevor sich dann meine Gedanken verwirrten, meine Eltern leibhaftig [!] vor mir und sprach mit ihnen, als wenn ich noch in ihrer Obhut wäre.«[582]

Die vom Gefängnisarzt gewährten Hafterleichterungen, etwa die Erlaubnis, Blumen am Fenster zu halten, besserten aber seinen Zustand. Er lernt nun mit Eifer in der Freizeit Englisch, was ihm auch ein »hervorragendes geistiges Zuchtmittel« war, und wegen seiner disziplinierten Aufführung wurde er im Zug eines Amnestiegesetzes 1928 entlassen. Dieselbe deutsche Disziplin befähigte ihn, der eigentlich vom »gesunden, harten, aber naturgemäßen Leben« auf dem »selbst erarbeiteten Bauernhof« träumte, dann auch zur effizienten Führung eines »KL«.

Das schizophrene und doch ganz normale Verhalten des Auschwitzer Kommandanten, als besorgter »Ein Mann wohnt im Haus«-Familienvater und als »Er pfeift seine Rüden herbei«-Kommandant wurde bereits besprochen.

Die bis hierher angeführten Details über Leben und Erziehung des Lagerleiters von Auschwitz-Birkenau stammen – nota bene – aus der Dissertation eines katholischen Priesters aus dem Rheinland, der eine Gedenkstätte in Auschwitz betreut. Dr. theol. Manfred Deselaers sieht richtigerweise im Verhalten des Vaters von Rudolf Höß die Hauptursache seiner Entwicklung zu einem apathisch-schizoiden, autoritätsgläubigen Massenmörder. Wenn Deselaers aber dann offenbart: »Die Religiosität des Vaters [Höß senior] ist idolisch und deshalb in Wahrheit ›atheistisch‹, Gott-los, weil lieb-los«, dann ist das starker Tobak. Denn schließlich meint es Papa Höß doch immerhin viel besser mit seinem Filius als der himmlische Papa mit seinem Jesus. Aber vielleicht ist Gottvater auch so ein gottloser Atheist.

Betrachten wir die Lebensläufe der vier großen Buben synoptisch. Was haben sie gemeinsam?

- Alle vier werden streng religiös erzogen; drei katholisch, einer evangelisch in katholischem Umfeld.
- Bei allen vieren ist der Vater der religiös aktivere Part, dominant sowohl gegenüber der Mutter und der Familie als auch in der Erziehung.
- Bei allen vieren fordert der Vater vom Sohn die gehorsame Erfüllung eines väterlich vorgezeichneten, religiös-idealistisch und hoch moralisch orientierten Lebensweges, der mehr oder weniger ein Selbstopfer forderte.
- Die Väter von Joseph und Rudolf wünschen darüber hinaus von ihren Söhnen aus religiösen Gründen das Selbstopfer lebenslanger

geschlechtlicher Enthaltsamkeit, was einer Kastration ziemlich nahe kommt.

- Alle vier werden im Lauf ihrer Entwicklung zu Gegnern der christlichen Religion und der Kirchen; sie bleiben aber lebenslang ihrer primären religiösen Erziehung verhaftet und »säkularisieren« ihre religiöse Prägung, indem sie nazistische Inhalte, Objekte, Riten und Ziele an Stelle der christlichen setzen.

- Alle vier rebellieren als junge Männer gegen die vom Vater vorgegebene Wertewelt und bleiben doch in ihrem ganzen Leben extrem gehorsam und gläubig gegenüber der Ideologie, die sie in ihren späteren Lebensjahren als Ersatz für ihre verlorene kindliche Religiosität gefunden hatten.

- Das Motiv des »Verrats« spielt in aktivem und passivem Sinn eine Rolle: während Höß als Kind Grund hatte, sich als Opfer eines Treuebruchs Erwachsener zu fühlen, während Goebbels als Schüler tatsächlich ein »Verpetzer« war, machten sich alle vier dadurch sublim schuldig, dass sie den religiösen oder beruflichen »Wegweisungen« (Delegationen) der Eltern untreu wurden.[583]

Das Ganze spielt sich ab in einem Kulturraum, dessen zentrale religiöse Mythe im Selbstopfer des verratenen Sohnes zur Versöhnung des liebenden Vaters besteht. Auch die Väter der vier Hitlerjünger waren als Kinder in diesem Ideal erzogen worden, aber als junge Männer hatten sie sich nicht geopfert, sondern geliebt, geheiratet und Söhne in die Welt gesetzt. Da sie selber das Selbstopfer in seiner Hochform, der Kreuz tragenden Nachfolge Jesu, verfehlt und außerdem sich »mit Weibern befleckt« hatten, fühlten sie sich schuldig. Umso eifriger betätigten sie sich deshalb als christliche Erzieher in der »Josephs-Rolle«, umso gottgefälliger sollten ihre Kinder, vor allem ihre Söhne leben.

Dass Söhne dagegen rebellieren, von ihren Vätern so auf den Altar gelegt zu werden, entspricht ihrem gesunden Selbsterhaltungstrieb. Vater-Sohn-Konflikte sind notwendige Entwicklungsphasen für jedes männliche Kind, und Rebellion gegen die Werte der Alten, gegen die alten Werte ist für die gesellschaftliche Erneuerung notwendig. Aber der »Alte Herr«, gegen den Adi, Heini, Jupp und Rudi revoltierten, gegen den sie insgeheimen Hass schon lange in sich trugen, war auch der Alte Herr des Alten Testaments mit seinem Alten Volk des Alten Bundes, dessen Kontrahent der junge Sohnesgott Jesus war. Mit diesem konnten sie sich aber nicht identifizieren; viel zu aufdringlich war ihnen diese Opfer-Helden-Rolle von ihren Vätern angetragen worden. Also wählten sie einen Ersatz für den Heiland Jesus: den Erlöser Hitler, der gegen das auserwählte Volk des Alten kämpfte. Mit dem Führer kämpften sie gegen ihren Vater, von dem sie sich gelöst zu haben meinten.

Und gleichzeitig war ihre Treue, ihr Gehorsam zum Führer auch ein verschobener, versöhnender Gehorsam gegen den Vater, den sie verraten, gegen dessen liebende Lebenspläne sie verstoßen hatten. Aus diesem Verschulden resultierte latente Angst: vor dem übermächtigen Alten und vor seinem Volk.

»Und je größer das unbewusste Schuldgefühl, desto fürchterlicher ist der imaginäre Feind. Schuldgefühl nämlich ist vorhanden, und es nagt unablässig. Ursprünglich hervorgerufen durch die mörderischen Impulse, die das kleine Kind gegenüber seinen Eltern empfindet, wird es ungeheuer verstärkt durch die wirklichen Gewalttaten, die der Erwachsene an seinen Opfern begeht. Es wird jedoch nicht als Schuldgefühl erfahren, da es vollkommen verleugnet und ins Unbewusste verdrängt wird, sondern als Gefühl der Bedrohtheit, als blinde, namenlose Angst davor, dass die Opfer – die in der Phantasie getöteten Eltern und die in der Wirklichkeit getöteten Ersatz-Eltern – aufstehen und Vergeltung fordern könnten. Nur so erklärt sich das Paradoxon, das bei den Massakern der Nazis zutage trat: Während die Juden immer hilfloser wurden, während immer mehr von ihnen der Vernichtung zum Opfer fielen, wurden sie als immer mächtiger, bösartiger und gefährlicher empfunden. Nur so erklärt sich auch die Tatsache, dass ein Mann wie Goebbels, für den der Antisemitismus zunächst kaum mehr als ein Mittel zum Stimmenfang gewesen war, am Ende seines Lebens in schrillsten Tönen gegen die allmächtigen jüdischen Herrscher der Welt tobte. Sein eigenes schuldbeladenes Unbewusstes machte für ihn die imaginären Weisen von Zion zu einer Macht, die fürchterlicher war als das Nazi-Regime selbst.«[584]

Was Norman Cohn hier für Goebbels feststellt, kann wohl mit gleicher Schärfe für die anderen drei Musketiere gesagt werden, die nicht gegen Kardinal Richelieu, sondern gegen einen anderen alten mächtigen Drahtzieher kämpften.

Die Vater-Sohn-Struktur der christlichen Kreuzigung, untrennbar vom Sohnesmord-Vorwurf an die Juden, erscheint bei ihnen als wesentliche erziehungspsychologische Ursache ihres fanatischen Antisemitismus. Ob und inwieweit diese Vermutung zutrifft, lässt sich vielleicht an ihrem Meister nachprüfen. Über den sagte Psychologe Goebbels übrigens die ahnungsvollen Sätze: »Hitler hat fast genau dieselbe Jugend durchgemacht wie ich. Der Vater Haustyrann, die Mutter eine Quelle der Güte und Liebe.«[585]

Das Enfant terrisensible, oder der Togajüngling aus Braunau

Als das »k. k. Zollamts-Offizialkind« Adolf Hitler 1889 im österreichisch-bayerischen Grenzstädtchen Braunau zur Welt kam, war sein Vater zweiundfünfzig, die Mutter neunundzwanzig Jahre alt. Der Vater, »stattlich, selbstbewusst, mit blinkenden Uniformknöpfen, war ein Herrschertyp schon vom Gesicht her. Widerspruch im Kreise seiner Abhängigen duldete er nicht, seinen Willen setzte er mit drakonischer Strenge durch.«[586]

Die Mutter Klara, geb. Pölzl, war mit ihren weichen Zügen und ängstlichen Augen das komplementäre Pendant zum Hausherrn, quasi das Auge zur Faust. Sie hatte zunächst als Hausgehilfin bei ihm gearbeitet und hat auch als Ehefrau nie ganz den Status der Magd und Mätresse überwinden können. Noch jahrelang redete sie ihren Mann als »Onkel Alois« an, und auf Fotografien hat ihr mädchenhaftes Gesicht einen Zug von Bedrückung.[587] Und wenn später, als ihr Mann schon tot war, das Gespräch auf ihn kam, pflegte sie andächtig mit der Hand auf seine Tabakspfeifen zu weisen, die sie als Witwe nach dem Umzug in der Küche der neuen Wohnung wieder aufgereiht hatte. Als Souvenirs glücklicher Zeiten? Oder als phallische Symbole, Reliquien des Mächtigen, nach dessen Pfeife Frau und Kinder anzutanzen hatten?

Der »Zollamtsoberoffizial« Alois Hitler legte Wert auf die korrekte Titulierung, denn er hatte es so weit gebracht, wie er es bei seiner Vorbildung überhaupt bringen konnte. Und er war für absoluten Gehorsam. Adolfs älterer Stiefbruder Alois junior beklagte sich später bitter, dass sein Vater ihn häufig »unbarmherzig mit der Nilpferdpeitsche geschlagen« habe.

Nicht zu stimmen scheint, dass Adolf besser wegkam. Seine Schwester Paula erinnert sich: »Es war vor allem Bruder Adolf, der meinen Vater zu extremer Härte provozierte. Er war ein etwas unflätiger kleiner Lausbub, und alle Versuche seines Vaters, ihm die Frechheit auszuprügeln ... waren vergeblich.« Einmal habe er den Adolf, als der mit zwei Freunden auf einem selbstgebauten Floß fliehen wollte,

Klara Hitler, geb. Pölzl; Alois Hitler, geb. Schicklgruber. Zu dessen Bild meint
Jetzinger, es spräche »eher für eine jüdische Abstammung als für einen Abkömmling
von Kleinbauern aus dem niederösterreichischen Waldviertel«.[588]

derart verprügelt, »dass er bei der Heimkunft befürchtete, ihn getötet
zu haben, aber Adolf überlebte«.[589] Alice Miller belegt überzeugend,
dass Hitler wohl schon als kleines Kind mit drei, vier Jahren heftig
geschlagen worden ist, denn auf dieses Alter müsse die folgende Erinnerung seiner Halbschwester Angela datiert werden: »Adolf, denk
daran, wie ich und die Mutter den Vater am Uniformrock zurückhiel-
ten, wenn er dich schlagen wollte!« Später fragte Angela ihren kleinen
Bruder auch einmal, warum er denn nach der Schule nicht sofort
heimkäme. Und Adolf antwortete mit kühler Logik: »Wenn ich heim-
geh', werd' ich vom Vater g'schlagen, aber ich kann nicht spielen.
Wenn ich wegbleib', kann ich eine Stunde spielen und die Prügel dauern nicht länger als fünf Minuten.«[590]

So abgebrüht? Sein letzter durchstandener Prügelexzess kann als
Schlüsselszene für das lebenslange Laborieren Adolfs genommen
werden: »Viele Jahre später erzählte Hitler einer seiner Sekretärinnen,
er habe einmal in einem Abenteuerroman gelesen, es sei ein Zeichen
von Mut, seinen Schmerz nicht zu zeigen. Und so ›nahm ich mir vor,

377

bei der nächsten Tracht Prügel keinen Laut von mir zu geben. Und als dies soweit war – ich weiß noch, meine Mutter stand draußen ängstlich an der Tür – habe ich jeden Schlag mitgezählt, der auf meinen Hintern niederging. Die Mutter dachte, ich sei verrückt geworden, als ich ihr stolz strahlend berichtete: Zweiunddreißig Schläge hat mir der Vater gegeben!‹«[591]

Der Vater habe ihn, erzählte er der Sekretärin Christa Schroeder, von da an nicht mehr angerührt.

Fast vier Jahrzehnte später beobachtet sein Vertrauter Rauschning: »Aber er hat Zustände, die an Verfolgungswahn und Persönlichkeitsspaltung nahe heranreichen. Seine Schlaflosigkeit ist mehr als nur die Überreizung seines Nervensystems. Er wacht oft des Nachts auf, er wandert ruhelos umher. Dann muss Licht um ihn sein. Neuerdings lässt er sich dann junge Leute kommen, die die Stunden eines offenbaren Grauens mit ihm teilen müssen ... Mir hat jemand aus seiner engsten täglichen Umgebung berichtet: er wache des Nachts mit Schreikrämpfen auf. Er schreie um Hilfe. Auf seiner Bettkante sitzend könne er sich nicht rühren. Die Furcht schüttle ihn, so dass das ganze Bett vibriere. Er keuche, als glaube er, ersticken zu müssen. Der Mann erzählte mir eine Szene, die ich nicht glauben würde, wenn sie nicht aus solcher Quelle käme. Taumelnd habe er im Zimmer gestanden, irr um sich blickend. ›Er! Er! Er ist dagewesen‹, habe er gekeucht. Die Lippen seien blau gewesen. Der Schweiß habe nur so an ihm heruntergetropft. Plötzlich habe er Zahlen vor sich hergesagt. Ganz sinnlos ... Dann habe er wieder ganz still gestanden und die Lippen bewegt. Man habe ihn abgerieben, habe ihm etwas zu Trinken eingeflößt. Dann habe er plötzlich losgebrüllt: ›Da, da! in der Ecke! Wer steht da?‹ Er habe aufgestampft, habe geschrien wie man das von ihm gewohnt sei. Man habe ihm gezeigt, dass da nichts Ungewöhnliches sei, und dann habe er sich allmählich beruhigt ...«

Luther hätte wohl das Tintenfass geworfen, auf den, den Hitler da in der Ecke sah. Aber er hätte nicht Zahlen vor sich hergesagt: Die Zahlen nämlich, die der kleine Adolf damals nur stumm mitgezählt hatte: ... 29 – 30 – 31 – 32. Überstanden! Eine ganze Tracht Prügel, und ohne den kleinsten Laut! Stolz war der kleine Indianer zur Mutter gelaufen, er hatte es dem Vater gezeigt (der muss ja auch überrascht gewesen sein, als sein Trommelschlägel keine Musik hervorbrachte), und er hatte nun eine Methode gefunden, seinen Vater zu besiegen, indem er seine eigenen Gefühle mannhaft unterdrückte; eine Methode, die er später in »Mein Kampf« so beschreibt: »Solange der Absicht des

Vaters, mich Staatsbeamter werden zu lassen, nur meine prinzipielle Abneigung zum Beamtenberuf an sich gegenüber stand, war der Konflikt leicht erträglich. Ich konnte solange mit meinen inneren Anschauungen etwas zurückhalten, brauchte ja nicht immer gleich zu widersprechen. Es genügte mein eigener fester Entschluss ... um mich innerlich vollständig zu beruhigen.« Hier, bei diesen stumm ertragenen zweiunddreißig Schlägen, bei diesem inneren Zurückhalten legte der Hitlersohn den Grundstein für eine lebenslange Selbstunterdrückung, die sich in seinem Lieblingswort »eiskalt« spiegelte.[592]

Aber man muss hier auch zwischen den Zeilen lesen: Nur dem Beamtenberuf »an sich« war Adolf abgeneigt. Also nicht dem Vater, dem eingefleischten Beamten? »Kunstmaler? Nein ...«, sagte der kategorisch zu Adolfs Berufswunsch, »solange ich lebe, niemals.« Wär's da nicht gut, wenn er tot wär? Nein, bestimmt nicht, denn Adolf beeilt sich, in den Satz »Der alte Herr ward verbittert und ..., ich auch« den gottesfürchtigen Halbsatz einzuschieben: »... so sehr ich ihn auch liebte.«[593]

Nicht nur in der breitbeinigen Pose des Familientyrannen, im Gestus des »Koan Muckser, gell!« ahmte Adolf seinen Vater nach (was bei seiner hühnerbrüstigen Figur eigentlich so komisch wirkte wie Chaplin als »Great Dictator«). Schon der Vierjährige soll, allein auf einem kleinen Hügel stehend, politische Reden gehalten haben, wie sie wohl auch der »freisinnige« Vater daheim zum Besten gab, vor allem, wenn er seine üblichen »drei bis vier Schoppen« intus hatte. So wie der Vater dann gegen die »schwarzen Klerikalen« herzog, pflegte auch der Sohn sich im vertrauten Kreise über die »Pfaffen« zu mokieren. Die Hundepeitsche trug auch der Filius, und gerne auch zum feinen Anzug. Und sogar der bei den letzten Buchstaben abfallende Namenszug, aus dem man graphologisch schon so viel psychische Dekadenz herausgelesen hat, wurde genau so schon vom Zollamtsoberoffizial A. Hitler gepflegt.[594] »Unbedingten Gehorsam« hörte man in seinen Reden an die weibische »breite Masse« den Sohn verlangen. »Der alte Herr Alois«, berichtet die »Wiener Sonn- und Montagszeitung« am 18. September 1933, »forderte unbedingten Gehorsam. Oft steckte er zwei Finger in den Mund, stieß einen scharfen Pfiff aus und Adolf, wo immer er gewesen sein mag, lief rasch zum Vater ... Er beschimpfte ihn oft und Adolf litt sehr unter der Strenge des Vaters.«[595]

Die Gefühlsbeziehung des Sohnes zu ihm war durchaus ambivalent, aber Adolfs Hass und Angst müssen enorm gewesen sein, wenn man bedenkt, dass er mehrfach versuchte, wie sein älterer Stiefbruder aus dem Vaterhaus zu fliehen. Eine Schlüsselszene ereignete sich wieder bei einem weiteren solchen Fluchtversuch:

»In einer besonders rebellischen Phase beschloss Adolf eines Tages, davonzulaufen. Sein Vater erfuhr jedoch davon und schloss ihn in einem der oberen Räume ein. In der Nacht versuchte der Junge, durch eine Fensteröffnung zu entkommen; und nachdem sie sich als zu eng erwiesen hatte, entledigte er sich seiner Kleider. In diesem Augenblick hörte er seinen Vater die Treppe heraufkommen; er gab seinen Versuch auf und bedeckte seine Blößen hastig mit einem Tischtuch. Der alte Herr griff diesmal nicht zur Peitsche; stattdessen brach er in Gelächter aus und rief seine Frau; sie möge doch heraufkommen und sich den ›Togajüngling‹ ansehen. Dieser Spott traf den Sohn härter als jede körperliche Züchtigung. Helene Hanfstaengl bekannte er später, er habe ›lange gebraucht, um über diese Episode hinwegzukommen.‹[596]

»... und warfen ihm einen Purpurmantel um, traten auf ihn zu und sagten: ›Sei gegrüßt, König der Juden‹, und sie gaben ihm Ohrfeigen.« (Joh 19,3) Am 20. Juli 1932 spricht der Sohn auf die erste »Adolf-Hitler-Schallplatte«: »Vor dreizehn Jahren wurden wir Nationalsozialisten verspottet und verhöhnt – heute ist unseren Gegnern das Lachen vergangen.« Am 30. September 1942 triumphiert Hitler wieder, und es sind die Juden, die früher gelacht haben: »Ich weiß nicht, ob sie auch heute noch lachen, oder ob ihnen das Lachen bereits vergangen ist: Ich kann aber auch jetzt nur versichern: Es wird ihnen das Lachen überall vergehen.«[597] Doch Hitlers Triumphe über die Lacher blieben kurzlebig. »Nach kurzer Pause«, bemerkt Stierlin, »musste er wieder zwanghaft heroische Taten, Siege und Eroberungen suchen ... Was immer er tat, Hitler schien in einer sich eskalierenden Scham-Stolz-Spirale gefangen, aus der es kein Entrinnen gab.« Den Grund für diese Eingesperrtheit sieht Stierlin in Hitlers »Humorlosigkeit und seinem Mangel an spielerischer Leichtigkeit«. Aber damals, als der Pubertierende beim Fluchtversuch halbnackt vom Vater ausgelacht wurde, konnte er wohl schlecht mitlachen. Und wenn er später so prüde war, dass er sich nicht einmal vor Ärzten oder Kammerdienern entkleiden wollte, dann wohl deshalb, weil ihm das dröhnende Gelächter des Vaters nicht aus den Ohren ging. Zumal er ja den männlichen Defekt nicht leugnen konnte, den russische Ärzte an seinem toten Körper feststellen sollten: Er hatte nur einen Hoden.[598]

Die Mutter war damals in den Dachstuben-Kerker heraufgerufen worden, um den Togajüngling mit auszulachen. Welche Rolle spielte die sanfte Mutter in dieser Szene und im ganzen Kindheitsdrama?

Alice Miller fragt: »Was geschieht in einem Kind, wenn es immer wieder erfahren muss, dass die gleiche Mutter, die ihm von Liebe spricht, ihm das Essen sorgfältig zubereitet, ihm schöne Lieder singt, ... bewegungslos zusieht, wenn dieses Kind vom Vater blutig geschlagen wird? Wie muss es sich fühlen, wenn es immer wieder vergeblich ihre Hilfe, ihre Rettung erhofft; wie muss es sich fühlen, wenn es vergeblich in seiner Folter erwartet, sie möge doch endlich ihre Macht einsetzen, die doch in seinen Augen so groß ist? Die Mutter sieht zu, wie ihr Kind gedemütigt, verspottet, gefoltert wird, ohne ihr Kind zu verteidigen, ohne etwas Erlösendes zu tun, sie ist durch ihr Schweigen mit dem Verfolger solidarisch, sie liefert ihr Kind aus.«[599] Mater dolorosa: die schmerzhafte Mutter, die bei Johannes (19, 25-27) unter dem Kreuz steht, aber einen sehr gefassten Eindruck macht angesichts ihres oben festgemachten Sohnes – und er, der vom Vater Geopferte, ist noch in dieser unvorteilhaften Lage so lieb zur Mama, dass er ihr den Lieblingsjünger Johannes als neuen Sohn und Versorger adoptiert.

Mater dolorosa: die schmerzensreiche, blasse Mutter Deutschland. Wieder gibt »Mein Kampf« Auskunft: »Sanken dafür diese Knaben von siebzehn Jahren in die flandrische Erde? War dies der Sinn des Opfers, das die deutsche Mutter dem Vaterlande darbrachte, als sie mit wehem Herzen die liebsten Jungen damals ziehen ließ, um sie niemals wiederzusehen? Geschah dies alles dafür, dass nun ein Haufen elender Verbrecher die Hand an das Vaterland zu legen vermochte?«[600] Die Verbrecher sind die alten Juden, die ewigen Dolchstoß-Verschwörer. Jene gut getarnten »Deutschen« mit jüdischem Blut, die das Opfer der deutschen Söhne verlachten, so wie sie ihn als Togajüngling verspotteten, so wie ihre Vorfahren Jesus im Purpurmantel verhöhnt hatten. Die deutsche Frau war gegen diese Herren machtlos wie die blasse Klara gegenüber dem »Onkel Alois«.

Welches Frauenbild bestimmte aus dieser Kindheit heraus Hitlers Leben? Welches Frauenbild sein Vater ihm vorlebte, müssen wir da zuerst einmal fragen, denn Adolfs Ambivalenz ihm gegenüber zeigt sich auch darin, dass er ein Leben lang seinen gehassliebten Vater nachahmte, dass er »unbewusst dessen Verhalten übernahm und in der Weltgeschichte aktiv spielte« (Alice Miller). Dieser Vater, 1837 geboren, war selbst wohl ein ungewolltes, jedenfalls illegales Kind, ein »Bankert«, den seine Mutter als Fünfjährigen an einen Verwandten zur Erziehung abgab, kurz nachdem sie selbst geheiratet hatte. Ihr Ehemann, ein vazierender Müllergeselle, hatte es seltsamerweise gar nicht eilig, den damals fünfjährigen Sohn seiner Frau zu adoptieren, obwohl er fünfunddreißig Jahre später angab, er sei sein Vater. Denn erst da, mit vierzig Jahren, nachdem die Mutter schon drei Jahrzehnte unter der Erde war, wurde ihr nun zum gehobenen Beamten arriviertes »lediges Kind« als Sohn des Johann Georg Hiedler eingetragen – mit einem Verwaltungsakt, bei dem der eintragende Pfarrherr beide Augen zudrücken musste. Wer war der große Unbekannte, der dritte Mann im Leben von Alois und Adolf Hitler? Vierzehn Jahre lang bekam die Maria Anna Schicklgruber Alimente von einem Mann namens Frankenberger. Die These vom jüdischen Großvater Frankenberger, der seiner ehemaligen Hausangestellten Anna Schicklgruber Alimente zahlte, sei heute »entkräftet«, schreibt Steffahn und führt als Fußnote das Kuriosum an, dass Maser, nachdem er diese These kräftig entkräftet hat, im Register den Frankenberger angibt als »wahrscheinlicher Vater Hitlers«. Wenn die These verneint wird, bleibt ungeklärt, warum der Grazer Hausherr für eine Besenkammer-Affäre seines neunzehnjährigen Sohnes vierzehn Jahre lang »der Schicklgruber Alimente zahlte«, warum es »einen jahrelangen Briefwechsel zwischen diesen Frankenbergers und der Großmutter Hitlers« gab, warum Hitlers Rechtsberater Hans Frank (der später in Polen als Judenmörder wütete) diese Fakten um 1930 für den verunsicherten Hitler recherchierte, und warum Alois Hitler, ebenso wie Adolf, mit ihren Begabungen derart aus ihrer Waldviertler Familie herausstachen: »Er ist doch aus der Art gefallen«, seufzte die Mutter Klara, nicht ohne Stolz.[601] Entscheidend ist aber letztlich, dass beiden dieser Dorftratsch bekannt war, beide unter dieser Dunkelheit ihrer eigenen Herkunft litten.

Ein seltsamer Zwang, sein eigenes Kinderschicksal zu wiederholen, bestimmt dann die Frauenbeziehungen des durch Talent und Fleiß arrivierten Zollbeamten. Als Dreißigjähriger hat er ein Verhältnis mit einer Thekla P. und mit ihr eine ledige Tochter namens Theresia. Als Sechsunddreißigjähriger heiratet er die fünfzigjährige Anna Glassl, Ziehtochter eines wohlhabenden Beamten (auch seine Mutter hatte ihn erst mit zweiundvierzig Jahren bekommen). Im siebten Ehejahr hat er ein Verhältnis mit der neunzehnjährigen Fanny Matzelsberger, macht sie »neben naus« schwanger, die kinderlose Ehe wird geschieden (damals eine Seltenheit), Fanny bekommt ihr »ledig's Kind«, Anna stirbt ein Jahr später an »Abzehrung«. Alois Hitler geht nicht zur Beerdigung, aber einen Monat später heiratet er die (wieder schwangere) Fanny. Die besteht gleich nach der Hochzeit darauf, dass ihr Mann seine Nichte (oder zumindest Cousine) Klara, die ihm bisher den Haushalt führte, nun woanders hin schickt. Ein Jahr nach der Geburt ihrer

Tochter Angela stirbt die junge Ehefrau Fanny an der Schwindsucht, und man erzählte, Alois hätte den Sarg schon vorher bestellt. Fünf Monate später heiratet er (um sechs Uhr früh, vor Dienstbeginn) seine Klara, die von ihm schwanger ist. Das Problem war nur: Dadurch, dass er sich mit vierzig Jahren vom Witwer seiner Mutter hatte adoptieren lassen, war er der Klara ihr Onkel geworden. Aber die päpstliche Ehedispens erlangte er schon, mit Hinweis nämlich auf seine beiden Kinder, die unbedingt eine Mutter brauchten. Wie er diese Mutter dann in neunzehn Ehejahren behandelte, wurde schon angedeutet. »Am Biertisch war er sehr rechthaberisch, leicht aufbrausend«, beschreibt Adolf Hitlers späterer Vormund Josef Mayrhofer seinen Spezl. »Daheim war er streng, kein Feiner, seine Frau hat bei ihm nichts zu lachen gehabt.«[602]

Und das Frauenbild des Jungen? Als Leni Riefenstahl die zaghaften Annäherungsversuche des Führers sanft abwehrt, lässt er sie sofort los, hebt die Hände zum Himmel und deklamiert: »Ich darf keine Frau lieben, bis ich mein Werk vollendet habe.«[603] Von Jugend an ist Adolf, nimmt man seine Attraktivität zum Maßstab, auffallend frauenscheu. August Kubizek, Hitlers Jugendfreund, schildert, wie beide nachts beim Heimgehen vom Burgtheater oder nach der Oper von »herumflanierenden Straßenmädchen« angesprochen wurden. »Aber immer wurden dabei nur Adolf die schönen Augen gemacht. ... Adolf blieb ein Einsamer und hütete in strenger mönchischer Askese die heilige ›Flamme des Lebens‹, ... immer von neuem griff er das Problem – Dirnentum und käufliche Liebe – auf. Adolf fürchtete die Infektion, wie er mir oftmals sagte, und erst heute weiß ich, dass damit vor allem die moralische Infektion gemeint war.« Er richtete »seinen persönlichen Lebenswandel mit dem Ernst und der Konsequenz eines Mönches ein, der sein Leben Gott geweiht hat«.[604]

Verursacher der irdisch käuflichen Liebe, der Prostitution, der moralischen Vergiftung, der Infektion des Volkskörpers war aber, das wusste Hitler, nur der Jude. Er ist der Teufel, den er fürchtet, und der Rivale, den er beneidet: »Der schwarzhaarige Judenjunge lauert stundenlang, satanische Freude in seinem Gesicht, auf das ahnungslose Mädchen, das er mit seinem Blute schändet und damit seinem, des Mädchens Volke raubt. ... So versucht er planmäßig, das Rassenniveau durch eine dauernde Vergiftung der einzelnen zu senken. ... Die Religion wird lächerlich gemacht, Sitte und Moral als überlebt hingestellt, so lange, bis die letzten Stützen eines Volkstums im Kampfe um das Dasein auf dieser Welt gefallen sind.«[605]

Es ist die Zeit seiner späten Pubertät, wo sich der scheue junge Mann für Richard Wagners Opern begeistert. Zehnmal hat er als Siebzehnjähriger in Wien die Aufführung des »Lohengrin« besucht, dessen Libretto er als Erwachsener fast auswendig kannte. Auch die Stelle, wo der keusche weiße Ritter Lohengrin die Weiblichkeit, nämlich Elsa warnt: »Nie – sollst du mich befragen / noch – Wissens Sorge tragen / Woher ich kam der Fahrt / noch wie mein Nam' und Art.« Woher er kam, dessen war sich schon sein Vater Alois im Unklaren, und diese Dunkelheit des eigenen Ursprungs war wohl für ihn ein wichtiger Ansporn, durch beruflichen und sozialen Aufstieg sich seiner selbst und vor der Umwelt sicher zu werden. War sich auch Adolf damals schon der eventuellen Abstammung von einem »schwarzhaarigen Judenjungen« bewusst? Schatzman weist auf die ungeheuer vielfältigen außersprachlichen Informationen hin, durch die Eltern auf ihre Kinder einwirken.[606] Und Alice Miller kennt das feine Gespür der Kinder für dunkle Stellen ihrer Eltern: »Gerade der Verdacht auf jüdisches Blut in der Familie ist für ein Kind viel belastender als die Gewissheit. Schon Alois musste unter dieser Ungewissheit gelitten haben, und zweifellos hat Adolf von den Gerüchten gehört, auch wenn man nicht gerne und laut darüber gesprochen hat. Gerade das, was die Eltern verschweigen wollen, beschäftigt das Kind am meisten, besonders wenn es ein Haupttrauma seines Vaters war.«[607] »Im väterlichen Hause«, behauptet Hitler, erinnere er sich überhaupt nicht, »zu Lebzeiten des Vaters das Wort Jude auch nur gehört zu haben.«[608] Als er aber in der Realschule einen Mitschüler mit »Du Saujud« anfuhr, war der Betreffende »sehr erschrocken, denn er wusste gar nichts davon, dass er von Juden abstamme, hat das erst viele Jahre später erfahren«. Seltsamerweise nimmt Jetzinger dies als Beleg, dass Hitler seine »Von-Haus-aus-Naivität« gegenüber dem Jüdischen in »Mein Kampf« richtig dargestellt habe.[609]

Richtiger ist aber wohl, dass Adolf »Seinen Kampf« als keuscher weißer Ritter in einem Dreieck kämpfte, das aus ihm, dem Alten und der Jungen Frau gebildet wurde. Abgesehen von seiner, mehr oder weniger bewusst im Raum stehenden, Dunkelheit der Herkunft war der Vater zweifach mit den Juden symbolisch assoziiert: als der gottähnliche »Alte Herr« und als der Quäler des Sohnes, der Verspotter des Togajünglings. Was die Beziehungen von Hitler senior und junior zur Frau im Dreieck betrifft, ist wieder Adolfs Imago des Weiblichen zu betrachten. Um 1930 verliebte er sich in seine Nichte Geli Raubal, eine ähnlich weiche, hübsche Persönlichkeit wie Klara, und wiederholt damit die Onkel-Nichte-Beziehung seiner Eltern. 1932 findet Geli in Hitlers Münchner Appartement einen Brief von Eva Braun an Hitler; sie zerreißt den Brief und erschießt sich. Adolf ist erschüttert, spricht davon, die Politik an den Nagel zu hängen, aber am Tag nach der Beerdigung hält er wieder eine zündende antisemitische Rede.[610]

Geli Raubal war nicht die einzige Frau mit Selbstmordneigungen, die sich zu Hitler hingezogen fühlte. Maria Reiter, Unity Mitford und Eva Braun sind weitere Beispiele. Heftig geprügelte Kinder waren nur die beiden letzteren, aber zu allen vieren hatte der »Herr Wolf« denselben Altersunterschied wie sein Vater ihn zu Klara hatte, nämlich zwischen neunzehn (Geli) und fünfundzwanzig Jahren (Unity). Auch seine Ansprüche blieben sich gleich. In Anwesenheit seiner blonden Eva, die er meist »mein Tschapperl« nannte, sagte er einmal zu Albert Speer: »Sehr intelligente Menschen sollen sich eine primitive und dumme Frau suchen. Sehen Sie, wenn ich nun auch noch eine Frau hätte, die mir in meine Arbeit hereinredet! In meiner freien Zeit will ich meine Ruh' haben.«[611] Wenn Staatsbesuch kam, hatte Eva sich unsichtbar zu machen; ging der Führer in die Oper, saß sie nie in seiner Loge; Eva selbst beklagte sich einmal, dass ihr Adolf, den sie in Gegenwart anderer nur mit »Mein Führer« anredete, sie »nur zu bestimmten Zwecken« brauche. Angeblich sahen diese Zwecke so aus, dass Hitler nur dann zum sexuellen Höhepunkt kommen konnte, wenn er dalag und eine Frau ihm ins Gesicht pinkelte, oder gar eine bajuwarische Redewendung buchstäblich in die Tat umsetzte: »Auf den is eh' g'schissen.«[612]

Wie passt das verächtliche Frauenbild dieses Mannes, der seine eigenen femininen Züge weder verbergen noch akzeptieren konnte, mit seiner Mutter zusammen? Für diese, von ihrem Mann wie eine Dienstmagd gehaltene junge Frau war er der Liebling, den sie ihren anderen Kindern vorzog. Er war ihr der heiß ersehnte Ersatz für drei Kinder, die sie ein Jahr vorher durch Krankheit verloren hatte. Dieses Kind nun sollte ihr nicht mehr genommen werden. Übervorsichtig umhegte und hätschelte sie ihren kleinen Prinzen, achtete auf jedes leiseste Anzeichen einer Erkrankung, und die Stiefkinder »mussten endlose Geschichten anhören, wie wunderbar Adolf war«. – »Er wurde vom frühen Morgen bis in die späte Nacht verwöhnt«,[613] beklagte sich der ältere Halbbruder Alois noch als Erwachsener, und die jüngere Schwester Paula, die ihn überlebte, erinnert sich: »Ich habe meinen Bruder Adolf nie so geliebt, wie andere Schwestern ihre Brüder lieben. Er war immer ganz anders, als ob er nicht zu uns gehörte, jedenfalls nicht zu mir. Schon als Kind hatte ich guten Grund, ihn zu hassen, denn die Mutter verwöhnte ihn auf meine Kosten. Ich war seine Dienerin und musste ihm jeden Wunsch von den Augen ablesen ...«[614]

Jahrelang ließ sich der jugendliche Flaneur von der Witwe und ihren bescheidenen Ersparnissen aushalten. 1907 starb die Mutter, siebenundvierzigjährig, an Brustkrebs; bei mehr als hundert Hausbesuchen hatte der jüdische Hausarzt Dr. Bloch eine teure und schmerzhafte Behandlung angewandt, die darin bestand, ätzendes Jodoform in die offenen Wunden der Mutter zu träufeln. Das Ende ihres Kampfes war lange abzusehen. »Dennoch«, schreibt Adolf, »traf besonders mich der Schlag entsetzlich.« Tatsächlich entdeckte Kubizek damals an seinem Freund eine »liebevoll einfühlende Zärtlichkeit« zwischen Mutter und Sohn, eine »einzigartige seelische Harmonie«.[615] Das Krankenbett steht im einzigen beheizbaren Raum, der Küche, und der Sohn verrückt die Möbel, um dort auch noch ein Sofa für sich unterzubringen. Auch in der Sterbenacht sitzt er neben ihr, und um den letzten Eindruck festzuhalten, zeichnet er die Leidende. Klara Hitlers Hausarzt Dr. Bloch erinnerte sich 1938, er habe in seiner beinahe vierzigjährigen Praxis »nie einen jungen Menschen so schmerzgebrochen und leiderfüllt gesehen, wie es der junge Adolf Hitler gewesen, als er ... kam, um mir mit thränenerstickter Stimme für meine ärztlichen Bemühungen Danke zu sagen.«[616] Diesem einen Juden (der Mädchenname seiner Frau war Emilie Kafka) blieb Hitler dankbar wohlgesonnen, verhalf ihm auch 1938 zur Auswanderung, aber da seine medizinischen Diplome in den USA nicht anerkannt wurde, starb Dr. Bloch verarmt in der New Yorker Bronx.

In »Mein Kampf« macht Hitler sein Verhältnis zu den Eltern sehr deutlich durch das, was er nicht sagt: »Ich hatte den Vater verehrt, die Mutter jedoch geliebt«. Nicht geliebt hatte er den Vater.[617] Seiner Sekretärin sagte er dies, kontrastierend zu dem, was er ihr »von der Liebe seiner Mutter« erzählte, ganz unverhüllt: »Meinen Vater habe ich nicht geliebt, dafür um so mehr gefürchtet. Er war jähzornig und schlug sofort zu. Meine arme Mutter hatte dann immer Angst um mich.«[618] Nach dem Anschluss Österreichs lässt der Führer die engere Heimat des Vaters, Döllersheim und Umgebung, in einen Truppenübungsplatz verwandeln. Die Geburtsstätte des Vaters wird von der Wehrmacht zerschossen und niedergewalzt. »Es hat ganz den Anschein«, meint Friedrich Heer, »dass die Vernichtung Döllersheims direkt über Auftrag des Führers erfolgte – aus irsinnigem Hass gegen seinen Vater, der vielleicht einen Juden zum Vater hatte.«[619]

Versuchen wir an dieser Stelle, das familiäre Beziehungsdreieck in Realität und Mythos graphisch darzustellen:

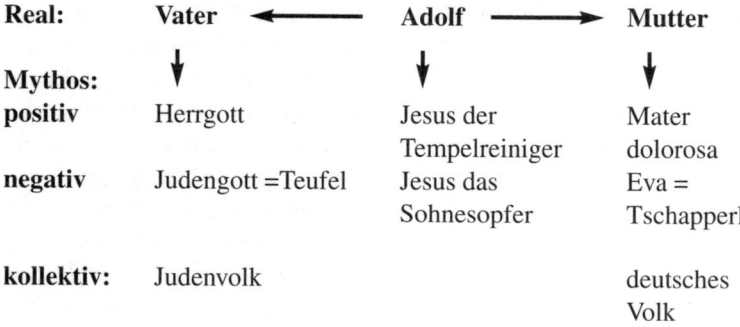

Real:	Vater ⟵———	Adolf ———⟶	Mutter
Mythos:	↓	↓	↓
positiv	Herrgott	Jesus der Tempelreiniger	Mater dolorosa
negativ	Judengott =Teufel	Jesus das Sohnesopfer	Eva = Tschapperl
kollektiv:	Judenvolk		deutsches Volk

Den Vater erlebte das Kind Adolf als den herrischen, göttlich allmächtigen, strafenden Alten, dessen Liebe es trotz allem suchte. In vielen Attitüden versuchte Adolf in seinem Leben, diesen erlebten und überlebten Vater nachzuahmen. Zu den genannten Beispielen ein sehr bezeichnendes weiteres, aus Hitlers Affäre mit der jungen Münchnerin Maria Reiter: Ihr erzählte er, »dass sie nämlich wunderschöne Augen habe, die gleichen Augen wie seine Mutter«. Mit einem gequälten Unterton in der Stimme schilderte der Führer dann, wie seine Mutter an Brustkrebs gestorben war, und fragte Maria, deren Mutter ebenfalls gestorben war, ob er sie an deren Grab begleiten dürfe. Bei einem abendlichen Spaziergang mit Maria und ihrer Freundin geht aber Hitlers Hund auf den der beiden Mädchen los. »Daraufhin hob Hitler seine Peitsche und schlug zu. Einmal, zweimal, dreimal, immer und immer wieder, wie ein Wahnsinniger. Er schlug und trat diesen Hund, wie auch sein Vater geschlagen und getreten hatte. Das Tier jaulte auf. Kurz zuvor hatte Hitler noch erzählt, der Hund sei sein treuester Begleiter, ohne ihn könne er nicht leben. Und jetzt packte er das Tier an der Halskette und schüttelte es beinahe zu Tode. Hitler war sichtlich erregt, er konnte sich kaum beruhigen. Maria erschrak. Niemals hätte sie diesem Mann zugetraut, dass er so roh, so rücksichtslos auf ein Tier eindreschen könnte. Als Hitler sich wieder halbwegs beruhigt hatte, fragte sie ihn: ›Wie kann man nur so brutal sein und seinen Hund so schlagen?‹ – ›Das war notwendig‹, erwiderte Hitler kurz. Damit war das Thema für ihn erledigt.«[620] Leider nicht für Deutschland. Der antiautoritäre Pädagoge A. S. Neill, scharf beobachtend: »Ich sah, wie 1935 hunderttausend folgsame, kriecherische Hun-

387

de auf dem Tempelhofer Feld in Berlin mit dem Schwanz wedelten, als der große Trainer Hitler seine Befehle pfiff.«[621]

Ähnlich positiv »an Vatergottes Seite« war Hitler in seinem »Idealismus«, seinem »Opfermut«, seinem Vertrauen auf die »Vorsehung« und in seiner Machtgeilheit. Den bewunderten und geliebten Vater, den Mann der unterwürfigen Mutter Klara, den spielte der große Künstler Hitler auf großer Bühne, mit dem deutschen Volk als Komparsin. Alice Miller hat den Eindruck, »seine künstlerische Begabung hätte ihn mit ungeheurer Wucht dazu gedrängt, im ganzen späteren Leben die ersten, unbewusst gebliebenen, aber tief eingeprägten Eindrücke vom tyrannischen Vater in Szene zu setzen und darzustellen.« Szenen, die jedem Zuschauer unvergesslich blieben, wobei ein Teil des Publikums den Diktator »im Entsetzen des misshandelten« und ein anderer, der applaudierende Teil ihn »in der vollen Hingebung und Bejahung des ahnungslosen Kindes erleben konnte«.[622] Das misshandelte Kind Hitler versprach ihnen, den Misshandelten, es dem Alten zu zeigen, den jüdischen Verräter, Verschwörer, Verspotter und Ans-Kreuz-Schläger zu bestrafen und »kein Leid mehr zu erdulden«. Das hingebende, bejahende Kind betete ihnen, den liebenden Kindern, bei seinen abendlichen Massenpredigten das Nachtgebet vor: »Herr!« (mit mindestens fünf R), »wir lassen nicht von dir. Nun segne auch unseren Kampf.«[623]

Wie seine Komparsin im Drama zu agieren hatte, das war vom Titelhelden in den Regiebemerkungen seines Librettos »Mein Kampf« schon festgelegt, und bei ihrer Typisierung ist unschwer zu erkennen, welche erlebte Person er dabei im Hinterkopf hatte:

»Die Psyche der breiten Masse ist nicht empfänglich für alles Halbe und Schwache. Gleich dem Weibe, dessen seelisches Empfinden weniger durch Gründe abstrakter Vernunft bestimmt wird, als durch solche einer undefinierbaren, gefühlsmäßigen Sehnsucht nach ergänzender Kraft, und das sich deshalb lieber dem Starken beugt, als den Schwächling beherrscht, liebt auch die Masse mehr den Herrscher als den Bittenden, und fühlt sich im Inneren mehr befriedigt durch eine Lehre, die keine andere neben sich duldet, als durch die Genehmigung liberaler Freiheit ... Die Unverschämtheit ihrer geistigen Terrorisierung kommt ihr ebensowenig zum Bewusstsein, wie die empörende Misshandlung ihrer menschlichen Freiheit, ahnt sie doch den inneren Irrsinn der ganzen Lehre in keiner Weise. So sieht sie nur die rücksichtslose Kraft und Brutalität ihrer zielbewussten Äußerungen, der sie sich endlich immer beugt.«[624]

In diesem erotisch wie neurotisch hoch aufgeladenen (und tief blicken lassenden) Text kommt eine mitleidige Verachtung für seine Mutter ans Licht (sie war es übrigens, die den Fluchtplan des »Togajünglings« an den Hausherrn verraten hatte), aber bei der »breiten Masse«, die sich »endlich immer beugt«, hat der Ansichtskartenmaler noch andere Motive im Kopf: »Er denkt immer an die Bauernmädchen«, soll Röhm einmal in Gegenwart Hitlers gesagt haben. »Wenn sie in den Feldern stehen und sich bei der Arbeit bücken, so dass man ihre Hintern sehen kann, das ist es, was er gern hat, besonders wenn die groß und rund sind. Das ist Hitlers Geschlechtsleben. Was für ein Mann!«[625]

Aber nicht durch seine sexuellen Praktiken, sein Aufreiten auf, wenn es will, das Volk, die große Masse, sondern durch seine antijüdischen Obsessionen ist dieser Mann in die Weltgeschichte eingegangen. Seine ungelöste Familienmythe hätte nicht viele Leute kümmern müssen. Freilich war Hitler ein »enfant humilié«, ein gedemütigtes Kind, wie George Bernanos ihn nennt, aber das waren viele. Freilich schöpfte er wie jeder Künstler (und jeder Mensch ist Künstler) aus dem Unbewussten seiner Kindheit, aber: »Hitlers Werk hätte auch ein Kunstwerk werden können, wenn es nicht Millionen Menschen das Leben gekostet hätte, wenn nicht so viele Menschen seine ungelebten, in der Grandiosität abgewehrten Schmerzen hätten ertragen müssen.«[626] Diese Grandiosität entstand aus der Verschmelzung seiner Familienmythe mit der religiösen Sohnesopfer-Mythe des Christentums. Dieser Amalgamierung müssen wir uns nun zuwenden.

Nachdem er sich in seiner Volksschulzeit als Chorknabe und Messdiener im Benediktinerstift Lambach an kirchlichen Festliturgien hatte »berauschen« können, kam er nach Linz in die Realschule (die gleichzeitig, zwei Klassen vor ihm, auch Ludwig Wittgenstein besuchte[627]). Friedrich Heer sieht in der Linzer Realschulzeit die Phase, in der sich »erstmals die starken religiösen Energien des Knaben Adolf Hitler« verkörpern. »In den Linzer Mittelschülern lebt ein eigentümlicher religiös-politischer, johanneischer Glaube, der uns in den Predigt-Reden Hitlers vielfach entgegentreten wird.«[628] Unglücklicherweise hatten die Buben einen Religionslehrer, der ihnen einen »zu Spott, Empörung, ja Verwerfung des ganzen Kirchenglaubens herausfordernden Religionsunterricht« bot.

Dieser Franz Sales Schwarz soll eine »eng-infantile, dürftige, Gehorsam heischende, seelisch verklemmte, vielleicht – wie bei vielen Seelsorgern seiner Zeit – eine stark neurotisch aufgeladene Existenz gewesen sein«, wie Mitschüler Hitlers noch 1962 mit Empörung erinnern: »Dieser gutherzige, aber mehr als einfältige Mann hat uns Jungen nur Negatives fürs Leben mitgegeben. Seine Ausführungen über Fragen der Religion, Moral und Theologie waren derart dumm, nicht zumutbar und sogar abstoßend, dass sie bei neunzig Prozent der Mitschüler die katholische Religion vorübergehend oder für immer entfremdeten oder abtöteten. Es war für uns Jungen ein Glück, dass uns der unfähige Priester nicht auch noch den Gottesglauben geraubt hat.«

Hitler selbst sinniert 1941 in der Wolfsschanze: »Heute wird um 10.00 Uhr in der Religionsstunde die Schöpfungsgeschichte mit den Worten der Bibel erzählt, während in der Naturkundestunde um 11.00 Uhr die Entwicklungstheorie vertreten wird. Beides widerspricht sich absolut. Ich habe als Schuljunge den Widerspruch empfunden und mich darin verbohrt und habe dem Professor der zweiten Stunde vorgehalten, was der der ersten Stunde gesagt hat, so dass die Lehrer in Verzweiflung gerieten.«[629] Meint er diesen Religionslehrer, wenn er sich an sein »Lehrermaterial« erinnert, von dem ein »gewisser Prozentsatz ... irrsinnig war: Sie töteten die Kinderseele.«?[630] Entstand hier Hitlers Hass auf die »Pfaffen« beider Konfessionen als den »größten Volksschaden«, der ihn als Jugendlichen »auf den Standpunkt [brachte]: Dynamit. Erst später sah ich ein, dass man das nicht übers Knie brechen kann«? 1942 noch träumt er von dem »Augenblick, da ich mit ihnen abrechne ohne langes Federlesen«[631], und seine Tischgespräche sind durchzogen von theologischen Grübeleien über das, worin er noch immer »verbohrt« ist. »Was ist das für ein Gott, der nur Wohlgefallen hat, wenn die Menschen sich vor ihm kasteien? Ein ganz klares, einfaches Beispiel: Der liebe Gott setzt die Voraussetzung für den Sündenfall. Nachdem es mit Hilfe des Teufels endlich geklappt hat, bedient er sich einer Jungfrau, um einen Menschen zu gebären, der durch seinen Tod die Menschheit erlöst ... Dreihundert Jahre kämpfen die Deutschen nun schon, ob man den lieben Gott in einerlei oder zweierlei Gestalt zu sich nimmt.«[632]

Franz Sales Schwarz übte einen heftigen Druck aus, um die Schüler zum Sonntagsgottesdienst, zur Beichte und zur Kommunion zu bringen. Aus dieser Zeit stammt ein Vorwurf des Hostienfrevels, der später, in den zwanziger Jahren, in Bayern von katholischer Seite gegen Hitler vorgebracht wird und den Friedrich Heer noch nach 1945 von einem Lambacher Abt zu hören bekommt. Der Knabe Adolf soll da bei der Schulkommunion die Hostie nicht geschluckt, sondern im Munde behalten und hinterher mit ihr Unfug getrieben haben. Als dann in Mün-

Hitler als Volksschüler (oben, Mitte) und als Realschüler:
Vom stolzen Rädelsführer zum grübelnden Außenseiter?

chen von Volkspredigern erneut behauptet wird, der (inzwischen als Agitator bekannte) Hitler hätte »unlängst bei der Kommunion die Hostie wieder ausgespuckt«, geht Hitler gerichtlich dagegen vor und nutzt die Gelegenheit, sein positives Christentum fürs Volk eindrucksvoll darzustellen.[633]

Der Eindruck, Hitler könne souverän mit dem umgehen, was der Religionsunterricht seiner Kindheit und Jugend in ihm angerichtet hat, wäre jedoch unrichtig. Beim Abendessen am 7. April 1942 in der »Wolfsschanze« kommt er wieder einmal auf Wunden seiner Kindheit zu sprechen: Offensichtlich hat ihm der Beichtzwang große Ängste bereitet, aber auch die Predigt von der Hölle, »das ständige Ausmalen von Höllenqualen«, an dem er in seinen Monologen grübelt. – Schon bei einem Kind »im Alter von, na sagen wir mal drei Jahren« könne man »Angstvorstellungen erzeugen, die es im Leben nicht wieder verliert«. (Schon in diesem Alter, so ist anzunehmen, hat er auch Prügel bekommen.) »Ebenso wie derartige Angstgefühle schwer aus den Menschen wieder herauszubringen« seien, sei es auch schwer, »einen Menschen von all den Qualvorstellungen wieder zu befreien, die die Katholische Kirche in jungen Jahren in ihn hineingehämmert habe«.[634]

Noch der dreiundfünfzigjährige Hitler laboriert also an dem herum, was ihm als Kind fürs Leben mitgegeben wurde. »Hitler verliert diese Höllenangst nie; er formt sie aus in seinem Glauben an den ›satanischen Juden‹ ... Adolf Hitler ist tief fixiert an seine katholische kirchliche Kindheit und an seine spezifisch katholisch bestimmten religiösen Probleme. Gerade der Zerfallsprozess seines Christentums zeigt, von Dekade zu Dekade, spezifisch die katholischen Strukturen seiner psychischen Mentalität auf, so wie auch sein Antiklerikalismus spezifisch katholischer Herkunft und Artung ist.«[635]

Hatten seine Volksschulzeugnisse »nur Einser« aufgewiesen, so sanken Adolfs Leistungen an der Linzer Realschule in den Keller. Zweimal wurde er nicht versetzt, ein drittes Mal erst nach Ableistung einer Wiederholungsprüfung. Sein überraschendes Versagen auf der Realschule erklärte Hitler später als Trotzreaktion gegen den Versuch des Vaters, ihm jene Beamtenlaufbahn aufzuzwingen, die er selber so erfolgreich durchlaufen hatte, die der Sohn aber, nach einem Besuch des Hauptzollamtes, als »Staatskäfig« sah, in dem »die alten Herren aufeinandergehockt« sitzen, »so dicht wie die Affen«.[636]

Adolfs Schulversagen sehen die meisten Biographen als Resultat seiner eigenen Verwöhntheit und eines »Unvermögens zu geregelter Arbeit« (H. J. Fest), welches »schon früh hervortrat« – was nichts anderes heißt, als dass das Kind Adolf von Natur aus im Kern schlecht war. Der schlechte Schüler selber dagegen beschuldigt seine Lehrer, und seine Kritik unterscheidet sich nicht viel von dem, was Hermann Hesse, Bertolt Brecht[637] und Georg Kerschensteiner den Paukern ihrer Zeit vorwarfen: »Sie hatten kein Gefühl für die Jugend; ihr einziges Ziel war, uns die Schädel vollzupfropfen und uns zu den gleichen dressierten Affen zu machen, die sie selber waren.«[638] Dressierte Affen – wie die »alten Herren« im väterlichen »Staatskäfig«: Die Wiederholung des Negativbildes gefangener, dressierbarer Hominiden belegt, was Alice Miller vermutet, dass nämlich der widersetzliche Schüler seine tief gestörte Vaterbeziehung auf die Lehrer übertragen hatte. Wenn er gegen diese opponierte, dann konnte er sich damit insgeheim auch gegen den Vater behaupten, der ihn gerade zu Beginn der Realschulzeit, als Elfjährigen, nach seinem Fluchtversuch halb tot geprügelt hatte.

Nach der Schule lebte der hochgeschossene, bleiche, auf seine Mitmenschen »verschreckt« wirkende junge Mann als Kulturmensch, Künstler und Flaneur in Linz und Wien, wo er zweimal in der Aufnahmeprüfung zur Kunstakademie scheiterte. Eher zufällig stößt er auf die »Ostara«-Hefte des Ex-Mönches Lanz von Liebenfels. Sie bieten ihm das, wonach er sucht: ein vollkommen festgefügtes, zutiefst manichäisches, johanneisches Weltbild. Hatte sein Realschul-Religionslehrer Schwarz ihm zwar »die katholische Religion entfremden« können, war ihm doch sein Gottesglaube geblieben, den er sich jetzt in Schwarz-Weiß herausarbeitete. Besonders in den Jahren seines Aufstiegs sieht er sich nicht als Religionsfeind, sondern als Ketzer, als radikalen Glaubensreformer, Architekt eines neuen Domes aus den Bruchsteinen des alten, als Radikalissimus der brutalst möglichsten Umkehr, so wie er seinem Freund August Kubizek anvertraut hatte, die Welt müsse »gründlich und in allen Teilen geändert«[639] werden. Atheist wird er zeitlebens nicht. Vom »Volksmann Luther« war er »mächtig beeindruckt«[640] und Savonarola hatte er »mit lebhaftem Interesse«[641] studiert. Den eigentümlichen religiös-politischen, »johanneischen« Glauben der Linzer Mittelschüler formt er aus, indem er sich selbst mit dem johanneischen Christus identifiziert, mit demjenigen allerdings, der eine Geißel aus Stricken macht, alle Geldwechsler aus dem Tempel verjagt, ihre Tische umwirft und zu den Taubenverkäufern sagt: »Macht aus dem Haus meines Vaters kein Kaufhaus.« Und die Hundepeitsche hatte er ja zur Hand.

Wie sehr sich der einstige Schulversager mit dem Stein identifizierte, *»den die Bauleute verworfen haben«*, der aber *»zum Schlussstein geworden«* ist (Mt 21, 43; *»Eckstein«* in Ps 118, 22-23 und Lk 20, 17), wird im Lauf seines öffentlichen Wirkens immer wieder deutlich. Hieß es hier: *»Da Jesus wusste, dass seine Stunde gekommen war, aus dieser Welt zum Vater hinüberzugehen, und er die Seinen in der Welt liebte, so liebte er sie bis ans Ende« (Joh 13, 1),* so verkündet Hitler dort die Nagelprobe: »Wer sein Volk liebt, beweist es einzig durch die Opfer, die er für dieses zu bringen bereit ist.«[642]

Am 13. April 1932 ruft Hitler seine Gläubigen in der nationalsozialistischen Bewegung auf: »Ihr werdet mir folgen ... Solange ich lebe, gehöre ich euch, und ihr gehört mir.«[643] – Der johanneische Jesus hatte empfohlen: *»Bleibet in mir und ich in euch. (...) Wer in mir bleibt und ich in ihm, der bringt viele Frucht.«* (Joh 15, 4-5)

»Am 7. Mai 1935 kommuniziert der johanneische Führer mit fünfundvierzigtausend SA-Männern in Kiel: ›Ihr seid in mir und ich bin in euch.‹« – Der johanneische Jesus sagt in Vers 14, 20: »*An jenem Tage werdet ihr erkennen, dass ich in meinem Vater bin und ihr in mir und ich in euch.*«

Am 30. Januar 1936 lässt Hitler dreißigtausend SA-Männer nach Berlin kommen, denn er hat, so Max Domarus, »das Bedürfnis, wieder einmal als Feldprediger bzw. Messias aufzutreten und zu seinen alten Kämpfern im biblischen Stil zu sprechen, so wie einst Christus zu seinen Jüngern«. Kernsatz der Ansprache: »Ich habe euch kennengelernt. Ich weiß: Alles, was ihr seid, seid ihr durch mich, und alles, was ich bin, bin ich nur durch euch allein.«[644] – In Jesu Ansprache an die Jünger (Joh 15, 16) ist von ihm zu lesen: »*Nicht ihr habt mich erwählt, sondern ich habe euch erwählt und euch dazu bestimmt, dass ihr hingeht und Frucht bringt.*«

Johanneisch ist auch der Dualismus von »dieser Welt« gegenüber der Welt der geistigen Ideale, den der Rassentheologe in »Mein Kampf« verkündet. Das Produkt einer »nach arischen Begriffen geradezu unheimlichen« religiösen Erziehung, nämlich einer Erziehung für ein »praktisches und erträgliches Leben im Diesseits« ist »... der Jude selber. Sein Leben ist nur von dieser Welt, und sein Geist ist dem wahren Christentum innerlich so fremd, wie sein Wesen es zweitausend Jahre vorher dem großen Gründer der neuen Lehre selber war. Freilich machte dieser aus seiner Gesinnung dem jüdischen Volke gegenüber kein Hehl, griff, wenn nötig, sogar zur Peitsche, um aus dem Tempel des Herrn diesen Widersacher jedes Menschentums zu treiben, der auch damals wie immer in der Religion nur ein Mittel zur geschäftlichen Existenz sah. Dafür wurde dann Christus freilich auch ans Kreuz geschlagen ...«[645]

Zwanzig Jahre später, als Hitler per Depesche erfährt, dass sich der Erzbischof von Canterbury bemühte, der anwachsend antisemitischen Stimmung in England entgegenzuwirken, notiert Bormann: »Bemerkung des Chefs: Und dafür hat sich Jesus Christus von den Juden ans Kreuz schlagen lassen.«[646]

Es ist aber nicht nur Christus, der von den Juden gekreuzigt wird. Vor dem Novemberputsch predigt Hitler in München, es gäbe »... nur zwei Möglichkeiten: entweder Sieg der arischen Rasse oder ihre Vernichtung und Sieg des Juden«. – »Es ist unsere höchste Pflicht, alles einzusetzen, damit nicht auch Deutschland den Kreuzestod erleidet.«[647]

Christus am Kreuz, Deutschland am Kreuz – wer noch?

1919 ist Hitler dreißig Jahre alt – und auch für ihn ist es der Beginn seiner Wanderungen (in Bavaria, nicht Galiläa), seines Sammelns von Jüngern, seiner öffentlichen Wirksamkeit. Denn »mit dem Juden gibt es kein Paktieren«, hatte er jetzt erkannt, »sondern nur das harte Entweder – Oder. Ich aber beschloss, Politiker zu werden.«[648]

1921 hält der gerade als Redner entdeckte Hitler eine aufmunternde Ansprache vor der kleinen Rosenheimer NSDAP-Gruppe: »Einst stand auch ein Mann auf in Galiläa, und seine Bewegung war klein, aber heute beherrscht sie die ganze Welt.«[649]

Zwei Jahre später zieht er mit seinen Jüngern hinauf in die Hauptstadt von Bavaria, vor die Tempelsäulen der Feldherrnhalle, wirft sich aber im Kugelhagel zu Boden, überlebt, wird gefangen genommen. Der bayerische Gefängnispädagoge Alois Maria Ott versucht am 19. November 1923, acht Tage nach seiner Inhaftierung, Hitler davon zu überzeugen, dass es ratsam sei, seinen am 11. November begonnenen Hungerstreik abzubrechen. Er gibt ihm einen Zeitungsartikel zu lesen. Hitler liest mit Interesse, seine grimmigen Falten glätten sich, doch plötzlich springt er auf, wirft die zerknüllte Zeitung wütend auf den Tisch und schreit mit überschlagender Stimme: »Dieses Pack von Volk und Besserwissern! Dafür setzt man in heiligster Absicht sein Leben ein und dann wird man von ihm verraten. Immer schreit es hernach sein cruzifige, cruzifige! Es ist nicht wert, dass man sich opfert. Ich habe es satt, so weiterzumachen. Lieber Schluss damit! Sie sollen sehen, wie sie ohne mich fertigwerden. Ich mache Schluss!«[650]

Offenbar sah sich Hitler, zu diesem Zeitpunkt vierunddreißig Jahre alt, Polit-Prophet einer kleinen radikalen Gruppe nationalreligiöser Zeloten und, nach dem Fiasko beim Einzug im bayerischen Jerusalem, vom Volk verraten, nun auf dem Landsberg unschuldig schmachtend, in der Rolle des leidenden Gottessohnes von Golgatha. Hat also Alice Miller Unrecht, wenn sie Hitlers Rächerrolle aus »abgewehrtem Opfersein«[651] herleitet? Keineswegs. Die »Nur-Opfer-Rolle« lehnte Hitler ab. Der große Schauspieler wollte aus dieser Starrolle aller bayerischen Passionsspiele mehr machen. Das *enfant humilié*, das geprügelte Kind, der Schulversager und gescheiterte Künstler floh in die »Grandiosität« (Alice Miller), die Rolle des großen Rächers und Erlösers, einen Part, der ihm vom Publikum förmlich angetragen wurde. »Germany was not a product of Hitler's madness«, schreibt der Psychoanalytiker Walter Langer 1943, »but Hitler was a product of Germany's madness.« Langer war vom amerikanischen Geheimdienst mit

einer Fernanalyse Hitlers beauftragt worden. Er attestiert ihm einen
»Messias-Komplex«, der sich in der Zeit nach der Landsberger Fes-
tungshaft voll entfaltet habe. »Im Lauf der Zeit wurde klarer, dass er
sich selbst als den Messias sah, der dazu bestimmt war, Deutschland
zum Ruhm zu führen. Seine Anspielungen an die Bibel wurden häufiger und die Bewegung nahm langsam eine religiöse Atmosphäre an.
Vergleiche zwischen ihm und Christus fielen öfter und fanden ihren
Weg in seine Unterhaltungen und Reden ... In all dem identifizierte er
sich nicht mit Jesus Christus, dem Gekreuzigten, sondern mit Jesus
Christus, dem Wütenden. Tatsächlich empfand Hitler wenig Bewunderung für den gekreuzigten Christus ... Diesen Christus hielt er für
weich und schwach und nicht geeignet, der deutsche Messias zu sein.
Sein Christus musste hart und brutal sein, wollte er Deutschland retten
und zu seiner Bestimmung führen.« Langer illustriert seine Diagnose
mit einem Monolog seines Fernpatienten, aus dem man Heines
Prophetie von 1852 heraushören könnte, die emporrasselnde »Wildheit der alten Kämpfer, die unsinnige Berserkerwut« – nur dass der
»zähmende Talisman, das Kreuz« vom deutschen Messias nicht zerbrochen, sondern mit angefügten Widerhaken zu einer vierschwän-
zigen Peitsche umgestaltet wird:

»Mein Gefühl als Christ führt mich als Kämpfer zu meinem Herrn
und Heiland. Es führt mich zu jenem Mann, der einst in der Einsamkeit, umgeben von nur wenigen Gefolgsleuten, die Juden als das
erkannte, was sie waren, und der die Männer zum Kampf gegen sie
zusammenrief und der, bei Gott! am größten war nicht als Leidens-
mann sondern als Kämpfer. In grenzenloser Liebe, als Christ und als
Mann, lese ich die Stelle, die erzählt, wie der Herr sich endlich erhob
in seiner Macht und die Geisel nahm, um die Brut der Nattern und
Vipern aus dem Tempel zu treiben. Zweitausend Jahre später verneige
ich mich tief bewegt vor dem beispiellosen Kampf, den er führte gegen
die Welt, gegen das jüdische Gift, und ich stelle fest, dass dies der
Grund war, weswegen er am Kreuz sterben musste.«[652]

Hat Hitler, wenn er von Nattern spricht (die ja sprichwörtlich an der
Brust liegen) den Dr. Bloch im Hinterkopf, der seiner Mutter die mit
Jodoform getränkten Tücher auf die Metastasen ihrer Brust legte?
Wohl kaum, denn diesem Dr. Bloch blieb Adolf ungespielt dankbar,
während er den Hass gegen seinen Vater ja zumindest gegenüber
seiner Sekretärin ungeschminkt zugab. Treffender erscheint die Deutung, mit welcher Erich Fromm die christliche »Phantasie vom gekreuzigten Sohn« auf den Punkt bringt: Sie bestehe »nicht in der ma-

sochistischen Sühne durch Selbstvernichtung, sondern in der Beseitigung des Vaters durch Identifizierung mit dem leidenden Jesus«.[653]

Also doch, statt Bewunderung der gerechten Aggression des Peitschen-Jesus, ein Mitleiden seiner Passion? Wie fähig zum Mitgefühl der jugendliche Adolf war, ließ seinen Freund Kubizek staunen: »Er empfand alles, was mich bewegte, so unmittelbar, als wäre es ihm selbst geschehen ... Ich hatte manchmal das Gefühl, als würde er neben seinem eigenen Leid auch meines mitleben.«[654]

Die Empfindsamkeit Adolfs, die sein Freund bemerkt, ist ein weiterer Beleg dafür, dass die Prügel des Vaters an ihm nicht abgelaufen waren wie das sprichwörtliche Regenwasser. Der unbewusste Hass erzeugte Selbstanklagen und Schuldgefühle, zumal der gehasste, ehrfürchtig geliebte, schlagende Vater, Adolfs uneingestandenem Wunsch entsprechend, früh »am Schlag« gestorben war. Mit diesem frühen Tod des Vaters während Adolfs Frühpubertät (Hitler war, wie Rudolf Höß, gerade vierzehn, als der Vater starb) wurden die Schuldgefühle des Sohnes fürs Leben fixiert. Hitler blieb der »in seine Pubertät auf immer eingeschlossene«,[655] der ewige Jugendliche. Lebenslang weigerte er sich, selber die Vaterrolle zu übernehmen;[656] denn er konnte nicht akzeptieren, von seinem eigenen Sohn ebenso gehasst zu werden wie er den Alten gehasst hatte.

Sein Leben lang grübelt Hitler über Gott und die Welt; sein Leben lang trägt er sich auch mit Selbstmordgedanken und pflegt gleichzeitig das Pathos dessen, der sich für die Seinen opfert, die ihm von der Vorsehung anvertraut wurden. Bei Johannes flieht der »Mietling«, wenn der Wolf kommt, und lässt die Schafe im Stich, aber der gute Hirt gibt sein Leben für seine Schafe, die er führen muss, und sie werden auf seine Stimme hören, »und es wird eine Herde werden, ein Hirt. Deshalb liebt mich der Vater.« (Joh 10, 12-16)

Wie leicht es Hitler zeitlebens empfand, sein Leben wegzugeben, macht Sebastian Haffner deutlich. Bei Misserfolgen schaute Hitler sehr schnell nach der Klinke der Tür ins Freie, und er posierte auch damit, »dass er das Leben, von dem er Deutschlands Schicksal abhängig machte, jederzeit wegzuwerfen bereit war«.[657] Das war so nach dem Scheitern 1923, wo man ihn davor zurückhalten musste, sich zu erschießen. Es war so, als die Partei 1932 sich zu spalten drohte und er gegenüber Goebbels drohte: »Wenn die Partei auseinanderfällt, mach ich in fünf Minuten mit der Pistole Schluss.« Als 1943 Feldmarschall Paulus in Stalingrad sich nicht erschossen, sondern ergeben hatte, höhnte der Führer kopfschüttelnd: »Wie einer Angst davor haben kann, vor dieser Sekunde, mit der er sich aus der Trübsal befreien kann, wenn ihn nicht die Pflicht in diesem Elendstal zurückhält! Na!« Und nach dem Attentat vom 20. Juli 1944: »Wenn mein Leben beendet worden wäre, dann wäre es für mich persönlich ... nur eine Befreiung von Sorgen, schlaflosen Nächten und einem schweren Nervenleiden gewesen. Es ist nur der Bruchteil einer Sekunde, dann ist man von allem erlöst und hat seine Ruhe und ewigen Frieden.«[658]

Die Ursache dieser »malignen Nekrophilie« (E. Fromm), dieser Todessehnsucht Hitlers, beschreibt J. Konrad Stettbacher so:

»Die tobende Verzweiflung einst misshandelter Kinder richtet sich gegen alles und jeden. ›Ich müsste die ganze Welt zerstören aus Wut‹, lauten die Bekenntnisse Misshandelter. Zorngeladen und todwütend, das sind zu schwache Worte, um den Zustand eines Menschen, der mit einer latenten Todessehnsucht und Lebensfeindlichkeit durchs Leben geht, zu beschreiben. Wer seinen mörderischen Hass, der in seinen ersten Lebensjahren verursacht wurde, nicht auflösen kann, wird ihn bei jeder sich bietenden Gelegenheit auf andere übertragen.«[659]

Durch seine Selbstmordgedanken, seine Abtötung der eigenen Lebenslust sühnt Adolf nicht nur die Todeswünsche gegen den Vater. Die psychologische Faustregel »Jeder Selbstmord ist ein verhinderter Mord« sollte man nicht überstrapazieren (vielleicht gilt auch die Umkehrung), sie scheint aber hier, bei der Suizidbereitschaft des »permanenten Selbstmörders«[660] angebracht. Indem er die Opferrolle des »guten Führers« übernimmt, hat er, auf eine für sein Selbstbild akzeptable Art, den Gehorsam des sich freiwillig opfernden Sohnes gezeigt, einen Gehorsam, den ihm der liebende Vater, auf biblische Art, durch Züchtigung nahe gebracht hatte, und das Kind gewinnt durch diesen späten Gehorsam die Liebe und Verzeihung des toten Vaters im Himmel, die es sich auf Erden vergeblich gewünscht hatte. So kehrt der verlorene Sohn heim.

Nicht grundlos kritisiert Adolf später jene Eltern, die ihre Kinder vorzeitig auf bestimmte Berufe festlegen und die dann, wenn etwas nicht klappe, »sofort vom verlorenen oder missratenen Sohn zu sprechen beginnen«.[661] Es war ihm doch wohl tiefer gegangen, bis in früh angelegte, zärtliche Gefühlsregionen, wenn sein Vater (an dessen Bahre er später in fassungsloses Schluchzen ausbrach) enttäuscht über die anderen Lebenspläne des Buben, schimpfte und belferte: »Der Mistbub, der elende, derschlagen tu ich ihn noch.«[662]

Hitlers rührseliges, sentimentales Temperament bemerkte auch sein Gesprächspartner Rauschning: »Seine Tränenausbrüche bei allen inneren Krisen waren keineswegs nur eine Nervensache. Der schluchzend-rührselige Ton, mit dem er etwa an seine Berliner SA appellierte, war echt und nicht Theater.«[663]

1938 sagt Hitler in der Reichskanzlei in Gegenwart von Hans Frank (der ihn Anfang der dreißiger Jahre in Prozessen gegen die Anschuldigung vertreten hatte, jüdischer Herkunft zu sein): »In den Evangelien riefen die Juden dem Pilatus zu, als er sich weigerte, Jesus zu kreuzigen: ›Sein Blut komme über uns und unsere Kindeskinder!‹ Ich muss vielleicht diesen Fluch vollstrecken.«[664]

Den Mythos des geopferten Sohnes, der ihn lebenslang beschäftigt, scheint er zeitweise mit der Distanz eines Religionsphilosophen betrachten zu können. Am 27. Februar 1942 sinniert er in der Wolfs-schanze: »Gott schafft die Menschen. Zu Menschen wurden wir durch die Todsünde. Die Voraussetzung dazu hat Gott den Menschen gegeben. Fünfhunderttausend Jahre sieht er zu, wie sie da reinrasseln. Da fällt es ihm ein, seinen eingeborenen Sohn zu schicken. Ein Mords-umweg, kolossal beschwerlich der ganze Vorgang. Die anderen glauben das nicht. Mit Gewalt muss ihnen das aufgezwungen werden. Wenn der liebe Gott an der Erkenntnis ein Interesse hätte, wozu dann die Knieschienen und Daumenschrauben? ... Nun kommt dazu, dass unter diesen Katholiken der größte Teil das selber gar nicht glaubt.« – Aber der »Verein«, der Klerus, hält die Fiktion aufrecht. – »Wird da nicht der Gott in der frechsten Weise verspottet? Ein Götzendienst, der geradezu entsetzlich ist.« Ein Blick durch ein Teleskop oder Mikroskop, meint Hitler, macht den Menschen demütig vor der Schöpferkraft. »Wird diese Schöpferkraft mit einem Fetisch identifiziert, dann bricht die Gottesvorstellung zusammen, wenn der Fetisch versagt.« Im Kirchenglauben sieht der alte Mann in der Wolfsschanze »einen so satanischen Aberglauben! Dafür hat man Hunderttausende gefoltert! Und das mit der Heuchelei der Liebe!«[665]

Fast könnte man meinen, der alte Hitler hätte den alten Kant gelesen – und zwar die Schrift, die der einundsiebzigjährige Königsberger erst herausbrachte, als ihm die Zensur schon ziemlich wurscht sein konnte. In seiner »Religion innerhalb der Grenzen der bloßen Vernunft« kritisiert der Philosoph, für den »der gestirnte Himmel über mir und das moralische Gesetz in mir« die einzigen »Gottesbeweise« waren, das »Pfaffentum« als die »Verfassung einer Kirche, sofern in ihr ein Fetischdienst regiert«. Dieser »Afterdienst Gottes« spiegele einen Nutzen vor, den der Staat »vorgeblich aus einem unbedingten Gehorsam soll ziehen können«, führe aber nur zu »Gewöhnung an Heuchelei«.[666]

Kants Altersweisheit war das Gegenteil von Luthers, Fichtes, Hitlers Gehorsamkult. Aber Hitler kann sich nun, als Vierundfünfzigjähriger, »vorstellen, dass es auf dem Gebiet ein Zeitalter der absoluten Toleranz geben wird« – nach Endsieg und Vernichtung, versteht sich. Leid tut ihm nur, »dass ich wie Moses das gelobte Land nur aus der Ferne sehen kann«.[667]

Friedrich Heer kommentiert die religiöse Entwicklung des Führers: »Der jüngere Hitler hat sein volles Ja zum konstantinischen Christentum, zum Sichdurchsetzen mit Feuer und Schwert und zum starren Festhalten an den Dogmen gesagt. Der späte Hitler, der in seinem Unterbewusstsein sehr wach seinem Ende entgegensieht, verdammt dieses konstantinische Christentum und die Gegenreformation, deren später Erbe er selber ist. Die Verdammung eines totalitären Christentums ist implizite, verdeckt, eine Verdammung seiner eigenen Terrorherrschaft ...«[668]

Vergleichen wir Hitler in seiner religiösen Entwicklung nun mit denen, die ihm in seiner antisemitischen Terrorherrschaft am nächsten standen, vor allem mit Himmler, Höß und Goebbels. Ein weiteres illustratives Beispiel für ein katholisch, kühl, geprügelt erzogenes Kind wäre übrigens der Auschwitz-Arzt Dr. Dr. Josef Mengele, der bis zu seinem Badeunfall in Brasilien an seinem vernichtenden Antijudaismus festhielt. Auch ihn scheinen die Züchtigungen des Vaters »nicht sehr beeindruckt zu haben, denn er erwähnt sie in seinen Aufzeichnungen nur beiläufig und ohne jede Bitterkeit«.[669] Die Biographien dieser mörderischen Judenfeinde sind gekennzeichnet durch eine verhängnisvolle Interferenz zwischen der eigenen Familiensituation und der Vater-Sohn-Mutter-Konstellation des Christentums, in dem sie aufwuchsen. Hitler, Höß und Goebbels waren zu rebellisch, um im väterlichen Garten Gethsemane »Dein Wille geschehe« zu sagen. Sie verweigerten das Opfer des eigenen Ich und verschuldeten dadurch den lebenslangen Zorn des väterlichen Über-Ich. Um diese Schuldgefühle zu besänftigen, erfüllten Höß und Goebbels den Priester-Wunsch des Vaters, in dem sie sich als fanatisch gläubige Jünger in den Dienst einer neumythischen Erlöserfigur stellten. Hitler selbst suchte die Vaterliebe, indem er sich mit dem Sohn identifizierte, aber einem, der sich, statt für den Vater, für sein Volk opfert.

Die psychischen Energien, die aus dieser persönlichen Extremsituation resultierten, wirkten bei allen dreien als permanente »Aufladung« für ihren Antijudaismus. Dieser wiederum setzte sich zusammen einerseits aus dem »Normalpotential«, das durch die antijüdische Tradition des Christentums ganz allgemein in allen christlich erzogenen Kindern angelegt wurde, verstärkt sowohl durch besonders intensive theologische Ausbildung als auch eigene Sinnsuche bei den drei Buben, und andererseits durch ein bereits angesprochenes Übertragungsphänomen: Der eigene »alte Herr« wurde mit dem alten Volk des alten Gottes in eins gesehen, Furcht und Hass gegen den ersteren auf das letztere abgeleitet.

Die hier dargestellte Erklärung des persönlichen Antisemitismus von Adolf Hitler ist eigentlich recht einfach: Als Verbindung einer pathogenen Familienmythe mit einer pathogenen religiösen Mythe; als Verschmelzung einer persönlichen Hassliebe mit dem empathischen Zorn, zu dem die religiöse Mythe auffordert. Dass diese einfache Erklärung in einem halben Jahrhundert der Forschung, in einem riesigen Apparat psychologischer Analysen des Phänomens Adolf Hitler bisher vernachlässigt wurde, erscheint mir als Hinweis dafür, dass es immer noch als ungezogen gilt, Eltern (und Eltern-Religionen) anzuklagen. Sigmund Freud hat es, als Vater und als Kind seiner Zeit, geschafft, in der Deutung des Ödipus-Mythos vor allem das Kind auf den Anklagestuhl zu bringen. Dabei sind es doch Laios und Iokaste, die ihr Kind mit durchstochenen Fußsohlen in der Wildnis aussetzen; und wieder Laios ist es, der den armen Wanderer Ödipus vom Wagen herunter mit dem Stachelstab angreift. Genauso deutlich sind bei der noch verhinderten Opferung des Isaak und der grausam durchgeführten des Jesus die Erwachsenen, die Väter die Angreifer. Die christliche Familienmythe vom zwecks Erlösung gefolterten, gehorsamen Sohn, hängend zwischen liebendem Vater oben und schmerzensreicher Mutter unten, hat millionenfach in Familien, vor allem deutsche Familien hineingewirkt und bei den liebreich gezüchtigten Kindern einen Hass aufgestaut, der nur ein Ventil brauchte. »Wenn es die Juden nicht gäb', dann müsst' man sie erfinden«, hat Hitler einmal gesagt.

Stierlin hat sicher recht, Adolf auch als »Delegierten« seiner Eltern, vor allem seiner Mutter gegen den Vater, zu sehen. Vor allem aber war er ein Delegierter von Millionen Deutschen, die als Kinder zwar weniger, aber ähnlich geschlagen und genauso unentrinnbar in das christliche Sohnesopfer eingeführt worden waren. Dieses Publikum forderte seinen Heldentenor, seinen »theatralischen Abenteurer« auf, das auszudrücken, »was in jedem deutschen Hörer und Leser dunkel vorgebildet war. So verrät die Rolle, die er wählte, ebensoviel über sein Publikum wie über ihn selbst.«[670]

14. Station   Großer Diktator, Kind am Altar oder: Ob es für Jesus ein Happy End gibt?

Wehe dem, der ein Kind in Furcht erzieht,
und wenn es die Furcht Gottes wäre. Denn er
schändet unabsehbare Menschengeschlechter.
Walter Rathenau

Fortschritt ist nichts als der Sieg des Lachens
über das Dogma.
Benjamin Decasseres

Kurz vor Ostern 2000 – im Jahr 55 nach Auschwitz – sind die Zeitungen voll von Berichten und Kommentaren zum historischen Schuldbekenntnis des Papstes. Er beklagt die Leiden der Juden, Gewalt gegen Andersgläubige und rassistische Diskriminierung in der zweitausendjährigen Kirchengeschichte. »Christen haben häufig das Evangelium verleugnet«, sagt der sichtlich bewegte Papst vor Tausenden von Gläubigen im Petersdom. »Wir sind zutiefst betrübt über das Verhalten aller, die im Laufe der Geschichte deine Söhne und Töchter leiden ließen. Wir bitten um Verzeihung ...«

Zum Zeichen der Reue kniet der Papst vor einem Kreuz nieder, einem lebensgroßen Corpus mit Dornenkrone und drei halb eingeschlagenen Nägeln, mit goldenem Lendenschurz und rot blutender Wunde auf der rechten Seite. Neben dem Kreuz steht, auf einem hölzernen Sockel, ein brennender siebenarmiger Leuchter. Für Symbolismus hat man kirchlich ein Faible.

Wohlgemerkt: Es geht um Verfehlungen der »sündigen Kinder«. An keiner Stelle gibt es einen Hinweis darauf, dass die Mutter Kirche selbst Schuld auf sich geladen hat. Sie bewahrt auch hier wieder, als mater dolorosa et immaculata, die jungfräuliche Reinheit ihrer Lehre, die Unfehlbarkeit ihrer Dogmen, die Heiligkeit ihrer Symbole.

Der römische Stellvertreter Gottes und Platzhalter Petri verstärkt seine Bitte um Vergebung mit einem Kuss: Er küsst eine hölzerne, angemalte Figur dessen, den Judas, so steht's in der Frohbotschaft, mit einem Kuss verraten hat, was uns Jesuskindern die Erlösung brachte (herzlichen Dank), und Juda's Kindern, den Leugnern dieser Lösung, die Endlösung. Er tut dies zwecks Versöhnung, im Jubeljahr 2000. In diesem Jubeljahr, wo die vatikanische Ecclesia eine äußerst dünne Abbitte gegenüber der jüdischen Synágoga wispert, wird der antijüdische Pius IX. zu den Seligen gesprochen. Ein Fortschritt? Ja doch, auf jeden Fall, im Jubeljahr 1600 brannte noch Giordano.

Im Mai 1999 bringt die »Sonntagszeitung der Diözese Augsburg« unter der Überschrift »Schutzzonen für frühere KZs – Polen will damit Konflikt um Kreuze beenden« das Folgende:

»In den hundert Meter breiten Schutzzonen dürfen nach dem neuen Gesetz ohne ausdrückliche Genehmigung der Regionalbehörden keine Konstruktionen aufgebaut werden ... Erst Anfang Mai waren trotz des Parlamentsbeschlusses 53 neue Kreuze errichtet worden. Am gleichen Tag begann vor dem Regionalgericht in Auschwitz der Prozess gegen den bekannten polnischen Antisemiten Kazimierz Switon, der außerhalb Polens im Streit um die Kreuze am Rande des ehemaligen KZs bekannt geworden war. Trotz weltweiter jüdischer Proteste hatte er seine Anhänger aufgerufen, auf einem Kiesplatz neben dem Lagergelände immer mehr Kreuze aufzustellen, inzwischen fast dreihundert. Switon muss sich wegen Aufrufs zum Rassenhass und der Herabsetzung des polnischen Parlaments sowie von Juden und Deutschen verantworten. Er hatte in Auschwitz antisemitische Flugblätter verteilt. Die katholische Kirche hat sich inzwischen scharf von Switon distanziert.«[672]

Das Kreuz als antisemitisches Symbol – nein: Fanal: Was in diesem Buch an vierzehn Stationen veranschaulicht werden sollte, bringen die polnischen Kreuz-Antisemiten mit ihrer »land-art« rings um Auschwitz in beinahe künstlerischer Weise zur Kenntnis. Der Crucifixus war durch zwei Millennien Christentum nicht nur das Symbol zum Glauben, sondern auch die Syntax zur Infamie gegen das Judentum. Als Appell zum Mitfühlen mit einem vergötterten Menschen war das Kreuz zugleich ein Apparat zur Erzeugung von gerechter Straflust, zur Vermittlung von Sadismus, und ein Wegweiser nach Auschwitz. »The cross to the jew is the symbol of pogrom ... of hate and condemnation«, schrieb Dagobert D. Runes schon 1955.[673] 1987 traut sich Pinchas Lapide, auch auf deutsch die »fast zweitausendjährige Blutspur von Golgatha ... bis in die Gasöfen von Auschwitz«[674] zu kartographieren, und anno 1994 sieht gar der katholische Theologe Clemens Thoma eine »Blutspur von Golgatha bis Auschwitz«, von welcher er aber zum Glück weiß, dass sie »keine ununterbrochene und keine stets breite« ist.[675]

Im August 2000 druckt die »Tagespost« ein Bild russischer Ultra-Nationalisten, die mit Hitler-Gruß, mit schwarzem Kruckenkreuz im weißen Kreis auf ihren roten Bannern, durch Moskau ziehen. Die stramm katholische »Tagespost« schreibt dazu: »Auch die Grenze zwischen Nazis und orthodoxer Kirche ist diffus. ›Schwarzhemden‹ treten gelegentlich als Ordnungsdienst bei kirchlichen Veranstaltungen auf ... Gerade der Antisemitismus ist in kirchlichen Kreisen stark verbreitet und wird von vielen Priestern, in kirchlichen Zeitungen und Broschüren buchstäblich geschürt.«[676] Von Priestern derselben orthodoxen Kirche übrigens, die der russischen Kriegsmarine großzügig Spendengelder zukommen zu lassen pflegt, was die Besatzung des untergegangen Atom-U-Boots »Kursk« mit der netten Geste honorierte, ein Kruzifix im Mannschaftsraum dort anzubringen, wo früher der Sowjetstern prangte.[677]

Wo war das Rettende, das laut Hölderlin mit der Gefahr wächst, nicht auf der Kursk, sondern in der Fieberkurve eines religiösen Hass-Infektes, der zwei Jahrtausende chronisch, mal latent und mal akut war und auch in Auschwitz noch nicht auskuriert wurde? Wäre Oswiecim noch ein unbekanntes Landstädtchen, wenn Alois Hitler seinen Sohn nicht so geschlagen hätte? Oder wenn er wenigstens seinen Geburtsnamen Schicklgruber behalten hätte! (Adolf Schicklgruber, na ja.) Wenn Hitler die Aufnahmeprüfung geschafft hätte (bei der mit ihm übrigens auch der spätere Direktor der Kunstakademie scheiterte)! Wenn er am 8. November 1939 nur dreizehn Minuten länger im Münchner Bürgerbräu gesprochen hätte, bis der selbstgetüftelte Bombenzünder des schwäbischen Schreinergesellen Georg Elser losging! Oder, viel unkomplizierter: wenn Adolf nicht so christlich erzogen worden wäre?

Was wäre, wenn die Christenheit vor hundertfünfzig Jahren auf Kierkegaards Warnung eingegangen wäre? Wenn mehr Christen mit seiner Sensibilität gesehen hätten, was ein künstlerisch gepflegter, von früh auf eingeprägter grausamer Mythos bei Kindern wie Adolf, Rudolf, Joseph, Heinrich und vielen anderen anrichtete? Wenn Christen wie Juden nicht so angstvoll gehorsam bemüht gewesen wären, ihre unheilsträchtigen »Heiligen Schriften« kritiklos unangetastet bis ins Zeitalter der Massenvernichtungswaffen hineinzutragen?

In »Was ist Aufklärung?« bestreitet Kant der Gesellschaft das

Recht, die Weiterentwicklung der Religion auch nur für die Dauer einer Generation aufzuhalten, dadurch »einen Zeitraum im Fortgange der Menschheit zur Verbesserung zu vernichten und ... der Nachkommenschaft nachteilig zu machen«.[678] Hat sich in zehn Generationen seit Kant im Bild des Sohnesopfers, dem Kern der christlichen Lehre, etwas gewandelt? Oder in siebzig Generationen seit Johannes? Oder ist vielleicht, es könnt' ja sein, die Christenheit selbst angenagelt, peinlich festgepinnt an einem schaurigen Mysterium, das für alle Zeiten, in saecula saeculorum keine falsche Bewegung mehr erlaubt – cruci-fixiert wie der Opfersohn durch einen großen Diktator, der vor allem ein verinnerlichter Unterdrücker ist?[679]

John Dewey sah – vor dem Holocaust – die Bedenklichkeit der Religionen vor allem in ihrer Ausrichtung auf Irrationales: »Es wird wahrscheinlich unmöglich sein, sich die Menge an intellektueller Energie zu vergegenwärtigen, die den üblichen Prozessen intelligenter Schlussfolgerungen entzogen worden ist, weil sie auf die Rationalisierung der Doktrinen verwandt wurde, die von den historischen Religionen unterhalten werden. Die Ausrichtung, die auf diese Weise der allgemeinen Geisteshaltung eingeprägt wurde, ist in meinen Augen sehr viel schädlicher als die Konsequenzen irgendeines besonderen Glaubensartikels selbst, auch wenn die Verbreitung einiger solcher Artikel ernsthafte Folgen nach sich gezogen hat.«[680]

Dass Dewey Recht hat, kann in Universitätsbibliotheken besichtigt werden, wo ganze Säle voller Regale voller dicker Bücher voller gescheiter Betrachtungen davon künden, wie arme Menschen sich die Hirne martern, um ein Mysterium in selbige hineinzubringen ...

> Ein Mysterium, das nur
> Von demjen'gen wird verstanden,
> Der entsprungen ist dem Kerker
> Der Vernunft und ihren Banden ...[681]

Dass Dewey Unrecht hat, ist auch insofern klar, als das »größte Verbrechen der Menschheitsgeschichte« (so Rudolf Höß) nicht durch »irgendeinen besonderen Glaubensartikel«, sondern durch die Evangelien verursacht wurde, die man als »Passionsgeschichten mit ausführlicher Einleitung«[682] bezeichnen könnte. Ein Ziel, das die Evangelisten mit ihren Kreuz-Moritaten verfolgten, nämlich ihre jungen Sektengemeinden vom Judentum abzugrenzen und den Juden die Schuld am grausamen Tod Jesu zu geben, haben sie gründlichst erreicht. Dass sie sich damals »nicht vorstellten, was sie anstellten« (Hannah Arendt über Eichmann), tröstet keine Kinderträne.

Aus heutigem zeitlichen Abstand ist es ein Lehrstück für die Wirksamkeit gesellschaftlicher »habits«, wie die christlichen Ursachen des Holocaust post facto jahrzehntelang verschwiegen und tabuisiert werden konnten. Die Kirchen gingen nicht nur unbeschädigt, sondern gestärkt aus dem Zusammenbruch des Jahres 1945 hervor, denn die Katastrophe war ja das Ende einer gottlosen Weltanschauung gewesen, das Handwaschbecken stand griffbereit. Mit der Vernichtung der Juden hatten die Kirchen ebensowenig zu schaffen wie mit dem Angriffskrieg gegen das bolschewistische Russland. Die Verehrung christlicher, von ihren Kirchen im Stich gelassener Nazi-Opfer, vor allem Dietrich Bonhoeffer, Maximilian Kolbe, Rupert Mayer, Alfred Delp und Edith Stein, wurde als Schutzschild gegen tieferes Nachfragen aufgebaut. So liebevoll wurde diese simple Sichtweise gepflegt, dass wir an einem bayerischen Gymnasium im Geschichtsunterricht anfangs der siebziger Jahre nichts, aber auch gar nichts über christliche Wurzeln des Antisemitismus erfuhren. »Vermessen« nannten es die Herausgeber von »Kirche und Synagoge« 1970, die Gründe des Antisemitismus »schon jetzt« aufdecken zu wollen.[683] In Hamburg schrieb Wolfgang Gerlach 1970 eine vorzügliche Doktorarbeit über das Schweigen der evangelischen Kirche damals, und bis 1987 verhinderte die evangelisch-theologische Fakultät der Hansestadt die Drucklegung dieser Arbeit.[684] Über ein tief betroffenes, im Chor gesprochenes »Unfassbar – wie konnte das nur geschehen?« durfte die Ursachenforschung nicht hinausgehen.

Reinhard Kühnl, der neben den ökonomisch-sozialen und politischen auch die christlichen Ursachen des Antisemitismus zwar deutlich anspricht, bleibt aber dann mit Begriffen wie dem »ins Metaphysische reichenden Hass« und den »Abgründen des kollektiven Unbewussten« reichlich deutsch und nebulös. Ich hoffe, gezeigt zu haben, dass der Antijudaismus nicht aus mysteriösen Tiefen aufstieg, nicht aus Meta-, Hinter-, Über-, Unterwelten herrührt, sondern aus dem Zusammenprall religiöser Darstellungen mit den moralischen Emotionen, welche schon das Kind, ganz diesseitig, im Umgang mit Eltern, Geschwistern, Erwachsenen und Gleichaltrigen entwickelt. Eriksons Einschätzung der christlichen als der »Religion der Erwachsenen«[685] stimme ich insofern zu: Sie ist vom Kern her weiß Gott nix für Kinder. Oder geht es fehl, das Einspannen der kindlichen Weltsicht ins Fadenkreuz der Sohnes-Annagelung zu vergleichen mit der (ebenso gut gemeinten, ebenso kindgerechten, ebenso sinnvollen) Genitalverstümmelung afrikanischer Mädchen? Oder ist dieser Initiations-Mythos geeignet, das noch ganz symbiotisch von Vater und Mutter abhängige Kind »der elementaren Gutartigkeit und Verlässlichkeit der Ordnungen« zu versichern, wie es Hartmut von Hentig den Erziehern als Aufgabe zuweist?[686] Kämen Kinder selber, diese kleinen Philosophen, würde man ihnen nicht den alten Hut einer obsoleten Weltdeutung über die Augen stülpen, vielleicht zu ganz anderen, phantasie- und liebevolleren, humaneren Weltsichten?

Die archaische Mythe war Ausdruck und Werkzeug eines hierarchischen Unterdrückungsverhältnisses in Familie und Gesellschaft; Werkzeug zum Zweck, »die Masse in ihrer infantilen psychischen Abhängigkeit zu erhalten ..., die herrschende Klasse dem Unbewussten der Masse als Vaterfigur suggestiv aufzunötigen. (Erich Fromm).[687] Sie war geeignet, dumpfen Gehorsam, unterdrückten Hass, aggressive Erwachsene zu produzieren. Eine demokratische Gesellschaft humanen Anspruchs dagegen benötigt eine demokratische, dialogische, das Kind als gleichberechtigt respektierende *educatio*, wie sie von Ellen Key, John Dewey, Martin Buber, Janusz Korczak, von Freire, Piaget, Freinet und anderen gefordert wird.

Ob die Theologie des Sohnesopfers, der Erlösung durch zu Tode Folterung, sowie die Schöpfer dieser Ideologie vornehmlich pathologisch[688] zu werten sind, war nicht Thema dieser Untersuchung. Gezeigt werden sollte, dass sie pathogen und Hass stiftend wirkten. Es dürfte nicht zu bestreiten sein, dass diese Kreuzigung – in bildlicher, literarischer und dramatischer Inszenierung – die erfolg- und folgenreichste Gewaltdarstellung der Weltgeschichte ist. Sie macht das Christentum trotz seiner starken sozialen, humanen Aspekte zur Religion mit eingebautem Holocaust. Anerkennend ist vom Kreuz nur eins zu sagen: dass es in seiner Betonung von Gewalt und Schmerz und Blut und Grausamkeit, lässt man die christliche Macht-Geschichte der letzten zwei Jahrtausende Revue passieren, durchaus das adäquate Zeichen war: function follows form.

Das Alte Testament hat zwar das Sohnes- und Menschenopfer abgeschafft. Es tradiert aber eine inhumane patriarchalische Grausamkeit, die zu den antijüdischen Ressentiments keinen unerheblichen Beitrag leistete. Beide Testamente transportieren ihre gefährlichen Atavismen, ihre »kulturelle Gewalt« nur deshalb bis ins dritte Jahrtausend ihrer unheilvollen Separation, weil sie der Aura von Gott inspirierter, »heiliger« Schriften noch immer nicht entledigt sind. Johan Galtung hat nur allzu Recht, wenn er beschreibt, wie sowohl der Rabin-Mörder Yigal Amir als auch der Moschee-Blutbader Baruch Goldstein ihre Tataufträge in der Bibel fanden, und wenn er feststellt, dass Judentum wie Christentum zu struktureller und direkter Gewalt mehr Affinität pflegen als die anderen Weltreligionen.[689] »Warum wird das alles nicht diskutiert?«, fragt Galtung; und Daniel Cohn-Sherbok hält es an diesem jetzigen Übergang zum dritten Jahrtausend für lebenswichtig, »dass Christen wie Juden sich als Erben einer furchtbaren Tradition wahrnehmen ... Beiden, der christlichen wie der jüdischen Gemeinschaft obliegt es, sich von ihrer destruktiven Tradition des Hasses zu befreien.«[690]

Und wie befreien? Der Pädagoge Hans-Jochen Gamm machte sich schon 1966 Gedanken über einen christlichen Religionsunterricht nach der Shoah:

»Wenn der Schüler diese Evangelienberichte im Religionsunterricht hört, legt sich ihm nahe, ›die Juden‹ pauschal als die Schuldigen am Tode Jesu zu erkennen, nicht anders, als es das neue Testament selbst meint ... Das Kreuz und der blutende Gehenkte an ihm aktualisieren ständig die ›Widersacher‹-Rolle der Juden im Heilsplan Gottes neben dem Schock, den das Kind von den Umständen der Passionsgeschichte überhaupt erhält ... Hier liegt jedenfalls ein Problem vor, das auch erst nach der europäischen Judenkatastrophe von einigen Theologen und Religionslehrern gesehen wird. Man beginnt zu ahnen, dass die unerschütterte Weitergabe mancher Teile des alten Testaments unvereinbar mit einer Erziehung zum Respekt vor dem jüdischen Partner ist. Freilich wirkt dem wieder der überlieferte Dogmatismus entgegen: Man müsse die Bibel ganz und ohne Abstriche lehren, da man sich sonst zum ›Meister über die Schrift‹ aufwerfe. Darin ruht zweifellos ein innertheologisches Problem ...«[691]

Wird sich etwas ändern? Gamm schlägt vor, die Passionsgeschichte aus christlicher und jüdischer Sicht darzustellen, »was freilich die Möglichkeit einer Relativierung einschließt«.

Der protestantische Religionspädagoge Friedrich Schweitzer streift im Jahr 2000 kurz die vernichtenden Resümees von Autoren, die ihre Wunden aus christlicher Erzogenheit in Buchform zu bewältigen suchen.[692] Er betont das Recht des Kindes, von einer religiösen Erziehung verschont zu bleiben, die es psychisch belastet. Und dann meint er: »Der christliche Glaube ist durchweg auf Jesus bezogen – auf sein Leben und Handeln, auf seinen Tod am Kreuz und auf die durch ihn begründete Auferstehungshoffnung.«[693]

Erlösung durch Hinrichtung

Eben deshalb wird sich nichts ändern. Die Kirchen werden kein Jota streichen an der heiligen Schrift der Erlösung durch Hinrichtung, denn diese ist das »hard core« der »message«, das Logo einer Firma, deren Kreditwürdigkeit durch dieselbe Schrift garantiert ist, bis zur Apokalypse.

An dieser Stelle ist vielleicht noch in Frage zu stellen, ob diese christliche Lehre einem menschlichen Grundbedürfnis entspricht oder entgegenkommt, wie Loewenstein und Cohn meinen; ob »der junge Christ aus der Kreuzigung Gewinn« zieht, weil sie psychologisch »der Realisierung unbewusster Todeswünsche der Ödipusperiode«[694] entspricht. Ich meine, dass dies nur für eine Minderheit der Christen zutrifft und dass eine noch viel kleinere Minderheit dem psychopathologischen Typus des Paulus von Tarsus zuzurechnen ist.

Für die große Mehrheit bleibt der ödipale Mythos der vaterversöhnenden Sohnesopferung zeitlebens ein abstruses Rätsel, und gerade deshalb fesselnd. Aus dieser unendlich unergründlichen Geschichte, in die man als Kind gestürzt (worden) ist, klettert man so leicht nicht raus, besonders in Deutschland, wo die Großkirchen, staatlich gestützt, als »Sinn-Instanzen« noch immer weit gehend Monopolfunktion besitzen. Die große Mehrheit veranschaulicht in ihrem Dennoch-Glauben die wirklich unheimliche Macht frühkindlicher Indoktrination, unheimlich besonders, wenn sie sich aus numinoser »Tiefe«, aus Sinngebung, Furcht und Strafe, Lohn und Liebe, Mitgefühl und gerechtem Zorn gleichzeitig speist. Welcher psychisch normale Vater könnte sich so grausam zu seinem Kind verhalten, wie er es – als Christ – dem göttlichen, allergutesten Vater gegenüber Jesus zutraut? Welche normal sensible Mutter würde sich als Mater dolorosa unter das Kreuz stellen, an dem ihr Kind hängt? »Wo Angst ist, ist Gott nicht, sagt die Bibel, und die Psychologie bestätigt es«, meint der Schweizer Pädagoge Hans Zulliger[695.] Aber wenn dieses Bibelwort (?) die biblischen Erzählungen charakterisieren würde, hätten sie auf keine Generation viel Einfluss ausgeübt. Sie wurden gedankenlos an die machtlos ausgelieferte junge Generation weitergegeben, aus denselben Gründen, aus denen bis heute afrikanische Mädchen geschlechtlich verstümmelt werden: Man hat es immer so gemacht, uns hat's auch nicht geschadet, und die Beschneiderinnen stehen in hohen (auch monetären) Würden.

Das Sohneslamm auf dem Altar: Welche Traumata Paulus in seiner

Kindheit erlebte und welche Erlebnisse mit seinem persönlichen Vater ihn zu dieser Verneinung der Isaak- und Verkehrung der Ödipus-Mythe bewegten, ist uns nicht mehr zugänglich; Fakt ist, dass er mit diesem untauglichen Versuch einer psychischen »Versöhnung« zwei Jahrtausende prägte. Dabei sollte man die paulinische Familienmythe als Ganzes sehen: Das Kind (Jesus) muss sich opfern, weil das Weib (Eva) damals dem großen Herrn (Gott) nicht gehorchte und den kleinen Mann (Adam) ins Elend riss (siehe Röm 5,12; 1 Tim 2,14).

Die vom Vater gewollte, vom Sohn gehorsam erlittene, von der Mutter fromm beobachtete Kreuzigung hat durch ihren Archetyp der »Grausamkeit aus Liebe« (Alice Miller[696]) verheerend gewirkt. Alle Strafmaßnahmen »liebender« Eltern, die für ihre Kinder nur das Beste, sie nämlich durch Züchtigung veredeln wollten, all diese Misshandlungen, die sie selbst als Kind erlebt hatten und nun weitergaben, waren durch das göttliche Vorbild gerechtfertigt. Wenn die Sohnesopfer-Mythe zu irgend etwas gut war, dann für den Machterhalt der Väter-Herrscher. »Denn ist in früher Jugend ein patriarchales Über-Ich erst einmal zuverlässig aufgerichtet worden, dann«, so Erikson, »kann man der Jugend ruhig die Zügel locker lassen: sie kann nicht mehr entkommen.«[697] Die »Angst, Eltern in Frage zu stellen« (Alice Miller[698]) verengte, tabuisierte auch den kritischen Blick auf diese Elternreligion.

Wenn der Papst die »Söhne der Kirche« anklagt und die Dogmatik der Mutter Kirche freispricht, dann habe ich mit diesem Buch das Gegenteil versucht: Die Schuld nicht bei den Menschen, sondern in den angstgestützten geistigen Systemen zu suchen – die natürlich von Menschen gemacht sind.

Wo anders als in einer Angst und Vergeltungszorn produzierenden Dogmatik könnten die Ursachen des Holocaust gesucht werden? Etwa im »Sozialneid« gegenüber den jüdischen »Rothschilds«? Es ist gezeigt worden, dass das Klischee des »Betteljuden« virulenter war und viel mehr Realität hinter sich hatte als das Bild des reichen Wucherers. Oder in einer uns angeborenen Neigung zu sozialem »Revierverhalten« und daraus folgender Mobbing-Aggression?[699] Aber warum gegen die Juden, nicht gegen die Radfahrer? Oder im Totalitarismus, der zur Einigung seiner Insiders einen Sündenbock, ein Feindbild brauchte, »für das sich die Juden als nie wirklich integrierte Bevölkerungsgruppe am ehesten eigneten«?[700] Sowohl die Züge dieses Feindbilds als auch die Nicht-Integration sind religiös bedingt!

Oder sind Totalitarismus und Rassismus gemeinsam die mörderischen Motive, die »Anderen«, zu denen ja auch Sinti und Roma, Christen und Homosexuelle, Slawen und Dunkelhäutige, Sozis und Kommunisten gehörten, auszusondern? Was diese Opfergruppen betrifft, sind die Motive natürlich unterschiedlich, aber doch nicht ganz vom Antijudaismus loszulösen. Denn die Entstehung des Rassismus (der sich dann auch, im Rundumschlag, gegen Sinti, Roma und andere »Fremdrassige« wandte) kann als Gegenbewegung zum Ununterscheidbarwerden der Juden während der Assimilation verstanden werden. Und die Verfolgung der ethnisch, sexuell und politisch Anderen wurde leicht durchführbar nach dem Aufbau der KZ und Abbau aller menschlichen Tabus, durch die bis dahin die religiös Anderen geschützt waren.

Oder ist das Judentum selbst, durch seine Selbstüberhöhung, nicht frei von Schuld? Hofrat Paul Grosz, Präsident der jüdischen Kultusgemeinde Wien, stellt es, mit gebührendem Respekt vor dem Namen Gottes, so dar:

»... jene G'ttesidee, die den einen, den einzigen G'tt stipuliert, einen G'tt, der keinen anderen G'tt neben sich duldet, der aber als Stammesg'tt auch nicht den anderen Völkern dient, d.h. den anderen Völkern nicht erlaubt, IHM zu dienen, ist eine tödliche Herausforderung ... Ist das nicht Motiv genug, die Träger dieser Idee, die Verfechter dieses Glaubens zu hassen?«[701]

Sich für das auserwählte Volk, für »Papas Liebling« zu halten, hat man den Juden nur verziehen, so lange sie im Elend lebten. Als sie begannen, eine führende Rolle zu spielen, zogen sie den Hass der Brüder auf sich wie Joseph, der Lieblingssohn des Vaters Jakob, den die Brüder in den Brunnen warfen. Thomas Mann hat diesen »Geschwisterneid« gegen den »Besserjoseph« in »Joseph und seine Brüder« aufgezeigt, und vieles am Antisemitismus ist als Reflex auf diese Favoritenstellung zu verstehen, die sich »Gottes erstgeliebtes Volk« zuschrieb im Aufblicken zu dem Einen Gott, den Abraham sich geschaffen hatte.[702] Allerdings kann diese Rivalität zwischen Leuten, die jeweils ihre eigene Gruppe für die »auserwählte« hielten, die Shaoh nicht erklären.[703] Solche Exaltierungen gehören zum Repertoire vieler Religionsgruppen – das letzte Beispiel ist der Alleinvertretungsanspruch des Vatikan im Jahr 2000 – und liegen im Niveau der Objektivität nicht über dem von Triumphgesängen in Sportarenen.

Es ist aufgezeigt worden, dass das Judentum zur Zeit Jesu auf dem besten Weg war, die Exklusivität eines »auserwählten Volkes« aufzubrechen in Richtung einer Universalisierung eines Einen Gottes für

Eine Menschheit. Das Christentum tat diesen Schritt nach vorn, aber gleichzeitig fiel es durch seine Menschenopfer-Lehre in barbarische Zeiten zurück, mit den hier aufgezeigten Folgen, und schuf statt einer genetischen eine glaubensmäßige Exklusivität, mit den bekannten Wirkungen.

Niemanden auszugrenzen, alle human zu behandeln, diese Forderung hätte man auch bei Jesus finden können: beim Umgang mit Sünderinnen (Mt 9, 10; Lk 7,36-50), beim verlorenen Sohn (Lk 15,11-35) und beim barmherzigen Samariter (Lk 10,30-35). Parabeln, die dem Christentum starke soziale, fürsorgliche Aspekte bescherten, verwirklicht durch aktiv handelnde Persönlichkeiten, ohne Blick auf jenseitigen Lohn, und nicht um der Hochachtung willen, die ihnen als Menschen gebührt. Aber wo blieb das Gleichnis der Samariter im Fall der Negros, der Indios, der Juden? Und wieso nahm im Zweiten Weltkrieg als einzige Nation die islamische Türkei verfolgte Juden bereitwillig auf, während die christliche Welt ihre Schlagbäume schön unten ließ?[704]

Aber: Tausende von Christen haben sich auch, wie Kühner es würdigt, in voller Freiheit über »die antijüdische Pseudotheologie der Kirche« hinweggesetzt[705], wofür ein paar Beispiele für (nicht allzu) viele angeführt werden sollen:

Die Dames de Sion haben zweihundert jüdische Kinder aus Deportationszügen regelrecht gestohlen und gerettet.

Abbé Louis Celis hat drei Jahre lang vier Kinder in seinem Haus verborgen, jeden Abend mit ihnen die Tora gelesen und sie schließlich nach Israel gebracht.

Der Priester Aldo Mei aus Fiano bei Rom ist unter der SS-Folter stumm geblieben und hat sein eigenes Grab geschaufelt, aber seine versteckten Juden nicht verraten.

Der holländische Pastorensohn Joop Westerwell hat vierhundert Kinder durch Frankreich nach Spanien gerettet und ist bei seiner Rückkehr zu Tode gefoltert werden, indessen seine dankbaren Kinder ihm in Israel einen Wald gepflanzt und ein Denkmal errichtet haben.

Giuseppe Roncalli, später Johannes XXIII., hat als Delegat in Ankara rund hunderttausend falsche Pässe ausgestellt und so, in Zusammenarbeit mit Chaim Herzog von der Jewish Agency, wo immer er konnte, Juden gerettet.

Dompropst Bernhard Lichtenberg hat im Krieg vor seiner Berliner Gemeinde für die Juden gebetet und starb auf dem Weg nach Dachau.

Erzbischof Andreas Szeptychkij von Lemberg hat nicht nur selber

Juden versteckt, sondern in seinem ganzen Einflussbereich Juden gerettet und retten lassen.

Mehr als zehn Prozent der katholischen Geistlichen Polens, auch das ist zu erinnern, waren in Konzentrationslagern inhaftiert und dort häufiges Objekt von Quälereien.

Polnische Zeugen im Eichmann-Prozess erzählten: »Wir hatten die ganze Bevölkerung gegen uns.« Juden, die von christlichen Familien verborgen wurden, habe man, bei dreizehntausend Juden in dieser Gegend, an den Fingern einer Hand abzählen können. Aber die Situation in Polen sei besser gewesen als in anderen osteuropäischen Ländern. Die polnische Untergrundbewegung, so die Zeugen, habe Tausende von jüdischen Kindern in polnischen Familien untergebracht und dadurch gerettet. Und dann kam der Zeuge Kovner. Es fiel der Name Anton Schmidt: Ein deutscher Feldwebel, der jüdischen Partisanen vielfach geholfen hatte – »Er nahm kein Geld dafür« – und dafür hingerichtet wurde. »Während der wenigen Minuten, die Kovner brauchte, um über die Hilfe eines deutschen Feldwebels zu erzählen, lag Stille über dem Gerichtssaal; es war, als habe die Menge spontan beschlossen, die üblichen zwei Minuten des Schweigens zu Ehren des Mannes Anton Schmidt einzuhalten. Und in diesen zwei Minuten, die wie ein plötzlicher Lichtstrahl inmitten dichter, undurchdringlicher Finsternis waren, zeichnete ein einziger Gedanke sich ab, klar, unwiderlegbar, unbezweifelbar: wie vollkommen anders alles heute wäre, in diesem Gerichtssaal, in Israel, in Deutschland, in ganz Europa, vielleicht in allen Ländern der Welt, wenn es mehr solcher Geschichten zu erzählen gäbe.«[706]

»Menschen, vergebt ihm, denn er wusste nicht, was er tat!«

Die unheimliche Macht dessen, was man unschuldigen Kindern geistig und seelisch antut, ist auch ein mildernder Umstand im Urteil über die Täter. Bei aller Unfassbarkeit ihrer Taten muss man trotzdem bedenken: sie waren einmal Kinder. Und wenn ich mir die Bilder von Hitler als Baby, als vierzehnjähriger Realschüler, als blasser junger Mann betrachte, dann spüre ich auch mit diesem erschreckten Gesicht ein bisschen Sympathie.

Es sollte auch nicht vergessen werden, dass auch die Täter, je sensibler sie waren, desto mehr zu Opfern des fanatischen Hasses wurden, dem sie selber dienten. Eugen Kogon schließt sein Buch mit einem bedrückenden Beispiel: »Mir ist von einem deutschen Polizisten erzählt worden, der im Osten wie so viele seiner Kollegen den Befehl bekommen hatte, bei Bevölkerungs-›Liquidierungen‹ mitzuwirken. Als ihm ein blasses zwölfjähriges jüdisches Mädchen, schon in der Leichengrube stehend, flehend die Ärmchen entgegenstreckte und bat, er möge nicht schießen, senkte er die Pistole. Sein Offizier brüllte, er solle vorwärtsmachen, sonst werde er selber die Kugel bekommen. Da schoss er. Der Mann ist trübsinnig geworden, weil er das schmale Gesicht des niederbrechenden Kindes nicht vergessen konnte.«[707]

Man muss sich vor Augen halten: Auch dieser Mord wäre ohne die christliche Kreuzigungs-Theologie nicht möglich gewesen! Wie konnte man und kann man eigentlich so vernagelt sein, zu meinen, von der Darstellung einer sadistisch grausamen Hinrichtung könnte irgendetwas Positives, Menschliches, Heilsames kommen? Konnte man anderes erwarten, als was Jakob Wassermann vor 1933 niederschrieb: »... und das Kreuz, aus dessen Stamm Liebe und Duldung erblühen sollten, funkelte düster über Ozeanen von Blut«?[708]

Kann man sich heute eingestehen, was Hannah Arendt sich 1963 nicht zu sagen traute: »The charge against christianity in general, with its two thousand years of history, can not be proved, and if it could be proved, it would be horrible.«[709] Und warum traute sich Hannah Arendt nicht zu sagen, was Dagobert Runes schon acht Jahre vorher klar ausgesprochen hatte? »Keine Religion außer der christlichen hat in ihre Theologie ein solch grausiges Kapitel hineingewoben ... Keine andere Religion, ob Buddhismus, Hinduismus, Konfuzianismus oder Taoismus, Islam oder Shintoismus, kein Glaube in der Welt hat solch ein schreckliches Schema empörenden Hasses in seine Glaubenssätze eingebaut ... Es ist die einzige Religion, die den Galgen zum Symbol der Liebe machte ... All die mannigfaltigen Giftblumen sprossen aus derselben Saat, dem christlich religiösen Antisemitismus. Das christliche Kind trinkt seinen Judenhass in der Mutter Kirche. Dieser erste Eindruck der grausigen Kreuzigungserzählung wird nie vergessen ... Manche Theologen sagen, es sei nicht angebracht, die grundlegenden Glaubenssätze zu ändern. Aber ist es angebracht, Glaubenssätze weiter zu liefern, die durch Jahrhunderte ... zu unbeschreiblichen Massakern führten?«[710]

Das Positive, das entscheidend Positive am Christentum wäre gewesen, wenn die Christen den Anspruch Jesu, so zu werden wie die Kinder, als Aufforderung verstanden hätten, sich in Kinder einzufühlen, »die Erinnerung an das Kind in uns zurückzuholen«,[711] Kinder zum Maßstab zu nehmen. Zu Messlatten nahm man jedoch die Kreuzesbalken des geliebten Sohnes.

Was Christen nicht merken wollen, nicht merken sollen, bei Saramago merkt es wenigstens die Hauptperson:

»Jesus stirbt, stirbt hin, schon will ihn das Leben ganz verlassen, plötzlich tut sich über seinem Haupt der Himmel weit auf, Gott erscheint, gekleidet wie im Boot, er spricht, und seine Stimme hallt über die ganze Erde, er spricht, Du bist mein geliebter Sohn, an Dir habe ich Gefallen gefunden. Da begriff Jesus, dass er so hinter das Licht geführt worden war, wie man das Lamm zur Opferbank führt, dass sein Leben und Sterben seit aller Anfänge Beginn vorgezeichnet gewesen war, ihm fiel ein, welch ein Strom an Blut und an Erleiden von ihm ausgehen und die ganze Welt schwemmen werde, und in den offenen Himmel auf, wo Gott lächelte, schrie er, Menschen, vergebt ihm, denn er weiß nicht, was er getan hat ...«[712]

Denselben Gott stellt der britisch-jüdische Theologe Ignaz Maybaum ganz nach alter Väter Sitte dar: Für ihn als Orthodoxen ist Auschwitz (wo seine beiden Schwestern starben) das Análogon zu Golgatha, und er sieht die Nazis als Instrumente des göttlichen Willens. Die Shoah war nur ein »kleiner Zorn« Gottes, in Auschwitz haben die Juden zur Sühne für die Sünden der Menschheit gelitten, und das jüdische Volk ist »mankind at it's goal. We have arrived. We are the first fruits of God's harvest.«[713] Und Hitler war der große Erntehelfer Gottes, als dessen »Werkzeug zur Reinigung einer sündigen Welt«.

Oder so! Maybaums Gott wird wohl derselbe sein wie der, dem Primo Levi's frommer Mithäftling Kuhn auf Knien rutschend dafür dankt, dass er, der Fromme, bei der Selektion kurz vorher auf die rechte Seite kam, dass *ihn* Gott nicht ins Gas schickt, dass gerade *ihm* Gott wohlgesonnen ist. »Wenn ich Gott wäre«, denkt sich Levi lapidar, »ich würde auf Kuhns Gebete spucken.«[714] Man sieht aus Maybaums Apologie, dass dieser Vater oben immer Recht hat, man ahnt vielleicht auch, worin sich jüdische, christliche und islamische Orthodoxie ganz gut verständigen können, nämlich in der Schwärze nicht nur ihrer Kleidung, sondern auch ihrer Gehorsamspädagogik, und man sieht vielleicht auch Einsteins Meinung zu religiöser Erziehung bestätigt: »Das ethische Verhalten des Menschen ist wirksam auf Mitgefühl, Erziehung und soziale Bildung zu gründen und bedarf keiner religiösen Grundlage.«[715] John Dewey, Lawrence Kohlberg, Jean Piaget und Ernst Toller sind da, ohne religiöse Sinnsuche abzulehnen, ganz d'accord. Und Alice Miller sieht die humane Chance darin, dass es »in der Zukunft, dank der neuen Erkenntnisse, mehr Menschen mit einer humanen Kindheit geben wird«.[716]

Im Übrigen bin ich für Happy End. Ein Happy End, das es für Isaak gab, aber für Jesus seit zweitausend Jahren nicht. Ein doch noch gutes Ende für ein Buch wie dieses, dessen schmerzlichen Inhalt ich gerne goutabler dargestellt hätte: so pädagogisch prägnant wie Kierkegaard, so satirisch wie Monty Python im »Leben des Brian«, so durch Komik entlarvend wie Chaplin als »Great Dictator«. Zwischen Charlie und Adolf gibt es ja übrigens interessante Ähnlichkeiten: äußerlich im Oberlippenbärtchen, im Geburtsdatum nur vier Tage auseinander, und beide auf ihre Art weltweit bekannt geworden. Hitler soll gesagt haben: »Dieser Chaplin ist mein großer Konkurrent.« Für Chaplin dagegen war Hitlers Gesicht »eine schlechte Imitation von mir«. Er hätte diesen Film – auch über Jesus hatte er einen Film drehen wollen; man hätte gespannt sein dürfen – nicht gedreht, urteilte Chaplin später, wenn er über den Schrecken der Konzentrationslager genauer Bescheid gewusst hätte. So aber ging Chaplin – Ernst Maser zählt ihn unter den vielen anderen Juden im Bereich Kunst auf, er selber meinte, er sei keiner, aber was soll's auch – in Hollywood an die Arbeit und produzierte eine geniale Parodie, von der eine deutsche Hausfrau später sagte: »Wenn die Chaplin-Filme eher in Deutschland gelaufen wären, meiner Meinung nach wäre es unmöglich gewesen, dass Hitler an die Macht gekommen wär.«[717]

In der unfreiwilligen, per Volksempfänger verbreiteten Schlussrede, die der aus dem alpenländischen KZ entflohene kleine jüdische Friseur als geglaubter großer Diktator halten muss, setzt Chaplin – in ganz ungewohntem Pathos – der Barbarei Hitlers seine eigenen Ansichten von Humanität entgegen:

»Es tut mir Leid. Aber ich möchte nun einmal kein Herrscher der Welt sein, denn das liegt mir nicht. Ich möchte weder herrschen noch erobern, sondern jedem Menschen nur helfen, wo immer ich kann. Dem Juden, dem Heiden, dem Farbigen, dem Weißen. Jeder Mensch sollte dem anderen helfen. Nur so verbessern wir die Welt. Wir sollten am Glück des anderen teilhaben und nicht ihn verabscheuen ...

Soldaten! Vertraut euch nicht Barbaren an. Ihr seid für sie nur Sklaven, ihr habt das zu tun, das zu glauben, das zu fühlen. Bewahrt euch die Menschlichkeit in euren Herzen und hasst nicht. Nur wer nicht geliebt wird, hasst, nur wer nicht geliebt wird ...

Im 17. Kapitel des Evangelisten Lukas steht: Gott wohnt in jedem Menschen. Also nicht nur in einem oder in einer Gruppe von Menschen. Vergesst nie, Gott wohnt in euch allen, und ihr als Volk habt allein die Macht; die Macht, Kanonen zu produzieren oder aber Glück zu spenden, dieses Leben einmalig kostbar zu machen. Lasst uns kämpfen für eine neue Welt. Nieder mit der Unterdrückung, dem Hass und der Intoleranz. Kameraden, im Namen der Demokratie: Dafür lasst uns streiten!

(Frenetischer Applaus der Massen)

Hannah! Hörst du mich?

Wo immer du sein magst, verzage nicht. Die Wolken reißen auf, die Sonne bricht durch. Aus Finsternis und Dunkelheit kommen wir zum Licht, in eine neue Welt, in eine Zukunft, die dir und mir und allen Menschen gehört. Die Seelen der Menschen haben Flügel bekommen.

Schau nach oben, Hannah. Schau nach oben.«

Sehr schön, nur: In die Bibel braucht Hannah nicht zu schauen, bei Lukas 17. Da steht was anderes. Da geht's um Feuer und Schwefel, die an »jenem Tag« vom Himmel fallen werden, und als sie ihn fragen: »*Wo, Herr?*«, gibt er die weise Antwort: »*Wo das Aas ist, sammeln sich die Geier.*«

Weiß der Geier, wo's bei dieser frohen Botschaft liegt, das Happy End.

Anmerkungen

1 Zit. nach Roskies, p. 258.
2 Dank meiner Verlegerin habe ich nach 37 Jahren diese Aussage der Zeugin Dunja Wasserström im Auschwitz-Prozess wiedergefunden. Vgl.: Stanic, Dorothea: Kinder im KZ. Berlin 1979, p. 41.
3 Süd-West-Presse, Ulm, 7. 8. 2000, p. 3.
4 »Warum riskiert Alfred Welker sein Leben in Agua Blanca?«; 3Sat, 14. 4. 2000.
5 Geschätzte Zahl, nach Lapide.
6 Braun / Heid, p. 210.
7 Singer, p. 39-41.
8 Schönberger / Pleticha, p. 230.
9 Michelangelos Kruzifix in der Florentiner Heilig-Geist-Kirche trägt (wie auch andere Kreuzbilder der Renaissance) ein völlig entblößtes Corpus. Der geniale Künstler war übrigens homosexuell.
10 Goldhagen, p. 391.
11 Goldhagen, p. 535.
12 Goldhagen p. 372 f.
13 Goldhagen, p. 403.
14 Vgl. Fugmann, p. 30 f; Czermak p. 153-157.
15 H. Arendt, p. 300.
16 Heribert Lidl, Leserbrief in der Neu-Ulmer Zeitung, 30. 3. 1999.
17 John Dewey: Wie wir denken, p. 171.
18 Hoffman, M. L.: »The Development of Empathy«, in: Rushton / Sorrentino, p. 49.
19 Kohlberg 1995.
20 Gilligan, Carol: »Moralische Orientierung und moralische Entwicklung«, In: Nunner-Winkler 1991.
21 Goleman, pp. 138 f.
22 Mill, pp. 248 f.
23 Piaget, pp. 259 f.; hier: »... verursachte Leiden.«
24 Olweus 1995; vgl. Kneutgen, J.: »Zur Biologie und Psychologie des Anstoßnehmens«; in: Bilz / Petrilowitsch.
25 Th. W. Adorno, Gesammelte Schriften 20/1, Frankfurt/M. 1986 (zit. nach Paffrath).
26 Gernot Römer, Vortrag in der Hainsfarther Synagoge, in: Sonntagszeitung, Augsburg, 4. 5. 1997.
27 Paffrath, p. 40.
28 Larder, D. L.: Effect of aggressive story content on nonverbal play behavior. Psychological Reports, 11, 14 (nach Nolting).
29 Pass, H.: Nachahmung von verbal übermittelten Modellen aggressiver und prosozialer Interaktionen. Psychologie in Erziehung und Unterricht, 30, 40-46 (nach Nolting).
30 Berkowitz, L. / Rawlings, E.: Effects of film violence on inhibition against subsequent aggression. Journal of Abnormal and Social Psychology, 66, 405-412 (nach Nolting).
31 Nolting, p. 259.
32 Lagerspetz, K. M. / Westman, M.: Moral approval of aggressive acts: A preliminary investigation. Aggressive Behavior, 6, 119-130 (nach Nolting).
33 Bandura 1979.
34 Milgram, p. 187.
35 Nolting, p. 116.
36 Goldhagen, pp. 293 f.
37 Goldhagen, p. 253.

38 Goldhagen, pp. 351 f.
39 Goldhagen, p. 307.
40 Heer 1989, p. 572.
41 Nolting, p. 108.
42 Kierkegaard, pp. 167-170.
43 Lehr, pp. 178-180. Dort auch Fundstellen der einzelnen Begebenheiten.
44 Bytwerk, p. 2.
45 Rohrbacher / Schmidt, pp. 275 ff.
46 Strauss / Kampe, p. 35.
47 Fricke, p. 334.
48 Rohrbacher / Schmidt, p. 276.
49 Strauss / Kampe, p. 35.
50 Trachtenberg, pp. 135 f.
51 Czermak, p. 94.
52 Ebd. (Kursivdruck: K. R.).
53 Rohrbacher / Schmidt, p. 224.
54 Erziehung zur Kunst. Schuler Verlagsgesellschaft Stuttgart, o. J.
55 Bloch, Ernst: Das Prinzip Hoffnung (Schlusssatz).
56 Jeans, p. 139.
57 DeMause, p. 301.
58 Rohrbacher / Schmidt, pp. 228 f.
59 Neubauer, A. / Stern, M.: Hebräische Berichte über die Judenverfolgungen während der Kreuzzüge. Berlin 1892, pp. 82 f. (nach Rohrbacher / Schmidt, p. 228).
60 Rohrbacher / Schmidt, p. 276.
61 Conrad, H. (Hg.): Das Juden-Buch des Magister Hosmann, Stuttgart 2/1919 (nach Rohrbacher / Schmidt).
62 Hsia 1997.
63 Rohrbacher / Schmidt, p. 283.
64 Dem widersprechen allerdings die Aussagen, die Samuel selbst später im Gefängnis machte: In Wirklichkeit waren es die Juden, die das Kind fanden und dem Podestà davon Mitteilung machten – ein entscheidendes Detail, das im selben Prozessbericht nicht »korrigiert« wurde.
65 Hsia 1997, p. 79.
66 Vgl.: Liliencron, R. von (Hg.): Die historischen Volkslieder der Deutschen vom 13. bis 16. Jahrhundert, Bd. 2, Leipzig 1867, pp. 13-21 (nach Rohrbacher / Schmidt).
67 Vgl. Hsia 1988, p. 14-41; Amira, Karl von: Das Endinger Judenspiel, Halle 1983.
68 Hsia 1997, p. 90.
69 Rohrbacher / Schmidt, p. 278.
70 Hsia 1997, pp. 87 ff.
71 Hsia 1997, p. 90.
72 Rohrbacher / Schmidt, p. 280.
73 Hsia 1997, pp. 75 f.
74 Rubin, pp. 334 ff.
75 James, p. 289.
76 Hsia 1997, p. 24.
77 Bloch, Joseph Samuel: Erinnerungen aus meinem Leben. Wien und Leipzig 1922, Bd. II, pp. 82 f. (nach Lehr, p. 81; Dr. Bloch war Rabbiner in Floridsdorf bei Wien).
78 Schopenhauer, pp. 766 f.
79 Rohrbacher/Schmidt, p. 8.
80 Luc Jochimsen, Kommentar in ARD-Tagesthemen, 14. 1. 2000.

81 Feinberg-Jütte, Anat:»Shylock«. In: Schöps / Schlör, p. 122.

82 Hitler, p. 336.

83 Ebd., p. 338.

84 Weiss, p. 27.

85 Berding, p. 12.

86 Ebd., p. 13.

87 Weiss, p. 30.

88 Barbara Gerber: Jud Süß, pp. 60-63.

89 Kafka, p. 320.

90 Weiss, p. 33.

91 Bätz, p. 78.

92 Weiss, p. 32.

93 Berding, p. 18.

94 Rohrbacher / Schmidt, pp. 121 f.

95 Ebd.

96 Heller, I.:»Ein böhmischer Bauer«; in: Kircher, H. (Hg.): Dorfgeschichten aus dem Vormärz, Bd. I, Köln 1981, pp. 167 f. (nach Rohrbacher/Schmidt, pp. 71 f.).

97 Lehmann M. (Hg.): Urgroßvaters Tagebuch. Aufzeichnungen des Ascher Lämle Weldtsberg, gen. Lehmann. Gerwisch bei Magdeburg 1936 (nach Rohrbacher / Schmidt, p. 74).

98 Haus der Bayerischen Geschichte (Hg.): Juden auf dem Lande, p. 130.

99 Bärsch, C.E.: Das Katastrophenbewußtsein eines werdenden Nationalsozialisten. Der Antisemitismus im Tagebuch des Joseph Goebbels vor dem Eintritt in die NSDAP, in: Menora. Jahrbuch für deutsch-jüdische Geschichte, Jg. 1 (1990) p. 138 (nach Rohrbacher / Schmidt, p. 135/404).

100 Vgl. Lehr, p. 161 sowie Braun, p. 173.

101 Weiss, p. 39.

102 Hitler, p. 334 und 358.

103 Rohrbacher / Schmidt, p. 97.

104 Deutsches Zentralarchiv Merseburg: Rep. 80 V Nr. 6 Beih. 4 (nach Rohrbacher / Schmidt, pp. 124 f.).

105 Marx, p. 58.

106 Rohrbacher / Schmidt, p. 99.

107 Ebd., p. 100.

108 Nach Kühner, pp. 134 f.

109 Humboldt, p. 164.

110 Vgl. Marx in seiner Schrift »Zur Judenfrage« (1844): »Geld ist der eifrige Gott Israels, vor dem kein anderer Gott bestehen darf.«

111 Weiss, p. 31.

112 Schweitzer, A. 1927.

113 Levy, pp. 37 f.; vgl.: Mota 1981.

114 Poliakov, Bd. VII, p. 64.

115 Drumont, E.: La France juive, V. II, 201. Auflage, Paris 1943, pp. 568-569 (nach Poliakov).

116 Czermak, p. 149.

117 E. Stölting, in: Schoeps / Schlör, p. 226.

118 Fest, p. 103.

119 Krüger / Müller-Kemler, p. 103.

120 Hitler, p. 211.

121 Franz Oppenheimer: Die Judenstatistik des preußischen Kriegsministeriums. München 1922 (nach Volker Ullrich, in: Schoeps / Schlör, p. 216).

122 Poliakov, Bd. VII, p. 67.
123 Stölting, a.a.O., p. 227.
124 Ebd., p. 223.
125 Vgl. Fricke, p. 167.
126 Kühner, p. 41.
127 Dieckmann, p. 261.
128 Dante, Werke. Inferno, Canto XXXIV.
129 Lapide, p. 15.
130 Riedl, Joachim: Der lange Schatten des Kreuzes; in: Ley / Schoeps, p. 68.
131 Nach Poliakov, Bd. VII, p. 50.
132 Lapide, p. 13.
133 Gerlach, W.: »Auf dass sie Christen werden. Siebzehnhundert Jahre christlicher Antisemitismus«, in: Braun / Heid 1990, p. 18.
134 Hurwitz, Emanuel: »Judas und der Hass auf die Juden«, in: Dietrich, W. et alii, 1999,
p. 109-126.
135 Zit. ebd., p. 123.
136 Harenberg, W.: Was glauben die Deutschen? München 1968, p. 89 (zit. nach Fricke,
p. 165).
137 Martin, H.: »The Judas Iscariot Curse«; in: The American Journal of Philology 37
(1916), p. 445 (nach Dieckmann, p. 97).
138 Dinzelbacher, P. : Judastraditionen. Wien 1977, p. 43 (nach Dieckmann, p. 94).
139 Vgl. Dieckmann, pp. 94-98.
140 Martin, H., a.a.O., p. 439 (nach Dieckmann, p. 99).
141 Heer 1967, p. 216.
142 Walter Mehring: Die verlorene Bibliothek. Autobiographie einer Kultur. Icking, München 1964, p. 59 (nach Rohrbacher / Schmidt, p. 383).
143 Kanner 1978.
144 Cohn, N., pp. 42 f.
145 Siehe: Manifest an die Regierungen und Völker der durch das Judentum gefährdeten
christlichen Staaten laut Beschluß des Internationalen Kongresses zu Dresden 1882/
1883. Chemnitz 1883 (nach Czermak).
146 Meister, W. (d.i. Paul Bang): Judas Schuldbuch. München 1919 (nach Rohrbacher /
Schmidt, p. 212).
147 Piper, Ernst: Die jüdische Weltverschwörung. In: Schoeps / Schlör, p. 132.
148 Kühner, p. 98.
149 Zitate nach Heer 1989, pp. 211-216.
150 Hitler, p. 337.
151 Poliakov, Bd. VII, p. 78.
152 Cohn, N., p. 334.
153 Drewermann, Eugen: Das Markusevangelium – Bilder von Erlösung. Olten 1987, p. 72
(nach Mynarek, p. 177).
154 Hitler, p. 16.
155 Hitler am 29. Juli 1921 im Münchner Zirkus Krone (nach Heer 1989, p. 193).
156 Heer 1967, p. 460.
157 Hier zit. nach Lapide, p. 46.
158 Ebd.; vgl. Luther: Werke, Bd. 53. Weimar 1968, p. 494.
159 Rohrbacher / Schmidt, p. 240.
160 Vgl. Ginzburg, C.: Hexensabbat. Entzifferung einer nächtlichen Geschichte. Berlin 1990
(nach Rohrbacher / Schmidt, p. 196).
161 Transkribiert nach Haverkamp, A. (Hg.): Zur Geschichte der Juden im Deutschland des

späten Mittelalters und der frühen Neuzeit. Stuttgart 1981, p. 30 (nach Rohrbacher / Schmidt, p. 197).

162 Rohrbacher / Schmidt, p. 198.

163 Predigt über Matth. 11,25 ff zu Eisleben gehalten, 15. Februar 1546. In: D. Martin Luthers Werke, Kritische Gesamtausgabe, Bd. 51, Weimar 1914, p. 195 (nach Cohn, N., p. 336).

164 Staatsarchiv München: RA 22044 (nach Rohrbacher / Schmidt, pp. 200 f).

165 Erb; R. / Bergmann, W.: Die Nachtseite der Judenemanzipation. Der Widerstand gegen die Integration der Juden in Deutschland 1780-1860. Berlin 1989, p. 243 (nach Rohbacher / Schmidt, p. 201).

166 Geheimes Staatsarchiv Berlin-Dahlem: Rep. 90 Nr. 32 (nach Rohrbacher / Schmidt p. 202).

167 Die Macht der Bilder, p. 255.

168 Rohrbacher / Schmidt, p. 368.

169 Hitler, pp. 369-381.

170 Ebd., p. 62.

171 Heer 1989, p. 205.

172 Ebd., p. 772.

173 Ebd., pp. 772 f.

174 Jäckel: Hitlers Weltanschauung, p. 88 (nach Goldhagen, p. 197).

175 Goldhagen, pp. 158 f.

176 Lapide, p. 99; vgl. Maser, p. 267.

177 Hitler, p. 751.

178 Zitiert nach Trachtenberg, J.: The Devil and the Jews, p. 57.

179 Dawidowicz, p. 33.

180 Ley, Michael: »Apokalyptische Bewegungen in der Moderne«; in: Ley / Schoeps 1997, p. 19. Ley zitiert Fichte aus dessen »Anleitung zum seligen Leben«, Hamburg 1983, p. 100.

181 Ebd., pp. 19 f. Ley zitiert Fichte hier nach Dantine, Wilhelm: »Frühromantik – Romantik – Idealismus«; in: Rengstorf / Kortzfleisch (Hg.): Kirche und Synagoge, Bd. 2, pp. 214 f.

182 Zitiert nach p. K. Liebenow (Hg.): Das Künzelsauer Fronleichnamsspiel, Berlin 1969, pp. 198 f. (nach Rohrbacher / Schmidt, p. 182).

183 Vgl. Kühner, p. 107.

184 Ebd., p. 128.

185 Zitiert nach W. E. Peuckert: Die große Wende. Das apokalyptische Saeculum und Luther, Bd. 1, Darmstadt 2/1966, pp. 141 f. (nach Rohrbacher/Schmidt, p. 186).

186 Cohn, N. 1969, p. 38 (vgl. Rohrbacher / Schmidt, p. 192).

187 Ebd., p. 341.

188 Kittel, G.: Die Judenfrage. Stuttgart 1933 (nach Kustermann / Bauer).

189 Siegele-Wenschkewitz, L.: Neutestamentliche Wissenschaft vor der Judenfrage. Gerhard Kittels theologische Arbeit im Wandel deutscher Geschichte. München 1980 (nach Kustermann / Bauer, p. 260).

190 Faulhaber, M. von: Das Alte Testament und seine Erfüllung im Christentum. München 1933 (nach Kustermann / Bauer, p. 261).

191 Rupert Feneberg: Theologische Wege des christlich-jüdischen Gesprächs seit 1945. In: Kustermann, pp. 241-280.

192 Fernsehdokumentation »Sklaven der Gaskammer«, ARD, 24.1.2001.

193 Buggle, p. 70.

194 Vgl. dazu Buggle, pp. 50-53.

195 Buggle, p. 33.
196 Barden, Brünnhild (d. i. Adele Hahn): Historische Grundlage des jüdischen Ritualmordes. Als Manuskript gedruckt. Königsberg i. Pr. 1906 (zit. nach Lehr, pp. 76 f.).
197 Krogmann, p. 101.
198 Weil, Simone: Lettre a un Religieux, Paris 1951, p. 15 (nach Krogmann).
199 Hitler, p. 346.
200 Tabellarische Vergleiche kirchlicher und nazistischer Maßnahmen bringen: R. Hilberg 1982; J. E. Scherer: Die Rechtsverhältnisse der Juden in den deutsch-österreichischen Ländern; Leipzig 1901, sowie Czermak, pp. 295-299.
201 Zit. nach Heer 1989, pp. 204 f.
202 Cohn, N., p. 333.
203 Freud 1973, p. 157.
204 Mantell 1978.
205 Cohn, N., p. 329.
206 Ebd.
207 Parkes, James W.: The Conflict of the Church and the Synagogues. London 1934 (nach Loewenstein, p. 80).
208 Loewenstein, p. 87.
209 Loewenstein, p. 81.
210 Cohn, N., pp. 334 f.
211 Klee 1988, p. 78.
212 Amery, p. 121.
213 Buggle, p. 132.
214 Rubin, p. 130.
215 James Parkes, zitiert nach Kühner, p. 30.
216 Gerlach, W., in Braun / Heid, p. 33; Shoham, p. 170.
217 Camporesi, Piero: The Consecrated Host: A Wondrous Excess. In: Fragments for a History of the Human Body. New York, Part I, p. 220 (nach Christina von Braun, in Schoeps / Schlör, p. 82).
218 Vgl. Camporesi: Part I, p. 225 (nach Christina von Braun, in: Schoeps / Schlör, p. 94).
219 Nach Camporesi, p. 233.
220 Christina von Braun: »Blut und Blutschande«; in: Schoeps / Schlör, p. 84.
221 Der ewige Jud mit Namen Ahasverus, welcher vorgiebt, er sey bey der Kreuzigung Christi gewesen [...] »Zug« 1795, p. 11-16 (so nach Rohrbacher / Schmidt, pp. 253 ff.).
222 Gerlach, W., in Braun / Heid, p. 29.
223 Rohrbacher / Schmidt, p. 291.
224 Ebd., p. 292.
225 Poliakov, Bd. II, p. 2. (nach Gerlach, a.a.O., p. 42).
226 Vgl. Yerushalmi, Yosef Hayim: Assimilation and Racial Anti-Semitism: The Iberian and the German Models. In Leo Baeck Memorial Lectures, No. 26, New York 1982 (nach Chr. v. Braun, a.a.O., p. 87).
227 Ebd., p. 10 (nach Chr. v. Braun, a.a.O., p. 88).
228 Czermak, p. 101.
229 Ranke-Heinemann 1994, p. 97.
230 Yerushalmi, a.a.O., p. 16 (nach Chr. v. Braun, a.a.O., p. 89).
231 Vgl. Czermak, pp. 229 f., sowie Kühner, p. 73.
232 Weber, Max: Politik als Beruf. In: Gesammelte Politische Schriften.
233 Gerd Lüdemann in »Das Credo abschaffen«; Der Spiegel 8/1996; bezüglich Bultmann mündlich bei einem Vortrag in Augsburg, Oktober 2000.
234 Suess, Paulo: Befreiungstheologie heute. In: Christliche Initiative Romero (Hg.): Rome-

ro-Zeitung, Münster, März 2000, p. 4.

235 Vasudev, Jyotsna: »Kohlbergs Universalitätspostulat aus indischer Sicht«; in: Edelstein / Nunner-Winkler, p. 156.

236 Zit. nach Tarkunde, V.M.: »Towards a Fuller Consensus in Humanist Ethics«, in: Storer, p. 157.

237 Weil, p. 124.

238 Ebd., pp. 122 f.

239 Buggle, p. 98.

240 Czermak, p. 127.

241 Stern, F.: Kulturpessimismus als politische Gefahr. Bern, Stuttgart, Wien 1963, pp. 363/ 364 (nach Cohn, N., p. 218).

242 Vgl.: Scheibe, pp. 19-23.

243 Heer 1990, p. 206.

244 Ebd., p. 203.

245 Ebd., p. 126.

246 Broszat, pp. 129 f.

247 Langbein, Hermann: Menschen in Auschwitz. Wien 1995, p. 439 (nach Deselaers, p. 177).

248 Broszat, p. 129.

249 Martin Gilbert: Nürnberger Tagebuch. Frankfurt am Main 2/1963, p. 253 (nach Deselaers, p. 211).

250 Giordano Bruno in seiner Schrift »Die Vertreibung der triumphierenden Bestie«, 1584; zit. nach Der Spiegel, Nr. 7, 14. 2. 2000, p. 208.

251 Fricke, p. 324.

252 Askenasy, p. 55.

253 Heer 1989, p. 167.

254 Jaspers, Karl: Der philosophische Glaube angesichts der Offenbarung. München 1962, p. 89 (nach Buggle, p. 101).

255 Ebd., p. 85 (nach Sartory, p. 170)

256 Bloch 1985, p. 1330.

257 Zit. nach Heer 1990, p. 214.

258 Vgl. Lessing, G. E.: Nathan der Weise; 4. Aufzug, 2. Auftritt.

259 Zit. nach De Rosa, p. 179.

260 Ebd., p. 180.

261 Lapide, p. 47.

262 Fricke, p. 253.

263 Vgl. Lapide, p. 68.

264 Philo, Botschaft an Gaius, XXXVIII (nach Lapide, pp. 71 f.).

265 Lapide, p. 73.

266 Poliakov, Bd. II, p. 61.

267 Fricke, pp. 249 f.

268 Fricke, p. 321.

269 Lapide, p. 79.

270 Cohn, Ch., p. 406.

271 Origenes, In Celsum (nach Lapide, p. 49).

272 Gröber, C.: Hirtenbrief zum Karfreitag 1941, in: Amtsblatt der Erzdiözese Freiburg, 1941, pp. 381-392 (hier zitiert nach Fricke, p. 270).

273 Lanzmann, p. 136.

274 Hollenweger 1988.

275 Raschke, H.: Das Christusmysterium, 1954 (nach Deschner, p. 87).

276 Norden, E.: Die Geburt des Kindes, 1924 (nach Deschner, p. 92).

277 Vermaseren, p. 60.

278 Cumont: Die Mysterien des Mithras. 3/1923 (nach Deschner, p. 93).

279 Vermaseren, p. 60.

280 Tertullian: Prozesseinreden gegen die Häretiker (nach Ranke-Heinemann, p. 337).

281 Schütze, p. 192.

282 Die letzten Worte des Berliner Flugpioniers Otto Lilienthal nach seinem Absturz.

283 Canetti, p. 56.

284 Canetti, pp. 158-161.

285 Canetti, pp. 125-126.

286 Freyre, pp. 264 f. (bezüglich der Versuche Pawlows).

287 Augustinus: Über die Dreifaltigkeit. IV. Buch, 2. Teil, IV. Abschnitt: XIV 19 (nach Braun, Chr. v., in: Braun / Heid 1990, p. 201).

288 Drewermann, E., in: Kaplan, p. 28.

289 Franz Kromka (Agrarökonom): »Eine Idylle gab es noch nie«, in: taz, 16. 1. 2001, p. 13.

290 Vgl. Kaplan, Serpell, Coetzee.

291 Zit. nach Ranke-Heinemann 1994, p. 342.

292 Ebd., p. 343.

293 Drewermann, E.: Kleriker, 1991, p. 395 (zitiert nach Ranke-Heinemann 1994, p. 339, bzw. Mynarek, p. 177).

294 Reuß, J. D.: Jesus und der Sühnegedanke. Stuttgart 1992; vgl. Mynarek, p. 177.

295 Küng, Hans: Christ sein, 1976, pp. 515 f (nach Ranke-Heinemann 1994, p. 339).

296 Nach Sommer-Jäger, Johanna: Braucht der Christengott das Menschenopfer? In: Publik-Forum Nr. 12, 28. 6. 1996.

297 Dostojewskij, pp. 327 f.

298 Historische Bibliothek XX, 14 (nach Ranke-Heinemann 1994, p. 346).

299 Kierkegaard 1982, pp. 243-247.

300 Heinsohn, p. 86.

301 Bloch 1973, pp. 184 ff.

302 Loewenstein, p. 93.

303 Canetti, pp. 338 f.

304 Cioran, p. 98.

305 Landmann, Salcia: Gefilte Fisch – gefilte Liebe. Erotische, kulinarische Witze und Liebeslieder (CD). Freiburg 1993.

306 Ebd.

307 Heer 1990, pp. 66 f.

308 Ebd., p. 67.

309 Ebd., p. 71.

310 Ebd., p. 72.

311 Widengren, G.: Mani und der Manichäismus. Stuttgart 1961 (nach Heer 1990, p. 73).

312 Balthasar, H. U. v.: »Eschatologie«. In: Feiner, Trütsch, Böckle (Hg.): Fragen nach der Theologie heute, 1954 (nach Heer 1990, p. 73).

313 Heer 1990, pp. 74 f.

314 Deschner 1974, p. 393.

315 Hitler, p. 715.

316 Hays, H. R.: Mythos Frau. Das gefährliche Geschlecht. 1969 (nach Deschner 1974, p. 394).

317 Ries, J.: Kirche und Keuschheit. Die geschlechtliche Reinheit und die Verdienste der Kirche um dieselbe, 1922 (nach Deschner 1974, p. 394).

318 Müller, J.: Die Keuschheitsideen in ihrer geschichtlichen Entwicklung und praktischen

Bedeutung. 3/1926 (nach Deschner 1974, p. 394).

319 Tondi, A.: Die Jesuiten. Bekenntnisse und Erinnerungen. 1961, pp. 180 ff. (nach Deschner 1974, p. 95).

320 Schröteler, J. (Hg.): Die geschlechtliche Erziehung. Beiträge zur Grundlegung einer gesunden Sexualpädagogik, 2/1929, p. 150 (nach Deschner 1974, pp. 94 f.)

321 Feuerbach, p. 125.

322 Moor, p. 179.

323 Ebd., p. 342.

324 Adorno, p. 96.

325 Miller, p. 249.

326 Herrmann, p. 271.

327 Heer 1989, p. 585.

328 Zit. nach Heer 1990, p. 144.

329 Deselaers, pp. 176 f.

330 Deschner 1974, p. 385.

331 Frankl, p. 136.

332 Askenasy, p. 35.

333 Heer 1967, p. 533; vgl. Czermak, p. 86.

334 Zit. nach: 3Sat-Fernsehsendung »Die Religion des Adolf Hitler«.

335 Vgl. Fest, pp. 59 f.; Heer 1989, p. 167 ff.; Die Macht der Bilder, pp. 153 f.

336 Joachim Riedl in der 3Sat-Sendung »Die Religion des Adolf Hitler«.

337 Heer 1989, pp. 366 f.

338 Ebd., pp. 367 f.

339 Ranke-Heinemann 1994, p. 355.

340 Askenasy, pp. 33 f.

341 Katz, J.: Exclusiveness and Tolerance. New York 1969, pp. 55 f. (nach Shoham, p. 174).

342 Deschner 1974, p. 121.

343 Gilman, Sander L.: »Der jüdische Körper: Gedanken zum physischen Anderssein der Juden«, in: Die Macht der Bilder, p. 172. Der zitierte Roman ist um 1945 anonym erschienen.

344 Ebd., p. 174.

345 Eizereif, pp. 54 ff.

346 Haus der Bayerischen Geschichte (Hg.): Juden auf dem Lande, p. 133.

347 Chrysostomus, or. 1, 3 f; 1, 7 (nach Deschner 1996, p. 510).

348 Origenes, In Celsum, 2, 5; 2, 8; 7, 8; 4, 22; 2, 78 (nach Deschner 1996, p. 511).

349 Ambr.ep.40 (nach Deschner 1996, p. 513).

350 Czermak, pp. 41 f.

351 Trachtenberg, p. 218, hier zitiert nach Shoham, p. 166.

352 Heer 1967, p. 547; vgl. Lehr, p. 19.

353 Luther: Vom Schem Hamphoras und vom Geschlecht Christi. (1543); in: Werke, p. 579; vgl. Poliakov, Bd. 2, pp. 121 f.

354 Oberman, p. 92.

355 Ebd., p. 97 (Luthers Originaltext zur besseren Lesbarkeit leicht adaptiert, K. R.)

356 Mallet, p. 37.

357 Luther am 5. März 1545, zit. nach Mallet, p. 39.

358 Mallet, p. 216; vgl. Schatzman.

359 Fichte, J. G.: »Die Staatslehre, oder über das Verhältnis des Urstaates zum Vernunftreiche«, gehalten im Sommer 1813 auf der Universität zu Berlin; in: Fichte: Sämtliche Werke, Bd. 4. Berlin 1844, pp. 584-586 (nach Schatzman, p. 204).

360 Fichte, J. G.: »Das System der Sittenlehre nach den Prinzipien der Wissenschaftslehre«;

in: Fichte 1844, p. 339 (nach Schatzman, p. 205).

361 Fichte, J. G.: Reden an die deutsche Nation, p. 28.

362 Erikson 1950/1999, p. 345.

363 Schatzman, pp. 203-206.

364 Ebd., p. 202.

365 Canetti, pp. 499-503.

366 Jacobs, pp. 8 ff.

367 Sasse, Martin: Martin Luther über die Juden. Freiburg 1938.

368 Vgl. Meier, K.: Kirche und Judentum. Die Haltung der evangelischen Kirche zur Judenpolitik des Dritten Reiches. Göttingen 1968 (zit. nach Kustermann, p. 263).

369 Berding, p. 87.

370 Stoecker, A.: Christlich-Sozial. Reden und Aufsätze. Berlin 2/1890, p. 325 (nach Berding, p. 93).

371 Ebd., p. 432 (Die Berliner Juden und das öffentliche Leben. Reden, gehalten vor der Versammlung Deutscher Bürger in den Sälen der Berliner Bocksbrauerei am 2. Juli 1883; nach Berding).

372 Vgl. Rohrbacher / Schmidt, p. 342.

373 Zit. nach Mommsen, W.: Deutsche Parteiprogramme, München 1960, 2/1964, pp. 78-80 (Berding, p. 98).

374 Stoecker in der Freitagsversammlung der Christlichsozialen Partei, in: Der Staats-Socialist 4, 1981, p. 324 (nach Berding, pp. 98 f.).

375 Die Macht der Bilder, p. 131, mit Bezug auf Sterling, E., 1964, p. 63.

376 Treml, Manfred: Das Königreich Bayern (1806-1918): in: Treml, M. (Red.): Politische Geschichte Bayerns. Haus der Bayerischen Geschichte, München 1989, p. 41 (nach Berding).

377 Berding, p. 67.

378 Ebd., p. 68.

379 Zitat aus: A. Herzog u. a. (Hg.): Arbeiter in Hamburg; Hamburg 1983, pp. 89-108 (nach Berding, p. 69).

380 Berding, p. 70.

381 Zentrales Staatsarchiv Merseburg: Rep. 77/XXX Nr. 4; vgl. Rohrbacher / Schmidt p. 263; Sterling, E.: 1969, p. 171; Adler, H.G.: Die Juden in Deutschland, von der Aufklärung bis zum Nationalsozialismus, 1960, p. 57 f.; sowie Deschner 1996, p. 525.

382 Sterling 1969, p. 163.

383 Nickel, p. 157.

384 Sterling 1969, pp. 159 f.

385 »Bayerisches Vaterland«, 29. 4. 1879, zit. nach Lill, Rudolf, in »Kirche und Synagoge 2, p. 38, in: Die Macht der Bilder, pp. 131 f.

386 Braun, Chr. v., 1990, p. 169.

387 Rohrbacher / Schmidt, p. 287.

388 Örtel, Friedrich: Was glauben die Juden? Bamberg 1823 (nach Sterling 1969, p. 157).

389 Sterling 1969, p. 157.

390 Sterling, E.: Er ist wie du. München 1964, p. 63 (nach: Die Macht der Bilder, p. 131).

391 Lehr, pp. 33-37.

392 Der Stürmer, Jg. 7 (1929), Nr. 13 (nach Rohrbacher / Schmidt, pp. 355 f).

393 Rohrbacher / Schmidt, pp. 357 f.

394 Zit. nach: Völkischer Beobachter, Nr. 32, 1. Februar 1939. Vgl. L. S. Dawidowicz: Der Krieg gegen die Juden 1933-1945. Wiesbaden o.J., p. 106 (Hinweis bei Rohrbacher / Schmidt, p. 358).

395 to Gaste, F.: Die Wahrheit über die jüdischen Ritualmorde. Berlin (um 1942; nach

Rohrbacher / Schmidt, p. 358).

396 Schramm, H.: Der jüdische Ritualmord. Eine historische Untersuchung. Berlin 1943, p. XXV f. (nach Rohrbacher / Schmidt, p. 359).

397 Zit. nach Hilberg 1982, p. 693.

398 Vgl. Rubin, p. 273.

399 Ebd., p. 274.

400 Ebd., p. 278.

401 Dieckmann, p. 57.

402 Ebd., pp. 73 f.

403 Warning, R.: Funktion und Struktur. Die Ambivalenz des Geistlichen Spiels. München 1974 (nach Dieckmann, p. 73).

404 Dieckmann, p. 73.

405 Zit. nach Queri, G. (Hg.): Der älteste Text des Oberammergauer Passionsspieles. Oberammergau 1910, p. 96 (nach Rohrbacher / Schmidt, p. 258).

406 Schmid, R. H.: Raum, Zeit und Publikum des geistlichen Spiels. Aussage und Absicht eines mittelalterlichen Massenmediums. München 1975, p. 198 (nach Dieckmann. p. 56).

407 Dieckmann, p. 69.

408 Dieckmann, pp. 74 ff.

409 Kleinpaul, Rudolf: Der Mord von Konitz und der Blutaberglaube des Mittelalters. Leipzig 1900, pp. 9-13 (nach Lehr, pp. 170 f.).

410 Weischedel, p. 125.

411 Chr. v. Braun, a.a.O., p. 86.

412 Horkheimer, Max / Adorno, Th. W.: Dialektik der Aufklärung. Amsterdam 1947, p. 199 (zitiert nach Heinsohn, p. 8).

413 Poliakov, Bd. VII, p. 55.

414 Cohn, N., p. 326.

415 Jacobs, Joseph: Studies in Jewish Statistics, London 1891; Men of Distinction (1916); Contributions to Civilization (1919); nach Gilman, p. 102.

416 Jacoby, Russell und Glauberman, Naomi (Hg.): The Bell Curve Debate. New York 1995, p. 339 (nach Gilman, p. 38).

417 Mark Twain: Concerning the Jews. Philadelphia, 1985 (nach Gilman, p. 38).

418 Dinter, p. 409.

419 Freud, S.: Der Mann Moses und die monotheistische Religion. Frankfurt am Main 1974 (Sigmund Freud Studienausgabe, Bd. IX, S. 561 (nach Gilman, p. 170).

420 Wiener, Norbert: My Childhood and Youth. New York 1953 (nach Gilman, pp. 123 f.).

421 Ernest van den Haag: The Jewish Mystique. New York 2/1969, p. 13-25 (nach Gilman, p. 125 f.)

422 Weyl, Nathaniel: The Creative Elite in America. Washington DC 1966 (nach Gilman).

423 Gilman, p. 129.

424 Galton, Francis: Hereditary Genius. An Inquiry into Its Laws and Consequences. London 1869, p. 357 f. (nach Gilman, p. 126).

425 Darwin, Charles: The Descent of Man and Selection in Relation to Sex. New York 1874, p. 160 (nach Gilman, p. 127).

426 Freire, pp. 409 f.

427 Gilman, pp. 140 f.

428 Gilman, p. 25.

429 Gilman, p. 276.

430 Zweig, Arnold: »Rückblick auf Barbarei und Bücherverbrennung« in: Friedrich, Thomas (Hg.): Das Vorspiel: Die Bücherverbrennungen am 10. Mai 1933. Berlin 1983,

pp. 43-45 (nach Gilman, p. 121).

431 Heer 1967, p. 461.

432 Gilman, pp. 75 f. und 96.

433 Kierkegaard: »Der Begriff Angst«; in: Kierkegaard 1982, p. 377.

434 Mündlich im Seminar »Hochbegabung«, Universität Augsburg, SS 99. Siehe auch: Feger, B.: Hochbegabung. Chancen und Probleme. Bern 1988; Heinbokel, A.: Hochbegabte. Erkennen, Probleme, Lösungswege. Baden-Baden 1988; Spahn, C.: Wenn die Schule versagt: Vom Leidensweg hochbegabter Kinder. Asendorf 1987; Colangelo, N. / Davis, G. A.: Handbook of the gifted education. Boston 1991; K. Urban: Hochbegabte Kinder. Heidelberg 1982.

435 Ranke-Heinemann 1994, p. 340.

436 Moser, p. 36.

437 Ewert, p. 81.

438 Buggle, p. 371.

439 Brecht, B.: Gesammelte Gedichte, Bd. 3. Frankfurt am Main 1967.

440 Heine 1968, p. 117.

441 MacDonald, p. 211.

442 Paul, Jean: Sämtliche Werke, hg. von N. Miller, München 1960 ff. Bd. 5, p. 773 (nach Rutschky, p. 266).

443 Neuhäusler, p. 57.

444 Alexander, Franz G. / Selesnick, Sheldon T.: The History of Psychiatry. New York 1966 (nach Askenasy, p. 106).

445 Milgram, pp. 216 f.

446 Ebd., pp. 197 f.

447 Adorno, p. 96.

448 Hitler, p. 332.

449 Ebd., p. 331.

450 Ebd., pp. 69 f.

451 Fritsch, Theodor: Antisemiten-Katechismus. Eine Zusammenstellung des wichtigsten Materials zum Verständnis der Judenfrage. Leipzig 1887, p. 313 (nach Chr. v. Braun, in Schoeps / Schlör, p. 89).

452 Fishberg 1911.

453 Humbert, Manuel (eigentlich Kurt Caro): Hitlers »Mein Kampf«. Dichtung und Wahrheit. Paris 1936, pp. 135 ff. (nach Gilman).

454 Nach Gilman 1998, p. 23.

455 Poliakov / Delacampagne 1979, p. 184.

456 »Kirchliche Reform«, März 1848 (nach Sterling 1969, p. 70).

457 Konstitutionelle Jahrbücher 1843, III, 20 (nach Sterling 1969, p. 70).

458 Jäckel, Eberhard: Hitlers Weltanschauung. Stuttgart 1981, p. 69 (nach Berding, p. 196).

459 Vgl.: Christina von Braun: »Der Jude« und »Das Weib«. Zwei Stereotypen des »Anderen« in der Moderne. In: L. Heid / J. H. Knoll: Deutsch-Jüdische Geschichte. Von der Aufklärung bis zur Gegenwart. Stuttgart 1992; sowie dies.: »Und der Feind ist Fleisch geworden« in: Braun / Heid 1990.

460 Chr. v. Braun, in: Schoeps / Schlör, p. 85.

461 Ebd.

462 Ebd., pp. 90 f.

463 Heuß, p. 114.

464 Hitler, p. 329.

465 Vgl. Heer 1989, pp. 225 f.: »Diese laudatio entspricht ganz dem Stil jener kirchlichen Prediger, die ihre antijüdischen Sermone gerne mit einem Hinweis auf die Verdienste des

ehemaligen Gottesvolkes der Juden beginnen: Verdienste, die sich dann in ein teuflisches Gegenteil verkehrten, nach der Verwerfung, nachdem das auserwählte Volk das Volk des Gottesmordes wurde.«

466 Hitler, p. 314.

467 Ebd., p. 324.

468 Luther, (»Von den Juden und ihren Lügen«) p. 519.

469 Hitler, nach p. 324.

470 Rohrbacher / Schmidt, p. 376.

471 Ebd., p. 378.

472 Rohrbache / Schmidt, p. 381.

473 Wild 1931.

474 Ebd., pp. 15 f.

475 Zit. nach Klee 1989, p. 32.

476 Akten deutscher Bischöfe über die Lage der Kirche 1933-1945, Bd. I, bearbeitet von Bernhard Stasiewski. Mainz 1968, p. 234 (nach Klee, p. 33).

477 Fröhlich, Elke (Hg.): Die Tagebücher von Joseph Goebbels, Sämtliche Fragmente, herausgegeben im Auftrag des Instituts für Zeitgeschichte und in Verbindung mit dem Bundesarchiv, Teil I, Band 2, München 1987, Eintragung vom 4. 6. 1933 (nach Klee, p. 33).

478 Niemöller, W.: Bekennende Kirche in Westfalen. 1952, p. 259 (nach Deschner 1996, p. 527).

479 Mirgeler, A.: Der Einbruch des Judentums in die christliche Geschichte. Catholica, 2. Jg. 1933, p. 117 ff. (nach Deschner 1996, p. 525).

480 Klee 1989, p. 129.

481 Aus dem zweiten amtsbrüderlichen Rundschreiben von Dr. Hans Eder, in: Junge Kirche, 1. Mai 1938 (nach Klee 1989, p. 131).

482 Gröber, C.: Hirtenbrief zum Karfreitag 1941, in: Amtsblatt der Erzdiözese Freiburg 1941, pp. 381-392 (nach Kustermann, p. 264).

483 Rohrbacher / Schmidt, p. 390.

484 Dinter, A.: Entstehung und Symbolik des Hakenkreuzes. Patschkau 2/1932, pp. 2 f. (nach Rohrbacher / Schmidt pp. 390 f.)

485 Fest, p. 62.

486 Freud, S.: Das Medusenhaupt, in: Gesammelte Werke, Frankfurt am Main 7/1983, pp. 45-48 (nach Rohrbacher / Schmidt, pp. 390 f.).

487 Heer 1989, p. 217.

488 Heuß, p. 109.

489 Hitler, pp. 3 f.

490 Toland, p. 12.

491 Vgl. Maser, Werner: Hitlers Briefe und Notizen. Sein Weltbild in handschriftlichen Dokumenten. Düsseldorf 1973, p. 291 (nach Maser 1974, p. 121).

492 Canetti, pp. 201 f.

493 Lat.: Hircorum sanguis me decepit velut anguis / Heu sum cecata a regno dei sum separata.

494 Mantell, p. 31.

495 Heer 1989, p. 292.

496 Cohn, N., pp. 321 f.

497 Dewey 1942, p. 14.

498 Ebd., p. 125.

499 Jung, C. G.: »Wotan«; und »Nach der Katastrophe«; in: GW, Bd. X, pp. 203-244.

500 Heine, a.a.O., p. 165.

501 Heine-Kongress in Jerusalem, Südwest-Presse 18. 12. 2001.

502 Shoham, pp. 154 f.

503 Dewey 1942, p. 122: »...a kind of anthropological metaphysics which has become the rage in Germany«.

504 Ebd.: »the mystic identification of Race, Culture and State«.

505 Ebd., p. 117.

506 Ebd., p. 38.

507 Ebd., pp. 38 f.

508 Maser, p. 96.

509 Max Domarus: Hitler. Reden und Proklamationen 1932-1945, kommentiert von einem deutschen Zeitgenossen. München 1965 (nach Heer 1989, p. 264).

510 Heer 1989, p. 208.

511 Hitler, pp. 724 f.

512 Hitler, p. 417.

513 Berding, p. 199.

514 Klee 1989, p. 48.

515 Zit. nach Dewey 1942, p. 62.

516 Zit. nach Dewey 1942, p. 68.

517 Dewey 1942, p. 91.

518 Heer 1967, p. 464.

519 Weischedel, p. 195.

520 Hirschberger, p. 153.

521 Hitler, p. 327.

522 Ebd., p. 332.

523 Ebd., p. 336.

524 Heer 1989, p. 263.

525 Hesse in einem Brief an seinen Halbbruder Karl Isenberg.

526 Erikson 1950/1999, p. 331.

527 Berglar, pp. 88-90.

528 Bullock, p. 7.

529 Heer 1989, p. 477.

530 März, Fritz, 1962.

531 Sorrentino, R. M.: »Derogation of an Innocently Suffering Victim: So Who's the ›Good Guy?‹« in: Rushton / Sorrentino, p. 267-283.

532 Erikson, Erik H.: Childhood and Society. New York 1950; zit. nach der deutschen Ausgabe (Kindheit und Gesellschaft), Stuttgart 1999, pp. 328 f.

533 Miller 1990, p. 101.

534 Moor, pp. 385 f.

535 Hoffmann, Chr. / Passier, Bernd 1986.

536 Maser, p. 16.

537 Heer 1989, p. 197.

538 Heer 1989, p. 198.

539 Heer 1989, p. 220.

540 »Tischgespräch« vom 1. Juli 1942, zit. nach Heer 1989, p. 419.

541 Sanders, Wilm: Oberammergau und die Katechese über die Juden. In: Katechetische Blätter, München 1970, pp. 685 f. (nach Lapide, p. 89).

542 Arendt, pp. 54 f.

543 Heer 1967, p. 472.

544 Klee 1992, p. 25.

545 Ebd.

546 Askenasy, pp. 24 f.

547 Arendt, p. 55.

548 Kant, Immanuel: Grundlegung zur Metaphysik der Sitten (Abschnitt »Die Heteronomie des Willens als der Quell aller unechten Prinzipien der Sittlichkeit«).

549 Arendt, p. 58.

550 Broszat, pp. 128 f.

551 Prof. Yehuda Bauer, Gedenkstätte Yad Vashem, in der Südwestpresse, 2. 3. 2000.

552 Lapide, p. 92.

553 Peuschel, p. 124.

554 Ebd., p. 127.

555 Ebd., p. 131.

556 Ebd, p. 134.

557 Ebd.

558 J. Ackermann: Heinrich Himmler als Ideologe. Göttingen 1970 (nach Deselaers, p. 80).

559 Arendt, p. 139.

560 Fraenkel / Manvell, pp. 26 f.

561 Ebd., p. 38.

562 Ebd., pp. 38 ff.

563 Ebd., p. 67.

564 Ebd., p. 42.

565 Ebd., p. 46.

566 Ebd., pp. 47-59.

567 Ebd., pp. 233 f.

568 Ebd., p. 279.

569 Ebd., p. 274.

570 Ebd., p. 335.

571 Broszat, p. 26.

572 Archiv der staatlichen Gedenkstätte Auschwitz-Birkenau (siehe Deselaers, p. 38).

573 Stanislaw Batawia: Rudolf Hoess. Komendant obozu w Oswiecimiu. Warschau 1951 (nach Deselaers, p. 38).

574 Broszat, pp. 24 und 25.

575 Broszat, pp. 24 f.

576 Gilbert, Martin: Nürnberger Tagebuch. Frankfurt am Main 1963, p. 261 (nach Deselaers, p. 40).

577 Gilbert, M.: The Psychology of Dictatorship. Based on an examination of the leaders of Nazi Germany. New York 1950, p. 242 (deutsch so zitiert bei Deselaers, p. 40).

578 Broszat, p. 26.

579 Broszat, p. 27.

580 Broszat, p. 32.

581 Broszat, p. 30.

582 Broszat, pp. 46 f.

583 Das schlechte Gewissen des religiös Abtrünnigen, des untreuen Sohnes darf nicht unterschätzt werden. Der berühmte deutsche Pädagoge Wilhelm Dilthey deutete eine vorübergehende Erblindung in seiner Studienzeit als Strafe Gottes für seinen Abfall von der Religion. Siehe auch die Vorstellungen »immanenter Strafen«, die Piaget bei Kindern beobachtete (Piaget 1973), sowie die »Selbstbestrafungstendenz« bei Zulliger 1989.

584 Cohn, N., pp. 341 f.

585 Fröhlich, Elke (Hg. im Auftrag des Instituts für Zeitgeschichte in Verbindung mit dem Bundesarchiv): Die Tagebücher von Joseph Goebbels. Teil I. München 1993 ff., Bd. 2, p. 681 (nach Hamann, p. 22).

586 Steffahn, p. 20.
587 Vgl. Fest, p. 34.
588 Jetzinger, Abb. nach p. 16.
589 Stierlin, p. 23.
590 Schaake, p. 21.
591 So nach Toland zitiert von Miller, 1983, p. 185; vgl. Toland, pp. 12 f.
592 Picker, p. 86.
593 Hitler, pp. 7 f.
594 Jetzinger, Unterschriftenvergleich auf der Doppelseite nach p. 136; vgl. Kubizek.
595 Hamann, p. 20.
596 Toland, p. 12; vgl. Miller 1983, p. 185.
597 Steffahn, pp. 93 und 128.
598 Vgl. Bezymenski, L.: »The Death of Adolf Hitler«. Unknown Documents from Soviet
     Archives. New York, 1968 (nach Steffahn, p. 170).
599 Miller 1983, pp. 225 f.
600 Hitler, p. 224.
601 Kubizek, p. 127.
602 Jetzinger, p. 70.
603 Schaake, p. 227.
604 Kubizek, pp. 228-232.
605 Hitler, pp. 357 f.
606 Schatzman, pp. 133 f.
607 Miller 1983, p. 223.
608 Hitler, p. 54.
609 Jetzinger, p. 109.
610 Schaake, pp. 131-157.
611 Speer, Albert: Erinnerungen. Berlin 1969, p. 106 (nach Schaake, p. 194).
612 Vgl. Bromberg, N.: »Hitler's Character and its development: Further observations«;
     in: American Imago, No. 28, 1971, pp. 289-303 (nach Steffahn, p. 169).
613 Hamann, p. 16.
614 Hillesheim, Jürgen: Hitlers Schwester Paula und das »Dritte Reich«. Berlin 1992 (nach
     Schaake, p. 19).
615 Kubizek, nach Hamann, p. 53.
616 Dr. Eduard Bloch, as told to J. D. Ratcliff, My Patient Hitler, in: Collier's 15. u. 22. 3.
     1941 (nach Hamann, p. 55).
617 Vgl. Lukacs, John: Hitler. Geschichte einer Geschichtsschreibung. München 1999,
     pp. 147 f.
618 Schröder, Christa: Er war mein Chef. München 1985, p. 63 (nach Hamann, p. 31).
619 Heer 1967, pp. 384 f.
620 Peis, Günter: »Hitlers unbekannte Geliebte«; in: Stern, Nr. 24/1959, p. 28 (nach
     Schaake).
621 Neill, p.110.
622 Miller 1983, p.189.
623 Hitler in einer Massenansprache; TV-Sendung »Der Glaube des Herrn Hitler«, 3Sat..
624 Hitler, p. 44.
625 Stierlin, p. 169, nach Bromberg, a.a.O.
626 Miller 1983, p. 189.
627 Hamann, pp. 27 f.
628 Heer 1989, pp. 27 f.
629 Hitler im Tischgespräch am 24. 10. 1941 abends, nach Picker, p. 147.

630 Tischgespräch am 3. 3. 1942 abends, nach Picker, p. 191.

631 Tischgespräche am 13. 2. 1941 mittags und 8. 2. 1942 mittags, nach Picker, pp. 154 und 176.

632 Tischgespräch am 13. 12. 1941 mittags, nach Picker, pp. 154 f.

633 Ebd., p. 200.

634 Ebd., p. 404.

635 Ebd., p. 405.

636 Picker, p. 324.

637 Vgl. Hesse: Unterm Rad; Brecht: Flüchtlingsgespräche.

638 Zit. nach Bullock, p. 7.

639 Kubizek, nach Fest, p. 41.

640 Heer 1989, p. 208.

641 Maser, a.a.O., p. 96.

642 Zit. nach Heer 1989, p. 231.

643 Zit. nach Heer 1989, p. 249.

644 Zit. nach Heer 1989, p. 307.

645 Hitler, p. 336.

646 Zit. nach Heer 1989, p. 420.

647 Zit. nach Heer 1989, p. 219.

648 Hitler, p. 225.

649 Ernst Piper in der ORF-Sendung »Die Religion des Adolf Hitler«.

650 Maser, a.a.O., pp. 18 f.; vgl. Gritschneder, p. 35.

651 Miller 1983, p. 230.

652 Zitat nach zwei Quellen: a) Rohman, p. 75; b) Langer, Walter: The Mind of Adolf Hitler. New York 1972 (zit. nach Ley / Schoeps, pp. 71 f.

653 Fromm 1992, p. 46.

654 So nach Toland zitiert von Miller, 1983, p. 207; vgl. Toland, pp. 20 f.

655 Heer 1989, p. 61.

656 Vgl. Erikson 1950/1999, p. 330: »Hitler, der Jugendliche, der sich weigerte, ein Vater in irgendwelchem Sinne zu werden...«

657 Vgl. Haffner, pp. 25 f.

658 Ebd., p. 26.

659 Stettbacher, pp. 140 f.

660 Vgl. Heer 1989, pp. 374 f.

661 Hitler am 10. 5. 1942; in: Picker, p. 324.

662 Erinnerung des Vormunds J. Mayrhofer, nach Jetzinger, p. 70.

663 Zit. nach Heer 1989, p. 293.

664 Zit. nach Heer 1967, p. 387.

665 Zit. nach Heer 1989, pp. 396 f.; vgl. Picker, p. 185.

666 Kant 1996, pp. 238 f.

667 Heer 1989, p. 398.

668 Heer 1989, p. 397.

669 Völklein 1999.

670 Erikson 1950/1999, pp. 324 und 332.

671 TV-Sendung »Der Glaube des Herrn Hitler«, 3Sat.

672 Sonntagszeitung der Diözese Augsburg, Nr. 20, 22./23. 5. 1999.

673 Runes, p. 67; vgl. Heer 1967, p. 705.

674 Lapide, p. 47.

675 Thoma, Clemens 1994, p. 208.

676 Die Tagespost, Nr. 95, 10. 8. 2000, p. 3.

677 TV-Sendung »Auslandsjournal extra«, 3Sat, 25. 8. 2000.

678 Kant 1965, p. 5.

679 Vgl. Freire, Paulo: Pädagogik der Unterdrückten, Hamburg 1991; Hegels Begriff des verinnerlichten Unterdrückers steht im Zentrum der dialogischen, politischen Befreiungspädagogik des Brasilianers; vgl. auch Boal, Augusto: Theater der Unterdrückten. Frankfurt am Main 1989.

680 John Dewey: A Common Faith (1934); deutsch zit. nach: Helmut Schreier (Hg.): John Dewey: Erziehung durch und für Erfahrung. Stuttgart 1986, p. 237.

681 Heinrich Heine: Disputation. In: Heine 1977.

682 Vgl. Lapide, p. 44.

683 Rengstorf, K. H. / Kortzfleisch, S. (Hg.): Kirche und Synagoge. Handbuch (2 Bde.) zur Geschichte von Christen und Juden. Stuttgart 1968 und 1970 (nach Heinsohn, p. 10).

684 Kühnl, R., in: Hentges / Kempfert / Kühnl (Hg.) 1995; vgl. Gerlach, Wolfgang: Als die Zeugen schwiegen. Bekennende Kirche und die Juden. Berlin 1987.

685 Vgl. Freire, Paulo: Pädagogik der Unterdrückten. Reinbek 1991, p. 17.

686 Hentig, p. 144.

687 Fromm 1992, pp. 20 f.

688 Hurwitz, als Psychotherapeut, nennt die Transformation einer Leidens- zur Heilsgeschichte eine »paranoide Umdeutung der Realität im Dienste einer antidepressiven Vorkehrung« (in: Dietrich et alii, 1999, p. 119).

689 Galtung, pp. 97 bzw.213.

690 Cohn-Sherbok, p. 240.

691 Gamm, pp. 89 f.

692 Vgl. Zorn, F.: Mars. München 1977; Richter, J: Himmel, Hölle, Fegefeuer. Reinbek 1985; Schaefer, M.: Weil ich beim Beten lügen mußte. Rekonstruktion einer verlorenen Kindheit. Stuttgart 1992; sowie der schon zitierte Tillman Moser.

693 Schweitzer, Friedrich, p. 101.

694 Loewenstein, p. 36; vgl. Cohn, N., pp. 327 f.

695 Zulliger, p. 51.

696 Miller 1988, p. 47.

697 Erikson 1950/1999, p. 329.

698 Miller 1988, p. 58.

699 Vgl. hierzu: Kneutgen, J.: »Zur Biologie und Psychologie des Anstoßnehmens«; in: Bilz / Petrilowitsch, p. 138-154.

700 Arendt, p. XII.

701 Die Macht der Bilder, p. 12.

702 Vgl. Thomas Mann: Freud und die Zukunft. Vortrag, gehalten in Wien am 8. Mai 1936 zur Feier von Sigmund Freuds 80. Geburtstag. In: Freud 1972, pp. 142 f.

703 Vgl.: »Der Antisemitismus – ein Sonderfall?« In: Poliakov / Delacampagne / Girard, pp. 183-195.

704 Vgl. Heer 1967, pp. 474 f.

705 Vgl. Kühner, pp. 178-181; dort auch weitere Beispiele christlicher Hilfe für Juden.

706 Arendt, p. 276.

707 Kogon, p. 338.

708 Wassermann, p. 19.

709 Arendt, p. 297 (englische Ausgabe, zit. nach Davies, p. 66).

710 Runes, pp. 85-92.

711 Gruen 1997, p. 276.

712 Saramago, p. 511.

713 Maybaum, pp. 35 f. und 67 f. (vgl. Thoma 1994, p. 394, und Cohn-Sherbok, pp. 231 f.).

714 Levi, Primo, p. 130.

715 Einstein, A.: Mein Weltbild. Hg. v. Carl Seelig, Frankfurt am Main, Berlin 1991, p. 17 (nach Minois, p. 406); vgl. etwa John Dewey: Demokratie und Erziehung. Weinheim und Basel 1993; Jean Piaget: Das moralische Urteil des Kindes; Ernst Toller: Eine Jugend in Deutschland. Verlag Hanser 1978, p. 215: »Die wichtigste Aufgabe künftiger Schulen ist, die menschliche Phantasie des Kindes, sein Einfühlungsvermögen zu entwickeln, die Trägheit seines Herzens zu bekämpfen und zu überwinden.«

716 Miller, A., 1990, p. 224.

717 Kempowski, Walter (Hg.): Haben Sie Hitler gesehen? Deutsche Antworten, gesammelt von W. Kempowski. München 1973, p. 37.

Bibliographie

Adorno, Theodor W..: Erziehung zur Mündigkeit. Frankfurt am Main 1971.

Amery, Jean: Jenseits von Schuld und Sühne. Bewältigungsversuche eines Überwältigten. München 1966.

Antipoff, H.: Observation sur la compassion et le sens de justice chez l'enfant. Archive de Psychologie, Bd.XXI, 1928.

Arendt, Hannah: Eichmann in Jerusalem. Ein Bericht von der Banalität des Bösen. München 1976.

Arenhoevel, Diego, u.a. (Hrsg.): Die Bibel. Deutsche Ausgabe mit den Erläuterungen der Jerusalemer Bibel. Freiburg, Basel, Wien 1968 (Herder).

Askenasy; Hans: Sind wir alle Nazis? Zum Potential der Unmenschlichkeit. Frankfurt am Main, New York 1979.

Bätz, Kurt: Judentum. Wege und Stationen seiner Geschichte. Stuttgart 1984.

Bandura, A.: Aggression: Eine sozial-lerntheoretische Analyse. Stuttgart 1979.

Berding, Helmut: Moderner Antisemitismus in Deutschland. Frankfurt am Main 1988.

Berglar, Peter: Wilhelm von Humboldt (Bild-Monographie). Reinbek 1996.

Bilz, R. / **Petrilowitsch**, N.: Beiträge zur Verhaltensforschung. Basel 1971.

Bloch, Ernst: Atheismus im Christentum. Frankfurt am Main 1973.

Bloch, Ernst: Das Prinzip Hoffnung. Frankfurt am Main 1985.

Brainin, Elisabeth u.a.: Vom Gedanken zur Tat. Zur Psychoanalyse des Antisemitismus. Frankfurt am Main 1993.

Braun, Christina von / **Heid**, Ludger: Der ewige Judenhass. Stuttgart 1990.

Broszat, Martin (Hg.): Kommandant in Auschwitz. Autobiographische Aufzeichnungen von Rudolf Höß. Stuttgart 1958.

Büchner, Georg: Werke und Briefe. München 9/1974.

Buggle, Franz: Denn sie wissen nicht, was sie glauben. Oder warum man redlicherweise nicht mehr Christ sein kann. Reinbek 1992.

Bullock, Allan: Hitler. Eine Studie über Tyrannei. Düsseldorf 1971.

Busch, Ludger: Aggression in der Schule (Dissertation). Gießen 1997.

Bytwerk, Randall L.: Julius Streicher. New York 1983.

Canetti, Elias: Masse und Macht. Frankfurt am Main 1994.

Celan, Paul: Ausgewählte Gedichte. Frankfurt 1996.

Cioran, Emile M.: Vom Nachteil, geboren zu sein. Frankfurt am Main 1981.

Coetzee, J.M.: Das Leben der Tiere. Frankfurt am Main 2000.

Cohn, Chaim: Der Prozeß und Tod Jesu aus jüdischer Sicht. Frankfurt am Main 1997.

Cohn, Norman: Die Protokolle der Weisen von Zion. Der Mythos von der jüdischen Weltverschwörung. Köln/ Berlin 1969.

Cohn-Sherbok, Dan: The Crucified Jew. Twenty Centuries of Christian Anti-Semitism. London 1992.

Czermak, Gerhard: Christen gegen Juden. Geschichte einer Verfolgung. Reinbek 1997.

Davies, Alan T.: Anti-Semitism and the Christian Mind. The Crisis of Conscience after Auschwitz. New York 1969.

Dawidowicz, Lucy S.: Der Krieg gegen die Juden. 1933-1945. München 1979.

DeMause, Lloyd: Hört ihr die Kinder weinen? Eine psychogenetische Geschichte der Kindheit. Frankfurt am Main 2/1982.

De Rosa, Peter: Der Jesus-Mythos. Über die Krise der katholischen Kirche. München 1993.

Deschner; Karlheinz: Das Kreuz mit der Kirche. Eine Sexualgeschichte des Christentums. Düsseldorf und Wien 1974.

Deschner, Karlheinz: Abermals krähte der Hahn. Eine kritische Kirchengeschichte. 1996.

Deselaers, Manfred: »Und Sie hatten nie Gewissensbisse?« Die Biografie von Rudolf Höß, Kommandant von Auschwitz. Leipzig 1997.

Dewey, John: A Common Faith. New Haven 1934.

Dewey, John: German Philosophy and Politics. New York 1942.

Dewey, John: Wie wir denken. Zürich 1951.

Dieckmann, Bernhard: Judas als Sündenbock. Eine verhängnisvolle Geschichte von Angst und Vergeltung. München 1991.

Dietrich, Walter / **George**, Martin / **Luz**, Ulrich (Hg.): Antijudaismus – christliche Erblast. Stuttgart, Berlin, Köln 1999.

Dinter, Arthur: Die Sünde wider das Blut. Ein Zeitroman. Leipzig 1920.

Dolto, Françoise: Psychoanalyse und Kinderheilkunde. Frankfurt am Main 1973.

Dostojewskij, F. M.: Die Brüder Karamasow. München 14/1996.

Edelstein, W. / **Nunner-Winkler**, G.: Zur Bestimmung der Moral. Frankfurt am Main 1986.

Eizereif, Heinrich: Das Zeichen des lebendigen Gottes. Muttergottes-Erscheinungen in Marienfried. Stein am Rhein 1976.

Endres, Elisabeth: Die gelbe Farbe. Die Entwicklung der Judenfeindschaft aus dem Christentum. München 1989.

Erikson, Erik H.: Childhood and Society. New York 1950, deutsche Ausgabe: Kindheit und Gesellschaft, Stuttgart 1999 (hier zitierte Ausgabe).

Ewert, O.: Entwicklungspsychologie des Jugendalters. Stuttgart 1983.

Fest, Joachim: Hitler. Eine Biographie. Frankfurt am Main, Berlin, Wien 1973.

Feuerbach, Ludwig: Das Wesen des Christentums. Berlin 1973.

Fichte, J. G.: Reden an die deutsche Nation. Hamburg 1955.

Fishberg, Maurice: The Jews: A Study of Race of Environment. New York 1911.

Fraenkel, Heinrich / **Manvell**, Roger: Goebbels. Der Verführer. München 1992.

Frankl, Viktor: Trotzdem Ja zum Leben sagen. Ein Psychologe erlebt die Konzentrationslager. München 6/1994.

Freire, Paulo: Pädagogik der Unterdrückten. Hamburg 1991.

Freud, Sigmund: Abriß der Psychoanalyse. Das Unbehagen in der Kultur. Frankfurt am Main 1972.

Freud, Sigmund: Totem und Tabu. Frankfurt am Main 1973.

Fricke, Weddig: Standrechtlich gekreuzigt. Person und Prozess des Jesus aus Galiläa. Reinbek 1991.

Fromm, Erich: Psychoanalyse und Religion. Zürich 1966.

Fromm, Erich: Das Christusdogma und andere Essays. München 4/1992.

Fromm, Erich: Über den Ungehorsam. München 5/1993.

Fugmann, Markus: Moderner Antisemitismus. Frankfurt am Main 1998.

Galtung, Johan: Die andere Globalisierung. Perspektiven für eine zivilisierte Weltgesellschaft im 21. Jahrhundert. Münster 1998.

Gamm, Hans Jochen: Pädagogische Studien zum Problem der Judenfeindschaft. Neuwied am Rhein und Berlin 1966.

Gary, Romain: Der Tanz des Dschingis Cohn (Surrealistischer Roman). München 1969.

Gaulke, Jürgen: John Stuart Mill. Reinbek 1996.

Gidal, Nachum T: Die Juden in Deutschland von der Römerzeit bis zur Weimarer Republik. Gütersloh 1988.

Gilman, Sander L.: Die schlauen Juden. Über ein dummes Vorurteil. Hildesheim 1998.

Gold, Helmut / **Heuberger,** Georg: Abgestempelt. Judenfeindliche Postkarten; auf der Grundlage der Sammlung Wolfgang Haney (Katalog zur Ausstellung im Jüdischen Museum), Frankfurt am Main 1999.

Goldhagen, Daniel Jonah: Hitlers willige Vollstrecker. Ganz gewöhnliche Deutsche und der Holocaust. Berlin 1996.

Goleman, Daniel: Emotionale Intelligenz. München 10/1999.

Gritschneder, Otto: Bewährungsfrist für den Terroristen Adolf H. Der Hitler-Putsch und die bayerische Justiz. München 1990.

Gruen, Arno: Der Wahnsinn der Normalität. Realismus als Krankheit. Eine grundlegende Theorie zur menschlichen Destruktivität. München 1989.

Gruen, Arno: Der Verlust des Mitgefühls. Über die Politik der Gleichgültigkeit. München 1997.

Haffner, Sebastian: Anmerkungen zu Hitler. Frankfurt am Main 1981.

Hahn, Fred: Lieber Stürmer. Leserbriefe an das NS-Kampfblatt 1924-1945. Eine Dokumentation aus dem Leo-Baeck-Institut New York. Stuttgart 1978.

Hamann, Brigitte: Hitlers Wien. München und Zürich 1996.

Haus der Bayerischen Geschichte (Hg.): Juden auf dem Lande. Katalog zur Ausstellung in der ehemaligen Synagoge Ichenhausen. München 1991.

Heer, Friedrich: Gottes erste Liebe. 2000 Jahre Christentum und Judentum. Genese des österreichischen Katholiken Adolf Hitler. München und Esslingen 1967.

Heer, Friedrich: Der Glaube des Adolf Hitler. Anatomie einer politischen Religiosität. Frankfurt am Main 1989.

Heer, Friedrich: Abschied von Höllen und Himmeln. Frankfurt am Main, Berlin 1990.

Heine, Heinrich: Schriften über Deutschland. Herausgegeben von Helmut Cahnze. Frankfurt am Main 1968.

Heine, Heinrich: Gedichte. Ausgewählt und eingeleitet von Ludwig Marcuse. Zürich 1977.

Heinsohn, Gunnar: Was ist Antisemitismus? Der Ursprung von Monotheismus und Judenhaß. Warum Antizionismus? Frankfurt am Main 1988.

Hentges, Gudrun / **Kempfert,** Guy / **Kühnl,** Reinhard (Hg.): Antisemitismus: Geschichte, Interessenstruktur, Aktualität. Heilbronn 1995.

Hentig, Hartmut v. : Bildung. Ein Essay. München und Wien 1996.

Herrmann, Horst: Sex & Folter in der Kirche. 2000 Jahre Folter im Namen Gottes. München 1994.

Heuß, Theodor: Hitlers Weg. Eine Schrift aus dem Jahre 1932. Neu herausgegeben und mit einer Einleitung versehen von Eberhard Jäckel. Stuttgart 1968.

Hilberg, Raul: Die Vernichtung der europäischen Juden. Die Gesamtgeschichte des Holocaust. Berlin 1982.

Hilberg, Raul: Täter, Opfer, Zuschauer. Vernichtung der Juden 1933-1945. Frankfurt am Main 1992.

Hirschberger, Johannes: Kleine Philosophiegeschichte. Freiburg im Breisgau 1961.

Hitler, Adolf: Mein Kampf. München 1935.

Hoffmann, Christoph / **Passier,** Bernd: Die Juden. Vorurteil und Verfolgung im Spiegel literarischer Texte. Stuttgart 1986.

Hoffmann, Joseph / **Larue,** Gerald A.: Jesus in History and Myth. New York 1986.

Hollenweger, Walter J.: Geist und Materie. Interkulturellle Theologie III. München 1988.

Hsia, R. Po-chia: The Myth od Ritual Murder. Jews and Magic in Reformation Germany. New Haven and London 1988.

Hsia, R. Po-chia: Trient 1475. Geschichte eines Ritualmordprozesses. Frankfurt am Main 1997.

Humboldt, Alexander v.: Die Wiederentdeckung der Neuen Welt. München und Wien 1992.

Hurwitz, Emanuel: Christen und Juden. Tagebuch eines Mißverständnisses. Zürich/Frauenfeld 1991.

Isaac, Jules: Jesus et Israel. Paris 1959.

Jacobs, Wilhelm G.: Johann Gottlieb Fichte. Reinbek 1984.

James, William: Principles of Psychology. Cambridge (Massachusetts) 1950.

Jeans, James: The Growth of Physical Science. Cambridge 1947.

Jetzinger, Franz: Hitlers Jugend. Phantasien, Lügen – und die Wahrheit. Wien 1956.

Jüdisches Museum der Stadt Wien (Hg.): Die Macht der Bilder. Antisemitische Vorurteile und Mythen. Wien 1995.

Jung, C. G.: Menschenbild und Gottesbild. In: Grundwerk C.G.Jung, hrsg. von Helmut Barz u. a.. Olten 2/1987.

Jung, C. G.: Zivilisation im Übergang. Olten und Freiburg 3/1987.

Kafka, Franz: Sämtliche Erzählungen. Frankfurt am Main 1976.

Kaplan, Helmut F. (Hg.): Warum ich Vegetarier bin. Reinbek 1995.

Kant, Immanuel: Politische Schriften. Hg. v. Gablentz, O. H. v., Köln / Opladen 1965.

Kant, Immanuel: Grundlegung zur Metaphysik der Sitten. Stuttgart 1976.

Kant, Immanuel: Die Religion innerhalb der Grenzen der bloßen Vernunft. Stuttgart 1996.

Katz, Jakob: Vom Vorurteil bis zur Vernichtung. Der Antisemitismus 1700-1933. München 1989.

Keen, Sam: Gesichter des Bösen. Über die Entstehung unserer Feindbilder. München 1993.

Kempowski, Walter (Hg.): Haben Sie Hitler gesehen? Deutsche Antworten, gesammelt von W. Kempowski. München 1973.

Kesselring, Thomas: Jean Piaget. Petrópolis 1993 (München 1988).

Kierkegaard, Sören: Einübung im Christentum. In: Gesammelte Werke, Bd. 26. Düsseldorf und Köln 1951.

Kierkegaard, Sören: Auswahl aus dem Gesamtwerk. Düsseldorf/ Köln 1982.

Klee, Ernst u. a. (Hg.): »Schöne Zeiten«. Judenmord aus der Sicht der Täter und Gaffer. Frankfurt am Main 1988.

Klee, Ernst: Die SA Jesu Christi. Die Kirche im Banne Hitlers. Frankfurt am Main 1989.

Klee, Ernst: Persilscheine und falsche Pässe. Wie die Kirchen den Nazis halfen. Frankfurt am Main 1991.

Kodalle, K. M.: Unbehagen an Jesus, 1978.

Kogon, Eugen: Der SS-Staat. München 1946.

Kohlberg, Lawrence: Die Psychologie der Moralentwicklung. Frankfurt am Main 1995.

Korczak, Janusz: Wie man ein Kind lieben soll. Göttingen 7/1997.

Krämer-Badoni, R.: Judenmord, Frauenmord, Heilige Kirche. 1988.

Krogmann, Angelica: Simone Weil (Bild-Monographie). Reinbek 1971.

Krüger, Gabriele und Müller-Kemler, Maria: Das Landmädel. Arbeitsbuch für Schülerinnen landwirtschaftlicher Berufsschulen. Halle a. d. Saale 1940.

Kühner, H.: Der Antisemitismus der Kirche. 1976.

Kustermann, Abraham / **Bauer**, Dieter R. (Hrsg.): Jüdisches Leben im Bodenseeraum. Ostfildern 1994.

Landmann, Salcia: Jüdische Witze. München 1992.

Lanzmann, Claude: Shoah. Düsseldorf 3.1986.

Lapide, Pinchas: Wer war schuld an Jesu Tod? Gütersloh 1987.

Lehmann, Johannes: Das Geheimnis des Rabbi Jesus. Die Wahrheit von Qumran und was Urchristen und Kirche daraus machten. Wiesbaden 1996.

Lehr, Stefan: Antisemitismus – religiöse Motive im sozialen Vorurteil (Dissertation). München 1974.

Leiser, Erwin: »Mein Kampf«. Eine Bilddokumentation der Jahre 1914-1945. Weinheim

1995.

Levi, Primo: Survival in Auschwitz. New York 1996.

Levy, Vera: Prata de Casa: Vida e cultura brasileiras. Vol. 4. São Paulo 1991.

Ley, Michael / **Schoeps**, Julius H.: Der Nationalsozialismus als politische Religion. Mainz 1997, p. 68.

Loewenstein, Rudolph M.: Psychoanalyse des Antisemitismus. Frankfurt am Main 1968.

Lüdemann, Gerd: Jesus nach 2000 Jahren. Was er wirklich sagte und tat. Lüneburg 2000.

Lukacs, John: Hitler. Geschichte einer Geschichtsschreibung. München 1999.

Luther, Martin: Werke, kritische Gesamtausgabe, Bd. 53. Weimar 1920, unveränderter Abdruck 1968.

MacDonald, Kevin: A People That Shall Dwell Alone. Judaism as a Group Evolutionary Strategy. Westport (Conn.), London 1994.

Mahler-Werfel, Alma: Mein Leben. Frankfurt am Main 1989.

Mallet, Carl-Heinz: Untertan Kind. Nachforschungen über Erziehung. Frankfurt am Main und Berlin 1990.

Mantell, D. M.: Familie und Aggression. Zur Einübung von Gewalt und Gewaltlosigkeit. Frankfurt am Main 1978.

März, Fritz: Hören, Gehorchen und personale Existenz. München 1962.

Marx, Karl: Das Kapital I. Frankfurt am Main 1969.

Maser, Werner: Adolf Hitler, Mein Kampf. Der Fahrplan eines Welteroberers. Esslingen 1974.

Maybaum, Ignaz: The Face of God after Auschwitz. Amsterdam 1965.

Milgram, Stanley: Das Milgram-Experiment. Zur Gehorsambereitschaft gegenüber Autorität. Reinbek 1997.

Mill, John Stuart: Essays on Ethics, Religion and Society. In: Collected Works, vol. X, Toronto 1969.

Miller, Alice: Am Anfang war Erziehung. Frankfurt am Main 1983.

Miller, Alice: Das verbannte Wissen. Frankfurt am Main 1990.

Minois, George: Die Hölle. Zur Geschichte einer Fiktion. München 1994.

Moor, Paul: Jürgen Bartsch: Opfer und Täter. Reinbek 1991.

Moser, Tillman: Gottesvergiftung. Frankfurt am Main 1976.

Mota, Vilas-Boas da: Queimação de Judas. Catarismo, Inquisição e Judeus no Folclore Brasileiro. Rio de Janeiro 1981.

Müller, Hartmut: Stefan Zweig (Rowohlt-Bildmonographie). Reinbek 1998.

Mynarek, Hubertus: Erster Diener seiner Heiligkeit. Ein kritisches Porträt des Kölner Erzbischofs Joachim Meisner. Köln 1993.

Neill, A. S.: Antiautoritäre Erziehung. Reinbek 1969.

Neill, A. S.: Theorie und Praxis der antiautoritären Erziehung. Reinbek 1970.

Neuhäusler, Anton: Fragmente keines Vorsokratikers. Philosophisches Brevier. München 1968.

Neumann, Robert / **Koppel**, Helga: Hitler – Aufstieg und Untergang des Dritten Reiches. Eine Bild-Monographie. München / Wien / Basel 1961.

Nickel, Dietmar: Die Revolution 1848/49 in Augsburg und Bayerisch-Schwaben. Augsburg 1965.

Nolting, Hans-Peter: Lernfall Aggression. Wie sie entsteht – wie sie zu vermindern ist. Reinbek 1978.

Nunner-Winkler, Gertrud (Hg.): Weibliche Moral. Frankfurt am Main 1991.

Oberman, Heiko A.: Wurzeln des Antisemitismus. Christenangst und Judenplage im Zeitalter von Humanismus und Reformation. Berlin 1981.

Oberman, Heiko: Luther. Mensch zwischen Gott und Teufel. München 1986.

Olweus, D.: Gewalt in der Schule. Bern 1995.

Paffrath; F. Hartmut: Die Wendung auf Subjekt. Pädagogische Perspektiven im Werk Th. W. Adornos. Weinheim 2/1994.

Peuschel, Harald: Die Männer um Hitler. Düsseldorf 1982.

Piaget, Jean: Das moralische Urteil beim Kinde. Frankfurt 1973.

Picker, Henry: Hitlers Tischgespräche. Neu herausgegeben von Percy Ernst Schramm. Stuttgart 1963.

Poliakov, Léon: Geschichte des Antisemitismus (in 8 Bänden). Frankfurt am Main 1988.

Poliakov, Léon / **Delacampagne**, Christian / **Girard**, Patrick: Über den Rassismus. Sechzehn Kapitel zur Anatomie, Geschichte und Deutung des Rassenwahns. Stuttgart 1979.

Ranke-Heinemann, Uta: Eunuchen für das Himmelreich. Katholische Kirche und Sexualität. Hamburg 6/1988.

Ranke-Heinemann, Uta: Nein und Amen. Anleitung zum Glaubenszweifel. Hamburg 1994.

Rösch, Gertrud M: Ludwig Thoma als Journalist. Ein Beitrag zur Publizistik des Kaiserreichs und der frühen Weimarer Republik (Dissertation). Frankfurt am Main 1989.

Rohman, Fernand: Hitler, Le Juif et le Troisième Homme. Presses Universitaires de France, 1983.

Rohrbacher, Stefan / **Schmidt**, Michael: Judenbilder. Kulturgeschichte antijüdischer Mythen und antisemitischer Vorurteile. Reinbek 1991.

Rosenbaum, Ron: Explaining Hitler. The Search for the Origins of his Evil. New York 1998.

Roskies, David G.: Against the Apocalypse. Responses to Catastrophe in Modern Jewish Culture. Cambridge (Massachusetts) and London 1984.

Rubin, Miri: Corpus Christi. The Eucharist in Late Medieval Culture. Cambridge 1991.

Ruether, Rosemarie: Nächstenliebe und Brudermord. Die theologischen Wurzeln des Antisemitismus. München 1978.

Runes, Dagobert D.: The Jew and the Cross. New York 2/1966.

Rushton, J. P. / **Sorrentino**, R. M. (Hg.): Altruism and Helping Behavior. Hillsdale 1981.

Rutschky, Katharina: Schwarze Pädagogik. Frankfurt am Main / Berlin 1988.

Saramago, José: Das Evangelium nach Jesus Christus. Roman. Reinbek 1995.

Sartory, Thomas und Gertrude: In der Hölle brennt kein Feuer. München 1968.

Schaake, Erich: Hitlers Frauen. München 2/2000.

Schatzman, Morton: Die Angst vor dem Vater. Langzeitwirkungen einer Erziehungsmethode. Eine Analyse am Fall Schreber. Reinbek 1974.

Scheibe, Wolfgang: Die reformpädagogische Bewegung. Weinheim und Basel 1999.

Schönberger, Heinrich / **Pleticha**, Otto: Die Römer. Gütersloh 1977

Schoeps, Julius H.: Das Gewaltsyndrom. Verformungen und Brüche im deutsch-jüdischen Verhältnis. Berlin 1998.

Schoeps, Julius H. / **Schlör**, Joachim (Hg.): Antisemitismus. Vorurteile und Mythen. München / Zürich 1995.

Schopenhauer, Arthur: »Über die Grundlage der Moral«; in: Sämtliche Werke, Frankfurt am Main 1986.

Schreier, Helmut: John Dewey – Erziehung durch und für Erfahrung. Stuttgart 1986.

Schütze, Alfred: Mithras. Mysterien und Urchristentum. Stuttgart 1972.

Schultz, Uwe: Immanuel Kant. Reinbek 1999.

Schweitzer, Albert: Aus meiner Kindheit und Jugendzeit. München 1927.

Schweitzer, Friedrich: Das Recht des Kindes auf Religion. Gütersloh 2000.

Serpell, James: Das Tier und wir. Zürich, Stuttgart, Wien 1990.

Shoham, Giora S.: Walhalla, Golgatha, Auschwitz. Über die Interdependenz von Deutschen und Juden. Wien 1995.

Shakespeare, William: Sämtliche Werke. Wiesbaden o. J.

Singer, Siegfried (Hg.): Jewish Americans. Stuttgart 1979.

Stanic, Dorothea (Hg.): Kinder im KZ. Berlin 1979.

Steffahn, Harald: Hitler (Rowohlt-Bildmonographie). Reinbek 1983.

Sterling, Eleonore: Er ist wie du. Frühgeschichte des Antisemitismus. München 1964.

Sterling, Eleonore: Judenhass. Frankfurt am Main 1969.

Stettbacher, J. Konrad: Wenn Leiden einen Sinn haben soll. Die heilende Begegnung mit der eigenen Geschichte. Hamburg 1993.

Stierlin, Helm: Adolf Hitler. Familienperspektiven. Frankfurt am Main 1975.

Storer, Morris B.: Humanist Ethics. New York 1980.

Strauss, Herbert A. / **Kampe**, Norbert: Antisemitismus. Von der Judenfeindschaft zum Holocaust. Frankfurt am Main, New York 1985.

Tabori, George: Die Goldberg-Variationen.

Tabori, George: Mutters Courage.

Thoma, Clemens: Das Messiasprojekt. Theologie jüdisch-christlicher Begegnung. Augsburg 1994.

Thoma, Ludwig: Lausbubengeschichten. München 10/1985.

Tichy, Wolfram: Chaplin. Reinbek 1974.

Toland, John: Adolf Hitler. New York 1976.

Trachtenberg, Josua: The Devil and the Jews. The Medieval Conception of the Jew and its Relation to Modern Antisemitism. (Erstausgabe 1943), Philadelphia 1983.

Varga, William P.: The Number One Nazi Jew-Baiter. [Über Julius Streicher]. New York 1981.

Vermaseren, Maarten J.: Mithras. Geschichte eines Kultes. Stuttgart 1965.

Völklein, Ulrich: Josef Mengele – Der Arzt von Auschwitz. Göttingen 1999.

Wassermann, Jakob: Deutscher und Jude. Reden und Schriften 1904 – 1933. Heidelberg 1984.

Weber, Max: Gesammelte Politische Schriften (hg. v. Johannes Winckelmann). Tübingen 1958.

Weil, Simone: Schwerkraft und Gnade. München 1981.

Weischedel, Wilhelm: Die philosophische Hintertreppe. 34 große Philosophen in Alltag und Denken. München 1975.

Weiss, John: Der lange Weg zum Holocaust. Die Geschichte der Judenfeindschaft in Deutschland und Österreich. Hamburg 1997.

Wild, Alfons: Hitler und das Christentum. Augsburg 1931.

Zulliger, Hans: Umgang mit dem kindlichen Gewissen. Frankfurt am Main 1989.

Zweig, Stefan: Die Welt von gestern. Erinnerungen eines Europäers. Stockholm 1944.

Bildquellen

und Schreibstube des Augustiner-Chorherrenstifts, hg. von Martin Peitner, Bozen 1984: Schoeps / Schlör, p. 90.

Danksagung

Für dieses Buch konnte ich auf die Vorarbeiten vieler Autorinnen und Autoren zurückgreifen. Der große Dank, den ich ihnen schulde, lässt sich, ohne sie im einzelnen zu nennen, ungefähr an der Zahl der Fußnoten ablesen, mit denen ich auf ihre Arbeiten verweise. Dankbar bin ich Maruta Schmidt und Norbert Link für ihre kritischen Einwände und besonders der Yeshiwa University, New York, für die Möglichkeit zu Recherchen in der Gottesman Library.

Konrad Riggenmann, Januar 2002